庆祝新中国成立60周年百种重点图书

共和国经济60年

主　编　陈东琪　邹德文

副主编　张文勇　王能应　张建勤

人民出版社

本书编写委员会

主　编　陈东琪　邹德文

副主编　张文勇　王能应　张建勤

编写者（按姓氏笔画排序）

王能应　毛　敏　冯占民　李忠斌　李朝晖

宋丽智　刘汉全　肖子拾　陈东琪　邹德文

张文勇　张建勤　张　瑾　胡　娟　武平平

陈要军　周敦卿　周　煜　姜　涛　高　斌

郝华勇　蔡　玲　翟一博　魏君英

目　录

第二篇　勇于改革　不懈探索

第三篇　宝贵经验　深刻启示

总　论

一

　　中华人民共和国从 1949 年成立到今年，整整 60 年。这 60 年，是中国人民扬眉吐气的 60 年，是中国经济发展史上最辉煌的 60 年，也是世界近几百年经济成长史上最引人注目的 60 年。在人类历史长河中，60 年的时间并不长，但新中国 60 年的变化是巨大的！这个巨变，真可谓日新月异，翻天覆地，史无前例！

　　中国在 5000 多年经济文明的演变和发展史中，有过几次让国人自豪、让史学家叹服的辉煌，但新中国仅仅用一个甲子就向世人展现了全新的跨越式变化，展现了超常的增长速度，展现了辉煌的发展成就，展现了空前的探索创新！

　　这 60 年，一个半封建半殖民地的落后国家，发展成为了接近中等水准的现代化国家；在世界人口最多的国度，开辟了中国特色的社会主义经济制度。

　　这 60 年，一个一穷二白的弱小国家，发展成为了世界排名第三的经济大国；在自然资源禀赋最不平衡的国度，开始了全球瞩目的大国崛起步伐。

这 60 年，一个以小生产为主的农业国，建设成为了拥有完整制造体系支撑的工业国；在农业人口和劳动力比重较大的国度，开创了世界关注的新型工业化模式。

这 60 年，一个贫穷落后的国家，发展成为了国力不断增强，人民过着殷实生活的和谐经济体；在二元经济结构较为明显的国度，开拓了前程似锦的全面小康道路。

二

新中国成立初期，国家综合实力很弱，现在进入世界大国行列。1950 年，经济总规模（调整后的 GDP）不足 500 亿元，2008 年超过 30 万亿元，增加 600 多倍，扣除价格因素年均实际增长速度超过 8%，其中改革开放 30 年来年均实际增长接近 10%，实现了国内外经济史上持续时间最长的高速增长；1950 年，财政收入只有 62 亿元，2008 年突破 6 万亿元大关；城乡储蓄总额 1952 年为 8.6 亿元，人均只有 1.5 元，2008 年末达到 466203.3 亿元，人均 35372 元。外汇储备由零增加到 2009 年 6 月的 2 万多亿美元，成为世界第一大外汇储备国。

新中国成立初期，人民生活水平很低，现在显著提高，实现从温饱不足到总体小康的历史性跨越。从 1949 年到 2008 年，城镇居民人均现金收入从不足 100 元增加到 15781 元，扣除价格因素，实际增长 18.5 倍；农村居民人均收入从不足 50 元增加到 4761 元，扣除价格因素，实际增长超过 11 倍。60 年来，特别是改革开放 30 年来，中国人的消费水平快速提高，消费结构快速升级。城乡居民家庭的恩格尔系数分别由 1978 年的 57.5% 和 67.7% 下降到 2008 年的 37.9% 和 43.7%，城镇居民消费结构已属于富裕型，农村居民也达到了小康水平。国民富裕度不断提高，贫困度不断下降。中国农村绝对贫困人口已从 1978 年的 2.5 亿人下降到 2007 年的 1479 万人，占农村总人口的比重从 30.7% 下降到 1.6%。

新中国成立初期，人口 4 亿，吃不饱、穿不暖。今天，人口超过 13 亿，人人吃得饱、穿得暖。粮食、棉花、肉类、禽蛋等主要农产品产量位居世界第一，粮食和纺织服装还大量出口。农业综合生产能力和机械化水平显著提高。近年来，粮食总产量稳定在 1 万亿斤的水平，人均粮食占有量达 800 斤左右，在人口比 1949 年增长 1.5 倍的基础上，实现了人均占有量的翻番。中国人依靠自己的力量，用占世界不到 10% 的耕地，养活了世界 20% 的人口，创造了世界农业发展史上的奇迹，也为世界粮食安全作出了重大贡献。

新中国成立初期，工业化水平很低，现在已经进入工业化中期。工业生产快速增长，现代化水平不断提高，目前已成为世界制造业大国。2008 年，工业增加值达到 12.9 万亿元，按可比价格计算，比 1978 年增长 25.6 倍，比新中国初期更是增长了上百倍。以信息、航空航天、生物医药、新材料为代表的高新技术产业规模已跃居世界第三位。中国钢、煤、水泥、化肥等 210 种工业产品产量到目前为止已经连续几年位居世界第一，并成为电脑、移动电话等新兴电子产品和彩电、冰箱、汽车等现代耐用消费品的生产大国。

新中国成立初期，基础产业和服务体系很落后，新中国成立后，特别是改革开放以来，服务业快速发展，服务业发展规模不断扩大。2008 年，中国第三产业增加值超过 12 万亿元，扣除价格因素，是 20 世纪 50 年代初期的 100 倍左右。铁路、公路、机场、港口等基础设施和能源、原材料等基础产业的发展日新月异。全国铁路营业里程 2008 年年底达到 8.01 万公里，比 1949 年增长 2.67 倍，铁路时速也实现了从 43 公里到 350 公里的跨越；高速公路从无到有，总长度已超过 6 万公里，仅次于美国，位居世界第二；一次能源生产总量达到 26 亿吨标准煤，比 1949 年增长 108.5 倍，成为世界第一大能源生产国。

1952 年，中国三次产业比重分别为 51%、20.8%、28.2%，2008 年调整为 11.3%、48.6% 和 40.1%。

新中国成立初期，基本上是一个封闭社会。现在，全方位对外开放格局基本形成，开放型经济水平显著提高。对外贸易快速发展，贸易结构不断优化，1950 年，中国进出口总额仅为 11.3 亿美元，2008 年达到 2.56 万亿美元，从 2004 年开始稳居世界第三位，工业制成品特别是机电产品和高新技术产品成为出口商品的主导力量。利用外资规模与质量不断提高，1979—2008 年，全国实际使用外资额超过 1 万亿美元，从 1993 年起已连续 17 年成为吸收外商直接投资最多的发展中国家，全球 500 强已有 480 多家在华投资。境外投资合作跨越式发展，2000—2008 年，中国累计境外投资 1310.4 亿美元，年均增长 64%。

新中国成立初期，科技教育和社会事业落后，现在全面进步。科学技术突飞猛进，新中国成立之初，中国只有 30 多个专门科研机构，全国自然科学研究者不足 500 人，到 2008 年，科技人员已达 4200 万人，整体科技实力已居发展中国家前列，部分领域已接近或达到世界先进水平。教育事业长足发展，新中国成立前，全国文盲、半文盲人口占总人口的 80%，15 岁以上人口平均受教育年限仅为 1.6 年。2008 年，平均受教育年限已达到 8.7 年；全国中小学生全面享受免费义务教育；高中阶段教育毛入学率由 1949 年的 1.5% 左右上升为 74%；高等教育毛入学率达 23.3%，超过国际公认的高等教育大众化标准 8.3 个百分点。医疗卫生事业长足进步，初步建成了覆盖城乡的医疗卫生服务体系，城乡医疗卫生条件明显改善。文化、体育、广播影视等社会事业成就巨大。国民健康水平得到全面提高，主要健康指标已位居发展中国家前列，达到了中高收入国家的平均水平。与新中国成立初期相比，2008 年，中国孕产妇死亡率由 1500 人/10 万人下降到 34.2 人/10 万人；婴儿死亡率由 200‰ 下降到 14.9‰；人均预期寿命从 35 岁提高到 75 岁。

三

共和国经济辉煌发展 60 年，得益于中国人民的艰苦奋斗，更得益于中国共产党的正确领导。革命时期，如果没有中国共产党的正确领导，中国人仍将在黑暗中摸索。建设时期，如果没有中国共产党的正确领导，中国人仍将在苦难中煎熬。中国共产党的正确领导，是共和国经济快速发展的根本保证。

共和国经济辉煌发展 60 年，得益于中国人选择了社会主义，更得益于走上了中国特色的社会主义道路。没有社会主义，实现跨越式发展就没有方向和理论指导。没有中国特色社会主义，就没有走向世界的特征旗帜和实现共同富裕的市场条件。中国特色社会主义，是共和国经济辉煌发展的引领旗帜。

共和国经济辉煌发展 60 年，得益于中国人四个现代化的实践，更得益于通过改革开放发展社会主义市场经济。没有四个现代化，中国的发展就缺乏伟大理想和战略目标。没有改革开放，就没有实现国家理想目标的路径和动力。改革开放是共和国经济辉煌发展的基本途径。

共和国经济辉煌发展 60 年，得益于努力实行以人为本，更得益于实行以民为本。没有人的积极性，就没有财富的创造。没有人民的积极性，就没有财富的持续快速增长。以民为本，始终维护好发展好最广大人民的根本利益，是共和国经济辉煌发展的不竭源泉。

四

过去，无论是辉煌还是暗淡，繁荣还是萧条，幸福还是痛苦，都是要永记的历史，都是要常照的镜子。我们纪念共和国经济 60 年，既要歌颂辉煌、繁荣和幸福的时代，又不要忘记暗淡、萧条和痛苦的时日。

展望 2049——共和国经济发展 100 年，中国作为大国崛起的下一个 40 年，充满着竞争、压力和风险，也有可能面临暗淡、萧条和痛苦的时日。走向未来的中国人，应当时刻准备着！

第一篇

历史巨变 辉煌成就

第一章

从一穷二白走向
全面小康

从 1949 年中华人民共和国成立到 2009 年，60 年弹指一挥间，60 年百折不挠，60 年波澜壮阔。60 年前，刚刚在战争废墟上建立起来的新中国，一穷二白，国力空虚，经济濒临崩溃的边缘；经过 60 年的建设，中国经济连上台阶，发生了翻天覆地的变化，中国共产党领导中国人民实现了伟大跨越，走向复兴、走向辉煌。

回首共和国 60 年经济发展历程，一头连着满目疮痍、积贫积弱、百废待兴的旧中国，另一头连着经济总量位居世界第三、在改革开放的阳光下活力迸射、向繁荣富强快步迈进的新中国；一头连着封闭半封闭、落后、自卑的旧中国，另一头连着开放、现代、自信、直接关系全球经济复苏的新中国；一头连着科技贫乏、教育极其落后的旧中国，另一头连着科技蓬勃发展、教育成效显著的新中国；一头连着现代化水平严重滞后、主要工业品依赖进口、"洋火""洋钉"大行其道的旧中国，另一头连着现代化水平飞速发展、自主创新能力不断跃升、工业文明极大提高的新中国……经过 60 年的奋斗，城乡居民生活水平实现了从贫困短缺到温饱不足再到总体小康的历史性跨越，正迈向全面小康。

第一节　经济发展成就巨大

一、综合国力由弱到强，国际地位显著提高

经过 60 年沧桑巨变的共和国，交出了一份让国人骄傲、让世界震惊的历史"答卷"，即综合国力由弱到强，国际地位显著提高。

通过一组经济数据，我们能够更直接地看出新中国 60 年来的经济巨变。从纵向视角看，1952 年，我国国内生产总值（GDP）仅为 679 亿元，到 1978 年增加到 3645 亿元，而 2008 年则已经超过 30 万亿元，达到了 300670 亿元（见图 1－1），年均增长 8.1%，相比 1952 年增加了 77 倍。用一个形象的比喻：我国在 2008 年每天创造的财富量就超过了 1952 年全年的总量。财政收入也从 1950 年的 62.17 亿元增加到 2008 年的 61316.9 亿元（见图 1－2），增加了 985.3 倍，年均增长 12.6%。如此辉煌成就，令国人自豪，令世界瞩目。

从横向视角看，1952 年，中国经济在世界经济中所占的比重微不足道，到 1978 年也只占到 1.8%；而改革开放以来，中国经济总量占世界的比重不断提高，到 2008 年已经达到 6.4%，仅位列美国和日本之后，居世界第三位。我国进出口贸易总额居世界位次也由 1978 年的第 29 位跃升到第三位，仅次于美国与德国，占世界贸易总额的比重也由 0.8% 提高到 7.9%。

根据世界银行统计，我国 2008 年 GDP 折合成美元为 38600 亿美元，相当于美国的 27.2%，日本的 78.6%。人均 GDP 由 1952 年的 119 元人民币上升到 1978 年的 381 元后，迅速提高到 2008 年的 22698 元，扣除价格因素，2008 年比 1952 年增长 32.4 倍，年均增长 6.5%，其中 1979—2008 年年均增长 8.6%。2008 年我国人均国民总收入达到 3292 美元，按照世界银行的划分标准，我国跃升至世界中等收入国家行列。

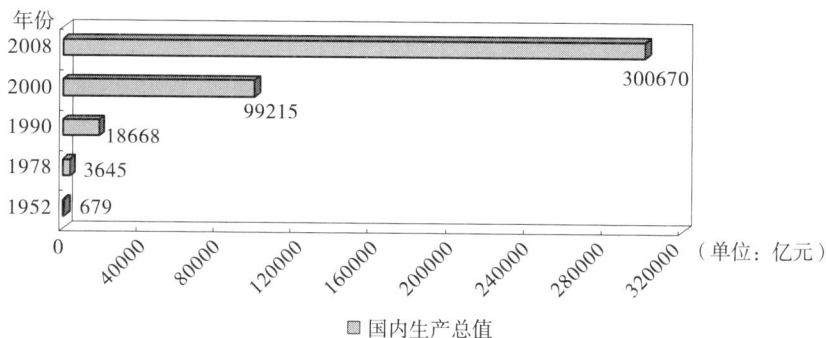

图 1-1　1952—2008 年我国国内生产总值

（资料来源：2008 年度数据来自《中华人民共和国 2008 年国民经济和社会发展统计公报》，其余年份数据均来自于《中国统计年鉴 2008》，中国统计出版社）

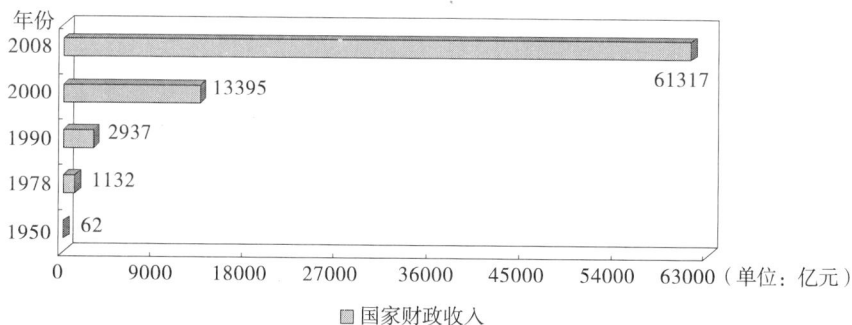

图 1-2　1950—2008 年我国财政总收入

（资料来源：2008 年度数据来自《中华人民共和国 2008 年国民经济和社会发展统计公报》，其余年份数据均来自于《中国统计年鉴 2008》，中国统计出版社）

　　国力的强大不仅体现在经济总量上，更体现在国家的财力上。1950年，我国财政收入只有区区 62 亿元，到 2008 年突破 6 万亿元大关，近 60年增长了约 1000 倍！从 62 亿元增长到 1000 亿元，用了整整 28 年的时间；从 1000 亿元增长到 1 万亿元，则用了 21 年的时间；而从 1 万亿元到突破 6 万亿元，却只用了 9 年的时间。这一系列令人振奋的数字，正印证了我国经济逐步发展壮大、不断迈上新台阶的历史进程。

二、农业发展创造了奇迹：以 7% 的耕地养活了占世界 22% 的人口

从温饱不足到丰衣足食，从自我保障到社会保障，从"面朝黄土背朝天"到参与到工业化进程……。60 年来，亿万农民富裕安康的梦想正成现实，希望田野上谱写出壮丽的诗篇。1949 年，中国粮食人均占有量不到 420 斤原粮。美国国务卿艾奇逊曾经断言，人民的吃饭问题是每个中国政府必须碰到的第一个问题，而这个问题始终没有得到解决。但如今，我国人均粮食产量达到 800 斤左右，超过世界平均水平。一个 13 亿人口的大国，实现了高达 95% 的粮食自给率，中国共产党领导中国人民，以伟大的实践创造了中国人养活中国人的历史奇迹。当前我国的农产品供给不仅解决了占世界五分之一人口的吃饭问题，还为加快工业化进程提供了重要支持。2008 年，我国粮食产量达到 52871 万吨（见图 1－3），与 1949 年相比，粮食产量增长 3.7 倍，人均产量增长 91%；棉花产量 749 万吨，增长 15.9 倍，人均产量增长 5.9 倍；油料产量 2953 万吨，增长 10.5 倍，人均产量增长 3.7 倍。2009 年，我国夏粮预计产量达到 2450 亿斤，更是创下了新中国成立以来第一次连续 6 年夏粮增产的佳绩。

民以食为天，食以水土为本。60 年来，从根治海河到治理黄河、淮河，从兴修水库到构筑灌渠，全国灌溉面积扩大，农业生产条件不断改善，使中国农民打破了"靠天吃饭"的困局。到 2008 年年底，全国共有大中型水库 3710 座。全国有效灌溉面积由 1952 年的 1996 万公顷扩大到 2008 年的 58472 万公顷。农业机械总动力由 1952 年的 18 万千瓦增加到 2008 年的 82190 万千瓦。新中国成立初期，农村用电几乎为零。1978 年，全国大部分农村仍然是"煤油灯下的中国"。改革开放以来，农村用电量年增长率达 15% 左右。目前全国绝大多数行政村通电率达到 99% 以上。全国近九成行政村通公共汽车，半数农户家庭装上了固定电话。95% 的乡

镇通宽带、98%的乡镇能上网。

60年来，我国粮食产量不断迈上新台阶。粮棉油糖菜果茶等主要农产品大幅度增长：2007年主要农产品中，谷物、棉花等产量居世界第一。肉类产量居世界第一位，人均占有量高于世界人均水平；禽蛋产量居世界第一位，人均占有量达到发达国家人均水平；而水产品产量更是连续20年位居世界首位。

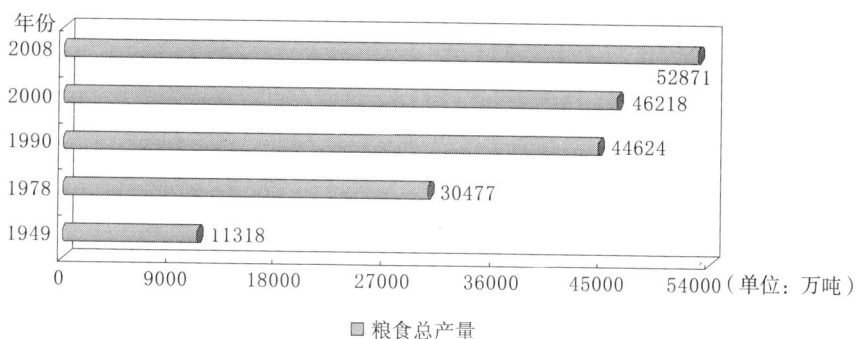

图1-3 1949—2008年我国粮食总产量

（资料来源：2008年度数据来自《中华人民共和国2008年国民经济和社会发展统计公报》，其余年份数据均来自于《中国统计年鉴2008》，中国统计出版社）

新中国成立后全面推进的土地改革，使农民有史以来第一次真正得到了土地，实现了农民"耕者有其田"的愿望，对于巩固新生的人民政权和国民经济的恢复发展作用明显。1952年年底基本完成土地改革，农业的社会主义改造，使中国农村生产力得到极大解放，全国农业生产迅速恢复发展。后来的农业合作化推动了农业生产稳步发展，但存在的工作过粗、改变过快、形式过于简单划一等问题以及1958年后"一大二公"体制，挫伤了农民积极性，农业生产长期徘徊。改革开放再一次极大地解放和发展了农村社会生产力。继20世纪90年代初出现农民外出务工就业的"民工潮"后，进入新世纪，随着二元体制逐步被冲破，农村劳务经济进入一个新时期，逐步形成进城务工、就近就地转移、返乡创业的农民就业新格局。2008 年全国农村劳动力转移 2.4 亿人，遍布二三产业各领域。改革让中国农民的收入不再是仅仅依靠土地，农民工资性收入 1854 元，占农民人均纯收入的 38.9%；工资性收入增长占农民人均纯收入增量的 41.5%。2005 年 12 月 29 日，十届全国人大常委会第十九次会议表决一致通过废止了农业税条例。60 年来，从上交农业税到不但不交税、种粮还能有补贴，中国农民的生活因改革而发生翻天覆地的变化。2009 年 6 月 24 日召开的国务院常务会议决定将在全国 10% 的县（市、区）开展新型农村社会养老保险试点，这具有深远的历史意义，使得世代"养儿防老"的中国农民，将开始和城里人一样享受社会养老保险。

党的十六大以来，中央连续发出六个一号文件，作出我国总体进入以工促农、以城带乡发展阶段的判断，开始实行"多予、少取、放活"和"工业反哺农业、城市支持农村"方针。2005 年，党的十六届五中全会提出，建设社会主义新农村是我国现代化进程中的重大历史任务。党的十七大明确提出走中国特色农业现代化道路，党的十七届三中全会对新时期农村改革发展进行了全面部署。

从新型农村合作医疗制度建设，到免费义务教育；从最低生活保障制度建立，到推进社会养老保险试点，公共财政的阳光正在普照到乡村的每一个角落。从新增投资向农村倾斜，到加大农村地区贷款；从"村村通"公路工程建设，到农家书屋工程的推进，广大农村在国家政策的强力支持下发生着新的变化，新型社会主义农村建设欣欣向荣。

三、工业取得惊人跨越：从"遍地洋货"到"世界工厂"

新中国诞生之时，民族工业景象惨淡。洋火、洋灰等这些从旧时代遗留下来的名称，表明我国当时的工业基本处于空白状态。根据有关部门的统计，1949 年前的 100 年间，中国工业发展积累下来的固定资产仅仅为 100 亿元。从三年恢复，到"一五"计划，中国工业在艰难中起步。而在此后的风历历程中尤其是改革开放之后，中国工业始终站在前列，充当着经济发展的火车头。

　　回望新中国成立 60 年的历史，一个最根本的事实是，中国经济发展，有赖于工业持续高速增长以及工业化进程的迅速推进。通过一组经济数据可以看出我国工业取得的成就。1949 年我国钢产量只有 15.8 万吨，不到世界产量的千分之一，2008 年的粗钢产量则超过 5 亿吨（见图 1－4），占全球产量的近 40%。1949 年我国原油产量只有 l2 万吨，2008 年接近 1.9 亿吨，是 1949 年的 1500 多倍。1959 年我国汽车产量只有 1.6 万辆，而 2008 年逼近千万辆大关。目前我国自行车、缝纫机、电池、啤酒等 100 多种产品的产量居世界第一；主要工业产品中的钢、煤、水泥、化肥、棉布居第一，发电量居第二；家电、皮革、家具、羽绒制品、陶瓷、自行车等产品占国际市场份额的 50% 以上。一个曾经连铁锅都要砸掉炼钢的国度，如今正在为无法消化过剩的生产能力而烦恼；一个曾经的"贫油国"，崛起了一座座石油新城；一个曾把轿车当做奢侈品的国家，如今正在为扩大消费而鼓励汽车下乡。我国已经成为名副其实的工业大国，正在向工业强国迈进。

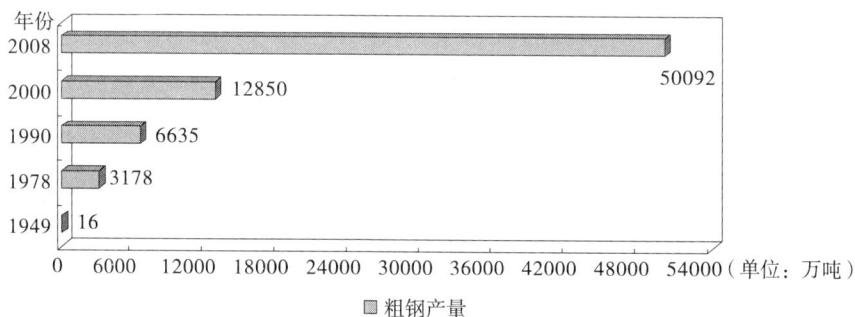

图 1－4　1949—2008 年我国粗钢产量

（资料来源：2008 年度数据来自《中华人民共和国 2008 年国民经济和社会发展统计公报》，其余年份数据均来自于《中国统计年鉴2008》，中国统计出版社）

　　归纳新中国成立 60 年来的工业发展成就，大致包括如下几个方面：一是在一穷二白的基础上，建成了全面的、具有相当规模和水平的现代工业体系和现代信息产业，实现从农业大国向工业大国的转变；二是一大批工业品的产量居世界前列；三是在载人航天、大运载火箭、月球探测、卫星导航及高性能计算机等一些尖端领域实现了历史性的突破和跨越；四是技术进步显著，自主创新能力增强；五是通信网络和用户规模全球第一，电话普及率达到全球平均水平。到 2009 年 6 月底，我国的互联网上网人数达 3.4 亿，普及率为 25.6%，超过全球平均水平。

新中国成立时，各行业、各种类物质匮乏，因此才有了"物资局"这一计划经济体制下的机构长期存在。如今，中国经济早已经走出短缺，主要工业品的供给能力名列世界前茅。工农业产品产量位次也大幅前移，一些产品在国际市场上已经成为举足轻重的力量。解放初期，我国钢产量仅居世界第 26 位，原油仅居第 27 位，发电量仅居第 25 位。经过 60 年的发展，2007 年主要农产品中，谷物、肉类、棉花、花生、油菜籽、茶叶、水果等产量已稳居世界第一位；主要工业产品中，钢、煤、水泥、化肥、棉布居第一位；发电量居第二位；原油产量居第五位。

作为一个新兴的工业大国，中国工业的快速发展不仅解决了基本生活必需品的短缺问题，而且还使我国逐渐成为一个世界制造业大国。2008 年与 1949 年相比，纱产量由 32.7 万吨增加到 2149 万吨，增长 64.7 倍；布由 18.9 亿米增加到 710 亿米，增长 36.6 倍；原煤由 0.32 亿吨增加到 27.93 亿吨，增长 86.3 倍。电视机、电冰箱、照相机、洗衣机、计算机、空调器等一大批新兴电子产品产量也从无到有，在改革开放以后呈迅猛扩张之势。

2009 年，中国工业又来到一个新的历史关头：因国际金融危机冲击而困难重重的工业企业，正凭借科技创新和结构调整孕育新的突破，向着更高目标发起新一轮冲击。从洋货遍地，到世界工厂；从一穷二白，到工业大国，中国以 60 年的时间走过了西方发达国家近 300 年工业化的历程。惊人的跨越，见证着艰难而辉煌的历程，也预示着充满希望的前景。

四、交通运输业：从举步维艰到四通八达

交通是一个国家现代化的标志之一。新中国成立时，我国铁路能够通车的里程只有 1 万多公里；全国仅有 3 万公里公路，比西方发达国家落后近一个世纪。经过 60 年建设，中国从无路，到有路，再到走得顺畅、便捷，实现了跨越式发展。一条条土路变成高速公路，逐渐成网；一条条高速铁路在城市间架起，缩短着时空距离；一条条国内、国际航线散射到世界各个角落；一艘艘中国巨轮遨游在四大洋，货物通达五洲……

从 1950 年 6 月 15 日，新中国自行修建的第一条铁路挖下第一锹土开始到 1978 年，我国铁路营业里程达到 4.86 万公里，比解放初期增长了两倍多；公路通车里程达到 89 万公里，搭起了铁路、公路、水运、民航行业的骨架，实现了从"无路"到"有路"的跨越。改革开放后，为了大国腾飞的梦想，"要想富，先修路"的口号响彻大江南北。中国交通开始实现从"有路可走"走向"走得顺畅"的再次跨越。到 2008 年年底，全国公路通车总里程达到 373 万公里，全国 99.2% 的乡镇和 92.9% 的建制村通了公路；铁路通车总里程达到 8 万公里，跃居世界第二；民航拥有1254 架飞机，经营着 1532 条定期航班航线，营业里程达到 246.2 万公里（见图 1－5）；港口货物吞吐量连续六年位居世界第一，亿吨大港达到16 个。

修一条路可带动一方经济，铺就一张交通网可以拉动整个国民经济。中国交通发展的速度，从一个侧面印证着中国经济快速增长的速度。例如1996 年 9 月 1 日通车、全长 2398 公里的京九铁路，将北京和香港九龙连接，是中国铁路史上一次建成线路最长的工程项目，辐射人口约 2 亿人。这条铁路通车以前，每年沿线都有大量农民的山货、土特产烂在地里。路通后，山货出去了，农民富裕了，京九铁路成为中西部地区最重要的生产力之一。

从城市到乡村，从平原到山区，从沿海到内陆，陆海空交通网的触角延伸到各个角落，给广大百姓生活带来便捷顺畅的出行条件。例如，解放

（单位：万公里）

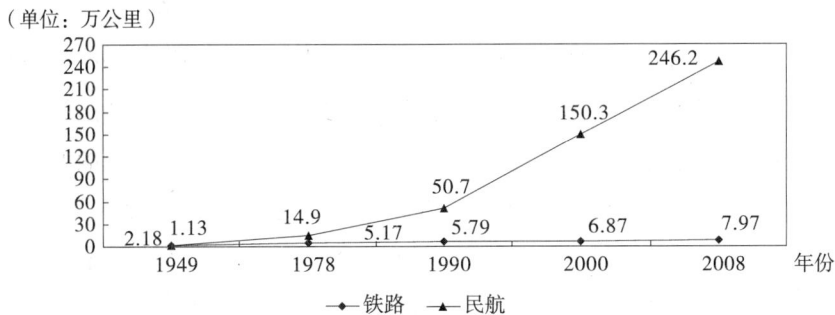

图 1-5　1949—2008 年铁路和民航营业里程

（资料来源：2008 年度数据来自《中华人民共和国 2008 年国民经济和社会发展统计公报》，其余年份数据均来自于《中国统计年鉴 2008》，中国统计出版社）

前，西藏与内地远隔千山万水、中间横亘雪域高原，可谓"难于上青天"。新中国成立后，西藏陆续实现"通汽车、通飞机和通火车"的梦想：1954 年，青藏、康藏两条公路正式通车；1956 年，北京至拉萨的航线试航成功；2006 年，世界第一高原铁路——青藏铁路建成通车。"国运兴，交通兴"，60 年奋进，60 年巨变。站在新的历史起点上，中国交通将再展宏图，为中华民族实现伟大复兴铺就坚实的腾飞之路……

五、外贸外资：从闭关锁国到全方位、宽领域、多层次的对外开放①

从 1978 年党的十一届三中全会制定改革开放方针开始，中国经济的大门毅然决然地向世界敞开，中国也从此逐步迈入世界大市场。从沿海到沿江沿边，从东部到中西部，中国逐步形成了全方位、宽领域、多层次对外开放的局面，一个比以往任何时候都要广阔的发展空间展现在人们面前。

---

① 参见《开放中国拥抱世界对外开放带来空前巨变》，载《人民日报》2009 年 8 月 31 日。

60 年来，中国冲破了国内市场、资金、资源的限制，经济发展的舞台空前宽广：1950 年，中国外贸出口额只有 5.5 亿美元，且 80% 出口到前苏联和东欧等极少数少数国家。近 60 年后，这个数字增长了 2600 倍，我贸易伙伴也已增至 220 多个，"中国制造"遍布全球，市场日趋多元化。"一五"期间，中国依靠苏联 19 亿美元低息贷款，建设了 156 个重点项目。而如今，中国已成为全球外商直接投资第二大国家。2008 年，我国进出口额达 2.56 万亿美元，比 1950 年增长了 2267 倍，是 1949—1978 年总和的 15 倍，占世界贸易总额的比重由 1950 年的 0.9% 升至 2008 年的 8.86%（见图 1-6）。

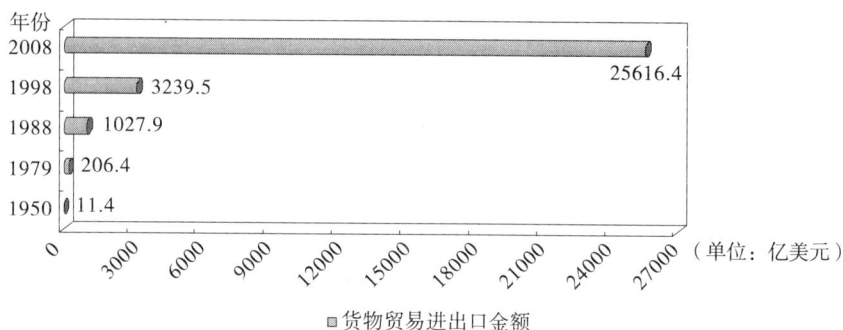

图 1-6 1950—2008 年我国货物贸易进出口情况

（资料来源：2008 年度数据来自《中华人民共和国 2008 年国民经济和社会发展统计公报》，其余年份数据均来自于《中国统计年鉴 2008》，中国统计出版社）

新加坡《联合早报》刊登的《世界改变中国中国改变世界》一文指出："中国经济发展经历了三个阶段。第一个阶段是对外开放，让世界进入中国；第二个阶段还是对外开放，但中国开始走向世界；第三个阶段依然是对外开放，中国已经开始改变世界了。在这三个阶段中，开放政策始终不变，但开放的结果却变而又变，使中国变得更加发展、更加强大了。"[1] 从封闭半封闭到全面对外开放，60 年来，中国经济发展空间在腾

---

[1] 转引自《惊人的跨越——新中国 60 年经济发展述评》，新华网 2009 年 8 月 9 日。

挪转换中不断扩大。中国不但积极开拓国际市场发展国内生产，而且有效利用国际资源支撑国内经济发展，使得经济增长后劲十足。

截至 2009 年 6 月底，全国已批准设立外商投资企业 67 万家，累计实际使用外资 9400 多亿美元。连续 17 年荣膺吸收外资最多的发展中国家。世界 500 强已有 480 余家来华投资，外商在华设立研发中心约 1200 家，其技术外溢和示范效应有力提升了我产业发展水平及自主创新能力。城镇就业人口中，每 8 个人就有 1 人在外企工作。

利用外资不仅促进了国民经济增长，还给百姓的思想观念、日常生活和精神面貌带来了深刻变化。30 年前必须用外汇券才能买到的奢侈品——可口可乐，今天在中国任何一家超市的货架摆满，消费者可以选择的中外饮料达数百种。20 世纪 80 年代中期，中国电话普及率还不足 0.6%，移动电话更是鲜为人知。现在，全国手机用户已近 7 亿，成为全球最大的移动通信市场。1949 年我国社会消费品零售总额仅为 277 亿元，2008 年超过 10.8 万亿元，增长 390 倍，短缺不再，消费升级……中国与世界越来越近。

2001 年 11 月 10 日，中国正式加入世界贸易组织。入世，是改革开放进程中具有历史意义的一件大事，标志着中国站上了一个新起点，在更高水平、更大范围、更深程度上拥抱世界。入世后，中国由政策性开放转为制度性开放；由单方面为主的自我开放，转为我与世贸成员之间的双向开放；由被动开放，转为主动参与制定国际经贸规则的开放。

加入世界贸易组织以来，我国进入 60 年对外经济发展最快也是行政管理体制改革最快的时期，社会主义市场经济体制更加完善，也在国际社会拥有了更多话语权，为新世纪新阶段全面参与经济全球化夯实基础，仅对外贸易在 2002—2008 年的年均增长率就逾 26%，远高于同期世界平均水平；到 2005 年底仅中央层面就制定、修订、废止了 3000 余件法律、行政法规和部门规章，市场环境更透明更规范。与此同时，多双边经贸关系全线发展，互利共赢佳报频传，APEC、10 + 1、10 + 3、中非合作、上合组织、自贸协定、与美欧日俄等经济体的高层对话……中国展示着一个负责任大国的襟怀与风采。入世至今，中国对世界经济发展的贡献率达13%，联合国、WTO、IMF、世界银行等主要国际组织愈来愈重视"中国声音"。

六、中国经济体制破除僵化、不断创新

财富的创造来自生产力，生产力的活力来自体制。新中国经济建设60年，最大的成就是我们通过改革开放，初步建立了社会主义市场经济的体制框架。

从60年前社会主义新中国向苏联学习建立计划经济体制，到改革开放之初，在国内生产总值中，公有制所占比重约为99%。党的十一届三中全会明确作出了"全党工作的着重点转移到社会主义现代化建设上来"的战略决策，提出了"对内搞活、对外开放"的总方针，拉开了中国经济体制改革的序幕。

经过改革开放30多年的艰辛努力，中国已初步形成了社会主义市场经济体制，单一公有制经济活力不足的弊端得到根本改变。在所有制结构改革方面，出现了以公有制为主体、多种所有制经济共同发展的格局。非公有制经济从无到有，迅速发展。到2008年，全国实有私营企业657.44万户，从业人员7903.75万人；实有个体工商户2917.46万户，从业人员5776.68万人；外资企业43.29万户。同时，公有制经济的主体地位进一步巩固，控制力和影响力不断增强。在市场体系建设方面，多层次的体系格局已经形成。要素市场发展加快，A股市场已经成为国际资本市场的重要组成部分，土地、劳动力、技术等要素市场也渐趋成熟。在经济调控手段上，我国也初步建立起了国家规划计划、财政、货币等政策手段相互协调、相互制约的宏观调控体系。

新中国成立之初，对个体农业、手工业和私营工商业进行的大规模社会主义改造，建立起了社会主义公有制。改革开放以来，国家逐步确立了以公有制为主体、多种所有制为重要组成部分的中国特色社会主义基本经济制度，实现了从计划经济向社会主义市场经济、从单一公有制向以公有制为主体多种所有制共同发展的巨大转变。各类市场主体充分发育，国有

经济控制力显著提升，民营经济蓬勃发展，形成了多种所有制经济齐头并进、共同推动中国经济快速增长的良好局面。

经济体制的变革让百姓得到越来越多的实惠。新中国成立后的一段时期内，分配上的平均主义盛行，严重影响了人们积极性的发挥。改革开放后，我国收入分配体制出现了实质性变化，不仅实现了按劳分配，而且允许和鼓励资本、技术等生产要素参与分配。一部分人通过合法经营和诚实劳动先富了起来。收入分配制度改革调动了广大职工的积极性，有力地促进了经济增长。与新中国成立之初相比，全国职工年平均工资增长了约60倍。

与社会主义基本经济制度变化相类似，社会主义市场经济体制的确立也是一个渐进的过程。例如，从1952年成立"国家计划委员会"，到1998年更名为"国家发展计划委员会"，再到如今的"国家发展和改革委员会"，勾勒出中国从高度集中的计划经济体制到充满活力的社会主义市场经济体制的变化轨迹。新中国成立初期，高度的计划经济体制发挥了社会主义集中力量办大事的优势，使中国经济得以迅速恢复，工业基础初步建立。在此后数十年社会主义建设实践中，我们对计划和市场关系的认识不断进步和深化，最终突破了把计划经济等同于社会主义、把市场经济等同于资本主义的传统观点，把市场经济写在了社会主义的旗帜上。目前，我国98%以上的商品、95%以上的生产资料产品价格已由市场决定。

纵观60年来中国社会主义经济体制的巨大跨越，不是传统社会主义理论指导下的选择，而是在探索和解决社会主义实践中所面临的一系列重大现实问题与矛盾的过程中逐步演进的结果。60年弹指一挥间，但正是在这60年间，中国为人类社会演绎了一场波澜壮阔的巨大变迁，走过了其他国家几百年的发展历程，造就了令世界瞩目的"东方奇迹"。

第二节 人民生活日新月异

一、贫困人口大幅递减，脱贫成为全球范例

新中国成立初期，我国绝大部分居民处在贫困线下。新中国成立 60 年来，国家一直把反贫困作为中国特色社会主义伟大事业的重要组成部分，走出了一条符合中国国情的扶贫道路，解决了 13 亿人的温饱问题，创造了人类发展和世界反贫困史上的奇迹。世界银行 2008 年数据显示，截至 2007 年，过去 25 年全球脱贫事业成就的 67% 来自中国，我国脱贫人口占发展中国家脱贫人口的四分之三，我国是唯一一提前完成了联合国到 2015 年使贫困人口减半的千年发展目标的发展中国家，成为全球消除贫困的成功"范例"。①

新中国成立 60 年来的扶贫成果显著，扶贫模式则随着时代的推进而变迁：第一阶段，改革开放前主要是单一救济式的扶贫。土地改革消灭了土地私有制，把农民纳入到人民公社体系中，使得公社成为农民福利的依靠，为消除贫困建立制度基础。但由于"大跃进"运动、频繁发生的自然灾害以及 1966 年开始的"文化大革命"使得我国农村普遍出现大饥荒。截至 1978 年年末，农村的绝对贫困人口为 2.5 亿人，占农村总人口的 30.7%。第二阶段，改革开放初期到 1993 年主要是全国性的大规模救济扶贫模式。家庭联产承包责任制的实施、农产品价格的逐步放开、乡镇企业的兴起都解放了农村生产力，降低了贫困人口数量。1986 年，为了进一步加大扶贫力度，国家成立了从中央到地方各级的贫困地区经济开发领导小组，安排专项扶贫资金进行有计划、有组织、大规模的扶贫工作。全国农村贫困人口经由 1978 年的 2.5 亿人减少到 1993 年的 8000 万人。第三阶段，1993 年到 2000 年主要是综合开发式的扶贫模式。1994 年制定

---

① 《联合国报告称中国成全球消除贫困的成功范例》，新华网 2005 年 10 月 9 日。

的《国家八七扶贫攻坚计划》明确提出要实行扶贫开发和贫困救助相结合的"内外造血式"扶贫机制，并取得巨大成就，绝对贫困人口下降到 2000 年的 3000 万人，占农村总人口的 3.4%。第四阶段，2001 年至今主要是多元式扶贫模式。以 2001 年的《中国农村扶贫开发纲要（2001—2010 年)》的颁布实施为标志，扶贫开发工作进入解决和巩固温饱并重的新阶段。截至 2007 年，农村贫困人口下降到 1479 万人，占农村总人口的 1.6%。① 2007 年开始在农村全面推行的最低生活保障制度将使得农村贫困人口的温饱问题主要通过不断完善低保政策及实施办法来解决。

二、生活水平稳步提升，城乡居民安居乐业

一切生产的目的，一切财富的创造，都是为了让人民过上更美好的生活。新中国成立 60 年来，我国城乡居民经过了从脱离贫困，解决温饱，到总体小康②进而向全面小康③迈进的曲折历程，人民生活发生难以置信

---

① 参见《中国统计年鉴》，中国统计出版社 2008 年版。

② 1991 年国家统计与计划、财政、卫生、教育等 12 个部门的研究人员组成了课题组，按照中央、国务院提出的小康社会的内涵确定了 16 个基本检测和临测值。这 16 个指标把小康的基本标准设定为：（1）人均国内生产总值 2500 元（按 1980 年的价格和汇率计算，2500 元相当于 900 美元）；（2）城镇人均可支配收入 2400 元；（3）农民人均纯收入 1200 元；（4）城镇人均住房面积 12 平方米；（5）农村钢木结构住房人均使用面积 15 平方米；（6）人均蛋白质摄入量 75 克；（7）城市每人拥有铺路面积 8 平方米；（8）农村通公路行政村比重 85%；（9）恩格尔系数 50%；（10）成人识字率 85%；（11）人均预期寿命 70 岁；（12）婴儿死亡率 3.1%；（13）教育娱乐支出比重 11%；（14）电视机普及率 100%；（15）森林覆盖率 15%；（16）农村初级卫生保健基本合格县比重 100%。用综合评分方法对这 16 个指标进行测算，到 20 世纪末，我国人民生活水平已经基本上达到了低水平的、不全面的、发展很不平衡的小康水平。

③ 党的十六大报告明确提出了"全面建设小康社会"，基本标准包括 10 个方面：（1）人均国内生产总值超过 3000 美元，这是建成全面小康社会的根本标志；（2）城镇居民人均可支配收入 1.8 万元；（3）农村居民家庭人均纯收入 8000 元；（4）恩格尔系数低于 40%；（5）城镇人均住房建筑面积 30 平方米；（6）城镇化率达到 50%；（7）居民家庭计算机普及率 20%；（8）大学入学率 20%；（9）每千人医生数 2.8 人；（10）城镇居民最低生活保障率 95% 以上。党的十七大报告在此基础上提出新的更高要求：一是增强发展协调性，努力实现经济又好又快发展；二是扩大社会主义民主，更好保障人民权益和社会公平正义；三是加强文化建设，明显提高全民族文明素质；四是加快发展社会事业，全面改善人民生活；五是建设生态文明，基本形成节约能源资源和保护生态环境的产业结构、增长方式、消费模式。

的变化，消费水平和质量明显提高。

60 年，翻天覆地。从收入状况看，城乡居民收入增长速度逐步加快，财产性收入进入寻常百姓家。城镇居民人均可支配收入由 1949 年的不足 100 元提高到 2008 年的 15781 元，扣除价格因素，增长 18.5 倍，年均增长 5.2%，其中 1979—2008 年年均增长 7.2%。农村居民人均纯收入由 1949 年的 44 元提高到 2008 年的 4761 元，1979—2008 年年均实际增长 7.1%。收入的增加使城乡居民拥有的财富呈现快速增长趋势。2008 年年底城乡居民人民币储蓄存款余额达 21.8 万亿元，比 1952 年年底的 8.6 亿元增加 2.5 万倍，人均从 1.6 元增加到 16407 元。

收入的增加，让百姓的生活富裕起来；社会保障制度的逐步建立，让百姓对未来有了越来越多的安全感。吃、穿、用、住的消费水平，更是与 60 年前不可同日而语！老人们会记得，百姓心目中的高档消费品，20 世纪中期是百元级"老四件"——自行车、手表、缝纫机、收音机；80 年代是千元级的"新六件"——电视机、洗衣机、录音机、电冰箱、电风扇、照相机；到 90 年代后就是万元级、十万元级、百万元级的电脑、汽车、商品房。这都充分地说明人民的生活水平极大改善，更加富裕，更加安逸。

首先，我国居民的食品消费结构也发生了显著的变化，经历了由吃饱到吃好、由追求品种数量的增加到讲究餐饮营养质量提升的转变过程。第一，居民饮食机构中的粮食直接消费量稳步下降。这表现在我国城镇居民家庭平均每人全年购买的粮食数量由 1957 年的 167.2 千克下降到 2007 年的 77.6 千克，开始摆脱以粮食为住的粗放方式，转而讲究营养和风味等。第二，副食特别是动植物食品消费的比重明显提高，居民传统的以粮食、蔬菜为主的饮食结构发生很大变化。例如，1957 年我国城镇居民家庭平均每人全年购买的猪肉、家禽和鲜蛋的数量为 6.7 千克、1.2 千克和 3.3 千克，而 2007 年则分别达到 18.2 千克、9.7 千克和 10.3 千克，增长数倍之多！第三，居民食物支出占消费总支出的比重逐渐下降。例如，新中国成立之初，城镇居民用于吃和穿的开支占到全部生活费支出的 80%，农村居民更高达 90% 以上。2008 年，我国城乡居民的恩格尔系数分别达到了 37.9% 和 43.7%。按照联合国粮农组织的标准，我国城镇居民已经属于富裕型消费结构，农村居民消费结构也达到小康水平。

其次，居民的健康水平显著提高。新中国刚成立时的医疗卫生条件极差，霍乱、结核、疟疾、麻疹等多种流行性疾病猖獗，缺医少药的现象比较普遍。解放前夕，全国平均每万人口中病床数为 1.5 张，卫生技术人员数为 9.3 人，而 2007 则分别达到 26.3 张和 37 人，分别增加了 16.5 倍和 3 倍。人民的平均寿命从解放前的 35 岁提高到 2007 年 71 岁左右，婴儿死亡率也是大幅度下降。这表明，我国人民在物质生活逐渐丰富的同时，享受到了健康快乐的人生。

最后，居民的居住环境得到极大改善。新中国成立初期，我国居民住房条件很差，城镇居民居住拥挤不堪，农村住房则相当大一部分都是土坯茅草房。新中国成立 60 年来，特别是改革开放 30 年来，居民的居住条件有了很大的提高。在城镇，2006 年城镇人均住宅建设面积为 27.1 平方米，与 1956 年的 4.3 平方米相比增加了 5.3 倍。农村居民人均住房面积由 1978 年的 8.1 平方米，增加到 2007 年的 31.6 平方米，增长了 2.9 倍。

三、失业问题较好解决，就业压力有所缓解

新中国成立 60 年间，我国经历了三次严峻的失业挑战。[①] 但党和国家每一次都能够做到沉着应对，基本破解了难题。第一次，在新中国成立初期，旧社会遗留下来 400 万失业人员，需要解决就业问题。在这一阶段，国家果断实施"统包统配"的劳动就业制度，有力地推动了就业工作，对新中国成立初期有计划地进行大规模社会主义建设起到了积极作用。第二次，在"文化大革命"结束后，1000 多万"上山下乡"人员陆续返城，党中央、国务院提出实行"劳动部门介绍就业、自愿组织起来就业和自谋职

---

① 《扩大就业健全社保人尽其才——访人力资源和社会保障部部长尹蔚民》，载《人民日报》2009 年 9 月 1 日。

业相结合"的方针，扩展集体经济和个体经济就业渠道，广开就业门路。从 1979 年到 1983 年，我国累计安置城镇就业 3916 万人，不仅缓解了上山下乡返城人员就业问题，而且打破了传统的主要依靠国有企业的就业模式，极大改变了我国的就业形式和就业结构。第三次，在 20 世纪 90 年代中期以后，我国国有企业职工下岗问题凸显。政府提出了"两个确保"——确保国有企业下岗职工基本生活保障、确保离退休人员基本养老金按时足额发放，对当时的社会稳定发挥了重要作用。1998 年到 2001 年，全国国有企业下岗职工累计 2550 万人，绝大多数先后进入再就业服务中心，按时领取基本生活费，成功地实现了企业富余人员分流的"软着陆"。

在一次次应对挑战的过程中，我国城乡就业规模也不断扩大。全部就业人员由 1952 年的 2.07 亿增加到 2008 年的 7.75 亿，增长了 3.74 倍，其中 1978 年到 2008 年年均增加 1200 多万人。城镇登记失业率长期稳定在较低水平，在劳动力供求矛盾十分突出、国内外经济起伏变化复杂的情况下，成功保持了就业局势的基本稳定。

受国际金融危机的影响，当前我国面临更加复杂而艰巨的就业任务。劳动力供大于求的矛盾进一步加剧，高校毕业生、农民工和城镇困难人员三个群体的就业问题更加突出。党中央、国务院把解决就业问题作为重大的民生问题和应对国际金融危机一揽子计划的一项重要内容，进行了统筹安排和部署。相信随着这些政策措施的深入实施，我国一定能实现更加充分的就业，确保就业稳定。

四、社会保障制度从无到有，体系框架初步形成

社会保障制度是社会进步和文明的重要标志。我国的社会保障历史正是以新中国的建立为起点，从无到有、从城镇到农村、从职业人群到城乡居民，一步步推开并不断改革完善的。从保障情况看，城镇社会保障制度逐步建立和完善，农村社会保障制度建设也在顺利地向前推进。新中国成立 60 年来，到 2008 年末，城镇养老保险参保人数达到 21891 万人，比 1989 年增加 16181 万人；医疗、失业、工伤、生育保险参保人数大幅增

加。城镇基本医疗保险达到 3.18 亿人，2729 个县（市、区）的 8.15 亿农民参加了新型农村合作医疗，参合率达到 91.5%。2008 年有 2335 万城市居民、4306 万农村居民得到了政府最低生活保障。1000 多万被征地农民纳入基本保障制度，6600 多万居民享受城乡低保。

社会保障待遇水平稳步提高。国家连续 5 年统一调整企业退休人员基本养老金待遇，由 2000 年的月人均 544 元提高到 2009 年调整后的 1200 元；新农合的筹资水平经过两次调整，从年人均 30 元提高到 100 元，大病住院医疗费用报销比例从最初的 20% 多提高到去年的 38%；国家还多次提高了低保标准和失业、工伤保险待遇标准，使广大群众特别是低收入群众基本生活得到有效保障。

社会保障的体系框架初步形成。经过几十年探索，形成了以社会保险为主体，包括社会救助、社会福利、优抚安置、住房保障和社会慈善事业在内的社会保障制度框架，制度运行总体平稳。城镇养老、医疗、失业、工伤、生育保险制度普遍实施，实现了从单位福利向统筹互济的社会保险的转变。

社会化管理服务体系初步建立。城镇企业离退休人员的养老金全部实现了由银行代发，医疗、失业、工伤、生育等保险待遇也相继改变了由单位报销的方式，改为由社保机构与相关服务机构直接结算或通过银行支付；73% 的企业退休人员纳入街道社区管理服务。社会保障制度的建立和完善深刻地改变了人们的生活，发挥了经济运行的"减震器"、社会稳定的"安全网"和收入分配的"调节器"的作用。

第三节　教育科技迅猛发展

一、教育取得巨大飞跃：从文盲大国到人力资源大国

从八成以上人口是文盲，到九年义务教育入学率接近 100%。新中国成立 60 年来，教育事业取得了伟大的历史成就。新中国成立之初，中国适龄儿童小学入学率不到 20%，初中入学率仅为 6%，80% 以上的人口是文盲。农村的文盲率更是高达 95% 以上。新中国成立初期到 1978 年，党和政府十分重视基础教育，同时也适度发展高等教育。文盲率由 1964 年的 33.58% 下降到 1982 年的 22.81%；基本普及小学教育，学龄儿童入学率达到 95.5%。改革开放以来，教育事业进入快速发展时期，义务、高等、职业等教育方式都得到迅速发展。而在新中国成立 60 周年之际，一个个数字与事实向世界显示着中国教育的实力和潜力：中国 15 岁以上人口和新增劳动力平均受教育年限分别超过 8.5 年和 11 年，有高等教育学历的从业人数达到 8200 万人，均处于发展中国家前列。中国实现了从人口大国转变为人力资源大国的目标，将沉重的人口负担转化为巨大的人力资源优势。

2007 年以来，中国在全面普及九年义务教育、高等教育连续扩招的基础上，在义务教育阶段实施免费，在非义务教育阶段实施成本分担，同时大力推进教育公平，建立起覆盖 400 万高校学生和 1600 万中等职业学校学生的资助体系。同时，中国还建立起覆盖 40 多万所农村和边远地区学校的远程教育网络，使全国城乡儿童、青少年和人民群众享有了更加平等的教育机会、更加优质的教育资源。2008 年，普通高等学校在校学生总数为 2021 万人，比 1978 年增加 1935 万人（见图 1－7）。1978—2008 年累计毕业普通本专科毕业生 3521 万人，研究生 210 万人，分别比前 29 年增加 3243 万人和 208 万人。教育普及程度明显提高，已接近中等收入国家平均水平。2008 年，高等教育毛入学率达到 23.3%；高中阶段毛入学率 74%；初中阶段毛入学率 98.5%；全国小学净入学率达到 99.5%；文盲率降至 6.67%。2008 年，高中阶段（包括普通高中、成人高中、中等职业教育）在校生人数 4546 万人，比 1980 年增加 2825 万人。适应我国经济发展进程要求的职业教育得到迅速发展，2008 年中等职业教育在校生达到 2057 万人，每年有近 500 万中等职业教育毕业生进入劳动力市场。

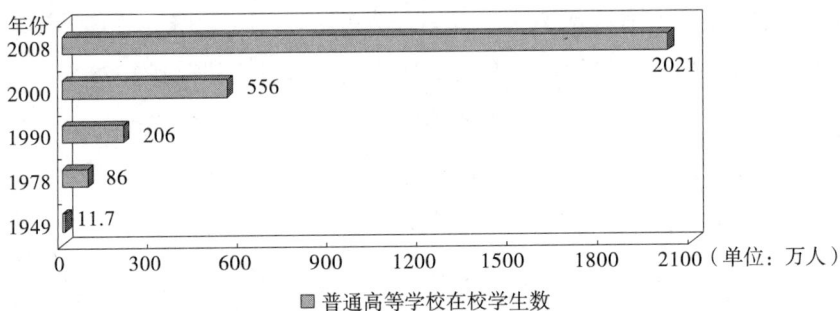

图 1-7　1949—2008 年我国普通高等学校在校学生数
(资料来源：2008 年度数据来自《中华人民共和国 2008 年国民经济和社会发展统计公报》，其余年份数据均来自于《中国统计年鉴 2008》，中国统计出版社)

2009 年 1 月，我国正式启动《国家中长期教育改革和发展规划纲要》第一轮公开征求意见。这是进入 21 世纪以来，党和政府基于国家长远发展的现实需求，应对全球化竞争的时代要求，制订的第一个教育规划纲要，是指导未来 12 年教育改革和发展的纲领性文件。《国家中长期教育改革和发展规划纲要》的制订，再次使中国的教育工作者意识到：经过 60 年的发展，中国教育进入了全面提高质量的新阶段、进入了让孩子们上好学的新阶段、进入了建设人力资源强国的新阶段。

教育事业好比铺路石，为祖国实现历史大跨越积累了丰厚的精神财富；在今天的新历史起点上，我国教育事业将作为加速器，为祖国走向世界前列、为中华民族的伟大复兴提供源源不断的人才资源。"211 工程"、"985 工程"等重点项目的实施，也将为我国高素质人才的培养提供更强有力的支撑。

"优先发展教育，建设人力资源强国"——在新的历史起点上，党的十七大报告为我国实现全面建设小康社会描绘了一幅更加光辉的图景，也为我国教育事业的发展指明了新的前进方向。

二、科技进步迅速，科技成果卓著

从被看做消费事业到"第一生产力"、"四化"的关键，从批判"科学救国"到"科教兴国"战略的制定实施，再到自主创新、建设创新型国家，科学技术在新中国60年间演绎着一场惊心动魄的故事。

中国科技事业60年经历了一个曲折的、不平凡的发展历程。在1978年3月全国科学大会召开之前，中国所有的大大小小的政治运动，从20世纪50年代初的思想改造运动到1957年的"反右斗争"直到"文化大革命"，知识界都是挨整的对象，1978年科学大会才彻底改变了知识分子的地位。新中国科技发展的历史，可大致划分为五个阶段[①]：第一阶段：1949—1955年底全国知识分子大会召开前，为新中国科技工作的创建时期。第二阶段：1956—1966年，这十年是共和国第一个科学技术远景规划制定和执行的十年。单从中国科学院来看，称得上是辉煌的十年、黄金十年。这一阶段，取得了"两弹一星"等重大科技成果，是中国科技大发展时期。第三阶段：1966—1976年"文化大革命"时期，这是中国科技遭到全面的严重破坏时期。第四个阶段：1978年到20世纪末期间，召开了全国科技大会和十一届三中全会，各行各业开始了拨乱反正，国家由此走上了改革开放的轨道，科技事业迅速得到恢复，并在改革开放中取得空前的新发展。第五阶段：2005年至今，以胡锦涛总书记提出要自主创新、建设创新型国家为标志，中国科技事业开始了发展的又一个新时期。

中国科技有两次大的飞跃：第一次飞跃是1956年制定和实施"12年科技发展远景规划"，它使中国科技事业开始走上现代化的发展轨道；第二次飞跃是1978年全国科学大会以后至21世纪初，中国的科技事业在这期间虽然在现代化的轨道上有了较大的新发展，但从总体上看尚未登堂入室。如今，党中央提出自主创新、建设创新型国家的目标，如果实现了这第三次飞跃，那才真正可以说我国的科技事业在世界科学殿堂里登堂入

[①] 参见孙英兰：《新中国科技脉络图》，《瞭望新闻周刊》2009年第27期。

室了。

旧中国科技事业长期处于落后的局面，科研机构零散，优秀的科研人员凤毛麟角，大量的科研领域处于空白状态。1956—1966 年的十年间，中国科技上了一个大台阶。经过十年的发展，尤其是"12 年科技远景规划"的制定和实施，使我国的科技事业发生了质的飞跃，主要学科和技术领域几乎都有布局。到 1956 年，在侨居国外的大约 5000 名科学家、留学生中，已有近 3000 人冲破种种阻力，陆续自海外归来。至 1966 年，仅中国科学院直属研究机构就达 118 个，科技人员约 2.5 万人。

1978 年召开的全国科技大会，调动了广大知识分子的科研积极性。此后中央陆续出台一系列促进科技发展、人才培养的政策，包括鼓励适龄青年出国留学，财政部每年拨专款支持等。到 2006 年全国累计有 106.7 万人赴 108 个国家留学，学成归国的有 27.5 万人。大批回国留学生已成为科研、教学和发展高科技企业的带头人。1978—1998 年的 20 年间，是中国科技事业恢复、调整、改革、发展阶段，科研环境得到极大改善，科技政策也有了很大调整。1985 年开始的科技体制改革和 1995 年提出的"科教兴国"战略，支撑了科技事业的第二次飞跃。在 2006 年年初举行的全国科学技术大会上，自主创新、建设创新型国家成为首要的国家战略。同时颁布的《国家中长期科学和技术发展规划纲要（2006—2020年)》明确提出，到 2010 年，全社会研发投入占 GDP 的比重将提高到 2%；到 2020 年，这一比例将达到 2.5% 以上，企业将成为科技创新主体。

与新中国相伴成长的科技事业，在过去 60 年中发生了巨大变化，可归纳为五个方面：一是发展科技事业的理念和科技事业的地位发生了重大的根本性变化，科学技术已成为国家战略的核心、国家综合竞争力的关键。二是广大科技工作者的社会地位发生了根本性变化，从十一届三中全会前把包括广大科技工作者在内的知识分子划入资产阶级到科技工作者地位大大提升即为佐证，于 2000 年创办的奖金额高达 500 万元的国家最高科技奖也证明了党和政府对于科技工作者的高度重视。三是科技事业发展的内外部条件发生了巨大变化，科研实验条件大为改观，与国际社会展开广泛的交流合作。四是以"863 计划"为代表的高科技领域飞速发展，科技成果产业化速度加快，极大推进了经济发展，同时经济发展所产生的需求及实力又进一步推动了科技发展，形成良性互动。五是科技实力大幅度提升，我国目前已成为名副其实的科技大国。例如，在举世瞩目的 2008 年北京奥运会上，开闭幕式以及绿色环保的奥运场馆都彰显了当代中国的科技实力，北京奥运的 1200 多个科技项目进一步为中国科技事业的发展注入了更快、更高、更强的创新精神。2008 年 9 月 25 日，我国自行研制的神舟七号载人飞船在酒泉卫星发射中心发射升空，这一伟大壮举赢得了全世界的赞叹，再一次成功彰显了中国强大的科技实力。

新中国成立 60 年来，我国的科技人才队伍也日益壮大，素质不断提高。目前，我国科技人力资源总量约为 3500 万人，居世界第一位；2006 年我国研发人员总量为 142 万人/年，仅次于美国，居世界第二位。作为一个度量基础研究水平的重要指标，到 2008 年，SCI 论文数仅次于美国、英国，位列世界第三位。作为度量技术水平的一个重要指标，到 2008 年我国发明专利申请量也居世界第三位。

第四节　现代化水平不断跃升

一、农业文明向工业文明的大跨越

经过 60 年的努力，中国完成了从农业社会向工业化中期阶段、农业文明向工业文明的伟大跨越，现代化水平稳步提高。

无数的"第一"，书写着中国工业艰难创造的传奇：1952 年，中国第一台蒸汽机车研制成功；1955 年，中国第一辆拖拉机制造成功；1958 年，中国第一台黑白电视机研制成功；1961 年，中国第一台 1.2 万吨水压机研制成功；1964 年，第一颗原子弹爆炸成功……而当国门打开之后，引进、消化、吸收的技术不计其数。生物、航天、信息、环保等新兴技术的突破，钢铁、纺织、煤炭等传统领域技术改造，正在极大地改变着中国工业，推动工业文明向更高层次迈进。

新中国成立之初，我国通信基础十分薄弱。60 年来，信息通信网络历经从电报网到电话网，从模拟网到数字网，从国内网到国际网，从语音网到信息网的一次次跨越。目前，中国已经初步形成了国家信息高速公路基本架构。与此同时，信息技术正在越来越多进入到工业生产领域，这一新兴产业在不断抢占领先位置。一流公司做标准，二流公司做服务，三流公司做产品。中国开始越来越多地参与国际标准的制定。在 2000 年世界无线电通信大会上，中国自主研发的 TD 成为第三代移动通信国际标准之一，也是我国通信业百年史上第一个拥有自主知识产权的国际标准。2009年 1 月中国移动获得 TD 牌照，目前已覆盖全国 38 个城市。我们并不讳言创新能力还有很大差距，但决不停止追赶与超越的步伐。这代表着中国工业前进的方向和未来的希望。

推进信息化和工业化的融合，正是中国工业由大变强的新出路。事实上，中国的信息化与工业化的融合从世纪之初就已经起步。推进信息技术在经济社会各领域的广泛应用，不断提高我国信息化水平，我们走出了一条中国特色的信息化道路。

60 年风雨兼程，60 年书写辉煌。60 年中，我国从一个标准的农业国转变成为工业大国。站在新的历史起点上，我国工业将在挑战中向着现代化的目标勇敢前行，我国的现代化水平仍将稳步提升。

二、经济结构由不合理到取得明显改善

新中国刚成立时，我国是一个极其落后的农业国，工业基础非常薄弱，生产力水平低下，产业结构不合理。1952 年，"农、轻、重"三种产业产值在我国工农业总产值中的比重分别为 56.9%、27.8% 和 15.3%。60 年来，为了发展国民经济，我们付出了艰苦的努力，取得了巨大成效，改变了旧中国的落后面貌。在成为"世界工厂"的同时，我国不断在产业结构、区域结构方面推出重大调整，力争开创新局面，通过不断改革和

调整，纠正了计划经济条件下所形成的"农业基础薄弱，农轻重比例严重失调"的格局，经济结构发生了巨大变化。

产业结构比例渐趋协调。新中国成立60年来尤其是改革开放以来，我国通过优先发展轻工业、扩大高档耐用消费品进口、加强基础设施建设、大力发展第三产业等一系列措施，使得产业结构明显改善，比例也日趋合理。到2008年，第一产业由1952年的51%下降为11.3%，第二产业由20.8%上升为48.6%，第三产业则由28.2%大幅上升至40.1%。经过60年的大规模建设，中国的产业结构极大改善，工业结构实现了从门类简单到齐全，从以轻工业为主到轻、重工业共同发展，从以劳动密集型工业为主导，向劳动、资本和技术密集型共同发展的转变。目前我国已经形成一个行业比较齐全的工业体系，拥有联合国产业分类中所列的全部工业门类。

区域经济结构发展取得一定改善，但还有很大提升空间。改革开放以来，在"先富带后富、逐步达到共同富裕"的区域发展思想的指导下，东部沿海地区的经济发展较中西部地区发展要更迅速，导致了一定的区域经济差距，国家采取了一系列举措改变这一不合理的区域经济发展结构。1995年9月28日，党的十四届五中全会在《关于国民经济和社会发展"九五"计划和2010年远景目标建议》中，将"坚持区域经济协调发展，逐步缩小地区发展差距"作为国民经济和社会发展的重要指导方针之一。2000年开始，西部大开发战略全面启动；2003年国家颁发了《关于实施东北地区等老工业基地振兴战略的若干意见》，从政策、资金和项目上，给予了有针对性的支持；2006年4月，国家颁发了《中共中央国务院关于促进中部地区崛起的若干意见》，提出了中部崛起的总体要求和战略定位。于是，从珠三角、长三角、环渤海湾到东三省、成渝经济区、北部湾经济区，一个个区域经济圈纷纷崛起，拉动着神州大地更为广袤的区域快速发展。从"两个大局"出发的我国区域经济，也逐步完成了从点到线到面的布局，有力地促进了我国东中西部的均衡全面发展。

三、未来的方向：工业文明向生态文明的转变①

回顾新中国成立 60 年来的发展，工业给我们带来了诸多的利益和自豪，但是也需要认识到的是我国尚未摆脱传统工业文明的框架，将制度优越性寄托于经济高速增长的"赶超战略"上，一定程度上忽视了可持续发展与生态环境，一系列严重的生态灾难事件，促使人们去正视我国严峻的环境安全问题，促使人们更深刻地反省人与自然的关系，促使人们重新反思现有的生产和生活方式所带来的一系列价值观念。正如联合国秘书长潘基文的顾问、美国哥伦比亚大学地球研究所所长萨克斯教授所言，"在过去 30 年里，中国成了世界历史上最具活力的经济体"，"在经济领域，中国是一个巨大的成功故事"②。但在肯定中国取得的巨大经济成绩的同时，他也指出，中国目前同时面临诸多严峻挑战，其中最大的挑战是如何确保环境的可持续发展。

中国以世界 90% 的耕地，6% 的水资源，4% 的森林资源养活了 22% 的世界人口，而中国膨胀的人口和粗放型的经济增长方式，却早已超过了自然环境的承载能力，空气、水、土地、生物等环境要素遭破坏，维持生命系统的功能退化，造成自然灾害频发，资源支撑能力下降，经济发展受阻，民族生存空间收缩，而随着环境保护在全球的兴起，环境已经成为国际经济和政治关系中新的因素，成为国家安全战略不得不考虑的重大问题。

正是基于对环境问题的思考，国家提出了"科学发展观"和"可持续发展"的战略，提出了建设"资源节约型、环境友好型"社会。绿色经济发展模式，事关中国现代化的道路抉择和历史命运。改革开放后二十余年，我国实现了年均 9.6% 左右的高速增长，但粗放型的增长方式没有得到有效扭转，未来 5 到 10 年内，基础资源趋于枯竭和环境成本明显加

---

① 参见《从工业文明到生态文明》，载《中国经济时报》2006 年 9 月 21 日。

② 《中国是世界经济史上一个巨大的成功故事——访美国哥伦比亚大学经济学教授杰弗里·萨克斯》，新华网。

大所形成的硬约束，很可能严重制约后续的经济增长。为了以历史眼光做好未雨绸缪的事情，实现可持续发展。

300年的工业文明以人类征服自然为主要特征，世界工业化的发展使征服自然的文化达到极致，一系列全球性的生态危机说明地球再也没有能力支持工业文明的继续发展，需要开创一个新的文明形态来延续人类的生存，这就是"生态文明"，如果说农业文明是"黄色文明"，工业文明是"黑色文明"，那生态文明就是"绿色文明"。生态文明，是指人类遵循人、自然、社会和谐发展这一客观规律而取得的物质与精神成果的总和，不仅涉及到伦理价值观的转变，也是生产和生活方式的转变，致力于构造一个以环境资源承载能力为基础、以自然规律为准则、以可持续社会经济文化政策为手段的环境友好型社会。

总之，新中国成立60年来取得了巨大的成就和辉煌，60年来，人民共和国不断走向成熟，它在探索中走过弯路，在成长中经受苦痛；60年的中国是一个年轻的中国，城市化、工业化仍在强劲发展，融入经济全球化才刚刚启程。在中国共产党的领导下，在科学发展观的指引下，在全国人民的共同努力下，我们走在全面建设社会主义小康社会的道路上。

但是在充分肯定成绩的同时，我们还要始终保持忧患意识。我们曾经走过弯路，我们依然是一个发展中的人口大国，人均国民总收入还排在世界100名之后。我们的很多位居世界前列的统计数字用13亿人一除，依然比较落后，这是基本国情。在正确认识到基本国情的基础上，我们运用正确的经济理论和思路指导实践，才能取得未来60年、600年乃至更长久的辉煌，实现中华民族的伟大复兴！

第二章

从计划体制走向
市场体制

新中国成立 60 年来，中国发生了翻天覆地的变化，经济飞速发展，人民生活水平极大提高。中国之所以能取得如此巨大的成就，最为重要的原因是中国经济体制发生了彻底的变革，由传统计划经济体制走向了市场经济体制。经济体制的转轨是 60 年来，中国取得的伟大成就之一。正是这种经济体制变革的历史性跨越为中国经济的持续、稳定、高速发展提供了广阔的平台。

第一节　传统计划经济体制的建立和运行

传统计划经济体制尽管存在这样或那样的一些弊端，但是在中国特殊的历史时期，为中国经济的恢复与发展起到了不可磨灭的作用，为改革开放奠定了重要的基础。同时由于中国传统计划经济体制的特殊性，也为经济体制改革提供了有利的初始条件，使得中国经济体制改革得以顺利进行。所以，今天再次回顾传统计划经济体制的产生、发展变化及其特征，对于我们理解中国传统计划经济体制向市场经济体制的变迁具有重要的现实意义。

一、传统计划经济体制产生的历史背景

关于中国传统计划经济是如何产生的，绝大多数人认为是对苏联传统计划经济体制的照抄照搬。其实，中国传统计划经济体制的产生是我国当时的经济环境、国际政治环境以及中国共产党在革命战争时期积累的经济建设的历史经验所决定的，有其产生的深刻的历史背景，具有一定的必然性。

（一）新中国成立初期的社会经济形势要求必须对社会经济采取统一的计划管理

新中国成立之初，我国实行新民主主义经济体制，国营经济、合作社经济、个体经济、私人资本主义经济、国家资本主义经济等多种经济成分并存。这对于我国经济的恢复具有重要的现实意义。但是在我国当时特殊的历史时期这种体制也产生了一些问题，如物价暴涨，通货膨胀等。这些现象引起了社会经济的极大波动，稳定经济成为新中国的首要任务。为了使国民经济尽快恢复与发展，中央采取了各种政策措施。在执行过程中，中国的所有制结构以及经济管理权限发生了重大变化。由于物价居高不下，严重影响了人民生活，国家不得不采取措施集中供应物资平抑物价。国家掌握重要物资如粮食、纱布等，实行集中统一调度，统一财政收支，统一金融管理等等。从而形成了有计划的价格体制，有计划的财政体制，有计划的金融体制，有计划的物资分配体制。新中国成立初期的市场大波动，是中国传统计划经济体制形成的逻辑起点。在成功治理了市场波动的过程中，初步形成了计划经济体制的基本框架。

（二）优先发展重工业的工业化战略加剧了中国传统计划经济体制的产生

1950年，美国出兵朝鲜，并命令美国海军第七舰队侵入台湾海峡，阻挠我国的统一大业。同年，美国更是不顾中国政府的多次警告，越过"三八"线，跨过鸭绿江，直达中国东北边疆。为了保家卫国，中国人民

政府应朝鲜民主主义人民共和国请求，派遣志愿军抗美援朝。抗美援朝的胜利，虽然极大地提高了我国的国际威望，激发了中国人民建设新中国的自信心，使中国的经济建设和变革可以在一个稳定的环境中进行。由于新中国成立初期，中国工业基础薄弱，尤其是重工业发展滞后，致使在战争过程中，许多重工业物资比如国防兵器、交通铁路、机械制造、航空、航天等得不到及时足量供给。这种状况使毛泽东等中央领导人认识到发展重工业，建设门类齐全的工业的重要性。在国民经济恢复以后，中国就开始进行第一个五年计划，实行重工业优先发展战略。发展重工业需要大量资源，但是中国当时各种资源严重不足。要发展重工业就必须对各种资源统一调拨，集中配置，实行集中的计划管理。

（三）中国共产党在革命战争时期积累的经济建设经验促使我国经济体制向计划经济体制转变

中国共产党在长期的革命斗争时期，也长期从事过经济工作。在物资十分短缺的情况下，为了革命战争的需要，在经济工作中实行的是局部集中和局部计划管理制度。这种局部集中和局部计划管理的历史经验和方法为中国解放后的计划经济体制的建立提供了基础以及可以运用的经验和方法。毛泽东在 1942 年总结陕甘宁边区公营经济发展的经验时说："从 1938 年开始的过去五年的公营经济事业，有了巨大的成绩，这个成绩，对于我们，对于我们的民族，都是非常宝贵的，这就是说，我们建立了一个新式的国家的经济模型。特别重要特别值得指出的，是我们学得了经营经济事业的经验，这是不能拿数字计算的无价之宝。"① 就是这种"无价之宝"的经验奠定了新中国经济体制的基础，为新中国经济体制的建立提供了基本的框架。

革命战争时期所形成的经济体制具有以下特点。第一，它是一种以革命战争需要为目标，并为革命战争服务为宗旨的战时经济体制。在一切为

---

① 转引自苏星著：《新中国经济史》，中共中央党校出版社 1999 年版，第 62 页。

毛泽东：《经济问题与财政问题》，《毛泽东选集》，东北书店 1948 年版，第 815、869 页。

了革命战争胜利的时期，政府的财政、商业、工业、外贸等体制及政策都主要是为革命战争服务，并以为革命战争服务为第一需要。因此，这种体制能够把解放区的资源配置到革命战争最需要的地方。第二，它是一种建立在以个体私营经济为主体的、多种经济成分并存基础上的经济体制。在解放前，解放区大多都在农村或小城镇。在解放区，除了解放区政府建立的一些少量公营工商业以外，几乎都是传统农业和手工业的汪洋大海，没有规模较大的现代化的经济组织形式。第三，它是一种实行统一领导，分散经营的经济管理体制。这种经济管理体制不仅能够灵活适应局部战争需要，而又不失整体主义原则。因此，它能调动一切可以调动的资源来支持革命战争，为赢得中国革命的胜利作出了巨大贡献。新中国所建立的计划经济体制就是这种体制的延伸和扩展。

二、传统计划经济体制的发展变化

不断变革是中国传统计划经济体制的最大特点。在中国传统计划经济体制形成过程中，党和政府就已经觉察到了苏联那种高度集中的计划经济体制的严重弊端，试图不断通过体制内变革来剔除中国传统计划经济体制中的高度集中的弊端。建立一个适合中国国情的经济体制一直是党和政府的主要目标之一。

（一）对建立中国特色经济体制的理论探索

如果说在1956年以前中国由于缺乏社会主义建设的经验，在某些方面学习、借鉴，或者甚至也可以说照搬了苏联的经验，那么，随着社会主义建设经验的积累，"中共的领袖有了信心，他们开始修改有关经济和其他领域的苏联经验"。并"在1958年的大跃进时，出现了与苏联模式根本决裂的情况。"[①]

毛泽东同志早就觉察到了苏联那种高度集中的计划经济体制的弊端，

---

① R. 麦克法夸尔、费正清编：《剑桥中华人民共和国史（1949—1965）》，中国社会科学出版社1990年版，第65—66页。

同时在中国传统计划经济体制形成过程中也出现了一些类似的情况。1955年 12 月 21 日到 1956 年 1 月 12 日，毛泽东同志乘火车从北京南下，找沿途地方干部谈话，做了一路的调查研究。回到北京后，毛泽东同志又听取了中央 34 个部委和各省市自治区党委的汇报。在听取汇报的基础上，毛泽东写成了《论十大关系》。1956 年 4 月 25 日，毛泽东在中共中央政治局扩大会议上做了《论十大关系》的讲话。在《论十大关系》中，毛泽东以苏联经验为鉴，总结了我国社会主义建设的经验，提出了调动一切积极因素为社会主义建设服务的基本方针。特别需要注意的是，毛泽东在《论十大关系》中对苏联的经验做了深刻的分析，要求对苏联的经验"引以为诫"，强调简政放权，这是从理论上对苏联高度中央集权的计划经济体制的突破。并且要求中央根据中国经济建设的实际情况放权让利，这就从理论上对刚刚确立的高度集中统一的计划经济体制有了突破。1956 年 9月在中共历史上具有重大意义的八大召开，大会提出"三个主体，三个补充"的经济体制改革方案，并且正确地提出当时中国的主要矛盾是"人民对于建立先进工业国的要求同落后的农业国的现实之间的矛盾，人民对于经济文化迅速发展的需要同当前经济文化不能满足人民需要的矛盾"。这表明中国共产党正在努力探索适合中国国情的经济建设道路以及改革完善中国经济体制强烈愿望。"三个主体，三个补充"经济体制改革方案的提出，突破了带有浓厚计划经济体制特色的单一公有制、指令性命令以及分配上的平均主义等。

《论十大关系》和党的八大的构想，从理论上突破了计划经济管理体制，使人们明白了社会主义也可以多种经济成分并存，不仅可以有公有制，也可以有私有制，不仅需要计划，也需要市场。《论十大关系》以及党的八大正是党和国家领导人根据我国经济发展的状况及时作出经济政策调整的体现。党的八大提出的经济思想是对计划经济体制的一次冲击。党的八大要求扩大地方、企业管理权限，活跃自由市场。这样，市场因素逐渐显现，中央集权在一定程度减弱。

1956 年 12 月毛泽东在阅读了关于"地下工厂"和"地下商场"的有

关反映材料后，提出了要在中国继续实行"新经济政策"，以及"消灭资本主义，又搞资本主义"的战略构想。他认为，现在的自由市场，基本性质仍然是资本主义的，因为社会需要，就发展起来了。要使它成为地上的，合法化，可以雇佣工人。他举例说明什么叫新经济政策。他说："现在做衣服要三个月，合作工厂做的衣服一长一短，扣子没眼，质量差。最好开私营工厂，同地上的作对，还可以开夫妻店，请工也可以。这就叫新经济政策。"他还认为俄国的新经济政策搞得时间太短了。只要社会需要，中国的"地下工厂还可以增加，可以开私营大厂。可以消灭了资本主义，又搞资本主义。"①

毛泽东"又搞资本主义"的战略思想意味着要对所有制结构作出一定的调整，要允许个体经济和私营经济在一定范围的存在和发展，并与国营经济展开竞争。毛泽东的这一构想得到了刘少奇和周恩来等同志的赞同和支持。刘少奇认为，资本家可以盖工厂，有一点资本主义，"一条是它可以作为社会主义经济的补充，另一条是它可以在某些方面同社会主义经济做比较。"② 周恩来也曾在国务院的两次全体会议上阐述了在社会主义建设中，搞一点个体经济和私营经济，活一点的好处。他强调"主流是社会主义，小的给些自由，可以帮助社会主义的发展。工业、农业、手工业都可以采取这个办法。大概工、农、商、学、兵除了兵以外，每一行都可以来点自由，搞一点私营的。在社会主义建设中，搞一点私营的，活一点有好处。一切东西都靠国家生产不行，各方面都应该有百分之几的自由活动，太死了不行。"③

1956—1958 年以毛泽东为核心的党中央和以毛泽东为代表的中国共产党人对社会主义经济体制新的探索具有重大的理论意义。从理论上突破了社会主义只可搞公有制，不可搞私有制以及社会主义，只要高度集中的

---

① 顾龙生：《毛泽东经济年谱》，中共中央党校出版社1993年版，第387—388页。
② 转引自石仲泉：《毛泽东的艰辛开拓》，中共中央党史资料出版社1990年版，第152页。
③ 中央财经领导小组办公室编：《中国经济发展五十年大事记》（1949.10—1999.10），人民出版社、中共中央党校出版社1999年版，第103—104页。

计划，不要市场、排斥市场的错误思想。这也是对高度集中的计划经济体制的一次重大修正和突破。

（二）中国传统计划经济体制在实践中曲折发展变化

1. 1956—1958 年初的经济体制改革。按照毛泽东《论十大关系》和党的八大关于新经济体制的构想精神以及毛泽东、刘少奇、周恩来等同志的讲话要点，中国开始了对 1956 年形成的计划经济体制的第一次改革实践。

这次改革实践应该说，始于党的八大之后。其标志或表现是：（1）党的八大以后，自由市场开始明显活跃，许多地区自发地出现了一些小型的私营工业、个体工业和小商小贩，其中从事私营工业和个体手工业的大约有 70 万人，从事小商小贩的大约也有六七十万人。① 人们把这些私营工业、个体手工业和小商小贩称之为"地下工厂"和"地下商场"。根据后来刘少奇介绍，上海当时有 100 多个"地下工厂"，天津也有，比较大的地下工厂有工人 5000 多人。这些私营工业、个体手工业以及小商小贩的出现和发展是与党的八大的正确精神和毛泽东等共产党人的支持分不开的，并且这些企业由"地下"转到了"地上"。私营经济和个体经济的出现，打破了公有制经济一统经济生活的局面，形成了多种经济成分并存的格局。同时，也打破了用唯一计划调节经济生活的状况，市场也对经济生活的调节起着一定的作用。（2）下放中央计划管理权力。1957 年 9 月 24 日，陈云在党的八届三中全会上做了《经济体制改进以后应该注意的问题》的发言。会后，陈云代表国务院起草了《关于改进工业管理体制的规定（草案）》、《关于改进商业管理体制的规定（草案）》和《关于改进财政管理体制的规定（草案）》三个草案规定。并于 1957 年 11 月经国务院和全国人大常委会批准，以国务院名义正式公布下达。这次经济体制改革的中心就是下放高度集中的权力，中央把大部分计划管理权下放给地

---

① 中央财经领导小组办公室编：《中国经济发展五十年大事记》（1949.10—1999.10），人民出版社、中共中央党校出版社 1999 年版，第 113 页。

方。首先，在工业管理体制方面，中央规定：国务院各主管工业部门，不论轻工业或重工业部门，以及部分非工业部门所管理的企业，除了一些主要的、特殊的以及"试验田"性质的企业仍归中央继续管理以外，其余企业，原则上一律下放，归地方管理。其次，在物价管理方面，除了关系人民生活、关系市场稳定、由国外进口的工业品以及第一类农产品（国家计划收购的商品）和第二类农产品（国家统一收购的商品）由中央统一定价外，其他一切工业品和农产品，各省、市、自治区党委和人委有权加以调整。第三，在商业体制方面，一切工农产品，地方有权决定由当地商业部门保证收购；凡是划归商业部收购的工业品和农产品，其超计划生产和超计划收购的部分，本地区有权分成。第四，在物资分配体制方面，各地区在保证完成中央国营工厂生产任务的条件下，对国家经委按计划调拨的物资，有权调剂余缺；对各地国营工厂生产的由国家统一分配和部管的物资，对超额生产的部分，地方有权提成。另外，在其他管理方面也相应下放了权力。（3）在全国范围内，逐步实行"双轨"制的计划管理体制。"双轨制"的含义是，一方面，中央各部门对自己所管理的企业以及地方所管理的同类企业进行全面规划；另一方面，地方对本地区内所有的企业进行全面规划。最后由国家计委和经委把两种计划加以综合平衡，制定全国的计划。

党的八大以后到1958年"大跃进"开始之前，经济体制改革的方向是正确的，对调动地方和企业的积极性起到了很大的作用。因而，使1957年成为新中国成立以来经济发展最好的年份。

2. "大跃进"初期的经济体制变动。1958年5月八届二次会议召开并提出了社会主义建设的总路线，这标志着"大跃进"的正式启动。"大跃进"开始后，经济体制改革脱离了原定的轨道，转而为"大跃进"服务。这一时期经济体制变革主要表现有：（1）在1957年下放权力的基础上继续大规模下放中央权力。"大跃进"运动是以全民大炼钢铁为特征的。采取中央企业和地方企业同时并举；大企业和小企业并举；土法冶炼和现代冶炼同时并举的方针。这就要求地方有更多的权力。为了适应

"大跃进"的需要，中央在原有下放权力的基础上继续大规模下放权力。1958年6月2日，中共中央发出了《关于企业、事业单位和技术力量下放的决定》。规定轻工业部所属企业，除四个纸厂和一个钢网厂外，全部下放；重工业部门所属企业大部分下放；粮食、商业部门所属加工企业全部下放等等。下放企业均由地方管理。地方各自为政，各行各业大干快上，赶英超美，不仅破坏了国家计划体系，而且造成了资源大量浪费，经济效益下降，国民经济应有的比例关系严重失衡。这种为"大跃进"服务而进行的体制变革，使权力下放过头，造成经济生活的严重混乱。（2）生产关系急剧变革。这次经济体制的变革与"大跃进"和"人民公社化"相联系而产生的另一个后果就是生产关系的急剧变革，追求"一大二公"，急于向共产主义过度。一切非公有制经济被消灭，市场被取消。（3）分配上实行供给制。由于这次经济体制的变革随着"大跃进"一起陷入了极"左"的泥潭，把按劳分配、工资制以及不同劳动者之间的收入差别当做资产阶级法权思想的残余统统被丢进了历史的垃圾堆，在分配上恢复供给制。（4）产品搞无偿调拨，彻底否定了企业之间的利益差别。由于这次改革受极"左"思想的指导，这次经济体制改革成效并不明显。

3. 1959年短暂的经济体制调整。"大跃进"和"人民公社化"运动仅仅进行了几个月，1958年冬党中央就觉察到了所暴露的问题以及产生的严重影响。为了解决所暴露的问题，消除产生的不良影响，不得不对国民经济和经济体制进行调整。对体制的调整主要表现在：（1）收回下放过头的权力，强调统一领导，中央集权。由于权力下放有些过头，过火，出现了半无政府状态。中央针对这种情况，收回部分企业和招收职工的审批权；调整部分基本建设管理权，地方不再拥有不受限制的项目审批权；国家统配物资由132种增加到285种；等等。加强了中央统一领导和中央集权。（2）允许私人进行生产。在1959年5—6月间规定，允许农民个人喂养鸡、鹅、鸭、猪；恢复自留地；农民可以在房前屋后种植庄稼，坚持谁种谁收，不承担任何任务的原则。1959年决定正式开放农村集贸市场，农民在完成国家计划后，剩余的可到集市上交易，家庭和个人生产的产品，也可以在集市上出售。副食品生产也实行"公私并举"的政策。（3）建立多种责任制，整顿和加强企业管理。这次体制的调整是短暂的。庐山会议后，全国各地、各行各业又继续掀起了新一轮的"大跃进"，社会经济遭到了严重破坏。

4.1961—1965年国民经济调整时期的经济体制变动。从1961年开始到1965年进入了国民经济的调整时期。这一时期经济体制变动主要表现是：（1）加强中央集权。这一时期经济体制变动的特点就是针对前一时期权力下放过多，权力过于分散，加强了中央集权。1961年1月20日，中共中央做出《关于调整管理体制的若干规定》。该《规定》要求，第一，经济管理大权应该集中到中央、中央局和省（市、自治区）委三级。最近三年内，应该更多地集中到中央和中央局。第二，1958年以来下放的不当的权力一律收回。第三，中央各部直属企业的行政管理、生产指挥、物资调度、干部安排的权力，统归中央主管各部。第四，根据统一领导、分级管理的原则，凡需要在全国范围内组织平衡的重要物资，均由中央统一管理、统一分配。第五，财权必须集中。此外，1961年9月15日，中共中央又发出《关于当前工业问题的指示》要求在工业管理中，必须坚持集中领导、分级管理的原则，改变过去一段时间权力下放过多、过分分散的情况，就全国来说，在最近三年内，一定要把工业管理的权利更多地集中在中央一级。1962年9月23日，中央要求从1962年开始，粮食实行统一征购、统一销售、统一调拨的办法等等。（2）扩大计划范围，充实计划内容。1961年编制的计划仅12种，到1963年扩大成为20种。比"一五"时期还多。① 中央对计划指标也做出了详细的规定，中央直接管理的指标占各项经济活动的大部分。例如，30种左右的农产品采购指标，应占农产品采购总额的70%左右；90种左右的零售商品的指标，应占社会商品零售总额的70%左右；50种左右的进口商品，应占进口贸易额的90%左右等。（3）实行直接计划和间接计划相结合的计划方法。中央要

---

① 肖广诚等著：《计划经济发展史》，中国财政经济出版社1989年版，第269页。

求要区分两种所有制即全民所有制和集体所有制，分别采取不同的计划方法。对全民所有制企业实行直接计划，企业必须严格执行国家计划；对集体所有制的农业和手工业实行间接计划，可依据自己的情况制定本单位的计划，国家主管部门可以下达计划或提出计划建议，但主要是通过有关政策、经济措施和合同制度来保证计划的完成。（4）利用市场机制，在一定范围内发挥市场调节作用。1961 年中央下发多个有关文件，明确规定了运用市场机制调节经济活动的范围。同时，在商业领域形成了以国营商业为领导，其他经济成分并存的商业渠道。

到此为止，试图打破高度集中，以下放权力为主要内容的经济体制改革，经过"大跃进"和"人民公社化"的曲折，似乎终于又回到了起点——"一五"时期的经济体制。1961—1965 年调整时期的经济体制变动并不是一种简单的体制回归，即回归到"一五"时期的体制。其特点是权力下放基础上的相对集中。"相对集权"，这是在国家经济面临严重困难的情况下所采取的一种"应急性"措施。在经济形势发生变化后，中央又开始放权。"在相对集权的前提下放权"，是因为经济情况有所好转。1964 年 9 月召开的全国计划会议提出实现中央对计划工作的高度集中领导，根据"大权独揽、小权分散"，"统一领导、分级管理"的原则改进计划管理体制。充分发挥大区计委的作用。简化计划程序和计划表格，改进计划方法等。这说明后两年国家在权力相对集中的前提下，又开始逐渐适当地放权。

5. 1966—1976 年"文化大革命"时期的经济体制的变化。1961—1965 年的经济体制的调整对整个社会经济的恢复和发展起到了十分积极的作用。但是到了 1966 年，中国国内的形势发生了急剧的变化。1966 年 5 月终于爆发了"文化大革命"。

"文化大革命"是在"左"的并始终占据统治地位的思想指导下，在"无产阶级专政下继续革命"的错误理论支配下，爆发的一场严重的政治浩劫。在此期间，党的工作中心转移到了"阶级斗争"和"路线斗争"的轨道，一切都服从于政治斗争的需要，经济体制也不例外，也适应于政治斗争的需要、服从于政治斗争的需要。（1）所有非社会主义经济成分被当做"资本主义尾巴"彻底割掉。这是一个"宁要社会主义的草，不要资本主义苗"的年代，一切与资本主义有关的东西都受到了批判和否定。本能够促进生产发展，满足社会需要的一些非社会主义经济成分，如农民的自留地、家庭副业都被错误地当做"资本主义的尾巴"割掉了，人为地拔高社会生产关系，严重阻碍了生产力的发展。（2）合理的计划原则、规章制度以及体制改革的正确思想受到批判和否定。在计划工作中重视价值规律的作用被认为是"利润挂帅"；经济工作中的必要的集中被说成是"条条专政""扼杀地方的积极性"；把在企业中建立多种责任制说成是"修正主义的管、卡、压"，等等。一切规章制度都是多余的，因此，在"文化大革命"期间整个社会经济严重陷入了一种无计划、无政府的混乱状态。此外，把孙冶方有关经济体制改革的独到见解污蔑为"修正主义的黑标本"，加以批判。（3）反对"条条专政"，扩大地方管理权限。认为中央的管理是"条条专政"，不利于地方积极性的发挥。为此，要打破"条条专政"，实行全面放权。经过 1970 年的大放权，中央各民用工业部门的直属企事业单位只剩下 5000 多个，中央直属企业的工业总产值在全民所有制工业企业总产值中仅占 8% 左右。[①] 企业下放后，由于地方的各种条件不足，也无法对这些企业进行很好的管理。

三、中国传统计划经济体制的特点

根植于中国实际情况而产生的传统计划经济体制，在其形成和发展过程中充分体现出了自身所具有的鲜明的特点。

（一）市场因素以公开的或隐蔽的方式始终存在于计划经济体制内

1956 年党的八大以后，自由市场开始活跃，许多地方出现了一些小型的私有工厂、个体工商业和小商小贩，从事私营和个体手工业的人数多

---

① 肖广诚等著：《计划经济发展史》，中国财政经济出版社 1989 年版，第 274 页。

达 70 万，小商小贩也有六七十万。当时中央也鼓励非公有制经济的发展，鼓励它们由"地下"转到"地上"和公有制经济竞争。在其后的年代里，特别是在"文化大革命"时期，由于国家机关被冲击，领导干部被批判，公有制经济发展受到影响，许多国有企业瘫痪，这时个体经济、私营经济趁机有一定程度的发展。

1959 年规定自留地数量不超过也不少于每人平均占有土地面积的 5%。在 1959 年 5—6 月间规定，允许农民个人喂养鸡、鹅、鸭、猪；恢复自留地；农民可以在房前屋后种植庄稼，坚持谁种谁收，不承担任何任务的原则。1959 年决定正式开放农村集贸市场，农民在完成国家计划后，剩余的可到集市上交易，家庭和个人生产的产品，也可以在集市上出售。

1962 年 9 月明确规定社员可以耕种的自留地一般占生产队耕地面积的 5%—7%，归社员家庭使用。社员除了可以耕种自留地外，社员也可私养猪、羊、兔、鸡、鹅等家禽家畜，也可以喂养大牲畜；可以进行编织、缝纫、刺绣等家庭手工业；还可以从事采集、渔猎、养蚕、养蜂等副业生产；社员还可以在其房前屋后种植果树和竹木等。

1966 年开始由于中央计划体制的瘫痪，国营企业的瘫痪，这期间不少城市打着集体经济招牌的私人企业趁机发展了起来。

总之，在中国，非公有制经济并没有被彻底、干净的消灭掉，一直以隐蔽的方式存在着。

（二）反对中央集权，实行地方分权是中国传统计划经济体制变革的基本方向

中国传统计划经济体制随着当时社会经济发展的变化，变革是比较频繁的，这种变革的基本方向是反对中央集权，实行地方分权体制。中国传统计划经济体制建立不久，这种体制的弊端就暴露了出来，为了克服中央集权体制的弊端，1956 年毛泽东的《论十大关系》以及党的八大从理论上开始探讨对经济体制的首次改革。1957 年 9 月国务院起草了多个经济领域改革的草案，1957 年 11 月正式下达。这次经济体制改革的中心环节就是下放高度集中的权力，而且中央下放权力的力度较大并且涉及许多领

域，譬如，就工业领域而言，中央规定：国务院各主管部门，不论轻工业或重工业部门，以及部分非工业部门所管理的企业，除了一些主要的、特殊的以及"试验田"性质的企业仍归中央继续管理以外，其余企业，原则上一律下放，归地方管理。

1958 年，在党的总路线的号召下，中国开始了"大跃进"。为了适应各行各业的"大跃进"，经济体制出现了巨大的变革。经济体制的巨大变革表现在经济管理权以跃进的速度"快"和"多"地下放。下放到地方的权力包括计划管理权、财权、企业管理权、商品流通权和物资管理权以及劳动管理权。尤其值得一提的是，在这次权力下放中，在企业改变企业隶属关系的同时，企业的自主权也得了适当的扩大。

（三）计划管理水平低，计划缺乏连续性、全面性和科学性

由于中国经济发展水平低等诸多因素的影响，中国计划管理水平低。其主要表现是：一是计划管理不严密和严格。中国地区经济和部门经济发展极其不平衡；中国工业化水平低，中国传统农业、手工业和小型化工业占比重很大，同时社会化生产程度也比低。这些因素严重造成了中国对经济实行计划管理，特别是实行指令性计划管理所需要的信息短缺或信息失真。因此，中国的计划往往和实际有较大的差距。为了使计划接近现实，又不得不对计划作出调整。这就造成了计划的多变性和随意性。中国的计划执行也没有那样严格。指令性计划也不具有法律效力。在低水平的计划管理中，中国对农业的计划管理水平更低，中国对农业的计划基本上只是估算性的，计划的随意性更大。二是中国在某些时期，市场机制依然在很大范围内发挥着作用。中国不仅在计划经济体制的形成过程中存在着市场因素；即使计划经济体制形成时即在中国 1956 年宣布建成社会主义时，市场因素依然存在（但范围有所缩小）；中国传统计划经济体制形成以后，市场因素也断断续续地、曲折地存在和发展着。中国 1956 年的改革倡导经济权力分散化，主张私营经济和个体经济的发展，私营经济和个体经济活跃了起来。经过三年"大跃进"时期的市场萎缩后，经济调整时期和"文化大革命"时期，市场机制的作用又在一定范围内发挥作用

（市场以多种方式存在：有显性的市场，也有完全隐蔽的"黑色"市场，还有半隐蔽的"灰色"市场，如挂靠集体经济的私营经济）。中国计划经济始终没有做到铁板一块，在中国计划经济的间隙中总是生长着市场的力量。

中国传统计划经济体制中的经济计划具有非连续性和间断性。大家知道，中国除了制定一个正式的、完整的第一个五年计划以外，从 1956—1978 年改革开放为止，一直没有制定出一个正式的和完整的五年计划。第二个五年计划的制定和执行由于全面"大跃进"被搁浅了；第三个五年计划只有个文本；第四个五年计划的制定和执行又被"文化大革命"打断了。因此，从中国计划经济体制的实践过程来看，中国经济发展长期是一个没有经济计划的发展过程。即使在有计划的时候，也由于中国经济情况的复杂性，计划没有也不可能覆盖社会经济的每一方面。中国经济计划也表现出了一定的非全面性。经济计划是计划经济体制运行的最为重要前提和机制，由于计划经济体制运行前提和机制的缺失，长官意志和长官命令代替了经济计划，政治运动成了推动计划经济体制运转的唯一手段。由于长官意志和长官命令代替了经济计划，长官意志和长官命令就是经济计划。因此，中国经济计划与苏联经济计划相比较，中国经济计划的科学理性的成分更少。所以许多人把中国计划经济体制称为"命令型"经济体制。

（四）体制内的矛盾通过体制的多次变革得到了释放

中国传统计划经济体制是一个处在剧烈变动过程中的体制。中国计划经济体制剧烈变动过程，既是一个聚集矛盾的过程，又是释放矛盾的过程。当由于集中产生矛盾聚集时，就通过分权（扩大地方权力和市场权力）来化解矛盾。这种形式一直周期性循环着。尽管体制内仍然存在着一定的矛盾，但中国体制内的这些矛盾基本是众所周知的。另外，中国共产党的经济工作方法也是中国在一定程度上化解体制内矛盾的重要因素。党的领导人及党的干部长期坚持调查研究，了解中国实际情况，发现问题并及时解决问题；党的领导人和党的干部长期坚持参加劳动，甚至和生产第一线的广大工人和农民群众同吃、同住、同劳动。这些工作方法不仅使党的领导人和党的干部了解到了广大人民群众的疾苦，而且对广大人民群众起了表率作用，始终保持了党和人民群众之间的血肉关系。

四、传统计划经济体制与经济体制改革

尽管传统计划经济体制的弊端经常被人们提及，但是传统计划经济体制及其特点也为中国经济体制改革提供了重要的条件。

（一）传统计划体制下的经济发展为中国的改革开放奠定了坚实的物质基础

改革开放以来，中国经济发展取得了举世瞩目的成就。这些成就的取得与改革开放前奠定的物质基础是分不开的。改革开放前的成就的取得与传统的计划经济体制密不可分。尽管传统计划经济体制存在着许多弊端，但在当时的客观环境下，为中国社会经济的发展起到了重要的积极作用。首先，为我国建立了完整的工业体系，使我国工业从无到有，从弱小到壮大地发展了起来。其次，为我国建立了完整的国有商业体系，活跃了城乡经济。再次，为我国建立了完善的国营金融体系，为经济发展提供了有力的支持。第四，为我国农村经济发展建立了大量的基本农田水利基本设施。

在传统计划经济体制下，国家集中资源建立起来的大型国有工业企业、商业企业、金融企业以及大量的农田水里基本建设为中国改革发展奠定了坚实的物质基础，也为中国改革开放 30 年的改革发展提供了巨大的"红利"。

（二）传统计划经济体制内的非计划经济为中国市场化改革提供了有利的初始条件

中国传统的计划经济体制并不是完整严密的经济计划体系，也并非铁板一块。在经济计划不能达到的地方始终存在着一定的，甚至是大量的非计划经济活动，市场机制在一定范围内发挥着重要作用。特别是在一些非经济因素使经济计划体制中断的情况下，非计划经济活动就更加活跃。农

村长期存在自留地、自由市场、家庭副业等非计划经济活动。这些非计划经济活动的存在，为中国计划体制外改革提供了可能性条件。一旦放松管制，市场因素就会自发地快速成长和快速扩散。这就是农村经济体制改革能够在短短的几年时间内成功的重要因素。

（三）计划经济体制内矛盾的不断释放为中国经济体制改革赢得了广泛的社会支持

首先，在计划经济体制内，中央不断强调简政放权，调动中央和地方两个积极性。因此，中央和地方的关系一直是和谐的，没有根本的矛盾和冲突。其次，在计划经济体制内，党中央、中央政府和地方政府始终非常关心人民群众的疾苦，想方设法满足人民群众的基本生活需要。所以，人民群众非常拥护和支持党的领导和政府的各项工作。再次，在计划体制内，党的干部和人民群众一样也要参加劳动，并且和人民群众同吃、同住。所以干群关系也是十分和谐的。这些和谐关系为中央的体制改革赢得了广泛支持。实践也已经证明，党中央提出的改革方针、路线、政策措施都得到了地方以及广大人民群众积极支持和响应。这些都构成了中国经济体制改革成功的重要基础。

第二节　计划经济体制向市场经济体制的过渡

传统计划经济体制由于自身固有的缺陷，其弊端逐渐显露，严重阻碍了经济的发展。20 世纪 70 年代末期，在传统计划经济体制的束缚下，社会经济发展步履维艰。严峻的经济形势迫切需要恢复国民经济工作，提高人民生活水平。在这种情况下，1978 年 12 月党的十一届三中全会隆重召开。党的十一届三中全会吹响了改革开放的号角，拉开了经济体制改革的序幕。中国从此开始了建立市场经济体制的探索里程。

尽管党的十一届三中全会确立了改革开放的基本方针，但是对如何进行经济体制改革，改革的发展方向是什么，还没有一个明确、系统的认识，但有一点是确定的，那就是经济体制改革一开始就注重了市场作用的发挥，而且随着经济体制改革的不断发展，市场的范围和作用也不断扩大，表明我国的经济体制改革从一开始就是一种市场化取向的改革。随着市场范围和作用的日益扩大，市场最终取代计划成为资源配置的基础性方式，建立了市场经济体制目标模式。

一、1978—1983 年的探索起步阶段：计划经济为主，市场调节为辅

党的十一届三中全会以后，党和国家领导人开始了如何改革传统计划经济体制的理论探索。陈云指出，计划经济部分是我国经济的基本的主要的组成部分，市场调节部分是我国经济的从属的、次要的，但又必需的经济部分。他还把市场与计划关系用鸟和笼子的关系作比喻。"如果说鸟是搞活经济的话，那么，笼子就是国家计划。当然笼子大小要适当，该多大就多大。笼子本身也要经常调整，但无论如何，总得有个笼子。这就是说，搞活经济、市场调节，这些只能在计划许可的范围以内发挥作用，不能离开计划的指导。"[1] 李先念比较系统而全面地分析了传统计划经济体制的弊端，提出了经济体制改革的一些基本原则和要求。最为重要的是，他初步提出了"计划经济为主，市场调节为辅"的经济体制改革的目标模式。

1981 年 11 月五届人大四次会议通过的《政府工作报告》在具体阐述计划经济与市场调节关系以及如何正确处理计划经济和市场调节关系的基础上，论述了计划经济为主，市场调节为辅这一改革目标模式的运作机制，标志着我国经济体制改革的目标模式趋于成熟。

1982 年 9 月中国共产党第十二次代表大会召开。党的十二大对"计划经济为主，市场调节为辅"的经济体制改革模式的内容进行了系统的

---

[1]《陈云文选》（1956 年—1985 年），人民出版社 1986 版，第 287 页。

论述。党的十二大提出，计划经济是我国国民经济的主体，计划之外的部分产品可以允许市场进行调节，这种价值规律的自发调节是计划的补充，是从属的、次要的，同时又是必需的、有益的。在计划的实行形式上，分为指令性计划和指导性计划两部分，对于指导性计划管理范围之内的企业和产品，主要运用价格、税收、信贷等经济杠杆。这标志着"计划经济为主，市场调节为辅"的改革目标模式最终确立。

在市场经济体制的初步探索阶段，不仅在理论层面展开，而且同时在实践层面展开。经济体制改革的实践首先在农村拉开帷幕。农村经济体制改革主要以恢复建立生产责任制为核心，相继经历了"包产到组"、"包产到户"、"包干到户"等责任制，最后将"包产到户"和"包干到户"确定为我国农村家庭联产承包制的两种基本组成形式。① 生产责任制的改革是对农村经济体制的重大改革。它扩大了农民生产经营的自主权，瓦解了生产队集体统一核算的核算制度，打碎了包产到户的枷锁，极大地解放了农村生产力。农村原有计划管理体制过分集中，经营方式过于单一的状况从根本上得到改善，计划经济体制在农村逐步解体。同时，在城市也展开了扩大企业自主权的试点工作。

具有明显市场导向特征的"计划经济为主，市场调节为辅"的经济体制改革模式突破了传统计划经济体制的思想观念，证明了公有制经济与非公有制经济是可以并存的，计划经济和市场调节是可以兼容的。这次思想大解放不仅具有重要的理论意义，而且具有重大的实践意义。特别是农村经济体制改革实践取得了巨大的成就。但是，1978—1983 年的初步探索并没有触及计划经济体制的本质，其出发点是对计划经济体制的一种完善，并没有试图要真正打破计划经济体制。

同时，在体制改革的初步探索阶段，依然把计划经济看成是社会主义经济的基本特征，把市场仅仅看做是调节经济活动的一种手段。也就是说，这次改革尝试依然束缚在计划经济等于社会主义的框架之中。

---

① 武力：《中华人民共和国经济史》，中国经济出版社 1999 版，第 837—839 页。

二、1984—1986 年的探索深化阶段：有计划的商品经济

1979—1984 年的农村经济体制改革取得了巨大成功，这为城市经济体制改革提出了更高的要求。农村改革的巨大胜利，极大地调动了农民生产的积极性，农业生产力获得空前解放，农村经济开始向专业化、商品化、现代化转变。农村出现了许多新情况。大量的农产品需要开拓新市场，农民的需求也出现了多样化。然而，城乡市场分割，企业没有生产的自主权，如果不进行城市经济体制改革，农村出现的新问题就不能得到有效解决，农村改革的成果就不能得到巩固。所以必须对城市经济体制进行全面改革。除此之外，1978 年以后，我国以"经济建设为中心"的指导思想，有力地促进国民经济持续增长，国家财政状况逐步好转，第六个五年计划提前完成，全国人民建设社会主义现代化的积极性大增，这就为全面开展经济体制改革奠定了物质与思想基础。

1978—1983 年城市经济体制按照"计划经济为主，市场调节为辅"的基本方针虽然进行了初步改革，但是不深入、不彻底，城市生产力还没有得到彻底解放。这种改革不能适应农村经济体制改革的要求，也不能适应整个社会经济发展的要求。城市经济体制改革被现实经济的需要推上了改革的前台。

为了进一步推动我国国民经济快速发展，1984 年 10 月《中共中央关于经济体制改革的决定》，要求全面开展经济体制改革，改革以城市为重点，并提出了"有计划的商品经济"是我国经济体制改革的目标模式的重大理论。

《决定》规定了改革的性质、任务、判断标准，并对改革过程中可能出现的问题提出了一系列的构想。随着理论的日渐成熟，从 1985 年起，它开始指导我国经济体制改革实践，各项改革举措相继落实。（1）国家逐步对计划管理体制进行了改革。随着农村改革的成功，三大改造时期实行的统购统销的政策严重束缚了农村生产力，农村商品经济发展严重受阻。在这种情况下，国家进行了农产品收购计划的调整。比如，除了对粮

食、棉花、油料、烤烟等 9 种农产品由商业部门按计划与农民实行合同收购外，其余大部分产品不再下达指令性生产计划。另外，对于牛、羊、蔬菜、禽、蛋等产品价格基本放开，农民可以自由上市买卖。工业方面，指令性计划范围大幅缩小，大部分产品不再下达指令性生产计划。比如，国家计划管理的指令性计划产品产值比重由 40% 下降到 20%；国家配置资源占全国产量的比重，煤炭由 1980 年的 57.9% 下降到 50.6%，钢材由 74.3% 下降到 56.7%，木材由 80.9% 下降到 30.7%，水泥由 35% 下降到 19.4%。[①] 由此可见，指令性计划范围逐渐缩小，市场调节作用增强。

(2) 扩大微观经济主体的经营自主权，努力搞活国有大中型企业。企业是经济活动的主体，企业生产效率的高低直接决定了经济发展的速度与质量。对企业统得过多过死，必然降低企业生产经营的积极性，不利于国民经济的发展。因此，在经济体制改革的深化阶段，国家开始改变政府职能，扩大企业经营自主权。在 1984—1987 年，政府允许企业根据自身发展的实际情况，采取不同的经营方式，比如承包经营责任制，租赁经营制等。此外，1985 年股份制也开始试行，国企改革也逐渐开始。政企分开，经营权与所有权分离，企业不再是政府的附属，企业逐渐开始根据市场需要组织生产活动。比如，国营企业留利占利润总额的比重由 1978 年的 3.7% 上升到 1987 年的 40% 以上，企业实力大幅增强。[②]

除了上面提及的计划管理方式改革，企业经营自主权的改革外，政府还进行了价格体系、工资制度等的变革。通过经济体制的全面改革，我国经济形势出现了可喜的结果。（1）个体经济，私营经济在我国的比重明显上升，发挥的作用越来越大。农村中从事商品生产和经营的工业户增加到约 450 多万户，个体工商户全国约 920 万户，约 1400 万人从事相关工作，多种生产联合体和为农业产前、产中、产后提供服务的多种合作经营形式出现。[③]（2）价格体系改革取得实质性进展。通过"调整结合、以放

① 宁可：《中国经济发展史》，中国经济出版社 1999 版，第 3008 页。

② 李宗植、张润君：《中华人民共和国经济史》，兰州大学出版社 1999 版，第 367、371 页。

③ 李宗植、张润君：《中华人民共和国经济史》，兰州大学出版社 1999 版，第 367、371 页。

为主"的改革办法，国家逐渐减少对价格的管理，部分产品由企业自己定价，部分产品通过市场供求机制形成价格。（3）金融体系逐渐完善，银行在国民经济中发挥的作用越来越大。随着商品经济的发展，银行贷款逐渐成为筹集资金的主要渠道，财政融资的比重逐年下降。比如，财政每年投向生产，建设，流通的资金，已从1978年的78%下降到1985年的45%，由银行渠道解决的从22%上升到55%。[①]

有计划的商品经济改革目标模式指出，商品经济的充分发展是社会经济发展不可逾越的阶段，中国如果想要保持经济长期平稳发展，就不能超越这个阶段。有计划的商品经济是对人们观念、思想的一次解放，突破了长期以来人们把商品经济与社会主义计划经济相对立的观念，提出计划经济与价值规律、商品经济是可以统一起来的。从这个角度来看，可以将"有计划的商品经济"理论看做"计划经济为主，市场调节为辅"的突破。但是，由于"有计划的商品经济"体制改革模式体制内部也有无法克制的弱点与缺陷，因此，在执行过程中，我国经济也出现了许多问题。比如，经济过热，投资膨胀，消费膨胀，物价持续上涨，市场秩序混乱等问题。因此，我国经济体制改革有待于进一步突破。

三、1987—1991年的突破阶段：国家调节市场，市场引导企业

20世纪80年代中期以后，我国经济发展出现了过热、总量失衡、通货膨胀严重等问题。这表明，我们必须对经济体制改革目标模式进一步探索，使其真正适合我国经济发展需要。1987年党的十三大成功召开，题为《沿着有中国特色的社会主义道路前进》的报告指出，我国新的经济运行机制，总体上来说应当是"国家调节市场，市场引导企业"的机制。

邓小平在不同时期的讲话，为"国家调节市场，市场引导企业"体

---

① 徐棣华、王亚平：《中国社会主义建设新时期经济简史》，中国物资出版社1993版，第159页。

制改革新模式的形成奠定了理论基础。对于计划与市场问题，邓小平同志在不同场合均作出了精辟的概述。1985 年 10 月，他在同外宾谈话时，指出："社会主义和市场经济之间不存在根本矛盾。问题是用什么方法才能更有力地发展社会生产力。我们过去一直搞计划经济，但多年的实践证明，在某种意义上说，只搞计划经济会束缚生产力的发展。"[1] 1987 年 2 月，他在同几位中央负责同志谈话时说："为什么一谈市场就说是资本主义，只有计划才是社会主义呢？计划和市场都是方法嘛。只要对发展生产力有好处，就可以利用。它为社会主义服务，就是社会主义的；为资本主义服务，就是资本主义的。""我们以前是学苏联的，搞计划经济。后来又讲计划经济为主，现在不要再讲了。"[2] 邓小平同志对于计划与市场的精辟认识和理解，为"国家调节市场，市场引导企业"机制的形成做了理论上的准备。

1987 年 10 月至 11 月召开的党的十三大在邓小平同志认识的基础上对计划与市场的关系作出了进一步阐述。"社会主义有计划商品经济的体制，应该是计划与市场内在统一的体制。社会主义商品经济同资本主义商品经济的本质区别，在于所有制基础不同。必须把计划工作建立在商品交换和价值规律基础上。计划和市场的作用范围都是覆盖全社会的。新的经济运行机制，总体上来说应当是'国家调节市场，市场引导企业'的机制。"

党的十三大以后，"国家调节市场，市场引导企业"的机制开始在经济生活中发挥作用，市场资源的范围越来越广，甚至出现局部地区市场调节占主要地位的局面。

"国家调节市场，市场引导企业"机制在实践中进一步完善与发展。由于 20 世纪 80 年代末期，社会经济中出现明显的通货膨胀现象，物价大幅上涨，超过人民群众、企业的承受力，国家为了抑制通货膨胀，开始治

---

① 《邓小平文选》第三卷，人民出版社 1993 年版，第 148—149 页。
② 《邓小平文选》第三卷，人民出版社 1993 年版，第 148—149 页。

理与整顿国民经济。经过半年多的工作，治理与整顿取得初步成效。值得欣慰的是，"七五"计划的胜利完成，使经济运行中出现的新问题，新情况得到了有效解决，国民经济总需求与总供给基本平衡，物价水平得到有效控制，投资结构得到调整，国民经济运行重新走上正轨。在"七五"计划期间，企业特别是全民所有制大中型企业的活力进一步增强，商品市场进一步发展，市场体系逐渐完善，国家逐渐建立了新的社会主义宏观经济管理制度，国家对企业逐渐转变为以间接管理为主，价格机制、供求机制、利润机制、税收机制等经济手段与法律手段成为国家调节经济的主要工具，行政手段只是在固定资产投资管理方面有一定的运用。由此可见，社会主义市场经济体制已经呼之欲出了。

第三节　社会主义市场经济体制的建立和完善

一、社会主义市场经济体制改革目标模式的确立

20世纪90年代初期的国内、国际形势也决定了我国必须将社会主义市场经济体制确定为改革的目标。从国内来看，随着改革的深化，问题层出不穷，比如国有企业特别是国有大中型企业效率低下、浪费资源严重，亟待改革；市场体系还不够完善；与经济发展相适应的分配制度、社会保障制度还没有建立起来；政府的职能还没有得到彻底转变等，所有这些问题的解决都需要市场机制发挥基础性作用。从国际来看，苏联东欧剧变，为我们提供了经验教训。许多学者开始研究这次剧变的原因，最终得出结论，认为是高度集中统一的计划经济体制不适应经济发展的需要。由此，推动了改革进程的加快。除此之外，我国周边国家和地区经济发展迅速，激发了人民群众快速发展我国经济的决心。1989年和1990年，我国社会总产值分别比上年增长5.4%和6.6%。而中国台湾、韩国、中国香港、新加坡近20年国民生产总值以10%左右的速度增长，

其中 1988 年韩国增长了 12.4%，新加坡增长了 16.8%，均高于同期我国经济的增长速度①。经济的快速增长要求与之相适应的经济体制，传统的计划经济体制不能带来我国经济的平稳快速发展，这已经被我国新中国成立以来的历史所证明，社会主义市场经济体制才是我国国民经济健康发展的体制保障。

邓小平南方讲话为社会主义市场经济体制目标模式提供了理论指导。1992 年 1 月至 2 月，邓小平同志南方视察，在视察过程中，发表了一系列重要讲话。在计划与市场问题上，他指出，计划多一点还是市场多一点，不是社会主义与资本主义的本质区别。计划经济不等于社会主义，资本主义也有计划；市场经济不等于资本主义，社会主义也有市场。计划与市场都是经济手段。邓小平的精辟论断，使人们的思想得到了空前的解放，他把计划与市场看做经济手段的论述，从根本上解除了人们把计划经济与市场经济看做社会基本制度范畴的认识束缚。邓小平的讲话，引起了人们的广泛思考，理论界也展开了激烈讨论，党中央和国务院各部门高度重视，全党开始学习与落实邓小平同志的重要谈话精神，加快根据我国经济发展现状，尽快确立经济体制改革目标模式的步伐。

邓小平南方讲话从根本上解除了人们的思想禁锢，使全党、全国人民对于计划与市场关系认识有了实质性突破，为社会主义市场经济体制改革目标模式确立奠定了理论基础。

1992 年 10 月 12 日至 18 日，党的十四大召开，大会明确提出我国经济体制改革的目标是建立社会主义市场经济体制。这样，社会主义市场经济体制改革目标模式最终确立。

二、社会主义市场经济体制基本框架的构建

党的十四大明确提出社会主义市场经济体制的目标模式。那么，如何去建立社会主义市场经济体制成为急需解决的一个大问题。现代市场经济

---

① 李宗植、张润君：《中华人民共和国经济史》，兰州大学出版社 1999 版，第 458—459 页。

的一般框架主要有四个基本要素：规范化的市场主体、现代化的市场体系、灵活有效的宏观调控体系、完善的社会保障制度。

1993 年 11 月，中国共产党十四届三中全会召开，审议并通过了《中共中央关于建立社会主义市场经济体制若干问题的决定》。《决定》从多领域、全方位提出我国社会主义市场经济体制的基本框架。这个基本框架成为我国建立社会主义市场经济体制的行动纲领。

1. 不断深化国企改革。作为传统计划经济体制基础的国有企业，在计划经济体制下隐蔽了许多问题，随着市场经济体制的确立，这些问题逐渐暴露了出来，尤其是 20 世纪 90 年代中期以后，更是暴露无遗。比如，资产负债率过高，技术水平低、设备和产品老化，效率低下，亏损严重，管理不善，缺乏活力，资产流失严重等。1995 年底，国有企业资产负债率为 65.5%，其中半数企业的负债率超过 80%。[1] 这样，对国有企业改组、改造就势在必行。1997 年党的十五大召开，指出："国有企业是我国国民经济的支柱。搞好国有企业改革，对于建立社会主义市场经济体制和巩固社会主义制度具有极大重要意义。"[2] 国有企业改革自 1997 年党的十五大以后，如火如荼地进行。《决定》指出，建立现代企业制度是国有企业改革的方向。现代企业制度要求企业成为自主经营、自负盈亏、自我约束、自我发展、独立承担民事责任的市场竞争主体，它的基本特征是"产权清晰，权责明确，政企分开，管理科学。"它明确界定了国家是国有资产的所有者，拥有所有权，企业拥有经营权，所有权与经营权是分离的。进一步明确了企业以及作为出资者的国家各自的权利与义务。企业要对出资者承担资产保值增值责任，出资者享有相应的所有者权益。按照市场需求组织生产，自负盈亏，政府不再直接干预。除此之外，企业应该建立科学的企业领导体制和激励约束机制等。国有企业建立现代企业制度，极大地激发企业活力，企业在市场优胜劣汰机制下竞争力不断提高，对市

---

① 吴敬琏：《国有经济的战略性改组》，中国发展出版社 1998 版，第 4 页。
② 江泽民：《在中国共产党第十五次全国代表大会上的报告（单行本）》，人民出版社 1997 版，第 24 页。

场的反应灵敏度增强，亏损负债严重状况得到了极大缓解。

国有企业改革的总方针是"抓大放小"。在八届人大五次会议通过的《政府工作报告》中要求集中力量抓好国有大型企业和企业集团，对于国有小企业放开、搞活。除此之外，国家鼓励各地采取兼并、租赁、股份合作制等多种形式，把小企业直接推向市场。在国有资产管理方面，建立了有效的国有资产管理体制，以实现国有资产的保值增值。

2. 培育和发展市场体系。市场是企业等经济主体活动的场所，统一、开放、竞争和有序的现代市场体系是保证经济正常运行的前提，是社会主义市场经济体制不可缺少的组成部分。

首先，不断发展和完善商品市场。商品市场包括消费品市场和生产资料市场。长期以来，我国消费品市场品种单一，有效供给不足，专业市场，期货市场不够发达，消费品流通渠道不通畅等许多问题有待解决，只有以市场手段配置资源，企业才能根据市场需要生产适销对路商品，在利润的刺激下进行有效生产，消费品市场才能不断完善和发展。生产资料市场的发展需要在全国构建统一、开放的市场体系。长期以来，我国地方保护主义严重，地区封锁，部门分割和行业垄断现象严重，在建立社会主义市场经济体系的指导下，政府不断克服地方保护主义，努力构建统一的市场体系。

其次，不断发展和完善生产要素市场。生产要素市场包括劳动力，资金，房地产，技术，信息等市场。长期以来，生产要素市场发展滞后，影响市场对资源的基础性配置作用的发挥。劳动力市场的建立有利于劳动者素质的提高，劳动成本的降低。房地产市场的不断规范与发展可以满足企业生产经营活动的需要，使房地产资源得到有效的利用。不断完善金融市场，努力为货币与资本融通提供多方渠道，加速资金的流动性，使货币市场与资本市场相互促进，共同发展。

3. 建立健全合理的宏观调控体系。市场调节并不是万能的，具有自发性、盲目性与滞后性等弱点与缺陷。宏观调控可以将局部利益与整体利益，眼前利益与长远利益结合起来，显示出社会主义的优越性。因此，在社会主义市场经济体制框架内，必须建立健全合理的宏观调控体系。具体来说，应该不断完善经济信息系统、经济决策系统、经济控制系统以及经济监督系统，上述四类系统构成宏观调控的有机整体，相互配合，共同发挥作用。除此之外，宏观调控的顺利进行有赖于统一、开放、竞争和有序的市场体系，因此要努力构建现代市场体系。宏观调控要求政府职能转变，只有政企分开，使企业充分拥有自主经营的权力，企业才能成为真正独立的市场主体，只有在这种情况下，通过价值规律发挥作用的宏观调控才能真正生效，市场总供求才能保持平衡。

4. 建立合理的收入分配制度。由于我国实行公有制为主体、多种所有制经济共同发展的基本经济制度，这就要求我国应当建立以按劳分配为主体、多种分配方式并存，把按劳分配与按生产要素分配结合起来的社会主义分配制度。在公有制内部实行按劳分配，按劳分配是分配主题，坚持按劳分配应当鼓励一部分人通过诚实劳动和合法经营先富起来，先富带动后富，最终实现共同富裕。除此之外，坚持按劳分配就一定要反对搞"平均主义"与"大锅饭"，要注重效率在分配中的作用。在现实经济生活中，人们不会无偿的出卖自己的生产要素，如果企业想要获得生产要素就必须通过市场来购买，由于人们掌握的生产要素的数量和质量存在差别，这就决定了必须按照生产要素来进行分配，否则会极大地挫伤要素所有者的积极性，只有通过市场供求决定生产要素价格，才能使生产要素得到有效配置。在正确实施按要素分配时，我们应当注意到私人按要素分配在分配中的比重增加容易造成个人收入差距扩大。社会主义的最终目标是实现共同富裕，贫富差距拉大不是社会主义的本质。

5. 建立与完善社会保障制度。社会保障制度是指社会为保障社会成员的基本生活和福利而提供物质帮助的各项措施的总称。建立与完善社会保障制度具有重大意义。比如，当人们遇到年老、失业以及突发性事件时，社会保障制度可以为人民的基本生活提供保障，有利于社会的安定团结；从企业角度来说，社会保障制度一方面减轻了企业负担，另一方面又不断地增强企业活力，使企业摆脱后顾之忧，专心搞经营；从政府视角来看，它使政府不断地裁减冗员，精简机构，极大地提高了工作效率等。尽管我国在改革开放以前就建立了社会保障制度，但是植根于计划经济体制土壤的社会保障制度，从其建立之初就决定了必然存在许多弊端。从社会保障费用的支付角度来看，原有的社会保障由国家统筹，企业负责落实，费用由国家和企业承担，这就加大了国家和企业的负担，致使政府由于财力限制不能对变化的经济形势迅速进行有效的宏观调控，企业不能全心全意搞生产，不能适应市场竞争的需要。从社会保障的受益人群来看，它是极不公平的。原有的社会保障制度将占有中国人口绝大多数的农民排除在外，在遇到突发事件使农民的基本生活得不到保障，为社会安定埋下了巨大隐患。从社会保障体系的结构来看，保障项目不完备，措施不到位，缺乏法律上的约束。这些弊端的存在阻碍了市场经济的顺利进行，进一步完善社会保障制度成为构建社会主义市场经济体制的必不可少的组成部分。社会保障费用开始根据社会保障的类型筹集资金，比如，在养老保险和医疗保险方面，保险金由单位和个人共同支付，实行社会统筹与个人账户相结合。"养老保险按职工工资的 11% 建立养老保险个人账户，其中个人缴费 8%（逐步到位），企业缴费划入 3%，社会统筹部分由统筹地区人民政府确定企业缴费比例""医疗保险职工缴费率不超过职工工资总额的 10% 的，由省级人民政府决定，超过 10% 的，由省级人民政府审核后，报经国家财政部批准。"[①] 在失业保险方面，企业不再支付保险费用，而是扣除职工工资的固定比例统一筹集。在社会保障体系构建方面，进一步健全了失业保障制度，扩大失业保险的覆盖范围，使国有企业的所有职工都享受到失业保险带来的收益，增加了社会保障监督机构的设置，重点监督保险费用的运用，除此之外，保障形式多样化，保障项目越来越多，配套措施逐步到位。

经过全党和全国各族人民的共同努力，我国已经初步建立起了社会主义市场经济体制。其主要标志是以公有制为主体、多种所有制经济共同发

---

① 孙健：《中国经济通史》，中国人民大学出版社 2000 版，第 243—244 页。

展的基本经济制度已经确立；按劳分配为主体，多种分配方式并存，按劳分配与按生产要素分配相结合的分配制度已经建立；以间接手段为主的宏观调控体系已经建立；全方位、多层次、多领域的对外开放格局基本形成。社会主义市场经济体制的建立为我国社会经济又好又快的发展搭建了更好的平台。

三、社会主义市场经济体制的完善

社会主义市场经济体制的建立适应了我国经济发展的客观要求，调动了各方面的积极性。我国经济持续稳定快速的发展，成为世界经济发展史上一道亮丽的风景线。但是，在新体制运行过程中也出现了许多新的问题，这些问题的解决有赖于社会主义市场经济体制的进一步完善与发展。按照党和政府的部署，21 世纪头 20 年要大力完善社会主义市场经济体制，到 2010 年建成完善的社会主义市场经济体制。2003 年 10 月 11 日党的十六届三中全会将完善社会主义市场经济体制作为会议的重要议题，并作出了《关于完善社会主义市场经济体制若干问题的决议》，明确提出了完善社会主义市场经济体制的目标和任务。

1. 完善社会主义市场经济体制的基本目标是"八个统筹"。2003 年党的十六届三中全会首先提出了"五个统筹"，即统筹城乡发展、统筹区域发展、统筹经济社会发展、统筹人与自然和谐发展、统筹国内发展和对外开放。2007 年党的十七大在"五个统筹"的基础上进一步提出了"八个统筹"。即在"五个统筹"基础上再加上统筹中央和地方关系，统筹个人利益和集体利益、局部利益和整体利益、当前利益和长远利益，统筹国内国际两个大局。

2. 完善社会主义市场经济体制的任务。完善公有制为主体、多种所有制共同发展的所有制结构；建立有利于逐步改变城乡二元经济结构的体制；形成促进区域经济协调发展的机制；建立统一、开放、竞争、有序的现代市场体系；完善宏观调控体系、行政管理体制和经济法律制度；健全就业、收入分配和社会保障制度；建立促进经济社会可持续发展的机制。

3. **完善社会主义市场经济体制措施的实施。**按照完善社会主义市场经济体制的目标和任务，党和政府已经开始和正在实施多项措施。一是社会主义新农村建设，逐步探索和建立工业反哺农业、城市反哺农村的有效机制，促进城乡均衡发展，改变城乡二元经济结构。二是加快经济增长方式的转变，实现人和自然的和谐相处。三是建立创新型国家，增强经济发展的自主能力，实现可持续发展。四是实施西部大开发、中部崛起、振兴东北老工业基地，支持革命老区、民族地区和边疆地区发展等战略，建立区域协调发展机制，实现区域经济协调发展。五是构建和谐社会，实现经济社会的持续发展。六是建立农村社会保障制度，完善农村社会救济制度，积极探索建立新型的农村合作医疗制度，逐步探索农村养老保险制度，使社会保障制度覆盖全社会。七是制定相关法律制度，严厉打击行业垄断，加大打破地区封锁的力度，建立统一、开放、竞争、有序的现代市场体系。八是不断下放权利，调动和发挥地方的积极性，构建中央和地方的和谐关系。九是采取多种措施增加就业，努力提高低收入者收入水平，调节过高收入，使每一个社会公民都能够享受到改革开放的成果。十是进一步转变政府职能，深化财税体制、投融资体制改革，加强和完善宏观调控体系。

经过 60 年理论和实践上的曲折探索，一个适应中国实际的、具有中国特色的社会主义市场经济体制已经建立。中国成功地把市场经济与社会主义相结合，解决人类历史上的一大难题，这也是人类历史上的一个伟大的创举，是对马克思主义的空前创新和发展。社会主义市场经济体制的建立将为中国社会经济的未来发展提供一个更大、更广阔的平台。

第三章

从封闭经济走向
开放经济

我国开放型经济的大发展以及国民经济体系从封闭走向开放的历史性转变，是新中国成立60年来最伟大的成就之一。改革开放已经成为我国的基本国策，改革开放作为一场新的伟大革命，成为决定当代中国命运的关键抉择，是发展中国特色社会主义，实现中华民族伟大复兴的必由之路。通过改革开放，我国的经济体系从封闭走向开放，有力促进了经济体制的变革，抓住了全球化进程中的重大历史机遇，实现了经济快速发展，创造了中国经济发展的奇迹，在全球发展中形成了特有的"中国模式"；与此同时，我国开放型经济的大发展，为全球经济发展和全球化进程提供了强大的动力，促进了全球经济的变革，使全球经济更具活力。

第一节　开放型经济体系的建立和完善

新中国成立后，我国曾经努力对外开放，但由于复杂的国际形势以及我国建设社会主义经验不足，遭受了许多挫折，最终走上了封闭、半封闭发展的道路，进一步扩大了我国与世界的差距；我国从1978年开始，通过实施改革开放的国策，实现了从封闭半封闭经济到全方位开放的伟大历史转折，正在以开放的新姿态在世界经济舞台上发挥着越来越重要的作用。

一、1949—1978 年间的努力开放以及封闭、半封闭经济体系的形成

新中国成立之初，我国努力开展对外经济技术合作，大力追赶世界先进国家，但总体看来，从新中国成立到党的十一届三中全会前的这段时间，由于全球冷战的形成，我国一直处于复杂的国际关系中，严峻的国际形势促使我国在新中国成立之初就选择了"一边倒"的对外战略，重点学习和模仿苏联东欧国家的经济体制，再加上我们对建设社会主义处于探索阶段，犯了一些严重的错误，以及十年"文化大革命"的严重干扰和破坏，我国的对外开放从努力开放，走向了逐步封闭和半封闭。而这一时期，全球正在经历一场新的科学技术革命，全球经济经历了一个"黄金时代"，我国与世界的差距进一步扩大。

1. 1949—1978 年发展开放型经济的艰苦探索。1949—1978 年间，我国的经济体系从努力开放到逐步走上封闭，一直是与复杂的国际形势紧密相关的。

新中国成立初期，美国发动侵朝战争，并操纵联合国对新中国采取封锁、禁运政策，我国选择了"一边倒"的对外战略，这不仅是从维护国家独立和安全出发，出于政治和国家安全利益上的考虑，而且也是从恢复和发展国民经济的需要出发，出于国家经济利益上的考虑。"一边倒"对外战略的实施为新中国大规模的经济建设争取到了急需的资金、技术、人才乃至管理经验，这对冲破以美国为首的西方阵营的经济封锁和禁运，迅速恢复和发展国民经济，推动社会主义工业化进程，都起到了不容忽视的作用。

当然不可否认，"一边倒"对外战略作为特定时代的产物，从长远来看，对我国经济发展也产生了一定的负面影响。在这一格局下，新中国对

外经济联系的主要对象是苏联东欧各国，因此这一战略在实施运作过程中有过分依赖的倾向。不仅如此，由于对苏联的管理经验和经济模式照搬太多，使得我国逐渐形成了高度集中统一的经济体制，给后来的经济建设带来不良影响。随着 20 世纪 50 年代后期中苏关系的恶化，苏联突然撤回专家，使我国一些重大设计项目和科研项目被迫中断，一些正在试验生产的厂矿不能按期投入生产，一些正在施工的建设项目被迫停工，这加重了我国当时正在发生的经济困难，使得我国内外交困，也使得我国在经济建设指导思想上突出强调"自力更生为主，争取外援为辅"的方针走向极端，甚至以"既无外债，又无内债"自居，导致我国在对外政策上由开放逐渐转向封闭，其结果，拉大了我国与世界经济发展的差距。

20 世纪 60 年代中前期，我国面临着中苏分裂、中美对立加剧等恶劣的国际大环境，但仍能充分利用其他一些国家包括发达资本主义国家的技术，对外经济交往取得了一定的成绩。从 1963 年到 1966 年，我国从英国、法国、联邦德国、瑞典、日本等引进了石油、化工、冶金、矿山、电子和精密机械等方面的技术和设备共 84 项。其中合成纤维、高压聚乙烯、合成氨等技术填补了国内空白，我国获得了社会主义建设所急需的技术和设备，对经济建设起到了一定的促进作用。

进入 20 世纪 70 年代，我国对外战略又一次发生转变，随着中美关系缓和，我国的国际环境大为改善，促进了引进外资和国外先进技术设备的工作，加强对外经济交流与合作，对经济建设产生了积极影响。但总体上看，由于极"左"思想的干扰和各种政治运动的破坏，我国的对外开放不论在思想认识上，还是在规模、领域和方式上都有很大的局限，主要着眼于互通有无，调剂余缺，没有把发展对外经济关系提高到国家建设的战略高度，没有确立全方位对外开放的战略，这给国内建设带来了严重的影响，丧失了加快发展的历史机遇。①

---

① 郭伟伟：《内政与外交互动的角度看新中国的外交战略与经济建设的发展》，《当代世界与社会主义》2007 年第 4 期。

2. 封闭型经济体制的建立。新中国成立后，我国对如何建设社会主义国家的理解是空白，基本上是全盘照搬苏联模式。在抗美援朝和国民经济初步恢复后，我国实行过渡时期总路线，即"要在一个相当长的时期内，逐步实现国家的社会主义工业化，并逐步实现国家对农业、对手工业和对资本主义工商业的社会主义改造"。通过"社会主义工业化"、"改造农业"、"改造手工业"、"改造资本主义工商业"等"一化三改"，到1957 年第一个国民经济五年计划完成的时候，社会主义改造基本完成，基本建立起了公有制占统治地位的计划经济体制。从 20 世纪 50 年代后期开始，我国又先后发动了"大跃进"、"文化大革命"等政治运动，国民经济陷入彻底的混乱与倒退，但从本质上说，仍是一种完全的计划经济体制。

我国的计划经济体制具有所有制结构单一、经济决策权高度集中、资源行政式计划配置、经济组织结构封闭化等特点。在新中国成立后的一段时期内，依托国家所具有的强大的组织动员能力，加之苏联援助等外部条件，我国在很短的时间内建立了比较完善的工业体系和科技体系，奠定了国民经济的发展基础，显示了计划经济体制的特殊优势。但随着时间的推移，计划经济体制的内在弊端逐渐暴露，其体制优势迅速消耗，我国的国民经济遂陷入低速发展状态。尤其是到了 20 世纪 50 年代后期，我国的经济发展更加封闭，缺乏有效利用国际市场和国际资源以填补国内发展缺口的条件，我国确立并执行了低消费、高积累的政策，采取自我封闭、自我循环的重工业为导向的发展模式，这不符合我国人均资源稀缺、资本短缺、劳动力资源丰富的基本国情，实践证明，这是不可持续的发展模式。

由于我国逐步建立了封闭、半封闭的经济体系，无法充分利用外部环境的积极因素为国内的经济建设服务。当时，全球高新技术革命蓬勃发展，西方国家和许多发展中国家利用日趋缓和的国际环境，抓住机遇发展自己，出现了第二次世界大战后经济高速发展的"黄金时期"，西方发达国家、我国周边的一些国家和地区经历了一个较长时间的高速增长期。而我国却处于紧张、孤立的国际环境中，封闭、孤立的国际环境促使我国更加强调自力更生，把经济建设中的自力更生同利用外部的积极因素对立起来，认为无需利用外援，关起门来也可以搞好建设，错过了利用第二次世界大战后世界经济大发展的条件来发展自己的历史机遇，扩大了与世界的差距。

二、我国开放型经济体系建立和发展的主要历程及特征

我国开放型经济的发展，是从我国实行改革开放的国策开始的。以党的十一届三中全会为标志，我国开始了对外开放的历史性转变，我国开放型经济体系的建立和发展，经过先试验后推广，采取了分步骤、多层次、逐步推进的战略，经历了一个不断扩大和深化的过程。

1. 我国开放型经济体系建立的主要过程。我国开放型经济体系的建立过程也是对外开放不断扩大与深化的过程。1978 年以来，党的十一届三中全会、邓小平南方讲话和我国加入 WTO，先后在全国形成新的思想解放，推动了我国对外开放进程，促进了开放型经济体系的建立和发展，一个从沿海到内地、由南向北、自东向西、全方位对外开放的格局全面形成。我国开放型经济体系的发展过程大体经历了三个发展阶段：

第一阶段：1978—1991 年，以沿海地区开放为重点的探索开放阶段。1978 年，党的十一届三中全会确立了以经济建设为中心、实行改革开放、加快社会主义现代化建设的路线，并明确提出："在自力更生的基础上积极发展同世界各国平等互利的经济合作，努力采用世界先进技术和先进设备"。1979 年，广东、福建两省率先开放，对外经济活动实施特殊政策和灵活措施。1980 年 5 月，中央决定设立深圳、珠海、汕头、厦门经济特区，成为我国对外开放的先导示范基地。接着，我国沿海地区对外开放由点到线、由线到面逐步展开，到 80 年代末期形成了较为完善的沿海开放地带。这一时期，我国抓住"亚洲四小龙"产业结构升级、劳动密集型产业向外转移的机遇，发挥我国劳动力资源丰富的比较优势，大力发展劳动密集型出口加工业。这一阶段的对外开放为我国经济增长注入了活力，为经济体制改革提供了样板和经验，度过了经济发展最为关键和艰难的

时期。

第二阶段：1992—2000 年，对外开放加速向纵深推进和全方位开放格局基本形成阶段。1992 年邓小平同志视察南方，提出了生产力标准、三个"有利于"等一系列新的改革开放思想。1994 年党的十四届三中全会作出建立社会主义市场经济体制的战略部署，提出"发展开放型经济，与国际互接互补"的新要求。中央决定开发开放上海浦东新区，我国开始在全国范围内全面推进对外开放，实行沿江和沿边开放，推动我国对外开放由沿海向内地纵深推进，进一步形成了全方位的区域开放格局。这一时期，我国抓住发达国家以机电产业为代表的产业转移机遇，实施一系列鼓励扩大开放的举措，跨国公司战略性投资大量进入，对外贸易持续增长，贸易结构不断优化，在国际分工序列中的地位上升。在这一阶段，面对亚洲金融危机和世界经济衰退，中央制定了积极扩大内需和千方百计扩大出口的方针，为成功抵御金融危机的冲击，实现国民经济持续快速发展，起到了重要作用。

第三阶段：从 2001 年开始，对外开放进入历史新阶段。2001 年 12 月 11 日，经过长达 15 年艰难而曲折的历程，我国成为世贸组织成员。从此，我国对外开放由有限范围、地域、领域内的开放，转变为全方位、多层次、宽领域的开放；由以试点为特征的政策性开放，转变为在法律框架下的制度性开放；由单方面为主的自我开放市场，转变为我国与世贸组织成员之间的双向开放市场；由被动地接受国际经贸规则的开放，转变为主动参与制定国际经贸规则的开放；由只能依靠双边磋商机制协调经贸关系的开放，转变为可以多双边机制相互结合和相互促进的开放。这些变化，对我国的影响是全面的、深远的，为我国参与经济全球化开辟了新的途径，为国民经济发展开拓了新的空间。这一阶段是我国对外经济发展最快的时期，我国不仅顺利经过了 WTO 过渡期，而且综合国力大幅提升，社会主义市场经济体制更加完善，为新世纪、新阶段全面参与经济全球化奠定了坚实的基础。

2. 我国开放型经济发展的主要特征。我国的开放型经济体系自建立和发展以来，不断从初级阶段向成熟阶段演化，其发展过程呈现如下特征：

一是从商品输出逐渐向生产资本输出转变。对外开放以来，一方面是吸收外资，一方面发展制造业，推进工业化进程，我国的商品向全世界输出，逐步成为贸易大国，并正在成为贸易强国。与此同时，我国在稳步发展商品贸易的同时，努力促进对外投资和生产输出，越来越多的企业走到海外去，在国外建立加工生产基地，利用我们的资源发展对外经济。尤其是2008年全球金融危机以来，我国的对外投资迅速增加，通过大规模的对外投资，在一定程度上保证了我国工业化发展所需要的能源与矿产资源供应，以及技术和人才资源。

二是从寻求商品市场逐渐向服务贸易转变。改革开放之初，我国对外开放以"出口创汇"为切入点，千方百计扩大商品出口成为政策的基本指向。针对当时的国际国内形势，我国对外开放的重点一是扩大商品贸易，二是招商引资，鼓励外商来华直接投资办企业、搞加工贸易，原来的对外经贸交流从贸易领域扩展到投资和生产领域。外商直接投资、借用外债、到国际市场融资等多种方式被广泛采用。随着对外开放的不断深入，服务领域开放步伐不断加快，服务贸易迅速发展，我国正在从世界工厂逐渐向世界公司转变。

三是对外开放成为落实科学发展观的重要环节。贯彻落实科学发展观，很重要的就是要提高开放经济水平，转变经济发展方式。随着科学发展观的落实，推进自主创新，引进人才和技术，促进高新技术产业发展成为开放型经济发展的新特征。我国的开放型经济发展过程中，利用外资成就巨大，但主要集中在第二产业，把发展工业放在突出位置。目前，我国开放型经济的发展，正在把服务业，尤其是把人才、技术引进作为重点，这对于经济增长方式的转变，建设创新型国家，提升国家的产业和经济竞争力非常重要。

四是我国开放型经济成为世界经济发展的重要推动因素。我国已经成为全球化的最重要因素之一，是全球某些重要资源和商品的价格决定者。

我国在世界上大量购买石油、大量购买资源性产品，成为某些大宗商品价格上涨和下跌的主要影响因素；同时，我国大量出口商品，全世界到处都有我国物美价廉的各种产品，特别是消费品，我国成为某些产品国际价格的决定者。此外，我国还是经常项目顺差的大国，外汇储备对全球金融体系有重要影响。世界经济增长的相当一部分是由中国因素贡献的，我国向很多国家提供了巨大的商机和市场。许多国家和地区，在和我国的经贸关系中得到了巨大的利益，我国已经成为地区经济和全球经济增长的重要推动者。

第二节　开放型经济的伟大成就

新中国成立以来尤其是改革开放以来，我国的经济发展速度居全球前列，这在很大程度上得益于开放型经济的大发展。开放型经济的发展，促进了外贸的发展，开拓了总量巨大的国际市场，为我国引入了大量宝贵的建设资金，引进了大批先进技术和管理经验，增加了新的就业渠道，开辟了新的税收来源，也为我国产业结构的调整和发展方式转变提供了新的机遇，成为我国经济和社会事业持续、快速、健康发展的重要促进力量。

一、对外贸易迅速增长，成为推动经济发展的重要因素

随着我国从封闭半封闭走向全方位开放，对外贸易迅速发展，成为世界贸易大国，并正在向贸易强国转变。到 2008 年，我国对外贸易进出口总值已达 25616.3 亿美元，比 1978 年的 206 亿美元增长了 123 倍，比 1950 年新中国成立初期的 11.3 亿美元增长了 2266 倍。我国仅仅用了 30 年时间，对外贸易无论从量上还是质上都实现了前所未有的巨大飞跃，成为世界第三位的经贸大国。

开放型经济发展 30 年间，我国出口商品结构完成了四次重大跨越。

20 世纪 80 年代初期实现了从农产品为主向工业品为主的转变；80 年代中后期实现从初级产品为主向工业制成品为主的转变；90 年代中后期实现由轻纺产品为主向机电产品为主转变；进入新世纪以来进一步向 IT 等高新技术产品为主方向转变。通过主动参与经济全球化，我国成功实现了向比较优势与竞争优势相结合的出口模式转变，逐步成长为对外贸易大国。

对外贸易作为我国经济与世界经济联通的桥梁，对我国经济的发展起到了积极的推动作用，国民经济发展对外贸的依赖程度不断加深。

一是促进了经济的高速增长。改革开放以来，对外贸易成为拉动我国经济增长的巨大动力，据测算，2005 年以来，货物和服务净出口对经济增长的贡献在 20% 以上，拉动经济增长平均在 2.4 个百分点左右。随着改革开放的深化，我国外贸依存度持续上升，从 1978 年的 8.4% 上升为 2008 年的 70% 以上，说明我国经济与世界经济的相关度越来越高。我国通过对外贸易和利用外资，解决了 1 亿多劳动力的就业问题，海关税收从 2002 年的 2591 亿元增加到 2008 年的 9161.07 亿元。虽然受国际金融危机影响，2008 年我国对外进出口规模同比有所下降，但从长期来看，对外贸易依然将是推动我国经济持续、快速、健康发展的重要因素。

二是缓解了制约我国经济发展的外汇缺口、资金缺口、技术和先进装备缺口、市场需求缺口和能源资源缺口。对一个落后的国家，外汇资源尤为重要，充足的外汇储备解决了我国工业化进程中的许多重大问题。以外汇储备为例，改革开放以来，我国进出口贸易从逆差转变为顺差，使我国从一个外汇短缺的国家一跃成为世界第一大外汇储备国。从改革开放到 1993 年，除少数年份进出口贸易有小规模顺差外，多数年份均为逆差。进入 1994 年以来，进出口贸易均保持顺差，且规模不断扩大。1995 年贸易顺差突破 100 亿美元，达到 167 亿美元；2005 年突破 1000 亿美元，达到 1020 亿美元；2007 年又突破 2000 亿美元，达到 2618 亿美元。对外贸易有效解决了我国工业化进程中所急需的资源和原材料，2007 年我国进口原油 1.63 亿吨，铁矿石 3.83 亿吨，氧化铝 512 万吨，分别占国内消费量的 47.9%、51.7%、46%，有效缓解了国内资源供应瓶颈。与此同时，对外贸易在一定程度上解决了我国的技术需求，在工业制成品进口中，机电产品和高新技术产品快速增长。2007 年，我国机电产品和高新技术产品进口额分别为 4990 亿美元和 2870 亿美元，高新技术产品占进口额比重从 2000 年的 23.3% 提高到 30.0%。机电产品和高新技术产品快速增长，不仅弥补了国内经济建设资源和技术的不足，而且为产业结构的调整和升级创造了条件。

三是增强了我国的综合国力。外贸出口创汇能力的不断增强，不仅提高了我国对外债的承受能力，同时增强了综合国力。2008 年，我国外汇储备从 1978 年仅有的 1.67 亿美元迅速扩大到 1.95 万亿美元。改革开放以来，我国工业化进程不断加快，制造业设备快速更新，这与对外贸易的杰出贡献密不可分。对外贸易的发展是增强综合国力的重要途径。

四是不断提升了我国在世界贸易中的位次，也推动了我国国际地位和影响力的提升。加入世贸组织以来，我国对世界经济发展的贡献率达到 13%，对世界贸易增长贡献率达 11%。同时，我国占世界贸易总额的比重由 1978 年的不到 1% 提高到 2008 年的 8%，成为名副其实的贸易大国。其中，我国的出口额占世界出口总额的比重提高到 8.8%，世界排名跃居到第 2 位；进口额占世界进口总额的比重也提高到 6.7%，位居世界第 3 位。

二、利用外资的规模和质量不断提高，一定程度上解决了我国的资本积累问题

改革开放初期，我国吸收外资总量还比较少。20 世纪 90 年代，中央确定了积极合理有效利用外资的方针，吸收外资进入高速发展的新时期。加入 WTO 以来，商业、外贸、电信、金融、保险等服务业也成为外商新一轮投资的热点。

到 2008 年年底，我国约有 31 万家现存外商投资企业，实际吸收外资金额累计约 9000 亿美元；世界 500 强中已有 480 多家来华投资，外商投资设立研发中心约 1200 家，跨国公司在华设立地区总部已超过 40 家。我国吸收外商直接投资取得了举世瞩目的成就，极大地促进了社会生产力和

人民生活水平的提高，对国民经济的促进作用不断增强。现存的外商投资企业运营情况良好，其工业产值、工业增加值、税收、银行结售汇顺差值等主要经济指标的增长幅度均高于全国平均水平，在国民经济总量，特别是在国民经济增量中所占比重稳步提高。

一是促进了国民经济持续快速健康发展。2007 年，外商投资企业实现工业产值 12.5 万亿元，占全国工业产值的 31%，同比增长 24.4%。外商投资企业固定资产投资 1.2 万亿元，同比增长 23%，约占全社会固定资产投资的 9%。

二是推进了我国开放型经济发展。吸收外资的迅速增长拓展了我国参与国际分工与竞争的广度和深度，加深了我国参与经济全球化的程度，带动了全球生产链条向我国的快速延伸，为我国进一步发挥比较优势，成为面向全球的重要生产基地和技术开发基地创造了有利条件。2007 年，外商投资企业进出口额达 12549 亿美元，同比增长 21%，占全国进出口总额的 58%。1978—2007 年，我国的全球贸易排名由开放之初的第 32 位跃升至 2007 年的第 3 位，进出口总额占全球比例由不足 1% 上升至 8%，外商投资企业功不可没。

三是创造了大量就业机会，增加了国家财政收入。现存的约 31 万家外商投资企业中，直接从业人员超过 4200 万人，占全国城镇从业人口约 10%，有效缓解了就业压力。2007 年，外商投资企业缴纳税收额达 9973 亿元，同比增长 25%，占同期全国税收总额的 20.2%。外商投资企业成为国家财政收入的一个重要来源和增长点。

四是推进了国内的改革。对外开放和利用外资给我国带来了先进的市场经济意识和管理经验，提供了大量的外汇和资金支持，在促进国际竞争力提升的同时，通过参与国际竞争为改革提供了强大的动力。对外开放有力地促进了社会主义市场经济体制的建立和完善。此外，对外开放还开阔了人们的视野，促进了中外科技、教育和文化交流，推动了创新和社会文明的进步。

三、"走出去"战略成效显著，促进了我国在全球范围内利用有效资源

"走出去"战略是我国开放型经济发展的重要内容，是我国积极分享世界经济发展成果，抓住全球化重大机遇，参与国际经济竞争的一条重要的渠道。我国开放型经济开始建立以来，"走出去"战略取得了重大进展。到 2007 年年底，我国累计非金融类对外直接投资净额达 1106 亿美元。对外承包工程、对外劳务合作和对外设计咨询三项合计年营业额，从1978 年的 0.3 亿美元提高到 2007 年的 463 亿美元，增长了 1543 倍。累计派出劳务人员 419 万人次，广泛分布在五大洲 160 多个国家和地区。对外投资逐步发展到绿地投资、跨国购并、股权置换、境外上市、创办境外工业园区等多种形式。一批境外研发中心、工业园区逐步建立，一批企业具备了跨国公司雏形，在国际市场上崭露头角。通过"走出去"战略，在一定程度上解决了我国面临的资源不足的问题，促进了我国企业的海外扩张。

一是促进了我国在全球范围内获取能源、矿产等资源，一定程度解决了我国资源不足的问题。我国地大物博，资源丰富，但由于人口众多，人均占有量较少。随着我国经济持续快速发展，工业化、城镇化进程加快，居民消费结构升级换代，各种资源的消耗量进一步增长，我国将面临人口增长和经济增长的双重压力，我国通过走出去战略的实施，一定程度解决了我国资源不足的问题。

二是形成我国自己的各种跨国公司，使我国获得重要的国际市场份额，拓展我国经济发展空间，提升我国经济的国际竞争力。在国际市场竞争的风浪中，大型企业和跨国公司是经济发展的航空母舰，具有强大的生存和发展能力。通过走出去投资办厂和开展各种各样的技术合作，已经涌现出了一批中国的跨国公司，这些公司在规模、实力、制度、效率、技术等方面与世界大公司的差距迅速缩短，使我国在激烈的国际竞争中逐步占有一席之地。

三是促进了我国更好地吸收外国先进技术，提高技术开发和自主创新能力，促进了我国主动地在更广阔的空间进行产业结构调整，提升我国在国际产业分工中的地位。随着经济全球化趋势的快速发展，发达国家的跨国公司向发展中国家直接投资所转移的并不是他们的先进技术，而是已标准化的或即将淘汰的技术，其目的在于维护和增强其垄断优势。发达国家跨国公司对技术含量较高的对华投资一直倾向于采用独资方式，技术保密措施极为严格。我们通过自己的跨国公司在发达国家高新技术企业和研究机构聚集区进行研究与开发性投资，设立境外企业，既可以利用发达国家的科技人才资源，又能够最大限度地获取发达国家技术集聚区所产生的溢出效应，同时还能将大量技术信息和产业信息及时传递到国内。这样，有利于我国企业及时了解世界前沿技术动态，增强研究开发与自主创新的能力；同时还有利于企业进行产业结构调整。①

四、开放型经济促进了我国经济发展方式转变

长期以来，我国经济在高耗能、低效率的粗放型经济增长方式中运行，这种浪费资源、污染环境的经济发展模式难以为继。通过开放型经济的发展，促进了我国更多、更好、更快地引进发达国家先进技术和知识，推进了我国高新技术产业的发展，并改造提升了传统产业，促进我国经济发展逐步纳入到依靠科技和提高劳动者素质的集约型增长轨道。

一是促进了自主创新，促进了国内的产业升级和结构调整，促进了高新技术产业的迅猛发展。通过发挥劳动力等比较优势、积极承接国际产业转移，我国已成为世界重要制造业基地。2007 年，我国制造业增加值已超过美国和日本，居世界第一位。纺织品、服装、鞋、玩具等劳动密集型产品连续多年成为世界第一大出口国。近年来，机电产品中的手机、彩电、集装箱等出口也升至世界首位。通过大量引进先进适用技术和重大技术装备，填补了国内一些重要技术空白。通过吸收外商直接投资，对我国

① 陈扬勇：《江泽民"走出去"战略的形成及其重要意义》，中国共产党新闻网。

管理、技术、市场等方面产生巨大的外溢效应。尤其是开放型经济使我国较好抓住了全球高新技术产业革命的历史机遇，带动了高新技术的迅猛发展。自 20 世纪 90 年代以来，我国一直把引进高新技术作为发展开放型经济的重点之一，一大批外商投资企业在我国发展，促进了以电子信息、机电一体化、新材料、生物技术和新医药为重点的高新技术产业的兴起和迅猛发展。2008 年，我国的国家高新区营业总收入超过 6 万亿元，企业数量超过 5 万家。2008 年，国家高新区平均增加值综合能耗 0.5 吨标准煤/万元，仅为全国规模以上工业企业平均水平的 40%。目前，高新区正在成为我国提升自主创新能力为核心，促进技术进步和增强自主创新能力的重要载体，带动区域经济结构调整和经济增长方式转变的强大引擎，高新技术企业走出去参与国际竞争的服务平台，成为抢占世界高技术产业制高点的前沿阵地。在对外合资合作过程中，涌现出华为、中兴等一批国内自主创新能力较强的龙头企业。与此同时，外商投资企业已成为发展我国高技术产业的重要主体。

二是加速了技术和人才的引进。通过开放型经济的发展，我国引进了一大批国外先进适用技术、设备和管理经验，填补了国内部分高新技术领域的空白。据科技部统计，在全国高技术产业研发经费、新产品开发经费和产值中，外商投资企业所占比重分别从 2002 年的 32.6%、33.1% 和 61.3%，提高到 2006 年的 44.2%、45.4% 和 72.1%。2007 年，外商投资高新技术产品出口 2874 亿美元，占全国的 87%。截至目前，我国已设立各种形式的外商投资研发中心超过 1200 家，研发的层次在由低向高快速提升，从事基础研发的研发中心越来越多。外商投资企业技术外溢效应日益增强，有利于促进我国自主创新能力提高。

三是提高了企业管理水平。发展开放型经济，不仅引进了资金、项目和技术，而且引进了先进的管理手段、方法和经验。外资企业全新的经营、管理理念，在国内各类企业中产生了积极效应。他们普遍与国际规范接轨，积极探索现代企业管理体制和运行机制，积极推行 ISO9000 和 ISO14000，着力提高管理质量和水平，并按照市场经济要求和职责明确、结构合理、人员精干、权责统一的原则设置机构，划分职能，强化质量、营销、财务、成本、开发、信息等管理系统，基本形成了既科学又规范，既有激励又有约束的企业管理新格局。

五、开放型经济发展促进了区域经济的振兴

我国通过深化东部沿海开放，加快内地开放，提升沿边开放，实现了对内对外开放相互促进，正在形成若干各具特色的开放区域，带动各地区经济协调发展。

一是促进了东部沿海地区的大发展，培育了长三角、珠三角和环渤海经济圈等一批经济增长极。沿海地区作为我国的开放前沿，发挥了经济起飞的引擎作用。以珠三角地区为例，由于对外开放政策的实施，从1979年至2007年，珠三角经济年均增速高达22%。2008年，珠三角地区国内生产总值占全国GDP的10%，对外贸易约占全国的29%，外商直接投资额约占全国的6.5%，是全国重要的增长极。在长三角地区，以上海浦东为例，在浦东开发开放伊始的1990年，该地区的工业产值只有177亿元，仅占上海市工业总产值的九分之一。2007年浦东新区GDP总量达2700亿元，占上海市GDP的四分之一。外向型经济的迅速发展，带动了长三角地区的经济突飞猛进。改革开放以来，环渤海地区坚持实施开放带动战略，开放型经济成为这一地区经济的重要支撑力量。

二是促进了中西部内陆地区承接国内外产业的梯度转移。我国通过积极鼓励外商参与西部大开发，引导外商投资西部地区特别是投资国家鼓励的基础设施建设项目、生态农业、水资源综合利用等环境保护项目以及高新技术项目，促进了西部地区的发展。东北老工业基地通过以开放促振兴，充分利用重工业基地的优势，积极有序吸纳国际重工业转移和积极利用国外资本、先进技术和管理经验，加快了装备制造业迅速升级步伐，促进了老工业基地的快速发展。中部崛起战略提出后，中部地区实施了开放带动战略，通过改善投资环境、完善交通物流设施，正在形成新的优势，积极承接国外和东部地区产业的梯度转移，成为沿海和海外资金抢滩的前

沿，开放型经济已逐步成为推进中部经济增长的重要力量。

三是一些沿边地区利用与周边国家接壤的区位优势，积极发展边境贸易，形成了外贸、外经、外资互动发展的新格局。我国通过实施沿边开放战略，缓解国内能源资源矛盾，拓展周边市场空间，实现安边、富边，促进与周边国家共同发展。根据不同地区的资源能源和市场情况，建设了一批边境出口加工区、边境贸易中心、跨境经贸合作区等，成为实施沿边开放的重要载体。

六、开放型经济促进了社会主义市场经济体制的建立和完善

从一定意义上说，开放是最大的改革，开放型经济是最大的市场经济。我国的社会主义市场经济体制已基本形成，这在很大程度上得益于开放型经济的发展。特别是外资企业进来以后，完全按照国际经济规则运行，生产什么、生产多少、怎么生产，都由市场来决定，市场配置资源的基础性作用得到了充分发挥。开放型经济的发展，为国内改革和制度创新输入了源源不断的外生动力。[1]

一是促进了政府职能的转变。开放型经济的发展，使我国更加重视构造与国际惯例接轨的经济运行机制，积极转换政府职能，规范政府经济行为，在建设责任政府、诚信政府、服务政府、法制政府上做文章；这使我们更加重视市场体系的建立和完善，大力培育统一、规范、公平、有序的市场，运用市场机制对国有经济进行大规模的进退整合；这使我们更加重视企业经营机制的转换，鼓励企业走出厂门、走向市场，走出国门、走向世界，真正成为市场竞争的主体。开放型经济的大发展，促进了我国市场发育的成熟程度、市场竞争的充分程度以及市场信号的准确程度有了明显的提高。

二是外商直接投资通过外溢效应，促进了国内的制度创新。外资作为

---

[1] 陈德铭：《对外开放三十年的伟大历程和光辉成就》，中央政府门户网站 2008 年 12 月 18 日。

一种新的经济成分，构成了我国所有制结构中的重要组成部分。外商投资通过带动收入分配制度变迁、影响企业管理运营、催生要素市场发育等途径，对我国的体制变革起着潜移默化的作用。外商投资企业及其经营者的进入，使国内竞争国际化、国际竞争国内化，使我们对市场经济的通行做法和思维感同身受，在耳濡目染中逐步培育了与现代市场经济相适应的价值观念和思维习惯。

三是加入世贸组织，开启了我国全面融入世界经济体系的进程。我国实现了与世界多边经贸体制的顺利接轨，最惠国待遇、国民待遇等 WTO 的基本原则和我国加入 WTO 的承诺，成为我国对外开放政策所遵循和参照的基本依据。对外经济体制改革全面深化，政府职能加快转变，行政管理体制改革取得突破。1999 年年底至 2005 年年底，仅中央层面就制定、修订、废止了 3000 余件法律、行政法规和部门规章。市场准入程度进一步提高，市场环境也随着一系列法律法规的制定和完善而更加透明和规范。作为世贸组织的成员，我国全面参与多哈回合谈判，积极参与区域经济合作，稳步推进自贸区建设。

第三节　发展开放型经济的中国模式

我国从封闭半封闭经济向开放型经济转变的过程中，创造了"中国奇迹"，催生了全球范围内走开放式发展道路的成功模式——中国模式。与此同时，我国也正努力实现从国际经贸规则的"旁观者"到遵守者再到参与制定者的转变，我国成为国际经贸规则更加重要的制定者。

一、中国开放型经济发展具有世界意义

我国开放型经济的发展，促进了世界经济发展格局的调整，具有重要的世界意义和世界影响。我国开放型经济的发展为全球发展作出了重要贡

献。尤其是我国加入世贸组织以来,进口迅速增长,这对世界影响巨大,特别是为发展中国家的产品进入我国市场提供了重要机遇。同时,我国还吸引了大量外资,这也为发达国家提供了机遇。所有这些都促进了世界经济的良性增长。改革开放以来,我国对全球经济增长的贡献居世界前列,我国不但对于世界经济和贸易的增长作出了重大贡献,同时经济增长带来的社会发展、贫困减少也为全球的人类发展发挥了重要作用。

首先,改革开放以来,我国对全球经济增长的贡献居世界前列。改革开放以来的 30 年里,我国经济增长年均增速超过 9%,这么大的国家,这么快的发展速度,是近现代历史上少有的。我国经济总量从 1978 年的世界第 13 位上升到 2007 年的世界第 3 位;我国人均 GDP 每十年不到就翻一番。加入世贸组织以来,我国对世界经济发展的贡献率达到 13%。

其次,改革开放以来,我国对全球出口贸易增长的贡献居世界第三位。我国进出口在世界贸易的位次,从 1978 年的第 23 位上升到 2007 年的第三位,出口占到第二位。我国还成为外汇储备最多的国家,以及发展中国家吸收外资最多的国家和重要的对外投资国之一。根据世界银行世界发展数据库按 1995 年美元价格计算,1980—2002 年期间,我国出口贸易额年增长率为 10.62%,相当于世界、美国和德国同期出口贸易增长率的 2 倍左右;其中,1990—2002 年期间,我国出口贸易增长率为 14.92%,相当于世界、美国、德国和日本同期贸易增长率的 2—4 倍。这一时期,我国对世界新增出口贸易额的贡献率为 6.08%,居世界第三位。

再次,改革开放 30 年以来,我国为世界的减贫事业作出了最大的贡献,并扭转了过去 50 多年世界贫困人口持续上升的趋势,使得世界贫困人口首次呈现下降趋势。开放型经济大发展的 30 年,也是我国反贫困工作取得显著进展的 30 年,我国农村的绝对贫困人口从 1978 年占农村总人口的比重的 30.7% 下降到 2007 年的 1.6%。根据世界银行的数据,过去 25 年全球脱贫事业成就的 67% 来自中国,联合国 2008 年千年发展目标报告中称,中国通过深入有效的扶贫措施,已提前实现绝对贫困人口和饥饿人口减半的目标。我国作为世界上人口最多的国家,同时也是世界上贫困人口最多的国家，在减少贫困方面取得了前所未有的成就。同时，我国在减贫方面取得的成就为世界的减贫事业作出了巨大贡献。

二、开放型经济特色是"中国模式"的重要内容

由于我国经济发展的巨大成就，国际上兴起了对我国发展道路的研究，"中国模式"是国际上对中国发展经验的最新概括，主要是相对于美国模式、德国模式、日本模式和亚洲四小龙模式而言的。它探讨的是像我国这样一个发展中国家的发展道路，以及中国经验对世界其他国家的适用性问题。"中国模式"的特点很多，包括强调一个国家的发展模式应该由一个主权国家独立自主地进行探索；强调发展的包容性、兼容性，努力把社会主义制度与市场经济结合起来，把经济高速增长与社会全面发展协调起来，把政府宏观调控与市场微观运行结合起来，把效率与公正协调起来；强调发展的人民性，坚持以人为本；强调本民族的文化和文明传统；强调发展的积累性、渐进性。[1]

在"中国模式"的特点中，还有非常重要的一点，就是我国开放型经济的发展模式。我国改革开放30年来，对外开放取得了巨大成功，顺利实现了从封闭半封闭型经济向开放型经济的伟大历史转折，我国成为经济全球化的重要获益者。特别是加入世贸组织，实现了我国经贸体制与国际多边规则的接轨，开启了全面融入世界经济的新进程。实践证明，我国开创了全球范围内顺利迈向开放型经济的成功范例，对外开放成为"中国模式"的最重要标志。与广大发展中国家和新兴经济体迈向开放型经济的一般趋势和做法比较，我国总体上也遵循了先贸易自由化、后金融自由化以及开放与市场化改革互动等一般通用的路径，但同时在具体的方式和步骤上又有自己的特点，渐进性区域开放成为对外开放的主线，贸易和直接投资自由化先行并取得巨大成功，金融自由化有序推进并取得阶段性进展。目前，我国开放型经济进入新阶段，经济国际化趋势进一步加快，

---

① 中共中央宣传部理论局：《"中国模式"的特点》，《大连日报》2006年9月22日。

贸易自由化呼唤金融自由化、国际化；迈向更加成熟的开放型经济成为新的目标，加快金融自由化国际化成为下一步的重点选择。[1]

以开放型经济为重要内容的"中国模式"，对全球发展具有重要意义：

一是为一些发展中国家提供了借鉴。我国是最大的发展中国家，自新中国成立以来在革命和建设中的重大举措，都对一些发展中国家产生了这样或那样的影响。当今大部分发展中国家的首要任务是消除贫困。中国模式回应了发展中国家有没有能力消除贫困的疑问。近些年，中国模式对一些发展中国家如何走上稳定发展的道路，如何处理稳定与发展，如何在参与经济全球化中受益，具有重要的参考和借鉴意义。

二是为一些转型国家提供了借鉴。在 20 世纪末期的全球化和市场化的进程之中，不少国家经历了经济体制等方面的转轨。然而在这个过程中，很多国家经历了磨难甚至失败。冷战结束后世界发生了拉美经济危机、东亚金融危机和俄罗斯经济危机。这些危机有诸多原因，但或多或少都是由于在转轨中采取新自由主义政策、休克疗法等。我国的市场经济和渐进改革则提供了另一条成功转型的经验，引起了一些国家的反思。

三是一些大国看重中国和平崛起的经验。以前的"亚洲四小龙"曾是新兴工业化国家或地区的发展典范，这引起很多类似国家的学习和模仿。但它们毕竟是小国或地区，对大国的影响有限。在冷战后世界格局分化重组之时，世界上一些重要的地区大国都在寻求提升国家实力和国际影响，在新的国际格局中占有一席之地。我国的和平发展，不仅仅是一种经济发展，而且是一个饱经灾难大国的复兴，这对一些具有远大志向的发展中大国，具有借鉴意义。

四是一些社会主义国家受到中国模式的启发。苏东剧变后世界社会主义处于低潮，社会主义各国在艰难中探索。由于中国综合国力的巨大提升，为这些国家坚持社会主义提供了力量支持。而中国模式的兴起，对这

---

[1] 王子先：《中国迈向开放型经济的路径及下一步选择》，《中国金融》2008 年第 9 期。

些国家既是鼓舞，也提供了一些借鉴。[1]

五是对发达国家也具有借鉴意义，尤其是在全球金融危机发生以后，全球对自由资本主义的模式进行了深刻的反思，同时对中国的发展模式产生了浓厚的兴趣。

三、多双边经贸合作不断加强，正在成为全球化的新动力

随着我国开放型经济发展对全球的影响日益深刻，联合国、世贸组织、国际货币基金组织、世界银行、八国集团会议等各种国际组织，越来越重视中国的参与和声音。我国正努力实现从国际经贸规则的"旁观者"到遵守者再到参与制定者的转变，在国际经济协调和规则制定中的话语权不断增强，我国已经成为推动全球经济发展、参与全球经济最为重要的力量之一。我国正在成为全球化和全球发展的新动力。

一是全球自由贸易的新动力。我国已经把建设自由贸易区提到战略高度，自由贸易区已成为我国对外开放的新形式、新起点，以及与其他国家实现互利共赢的新平台。我国从 2000 年开始建设自由贸易区，截至 2007 年 10 月，我国跟亚洲、大洋洲、拉美、欧洲、非洲的 29 个国家和地区建设 12 个自由贸易区，对其出口占到我国出口总额的四分之一以上。与东盟签署并实施了自贸区货物和服务贸易协议，促进了"10＋1"、"10＋3"机制的深化。

二是全球经济合作的新动力。我国不断加强双多边和区域经贸合作，已与 123 个国家签订了双边投资保护协定，与 129 个国家和地区、13 个国际组织建立了 180 多个多双边联委会机制，对加强多双边经贸合作发挥了重要作用。

三是全球新秩序的重要制定者。我国通过建立战略经济对话机制，成为全球新秩序的重要构建者。2006 年 9 月 20 日，中美战略经济对话机制正式启动，定期举行中美战略经济对话，双方达成了一系列重要共识，签

---

① 陶文昭：《中国模式的世界影响》，人民网《人民论坛》2008 年 11 月 12 日。

署了多项协议。与此同时，我国还相继与日本、欧盟、东盟等建立了相应的经济对话机制，加强了与主要经贸伙伴的协调与沟通。与俄罗斯互办"国家年"，涉及多项经贸活动。丰富了上海合作组织经贸合作内容。创办中非合作论坛北京峰会，落实了 8 项对非经贸合作举措。建立了"中国—加勒比经贸合作论坛"、"中国—太平洋岛国经济论坛"两个机制。

此外，全球重大问题，如全球气候变化与温室气体排放、环保、能源、全球贸易自由化等问题的解决，我国的参与也至关重要。

第四章

从农业国走向工业国

传统农业的生产力水平一直很低，只能维持自给自足或半自给自足的发展水平。要使一个人口众多的发展中国家富强起来，就必须大力发展现代农业。实现从传统农业向现代农业的过渡，是一个极其重要的经济发展问题。从传统农业过渡到现代农业，显然是一个生产力发展及其生产关系变革的过程。新中国成立60年来，党领导全国各族人民特别是农民群众进行了非常艰辛的探索，付出了巨大的努力，也取得了令世人称道的成就。

经过60年的发展历程，新中国的工业化取得了很大成绩。工业结构实现了从门类简单到齐全，从以轻工业为主到轻、重工业共同发展，从以劳动密集型工业为主导，向劳动、资本和技术密集型共同发展的转变。工业的快速发展不仅解决了基本生活必需品的短缺问题，而且还使我国逐渐成为一个世界制造业大国。

现代服务业的发展，本质上来自于社会进步、经济发展、社会分工的专业化等需求。科学技术特别是信息技术对现代服务业有着重要的推动和保障作用。现代服务业必须依靠科学技术特别是信息技术的支撑才能得到长足的发展。此外，科学技术直接推动服务业经营模式和管理模式的变化，信息技术也直接推动和影响市场机制和政府监督方式完善的过程。

第一节　从传统农业到现代农业

　　传统农业是指在自然经济条件下，以铁木制农具为生产工具，以人畜力作为动力，实行手工劳作，生产者根据累世相承的经验和技能组织和从事农业生产活动，采用历史上沿袭下来的耕作方法和农业技术的农业。[①]我国早在商周时期，精耕细作的传统农业开始萌芽，到春秋战国时期，就已形成了传统农业的基本框架和体系，秦汉魏晋南北朝时期形成北方旱地精耕细作技术体系，隋唐宋元时期又逐渐形成了南方水田精耕细作技术体系，明清时期农业主要依靠传统农业自身的潜力，经受住了人口激增的历史考验，继续向前发展。2000 多年中，富有弹性的小农家庭经营制度与以精耕细作为核心的农作技术的有机结合，使得我国传统农业获得高度成功，并一路领先于世界。舒尔茨曾指出，传统农业是一种特殊类型的经济均衡状态，其主要特点是：（1）技术状况长期保持不变；（2）持有和获得收入来源的偏好和动机状况亦长期变化甚微；（3）人力资本稀缺。传统农业是人类农业史上的一个重要阶段，这个阶段生产力水平一直很低，只能维持自给自足或半自给自足的发展水平。

　　现代农业是以现代工业、现代科学技术和管理方法武装起来的农业，它是世界经济发展的历史趋势，是伴随着工业化的出现而开始，随着现代工业和科学技术的导入而发展的。具体地说：（1）现代农业是优质高效农业。农业生产将不再单纯地追求数量，而是要讲质量、讲效益，向高产优质并重、提高效益的方向发展，使产品结构优良化，食物种类高档化，产品优质化。（2）现代农业是以市场为取向的农业。农业生产必须遵循价值规律，以市场为导向，以效益为核心，规模经营，适度集中，并把农

[①] 辞海编委会：《辞海·农业分册》，上海辞书出版社 1978 年版。

产品放开，逐步地推向市场。（3）现代农业是科技发达的农业。现代农业是应用现代科学技术的最新成果武装起来的新型产业，在农业生产过程中表现出较高的科技含量。（4）现代农业是实现可持续发展的农业。通过合理开发和利用各种自然资源，可以不断提高生态和自然界进行物质循环和能量转化的效率，进而获得最好的生态效果，实现农业的可持续发展。（5）现代农业是注重外向开拓的农业。现代农业既瞄准国内市场，满足国内日益增长的农产品需求，又研究外国居民消费心理，注重外贸出口，将更多的名特优新农副产品打入国际市场。从传统农业向现代农业的转型，不仅仅是一个现代生产要素引入或技术进步的过程，同时还是一个要素优化配置的过程，或制度创新的过程。发展现代农业是一个长期过程，是我们始终不渝的追求目标。经过 60 年的努力，我国传统农业改造和现代农业发展取得了很大成就。

一、农业生产条件不断改善

农业生产条件包括农业技术装备、农业基础设施、农业抗自然灾害能力等等。

（一）农用工业快速发展

1. 农业机械工业。农机工业从无到有，已经形成了比较完整的生产、服务系统。现在拥有 2500 多个制造厂家，120 多万职工，130 多亿元固定资产，能够生产比较齐全的拖拉机、内燃机及其配套农业机具，排灌、植保、粮棉油加工机械设备等 3900 多种农机产品。2008 年全国生产大型拖拉机 210 多万台，小型拖拉机 1600 万台。60 年来累计为农业提供了价值 2200 多亿元的农业机械；全国各级农机公司达 2600 多个，形成了农机管理、供应、维修、培训、安全监理、技术推广服务的网络，在发挥农机效能、服务农业生产中起到了重要保证作用。

2. 化学肥料工业。中国从 1958 年开始在各地兴办小氮肥工业；20 世纪 70 年代以来，从国外引进了 13 套以天然气和轻油为原料、日产 1000 吨合成氨、1620 吨尿素的大型化肥装置，还引进了 3 套以渣油为原料和 1

套以煤为原料的大型氨肥厂。此后，我国引进和自制化肥生产项目多个。目前全国已有化肥企业 1500 多家、职工 120 万人。2008 年共生产化肥 6200 多万吨（有效成分），其中氮肥 3716.79 万吨、磷肥 1531.9 万吨、钾肥 122.8 万吨。全国 31 个省、市、自治区都成立了服务经营性的化肥公司。

3. 农药工业。自 20 世纪 60 年代以来依靠本国技术得到迅速发展，2008 年化学农药产量为 2126.84 万吨（有效成分）。全国现有化学农药厂家 280 多个，生产能力为 228 万吨。生产的农药以杀虫剂为主，占 70%，杀菌剂占 15%，除草剂占 10%，其余 5% 为生长调节剂及其他农药。

4. 农膜工业。自 1978 年从日本引进聚乙烯地膜覆盖栽培技术之后，迄今相继建成农膜所用树脂原料聚乙烯和聚氯乙烯厂家 100 多个，目前农膜生产能力近百万吨。2008 年产量达到 400 多万吨。

5. 饲料工业。中国第一批饲料加工厂是 20 世纪 60 年代中期建立的，目前全国拥有 14000 多家饲料加工厂，其中约 8000 家小型厂，5500 家中型厂，510 家大型厂。2008 年全国配混合饲料年双班生产能力达 8000 万吨，生产量为 5300 万吨；生产浓缩饲料达 1200 万吨，预混料达 350 万吨。

（二）农业技术装备程度有了较大提高

1. 农业技术改造进步明显。技术改造是传统农业改造的一项基本内容。通过增加投入现代生产要素，我国农业的耕地技术装备程度和劳动力技术装备程度提高很快。农机工业从无到有，已经形成了比较完整的生产、服务系统，能够生产比较齐全的拖拉机、内燃机及其配套农业机具，排灌、植保、粮棉油加工机械设备等 3900 多种农机产品。农用机械总动力农业机械总动力由 1952 年的 18 万千瓦增加到 2008 年的 82190 万千瓦，提高近 4500 多倍（见表 4-1）。2008 年，平均每万亩耕地拥有农业机械总动力 2692 千瓦，大中小型拖拉机 69 台，大中型拖拉机机引农具 7 部，农用载重汽车 6 辆，联合收割机近 1 台；耕地机耕化程度达 58%，机播化程度达 22%，机收化程度达 12%；农业机械承担了农村社会运输量的

60%以上，粮棉油等农副产品加工已基本实现了机械化，农业生产总劳动量的40%以上已由农业机械承担。

表4-1 主要农业机械动力

（单位：万千瓦）

年份	农用机械总动力	农用大中型拖拉机动力	小型拖拉机动力	农用排灌柴油机动力	渔用机动船动力
1952	18.0				
1957	121.0				
1962	757.0				
1965	1099.0				
1978	11749.9	1755.0	1171.2	2521.6	213.6
1980	14745.7	2369.3	1615.5	2717.7	258.5
1985	20912.5	2743.6	3367.0	2566.0	367.2
1990	28707.7	2745.5	6231.4	3348.5	696.0
1995	36118.1	2404.1	7848.1	3839.0	965.7
2000	52573.6	3161.1	11663.9	5232.6	1338.7
2005	68397.8	4293.5	14660.9	6034.0	1376.1
2006	72522.1	5245.3	15229.1	6148.8	1498.3
2007	76589.6	6101.1	15729.2	6282.8	1605.3
2008	82190.0				

（资料来源：根据国家统计局《中国统计年鉴》各年有关数据整理）

2. 农产品中的科技含量不断提高，科技进步对农业增长的贡献份额已经达到35%左右。我国的杂交水稻技术还成功地转让给美国及墨西哥、巴西、意大利、西班牙、葡萄牙、尼日利亚、埃及、日本、菲律宾、泰国、印度尼西亚、阿根廷等10多个国家，为我国在国际农业科技界赢得了声誉。

（三）农业基础设施发展迅速

1. 大力兴建农田水利基础设施。新中国成立60年来，我国发展农田水利事业有两个重点时期。第一个时期是农村集体经济时期，党和政府积极引导各大队、生产队兴建中小型水利设施，到20世纪80年代初，基本形成了遍布全国多数农村的以中小型水库、机井（水塘）以及灌溉渠网为主的水利基础设施体系，为此段时期农业的增产作出了重要贡献。第二个时期是 20 世纪 90 年代中期以后。由于联产承包责任制实行分散生产的模式，在改革开放前期，农村水利设施长期处在疏于管理、年久失修的状态，影响了农业生产增加。在这种情况下，党和政府投入大量人力、物力和财力在更高层次上修建防洪、排涝、灌溉等工程设施，农业生产的水利条件在恢复中明显提高。到 2008 年年底，全国共有大中型水库 3710 座，有效灌溉面积由 1952 年的 1996 万公顷扩大到 2008 年的 58472 万公顷。①

表 4-2　有效灌溉面积、农用化肥施用量、农村水电站及用电量

年份	有效灌溉面积（万公顷）	化肥施用量（万吨）	乡村办水电站		农村用电量（亿千瓦时）
			个数	发电能力（万千瓦）	
1952	19959.0	7.8	98	0.8	0.5
1957	27339.0	37.3	544	2.0	1.4
1962	30545.0	63.0	7436	25.2	16.1
1965	33055.0	194.2			37.1
1978	44965.0	884.0	82387	228.4	253.1
1980	44888.1	1269.4	80319	304.1	320.8
1985	44035.9	1775.8	55754	380.2	508.9
1990	47403.1	2590.3	52387	428.8	844.5
1995	49281.2	3593.7	40699	519.5	1655.7
2000	53820.3	4146.4	29962	698.5	2421.3
2005	55029.3	4766.2	26726	1099.2	4375.7
2006	55750.5	4927.7	27493	1243.0	4895.8
2007	56518.3	5107.8	27664	1366.6	5509.9
2008	56636.2				

（资料来源：根据国家统计局《中国统计年鉴》各年数据整理）

---

① 国家统计局：《光辉的历程宏伟的篇章——新中国成立 60 周年经济社会发展成就回顾系列报告之一》，国家统计局网站 2009 年 9 月 7 日。

2. 农田防护体系初步形成。农田防护体系包括防护堤坝、闸门、水利枢纽、排洪渠道和排洪电站，以及防护林网等。到 2008 年，全国共有防洪堤坝 124.2 万公里，防护耕地 5.43 亿亩（占低洼易涝耕地面积的 95% 以上），另外，经过几十年的建设，北方平原地区的农田防护林网初步形成，三北防护林体系和长江防护林体系正在建设，农田环境条件有了很大改观。

3. 牧渔业基础设施初步形成规模。20 世纪 80 年代以来，各地区实施"菜篮子"工程，不仅改善了蔬菜基地的生产条件，还建设了一大批现代化水平较高的畜牧养殖场和渔业养殖场。现已建成国家畜禽育种中心、瘦肉型猪育种中心、奶牛育种中心及其配套的测定站、试验场，目前全国已有各级国有畜禽良种场 1623 个，集体所有制家畜繁殖改良站 4004 个，畜牧兽医站 7556 个，较大型的养猪场、养鸡场和奶牛场等已经实现了机械化作业和工厂化生产；水产方面，目前全国已有淡水鱼良种场、鱼苗鱼种场 1300 多个，海水对虾年育苗能力上千亿尾，海带育苗能力 60 亿株。这些牧渔业基础设施的建设，不仅推动了牧、渔业生产的迅速发展，也为牧、渔业现代化提供了保证。

4. 基础设施建设向产后延伸。20 世纪 80 年代中期以来，中国加强了农业产后服务体系的建设，尤其是农产品加工、运输、销售等基本建设，使农业逐步迈向商品化生产，一个明显的特征就是各类农副产品市场的兴建和农产品加工销售企业的发展。目前全国共有各类农副产品市场 3 万多个，遍布全国各乡镇。市场的建设有力地推动了商品农业的发展，而商品农业的发展正是农业现代化的特征之一。

二、农业的综合生产能力显著提高

（一）生产效率明显提高

生产效率提高是我国传统农业改造成就的一个主要体现，其中土地生产率的提高程度尤为明显。2008 年与 1949 年相比，每公顷产量粮食增加了 3342 公斤，棉花增加了 860 公斤，油料增加了 1137 公斤，糖料增加了

25976 公斤。粮食等主要农产品单位面积产量的提高呈不断加快趋势,粮食每公顷产量实现第一个 1000 公斤增量用了 20 年时间,实现第二个 1000 公斤增量用了 12 年时间,实现第三个 1000 公斤增量只用了 10 年时间;棉花每公顷产量实现第一个 300 公斤增量用了 28 年时间,实现第二个 300 公斤增量只用了 16 年时间。农业劳动生产率也有了一定提高,平均每个农业劳动力生产的农产品数量 1996 年与 1952 年相比,粮食增加了 572 公斤,棉花增加了 5.5 公斤,油料增加了 44 公斤,肉类增加了 128 公斤,水产品增加了 77 公斤(见表 4-3、表 4-4)。

表 4-3 主要农产品单位面积产量

(单位:公斤/公顷)

年份	谷物	棉花	花生	油菜籽	芝麻	黄红麻	甘蔗	甜菜	烤烟
1949	1035	165	1020	495	405	645	24420	11970	705
1952	1320	233	1283	503	465	975	38955	13640	1200
1957	1470	285	1013	383	330	1065	38985	9420	720
1962	1320	225	855	360	360	1065	22395	4065	735
1965	1635	420	1043	600	383	1230	38220	11610	1155
1978	2535	443	1343	720	503	1320	38505	8170	1725
1981	2835	570	1545	1073	623	2055	53820	14595	2190
1985	3480	810	2010	1245	660	2085	53430	15915	1920
1990	3930	810	2190	1260	705	2415	57120	21660	1680
2003	4873	951	2654	1582	863	2462	64023	24925	1768
2004	5187	1111	3022	1813	1128	2719	65199	30829	1889
2005	5225	1129	3076	1793	1054	2670	63970	37523	1956
2006	5310	1295	3254	1833	1173	2781	70450	39767	2072
2007	5320	1286	3302	1874	1147	2969	71228	41360	2044

(资料来源:《中国统计年鉴》各年有关数据)

表4-4 农、林、牧、渔业总产值及指数

年份	绝对数（亿元）					指数（上年＝100）				
	农林牧渔业总产值	农业	林业	牧业	渔业	农林牧渔业总产值	农业	林业	牧业	渔业
1952	461.0	339.0	7.3	51.7	6.1	115.2	115.7	138.1	121.6	130.0
1957	537.0	383.5	17.5	65.4	10.2	103.6	102.9	105.7	125.7	170.6
1962	584.0	448.2	13.0	63.8	12.6	106.2	103.3	104.3	139.5	98.7
1965	833.0	630.2	22.3	111.5	14.8	108.3	107.8	115.4	109.0	109.8
1970	1021.0	783.4	28.6	136.6	17.4	105.8	110.5	114.3	105.0	101.9
1975	1260.0	970.0	39.2	178.4	21.9	103.1	103.0	102.2	103.5	103.2
1978	1397.0	1117.5	48.1	209.3	22.1	108.1	109.4	105.3	104.9	100.0
1980	1922.6	1454.1	81.4	354.2	32.9	101.4	99.7	112.2	107.0	107.7
1985	3619.5	2506.4	188.7	798.3	126.1	103.4	99.8	104.5	117.2	118.9
1990	7662.1	4954.3	330.3	1967.0	410.6	107.6	108.0	103.1	107.0	110.0
1995	20340.9	11884.6	709.9	6045.0	1701.3	110.9	107.9	105.0	114.8	119.4
2000	24915.8	13873.6	936.5	7393.1	2712.6	103.6	101.4	105.4	106.3	106.5
2005	39450.9	19613.4	1425.5	13310.8	4016.1	105.7	104.1	103.2	107.8	106.5
2006	40810.8	21522.3	1610.8	12083.9	3970.5	105.4	105.1	105.6	105.0	106.0
2007	48893.0	24658.1	1861.6	16124.9	4457.5	103.9	104.0	106.9	102.3	104.8

注：本表绝对数按当年价格计算，指数按可比价格计算。2003年执行新国民经济行业分类标准，总产值包括农林牧渔服务业产值

（资料来源：根据国家统计局《中国统计年鉴》各年有关数据整理）

（二）农产品有效供给大幅度增加

2008年与1949年相比，粮食产量增加4.7倍，棉花产量增加17.2倍，油料产量增加10倍，糖料产量增加40多倍，水果产量增加151倍，肉类产量增加31.2倍，水产品产量增加105.5倍。尤其是1979年以来，农产品有效供给增加速度明显加快，1979—2008年平均每年增产的粮食、棉花、油料、糖料、水果、肉类和水产品分别是1949—1978年平均增量的1.5倍、2.2倍、9.4倍、5.1倍、12.6倍、10.1倍和11.4倍。粮食产量如果每增加500亿公斤为上一个台阶，则1979年前的三个台阶用了26

年时间，1979 年后的四个台阶只用了18 年时间（表4－5、表4－6）。农产品有效供给的增加，不仅解决了占世界五分之一人口的吃饭问题，还为加快工业化进程提供了重要支持。

表4－5 主要农产品产量

（单位：万吨）

年份	粮食	棉花	油料	麻类	甘蔗	甜菜	烟叶	蚕茧	茶叶	水果
1949	11318.0	44.4	256.4		264.2	19.1	4.3	4.3	4.1	120.0
1952	16392.0	130.4	419.3		711.6	47.9	5.7	12.3	8.2	244.3
1957	19505.0	164.0	419.6		1039.2	150.1	25.6	11.2	11.2	324.7
1962	16000.0	75.0	200.3		344.3	33.9	12.9	4.5	7.4	271.2
1965	19453.0	209.8	362.5		1339.1	198.4	37.2	10.4	10.1	323.9
1970	23996.0	227.7	377.2		1345.7	210.3	39.9	16.5	13.6	374.5
1975	28452.0	238.1	452.1		1666.7	247.6	70.1	19.4	21.1	538.1
1978	30476.5	216.7	521.8	135.1	2111.6	270.2	124.2	22.8	26.8	657.0
1980	32055.5	270.7	769.1	143.6	2280.7	630.5	84.5	32.6	30.4	679.3
1985	37910.8	414.7	1578.4	444.8	5154.9	891.9	242.5	37.1	43.2	1163.9
1990	44624.3	450.8	1613.2	109.7	5762.0	1452.5	262.7	53.4	54.0	1874.4
1995	46661.8	476.8	2250.3	89.7	6541.7	1398.4	231.4	80.0	58.9	4214.6
2000	46217.5	441.7	2954.8	52.9	6828.0	807.3	255.2	54.8	68.3	6225.1
2005	48402.2	571.4	3077.1	110.5	8663.8	788.1	268.3	78.0	93.5	16120.1
2006	49804.2	753.3	2640.3	89.1	9709.2	750.8	245.6	88.2	102.8	17102.0
2007	50160.3	762.4	2568.7	72.8	11295.1	893.1	239.5	94.7	116.5	18136.3
2008	52850.0	750.0	2950.0				260.0		124.0	

（资料来源：根据国家统计局《中国统计年鉴》各年有关数据整理）

（三）农产品品质结构大为改善

农产品品质结构从单纯追求数量的增加，逐步向优质高效方向发展，主要农产品良种覆盖率和优质化水平进一步提高。据农业部初步统计，2008 年我国水稻、小麦、玉米、大豆优质率分别为 74%、68%、51% 和 72%，其中，水稻、小麦、玉米的优质化率比 2001 年分别提高了 38.9、19.5、24.9 个百分点，大豆优质率比 2002 年提高了 24.1 个百分点。农业

表4-6　主要农产品产量与解放前最高年产量比较

产品名称	解放前最高年		指数（以解放前最高年为100）		
	年份	产量	1949	1952	2007
种植业（万吨）					
粮食	1936	15000	75.5	109.3	334.4
棉花	1936	84.9	52.3	153.6	898.0
花生	1933	317	40.0	73.0	410.8
菜籽	1934	191	38.5	48.9	554.4
芝麻	1933	99.1	32.9	48.5	56.2
黄红麻	1945	5.5	34.6	278.2	180.3
桑蚕茧	1931	22.1	14.0	28.1	398.0
茶叶	1932	22.5	18.2	36.4	518.0
甘蔗	1940	565	46.7	125.9	1998.4
甜菜	1939	32.9	58.1	145.6	2714.7
烤烟	1948	17.9	24.0	124.0	1217.0
苹果	1926	12.1		97.5	23024.7
柑橘	1926	40.1		51.6	5132.8
香蕉	1927	10.3		106.8	7569.6
畜牧业（万头、万只）					
大牲畜年底头数	1935	7151	83.9	106.9	172.1
猪年底头数	1934	7853	73.5	114.3	560.2
羊年底只数	1937	6252	67.7	98.8	456.9
渔业					
水产品（万吨）	1936	150	30.0	111.3	3165.0

（资料来源：《中国统计年鉴2008》，表12-24）

生产更加注重生态产品的开发，全国安全农产品已初步形成了无公害农产品、绿色食品和有机食品"三位一体、整体推进"的发展格局。在渔业方面，精养以及高附加值海淡水产品养殖得到大力发展。

三、农村经济质量出现质的飞跃

（一）农村和农业结构调整改善

1. 农村经济结构显著改善。新中国成立初期，我国基本上是个农业国，农业在经济中占居主要地位，1952 年农业增加值占国内生产总值的 51%。60 年来，党中央、国务院一直十分重视产业协调发展问题，农业基础地位不断增强，工业和服务业快速发展。1952—1978 年，随着"重点发展重工业"战略的实施，工业占比迅速提高，到 1978 年，工业占比由 1952 年的 17.6% 提高到 44.1%，而农业占比则由 51% 下降到 28.2%。在改革开放的历史新时期，以工业为主的第二产业继续快速发展，第三产业也得到大力促进。到 2008 年，第一产业由 1978 年的 28.2% 下降为 11.3%，第二产业由 47.9% 上升为 48.6%，第三产业则由 23.9% 大幅上升至 40.1%。

2. 农村产业结构得到了明显调整。新中国成立前，我国的农业生产力水平低下，生产方式非常落后，农业生产表现为对种植业特别是粮食生产过度畸重的单一结构。种植业在农业生产中的主体地位异常突出，种植业以外的其他农业发展较为缓慢，农业内部比例极度不协调。在之后近 30 年时间里，由于人口快速增长造成的巨大压力，农业生产整体技术水平较低，以及计划经济体制和片面强调"以粮为纲"的政策影响，我国农业生产结构基本上仍停留在"农业以种植业为主，种植业以粮食生产为主"的单一结构阶段。

改革开放以后，农业实行了联产承包责任制、农产品流通体制等多方面改革，以杂优水稻技术为主的农业生产技术逐步得到普遍推广，城乡人民生活水平的持续提高带来了市场需求的巨大引力，以及政府实施了一系列鼓励发展多种经营、促进农业产业化的政策措施，农业生产不仅解决了长期以来粮食供给短缺的状况，而且促进了农业生产结构从单一的解决粮食短缺问题开始向提高食物结构和品质转变，促进了从分散经营的小生产向生产的专业化、布局的区域化和经营一体化等为主要特征的产业化经营转变。

60 年来，我国已经基本改变了过去"农业—种植业—粮食"的高度单一和效率低下的结构模式，向"优质、高效、全面发展的"新型结构模式转变。传统的农业单一生产结构格局被打破，农业内部结构由以种植业为主转变为种植业与畜牧业、林业、渔业共同发展，农林牧渔业总产值中，农业所占比重明显下降，林、牧、渔业比重显著提高。农业所占比重由 1952 年的 85.9% 下降为 2008 年的 48.4%，下降了 37.5 个百分点。林、牧、渔业所占比重分别由 1952 年的 1.6%、11.2% 和 1.3% 提高到 2008 年的 3.7%、35.5% 和 9.0%，分别提高了 2.1、24.3 和 7.7 个百分点。种植业内部结构调整进展明显。种植业结构由以粮食作物为主转变为粮食作物与经济作物、饲料作物、蔬菜瓜果全面发展，粮食、经济作物和其他作物种植面积比由 1952 年的 89.2：9.0：1.8 转变为 2008 年的 68.3：27.8：3.9，经济作物种植比重明显提高。畜产品构成中，猪肉占肉类总产量的比重由 1952 年的 94.2% 下降到 2008 年的 63.5%；牛羊肉则由 1979 年的 5.74% 上升到 13.6%；禽肉等也由 1985 年的 5.80% 上升到了 22.9%。禽蛋、牛奶等的产量快速增长，在畜产品中的比重也大幅度上升。农村产业结构由以农业为主转变为农业与非农产业协调发展。在农业综合生产能力不断提高的同时，乡镇企业异军突起，农村开始了史无前例的工业化进程。2008 年，在农业经济总量中，第一产业只占 26.4%，第二产业已占 61.6%，第三产业占 12%，非农产业已成为农村的主导产业；在农业经济总量中，种植业比重为 57.8%，畜牧业比重为 30.3%，林业比重为 3.3%，渔业比重为 8.6%；在种植业种植面积中，粮食作物所占比重已低于 75%，经济作物和其他作物比重已超过 25%；在农村就业结构中，近 30% 的农村劳动力已在非农产业中就业。

3. 农业生产区域布局明显优化。主要农产品生产向优势产区集中的格局逐步形成。目前全国已经形成东北的大豆、玉米带、黄淮海地区花生、小麦带、长江流域油菜带、新疆棉花产业带。2008 年，棉花、小麦、大豆、油菜籽、玉米产量前 5 位的省区占全国产量的比重达 79.7%、

75.3%、66.5%、63.4%、53.3%，分别比 1981 年提高 21.8、19.4、8.1、3.4 和 4.5 个百分点。

（二）农业生产商品化程度有了较大提高

商品化程度低是传统农业的一个基本特征，农业不走向商品化也就不可能实现现代化。尽管我国农业的商品化程度从总体上讲依然较低，但商品化的进程已经启动，商品化程度已有了较大提高。进入 21 世纪特别是近年来，主要农产品的商品量比 20 世纪 50 年代初期有了成倍增加，其中粮食增加 2.3 倍，棉花增加 4 倍，食用植物油增加 4.8 倍；城乡农产品集贸市场发展很快，集市贸易成交额成数倍增加，如 20 世纪 90 年代中期与 70 年代末期相比，农村集市贸易的粮食成交额增加了 105 倍，油脂油料成交额增加了 28 倍，水产品成交额增加了 42 倍，蔬菜成交额增加了 21 倍；目前我国农业的总商品率已超过了 60%。

（三）农村居民收入大幅度增加

农村居民人均纯收入由 1949 年的 44 元提高到 2008 年的 4761 元，其中 1949—1978 年年均名义增长 3.9%，1979—2008 年年均实际增长 7.1%。

第二节　工业化的进程

新中国成立初期，我国工业基础薄弱、技术落后、门类不全。工业整体水平基本上处于手工作业状况，根本谈不上工业化和工业体系。只能"造桌子椅子，能造茶碗茶壶，新中国成立……还能磨成面粉，还能造纸。但是，一辆汽车、一架飞机、一辆坦克、一辆拖拉机都不能造"。工业结构极为简单，生产水平极为低下。

新中国成立 60 年来，尤其改革开放以来，我国制定和实施了一系列重大产业政策和专项规划，对工业经济内部结构进行了多次重大的调整。

从"轻纺工业优先"、促进消费品工业的快速发展，到"优先发展基础工业和高技术产业"，再到"走新型工业化道路"，整体工业由小变大，由弱变强，"中国制造"的国际竞争力和影响力显著提高，工业结构基本实现了从结构简单到门类齐全，从以轻工业为主、重工业为辅到轻、重工业基本协调转变，从劳动密集型工业主导，逐步向劳动、资本和技术密集型工业共同发展的转变。

一、工业化进程所处的阶段

经过 60 年的发展历程，新中国的工业化取得了很大成绩。从人均GDP、工业产出在 GDP 的比重、就业结构、工业结构等综合判断，我国处于的工业化中期阶段。

（一）建成了比较完备的工业体系

新中国成立之初，工业部门比较单一。经过 60 年的建设，工业行业发生根本性变化。钢铁、有色金属、电力、煤炭、石油加工、化工、机械、建材、轻纺、食品、医药等工业部门逐步发展壮大，一些新兴的工业部门如航空航天工业、汽车工业、电子工业等也从无到有，迅速发展起来。目前我国已拥有 39 个工业大类、191 个中类、525 个小类，联合国产业分类中所列的全部工业门类我国都有。一个行业比较齐全的工业体系已经形成。

（二）轻、重工业关系逐步趋于协调

从新中国成立初期至 1978 年，由于指导思想上的偏差和体制方面的原因，我国工业发展片面强调重工业的发展，在重工业内部又片面强调"以钢为纲"，轻、重工业比例严重失衡。工业总产值中，轻、重工业的比重分别由 1952 年的 64.5%、35.5% 变为 1978 年的 43.1% 和 56.9%。

改革开放以后，随着国家对积累与消费、生产与生活等各方面关系的调整，轻工业发展步伐加快，工业结构严重重型化的倾向得以扭转。到1995 年，轻、重工业比例调整到了 47.3∶52.7。随着工业化进程的加快，特别是工业内部结构向更高层次的演进，以机械电子工业、石油化学工

业、汽车制造业、航空航天工业及建筑业为主体的重化工业的加快发展，提升了我国的产业结构高度，消费品加工主导型结构开始逐步向重化工业主导型结构转变。2008 年，轻、重工业比重分别为 28.9% 和 71.1%。

（三）高技术产业蓬勃发展

新中国成立以来，尤其是改革开放以来，我国紧紧把握当今世界经济走势和未来市场需求，出台和实施了一系列科技体制改革重大方案，加强对技术引进、技术创新和高新科技成果商品化、产业化方向的宏观引导，深化科技体制改革，促进了技术创新和高新科技成果商品化、产业化，有力地促进了高新技术产业的发展。1995—2008 年，全国高技术产业增加值占规模以上工业增加值的比重由 7.0% 上升至 9.6%。目前我国部分工业产品生产技术和质量已达到国际先进水平，一些高技术产品在国际上居领先地位。装备技术水平和国产化率稳步提升。1000 万吨炼油设备国产化率已经达到 90%。30 万吨合成氨和 52 万吨尿素成套设备实现了国产化。火电设备已由亚临界参数向超临界、超超临界参数升级，水电设备生产技术由单机容量 30 万千瓦提高到 70 万千瓦，50 万伏直流输变电设备实现了国产化。日产 4000—6000 吨规模生产线的装备国产化率达到 90%。一些电解铝、铜冶炼、铅冶炼、锌冶炼等的生产工艺已经逐步跨入世界先进行列。"神舟"载人航天飞船的成功发射，更是集中显示了我国高技术产业发展水平。

二、工业化进程的特点

（一）工业的快速发展不仅解决了基本生活必需品的短缺问题，而且还使我国逐渐成为一个世界制造业大国

主要工业产品产量成倍增长。2008 年与 1949 年相比，纱产量由 32.7 万吨增加到 2149 万吨，增长 64.7 倍；布由 18.9 亿米增加到 710 亿米，增长 36.6 倍；糖由 20 万吨增加到 1449 万吨，增长 71.5 倍；原煤由 0.32 亿吨增加到 27.93 亿吨，增长 86.3 倍。电视机、电冰箱、照相机、洗衣机、计算机、空调器等一大批新兴电子产品产量也从无到有，在改革开放

以后呈迅猛扩张之势。电视机由1958年的0.02万台增加到2008年的9033万台，电冰箱由1956年的0.03万台增加到2008年的4757万台；房间空调器由1978年的0.02万台增加到2008年的8231万台。

随着工业基础建设的加强，生产能力的不断扩张，我国由一个只能制造初级工业产品的国家发展成为世界制造业大国。根据联合国工发组织资料，按照2000年不变价计算，我国制造业增加值占世界的份额由1995年的5.1%上升到2007年的11.4%。按照国际标准工业分类，在22个大类中，我国制造业占世界比重在7个大类中名列第一，其中，烟草类占比49.8%，纺织品类占比29.2%，衣服、皮毛类占比24.7%，皮革、皮革制品、鞋类占比33.4%，碱性金属占比23.8%，电力装备占比28.2%，其他交通工具占比34.1%；有15个大类名列前三；除机动车、拖车、半拖车一个大类外，其他21个大类所占份额均名列世界前六位。而在发展中国家中，除机动车、拖车、半拖车一个大类名列第十一位外，其他21个大类所占份额都名列第一位。[1]

（二）工业结构实现了从门类简单到齐全，从以轻工业为主到轻、重工业共同发展，从以劳动密集型工业为主导，向劳动、资本和技术密集型共同发展的转变

新中国成立初期，我国工业基础薄弱，基本上以农副产品加工和采掘业为主，且主要是劳动密集型，工业整体水平很低。经过60年的建设，工业结构门类逐步齐全，钢铁、有色、电力、机械、轻纺、食品等工业部门逐步发展壮大，一些新兴的工业部门如航空航天工业、汽车工业、电子工业等也从无到有，迅速发展起来。目前我国已拥有39个工业大类、191个中类、525个小类，联合国产业分类中所列的全部工业门类我国都有。一个行业比较齐全的工业体系已经形成。轻、重工业关系逐步趋于协调。1949年轻重工业比重为73.6∶26.4，此时的工业主要为手工作坊，且以劳动密

---

[1] 国家统计局：《光辉的历程宏伟的篇章——新中国成立60周年经济社会发展成就回顾系列报告之一》，国家统计局网站2009年9月7日。

集型为主。1978 年，轻重工业比重尽管有了很大变化，为 43.1∶56.9，重工业占比已经高于轻工业，但技术含量不高，仍以劳动密集型为主。改革开放尤其是进入 21 世纪后，随着工业化进程的加快，以机械电子工业、石油化学工业、汽车制造业、航空航天工业等为主体的重化工业加快发展，工业内部结构向更高层次演进。2008 年，轻、重工业比重分别为28.9% 和 71.1%，重工业占比大幅上升，高技术产业、大企业、企业集团不断强化，企业组织结构明显改善，资本密集型、技术密集型企业得到迅速发展壮大，为工业经济由大变强奠定了基础。

（三）贸易结构不断优化，工业制成品出口比重明显提高

改革开放前，我国的出口商品以初级产品和资源性产品为主。为优化出口结构，我国实行了一系列工业制成品优先的出口产业政策，对工业制成品中具有比较优势的产品、附加价值比较高的产品以及有利于带动我国产业结构调整、提高总体竞争力的产品给予出口优惠政策。为增强出口商品竞争力，实现对外贸易的可持续发展，我国相继提出了"以质取胜"和"科技兴贸"战略，以及"转变贸易增长方式"的思路和要求。这些政策和战略的实施，对不断扩大对外开放程度、提高开放质量、促进我国不断走向世界经济舞台起到了非常重要的作用。同时，为满足国民经济发展和工业化、现代化的需要，我国不断完善进口结构，大力引进国外先进的成套设备和先进技术，机电产品和高新技术产品进口保持了快速增长。中国正在从贸易大国走向贸易强国。

产品结构逐步完善，机电产品和高新技术产品成为我国外贸主打产品。改革开放以来，我国出口商品结构实现了两个重要转变。20 世纪 80年代中后期至 90 年代初，我国完成了出口商品结构的第一个转变，即由初级产品出口为主向工业制成品出口为主的转变。新中国成立初期，我国出口商品中 80% 以上是初级产品。1978 年，初级产品出口占我国出口的53.5%，工业制成品出口占 46.5%。1990 年，初级产品和工业制成品比重转变为 25.6% 和 74.4%，工业制成品在出口产品中的比重大幅提高。2008 年，初级产品和工业制成品所占比重进一步转变为 5.4% 和 94.6%，

工业制成品成为中国出口贸易的主打产品。

20世纪90年代以来，实现了从以轻纺等劳动密集型产品出口为主向以机电和高新技术产品等资本技术密集产品为主的转变。1978年我国机电产品出口6.59亿美元，占出口总额的6.8%；1990年机电产品出口111亿美元，占17.9%。1995年以来，机电产品出口连续保持我国第一大出口商品地位。2008年，机电产品出口8229亿美元，占出口总额的比重达57.6%。1999年，我国开始实施"科技兴贸"战略，自此之后高科技产品出口贸易快速发展，在对外贸易中的比重大幅提高。2008年，高新技术产品出口4156亿美元，占出口总额的比重由1998年11%提高到29.1%。机电产品和高技术产品在我国出口贸易中的主导地位日益明显，2007年我国机电产品出口已位居世界第二。1979—2008年，机电产品出口年均增长26.8%，比同期全部货物贸易出口年均增速高8.7个百分点。出口市场结构也逐步走向多元化，目前机电产品出口已覆盖220多个国家和地区。[1]

第三节 现代服务业的发展

党的十六大和十七大都明确提出了我国要加快发展现代服务业。现代服务业又称新兴第三产业，一般包括金融保险业、信息服务业、旅游业、物流业、房地产及社区服务业等，是现代经济的重要组成部分。现代服务业可以划分为四大类：基础服务、生产和市场服务、个人消费服务、公共服务。现代服务业是在工业化比较发达的阶段产生的，主要依托信息技术和现代化管理理念发展起来的、信息和知识相对密集的服务业，与传统服

---

① 国家统计局：《从封闭半封闭到全方位开放的伟大历史转折——新中国成立60周年经济社会发展成就回顾系列报告之二》，国家统计局网站2009年9月8日。

务业相比，更突出了高科技知识与技术密集的特点。

一、现代服务业发展的基础条件不断改进

（一）科技投入稳步增加，科技事业不断取得重大成果

新中国成立之后尤其是改革开放以来，我国科技投入不断增加，2008年，全社会研究与试验发展经费支出 4570 亿元，占国内生产总值的1.52%，比 1991 年增加 0.87 个百分点；2007 年全国从事科技活动人员达454 万人，是 1991 年的 2 倍。企业科技活动人员数量明显增长，已成为中国科技人才队伍的主体。目前，我国研发人员总量仅次于美国，居世界第二位。对科技的重视和科技投入的增加使科技成果大量涌现。新中国成立初期到 1978 年，我国科技人员成功爆破了原子弹和氢弹，成功发射了人造卫星，在世界第一次人工合成牛胰岛素结晶等一批举世瞩目的尖端技术。改革开放以来，科技成果更是层出不穷，建成了正负电子对撞机等重大科学工程，秦山、大亚湾核电站并网发电成功，银河系列巨型计算机不断升级并全部研制成功。中国科学家与世界其他国家科学家一道完成了人类基因组计划的 1% 基因绘制图，在世界上首次构建成功水稻基因组物理全图。当今世界最大的水利枢纽工程——长江三峡水利枢纽工程许多指标都突破了世界水利工程的记录。量子信息领域避错码被国际公认为量子信息领域"最令人激动的成果"。我国自主研发的"嫦娥"一号绕月飞行成功，"神舟"系列航天飞船成功发射，"神舟"五号、六号、七号飞船载人航天飞行圆满成功。神舟七号载人航天飞行的圆满成功标志着我国成为世界上第三个独立掌握空间出舱技术的国家，是我国空间技术发展具有里程碑意义的重大突破。高性能计算机曙光 5000A 跻身世界超级计算机前十位，首款 64 位高性能通用 CPU 芯片问世。超级杂交水稻不断取得重大突破，对提高我国水稻产量、确保粮食安全起了重要作用。[①]

---

① 国家统计局：《光辉的历程宏伟的篇章——新中国成立 60 周年经济社会发展成就回顾系列
报告之一》，国家统计局网站 2009 年 9 月 7 日。

（二）覆盖全国、通达世界、技术先进、业务全面的国家信息通信基础网络初步建成

新中国成立初期到 1978 年，我国的邮电通信事业发展相对较慢。全国局用交换机容量由 1949 年的 31 万门发展到 1978 年的 406 万门，固定电话用户由 1949 年的 21.8 万户升至 1978 年的 192.5 万户。但在改革开放后，邮电通信业实现超速发展，2008 年全国局用交换机容量达到 50863 万门，比 1949 年增长 1631 倍。固定电话用户达到 34036 万户，比 1949 年增长 1560 倍。移动电话用户从无到有，由 1988 年的 0.3 万户增加到 2008 年年末的 64125 万户。移动电话交换机容量达到 11.5 亿户。电话网络规模居全球第一，发展速度也位居世界前列。长途光缆线路长度达到 79.8 万公里，互联网宽带接入端口 10890 万个。我国互联网上网人数达到近 3 亿人，居世界第二位，宽带上网人数 2.7 亿人。全国邮电业务总量从 1978 年的 34.1 亿元增加到 2008 年的 23650 亿元，增长 930 倍。已通邮的行政村比重达到 98.4%。

（三）以铁路为骨干，公路、水运、民用航空和管道组成的综合运输网基本形成

60 年来，交通运输建设成效显著，不仅满足了持续快速增长的经济发展的需要，也大大方便了人民群众的生活。铁路营业里程由 1949 年的 2.18 万公里增加到 2008 年的 7.97 万公里，增长 2.7 倍。公路等级明显提高，路况大为改善。公路里程由 1949 年的 8.07 万公里增加到 201 万公里（不含村道），增长 23.9 倍。特别是高速公路从无到有，迅速发展，2008 年总长度已达到 6.03 万公里，位居世界第二。内河航道通航里程由 1949 年的 7.36 万公里增加到 12.28 万公里。民用航空已开通 1532 条国际国内航线，航线里程达到 246.18 万公里。输油（气）管道里程由 1958 年的 0.02 万公里增加到 5.83 万公里。

（四）现代服务业发展的政策环境优化

加快发展服务业，提高服务业在三次产业结构中的比重，尽快使服务业成为国民经济的主导产业，是推进我国经济结构调整、加快转变经济增

长方式的必由之路，也是缓解能源资源短缺的瓶颈制约、提高资源利用效率的迫切需要。为此，2007 年 3 月 27 日，国务院下发了《关于加快发展服务业的若干意见》[1]，明确指出，"十一五"时期服务业发展的主要目标是：到 2010 年，服务业增加值占国内生产总值的比重比 2005 年提高 3 个百分点，服务业从业人员占全社会从业人员的比重比 2005 年提高 4 个百分点，服务贸易总额达到 4000 亿美元；有条件的大中城市形成以服务经济为主的产业结构，服务业增加值增长速度超过国内生产总值和第二产业增长速度。到 2020 年，基本实现经济结构向以服务经济为主的转变，服务业增加值占国内生产总值的比重超过 50%，服务业结构显著优化，就业容量显著增加，公共服务均等化程度显著提高，市场竞争力显著增强，总体发展水平基本与全面建设小康社会的要求相适应。[2]

二、现代服务业发展的成就

(一) 新兴服务业蓬勃发展

第三产业的发展不仅基本满足了人们不断增长的对服务业的需求，还在与第一、第二产业的良性互动中催生了大量新兴产业。新中国成立初期到 1978 年，第三产业发展缓慢，1952 年第三产业增加值只有 191 亿元，1978 年增加到 873 亿元，年均实际只增长 5.4%。改革开放以来，随着对第三产业对促进经济发展的重要性认识的深化，第三产业迅速发展，2008 年第三产业增加值已经达到 120487 亿元，比 1952 年实际增长 84 倍，年均增长 8.3%。其中，交通运输增加值由 1952 年的 29 亿元增加到 2008 年的 16590 亿元，实际增长 113 倍，年均增长 8.8%。批发和零售增加值由 80 亿元增加到 23101 亿元，实际增长 49 倍，年均增长 7.2%。金融、房地产等新兴服务业从无到有，迅速发展壮大。金融业增加值由 1952 年的 11 亿元增加到 2008 年的 16817 亿元，实际增长 242 倍，年均增长 10.3%。

---

① 国务院办公厅：《国务院关于加快发展服务业的若干意见》，国发［2007］7 号。
② 何骏：《现代服务业多重模式发展对我国的启示》，《中国国情国力》2008 第 5 期。

房地产业由 1952 年的 14 亿元增加到 2008 年的 12720 亿元，实际增长 85 倍，年均增长 8.3%。不仅如此，伴随着第三产业的发展，一些新兴产业也如雨后春笋，在改革开放 30 年中萌芽并迅速发展起来。①

（二）现代服务业在整个服务业中的比重逐步上升

新中国成立初期，我国服务业异常凋敝。交通运输网络近乎瘫痪，邮政通信网点稀少，市场商品严重匮乏，金融、家政、旅游等服务行业近乎空白。随着经济的恢复，服务业也得到了一定程度的发展，但总体发展缓慢。在服务业中，批发和零售业、交通运输、仓储和邮政业等传统服务业占居主要地位，金融保险、房地产、社会服务等"非物质生产领域"的活动发展受限。1978 年，批发和零售业占第三产业的比重为 27.8%，交通运输仓储和邮政业占第三产业的比重为 20.9%，金融业和房地产业所占比重分别仅为 5.8% 和 7.3%。

改革开放以来，随着经济体制改革的逐步推进，大量服务职能开始从政府、企业和事业机构内部逐步分离出来，扩展了社会服务需求。同时，随着经济的发展和人民消费水平的提高，人们对服务业的需求不断向多样化方向发展，各种适应市场经济发展需要的现代服务业应运而生，快速发展。

2008 年，批发和零售业、交通运输仓储和邮政业增加值占第三产业的比重分别为 19.2% 和 13.8%，比 1978 年分别下降了 8.6 和 7.1 个百分点，金融业、房地产业所占比重为 14.0% 和 10.6%，分别比 1978 年上升 6.1 和 1.4 个百分点。②

（三）服务贸易格局已初步形成

1. 服务贸易发展迅速，居世界位次大幅提高。改革开放前，我国除了对外援建项目和少数外国友人来华旅游外，基本上没有对外服务。改革

---

① 国家统计局：《光辉的历程宏伟的篇章——新中国成立 60 周年经济社会发展成就回顾系列报告之一》，国家统计局网站 2009 年 9 月 7 日。

② 国家统计局：《新中国 60 周年系列报告之三：经济结构不断优化升级重大比例日趋协调》，国家统计局网站 2009 年 9 月 9 日。

开放以来，我国在大力发展对外货物贸易的同时，积极开展对外服务贸易，发展国际旅游，开展国际间经济、科技以及学术文化等合作与交流，既向世界宣传了中国，把中国元素推向了世界，也引进了先进的管理理念、管理经验和科学技术，改变了城乡居民的思想观念、生活观念和生活方式。尤其是中国在加入世贸组织谈判中，对服务贸易对外开放作出了广泛而深入的承诺，涵盖了《服务贸易总协定》12 个服务大类中的 10 个，涉及总共 160 个小类中的 100 个，占服务部门总数的 62.5%。当前，基本形成了以旅游、运输服务为基础，以通讯、保险、金融、计算机信息服务、咨询和广告等新兴服务贸易为增长点的服务贸易全面发展格局，服务贸易已经发展成为我国对外贸易的重要组成部分。我国服务贸易增长快于世界平均水平。1983—2008 年，我国服务贸易进出口总额年均增长 17.7%，比同期世界服务贸易进出口总额年均增速（9.0%）高 8.7 个百分点。其中，2008 年我国服务贸易进出口总额增长 21.3%，比世界服务贸易总额增速（11.0%）高 10.3 个百分点。2008 年，我国服务贸易[①]进出口总额由 1982 年的仅 44 亿美元上升到 3045 亿美元；占我国全部对外贸易总额的比重由 9.4% 上升到 10.6%；服务贸易占世界服务贸易总额的比重由 0.6% 提高到 4.2%；居世界位次由第 34 位上升至第 5 位。其中，出口由 1982 年的 25 亿美元增加到 1465 亿美元，居世界第 5 位；进口由 19 亿美元增加到 1580 亿美元，居世界第 5 位。[②]

2. 贸易结构逐步优化，高附加值服务行业快速发展。改革开放初期，我国服务贸易出口以旅游、运输、建筑等传统服务贸易为主，传统服务贸易出口占比达 80% 以上。随着改革开放的不断深入，保险、计算机和信息服务、咨询等高附加值服务贸易出口显现出强劲的增长势头，在服务贸易出口中的比重不断提高。

2008 年，计算机和信息服务出口额由 1997 年仅 0.84 亿美元增加到

---

① 服务贸易数据来源于商务部网站。遵循 WTO 有关服务贸易的定义，服务贸易数据不包含政府服务。

② 来源于商务部网站。

62.5 亿美元，占服务贸易出口总额的比重由 0.3% 提高到 4.3%；咨询服务出口由 3.5 亿美元增加到 181.4 亿美元，占服务贸易出口总额的比重由 1.4% 提高到 12.4%。而传统的运输和旅游业两大行业出口额占服务贸易出口的比重由 1982 年的 79% 降至 54.1%。

3. 国际旅游等传统服务贸易取得长足发展。新中国成立到改革开放前的 30 年里，我国的国际旅游业规模小，除了探亲外几乎没有出国旅游；来华旅游人数也非常少，国内接待外宾的宾馆和饭店都实施严格限制和审批。改革开放以来，我国敞开国门，积极发展餐饮旅游业，接待能力和接待水平大幅度提高，在此基础上，大力挖掘旅游资源，积极吸引外国游客，来华旅游人数逐年增多，客源更加广泛，营业收入不断提高。

2008 年，我国入境旅游人数从 1978 年的 180.9 万人次增加到 13003 万人次，国际旅游外汇收入从 2.6 亿美元增加到 408 亿美元。过夜旅游者人数居世界位次由 1980 年的第 18 位上升到 2007 年的第 4 位；国际旅游外汇收入居世界位次由 1980 年的第 34 位上升到 2007 年的第 5 位。

居民出境旅游也保持快速发展。2008 年，国内居民出境人数由 1993 年的 374 万人次增加到 4584 万人次，居世界位次由 1995 年的第 17 位提高到 2007 年的第 6 位。国际旅游外汇支出由 1995 年 37 亿美元增加到 2007 年的 333 亿美元，占世界比重由 0.8% 提高到 3.6%。[1]

（四）科技和教育实现突飞猛进的发展

新中国成立初期，我国科技和教育水平十分落后，全国人口 80% 以上是文盲，学龄儿童入学率只有 20% 左右。全国科技人员不超过 5 万人，其中专门从事科学研究工作的人员不足 500 人，专门的科研机构只有 30 多个。经过 60 年特别是改革开放以来的努力，科技教育事业飞速发展，自主创新能力持续增强，科技成果举世瞩目，一些技术领域取得世界先进水平，文盲率大幅下降，义务教育普及率不断提高，高等教育规模迅速扩

---

① 国家统计局：《新中国 60 周年系列报告之三：经济结构不断优化升级重大比例日趋协调》，国家统计局网站 2009 年 9 月 9 日。

张。科技和教育实现了落后到突飞猛进发展的转变，有力地支撑了经济社会的发展。

（五）农业社会化服务业迅猛发展

我国从 20 世纪 50 年代起，就相继建立了农业、林业、水利、气象等部门的技术推广组织和供销合作社、信用合作社等多种服务组织。实行家庭联产承包责任制以后，一大批与之相适应的服务组织涌现出来，并且有不断向深度、广度发展的趋势。目前，我国农业社会化服务业的基本结构是：以乡村集体或合作经济组织为基础，专业经济技术部门为依托，农民自办服务组织为补充。作为社会化服务业的基本类型有两大方面。

1. 乡村集体或合作经济服务组织。这是农业社会化服务的基础。其中，村级服务组织一般是在原来的生产大队或生产队基础上兴办的综合服务组织或专业服务队，主要形式有物资供应组、农技组、植保组、良种组、农机组、水电组等专业组，以及综合服务站、服务大院等，近年还兴起各种农民专业协会等。

2. 专业经济技术部门的服务组织。包括农业、商业、物资、外贸、金融、科研和教育单位为农业直接或间接提供服务的机构，这是一支多部门、多领域的社会化服务大军，经过几十年建设，已成为系统完整、实力雄厚的骨干力量，它体现着政府对农业的支持和保护，通过政府的干预和资助，成为农业社会化服务业中一支举足轻重的生力军。

第五章

从资源驱动走向
创新驱动

中国经济发展的变化，深刻反映出新中国成立 60 年以来我国经济发展的总体脉络和走向，各个方面的合理过渡与转型以及所取得的巨大成就，而这些变化与经济发展的驱动力密切相关。迈克尔·波特的"经济发展四阶段论"认为，一个国家的经济发展要经过四个阶段，即要素驱动、投资驱动、创新驱动、财富驱动四个阶段，不同的经济发展阶段主导的经济发展驱动力是有差异的，一个国家所选择的主导的经济发展驱动力决定其在一定阶段内经济发展的模式和走势，而当经济发展到不同阶段之间的临界点时，新型的经济发展驱动力就会应运而生，以适应更高层次的经济发展的要求，即经济发展与经济发展驱动力二者处于动态的协调关系之中。一方面，经济发展所处的特定阶段要求与之相适应的经济发展驱动力；另一方面，经济发展驱动力的转型会促成新的经济发展阶段的形成和确立。

根据迈克尔·波特的观点，中国当前正处于投资驱动发展阶段，主要以大规模投资和大规模生产来驱动经济发展，并保持生产的高效，向创新驱动型发展阶段转型。同时，另一种观点认为，新中国成立以来，中国的经济发展以改革开放为界，呈现出以资源驱动为主和以投资驱动为主两个不同阶段，中国当前正处于以投资驱动为主的经济发展阶段。以上两种观点都有其合理性，然而，对我国经济发展阶段的更准确的定位应该是把经济发展看成是各种经济发展驱动力综合作用的结果，同时突出主导的驱动力。本章分别以改革开放和中国加入 WTO（对外开放规模的扩大与层次的提高）为界，把新中国成立 60 年以来我国的经济发展分为以资源驱动为主、以投资驱动为主和集中力量转向创新型国家建设三个阶段，以更好地把握我国经济发展的总体趋势。但从总体上看，在以资源驱动为主的历史阶段，投资驱动仍然对国民经济发挥着巨大的作用；在集中力量转向创新型国家建设期间，资源驱动、投资驱动和创新驱动这三种驱动力将会长期并存。

第一节　资源驱动

一、中国资源驱动型经济的起源与发展概述

自 1949 年新中国成立至 1978 年党的十一届三中全会决定实行改革开放之前，我国经济社会发展取得了辉煌的成就，但与此同时，人口压力、资源压力、环境压力却逐渐加大。

在新中国成立初期，我国的经济因遭到新中国成立前多次战争的大规模破坏，工业基础发展滞后、技术水平低，对资源的开发利用受到技术水平的限制而停留在较低的层次。在这一时期，我国的经济发展的主要驱动力来自于廉价的劳动力、土地、矿产等资源型要素，通过对资源的粗放型开采与加工实现经济的增长。同时，由于我国当时实行计划经济体制，经济发展模式在很大程度上受国家政治上"左倾"风气的影响，政府提出"超英赶美"的经济发展计划，片面注重量的产出而忽视质的提升。以资源的大规模投入带动经济增长的模式，具有投资周期相对较短，短期回报率较高的特点，在一定程度上可满足此时期特殊的经济发展需求。在这一经济社会背景之下，国家仍然对农业、工业、国防、教育、医疗、交通等

各个领域加大投资，完成了大规模的基础设施建设，投资驱动在国民经济中占有重要的地位。但由于改革开放之前，中国的国民经济基础薄弱，在政治、经济上受到西方国家的长期封锁，难以通过主要以投资驱动为主导，推动中国经济的发展。资源驱动型经济在经济增长中的重要性日趋提升，资源驱动型经济逐步成为改革开放前我国主导的经济形式。

资源驱动型经济立足于一种或多种资源，主要是水资源、土地资源、矿产资源等自然资源。我国国土广阔，自然资源品种多、总量大、品种类型齐全，这为资源驱动型经济的存在和发展提供了必要的前提，在此基础上，资源驱动型经济极大地促进了我国经济社会的发展，特别是有力地促进了我国工业化进程。在这一时期，我国建立起独立的工业经济体系，工业技术水平得到较大提高，我国工业化水平（指工业与生产的增加值和工人人数比较之和）由 1949 年的 11% 提高到 1952 年的 25% 和 1978 年的 62%，工业占 GDP 比重由 1949 年的 12.4% 上升到 1978 年 44.1%，工业净产值占国民收入的比重由 1949 年的 12.6% 上升到 1978 年 46.8%，工业总产值占工农业总产值的比重由 30% 上升到 72.2%，工业品出口占出口总额的比重，由 59.9% 上升到 72.9%，工业为农业、交通运输和第三产业的发展提供了大量技术装备，已经成为国民经济的支柱。

实际上，任何经济体的发展都离不开资源的投入，但资源的投入与产出的比例随着时间的推移会逐渐缩小。随着经济的发展，资源的不可再生性会造成严重的资源供需矛盾，这种矛盾直接转化为制约资源驱动型经济长远发展的重要原因。我国的资源驱动型经济在发展中也面临了同样的问题。在 1978 年党的十一届三中全会，中央决定实行改革开放以后，经济发展开始逐步由资源驱动阶段向投资驱动阶段转型，力图走出困境，使经济社会在新的驱动力的作用下获得进一步的发展。

二、资源驱动对我国国民经济发展的双重作用

资源驱动作为我国经济发展初期的主要驱动力，在一定时期内可以促进经济的增长，推动工业化进程，为国民经济的发展做出巨大的贡献；但

长期过度依赖资源投入的粗放型经济增长方式,必然会导致巨大的人口压力、资源压力和环境压力,致使资源短缺、生态恶化和环境污染,对国民经济的可持续发展具有阻碍作用。

资源驱动对国民经济发展的双重作用与资源投入与产出的比例密切相关,是由边际收益的递减规律所决定的。在一定时期内,适度的资源投入会带来产出的成比例增加,但达到峰值以后,资源的投入与产出的比例会随着时间的推移逐渐缩小,越到后期每单位的投入所获得的产出将逐渐减少。因此,在短期内,资源驱动型经济依靠扩大资源的投入而获得边际产量的增长,进而提高经济收益率,增加经济总量,获得经济发展的短期红利。

自 1949 年新中国成立至 1978 年党的十一届三中全会决定实行改革开放期间,除却遭遇重大自然灾害和经济政策出现严重失误的时期,我国的经济发展在这一时期取得了一系列的巨大成就:1956 年,全国国民生产总值达 1639 亿元,比 1952 年增长 60% 左右;工农业总产值为 1252 亿元,国家财政收入为 287.4 亿元,均比 1952 年增长 60% 左右;工业总产值 642 亿元,农业总产值 610 亿元,平均每年递增 19.6% 和 4.8%;工业现代化进程加快,工业投资效率、工业经济效益与工业生产力布局都有明显改善,工业化水平由 1949 年的 11% 提高到 1952 年的 25% 和 1978 年的 62%;人民生活水平逐步提高,约占 80% 以上的人口解决了温饱问题,人均 GDP 从 1949 年 75 元增到 1978 年 381 元,全国居民每人每年消费水平从 1949 年 62 元增到 1978 年 184 元,增长 1.97 倍,年平均增长 3.8%,抛除消费物价年均增长 1.3% 的因素,实际增长 1.3 倍,年均增长 2.9%,城镇化水平也从 1949 年 10.6% 上升到 1978 年 17.9%。

可见,资源驱动型经济在新中国经济发展初期发挥了积极作用,为我国经济的发展、人民生活水平的提高做出了巨大的贡献。在资源驱动型经济中,资源占有量较大的经济体依靠简单的"采掘式"及初级加工也能够获得大量的利润,并且取得经济的较快的发展。它们往往不愿意增加在设备、人员素质和技术等方面的投入,反而过度依赖资源的投入促进经济,是粗放型增长,使之成为经济增长的主导方式,并形成一种消极的经济发展惯性。这种情形在一个国家和企业的资源部门的体现尤为明显，由于资源部门本身是缺乏技术进步动力的部门，对创新的需求较弱，当它在国家和企业中占据主导性地位时，整个区域表现为创新活动弱化，对创新及人员素质提升的需求较低，使得资源型地区对创新活动的重要性认识不足，在教育、研发投入等方面呈现弱化的趋势，创新活动的需求和供给受到抑制。这些潜在的不利因素在经济的发展初期大都处在隐而不显的状态，但其对经济发展的影响是持续的，如果不及时意识到这些问题并找到合理的解决方案，它对经济的影响在很长一段时间内将是很难逆转的。

三、我国资源驱动向投资驱动转型的内在动力与必然性

从总体上看，我国自然资源种类多、总量大，但由于人口基数大，使得自然资源的人均占有量偏低，同时，大量资源本身具有有限性和不可再生性，且分布不均。且过度依赖资源投入促进经济粗放增长的资源驱动型经济增长模式易于造成资源的浪费，加大废弃物的排放量，造成严重的水污染、空气污染和固体废弃物污染。因而，以污染环境为代价的发展加速了资源支撑能力的下降，致使经济发展重重受阻，民族生存空间收缩，也使我国的生产生活环境面临巨大的压力。因而，探寻一种新的发展模式成为我国经济增长的内在需求。

1978 年党的十一届三中全会的召开，是我国经济增长方式由资源驱动型向投资驱动型转变的重要契机。会议明确指出党在新时期的历史任务是把我国建设成为社会主义现代化强国，并揭开了改革开放的序幕。随着改革开放的进行，政府逐渐放宽对经济的管制，实施有计划的商品经济，开始重视市场对经济的调节作用。随后又于党的十四大提出发展社会主义市场经济的宏伟目标，使我国经济体制逐渐实现由计划经济向社会主义市场经济的过渡。实行改革开放、经济体制的转变成为我国经济驱动方式由资源驱动转向投资驱动转变的重要动力。

我国的资源驱动型经济自其起源到改革开放前夕，发展的矛盾便逐渐暴露出来，改革开放和经济体制的转变则进一步将这一矛盾突显出来。由

于我国人力资源丰富且成本较低，为国际制造加工业提供了巨大的潜在市场，因而渐渐吸引了越来越多的外来投资者的目光。据统计，1979 年之前，几乎没有外资流入中国市场，而经济开放以后，我国对外融资获得了高速的发展，初步加大了驱动方式转变的步伐。我国经济制度由计划经济体制向市场经济体制的转变则进一步加速了这种驱动方式的转变。在计划经济时代，整个经济的发展由政府进行调配，但政府对经济管得过严、过死，过分地干预了经济的发展，致使整个经济死气沉沉、缺乏内在活力。市场经济体制确立以后，市场逐渐成为经济调节的基础，资本等生产要素因此获得了自由流动的巨大空间，并且，由于我国经济基础薄弱，对国内外的资金有着巨大的需求，因而，投资在这一时期成为拉动我国经济增长的主要力量。由此，我国逐步实现由资源驱动型经济增长方式向投资驱动型经济增长方式的转变。

在逐步实现对外开放和确立社会主义市场经济制度的过程中，市场在经济调节中的基础性地位也逐步得到确立，伴随由市场带来的强有力的竞争机制，形成了一股强大的市场内驱力，并坚持优胜劣汰的原则。因而迫使依靠资源驱动经济增长的企事业单位转变其发展思路，弱化对资源的依赖程度，实现经济驱动方式的转型。

总之，传统的资源驱动型经济增长方式伴随的资源、环境等问题，对我国经济的发展形成巨大的外在压力，使得我国经济增长从资源驱动向投资驱动型转变成为必然，而改革开放及我国经济体制的改革则为其转型提供了必要的动力，推动我国经济向投资驱动发展。

第二节　投资驱动

一、我国投资驱动型经济兴起的时代背景

在我国改革开放以前，投资驱动作为一种主要的经济发展驱动力，与

资源驱动有着同样长的发展历史，但其作为我国主导的经济发展驱动力则是在1978年党的十一届三中全会以后。党的十一届三中全会确立了正确的经济指导方针，全面提出实行改革开放，极大地解放了生产力，为经济的进一步发展和经济发展驱动力的转型奠定了基础。面对全新的国际和国内发展形势，投资驱动在一定程度上弱化了经济对资源的依赖程度，为经济的发展注入了新的活力，增强了我国的经济实力和国际竞争力。自改革开放以来，我国资本投入对总产出的推动作用已超过其他所有生产要素的总和，达53.3%，成为经济持续增长的主导驱动力。据专家预计，在未来20年，我国资本对经济增长的贡献度将超过60%，成为中国经济持续增长的主导力量。

以资本投入为主要驱动力的投资驱动型经济模式，主要依靠大规模投资和大规模生产来驱动经济发展，实现利润增值。我国的投资驱动经济增长模式起源于20世纪50年代，政府执行"赶超"战略，力图通过大量的资金投入迅速实现以重工业为核心的国家工业化，缩小与英美等先进国家经济发展的差距。这个时期，我国在工业体系的构建和工业化进程的推进过程中取得了巨大成就，投资驱动在经济发展中逐渐显示出有力的推动作用。

同时，我国的资源驱动型经济在经历了近30年的发展后，最初的强大生命力已渐渐逝去，长期过度依赖资源的投入实现经济增长的粗放型的增长方式带来一系列的资源和环境问题，资源短缺和环境污染成为制约经济发展的主要因素，转变经济发展驱动力和经济增长方式已成为经济发展的必然趋势。更为重要的是，在改革开放初期，由于对外开放的力度不够、规模不大、层次不高，我国的经济发展面临着投资、消费、出口比例失衡的问题，"三驾马车"难以形成合力以拉动经济的高速发展。另外，改革开放后，我国由计划经济体制转向市场经济体制，制度转型造成庞大的市场需求，在这种情况下，投资驱动型经济适应了我国经济谋求高速发展的需求；加之，我国人口众多，劳动力成本低廉，在产品竞争过程中具有成本优势，这种优势决定了中国的产品除了在本国市场有需求之外，还能占领国际市场,这为发展投资驱动型经济提供了动力。因此,体制转型和劳动力成本因素都使得我国的投资驱动型经济具有广阔的上升空间。

据此,党的十一届三中全会之后,我国政府通过实行一系列的经济体制改革,使计划经济体制逐步转变为市场经济体制,以促进资源的优化配置,形成合理的激励机制和竞争机制,提高社会产出的效率,进而推动经济的增长。改革带来的包括资金、劳动力与市场在内的经济条件和包括制度安排、制度框架与激励机制在内的技术条件给中国今后的改革和经济增长方式的转变提供了有利的条件。此时,资源驱动型经济面临资源和环境危机,经济增长方式亟须得到改变,而消费与出口对拉动经济增长乏力,投资对经济的拉动作用逐渐突显出来,从客观上决定了我国的经济发展从资源驱动阶段过渡到投资驱动阶段,投资驱动逐渐成为经济发展的主导驱动力。

二、投资对我国国民经济发展的重要性与促进作用

改革开放以来,我国经济增长高度依赖投资贡献,使得投资已成为拉动国民经济增长的重要支撑。从历史数据来看,投资对经济贡献最高的年份出现在1985年,投资贡献率达到81%。投资驱动逐渐转变成我国经济发展的主要驱动力,对国民经济的发展作出了重要贡献,并进一步扩展到经济发展的不同领域、不同层次,发挥着越来越显著的作用。而就投资驱动本身而言,其对经济的驱动也有着层次的划分,这划分主要体现为其在推动经济发展时相应路径的差异。

一是投资形成资本积累,通过资本增长率提高来促使产出增长率提高。20世纪50年代,为迅速实现"赶超"战略,建立起国家工业化体系,我国加大了对重工业的资金投入,国民经济增长开始包含投资驱动的成分;改革开放后的较长一段时期,我国国民收入水平迅速提高,但人们的消费观念仍较为保守,消费率较低,因而社会财富积累不断增加,带动了国内投资的增长;同时,由于对外开放的步伐不断加快,受我国对外优惠政策的吸引,大批外资流向我国资本市场,增加了我国投资总额。

二是投资促进就业，新增投资往往会形成新的就业，通过劳动增长促进经济增长。以 1998 年亚洲金融危机为例，受金融危机影响，我国经济明显下滑，但由于迅速出台了大规模的刺激计划，促进就业，使得新增就业人口达到 1037 万，经济下滑速度明显放缓，并在此后全国经济复苏的过程中扮演了重要角色。在此次应对国际金融危机的过程中，政府主要是将基础设施、公共工程等公共事业等作为重点投资领域，依靠投资带动市场就业，促进国民收入水平的提高，增加社会财富，提升家庭购买力，形成新的市场需求，从而带动整个国民经济的复苏和发展。

三是投资促进经济内生增长，新增投资通过促进新知识、新技能的产生，推动技术进步而促进内生增长。投资不仅能够扩大企业外部规模，同时也能够促进企业技术创新，新增的投资一方面可用于购买先进的技术设备等硬件设施，也可用于引进国外优秀的科技成果等软件资源，并进行消化吸收再创新，以提升企业产品及自身的科技含量；另一方面，企业可将部分新增投资投入到自主创新、企业经营管理人才培养和劳动者技能培训等领域，增强企业自主创新的能力和经营管理水平，依靠企业内部的动力驱动经济发展，并以此辐射、带动其他领域的发展，促进整个国民经济水平的提高。

从改革开放到中国加入世贸组织这一段时期，我国经济在这三种投资驱动的路径指导下，发展强劲，不断突破原有发展态势。在投资增长的拉动下，中国经济发展水平不断提高，在改革开放至今的 30 年时间里中国经济以年均 9.6% 的速度增长，逐渐成为全世界经济发展的亮点。尤其值得注意的是，过去十年劳动生产率和全要素生产率都因投资的增长而大幅度提升，就业率在一定程度上得到提升，创新水平也在不断地提高，我国在国际上的地位也相应提升，中国在国际舞台上扮演着越来越重要的角色。

投资的不断增加，社会生产日趋活跃，增加了我国社会总财富，带动了社会就业，保障了经济、社会的稳定发展，同时，也推动了我国的产业升级和技术创新，为我国经济的后续发展奠定了坚实的基础。

三、投资驱动无法实现国民经济的可持续发展

投资驱动在我国经济发展过程中占据重要的地位，为我国经济的发展做出了重大贡献，但却面临着一系列的问题。

在我国，政府在投资中起着主导作用，而在投资总额度中，除基建投资之外，更多地表现为投资的简单扩张，忽视了对科学技术的投入，市场主体对资源的利用仍停留在粗放型的增长阶段，而粗放型的增长方式加大了对资源的消耗和对环境的破坏，投资驱动在发展过程中陷入了与资源驱动相类似的困境。

同时，投资驱动在我国经济发展历程中也面临着许多特有的新问题。不同于资源驱动型经济对资源的过度依赖，投资驱动型经济增长方式的显著特征表现为作为投资载体的资本总是以追求自身增值的最大化为动力，总是由利润低的领域向利润较高的领域流动。而资本正常流动动因在我国则出现一定程度的扭曲，投资呈现政府主导的趋势，市场调节的基础性作用没有得到充分发挥。资本正常流动动因的扭曲使投资驱动在我国经济发展过程中面临着根本性的发展问题，即投资驱动无法突破可持续发展的瓶颈。

首先，在我国的投资驱动型经济中，存在投资供给结构不合理的发展状况。具体表现为：一是投资供给面过宽、调整度小，不能反映经济发展的最新态势。一些产能落后、生产效率低的市场主体也跻身于投资供给之列，而一些技术创新水平高、生产结构较优的市场主体却被排除在外，这对产业结构调整、市场资源的优化配置产生了一定的消极作用，不利于充分发挥市场在经济发展中的基础作用，加大了投资驱动的成本。二是投资供给还存在着产业倾斜的态势。投资在产业结构的形成过程中起着重要的作用，投资结构的不合理将极大地牵制产业结构的优化建设。我国投资呈现出第二产业特别是重工业的大幅度投入的倾向，使得在产业的贡献率中第二产业所占份额过高，而第一和第三产业对经济增长的贡献率偏低，致使产业结构失调，而其中占主体地位的第二产业的发展，又存在着高投

入、高消耗、高污染的缺陷，这些不利因素都极大地限制了我国经济结构的优化升级与经济的可持续发展。

其次，投资驱动基本上是依赖资本的投入促进经济的增长，这在一定程度上加大了金融风险的发生几率。目前，我国企业的投资主要是靠银行信贷支持的，存在着高投入、低效率的状况，在这种情况下，要实现利润增值和经济持续增长依赖于持续的大规模投资，而这种粗放型的投资方式实际上是在边际收益递减规律的范围内起作用，在后期，单位投入所获得的收益逐渐收缩，这意味着贷款银行的信贷既要满足经济持续增长的资金需要，又必须承担可能出现的贷款回收周期拉长、不良贷款与呆账坏账不断增加的严重后果，这将极大地削减我国银行体系和金融市场的抗风险能力，加大金融风险的发生几率。

再次，投资驱动造成投资、消费与出口的比例失衡的问题。长期以来，由于利率、能源与资源的低价格和政府的优惠政策，使得我国的投资成本较低，导致大量资源和资金被用于投资，大规模的投资建设在一定程度上抑制了人们的消费，使得消费对经济的拉动乏力。同时，虽然我国的出口总量大，但由于投资驱动对创新具有一定的抑制作用，致使出口产品层次难以得到提升，出口所获得的利润有限，从而使出口对经济增长的拉动受限。在这种情况下，投资、消费与出口难以形成合力，无法保证经济的可持续发展。

总之，我国投资驱动型经济过度依赖投资规模的扩大，投资方式的单一且效率较低，市场未能充分发挥基础性的调节作用，投资的供给结构不合理，容易导致金融风险，投资、消费与出口难以形成合力，投资驱动主导下的经济发展缺乏长远动力，难以协调经济发展的质与量，难以实现经济的可持续发展。因此，投资驱动的进一步转型是经济发展的必然趋势。

四、投资驱动向创新驱动转型的契机和动力

进入新世纪，世界各国尤其是发达国家纷纷把推动科技进步和创新作为国家战略，增加科技创新投入，鼓励自主创新，实现科技成果向现实生

产力的转化，实现经济结构的调整与经济增长方式的转变，从而为经济社会发展提供持久动力，在国际竞争中争取主动权。中国加入 WTO 后，以全新的姿态更深入、更全面地参与到全球化的发展进程中，加强与世界各国的联系，实现了对外开放规模的扩大和层次的提升，为投资驱动的转型带来了历史机遇。由于资源驱动与投资驱动转型的突破口在于创新，因而由投资驱动转向创新驱动具有必然性。在这种背景下，中国要想在激烈的国际竞争中获得主动权，就必须紧跟时代的步伐，大力进行自主创新，使经济发展从投资驱动阶段过渡到创新驱动阶段。

　　同时，由投资驱动转向创新驱动具有内在的动力。一国的固定资产投资效果系数（新增 GDP/固定资产投资）能够直观反映出投资的宏观收益。我国的固定资产投资效果系数在 1992 年以后出现了持续下降，已经接近美国的长期平均值 0.2。1992 年，每百元固定资产投资可以导致 GDP增加 45.5 元，到 2003 年每百元固定资产投资只能使 GDP 增加 24.2 元。一般而言，在经济收缩阶段，由于乘数降低，投资效果系数会下降，投资对经济的驱动更为艰难，效益更低。因此，在出口难以指望、消费面临压力的情况下，唯有更大规模的投资能够驱动经济增速的回升。也就是说，中国要维持高速的经济增长，就必须不断提高投资率。而根据克鲁格曼等人的观点，在效率没有改善的情况下，要维持经济的增长需要，不断提高储蓄率也是一个必要因素，但储蓄率是存在着上限的，理论上不可能超过100%，实际极限值更低。克鲁格曼等人的进一步研究发现，依靠高储蓄和高投资推动的经济增长不具备可持续性，真正的可持续增长的关键在于技术创新。当然，克鲁格曼在其研究中忽略了另一提高效率的途径——制度变革和制度创新。

　　此外，就要素投入结构而言，在中国经济的快速增长中，自然资源、资本、劳动力投入贡献为 69.5%，全要素生产率的贡献仅为 32.8%，而且近几年还呈现下降的趋势。从生产要素成本来看，我国一直经历着要素价格扭曲并承担着相应的成本。我国长期处于要素的低价格状态，包括土地低成本、环保低成本、资金低成本，正是这种扭曲在某些行业和地区造成了外商直接投资的超常流入，也在一定程度上造成了我国以低价向全球出口产品，并通过贸易顺差回流境内的失衡格局。另外，能源密集型出口产品的竞争优势也是由能源定价低所形成的隐性补贴所形成的。所有这些失衡不仅意味着资源的错配，也是中国高投入、高消耗、高增长、低效益的"库兹涅茨增长"的内在根源。然而，从长远看来，"库兹涅茨增长"是难以为继的，以经济结构转型、技术创新，提高要素使用效率等为特征的"熊彼特增长"模式，是今后我国经济发展的必然选择。

第三节　创新驱动

一、创新型国家建设是我国落实科学发展观、实现国民经济全面协调可持续发展的必然选择

1990 年，西方著名经济学家迈克尔·波特（M. PORTER）提出了经济发展的四阶段论，其认为一个国家的经济发展要经过四个阶段，即要素驱动阶段、投资驱动阶段、创新驱动阶段、财富驱动阶段，而中国现在属于投资驱动发展阶段的中等收入国家，并保持生产的高效，向创新驱动型发展阶段转型。这种评价具有一定的合理性，但从中国的实际情况来看，自新中国成立以来，至加入 WTO，经济发展经历了以资源驱动为主和以投资驱动为主两个阶段，由于加入 WTO 实际上意味着中国对外开放规模的扩大和层次的提升，中国更深入、更全面地参与到全球化的发展进程中，自主创新能力不强的中国实际上正面临大力提升自主创新能力，并积极进行创新型国家建设的历史机遇，中国的经济发展正在逐步从以大规模投资和大规模生产为主要驱动力的投资驱动阶段向以技术创新为主要驱动力的创新驱动阶段过渡。

同时，从中国自身的经济发展来看，一方面，经过新中国成立以来特别是改革开放以来的不懈努力，我国社会主义市场经济体制初步建立，经

济社会持续快速发展，科技人力资源总量和研发人员总数位居世界前列，建立了比较完整的学科体系，部分重要领域的研究开发能力已跻身世界先进行列，已经基本具备了进行自主创新与建设创新型国家的重要基础和良好条件。另一方面，资源驱动型经济与投资驱动型经济都是粗放型经济，都无法实现经济社会的可持续发展。而与这两种传统的增长模式相比较，创新驱动型的经济增长是一种结构性的增长，它可以消除经济发展中普遍存在的要素报酬递减、稀缺资源等制约因素，从而使经济持续稳定增长得以实现。创新驱动在推动经济发展的同时，不断减少资源消耗，提高生产效率，有效缓解资源瓶颈；创新驱动通过加快实现比较优势的动态转换，并根据发展阶段和发展水平的提高，通过强化创新，提升产业和产品的技术含量和附加价值，从而构筑新的比较优势和竞争优势；创新驱动具有内生的经济增长动态适应机制，能够使区域经济结构、发展水平随着国际竞争环境的变化而进行相应的调整，能够适应快速变化的国际科技经济发展态势和竞争格局。因此，要切实贯彻落实科学发展观、实现国民经济的全面协调可持续发展，就必须从资源驱动与投资驱动转向创新驱动。

同时，从世界范围来看，大力发展高新科技园区成为一种有效促进产学研相结合，实现经济结构向创新驱动转变的主要途径。20 世纪 40 年代，美国一些学者和工业界人士总结了第二次世界大战时期科学和工业相结合的经验，形成了创立新型的"技术专家社区"思想，即将科研力量雄厚的大学和高技术公司联合起来，发挥各自优势，促进最新科技成果商品化[1]。1951 年，弗雷德里克·特曼教授的建议下，斯坦福大学在校园内创办了斯坦福研究园，标志着第三代开发区——世界高新区正式诞生。斯坦福研究园后改名为斯坦福工业园，奠定了日后"硅谷"强盛的基础。从此，世界许多国家和地区相继把建设各种类型科技园区作为促进科技与工业相结合、增强综合国力和未来国际竞争力的重要战略措施。同样，高科技园区在中国也得到了前所未有的发展，从萌芽到繁盛。从 1988 年国

---

[1] 陈益升等：《国际科学城综述》，《科学对社会的影响》1995 年第 3 期。

务院批准北京新技术开发试验区（即今天的中关村科技园区），成为我国第一个国家级高新区。经过二十多年的发展，全国已建成 56 家国家级高新区，成为国家创新体系的重要组成部分和发展高新技术产业的重要基地。1996 年，江泽民在亚太经合组织领导人非正式会议上称"本世纪在科技产业化方面最重要的创举是兴办科技工业园区，这种产业发展与科技活动的结合，解决了科技与经济脱离的难题，使人类的发现与发明能够畅通的转移到产业领域，实现其经济和社会效益"。江泽民同志的讲话明确了建设和发展高新技术产业开发区的重要地位，为实现最大限度地把科技成果转化为现实生产力，实现创新型驱动方式的转变指明了前进的方向。2005 年，温家宝总理在视察中关村科技园区时，提出国家高新区在新时期"四位一体"的发展定位，即国家高新区要成为促进技术进步和增强自主创新能力的重要载体，带动区域经济结构调整和经济增长方式转变的强大引擎，高新技术企业"走出去"参与国际竞争的服务平台，抢占世界高技术产业制高点的前沿阵地。高新区已经成为国家实现资源驱动和投资驱动向创新驱动的重要推力和主要抓手。

但从全国范围上看，当前我国科技的总体水平与自主创新能力同世界先进国家相比仍有较大差距，在国际竞争中处于劣势。据科技部统计，我国科技创新能力在 49 个主要国家中位居第 28 位，处于中等偏下水平；我国在关键技术上自给率低，对外技术依存度在 50% 以上，特别是航空设备、精密仪器、医疗设备、工程机械等具有战略意义的高技术含量产品，80% 以上的关键技术尚依赖进口；此外，在重大装备制造业中，70% 的数控机床，76% 的石油化工装备，80% 以上的集成电路芯片制造装备，100% 的光纤制造装备均为国外产品所占领。由于自主创新能力薄弱，缺乏核心技术开发能力，使得国内一些行业和企业在国际市场竞争中处于不利地位。总体而言，我国科技发展和自主创新能力的现状与调整经济结构、转变经济增长方式的迫切要求还不相适应，与把经济社会发展切实转入以人为本、全面协调可持续的轨道的迫切要求还不相适应，与实现全面建设小康社会、不断提高人民生活水平的迫切要求还不相适应。然而，同时应该看到，中国经济社会全面协调可持续发展的突破口在于经济发展从资源驱动与投资驱动转向创新驱动，进一步深化科技体制改革，大力发展高科技园区和高新技术产业，大力推进科技进步和自主创新。

正是基于以上背景，党的十六大以来，以胡锦涛同志为总书记的党中央高度重视自主创新，2005 年 10 月，胡锦涛同志在党的十六届五中全会上，明确提出了建设创新型国家的重大战略思想，2006 年 1 月，他又在全国科学技术大会上指出，要坚持走中国特色自主创新道路，用 15 年左右的时间把我国建设成为创新型国家。国家根据科学发展观的要求，已经把建设创新型国家作为一项事关社会主义现代化建设全局的重大战略决策，要求把增强自主创新能力作为发展科学技术的战略基点，走中国特色自主创新道路，推动科学技术的跨越式发展；把增强自主创新能力作为调整产业结构、转变经济增长方式的中心环节，建设资源节约型、环境友好型社会，推动国民经济又快又好发展；把增强自主创新能力作为国家战略，贯穿到现代化建设各个方面，激发全民族创新精神，培养高水平创新人才，形成有利于自主创新的体制机制，大力推进理论创新、制度创新、科技创新，不断巩固和发展中国特色社会主义伟大事业。

二、创新驱动型经济的基本特征与理论依据

创新驱动型经济主要是指那些从个人的创造力、技能和天分中获取发展动力的企业，以及那些通过对知识产权的开发可创造潜在财富和就业机会的活动。与传统经济相比较，以创新为主要驱动力的创新驱动型经济具有以下基本特征：（1）创新驱动型经济以自主创新为战略基点，在生产技术、知识产权、专利制度等发展条件的支撑下，以居于价值链高端的地位渗透所有产业，带动经济的全面协调可持续发展，具有极高的附加值，是一个"引擎"产业。（2）创新驱动型经济具有需求的不确定性和供给的多样性与差异性，具有无限的潜在发展前景，在一定程度上是一种"未来经济"，可以弥补传统经济发展的缺陷，保证经济的全面协调可持续发展。（3）创新驱动型经济是以知识产权为核心资产的新的产业门类，

需要以知识产权法来保护其创新成果；它也是一个智力密集型行业，其精华是人的创造力，这种创造力在知识产权的保护下应用到生产领域，可以转化为现实的生产力，创造大量的社会财富。（4）创新驱动型经济蕴含以人为本精神，它以人的创造性思维为最重要经济资源，是一种人本化的现代知识服务业，符合科学发展观以人为本的本质要求。（5）创新驱动型经济具有产业集群的特征。创新驱动型经济的发展需要各种硬件和软件的支持，需要各个层面、众多创意人才协同配合，需要集体的互动和企业的地理集聚，以满足精细化的内部分工和日益复杂的生产过程，实现经济发展的规模化和效益化。（6）创新驱动型经济反映了产业融合的趋势，不同的产业之间可以把创新作为纽带，加强交流与合作，优势互补，实现产业间的接洽与融合，孕育一批具有远大发展前景的新兴产业，扩大经济社会的发展空间。

创新驱动型经济所具备的这些基本特征，充分显示出其相对于传统的资源驱动型经济与投资驱动型经济的优势，即它符合科学发展观的要求，有利于实现经济社会的全面协调可持续发展，是我国构建和谐社会、全面建设小康社会的最重要的现实路径。同时，我国力图使经济发展从资源驱动与投资驱动转向创新驱动具有强大的理论依据作为支撑，其中最主要的是刘易斯的拐点理论和迈克尔·波特的国家竞争优势理论。

诺贝尔经济学奖获得者刘易斯认为，经济发展的基础要素包括自然资源、资本、智力和技术，受边际效益递减规律的作用，自然资源和资本对经济发展的贡献度是递减的，因而从长期看，经济发展取决于人的创造力和技术，而创新驱动型经济则正是以人的创造力和技术创新为主要驱动力的，我国当前的经济发展正处于从资源驱动与投资驱动转向创新驱动的拐点处。刘易斯拐点理论要求转变资源依赖型与资本依赖型的发展方式，使经济发展过渡到创新驱动阶段，从而获得持续的经济增长动力与源泉，保持经济社会的良好发展势头和发展后劲。随着我国经济发展迎来增长的"刘易斯拐点"，生产率提高的速度加快，全要素生产率对经济增长的贡献率逐渐提高，从而使经济增长方式从主要依靠资源和资本投入到依靠创新驱动的转变得以可能。

同时，"竞争战略之父"迈克尔·波特的国家竞争优势理论说明，产业的发展只有从自然资源推动和资本推动阶段跃升到创新推动阶段，才能使价值链从低层次的连续跃升为高层次的连续，实现经济的高水平、高层次发展，而创新本质上是对知识的生产和运用。波特认为，一个国家的生产要素、市场需求、产业结构、政策制度是国家竞争优势的关键要素。在此基础上，波特把一个国家竞争力的发展过程分为要素驱动、投资驱动、创新驱动与财富驱动四个阶段，他认为国家竞争优势的源泉在于各个产业中的企业活力即创新力。从我国经济的发展条件、发展水平、发展环境看，我国经济正处在从投资驱动向创新驱动转型的发展阶段。

总而言之，创新驱动型经济所具备的基本特征充分体现出它相对于传统经济的巨大比较优势，对经济发展的总体趋势有一种自发的导向作用；而刘易斯的拐点理论和迈克尔·波特的国家竞争优势理论则共同论证了，从资源驱动与投资驱动转向创新驱动是经济发展自身的内在规律，具有必然性，发展创新驱动型经济是我国谋求经济的全面协调可持续发展、提升国际竞争力的必然选择。

三、创新驱动型经济的发展动力和途径

发展创新驱动型经济不是我国经济发展过程中的权宜之计，而是有其自身的发展动力。这主要体现在：（1）我国在资源与投资驱动下的经济发展造成了巨大的人口、资源和环境压力，资源短缺、生态恶化和环境污染严重，无法突破全面协调可持续发展的瓶颈，这种局面亟须得到改变，从而为向创新驱动型经济转型提供了内在动因。（2）与传统发展模式相比较，创新驱动可以促成经济的结构性增长，可以通过创新解决长期经济增长中的要素报酬递减和稀缺资源制约问题，为经济持续稳定增长提供可能，使我国在日益激烈的国际竞争中取得主动权。正是这种独特的优势，使得创新驱动型经济天然具有一种自发的导向性作用。（3）进入新世纪，国家逐步作出落实科学发展观、构建和谐社会和全面建设小康社会的重大

战略决策，而要真正实现这一系列的长远目标，实现经济社会的全面协调可持续发展，就必须发展创新驱动型经济，因此，国家政策的引导也成为发展创新驱动型经济的重要动力来源。

综上，我国提出发展创新驱动型经济、建设创新型国家的重大战略是建立在科学分析基本国情和全面判断国家战略需求的基础之上的，也是建立在充分发挥我国社会主义制度的政治优势和充分发挥我国已经拥有的经济科技实力的基础之上的，具有其内在必然性。

当前最重要的就是积极探索发展创新型经济的基本途径，以尽快实现国家既定的战略目标。我国要发展创新型经济、建设创新型国家，就必须通过以下几条途径：

（一）实施正确的指导方针，努力走中国特色自主创新道路

发展创新驱动型经济、建设创新型国家的重点和核心是自主创新，走中国特色自主创新道路，核心就是要坚持自主创新、重点跨越、支撑发展、引领未来的指导方针。自主创新，就是从增强国家创新能力出发，加强原始创新、集成创新和引进消化吸收再创新。重点跨越，就是坚持有所为有所不为，选择具有一定基础和优势、关系国计民生和国家安全的关键领域，集中力量、重点突破，实现跨越式发展。支撑发展，就是从现实的紧迫需求出发，着力突破重大关键技术和共性技术，支撑经济社会持续协调发展。引领未来，就是着眼长远，超前部署前沿技术和基础研究，创造新的市场需求，培育新兴产业，引领未来经济社会发展。

根据科学发展观的客观要求和全面建设小康社会、构建和谐社会的紧迫需求，从世界的整体发展趋势和我国的具体国情出发，对我国大力提升自主创新能力的战略任务作出总体部署，在统筹安排、整体推进的基础上，把在国民经济、社会发展和国防安全中重点发展、亟待科技提供支撑的产业和行业作为重点领域，把在重点领域中急需发展、任务明确、技术基础较好、近期能够突破的技术群作为优先主题，加快突破瓶颈制约，掌握关键技术和共性技术，解决重大公益性科技问题，提高国家安全保障能力，不断为发展创新驱动型经济、建设创新型国家奠定坚实基础。

（二）深化体制改革，加快推进国家创新体系建设

充分发挥政府的主导作用，深化财税、金融、投资领域的改革，健全宏观调控体系，通过各种经济手段和法律手段的配合使用，形成灵活有效的利益导向机制。健全政府支持、企业主导、产学研结合的技术研究和开发体系，进一步形成科技创新的整体合力，同时，努力建设各具特色和优势的区域创新体系，促进中央与地方的科技力量有机结合，发挥高等院校、科研机构和国家高新技术产业开发区的重要作用，增强科技创新对区域经济社会发展的支撑力度，并积极建设社会化、网络化的创新中介服务体系，大力培育和发展各种创新中介服务机构，引导创新中介服务机构向专业化、规模化和规范化方向发展，从而加快国家创新体系建设，为建设创新型国家提供良好的制度和体系保障。

大力发展国家级高新区，实现以增强自主创新为重点的二次创业。在产业发展内涵上，按照国家自主创新战略的要求，把增强自主创新能力作为调整产业结构、转变增长方式的中心环节，以创新带动国家高新区的跨越式发展。在产业发展方向上，树立产业发展和技术创新的市场导向，加大国家高新区的对外开放力度，积极吸引和整合跨国资源，坚持"引进来"和走出去并举，鼓励自主品牌和高新技术产品出口，积极参与国际竞争。在产业发展规律上，推动高新技术企业在空间上集聚，在国家高新区中形成一批产业集群和创新集群。在产业作用方式上，加强利用高新技术改造传统产业，促进产业升级和产业结构调整，实现部分重点优势产业的跨越发展。在产业发展机制上，强化国家高新区体制机制创新的先导作用，通过体制机制的创新，强化国家高新区体制机制创新的先导作用，通过体制机制创新促进园区产业发展环境的优化，增强园区发展的可持续动力。

（三）发展创新文化，努力培育全社会的创新精神

建设创新型国家，必须大力发扬中华文化的优良传统，大力增强全民族的自强自尊精神，大力增强全社会的创造活力。要坚持解放思想、实事求是、与时俱进，通过理论创新不断推进制度创新、文化创新，为科技创

新提供科学的理论指导、有力的制度保障和良好的文化氛围。要大力弘扬以爱国主义为核心的民族精神和以改革创新为核心的时代精神，在全社会培育创新意识，倡导创新精神，完善创新机制，努力营造鼓励创新有利环境。要大力发展教育，为建设创新型国家提供源源不断的人力资源和文化资源。同时，建设创新型国家，发展创新文化，培育全社会的创新精神，要充分吸收国外文化的有益成果。要坚持对外开放的基本国策，扩大多种形式的国际和地区科技交流合作，有效利用全球科技资源。要鼓励科研院所、高等院校与海外研究开发机构建立联合实验室或研究开发中心，支持在双边、多边科技合作协议框架下实施国际合作项目，支持我国企业扩大高新技术及其产品的出口和在海外设立研究开发机构或产业化基地，鼓励跨国公司在华设立研究开发机构，从而形成开放、流动、竞争、协作的知识创新氛围。

总体而言，我国发展创新驱动型经济、建设创新型国家，已充分具备了发展的动力和源泉。在此基础上，必须在科学发展观的指导下，以提升自主创新能力为核心，结合国际、国内的具体情况，积极探索发展的有效途径，全面推进创新型国家建设，从而早日实现构建和谐社会、全面建设小康社会的战略目标。

四、创新驱动背景下我国经济发展的未来远景展望

由于支撑科技进步和创新的组织体系、运行机制、政策环境还不完善，资源驱动与投资驱动的惯性仍在影响经济的发展，我国的技术进步和创新尚未完全成为推动经济增长和产业发展的主要动力。因而，我们必须切实改善支撑科技进步和创新的组织体系、运行机制、政策环境，大力提高自主创新能力特别是原始性创新能力，大力发展战略高新技术，加快科技成果向现实生产力转化，为发展创新驱动型经济、建设创新型国家奠定基础，推动我国经济发展真正进入创新驱动阶段，使经济社会在创新驱动背景下获得更高层次的新型发展，呈现更加光明的发展前景。

第一，在创新驱动背景下，我国将不断地调整经济结构，转变经济增

长方式，逐步消除由资源驱动与投资驱动给经济社会发展所带来的不利影响，实现经济社会的全面协调可持续发展。

在经济发展的过程中，我国将针对在资源与投资驱动下的高投入、高消耗、高污染、低产出的"三高一低"粗放型经济增长模式，及其所导致的资源短缺、生态恶化、环境污染与经济发展的高风险等问题，努力调整经济结构，使服务业在产业结构中占据主导地位，比例达到或超过70%以上，与世界发达国家持平；转变经济增长方式，大力进行自主创新，使科技进步贡献率达到70%以上，对外技术依存度指标在30%以下；完善社会主义市场经济体制，优化结构、提高效益、降低消耗、保护环境，形成消费、投资、出口协调拉动的增长格局，增强发展协调性，努力实现经济的结构性增长和又好又快发展。

在此基础上，循环经济将在我国逐步形成，建设资源节约型、环境友好型社会将逐步从理想变为现实，实现经济社会的全面协调可持续发展。国家将通过创新的强大作用，大力节约资源，保护生态环境，坚持节约发展、清洁发展、安全发展，促进经济发展与人口、资源、环境相协调。坚持开发与节约并重、节约优先，按照减量化、再利用、资源化的原则，加强资源综合利用，完善再生资源回收利用体系，全面推行清洁生产，形成低投入、低消耗、低排放和高效率的集约型增长方式。积极开发和推广资源节约、替代和循环利用技术，加快企业节能降耗的技术改造，对消耗高、污染重、技术落后的工艺和产品实施强制性淘汰制度，实行有利于资源节约的价格和财税政策，进一步推动经济社会的全面协调可持续发展。

第二，在创新驱动背景下，我国将进一步提升自主创新能力，完善创新体系，把我国建设成为具有强大国际竞争力的创新型国家。

我国将把增强自主创新能力作为发展科学技术的战略基点，走出中国特色自主创新道路，推动科学技术的跨越式发展；把增强自主创新能力作为调整产业结构、转变增长方式的中心环节，建设资源节约型、环境友好型社会，推动国民经济又快又好发展；把增强自主创新能力作为国家战略，贯穿到现代化建设各个方面，激发全民族创新精神，培养高水平创新人才，形成有利于自主创新的体制机制，大力推进理论创新、制度创新、科技创新，不断巩固和发展中国特色社会主义伟大事业，以此作为建设创新型国家的核心。

同时，我国将统筹基础性研究、高技术创新、知识技术转移与产业规模化，处理好创新领域的重点跨越与协调发展的关系、前瞻布局与当前发展的关系、科技创新与成果转化的关系，统筹创新的风险与收益，注重发挥市场在创新资源配置中的基础性调节作用，让市场实现程度成为检验创新的最终标准，充分发掘市场潜力，开拓创新的市场空间，使创新成功进行商业化运用；发挥政府的引导性与协调性作用，完善科技政策与创新政策，运用合理的政策引导和服务于创新；使企业成为真正的创新主体，为企业进行自主创新提供动力。我国将统筹科技创新、体制创新、管理创新、文化创新与制度创新，构建全方位、多层次的创新内涵，统筹自主创新与开放合作，以开放的姿态，吸收国际先进的创新成果，以此服务于自身的自主创新，加快构建和完善创新体系的进程。

国家高新区要坚持以科学发展观为指导，以"营造创新创业环境，集聚科技创新资源，提升自主创新能力，培育自主创新产业，辐射带动区域发展"为根本宗旨，以体制机制为突破口，进一步解放和发展第一生产力；以技术创新为着力点，进一步提升科技园区的综合竞争能力；以创新平台建设为抓手，进一步优化创新创业环境。通过鼓励中小企业创新，培养产业的创新集群，深入实施国家高新区"二次创业"发展战略，把国家高新区建设成为事实自主创新战略的核心基地，区域和城市科技创新的辐射中心，落实科学发展观的示范区。

在此基础上，国家将全面实施《国家中长期科学和技术发展规划纲要（2006—2020年）》。中国科技创新的基本指标是，到2020年，经济增长的科技进步贡献率要从39%提高到60%以上，全社会的研发投入占GDP比重要从1.35%提高到2.5%。国家主席胡锦涛在全国科技大会上宣布中国未来15年科技发展的目标：2020年建成创新型国家，使科技发展成为经济社会发展的有力支撑。

第三，在创新驱动背景下，我国将在发展创新驱动型经济、建设创新型国家的基础上，逐步实现在科学发展观指导下的构建社会主义和谐社会、全面建设小康社会宏伟战略目标。

我国大力发展创新型经济、建设创新型国家的目的，并不仅仅在于创新型国家自身，也不仅仅囿于提高自主创新能力、完善创新体系的范围内，而是通过构建有效的创新资源网络体系，形成强大的创新实力，形成有利于创新的制度基础和有利于创新的社会环境与文化，使创新成为社会的普遍行为，实现依靠创新支撑经济、社会发展，取得创新发展的国际竞争能力。同时，坚持以人为本，贯彻落实全面协调可持续的科学发展观，以自主创新为核心，统筹城乡发展、统筹区域发展、统筹经济社会发展、统筹人与自然和谐发展、统筹国内发展与对外开放，借助创新型国家建设实现中国特色社会主义伟大事业，推动我国构建社会主义和谐社会、全面建设小康社会的伟大历史进程，逐步实现构建社会主义和谐社会、全面建设小康社会宏伟战略目标。

总而言之，大力提升自主创新能力，促使经济发展从资源驱动与投资驱动成功转型，是我国落实科学发展观，实现经济社会的全面协调可持续发展的必然选择，有利于发展创新驱动型经济、建设创新型国家，从而增强综合国力，确保构建社会主义和谐社会、全面建设小康社会宏伟战略目标的早日实现。

第六章

从以阶级斗争为纲
走向科学发展

从强调"人定胜天"到重视经济运行规律，从以阶级斗争为纲到以经济建设为中心，再到科学发展观的形成，体现了我党对社会主义本质、社会主义道路、社会主义经济建设的艰辛探索和不断深化的过程。随着这种认识的不断提高，我党驾驭经济发展的能力不断加强，社会主义建设事业蓬勃发展，取得了举世瞩目的巨大成就。

第一节　以阶级斗争为纲时期的社会主义经济建设

一、以阶级斗争为纲思想的形成

以阶级斗争为纲思想的形成，有着非常复杂而深刻的主观因素和客观条件。

（一）解放初期我党取得对资产阶级斗争和经济建设的辉煌成果

1. 1949—1953 年国营经济的建立并与资产阶级的激烈交锋。1949 年刚解放时，历经帝国主义长达 100 多年的疯狂掠夺，八年的抗日战争和三年多解放战争的硝烟弥漫，以及多年的国民党独裁统治和官僚资本的大肆搜刮，中国经济形势十分严峻。大批工厂倒闭，大量工人失业，工农业生产急剧下降，交通运输基本瘫痪，各类物资严重短缺，通货膨胀居高不下，人民生活非常贫困。

为了尽快改变贫穷落后的局面，巩固人民政权和提高人民群众的生活水平，我党在加强军事斗争和开展镇压反革命运动的同时，全面领导了国民经济恢复工作。主要是通过没收官僚资本和取缔帝国主义在华特权，确立社会主义性质的国营经济的领导地位；在城市中推行加工订货、经销代销、统购包销、公私合营等国家资本主义措施，既帮助私营企业克服了面临的困难，又为对资本主义经济进行社会主义改造奠定了良好基础。

但是，资产阶级也不会轻易放弃自己的利益，他们采取对我党干部大肆行贿、偷税漏税、盗骗国家财产、偷工减料、盗窃国家经济情报等各种手段，进行疯狂反扑。我党则针锋相对，采取了大规模的反行贿、反偷税漏税、反盗骗国家财产、反偷工减料、反盗窃国家经济情报的"五反"运动，及时打败了资产阶级的进攻。

2. 社会主要矛盾的变化与过渡时期总路线的提出。1953—1956 年，随着新民主主义革命的基本完成，我国彻底推翻了帝国主义、封建主义和官僚资本主义"三座大山"的统治。中国社会的主要矛盾，已经由人民大众和帝国主义的矛盾、人民大众和封建主义的矛盾转变为无产阶级与资产阶级的矛盾。

在政治上，资产阶级凭借其较强的经济实力和政治力量，公然向新生人民政权提出了"轮流坐庄"的叫嚣，妄图用西方资产阶级所谓民主和自由的政治构想来取代人民政权；在经济上，资产阶级一味追求剩余价值的本性，使得他们不断加大对工人的剥削，阶级矛盾十分突出，此外，资产阶级为谋求一己私利，偷工减料、以次充好，破坏了市场经济秩序，给国家的经济建设造成严重损失；另外，在广大农村，通过土地改革获得了土地而缺少其他生产资料的许多贫下中农，为了各种生计甚至典让或出卖土地，产生了比较严重的两极分化，潜藏着社会危机。

为了坚决打击资产阶级的猖狂进攻，巩固人民政权，经过一定时期的酝酿和不断修改完善，1953 年 12 月，中国共产党比较完整地提出了党在过渡时期的总路线：从中华人民共和国成立到社会主义改造基本完成，这是一个过渡时期。党在这个过渡时期的总路线和总任务，是要在一个相当长的时期内，逐步实现国家的社会主义工业化，并逐步实现国家对农业、手工业和对资本主义工商业的社会主义改造。

由于过渡时期总路线的正确引导，从 1953 到 1956 年，全国工业总产值平均每年递增 19.6%，农业总产值平均每年递增 4.8%。[①] 经济发展比较快，经济效果比较好，重要经济部门之间的比例比较协调，市场繁荣，物价稳定，人民生活显著改善。通过"一化三改造"，我们在生产资料所有制方面取得了社会主义革命的基本胜利，通过阶级斗争的形式，我们取得了对资产阶级的伟大胜利。但是，在执行过渡时期总路线的实际过程中，在取得辉煌成果面前，我党开始出现比较明显的急躁倾向，仅仅只用了四年的时间就完成了"要在一个相当长的时期内"所要完成的任务。

1956 年，党的八大正确分析了社会主义改造完成后中国社会的主要矛盾和主要任务，指出我国生产资料所有制的社会主义改造基本完成以后，资产阶级作为一个阶级已经被消灭，阶级斗争在一定范围内存在，但已不是主要矛盾。人民对于经济文化迅速发展的需要同当前经济文化不能满足人民需要的状况之间的矛盾成为社会主要矛盾。全国人民的主要任务是集中力量发展社会生产力，实现国家工业化，逐步满足人民日益增长的物质和文化需要。

（二）整风运动和反右斗争扩大化

在国际上，1956 年，赫鲁晓夫做了《关于个人崇拜及其后果》的反斯大林的秘密报告，随后东欧又发生了波匈事件，在社会主义阵营内，掀起了修正主义的高潮，引起我党高度重视和警觉。

在国内，随着社会主义建设取得了一个又一个伟大胜利，我党内部已经出现的急躁情绪进一步激进，"左"倾思想开始扩张。针对这种情况，

---

① 本章所有数据都来自国家统计局网站，http：//www. stats. gov. cn/tjsj/qtsj/。

1957 年 4 月，我党发动广大群众向党建言献策和提出批评建议，以反对官僚主义、主观主义和宗派主义，开展全面整风运动。由于运动采取开门整风形式，迅速在全社会形成一个"鸣放"的高潮，在不到一个月的时间里，全国各地召开近 3 万次会议，向中共中央、各级党组织提出 27 万多条意见和建议。其中，极少数资产阶级右派分子肆意向党和新生的社会主义制度发动进攻，鼓吹西方资本主义制度，妄图取代共产党的领导和放弃社会主义道路。毛泽东意识到了问题的严重性。

面对这种进攻，在党的八届三中全会上，毛泽东提出："在整个过渡时期，无产阶级同资产阶级的斗争，社会主义道路同资本主义道路的斗争，始终是我国内部的主要矛盾"。[①] 因此，我党使用了阶级斗争的方式进行了反右派斗争。在当时极左思想的影响下，反右派斗争被严重扩大化，全国有近 55 万知识分子、爱国人士和党内干部错划为"右派分子"。但在当年，我党认为整风反右取得了巨大的成果，是在生产资料所有制取得社会主义革命基本胜利的基础上，又在政治战线和思想战线上取得了社会主义革命的基本胜利。

（三）党的总路线、"大跃进"和人民公社化运动

在"左"倾思想的影响下，在经济建设方面，我党主要领导人头脑进一步发热，希望发起广泛的群众运动，尽快摆脱贫穷落后的面貌，建设社会主义国家。1958 年 1 月、3 月，毛泽东先后主持召开了南宁会议和成都会议，严厉批判了反冒进。5 月，党的八大二次会议通过了"鼓足干劲、力争上游、多快好省地建设社会主义"的社会主义建设总路线。

为了全面落实党的总路线，我党发动了"大跃进"运动。"大跃进"运动就是靠制订工农业生产高指标，通过大规模的群众运动，在生产发展上追求高速度。要求工农业主要产品的产量成倍、甚至几十倍地增长。例如，提出钢产量两年内要翻两番，由 1957 年 335 万吨达到 1959 年的 3 千万吨。粮食产量 1958 年要比 1957 年增产 80%，由 3.9 千亿斤达到 7 千亿

[①]《建国以来重要文献选编（第 11 册）》，中央文献出版社 1995 年版，第 288 页。

斤左右，1959 年要比 1958 年增产 50%，由 7 千亿斤左右达到超过 1 万亿斤。为了实现这些严重脱离实际的高指标，"大跃进"运动在建设上追求大规模，提出了名目繁多的大炼钢铁，大办铁路，大办万头猪场等等不切合实际的目标和口号；在组织形式上大搞群众运动，进行粗放性的扩大再生产。

在"大跃进"的同时，我党还开展了人民公社化运动。在战争中，我党看到了人民群众的强大威力，在社会主义建设中看到人民群众创造生产力的巨大能力，使一些领导人主观地认为农业合作化的规模越大、公有化程度越高，人民群众就越能够团结起来，就越能促进生产的发展。1958 年 8 月，中央政治局会议通过了《关于在农村建立人民公社问题的决议》，拉开实行"政社合一"体制的人民公社化运动。

（四）"以阶级斗争为纲"思想的提出

1956 年 11 月，毛泽东在党的八届二中全会上提出，领导层没有阶级斗争观念，阶级斗争没有是导致东欧一些国家不断在政治上混乱的根本原因。我们要引以为诫，认为我们党内也有阶级斗争。

1957 年，毛泽东在最高国务会议第十一次（扩大）会议上，发表讲话《关于正确处理人民内部矛盾的问题》。毛泽东提出阶级斗争还没有完全结束，还要几经反复，还要持续五十年、一百年。

1959 年 8 月庐山会议上，他把对彭德怀的批判说成是"一场阶级斗争"。1962 年党的八届十中全会上他进一步指出，在整个社会主义社会，始终存在无产阶级和资产阶级之间的阶级斗争，存在社会主义和资本主义两条路线的斗争。阶级斗争和资本主义复辟的危险性，必须年年讲、月月讲。

1963 年 2 月，毛泽东在中央工作会议上总结湖南、河北等地的社会主义教育运动经验时，提出"阶级斗争，一抓就灵"。他还号召全党"千万不要忘记阶级斗争"。

1964 年 9 月中央制定了《关于农村社会主义教育运动中一些具体政策的规定（草案）》中。草案对当时形势的估计十分严重，提出敌人拉拢腐蚀干部"建立反革命的两面政权",是"敌人反对我们的主要形式";认为"这次运动,是一次比土地改革运动更为广泛、更为复杂、更为深刻的大规模的群众运动";指出有些地区还要"认真地进行民主革命的补课工作",第一次提出了"以阶级斗争为纲"的口号。

二、以阶级斗争为纲时期的社会主义经济建设

(一)"政治挂帅":以政治统领经济发展

在"以阶级斗争为纲"时期,指导和安排经济建设和经济工作,都必须服从于阶级斗争这个政治要求和目的。所有的经济活动,并不是首先服从经济规律,按经济规律办事,而是首先要服从于政治,以阶级斗争为中心,为阶级斗争服务。

1. "抓革命,促生产"。"文化大革命"全面爆发后,大多数工矿交通企业,甚至农村的生产受到了极大的干扰,有的企业的生产陷于完全停顿状态。1966年9月7日,《人民日报》发表了题为《抓革命,促生产》的社论。从此,"抓革命,促生产"成为"文化大革命"期间的一个主要口号。

"抓革命,促生产"的口号,使"左"倾错误思想更加严重,急于建成社会主义,急于实现由社会主义过渡到共产主义,片面认为只要充分发挥人的主观能动性,就能够取得任何成果,成为"文化大革命"时期各级干部群众的常态思维。

2. "无产阶级专政下继续革命"。1967年11月6日,"两报一刊"发表了纪念十月革命50周年的文章《沿着十月社会主义革命开辟的道路前进》中,第一次对"无产阶级文化大革命"的一系列"左"倾错误观点作了理论形态概括。其内容要点有:一是必须用马列主义对立统一的观点来观察社会主义社会;二是在社会主义社会历史阶段,还存在阶级、阶级矛盾、阶级斗争,存在着社会主义同资本主义两条道路的斗争,存在着资本主义复辟的危险性,必须把政治和思想战线上的社会主义革命进行到底;三是无产阶级专政下的阶级斗争"依然是政权问题","无产阶级必

须在上层建筑其中包括各个文化领域中对资产阶级实行全面的专政";四是要把那些被"党内一小撮走资本主义道路的当权派"篡夺了的权力坚决夺回到无产阶级手中;五是无产阶级专政下继续进行的革命,最重要的是开展"无产阶级文化大革命";六是"无产阶级文化大革命"在思想领域中的根本纲领是"斗私批修"。文章还把这一理论称为是在"马克思主义发展史上树立了第三个伟大的里程碑",它的基本观点还被写进了九大通过的党章总纲中。

1981 年中国共产党第十一届中央委员会第六次全体会议一致通过《关于建国以来党的若干历史问题的决议》分析指出,在我国,在人民民主专政的国家政权建立以后,尤其是社会主义改造基本完成、剥削阶级作为阶级已经消灭以后,虽然社会主义革命的任务还没有最后完成,但是革命的内容和方法已经同过去根本不同。对于党和国家肌体中确实存在的某些阴暗面,当然需要作出恰当的估计并运用符合宪法、法律和党章的正确措施加以解决,但决不应该采取"文化大革命"的理论和方法。在社会主义条件下进行所谓"一个阶级推翻一个阶级"的政治大革命,既没有经济基础,也没有政治基础。它不可能提出建设性的纲领,只能造成严重的混乱、破坏和倒退。

历史已经判明,"文化大革命"是一场由领导者错误发动,被反革命集团利用,给党、国家和各族人民带来严重灾难的内乱。

(二)"一大二公三纯":生产资料所有制方面追求的目标

从 1956 年社会主义改造基本完成以后到"文化大革命"时期,在所有制结构上追求单一的全民所有制,并以此作为建成社会主义的第一标准;在基本经济制度上盲目求"纯";在公有制实现方式上片面追求"一大二公";在分配方式上搞平均主义,成为我们在建设社会主义过程中,在生产资料所有制方面追求的目标。

马克思主义唯物史观认为,当生产关系适合生产力的性质时,就会推动生产力的迅速发展;反之,就会阻碍甚至破坏生产力的发展。同时,马克思还说过:"无论哪一个社会形态,在它们所能容纳的全部生产力发挥出来以前，是决不会灭亡的；而新的更高的生产关系，在它存在的物质条件在旧社会的胎胞里成熟以前，是决不会出现的"。[①]

但在我国的社会主义建设实践中，对这个基本原理长期把握的不够准确，过于注重生产关系的变革，忽略了生产力发展水平这个起决定作用的要素。如全国刚解放时，当时的生产关系所能容纳的全部生产力远没有发挥出来，群众的生产积极性还很高。但是，我们急于建成理想中的"社会主义"，急切进行社会主义改造，并急于过渡到社会主义，造成一定损失。同样，"一大二公"的人民公社这个新的生产关系刚一露头，还没有得到实践的检验，只是符合大家心目中的社会主义理念，就急于在全国推广，并且在不到半年的时间内就在全国范围内完成了人民公社化运动，使生产关系远远超前于生产力发展水平，严重阻碍了生产力发展，是导致"干与不干一个样，干好干坏一个样"的"吃大锅饭"严重局面的根本原因。

（三）"大一统"：试图建立一种"理想的"社会主义经济模式

在经济体制上，我们把苏联的社会主义体制当做社会主义唯一的成功模式，甚至把它当做社会主义本质来刻意坚持。苏联的社会主义模式，成为了"理想的"社会主义经济发展模式。

这种模式在经济方面的特点是：高度集中的计划经济体制，歧视和排斥商品货币关系，认为市场经济是资本主义制度产物。否定价值规律和市场机制的作用，限制商品货币关系，用行政命令管理经济。

在政治方面的特点是：权力高度集中，党政不分，政企不分，经济管理的决策权集中在国家手中，企业只是严重依赖于上级政府的经济实体，或者说是行政机关的附属物，缺少群众监督，导致官僚主义严重。

在经济发展战略上的特点是：实行优先发展重工业的方针。为了保证这个方针的实施，甚至可以忽视农业，压缩轻工业，片面发展重工业，导

---

① 马克思：《政治经济学批判序言》，《马克思恩格斯选集》第二卷，人民出版社 1995 年版，第 33 页。

致国民经济比例关系的严重失调和经济结构的严重畸形。

在经济增长方式上的特点是：走一条粗放发展的道路。为了追求经济发展的高速度，不太重视生产要素质量、结构、使用效率和技术水平的提高，而是依靠生产要素的大量投入和扩张实现经济的快速增长。长期实行粗放发展方式直接导致了经济速度递减，素质低下和缺乏竞争力。

在发展社会生产力方面的特点是：脱离国情、超越国力、急于求成、大起大落。

在经济管理方面的特点是：大量使用行政手段来管理经济。经济计划主要通过行政指令和实物调拨来实现，市场调节的作用非常微小，甚至于没有市场调节；分配上实行统收统支，国家统负盈亏，企业吃国家的"大锅饭"，职工吃企业的"大锅饭"，等等。

由于在经济建设上急于求成，夸大主观意志和主观努力的作用，不注意量力而行，忽视客观经济规律和自然规律，追求不切实际的高速度，我国经济在这个时期发展的并不顺利，高积累和低消费的政策使人民群众付出的巨大努力和代价与得到的实惠极不相称，社会主义制度的优越性没有能够得到充分发挥。

三、以阶级斗争为纲时期社会主义经济建设的主要成就

从"一五"时期开始到1976年的20多年，尽管经历了"大跃进"和"文化大革命"等"左"倾错误的严重挫折，但是，在总的方向上，我们坚持以马克思主义为指导，坚持中国共产党的领导，坚持走社会主义道路，因此，这个时期我国经济仍然取得了比较高的发展速度，是中国社会主义现代化事业打基础的重要发展时期。从1952年到1978年的28年，工农业总产值平均年增长率为8.2%，其中工业年均增长11.2%，农业年增长3.4%，谷物和主要工业产品产量在世界上的排名有明显提升，国内生产总值和人均国内生产总值均增长两倍多。

这一时期最大的成就是解决了工业化"从无到有"的问题，建成了一批门类比较齐全的基础工业项目，形成了比较独立的、完整的工业体系

和国民经济体系，为我国今后进一步赢得了经济独立和发展奠定了坚实的物质技术基础。

主要工业品生产能力有了质的飞跃。钢产量从 1949 年的 15.8 万吨发展到 1976 年的 2046 万吨。发电量从 1949 年的 43 亿度发展到 1976 年的 2031 亿度。原油从 1949 年的 12 万吨发展到 1976 年的 8716 万吨。原煤从 1949 年的 3200 万吨发展到 1976 年的 4.83 亿吨。汽车产量从 1955 年年产 100 辆发展到 1976 年的 13.52 万辆。

基础设施建设得到了较快的发展。旧中国在 73 年间仅修筑铁路 2.18 万公里、公路 8.07 万公里。到 1976 年，中国的铁路达到 4.63 万公里，公路达到 82.34 万公里，初步形成了全国的路网骨架。

通过兴修水利、开展农田基本建设、培育推广良种、提倡科学种田，较大幅度地提高了粮食生产水平和抵御自然灾害的能力。粮食总产量从 1949 年的 2263.6 亿斤增加到 1976 年的 5726.1 亿斤，棉花总产量从 1949 年的 888.8 万担增加到 1976 年的 4110.9 万担。

第二节　以经济建设为中心时期的社会主义经济建设

一、从以阶级斗争为纲到以经济建设为中心的转变

1976 年以粉碎"四人帮"反革命集团为标志，"文化大革命"结束。

1977 年 2 月，我党少数领导同志提出"凡是毛主席作出的决策，我们都坚决维护，凡是毛主席的指示，我们都始终不渝地遵循"的"两个凡是"的指导方针。1977 年 8 月召开的党的十一大虽然宣告历时十年的"文化大革命"业已结束，重申了在 20 世纪内把我国建设成为社会主义现代化强国的根本任务，但大会仍然肯定"文化大革命"的错误理论和实践，继续肯定"文化大革命"的"左"倾理论，在"以阶级斗争为纲"的框架内"抓纲治国"。说明在我们党内和高级领导层内部，还没有从长

期以来形成的"左"的错误指导思想中解放出来。

面对"文化大革命"和"两个凡是"造成的思想障碍，人们意识到要彻底澄清"文化大革命"和"四人帮"造成的思想混乱，就必须恢复和发展马克思主义基本观点和方法，重新恢复和发展党的思想路线。

在这种背景下，1978 年在我国掀起了一场"实践是检验真理的唯一标准"的大讨论，通过真理标准大讨论，我党重新确立实事求是的思想路线，纠正了长期以来的"左"倾错误，为实现历史性转折奠定了思想理论基础。

1978 年 12 月，邓小平在中央工作会议的闭幕会上做了题为《解放思想，实事求是，团结一致向前看》的讲话。他指出，首先是解放思想，只有思想解放了，我们才能正确地以马列主义、毛泽东思想为指导，解决过去遗留的问题，解决新出现的一系列问题。他还提出改革经济体制的任务，并告诫全党："再不实行改革，我们的现代化事业和社会主义事业就会被葬送。"[①] 在中国面临向何处去的重大历史关头，这篇讲话成为解放思想的第一篇宣言书。

1978 年 12 月，党的十一届三中全会在北京召开。全会彻底否定了"以阶级斗争为纲"和"两个凡是"的方针，重新确立解放思想、实事求是的指导思想，实现了思想路线的拨乱反正，作出了实行改革开放的历史性决策，开创了从"以阶级斗争为纲"到以经济建设为中心的历史性转变，成为新中国成立以来党的历史上具有深远意义的伟大转折。

党的十一届三中全会以后，在农村推行了家庭联产承包责任制和统分结合的双层经营体制的改革；在城市，从扩大企业经营自主权入手，进行了综合和专项改革试点；在沿海，创办了经济特区。通过改革开放，人们实现了从"以阶级斗争为纲"向以经济建设为中心的转变；从封闭、半封闭的僵化的体制向对外开放的转变；从不思进取、墨守成规向大胆改

---

① 邓小平：《解放思想，实事求是，团结一致向前看》（1978 年 12 月 13 日），《邓小平文选》第二卷，人民出版社 1994 年版，第 150 页。

革、开拓创新的转变。

二、以经济建设为中心时期的社会主义经济建设

（一）建立起中国特色社会主义理论体系为改革开放的指导思想

胡锦涛同志在党的十七大报告中指出："改革开放以来我们取得一切成绩和进步的根本原因，归结起来就是：开辟了中国特色社会主义道路，形成了中国特色社会主义理论体系。高举中国特色社会主义伟大旗帜，最根本的就是要坚持这条道路和这个理论体系。"

以邓小平为核心的党的第二代中央领导集体，在党的十一届三中全会以后，领导全党和全国人民对中国的社会主义道路进行了新的探索，形成了邓小平理论。邓小平理论以中国特色社会主义为主题，以"什么是社会主义、怎样建设社会主义"为主线，以"一个中心、两个基本点"的基本路线为核心内容，第一次系统地回答了在中国这样一个经济文化比较落后的国家，建立社会主义制度以后怎样建设、巩固和发展社会主义等一系列基本问题，开拓了一条中国特色社会主义道路。邓小平对中国特色社会主义道路的最主要贡献：一是领导我党实现了从"以阶级斗争为纲"到以经济建设为中心的历史性转变，集中力量进行社会主义现代化建设。二是实行了改革开放的历史性决策，成为决定当代中国命运的关键抉择，是发展中国特色社会主义、实现民族复兴的必由之路。三是提出了党的基本路线，成为党在社会主义初级阶段全局性的根本指导方针。

以江泽民为核心的党的第三代中央领导集体，为适应新的实践发展，提出了"三个代表"重要思想，进一步回答了"什么是社会主义、怎样建设社会主义"，创造性地回答了"建设什么样的党、怎样建设党"这一重大历史课题。"三个代表"重要思想对中国特色社会主义道路的主要贡献是：关于建立社会主义市场经济体制的思想；关于公有制为主体、多种所有制经济共同发展是我国社会主义初级阶段的基本经济制度的思想；关于按劳分配为主体、多种分配方式并存的思想；关于实行全方位对外开放战略的思想；关于社会主义物质文明、政治文明、精神文明协调发展的思

想；关于正确处理改革发展稳定的思想；关于建设社会主义法治国家的思想；关于依法治国和以德治国相结合的思想；关于走中国特色的精兵之路的思想；关于巩固党的阶级基础和扩大党的群众基础的思想。

进入新世纪，以胡锦涛为总书记的党中央，坚持以邓小平理论和"三个代表"重要思想为指导，面对历史上前所未有的机遇和挑战，从我国经济社会发展的阶段性特征出发，提出了科学发展观、构建和谐社会等一系列重大战略思想。科学发展观对中国特色社会主义道路的主要贡献是：必须坚持以科学发展观统领经济社会发展全局，着眼于把握发展规律、创新发展观念、提升发展理念、转变发展方式、破解发展难题、提高发展质量；必须紧紧围绕构建社会主义和谐社会的伟大目标，明确科学发展的大方向；必须在和平与发展成为世界主题的条件下，抓住机遇，不失时机地带领中国人民走和平发展道路。

（二）社会主义初级阶段基本国情与发展社会主义的基本战略

正确认识和把握中国社会现在所处的历史阶段，是建设有中国特色社会主义的首要问题，是我们制定和执行正确的路线和政策的根本依据。邓小平明确指出，我国正处在社会主义的初级阶段。所有的经济战略必须从这个最基本的国情出发，而不能超越这个阶段。

1. "三步走"的发展战略。改革开放初期，邓小平总结了历史经验，特别是借鉴了长期困扰我们的"左"倾错误思想，根据我国发展实际，设计了分"三步走"，基本实现现代化的战略目标和战略步骤：第一步，从 1981 到 1990 年国民生产总值翻一番，基本解决人民的温饱问题；第二步，从 1991 年到 20 世纪末国民生产总值再翻一番，人民生活达到小康水平；第三步，到 21 世纪中叶，人均国民生产总值达到中等发达国家水平，人民生活比较富裕，基本实现现代化。

2. 地区协调发展的战略思想。为了实现"三步走"战略，邓小平首先提出要正确认识和处理地区间不平衡发展。他先是从整体原则上，提出让一部分地区、一部分人先富起来，再逐步达到共同富裕的思想。当改革开放和现代化建设全面展开之后，他又提出了"两个大局"的具体的战略构想。他指出，"沿海地区要加快对外开放，使这个拥有两亿人口的广大地带较快地先发展起来，从而带动内地更好地发展，这是一个事关大局的问题。内地要顾全这个大局。反过来，发展到一定的时候，又要求沿海拿出更多力量来帮助内地发展，这也是一个大局。那时沿海也要服从这个大局。"①

3. 科学技术是第一生产力，强调经济建设必须依靠科技和教育，要重点发展教育和科技事业。1985 年邓小平指出："我们国家，国力的强弱，经济发展后劲的大小，越来越取决于劳动者的素质，取决于知识分子的数量和质量。一个十亿人口的大国，教育搞上去了，人才资源的巨大优势是任何国家比不了的。有了人才优势，再加上先进的社会主义制度，我们的目标就有把握达到。"② 1988 年，邓小平说："马克思说过，科学技术是生产力，事实证明这话讲得很对。依我看，科学技术是第一生产力。"③ 1992 年初，邓小平在南方谈话中指出："经济发展得快一点，必须依靠科技和教育。"④ 他还提出全党全社会都要尊重知识，尊重人才。

4. 改革开放是推动社会主义社会的动力，是中国的第二次革命。改革是社会主义发展的动力，改革是新时期最鲜明的特点之一，也是邓小平理论最具特色的内容之一。在社会主义社会，生产关系和生产力、上层建筑和经济基础之间矛盾仍然是社会基本矛盾，虽然这种矛盾的性质不是对抗性的，但仍然存在着生产关系与生产力不相适应、上层建筑与经济基础不相适应的地方，只有通过改革，才能调整和完善上层建筑和生产关系与经济基础和生产力不相适应的某些环节和方面，通过解决基本矛盾，使生产力获得新的解放和发展。

---

① 邓小平：《中央要有权威》（1988 年 9 月 12 日），《邓小平文选》第三卷，人民出版社 1993 年版，第 277—278 页。

② 邓小平：《把教育工作认真抓起来》（1985 年 5 月 19 日），《邓小平文选》第三卷，人民出版社 1993 年版，第 120 页。

③ 邓小平：《科学技术是第一生产力》（1988 年 9 月 5 日），《邓小平文选》第三卷，人民出版社 1993 年版，第 274 页。

④ 邓小平：《在武昌、深圳、珠海、上海等地的谈话要点》（1992 年 1 月 18 日—2 月 21 日），《邓小平文选》第三卷，人民出版社 1993 年版，第 377 页。

改革也可以叫革命性的变革。从深度上看，我国的改革是对原有计划经济体制的根本性变革；从广度上看，改革要触动与生产力和经济基础不相适应的生产关系和上层建筑的各个方面，改革陈旧的管理方式、活动方式和思维方式；从目标上看，改革将把一个经济文化比较落后的中国变成一个富强、和谐、民主、文明的现代化国家。从解放生产力，扫除发展生产力的障碍，从政策的重新选择、体制的重新构建这个转变的深刻性和广泛性来说，从由此而引起的社会生活和人们观念变化的深刻性和广泛性来说，改革是一场新的革命。所以，邓小平强调指出："改革是中国的第二次革命，改革的性质同过去的革命一样，也是为了扫除发展社会生产力的障碍，使中国摆脱贫穷落后的状态。从这个意义上说，改革也可以叫革命性的变革。"①

5. 对外开放的战略思想。实行对外开放，是社会主义现代化建设新时期的又一鲜明特点。中国的发展离不开世界。现在的世界，是开放的世界。邓小平通过历史的比较和国际的观察后指出："对外开放具有重要的意义，任何一个国家要发展，孤立起来，闭关自守是不可能的，不加强国际交往，不引进发达国家的先进经验、先进科学技术和资金，是不可能的。"②

同时，邓小平也指出，从本国实际出发，大胆吸收和借鉴世界各国文明成果和成功经验，为我所用，是我国对外开放的基本原则；而坚持对外贸易，利用外资，引进技术、人才和管理经验，发展国际劳务合作和国际旅游业是我国对外开放的主要方式。我国的对外开放，是对世界所有国家的开放，不仅限于经济领域的开放，还包括科技、教育、文化、党派团体等领域的全方位、多层次、宽领域开放。

6. 可持续发展战略。我国是世界上人口最多的发展中国家，人均资

---

① 邓小平：《改革是中国的第二次革命》（1985 年 3 月 28 日），《邓小平文选》第三卷，人民出版社 1993 年版，第 113 页。

② 邓小平：《政治上发展民主，经济上实行改革》（1985 年 4 月 15 日），《邓小平文选》第三卷，人民出版社 1993 年版，第 117 页。

源比较贫瘠，实施可持续发展战略，不仅关系到我国经济和社会的安全，关系到我国人民生活的质量，而且关系到中华民族生存和发展的长远大计。在我国现代化建设中，实施可持续发展战略更具有特殊的重要性和紧迫性。要把控制人口、节约资源、保护环境放到重要位置，使人口增长与社会生产力的发展相适应，使经济建设与资源、环境相协调，实现良性循环。

（三）选择了建立社会主义市场经济体制为改革的目标模式

我国经济体制改革确定什么样的目标模式，是关系整个社会主义现代化建设全局的一个重大问题。这个问题的核心，是正确认识和处理计划与市场的关系。

确定和坚持社会主义市场经济的改革方向，是总结我国社会主义建设和世界经济发展的实践经验获得的科学结论，是改革开放实践发展的必然结果。新中国成立以后的一个较长时期，我们实行的是高度集中的计划经济体制，这种经济体制在一定历史条件下曾经起过重要作用。但是由于这种经济体制存在权力过分集中的弊端，存在忽视甚至排斥商品经济和市场作用的弊端等等，越来越不适应现代化生产发展的要求，极大束缚了生产力的发展。

党的十一届三中全会以来，随着改革的不断深入，我们逐步摆脱了计划经济是社会主义本质特征的观念。党的十二大提出计划经济为主，市场调节为辅；党的十二届三中全会指出商品经济是社会经济发展不可逾越的阶段，我国社会主义经济是公有制基础上的有计划商品经济；党的十三大提出社会主义有计划商品经济的体制应该是计划与市场内在统一的体制；党的十三届四中全会后，提出建立适应有计划商品经济发展的计划经济与市场调节相结合的经济体制和运行机制。特别是邓小平在南方谈话中指出："计划经济不等于社会主义，资本主义也有计划；市场经济不等于资本主义，社会主义也有市场。"[①] 从根本上解除了把计划经济视为社会主

---

① 邓小平：《在武昌、深圳、珠海、上海等地的谈话要点》（1992 年 1 月 18 日—2 月 21 日），《邓小平文选》第三卷，人民出版社 1993 年版，第 373 页。

义制度基本特征，把市场经济当做资本主义特有东西的思想束缚，使我们在计划与市场关系问题上的认识有了新的重大突破，解决了一个关系社会主义现代化建设全局的重大问题。

通过建立社会主义市场经济体制为改革的目标模式，我们实现了经济体制的根本性创新，找到了实现社会主义现代化的根本途径。在经济体制上，完成了由计划经济向市场经济的转变；在政治体制上，完成了权力高度集中，党政不分，政企不分向党政分开，政企分开，建立现代企业制度的转变；在经济发展战略上，完成了由片面重视重工业发展向三大产业均衡发展的转变；在经济增长方式上，完成了由粗放型向集约型增长方式的转变；在经济管理方面，完成了由行政命令手段进行直接调控向市场调节、政府进行间接调控的转变。

以建立社会主义市场经济体制为目标的改革实践，既有效地发挥了市场经济的优势，又充分发挥了社会主义制度的优越性，为我国国民经济的发展注入了新的活力，为社会全面进步奠定了坚实的基础。党的十一届三中全会以来，我国大力推进财政、税收、金融、外贸、外汇、计划、投资、价格、流通、住房和社会保障等体制改革，市场在资源配置中的基础性作用明显增强，宏观调控体系的框架初步建立。实践已经证明，建立社会主义市场经济体制是我国通往富裕和繁荣的必由之路。

三、以经济建设为中心时期的社会主义经济建设的主要成就

（一）农村体制改革与农村经济社会发展

1978 年夏秋之际，安徽和四川省不少地方的农民自发实行包产到组，出现了农村联产责任制的雏形，引发了姓"资"姓"社"的激烈争论。

1980 年 4 月和 5 月，邓小平两次就农村政策问题同中央负责人谈话，提出农村政策要继续放宽，土地承包给个人不会影响我们制度的社会主义性质。同年 9 月，党中央发出加强和完善农业生产责任制的文件，首次肯定在生产队领导下实行的包产到户，不会脱离社会主义轨道，更没有复辟资本主义的危险。在中央的肯定下，包产到户、包干到户的"双包"责

任制迅速推广，极大调动起农民的生产积极性、主动性和创造性，1982年我国农业获得少有的大丰收，农村面貌出现了可喜变化。

党的十二大以后，经济体制改革全面展开。农村的家庭联产承包责任制迅速推向全国，农作物大面积增产，农民收入大幅度增加。1983 年 10 月，党中央作出决定，废除人民公社，建立乡（镇）政府作为基层政权，同时成立村民委员会作为群众性自治组织。

1992 年邓小平南方谈话，从理论上解决了市场经济"姓社"与"姓资"的认识问题，进一步解放了思想，明确了社会主义市场经济的发展方向，直接促进了农村经济的高速增长。

农村改革成为我国经济体制改革的起点。改革开放以来，农村经济体制改革迈出了决定性的一步：普遍推行了以家庭承包经营为基础、统分结合的双层经营体制，彻底废除了与现代农村生产力发展水平极不相适应的"人民公社"制度；取消了农业生产指令性计划，实行合同定购制和市场调节；放开了绝大部分农产品的价格；鼓励农村各种所有制经济共同发展，乡镇企业异军突起、发展迅速。可以说，经过改革，农村作为传统经济中自然经济色彩最浓、经济发展水平最薄弱的环节，其运行机制基本上已进入了市场经济的轨道。农村新经济体制的实行和政策的不断开放，使全国农民的生产积极性普遍高涨，农村经济体制改革取得了巨大成就，创造了人间奇迹，对其他方面改革开放起到了极大的示范和带动效应。

（二）城市体制改革与城市经济社会发展

党的十一届三中全会后，随着农村经济体制改革的成功，城市经济体制改革也开始进行试点工作，当时改革的重点是克服计划经济对企业统的过多过死的主要弊端，逐步扩大企业自主权，为实行商品经济奠定基础；把一部分中央和省、自治区直属企业下放给各市县管理；实行政企分开；进行城市经济体制综合改革试点等等。通过这些改革，各企业管理者和职工进发出无比的创造性精神，新事物不断涌现，人民生活水平不断提高。从 1978 年到 1982 年，工农业总产值平均每年增长 7.3%，这是在国民经济积累和消费等重大比例关系不断趋于协调的情况下，取得的较高发展速度，与"文化大革命"时期高积累、低消费时的高速度已经有了质的不同。

随着城市的经济体制改革试点逐步扩大，成就日益凸显，要求全面改革的呼声也日益强烈。1984年召开的党的十二届三中全会，讨论并通过了《关于经济体制改革的决定》，阐明了加快以城市为重点的整个经济体制改革的必要性和紧迫性，明确提出改革是社会主义制度的自我完善，改革的基本任务是建立起具有中国特色的、充满生机和活力的社会主义经济体制，确认我国社会主义经济是公有制基础上的有计划商品经济。

从此以后，经济体制改革的重点由农村转向城市。经过在党的十三大提出的中国特色社会主义理论，在党的十四大提出的以建立社会主义市场经济体制为目标的改革，在党的十五大提出的邓小平理论的指导下，改革以前所未有的广度和深度大步向前推进。

第一，全面促进了国有企业的改革。按照政企分开、所有权和经营权适当分离的原则，国营企业改变统收统支的经营方式，生产经营自主权进一步扩大。在企业内部，进行了以实行厂长（经理）负责制为主要内容的改革，增强了企业的自我改造和自我发展能力。还实行了把企业改革与改组、改造，加强管理结合起来的"三改一加强"的有效举措；探索出兼并、联合、租赁、承包、公司制、股份合作制和破产、出售等改组、改制灵活多样的具体形式，逐步建立起现代企业制度。使国有经济的素质和质量不断提高，在基础性、战略性、关键性产业领域的地位得到极大加强，在国民经济的主导地位和作用日益巩固。

第二，以国有企业改革为核心，带动了国家整个经济领域的全面改革。首先，财政体制改革取得了突破性进展。实现了从1980年开始实行的财政"划分收支，分级包干"的体制，到1994年建立中央与地方分事基础上的分税制的转变，基本上确立了适应市场要求的新的财税体制框架，并保证了国家财政收入的稳定增长。其次，金融体制改革也稳步推进，不断强化了中央银行对金融的宏观调控能力；完成了由专业银行向商业银行的转变，实现了政策性金融和商业性金融的分离；最后，流通体制、住房制度、社会保障制度的改革也取得了明显进展。通过以上改革，使我国初步建立起宏观调控体系和社会保障制度的框架，使国家抗击市场经济风险的能力日趋增强，实现了市场在资源配置中的基础性作用。

第三，在坚持以公有制经济为主导、多种所有制经济共同发展的方针指引下，多种所有制经济也得到快速扩张。尤其是中外合资、中外合作、外商独资企业和个体经济、私营经济等非公有制经济成分，在国家的扶持和引导下，取得引人注目的发展。

鼓励发展个体、私营等非公有制经济，使所有制结构发生了重要变化，彻底打破了传统计划经济体制下单一的公有制格局。国有、集体、个体、私营、外商等不同经济成分在市场竞争中共同发展的局面初步形成。所有制的这种格局，不仅适应了我国社会主义初级阶段生产力发展水平的要求，有利于经济发展，而且有利于形成多家竞争、充满生机和活力的市场机制。

第四，对外开放取得了良好进展。1984 年 5 月，国家再开放大连、秦皇岛等 14 个沿海港口城市，加快利用外资、引进先进技术的步伐。从1985 年起，又相继在长江三角洲、珠江三角洲、闽东南地区和环渤海地区开辟经济开放区，批准海南建省并成为经济特区。这些地区为外商投资者提供各种便利和优惠，充分利用国外资金、技术、管理经验的优势和利用沿海地区劳动力资源丰富而且素质较好的优势，以"来料加工"等形式引进外资、先进技术和必要的原材料，大力发展劳动密集型以及劳动密集型与知识密集型相结合的产业，把加工的产品打入国际市场。

第五，在迈向新世纪的征途上，全党坚定地推进改革开放和现代化建设，在纷繁复杂的国际国内条件下，面对来自经济、政治和自然界等方面的严峻挑战，取得了战胜以美国为首的西方国家对我国实行所谓经济"制裁"的严峻挑战；解决了 20 世纪 90 年代上半叶遇到经济发展过热，通货膨胀严重的难题；破解了 1997 年东南亚国家爆发的严重金融危机的冲击等等一系列困难。

第六，在分配方式的改革上取得突破性进展。改革开放以来，我党坚决贯彻执行邓小平提出的允许一部分人、一部分地区通过诚实劳动和合法经营先富起来的政策，坚持效率优先、兼顾公平的原则，实行以按劳分配为主体、多种分配方式并存的政策，允许生产要素参加分配，把个人的有效贡献与经济利益挂起钩来，基本打破了平均主义的分配方式，使社会主义的各尽所能、多劳多得的分配方式得以真正实现。同时，为了解决收入差距过分悬殊，实现最终共同富裕的总目标，我党在逐步理顺初次分配关系的同时，还特别注重建立以税收为主要手段的再分配调节体系。

第三节　科学发展观与社会主义经济建设

一、科学发展观的形成

科学发展观是以胡锦涛为总书记的中共中央坚持以邓小平理论和"三个代表"重要思想为指导，从新世纪新阶段党和国家事业发展全局出发提出的重大战略思想。科学发展观既与马克思列宁主义、毛泽东思想、邓小平理论、"三个代表"重要思想的核心理论和基本观点一脉相承，又是对我国经济社会发展一般规律认识的进一步深化，成为推进我国社会主义经济建设、政治建设、文化建设、社会建设全面发展的指导方针。

进入新世纪以来，二十多年的改革开放取得了丰硕成果。但是随着经济社会不断发展，也出现了一些新的矛盾和问题。

第一，贫富不均，社会两极分化比较严重。让一部分人先富起来；效率优先，兼顾公平；允许生产要素参加分配等一系列调动经济发展的政策实施后，极大促进了生产力的发展，调动了大多数人的生产积极性，但也不可避免地导致一部分人贫困化。例如由于城镇化建设、交通道路建设等基础设施的快速发展，占用了大量的耕地，导致我国现在没有土地，没有最低社会保障，没有稳定的非农职业的"三无农民"数量已经达到了三千多万人，还有二千三百万人生活在贫困线以下，我国成为基尼系数增长最快的国家之一，社会的两极分化问题比较严重，直接威胁到社会的稳定与和谐。

第二，就业压力巨大。现在，各种行业的发展使每年新增就业岗位一千多万个，但需要就业人数达到两千多万，再加上有近一亿五千万农村富余劳动力需要进城务工，我国成为世界上就业压力最大的国家。

第三，环境污染、资源紧缺的问题非常突出。多年来，我国一直处于"高投入、高消耗、高污染"的粗放式发展模式之中。如 2004 年我国创造的 GDP 仅占世界 GDP 总量的 4%，竟消耗了全球 48% 的水泥、27% 的钢铁、35% 的铁矿石、20% 的铝和铜，经济增长过分依靠资源消耗与牺牲环境。现在我们成为了世界上第一大二氧化硫排放国，是世界上仅次于美国的第二大二氧化碳排放国。

第四，经济与社会发展不协调。长期以来，我们比较注重经济发展速度，甚至把衡量经济发展速度的 GDP，当做衡量干部工作好与坏的主要指标。忽略了公共卫生、社会治安、综合治理、公共教育等方面的共同发展。

2003 年，胡锦涛在全国抗击"非典"总结大会上，全面总结了我国经济社会发展的新变化和新要求，阐述了加强经济社会协调发展、统筹城乡经济社会发展的伟大战略部署。在当年 10 月召开的党的十六届三中全会上，正式提出了坚持以人为本、全面协调可持续的科学发展观。

2004 年 3 月 10 日，胡锦涛进一步阐明了科学发展观。指出坚持以人为本，就是要以实现人的全面发展为目标，从人民群众的根本利益出发谋发展、促发展，不断满足人民群众日益增长的物质文化需要，切实保障人民群众的经济、政治和文化权益，让发展的成果惠及全体人民。全面发展，就是要以经济建设为中心，全面推进经济、政治、文化建设，实现经济发展和社会全面进步。协调发展，就是要统筹城乡发展、统筹区域发展、统筹经济社会发展、统筹人与自然和谐发展、统筹国内发展和对外开放，推进生产力和生产关系、经济基础和上层建筑相协调，推进经济、政治、文化建设的各个环节、各个方面相协调。可持续发展，就是要促进人与自然的和谐，实现经济发展和人口、资源、环境相协调，坚持走生产发展、生活富裕、生态良好的文明发展道路，保证一代接一代地永续发展。

党的十七大指出："科学发展观，第一要义是发展，核心是以人为本，基本要求是全面协调可持续，根本方法是统筹兼顾。"完整地界定了科学发展观的内涵。

二、以科学发展观统领社会主义经济发展

(一) 完善落实科学发展观的体制保障

完善落实科学发展观的体制保障，是全面落实科学发展观的客观要求，是实现统领社会主义经济社会发展的重要条件。在当前，就要以转变政府职能和深化企业体制、财税体制、金融体制改革为重点，努力实现四个目标：一是建立统筹城乡发展、统筹区域发展、统筹经济社会发展、统筹人与自然和谐发展、统筹国内发展和对外开放的有效机制；二是形成有利于优化经济结构和转变经济增长方式，促进经济增长质量和效益的提高，建设资源节约型、环境友好型社会的体制机制；三是促进收入分配制度和社会保障体系的完善；四是形成促进社会主义物质文明、政治文明、精神文明与和谐社会共同发展的体制机制。只有实现这些改革目标，才能使广大人民群众共享改革和发展成果，促进社会公平和正义；才能解决发展不平衡的问题，实现多方面协调发展；也才能站在更高的起点上，坚持走新型工业化道路，开创社会主义现代化建设事业的新局面，实现经济社会又好又快发展。

(二) 大力推进和谐社会建设

构建社会主义和谐社会，是经济社会发展的重要保障，也是用科学发展观统领经济社会发展全局的重要目标。我们要按照民主法治、公平正义、诚信友爱、充满活力、安定有序、人与自然和谐相处的要求，正确处理新形势下人民内部矛盾，认真解决人民群众最关心、最直接、最现实的利益问题，千方百计增加就业，建立健全社会保障体系，完善按劳分配为主体、多种分配方式并存的分配制度，更加注重社会公平，发展教育卫生

等社会事业，认真研究解决群众看病难看病贵问题，强化对食品、药品等的监管。这些问题，都是民生之本、安国之策、和谐之基，是维护社会公正、协调社会利益、构建和谐社会的重要内容和途径。

（三）坚持把发展作为党执政兴国的第一要务

要牢牢扭住经济建设这个中心，坚持聚精会神搞建设、一心一意谋发展，不断解放和发展社会生产力。更好实施科教兴国战略、人才强国战略、可持续发展战略，着力把握发展规律、创新发展理念、转变发展方式、破解发展难题，提高发展质量和效益，实现经济又好又快发展。这样，才能有利于提高经济增长质量和效益，有利于不断提高人民生活水平，也有利于增强人们对经济发展前景的信心，为发展中国特色社会主义打下坚实基础。

（四）坚持以人为本

全心全意为人民服务是党的根本宗旨，党的一切奋斗和工作都是为了造福人民。要始终把实现好、维护好、发展好最广大人民的根本利益作为党和国家一切工作的出发点和落脚点，尊重人民主体地位，发挥人民首创精神，保障人民各项权益，走共同富裕道路，促进人的全面发展，做到发展为了人民、发展依靠人民、发展成果由人民共享。

（五）坚持全面协调可持续发展

要按照中国特色社会主义事业总体布局，全面推进经济建设、政治建设、文化建设、社会建设，促进现代化建设各个环节、各个方面相协调，促进生产关系与生产力、上层建筑与经济基础相协调。坚持生产发展、生活富裕、生态良好的文明发展道路，建设资源节约型、环境友好型社会，实现速度和结构质量效益相统一、经济发展与人口资源环境相协调，使人民在良好生态环境中生产生活，实现经济社会永续发展。

（六）坚持统筹兼顾

要正确认识和妥善处理中国特色社会主义事业中的重大关系，统筹城乡发展、区域发展、经济社会发展、人与自然和谐发展、国内发展和对外开放，统筹中央和地方关系，统筹个人利益和集体利益、局部利益和整体利益、当前利益和长远利益，充分调动各方面积极性。统筹国内国际两个大局，树立世界眼光，加强战略思维，善于从国际形势发展变化中把握发展机遇、应对风险挑战，营造良好国际环境。

以科学发展观统领经济社会发展全局，是我们党站在时代和历史的高度提出的重大战略思想，符合现阶段我国改革开放和现代化建设的实际，符合经济社会发展的客观规律，符合中国特色社会主义事业的根本目标和广大人民群众的根本愿望，是党治国理政、富民兴邦的行动纲领。

三、在科学发展观统领下的社会主义经济建设的主要成就

（一）科学发展观指导下的社会主义新农村建设

在科学发展观的指导下，为了统筹城乡经济社会发展，中央将"三农"工作从"基础地位"提升到全党工作"重中之重"的位置，贯彻执行"多予、少取、放活"和"工业反哺农业"的方针，在取消"三提五统"费，实行"费改税"的基础上，又取消农业税、牧业税、农业特产税、屠宰税，实行粮食直补、良种补贴、农机具购置补贴和农资综合直补等农业补贴制度，全面放开粮食购销市场和价格；全面推行农村九年义务教育免收学杂费的"两免一补"政策，不断提高农民文化水平；普遍建立新型农村合作医疗制度，2006 年覆盖面达到 40%，2007 年达到 80%，2008 年覆盖率达到 91.5%。全面建立农村最低生活保障制度，加快农村水电路气等基础设施建设，加强农民工权益保护和服务；加强对土地"农转非"的控制，以 18 亿亩为红线，将土地出让金纳入预算管理，对省级政府实行土地"农转非"指标管理；增加财政对"三农"支持力度，加强农村基础设施建设与改善生态环境建设；加强扶贫工作的力度，农村贫困人口由改革开放前的 2.5 亿下降为 2100 万，等等。通过这些有效措施，初步搭建起统筹城乡发展的制度框架，农民得到了长期的实惠。

经过多年的新农村建设和发展，我国农村发生了历史性的新变化。

农产品供给能力发生了历史性变化。农业生产持续增长，1952 年我国粮食产量只有 16392 万吨，1978 年缓慢增长到 30477 万吨；改革开放以

后，进入快速增长期，1984 年超过 4 亿吨，1996 年超过 5 亿吨，最近 5 年连续增产，2008 年达到 52871 万吨，与 1952 年相比，粮食产量增长 2.2 倍，我们用占世界百分之七的耕地解决了占世界五分之一人口的吃饭问题。

农村经济结构发生了历史性变化。农村经济结构由以农业为主转变为农业与非农产业协调发展，城镇化、工业化明显加快，农民非农就业的比重迅速提高，进城打工的农民工成为产业工人的重要组成部分。

农民生活水平发生了历史性变化。实现了从收入长期停滞不前到收入持续较快增长，从温饱不足到总体小康并向全面小康迈进。2007 年，农民人均纯收入增加到 4140 元，农民生活质量逐年改善，肉类人均消费增加到 52 公斤、水产品人均消费增加到 36 公斤，医疗卫生、交通通讯、文教娱乐等支出不断上升，农村贫困人口大幅减少，中国反贫困成就成为世界典范。

农村面貌发生了历史性变化。农村生活条件明显改善，饮水、供电、道路、沼气、通讯等基础设施建设步伐明显加快，新型农村合作医疗制度不断完善，农村义务教育已全面纳入财政保障范围。强农惠农政策给农民带来实惠，调动了农民的积极性，改善了党群干群关系，农村社会保持稳定和谐。

农村体制机制发生了历史性变化。废除了"一大二公"的人民公社和"三级所有、队为基础"的管理体制，建立了以家庭承包经营为基础、统分结合的双层经营体制，农户生产经营主体地位得以确立。农产品市场流通体制改革不断深化，农村经济运行由计划调节逐步转向市场调节，市场机制逐步在资源配置中发挥基础性作用。

（二）科学发展观指导下的工业快速发展

进入新世纪以来，随着经济体制改革的进一步深化和对外开放的不断扩大，我国新型工业化又迎来了新一轮发展高潮。全国各地都紧紧抓住这个难得的历史机遇，牢固树立和落实科学发展观，不断调整产业结构，工业在改革调整中得到健康稳定快速发展。

1. 工业生产呈现出跨越性增长，巩固了国民经济发展的基础。1952年我国国内生产总值只有 679 亿元，1978 年增加到 3645 亿元，在改革开放大潮的推动下，我国经济总量迅猛增长，2008 年超过了 30 万亿元，比1952 年增加了 77 倍。2008 年一天创造的国内生产总值就超过了 1952 年一年的总量。进出口贸易总额居世界位次由 1978 年的第 29 位跃升到第三位，仅次于美国与德国，占世界贸易总额的比重也由 0.8% 提高到 7.9%。根据世界银行统计，我国 2008 年 GDP 折合成美元为 38600 亿美元，相当于美国的 27.2%，日本的 78.6%。人均 GDP 由 1952 年的 119 元人民币上升到 1978 年的 381 元后，迅速提高到 2008 年的 22698 元。

经过 60 年的大规模建设，中国的产业结构极大改善，比例也日趋合理。到 2008 年，第一产业由 1952 年的 51% 下降为 11.3%，第二产业由20.8% 上升为 48.6%，第三产业则由 28.2% 大幅上升至 40.1%。工业结构实现了从门类简单到齐全，从以轻工业为主到轻、重工业共同发展，从以劳动密集型工业为主导，向劳动、资本和技术密集型共同发展的转变。

2. 工业经济效益显著提高，创造了大量社会财富。作为一个新兴的工业大国，中国工业的快速发展不仅解决了基本生活必需品的短缺问题，而且还使我国逐渐成为一个世界制造业大国。2008 年与 1949 年相比，纱产量由 32.7 万吨增加到 2149 万吨，增长 64.7 倍；布由 18.9 亿米增加到710 亿米，增长 36.6 倍；原煤由 0.32 亿吨增加到 27.93 亿吨，增长 86.3倍。电视机、电冰箱、照相机、洗衣机、计算机、空调器等一大批新兴电子产品产量也从无到有，在改革开放以后得到迅猛发展。工农业产品产量位次大幅前移，一些产品在国际市场上已经成为举足轻重的力量。解放初期，我国钢产量仅居世界第 26 位，原油仅居第 27 位，发电量仅居第二十五位。

经过 60 年的发展，2008 年主要农产品中，谷物、肉类、棉花、花生、油菜籽、茶叶、水果等产量已稳居世界第一位；主要工业产品中，钢、煤、水泥、化肥、棉布居第一位；发电量居第二位。

3. 科技投入不断加强。随着国内外市场竞争的不断加剧和国家经济实力的增强，我国在技术创新方面做了大量工作。作为创新主体的大中型工业企业不断加大科技投入力度，工业科技水平得到显著提高，成为促进我国工业快速、持续发展的根本动力和源泉。

在应对全球金融危机的形势下，国家将继续保持科技投入的力度，2009 年国家预计投入科研经费 1761 亿元，同比增长 25.6%。

（三）科学发展观指导下的社会建设

1. 民主政治建设继续加强。贯彻和落实科学发展观，需要有民主政治体制做保障。近年来，我党大力发展社会主义民主政治，基层民主制度进一步健全，人民当家作主权利得到更好保障；政治体制改革不断深化，人民代表大会制度、中国共产党领导的多党合作和政治协商制度、民族区域自治制度以及基层群众自治制度日益完善；依法行政深入推进，中国特色社会主义法律体系基本形成，依法治国基本方略有效实施，社会主义法治国家建设取得重要进展；全面实施政府信息公开条例。加强社会治安防控体系建设，开展反分裂、反恐怖斗争，维护了国家安全和社会稳定。

2. 统筹经济社会发展，全面加强以改善民生为重点的社会建设。针对"上学难、看病难、就业难"等群众反映比较大的问题，我国大力发展社会事业，缓解了矛盾，使社会更加和谐稳定。城乡免费九年义务教育全面实现，国家助学制度进一步完善，2008 年，中央财政投入 223 亿元，地方财政也加大投入，资助学生超过 2000 万人，高等教育总规模、大中小学在校生数量位居世界第一。就业规模持续扩大，完善促进就业、以创业带动就业的政策，全社会创业活力明显增强。社会保障制度建设加快推进，城镇职工基本养老保险、基本医疗保险参保人数分别增加 1753 万和 2028 万，失业、工伤、生育保险参保人数继续增加，覆盖城乡居民的社会保障体系初步形成。公共卫生服务体系和基本医疗服务体系不断健全。社会管理不断改进，社会大局保持稳定。

3. 我们坚持党要管党、从严治党，党的领导水平和执政水平、拒腐防变和抵御风险能力明显提高。党的建设新的伟大工程全面推进，执政能力建设和先进性建设深入进行，思想理论建设成效显著，党内民主不断扩大，党内生活准则和制度不断健全，党的各级组织不断加强，干部队伍和人才队伍朝气蓬勃，党的作风建设全面加强，党内法规更加完善，反腐倡廉建设深入推进，党领导改革开放和社会主义现代化建设能力显著提高，党在中国特色社会主义事业中的领导核心作用不断增强。

总而言之，随着由"以阶级斗争为纲"到"以经济建设为中心"的战略转移，随着改革开放的步伐越来越快，我国社会主义现代化建设已经驶入快车道。60 年的经济发展，我们创造了一个又一个人间奇迹，人民群众生活不断得到改善和提高。可以想见，在中国共产党的正确领导下，中国的社会主义社会建设一定还有着更美好的明天。

第二篇

勇于改革　不懈探索

第七章
市场经济体系建设的探索与发展

所谓的市场经济，它是一种由市场自动配置资源的经济制度，它改变的只是市场与政府之间在资源配置上的位置，也就是资源配置的主体由过去的政府转变为现在的市场。其优点就是在完全竞争的前提下，能够实现社会范围内资源配置的合理化，并给予每个经济主体以经济选择的自由。亚当？斯密把市场称为"看不见的手"，这只看不见的手以价格为杠杆最有效地配置社会资源。

1949 年中华人民共和国成立前，中国是一个典型的传统小农经济国家，只有微不足道的少量零星工业生产。中华人民共和国成立后，首先从 1949 年到 1952 年在短短三年内，迅速恢复了战争创伤，然后从 1953 年开始到 1970 年代，排除重重阻力，克服种种困难，在政府的强力推动下，走计划经济道路，初步完成了工业化。1978 年 12 月党的十一届三中全会之后，在新的历史条件下，实行改革开放，于 1984 年党的十二届三中全会提出发展有计划的商品经济，1992 年党的十四大提出发展社会主义市场经济。目前，已经基本上建立了市场经济体系，步入了市场经济国家行列。

现代市场体系是现代市场经济体系的重要组成部分，构建一个健全完善、统一开放的现代市场体系，也是我国社会主义市场经济体系的重要构成内容。现代市场体系处于不断丰富和发展过程之中，它不仅包括商品市场而且包括生产要素市场。其中，商品市场、资本市场和劳动力市场是现代市场体系的核心，现代市场经济只有借助于完整的市场体系，才能有效地配置资源。本章重点分析了这三个市场的改革和发展过程。我国现代市场体系已经取得了重要的成就，但仍然存在许多问题亟待解决。进一步健全和完善我国市场体系，更加有效地配置资源，发挥调节作用，对我国社会主义经济建设具有重要意义。

第一节　市场体系的发展历程

我国改革开放大体上经历了从商品市场建设为主，到推进要素市场建设为主的两大历史阶段。从 1978 年以来我国的市场体系改革经历了起步阶段、展开阶段、加快发展阶段和进一步完善阶段。

第一阶段：1978—1984 年，市场体系建设的起步阶段。党的十一届三中全会以来，以家庭联产承包责任制为主要内容的农村改革率先打开了改革的序幕，极大地释放了农村生产力，促使主要农产品产量持续快速增长，在较短时间内完成了城乡居民的温饱目标。随着农产品流通和交易的扩大化，国家逐步放开了城乡集市贸易和个体经营、放松了小商品价格的约束并对部分工业产品实行浮动价格。乡镇企业的迅速发展壮大促进了商品的市场化，一些商品专业批发市场如雨后春笋般的冒了出来（如义乌、温州、武汉汉正街等）。这一阶段的市场发育是市场建设体系的起步，仍然是在处在计划经济体制总体背景下展开的，且仅局限于消费品市场领域。

第二阶段：1985—1991 年，市场体系建设的展开阶段。1984 年《中共中央关于经济体制改革的决定》明确了对社会主义经济的认识，即社会主义经济是"公有制基础上有计划的商品经济"，也开阔了市场经济的发展思路。我国经济体制改革重心从农村转向城市，随着商品价格体系、价格管理体制和价格形成机制改革的不断深入，我国价格体系呈现政府定价、政府指导价和市场价格等多种价格并存的局面。工业生产资料市场出现"双轨制"价格，即增量部分以市场价格进入市场流通。1987 年 9 月，党的十三大报告中明确提出"加强建立和培育社会主义市场体系"的概念，同时提出"国家调节市场，市场引导企业"的改革路径。但市场体系建设仍有明显的局限性，仍受到计划经济体制的羁绊。

第三阶段：1992—2000 年，市场体系加快发展阶段。1992 年初邓小平南方谈话和党的十四大报告确立了建立社会主义市场经济体制的改革目标，提出围绕社会主义市场经济体制的建立，加快经济改革步伐。1993 年召开党的十四届三中全会，全会指出，社会主义市场经济体制是同社会主义基本制度结合在一起的。建立社会主义市场经济体制，就是要使市场在国家宏观调控下对资源配置起基础性作用。全会首次提出建立"统一开放、竞争有序的市场体系"的任务，为市场体系建设指明了方向，大大促进了市场体系的建设和发展。这一阶段，商品价格体系和价格形成机制初步确立，市场经济体系建设进一步建立和完善。

第四阶段：2001 年至今，市场体系基本形成和进一步完善阶段。社会主义市场经济体制初步形成，"十五"计划纲要进一步开放市场，放开价格，继续发展商品市场，重点培育和发展要素市场，建立和完善全国统一、公平竞争、规范有序的市场体系。2001 年，我国加入了 WTO，我国市场体系已经成为国际市场体系的重要组成部分，促使我国市场体系在市场规则、运行机制、法律制度等方面与国际市场接轨步伐。商品市场和要素市场加速发展，市场中介组织发展迅猛，市场体系不断完善，市场化程度迅速提高。

30 年风雨历程，我国市场体系已经建立，市场主体不断成熟，市场规则日趋合理，市场规模迅速扩大，国家宏观调控逐步成熟，市场机制已经成为我国资源配置的主要方式并发挥基础性作用。

第二节　现代商品市场建设

新中国成立以来，我国商品市场是一统的，商品实行有计划调拨，价格由政府确定，在商品短缺时，实行票证制度，配给制度来保证供应。因此，以供求为基础，以价格为导向的现代商品市场尚未形成。自改革开放以来，我国商品市场建设取得了显著成就，极大的改变了计划经济时代国有企业一统天下，流通形式单一，流通效率低下的局面，逐步建立并形成了多元化的市场竞争格局，多样化的现代流通方式，市场法律法规不断健全完善的包括消费品市场、生产资料市场和服务市场的商品市场体系。

1. 市场价格机制已经基本形成。党的十四届三中全会以来，我国加快了对价格形成机制和价格管理体制的改革步伐。商品市场上，绝大多数的商品和服务价格已经由市场决定。市场调节价格在社会商品零售总额、农副产品收购总额和生产资料销售总额中所占的比例分别达到 96%、93.9% 和 87.6%。[①] 同时，政府价格管理体制的改革也不断深化，推进了粮食、棉花价格体制改革；进行原油、运输、供水、石化等产品价格改革。由政府定价的商品和服务范围进一步缩小，对电信、电力、铁路、航运、航空、医药等重要商品和服务的定价也引入了听证会制度和专家评审，极大的增大了政府定价的透明度和科学性

2. 市场规模和产品商品化显著提高。改革开放以来，随着我国国民经济总量和人民可支配收入持续快速的增长，国内市场规模和市场需求不断扩大。2001 年到 2005 年，我国社会消费品零售总额从 3.8 万亿元增加到 6.7 万亿元，年均增长 12.3%。2008 年全年社会消费品零售总额 10.8 万亿元，

---

① 《我国现代商品市场价格》，http://www.022net.com/2008/10 – 23/485567333173625 – 2.html。

比上年增长 21.6%，增速比上年加快 4.8 个百分点。按 2009 年 GDP 增长 8% 左右预测，2009 年我国社会消费品零售总额名义增长速度 12.5% 左右。到 2010 年，我国社会消费品零售总额将突破 10 万亿元大关。生产资料销售总额从 5.8 万亿元增加到 14.2 万亿元，年均增长 15.5%。2007 年全社会生产资料销售总额达到 22.1 万亿元，增长了 491 倍。2008 年全社会生产资料销售总额将达 25 万亿元左右；批发零售业和餐饮业由 2001 年的 0.8 万亿元增加到 2005 年的 1.2 万亿元，年均增长 9.8%；2005 年进出口贸易总额达到 1.42 万亿美元，年均增长 24%。2007 年我国进出口贸易总额从 1978 年的 206 亿美元猛增到 21737 亿美元，增长了 104 倍。我国在世界贸易中的位次也从改革开放初期的第 32 位上升到 2004 年的第三位，我国进出口贸易总额占世界贸易总额的比重由 1978 年的不到 1% 提高到 2007 年的近 8%。2005 年社会物流总量达到 48 万亿元，年均增长 25% 以上。2008 年全国社会物流总额达 89.9 万亿元，比 2000 年增长 4.2 倍，年均增长 23%。2009 年全社会物流总额增幅不会低于 13%，全社会物流总额将达到 100 万亿元。2005 年我国市场交易和流通总量已经达到 80 万亿元，是当年实现 GDP 的 4.4 倍。据专家研究，我国市场经济程度已经接近 70%。工业制成品的商品率在 98% 以上，农产品商品率也大为提高，粮食、蔬菜类产品在 30% 以上，畜产品、水产品超过 50%，水果接近 90%。

　　3. 相对健全完善的商品市场体系。商品市场体系是现代市场体系的有机组成部分。改革开放 30 年来，随着我国市场经济体制的初步确立，我国商品市场建设取得了显著成就。多元化市场竞争格局已经形成，多样化的市场流通形式和新型业态不断出现，流通现代化水平显著提高，市场的法律制度逐步完善，初步形成了有形市场与无形市场、批发市场与零售市场、现货市场与期货市场、城市市场与农村市场共同发展的商品市场体系。① 商品市场体系的培育和发展，适应了消费者消费行为、消费需求、

―――――――――――

① 商务部关于印发《全国商品市场体系建设纲要》的通知，http://www.ibd.com.cn/zixun/Html/2004_6/2004611000 - 1.html。

消费结构的变化，不断满足着市场的即期消费需求，挖掘着潜在消费需求，创造着崭新消费需求。据统计，目前我国消费品市场达到 8 万多个，年成交额亿元以上的商品批发交易市场 3398 个，交易额占销售总额近50%。其中，综合性市场 1194 个，专业市场 1728 个。调查显示，目前全国有 4300 多家农产品批发市场，农产品通过批发市场流通的比率超过70%。截至目前，全国交易额过亿元的农产品批发市场有 800 多家，交易总额已近 1.2 万亿元。我国已经形成了多种经济成分、多种市场流通渠道、多种经营方式并存的商品市场格局，形成了遍布城乡的商品流通网络体系，形成了比较完备的商业网点基础设施。

4. 国内市场与国际市场联系日益密切。随着经济全球化的日益深入，各国的经济合作也越来越密切，我国国内市场与国际市场联系日益紧密。截至 2007 年 7 月底，我国累计批准设立外商投资企业 61 万多家，实际利用外资金额 7200 亿美元。2008 年，全国新批设立外商投资企业 27514 家，实际利用外资金额 923.95 亿美元，同比增长 23.58%。2008 年中国吸收外资水平继续提升，连续 17 年居发展中国家首位。对外贸易的不断扩大，对我国主要行业的发展产生了重要影响，从出口依存度的角度分析，2007年，通信设备计算机及其他电子设备制造业（65.3%）、文教体育用品制造业（63.6%）等 7 个行业的出口依存度为 40%；电气机械及器材制造业、金属制品业、纺织业、塑料制品业、通用设备制造业、专用设备制造业、交通运输设备制造业、农副食品加工业等都是我国工业出口大户出口依存度为 40%，这 20 个行业合计占全部工业总产值的比重达到 54.9%，占全部工业出口交货值的比重达到 87%，比上年同期提高 0.6 个百分点。国内市场与国际市场不断融合，内外贸易一体化格局已经形成。从 2005年开始，我国进入加入 WTO 后过渡期，我国已先后 4 次对关税进行大幅度削减。2005 年，中国的关税总水平将降低至 10.1%，其中工业品平均关税下降到 9.3%，农产品下降到 15.6%。中国的建筑、旅游、运输、电信、银行等行业逐步降低市场准入门槛，敏感领域渐次开放。大幅度修订了各种法律、法规，使得我国市场的透明度、稳定性都大为提高，国内贸易规则与世贸组织规则和国际惯例相一致，我国对外经济贸易环境逐步改善。

第三节　现代要素市场建设

一、金融市场

金融是现代市场经济的核心，金融市场是现代市场体系的重要组成部分。金融市场的发展是一个动态、深化的过程，我国金融改革 30 年，从"汲取金融"转变为"建设金融"，金融市场不断健全完善。

1978 年以来，我国金融市场法律制度逐渐完善，资源配置能力不断增强，已经成为我国社会主义市场经济体系的重要组成部分。经过 30 年的磨练与改革，我国已经逐渐形成了一个由货币市场、债券市场、股票市场、外汇市场、黄金市场和期货市场等构成的，具有交易场所多层次、交易品种多样化和交易机制多元化等特征的金融市场体系。

广义货币（M2）与国民生产总值（GDP）的比值是衡量一国金融市场化程度的主要宏观指标。改革开放 30 年，我国的 M2/GDP 值从 1978 年的不足 40% 上升到 2007 年 200% 左右，当前已经明显高于世界上大多数国家（见图 7-1）。这表明我国金融对整个经济活动的渗透力在过去 30 年中得到极大的强化，经济货币化的程度越来越高。

回顾我国金融市场体系的发展历程，改革开放前，在计划经济体制下，金融处于政府控制下，应该说，没有完整意义上的金融市场。自改革开放以来，我国金融市场体系建设大致经历了四个阶段，建立体系阶段、商业化改革和资本市场建立阶段、金融整顿和金融安全体系建立阶段、建设金融阶段，我国金融体系也由计划经济时代的财政主导型金融体系逐步发展到银行主导型金融体系。

（单位：%）

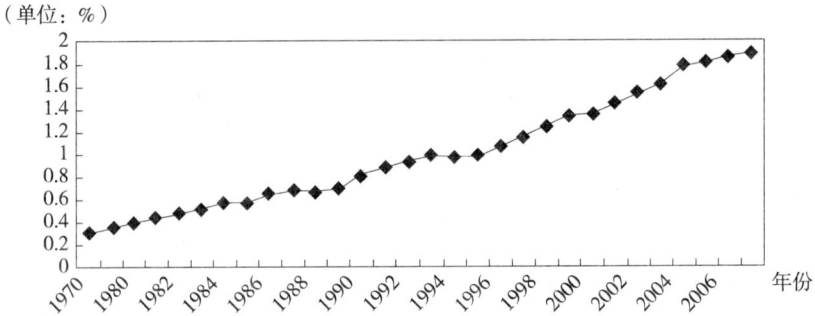

图 7－1　金融市场化程度的演变

（资料来源：2005 年以前的资料来源于国泰安金融数据库，2006 年资料来源于《中国统计年鉴》以及中国人民银行网站，2007 年的数据为估计值）

1. 我国现代金融市场的培育与发展。我国金融市场发展的第一阶段是 1978—1983 年。这一时期我国已经开始启动金融体制改革，以金融纵向分割为主要特征，中国、建设等专业银行逐步恢复和设立，为后来的进一步改革奠定基础。这一阶段基本延续了计划经济时期的金融体系，行政色彩鲜明，金融体系的运行和资源配置主要是通过行政手段调控，如图 7－2 所示。

第二阶段是 1983—1990 年，这一阶段是我国金融市场体系建设的起步阶段，金融机构逐渐实现多元化，体现出明显的银行主导型金融体系为主要特征。1983 年 9 月开始，中国人民银行不再办理针对企业和个人的信贷业务，成为专门从事金融管理、制定和实施货币政策的政府机构。1984 年我国金融市场建设首先从货币市场开始，同业拆借市场、票据市场、国债回购市场先后得到发展。这一时期我国已经基本完成了由财政主导到以银行体系为主导的金融体系的转型（见图 7－3），四大国有银行的格局开始形成，各类型的商业银行开始出现，其他金融机构也纷纷成立开始运营（见表 7－1）。

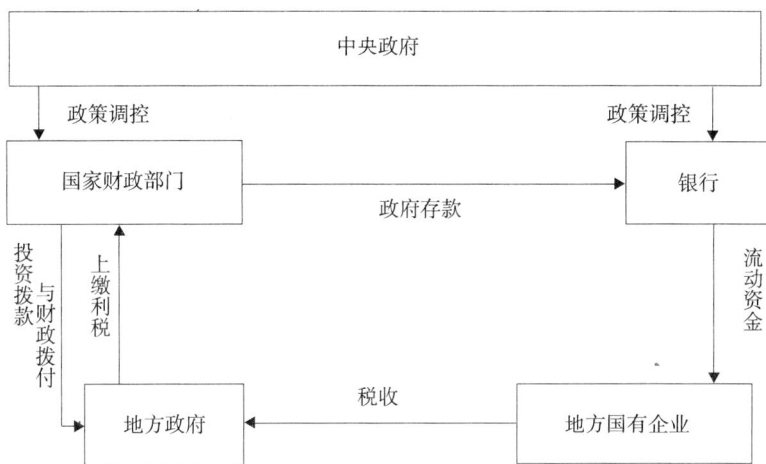

图7-2　计划体制下财政主导型金融体系的融资过程

（资料来源以及说明：根据世界银行东亚与太平洋地区减贫与经济管理局：《中国：全国产品和要素市场的分割：经济成本和政策建议》，2005年6月，报告号：31973-CHA，第54页，进行了适当地改动整理）

表7-1　1978—1990年间中国主要银行的设立与发展

银行	产生与发展阶段
中国农业银行	1979年2月恢复；1983年开始独立行使职权，开展业务活动
中国银行	1979年3月从中国人民银行中分设出来；1983年独立行使职权，开展业务活动
中国投资银行	1981年12月成立，1998年并入中国开发银行；部分业务剥离，并由光大银行接收
中国工商银行	1984年1月正式成立
中国建设银行	原名中国人民建设银行，1985年开始纳入中国人民银行信贷体系（原隶属财政部）
中国交通银行	1986年7月开始重组为股份制商业银行，1987年4月正式营业
招商银行	1987年4月正式营业，1989年成为我国第一家试办离岸金融业务的试点银行

（资料来源：根据袁远福主编：《中国金融简史》，中国金融出版社2001年版，第241—307页的材料整理所得）

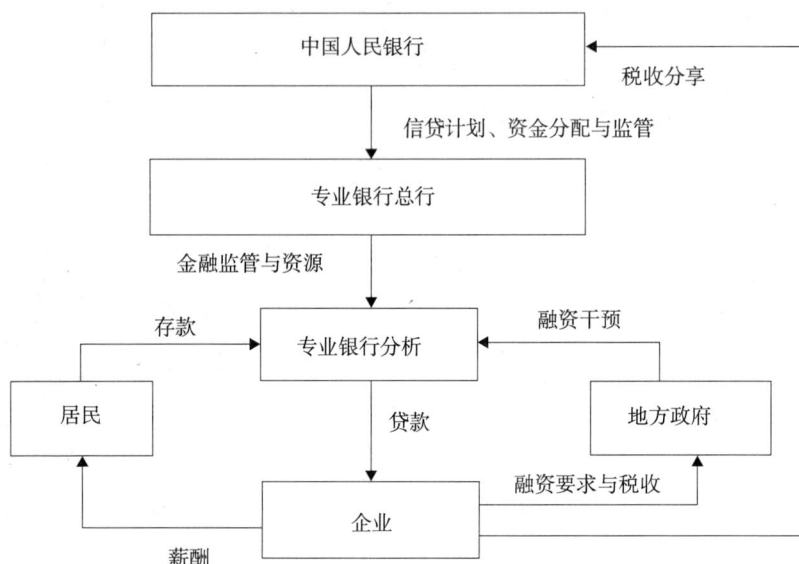

图 7 - 3　金融体制改革时期银行主导型金融体系

(资料来源以及说明：根据减贫与经济管理局、世界银行东亚与太平洋地区：《中国：全国产品和要素市场的分割：经济成本和政策建议》，2005 年 6 月，报告号：31973 - CHA，第 54 页，进行了适当的改动整理)

　　第三阶段是 1990 年以后，金融市场化改革的深化阶段。1990 年以后中国金融开启了金融体系的市场化改革。1991 年上海证券交易所、1992 年深圳证券交易所和中国证监会的成立，标志着资本市场的初步形成。1997 年全国银行间债券市场的建立，成为资本市场发展的重要转折。1994 年外汇体制改革后，形成了全国统一的外汇市场。

　　资本市场处于金融市场体系的核心和主导地位。党的十五大第一次从宪法的层次上正式确立了股票市场的地位，股票市场迎来快速发展的新阶段。但在 2001 年以后，随着我国资本市场不断发展，制度设计等长期积累的问题日益突出，中国资本市场经历了一场重大的转轨时期，新一届的证监会开始着手完善监管体制。2006 年，股权分置改革以后，资本市场的融资和资源配置功能得到恢复，中国一大批公司成功上市，股票市场得到了飞速的发展（见图 7 - 4）。截至 2009 年 7 月底，我国上市公司家数

为1628家，上市公司从1991年底的14家发展到2009年7月底的1628
家，18年间增长115倍。截止到7月15日，我国上市公司总市值达到
3.21万亿美元。此外，目前市场初步形成了各类机构投资者队伍协调发
展的格局，截至2009年7月底，各类机构持股市值占流通市值的比重约
为63.86%，机构投资者成为市场稳定发展的重要力量，资本市场改革发
展取得巨大成就。

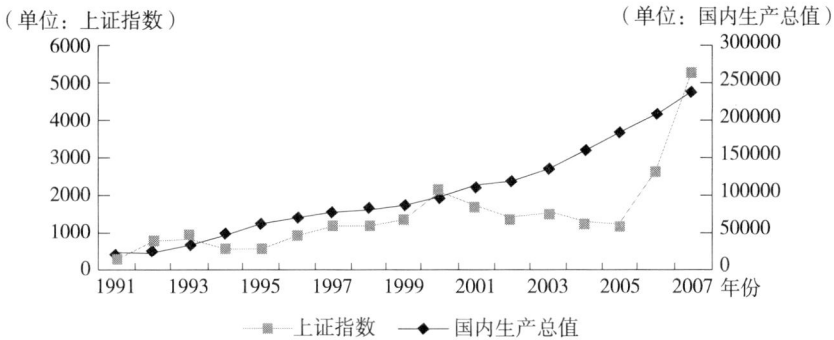

图7-4　我国国内生产总值与上证指数：1978—2007年

（资料来源及说明：国民生产总值资料来源于《中国统计年鉴2006》以及中国统计局
网站，上证指数资料来源于国泰安数据库）

现代金融市场是法治金融。金融运行、金融监管等都要受到法律的调
整和规范，金融监管与立法的完善直接影响我国金融运行质量。1995年，
我国相继出台了《中华人民共和国中国人民银行法》、《中华人民共和国
商业银行法》、《中华人民共和国票据法》、《中华人民共和国保险法》、
《中华人民共和国担保法》、《关于惩治破坏金融秩序犯罪的决定》。1998
年《中华人民共和国证券法》正式出台。2006年初正式实施新的《公司
法》和《证券法》。这些法律法规为我国金融市场的发展提供了有力的制
度支持，将对我国资本市场和金融业的持续、健康发展产生深远的影响。

2. 推进我国金融市场进一步发展。目前，中国金融业已步入深层次
结构性改革的攻坚阶段，突出的问题有监管体系的转型、金融风险的防

范、多元化金融工具的完善、上市公司信息治理与披露、投资者权益的保护等。这些问题的处理方式和结果将直接影响到我国金融市场的未来发展和我国生产要素的合理有效配置。回顾和总结 30 年来的金融改革所取得的成就以及出现的问题，以下几个方面是我国未来金融业发展的拓展方向。

（1）协调货币市场、资本市场、外汇市场、黄金市场之间的共存关系，建立市场之间的联动发展机制，鼓励和支持跨市场的投融资和交易工具的创新和完善。增强中国人民银行与市场监管部门的政策协调性，提高政府对金融资源配置和投融资水平的宏观调控效率。

（2）加强金融监管，防范金融风险，建立完善金融市场运行法律法规和参与主体合法权利的法律制度，改善金融生态，建设具有高度诚信的市场信息披露机制，为投资者创造公平、透明、可信的投融资环境。

（3）发展多元化的中小金融机构、根据不同金融机构的特点和发展现实制定适当的市场准入与有效的市场退出机制，推进民间信用体系建设，依法规范金融主体行为，促进金融同业竞争，提高金融效率。

二、劳动力市场

劳动力市场是社会主义市场体系中不可缺少的一个组成部分，也是生产要素市场中的重要内容。在市场经济条件下，是交换劳动力的场所，即具有劳动能力的劳动者与生产经营中使用劳动力的经济主体之间进行交换的场所，是通过市场配置劳动力的经济关系的总和。劳动力市场交换关系表现为劳动力和货币的交换。劳动力市场与一般商品相比具有不同的特征：一是区域性市场为主。劳动力市场和其他商品市场一样，也应是全国统一的市场。但是，由于各地区社会生产力发展水平的不平衡，传统技术与现代技术的并存，劳动力的素质相差悬殊，职业偏见的存在，以及地区分割等，阻碍了劳动力在全国范围流动，大多数只能在区域内运转，从而形成的主要是区域性市场。二是进入劳动力市场的劳动力的范围是广泛的，一切具有劳动能力并愿意就业的人都可以进入劳动力市场。三是劳动力的合理配置主要是通过市场流动和交换实现的，市场供求关系调节着社会劳动力在各地区、各部门和各企业之间的流动；劳动报酬受劳动力市场供求和竞争的影响，劳动力在供求双方自愿的基础上实现就业。

回顾1978年以来我国劳动力市场的发展历程，可以看到伴随着计划经济体制向市场经济体制的转型，我国的劳动力市场也由传统的行政计划配置逐渐转变为市场调节配置。从整体上看，我国劳动力市场建设可以分为四个阶段：第一阶段，在计划体制的边际上开始引入劳动力的市场配置方式；第二阶段，制度性壁垒的逐步取消，劳动力市场的二元结构开始形成；第三阶段，明确提出要培育和发展"劳动力市场"，体制内的部分人员开始向体制外流动；第四阶段是劳动力市场建设全面展开阶段。

1. 我国现代劳动力市场的培育与发展。第一阶段为1978—1983年，劳动力计划体系仍占主导地位，但在计划体制的边际上开始引入劳动力的市场配置方式。新中国成立以后，我国实行了高度集中的计划经济体制。劳动力资源都是按政府的意志对劳动力进行统一的行政计划调剂和调配。从1978年开始，我国逐步展开经济体制改革，行政计划调剂和调配的就业制度开始有了改变，劳动部门就业、自愿组织就业和自谋职业相结合等方针的实行，使我国的劳动力市场开始产生。这一阶段，统包统配制度仍占主导地位，但劳动力市场的供求机制和流动机制开始在小范围内发挥微弱的作用。

第二阶段为1983—1992年，制度性壁垒的逐步取消，劳动力市场的二元结构开始形成。这一阶段，我国国有企业内部劳动合同制从试点开始全面推开，劳动就业领域引入了更多的市场机制。1983年以后，家庭联产承包责任制全面铺开，农户有了劳动力自由使用和劳动时间的自主支配权力，随着农业生产效率的提高，农村劳动力剩余和劳动时间剩余不断增多，这促使了农村剩余劳动力向非农产业的转移；同时，我国政府允许农民从事长途运输和在本地市场之外销售其产品，中国农民开始以合法的身份在其家乡以外的地方进行商业活动。1984年以前，劳动力转移主要以就地就业和省内转移为主，1984年政府进一步放宽了管制，农民开始向小型城镇转移。1985 年以后，农村劳动力跨区域流动开始逐步扩大，出现了全国农民工转移的第一个高潮，乡镇企业成为劳动力转移的主渠道。

第三阶段为 1993—1997 年。1993 年在党的十四届三中全会《中共中央关于建立社会主义市场经济体制若干问题的决定》中，第一次明确提出要培育和发展"劳动力市场"。其后，随着国有企业的改革，企业员工工资制度的重大调整，市场机制在劳动力资源开发利用和配置中的基础性作用开始逐步显现，现代劳动力市场雏形逐步形成。

第四阶段为 1998 年至今，政府注重培育和发展劳动力市场，各类职业咨询网络基本形成，城市劳动力职业的选择趋于多样化，劳动力市场供求机制和自由流动机制发挥了更大作用，社会保障制度的逐步建立和完善为劳动力市场的进一步发展奠定了基础。经过多年改革，就业双向选择机制、劳动力流动与竞争机制、失业机制、社会保险机制等劳动力市场机制与政府对劳动力市场的宏观调控机制也开始逐步完善，我国城乡劳动力市场都已经初步确立。

2. 我国劳动力市场建设的进一步完善。30 多年的改革实践，尤其是 1992 年以来劳动力市场体制改革的深化，中国的就业制度市场化已经基本实现。但是，当前我国劳动力市场的发育滞后，也存在一些突出的问题。如市场机制不完善，市场主体不到位、就业服务体系功能单一，服务范围相对狭窄、体制分割，行业分割、部门分割等问题。

积极正确引导劳动力资源的正常、有序、合理流动，仍然是我国深入推进劳动力市场发展的基本路径。针对当前我国劳动力市场建设中存在的问题，建议采取以下政策和措施。

（1）打破区域分割和部门分割是完善我国劳动力市场体系的关键。放松户籍制度，促进农村剩余劳动力向城镇的自由流动。建立和完善农民工的居住条件、工伤医疗、子女教育等基本保障体系，形成稳定的、制度化的城市就业机制，吸纳农村剩余劳动力。打破行业市场分割，鼓励和引导农村剩余劳动力逐步向非农产业转移和地区间的有序流动，已经成为我国完善劳动力市场的关键点。

（2）完善市场支持体系，建立统一的劳动力市场服务管理体系。建立涵盖城乡所有劳动者包含养老、医疗、工伤、失业保险和住房公积金在内的城乡一体的社会保障制度；完善就业服务管理制度，建立覆盖城乡的全国性公共就业服务体系；建立灵活有效、覆盖城乡的职业教育和培训体系，增强劳动者就业、再就业和自主创业的实际能力；建设全国统一的就业服务信息网络，为劳动者提供就业信息服务。

（3）加强劳动力市场法制建设，保护劳动者的合法权益。对现行各种劳动力市场相关法律进行清理和整理，废除不符合现代劳动力市场建设的条文，以建立统一开放、竞争有序的劳动力市场机制。完善劳动力市场立法，同时，加强法治队伍建设，严厉打击扰乱劳动力市场秩序，损害劳动者合法权益的行为，规范市场运行秩序，建立公平竞争的市场环境。

三、技术市场

1. 技术市场发展的概况。技术市场作为商品的技术成果进行交换的场所是社会主义市场体系的有机组成部分和一个重要的生产力要素市场。"科学技术是第一生产力"。随着国家对科学技术的重视，一系列相关的法律法规出台，技术市场得到了长足的发展并为科学技术转化为生产力发挥了重要作用。我国技术市场沐浴着改革的春风，走过了 30 年的历程。技术作为一种生产要素进入市场。30 年来，我国技术市场经历了萌芽、发展和逐步规范的三个阶段。自 1985 年提出开放技术市场、实行科技成果商品化的改革措施以来，我国技术市场得到了迅速发展，以技术交易为主要表现形式的技术转移已经具有相当的规模，2004 年全国共签订技术合同 264638 项，技术合同成交金额 1334.36 亿元，与 2003 年相比，增幅达 23.01%。根据 1991—2004 年的统计数据计算得出，14 年来平均每份技术合同的成交金额均逐年增长。1991 年平均每份技术合同的成交金额为 4.55 万元，2004 年则达到 50.42 万元，增长了 11 倍以上，平均每年增幅为 21.17 个百分点（见表 7-2）。2006 年全国技术合同交易额达到 1818.18 亿元，2007 年全国技术合同交易额达 2226 亿元，较上年增长了

22.4%。这充分显示了中国经济社会发展对科学技术不断增长的巨大需求，我国技术市场将继续保持稳定较快的良好发展势头。

表 7－2　1992—2004 年平均每份技术合同成交金额历年增长率①

类型	1999 年平均每份合同成交金额	2000 年平均每份合同成交金额	2001 年平均每份合同成交金额	2002 年平均每份合同成交金额	2003 年平均每份合同成交金额	2004 年平均每份合同成交金额
技术开发	46.56	50.82	68.18	74.98	72.72	76.56
技术转让	25.11	57.15	79.52	88.97	98.02	127.02
技术咨询	7.35	8.60	9.94	11.10	12.07	14.91
技术服务	14.10	17.60	19.61	22.59	27.26	37.63

2. 技术市场存在的问题及建议：（1）技术市场中存在的问题。我国技术市场 30 年来取得巨大的成果和快速的发展。但是，我国技术市场仍处在孕育过程中，与国民经济发展速度不相称，在发展中还存在着有待进一步改进完善的问题。如技术市场建设中的制度缺陷、技术转移效率、技术市场体系以及资金投入等问题。其中，技术市场建设的中制度缺陷是我国技术市场发展过程中亟待解决的非常重要的问题，影响着技术市场的规范运营和长远发展。

技术市场是一个庞大复杂的体系。技术市场主体包括政府、企业、大学、研究院所、中介机构以及技术发明人。客体是包括技术成果在内的一切技术商品。其交易形式主要为：技术开发、技术转让、技术咨询、技术服务以及技术产权转让。庞大的市场体系包含了主体与主体、主体与客体以及客体与客体之间错综复杂的关系。

技术市场与其他市场体系比较，更具有其特殊性。技术产权的投资与其他投资相比，没有更多的利益，也没有足够的投资余地，相反，技术产

---

① 《我国技术要素市场的发展历程与现状分析》，http://www.sdpc.gov.cn/gzdt/t20051209_52926.htm。

权交易对交易主体的艰巨而苛刻的要求，如要求投资人具有相应的专业或行业背景和足够的知情能力，以及强健的项目控制能力和风险防范能力，这更使得技术产权交易活动缺少普遍性。另外，技术市场的产生和发展体现了国家科技体制改革的意志和目标。[①] 目前，我国技术市场仍然是政府主导型的市场体系，为了能够更好的引入竞争机制激发市场活力、更加健全规范有序的市场交易秩序、更快地适应国际市场并参与竞争等难题都需要国家出台一系列法律法规政策。所有的这些政策和制度安排，都体现了国家在技术市场方面的意志和目标。也正因为技术市场的特殊性，技术市场也比其他市场体系更加依赖于与之相应的制度安排。

（2）对策建议

第一，必须建立健全市场监管体系，优化技术市场发展环境。首先加快政府职能向"服务"、"指导"转变，在深入贯彻《中华人民共和国科技进步法》、《中华人民共和国科技成果转化法》、《中华人民共和国专利法》的同时，加快对技术市场的立法工作，建立健全优化技术市场环境、规范技术交易行为以及促进技术市场发展的相关国家和地方性法律法规体系，使技术市场尽快走上法制化道路。其次，进一步加快技术中介机构职能和结构的调整，建立以完善的信息网络为基础的技术交易平台，提供供求信息，为买卖双方做好桥梁作用；提高技术中介机构从业人员的业务水平和素质，提高服务水平。第二，必须加大资金对技术市场的支持力度。首先建立技术市场建设基金，鼓励科技创新；其次，建立完善投资担保机构和高新技术风险投资机制，支持企业在扩大再生产过程中运用新技术，科技与金融密切结合，为促进科技成果的转化扫清障碍。第三，必须拓展技术市场主体与客体的联系渠道，加快技术商品流通。首先加快技术市场主体间的联系，使高校、科研院所、大中企业、科技机构形成信息网络体系，共享市场资源；其次，在技术产权交易以及技术市场拓展过程中产生

---

① 《技术市场建设中的制度缺陷及改进方向》，http://www.haee.com.cn/haee/llyd/detail.php?
code=243&type=%B2%FA%C8%A8%C2%DB%CC%B3。

的一系列矛盾，尽快出台相应政策，维持技术市场繁荣和发展。

总之，我国市场经济的进一步发展必须依靠科技进步，科技进步又离不开技术市场。技术市场作为重要生产力要素市场，只有坚持"统一、开放、竞争、有序、高效"的方针，才能更好的推动经济的发展和繁荣。

四、房地产市场

1. 我国房地产业发展的几个阶段。国外房地产业是在 20 世纪 20 年代发展起来的，到 60 年代许多发达国家的房地产业已成为本国的支柱产业。我国房地产业发展起步较晚，80 年代初从东部的经济特区、沿海开放城市崛起，逐步向内陆地区推移，至 90 年代初已形成了全方位、多层次、高速度发展的格局。我国房地产业的迅速发展，除了改革开放的有利的大环境外，主要得益于国家有关房地产法律、政策的相继出台，没有法律政策上的突破，就不可能有我国房地产业的启动和发展。20 年来，全国共进行了大约 57 亿平方米的住宅建设，这个数字是 1980 年前 30 年建设总和的 10 倍左右。到 2000 年年底，城市居民人均住宅面积达到了 20 平方米，2002 年达到 21 平方米。20 年来我国房地产业经过三个发展阶段：（1）房地产业的起步阶段（1984—1989 年）。1980 年全国城市规划会议提出了征收土地使用费的设想，1982 年深圳、广州、抚顺等城市率先进行了改革。1987 年 12 月年深圳市第一次成功地以拍卖方式将一块面积为 8585 平方米、使用期为 50 年、用于兴建住宅的土地使用权公开竞拍，获得出让金 525 万元，合 611 元/平方米。由此拉开了我国房地产业发展的序幕。初始阶段，房地产公司为数不多，基本上集中于东部的经济特区和沿海开放城市，中西部地区几乎是空白。当时，房地产公司的经营内容也较为单一，主要是开发、建造供外部购买的公寓和工业厂房。

（2）房地产业高速发展阶段（1990—1993 年）。这一时期全国房地产业规模逐年扩大，覆盖东西南北，呈星火燎原之势；各类房地产公司数量急剧膨胀，达 12000 多家，其中仅外商独资、中外合资合作的房地产公司就有 6908 家，占一半以上；房地产开发投资额猛增，1990—1993 年间各类房地产开发公司注入了 1027 亿元的巨额资金，平均每年以 117.4% 的速度递增；与此同时，房地产市场交易异常活跃，除房地产的买卖、租赁等形式外，还出现了房地产的典当、入股、房地产证券交易、房地产拍卖、代理、咨询等市场业务。此外，各地兴起的设立与建设开发区的热潮，又给如火如荼的房地产业发展"火上浇油"，使之进入白热化状态。

（3）房地产业发展的"滑坡"阶段（1994—2000 年）。1994 年第三季度，我国出现了高达 31% 的严重通货膨胀，面对如此严峻的经济形势，国家不得不采取宏观紧缩政策，严格控制货币发行量和基本建设投资规模。房地产业首当其冲，在失去了资金供给后迅速出现滑坡现象。近几年来房地产业规模呈萎缩状态，开发公司虽有新增，但原有的公司或破产或转轨改行，故全国房地产开发公司总量减少了；由于房地产市场不景气，开发商的大量资金被"套牢"，新投资竣工的商品房面积大为减少；停建缓建了一批楼堂馆所，全国的经济开发区整顿后仅剩不到一半，房地产公司进行了重新洗牌，使原来过热的房地产发展势头迅速降温。

（4）房地产业的复苏阶段（2000 年至今）。由于银根紧缩，加上国家对房地产业实施了有效的政策调控，使房地产业从 1994 年起步入了下降通道，从规范房地产市场这个角度讲，这是一件好事。随着国家经济软着陆的成功，房地产业从低谷起步开始了漫长的复苏阶段。截至 2002 年 7 月，国家有关部门对全国 35 个大中城市房地产市场进行了调查，当年二季度，房地产市场房屋销售价格和土地交易价格升势明显，1 至 5 月，全国累计完成房地产开发投资 2098 亿元，比上年同期增长 36.7%。

2. 我国房地产业现状及存在的问题：（1）开发公司过多过滥，管理失控。在前几年持续升温的房地产热中，房地产商品价格因法定利润率成倍突破而急剧上涨，在经济利益驱动下，各地一哄而上，房地产的投资、开发、经营公司竟多达数万家。其中不少公司是"挂牌公司"或"皮包公司"之类，没有经营资金和开发实力，不投入、不建设，仅靠炒地皮、炒项目、划拨土地投资入股，公房转租等非法手段追逐利润，甚至少数房地产公司通过不正常渠道，采取坑、蒙、骗等手段牟取暴利，这一切都加剧了房地产业的投机性，给这一新兴产业的健康发展，带来诸多隐患。
（2）房地产商品供给量猛增，价格暴涨导致市场供大于求的局面。
1987—1992年间，我国商品房的竣工面积约27584万平方米，而同期实际销售的商品房面积仅14693万平方米，尚有一半左右积存未售出。1993年1.8亿平方米的施工面积结转到1994年竣工，供给水平逐年大幅度提高，更加剧了市场供给大于需求的状况。但从几年来商品房的售价来看，年年暴涨。1988年每平方米平均售价503元；1991年802元，1993年1238元；1994年1386元，年平均涨幅达28.6%。若以一套三居室住房100平方米来计算，按1994年的售价需138600元，相当于一个职工的15年工资总和，所以对一般的工薪阶层而言是可望不可即的。而商品房销售竞争更加激烈，销售率大幅下降，越来越多的期房由于销售速度太慢而被迫成了现房。（3）房地产交易市场秩序混乱。随着房地产业的振兴，各种房地产交易管理机构，应运而生，到1993年全国已有房地产交易所1500多家。但其中也不乏泥沙俱下，鱼目混珠。有些开发公司投机钻营，扰乱市场，哄抬房价以从中牟利。在一级市场上，国有土地使用权的出让放任自由，现在究竟有多少国有土地使用权已经出让，出让过程中交易双方办理了相应手续的比例有多大，这些情况宏观经济管理部门从正常渠道根本无法得到完整确切的数据。不少地方国有土地使用权出让基本上采取协议的方式，透明度低，随意性大，缺乏公平竞争的机制。在二、三级市场上，更存在许多违法乱纪、背离市场交易准则的混乱现象，且出现"隐形市场"中的大量地下交易活动。（4）开发区过多、过滥，造成资金紧缺，国土资源浪费。据国家土地管理局统计，到1992年全国共有各类开发区2700个，占地约为1.2万平方公里。由于其数量和面积偏多偏大，超出财力，物力的承受限度。如：仅实现"七通一平"的前期投资每平方公里为1.5亿—2.0亿元，全国1.2万平方公里的开发区则需18000亿元。开发后的地再盖工厂、购设备，投资还需翻几番，这就使国内原本短缺的资金更为紧张。少数地方为赶时髦、追浪潮而盲目乱铺摊子，只是划定一片空地，冠以开发区的美名，区内既无基础设施，又无项目，致使这些"圈地"长期闲置，造成国土资源的严重浪费。

3. 总体评价及政府调控。（1）总体评价。我国房地产市场发展的现状与问题可以总结为："局部有泡沫、总体仍安全、危险时时有、预防是良药"。（2）政府找准调控的着力点。第一，调控供给，扩大需求。国家实行分流供给，提高供给水平，扩大对经济适用房、廉租房的消费需求；提高开发商进入门槛，实现规模扩张土地供给的多层次；国家加强对土地开发的监控力度。第二，削弱政府的土地收益，土地收益必须拿出50%用于经济房和廉租房建设，满足中低层次居民的住房需要，同时也在一定程度上减小了因需求扩大而造成的供给价格虚高。第三，改革公积金存缴与使用制度，建立面向公民的国家住房公积金，使得高收入与低收入层次的再分配更趋公平，也提高中低收入层次居民的购房能力，抑制高收入者投机炒房。第四，建立起三级住房保障体系，增加供给渠道。按照"保障低端、调控终端、引导高端"的思路，构建市场性住房体系、保障性住房体系、流转性住房体系的三级住房保障体系，实现对城市中低收入者、新增人口和流动人口住房的"无缝覆盖"。第五，提高金融机构对危险的警惕意识，规范银行行为，严格监管、考察房地产商信用，确定合理的房地产投资规模，降低金融系统风险。第六，综合运用财政、货币政策，强化税收征管和价格管理，抑制房地产价格的轮番上涨，并加大对违规行为的处罚力度。第七，利用外资要适度，要通过产业目录和区域引导来规范外资投资行为，警惕房地产外商的投机行为而造成房地产市场的价格波动，对房地产、股票等容易引起泡沫的市场严格准入，时时监管。

第四节　现代流通市场建设

一、流通市场化

流通存在的客观基础是商品经济。流通是商品买卖行为以及相互联系、相互交错的各个商品形态变化所形成的循环的总过程，它使社会生产过程永不停息周而复始地运动。商品从生产领域向消费领域的运动过程中，即在售卖过程（W—G）或购买过程（G—W）中，市场作为这一时点上的交换关系而存在，这种有形或者无形的市场是流通的一个横截面，市场作为一种有形或无形的"场所"使得流通得以顺利实现，也使得社会在生产得以继续；流通作为市场交换中的某一时期上的动态过程，是市场交换的纵向运动，经过流通，货币资金转化为生产资金，商品资金转化为货币资金。流通反映了资金形态转化和资金不断循环的总过程。在这一运动过程中，商品通过各种交换形式从生产领域逐步进入消费领域。如果在某一时点上概括流通过程中的所有交换形式和买卖关系，就构成了市场的内容。

1. 计划经济下的流通体制。新中国成立初期，在当时的国际环境压迫下，为了冲破帝国主义的经济封锁，建立独立完备的工业体系，选择优先发展重工业战略。这种优先发展重工业和军事工业的赶超发展战略必然内生出计划经济体制。因为在这种强烈的赶超愿望同时也由于凯恩斯政府干预思想的一定影响，使激进主义经济发展观占有重要位置，在这些共同原因的作用下，形成了发展战略的选择、宏观政策环境的推行、资源配置制度和微观经营机制的建立的这种三位一体的计划经济体制。计划经济体制客观上要求建立相应的流通体制。高度集中的计划经济体制下，计划是资源配置的基本机制，一切经济活动都是在严格的计划安排下进行，生产环节和流通环节是完全分离的并是严格计划性的，二者承担着完全不同的经济职能，为了使得社会再生产顺利进行，就必须依靠行政指令来实现对接。生产活动由生产企业来完成，流通活动由公有制企业垄断进行，这种计划经济体制下的流通在整个经济活动和社会再生产过程中处于十分重要的地位，承担着专门的、独立的、不可替代的职能。

2. 流通市场化改革的必然。国家大张旗鼓组织的流通在现实中并没有如预想的那样顺利，事实上从众多社会主义国家计划经济的实践看，那些采取非赶超战略的发展中国家和地区，反而取得了快速的经济增长。现实中信息的不对称性不能够满足计划要求的完全信息；生产企业和流通企业既没有权力也没有义务，缺乏激励和约束；另一方面，重生产、轻流通的普遍现象，使得流通的重要性下降了，计划调拨代替了真正的流通，分配环节代替了流通环节，流通在再生产中的作用受到严重挤压。现实中计划机制的缺陷、流通环节的种种矛盾以及流通环节与生产环节和其他环节的脱节常常打破了流通本应所有的"重要性"地位。不过，这又反过来促进计划经济国家更加重视流通活动，对传统的流通体制进行改革以发挥流通的运行调节作用、利益调节作用。

3. 流通市场化的内涵。流通市场化不仅是用价格的市场化或放开价格来概括，而且市场流通还应包括流通主体、流通客体、流通方式、流通过程、流通的制度和法律环境等等。流通市场化包括价格市场化、培育独立人格、自主选择、平等竞争的流通主体，大力促进流通组织的创新，节约流通费用，促进市场实现。以价格制度为例，传统的高度集中的计划经济体制下的价格制度是一种高度集中、政府定价的僵化价格体制。它割断了价格与市场供求、市场竞争与市场价值之间的内在联系，使价格作为市场的调节器无法发挥其配置社会经济资源的有效作用。因此，建立市场价格制度，价格由市场主体间的讨价还价形成，从而使价格能够充分反映市场供求变化，反映社会经济资源的稀缺程度，引导社会资源的合理配置和有效利用。

4. 市场化的商品流通体制。高度集中的计划经济体制下的流通体制存在种种的缺陷以及生产、流通部门的重重矛盾，导致了计划机关无法恰到好处和无所不能地分配消费品以满足消费者的需要，更不能迎合消费结构的变化。建立市场化的商品流通体制可以实行符合市场经济要求的商品流通运行方式。这种"最简单最现实"的办法能使任何货币所有者都可以通过市场交换得到使用价值适宜和价值相等的商品。但是，我国市场经济发育的不完善以及市场本身具有的信息不对称性，价格信息滞后以及生产的盲目性等弊病，完的市场化流通将存在一定的问题。因此，在国家宏观调控下的市场化的商品自由流通已经成为最理想和最现实的选择。通过对流通的宏观调控可以实现对流通的规模、结构和主要品种的平衡，生产与消费的直接联系，使得国民经济的各部门的协调发展，避免市场自我调节所造成的资源浪费，同时也保证了人民消费需求的满足。

二、流通制度化

好的制度可以减少交易费用，减少不必要的损失，同时，制度具有的稳定性可以形成经纪人的稳定预期，减少短期的投机行为。流动是经纪人追求利益最大化的途径或者方式。个体在追求个人利益最大化的过程中，必然会随着交换关系的扩张和其他个体形成利益冲突，在一个制度不完善的市场体制中，这种利益冲突将被扩大化而产生极大的破坏作用，这种消极效应必然会造成交易费用的上升和社会整体福利的下降。个体寻找一种利益冲突的协调方式依赖于维护交换和流通秩序的制度安排。在改革开放过程中，我国商品市场体系发展过程中出现了如部门、行业垄断与不正当竞争并存、地方保护主义割据市场、市场主体的不规范行为和假冒伪劣等现象。这些问题严重阻碍了我国商品市场体系的发展。因此，良好的制度规范，以推动商品市场体系发展成为一种必然选择。

价格信号引导着经济的运行。现代市场经济体制需要发挥价格信号的调节功能，而商品市场体系是其载体。价格形成依赖于商品的自由流通，商品的自由流通受阻将造成价格的扭曲必然引起宏观经济的扭曲，价格无法发挥其调节作用。商品生产，本质上是商品价值的生产；商品流通，是商品价值的实现过程。价值实现是商品生产的内在要求，这也是商品流通的动力所在。价格是商品价值的货币表现，商品自由及时的流通把这种价值表现作为一种传导来调节生产和消费。生产者和消费者根据这种价格传导机制来进行生产和消费决策，这样必然要求商品自由流通形成正确的价格向导。

由于我国传统计划经济体制下各部门的分割管理模式以及地方保护主义，这些行政体制把商品市场分割开来，无法形成一个统一的市场体系，这使得商品自由流通受到阻碍。因此，必须改革行政体制，建立健全社会信用体系，整顿和规范市场经济秩序，打破行业垄断和地区封锁，促进商品和生产要素在全国市场自由流动。

三、流通现代化

流通现代化，是指商品流通现代化。经济现代化是现代化的重要内容之一，而流通现代化是经济现代化的重要内容之一，是商品市场体系完善的重要支持。

流通现代化的内涵主要包括以下几个方面：

1. 商品销售自动化。商品销售如同商品品质一样同等重要，商品销售效率直接影响销售的品质。借助于现代技术和设备的商品销售自动化有别于传统销售方式，适应现代化的需要。

2. 商品流通自动化。商品从原料制成成品后，及时、准确地送到消费者手中这一连贯过程是一个物流过程。现代物流是利用现代化信息技术和设备，完成商品从供应地转移到目的地的过程，这一作业的主要目标是最求成本的最小化。近年来专业化物流中心及共同配送制度的发展以及现代化的信息系统和自动化作业系统正是为这一目标服务的。

3. 货款支付现代化。传统商业交易把货款的支付视为交易的完成，大部分仅涉及现金及支票转账业务。随着经济发展及科技进步，新形态的支付工具不断出现，多元化的支付方式使交易更为方便，也节约了成本。如目前比较流行的银行转账、支付宝等电子支付方式。

4. 信息流通自动化。信息流主要是人们采用电脑和通信技术的组合，从面对面的商品销售、商品流通及货款支付直到采用各种现代化的专递媒介，包括信息的收集、传递、处理、储存、检索、分析等渠道和过程。信息流通从早期的单纯以集中作业、讲求处理速度的信息中心导向，演变到个人电脑分散式连线共享资源，再到20世纪90年代增值网络的开放，通信技术的进步，流通业中的信息流通自动化水平不断提高。诸如销售点管理系统、电子订货系统、商业EDI等。

5. 供应链管理的整合化。供应链管理技术以电子商务为基础，对供应、需求、原材料采购、市场、生产、库存、订单、分销发货等的管理，将商品需求、流通与生产有机联系在一起。随着互联网的飞速发展，越来越多的企业通过网络平台进行资源整合，线上交易，在线合作，形成稳定的伙伴关系。利用互联网将产业上游原材料和零配件供应商、产业下游经销商、物流运输商及产品服务商以及往来银行结合为一体，构成一个面向最终顾客的完整电子商务供应链，目的是为了降低采购成本和物流成本，提高企业对市场和最终顾客需求的响应速度，从而提高企业产品的市场竞争力。新型电子商务供应链是以顾客需求为中心，采用拉动式的经营方式，以消费需求刺激、促进和拉动商品供给。

6. 现代物流业快速发展。我国的物流正处在起步阶段，以往我们所谓的物流只是狭窄意义上的运输或仓储等物流的初级功能，真正的现代物流只在少数东部、南部发达地区和一些先进企业中得到了重视和发展。在广大中西部地区和边远省区，现代意义上的物流还未真正起步。即使在经济发达的东部沿海地区，物流的社会化、市场化程度也还很低。据测算，目前我国企业的自有物流占整个市场规模的 60%—70% 左右，物流需求的匮乏使得我国物流业的发展内在动力不足，限制了物流业的发展。

2000 年，我国 GDP 为 8.94 万亿元人民币，流通领域的增加值只在其中占了 8.1%，而美国、日本和英国等发达国家大大高于这一比例。就流通业本身的结构看，我国连锁业营业额占整个消费总额比例约为 6%，国外则一般为 15% 到 20%。世界零售业巨头美国沃尔玛 2000 年的销售额为 1933 亿美元，相当于我国零售业销售总额约 46%，并且每年还有 200 亿至 300 亿美元的增长。而我国目前零售业龙头老大上海联华的年销售额仅 110 多亿元人民币，大约相当于沃尔玛的 0.7%。从以上数据不难看出我国物流业与国外发达国家的差距，但从另一角度看也说明了我国在物流业存在着继续发展的巨大潜力和空间。

尽管如此，我国现代物流业还是获得了快速的发展。2003 年，全国社会物流总值达 295437 亿元，同比增长 27%（按现价计算），明显高于同期 GDP 的增长速度。其中：工业品物流总值为 249570 亿元，同比增长

26.8%；农产品物流总值为 11261 亿元，同比增长 2.5%；进口货物物流总值为 34193 亿元，同比增长 40%；再生资源物流总值为 278 亿元，同比增长 18.3%；邮政物流总值为 136 亿元，同比增长 3.2% 社会物流总成本占 GDP 比例继续下降，但比重仍然偏高。2003 年，全国社会物流总成本为 24974 亿元，同比增长 13.6%，较同期物流总值 27.5% 的增长速度低 13.9%。其中：运输成本为 14028 亿元，同比增长 15.1%；仓储成本为 7376 亿元，同比增长 15.1%；管理成本为 3570 亿元，同比增长 7.3%。社会物流总成本占社会物流总值的比重不断下降。2003 年社会物流总成本占社会物流总值的比重为 8.4%，比 2002 年又下降了 1.1 个百分点。这说明我国社会物流总效益在不断提高。从社会物流总成本与 GDP 的比例关系看，1991 年社会物流总成本相当于 GDP 的 24%，2003 年缩小到 21.4%，这一比例比美国、日本等物流发达国家高出 1 倍多。据统计，目前我国一般工业品，从出厂经装卸、储存、运输等各个物流环节，最终到消费者手中的流通费用，约占商品价格的 50%，这些费用上的消耗以及大量存在的库存为物流的发展留下了巨大的空间。[①]

现代物流业将成为新世纪国民经济的一个支柱产业。它不仅构成现代供应链、价值链管理的载体和基础，而且把生产、流通、消费有机地连接起来，加速社会再生产过程，而且以最快速度、最佳时间、最优组合完成商品从生产领域向消费者领域的转移过程，最大限度地节省流通费用。有序地发展现代物流业有利于增强我国企业竞争能力，优化资源配置，提高经济运行质量，实现中国经济体制与经济增长方式的两个根本性质转变，推动中国经济持续健康发展。第一，发挥传统运输业的优势与发展现代物流业相结合，逐步实现我国物流产业的现代化、网络化和信息化。第二，发展国有物流业与发展民营物流业相结合，当前重点要扶持民营物流业的发展。第三，发展第三方物流与部门物流相结合，以发展第三方物流为重

①《我国物流业发展现状及问题》，http://www.kuaijilunwen.com/kuaiji/gsgl/wlgl/13730_4.htm。

点，加快物流业的社会化进程。第四，发展干线物流与中端物流相结合，以重点发展终端物流为主。

四、流通效率化

现代商品市场体系的本质体现的是流通效率化，主要反映在以下三个方面：市场实现、利益和谐和费用节约。

1. 市场实现。流通效率化的一个本质要求是能够促进供求的市场实现。在供给、需求规模和结构一定的情况下，流通的储存、加工和调运功能，是供给和需求的总量矛盾和结构矛盾趋于缓和。从时间上看，流通的储蓄功能可以调节供给和需求的波动，保证正常的生产水平和设备利用能力，满足消费的需求。从空间上看，流通的调运功能可以使全国、地方的供求矛盾得到缓解。同时，流通的储存功能可以从流通领域的源头和尽头向生产者和消费者发出信息，起到引导生产和消费的作用，从而使总供给和总需求在动态中调整自己的规模和结构，使宏观经济运行保持稳定。

2. 利益和谐。流通通过交换行为的完成，使商品和货币换位，从而使参与流通的主体的经济利益得以体现。商品市场体系发展的内在要求就是要实现各经济主体的利益均衡。我国目前所处的转型经济条件以及建设和谐社会的战略本质上要求商品流通得到大力发展，而发展商品流通的一个非常重要方面就是完善市场经济秩序提高交易效率。事实上，市场秩序在本质上是一种利益和谐、竞争适度、收益共享的资源配置状态和利益关系体系。

3. 费用节约。节约费用，减少开支是经济学的基本原则。现代商品市场体系的发展必须能够有效地降低商品流通费用。流通费用划分为生产性流通费用和纯粹流通费用。与商品和使用价值本身运动有关的费用为生产流通费用，它是生产过程在流通领域中继续的耗费，具体包括保管费用和运输费用。纯粹商品流通是由商品的价值运动所引起的费用，即纯粹由商品买卖引起的费用，包括广告、通信、店员工资和商业机构的日常开支等。现代商品市场体系对于加速商品转换为货币的过程，从而加速社会再生产过程具有重要作用。一方面，商品市场体系的存在，使得生产者的产品只要符合社会消费的需要，就可以很快地转入流通领域。另一方面，由于专业化流通部门专门从事商品买卖，可以更快地完成商品的形态变化，使其更快地从生产领域运动到消费领域，缩短了流通时间，相对地增加了商品生产时间。因此，现代商品市场体系的一个本质体现的是费用节约。

五、我国农村商品市场体系建设

1. 因地制宜，根据各地农村实际情况研究制定和完善农村现代流通体系建设规划，加大农村流通设施建设的投资，扶持各类企业参与农村现代流通网络建设。

2. 大力发展农村现代流通方式。一是进一步规范镇（乡）、村两级连锁经营机制，继续扩大连锁经营范围。二是鼓励农产品批发市场创新流通方式，发展品牌农产品。三是积极引导、鼓励农产品批发市场和流通企业与农产品生产基地建立长期产销联盟。四是加强农资连锁企业和日用品连锁配送经营网络建设。

3. 积极培育农村现代流通主体。一是大力支持农村流通企业发展。二是重视农村经纪人和农产品运销专业户的培训与指导。三是积极引导一批知名流通企业，将现代流通方式由城市延伸到农村。

4. 加强农村市场流通服务建设。创新农村流通服务模式，加强农村信息服务建设，改善农产品流通环境，逐步实现农资产品、农产品、日常用品等商品的流通网络资源共享。

5. 加强对农村流通产品的安全监管。一是加强农产品质量检测，保证无公害农产品、绿色食品、有机食品的质量，保证销售渠道的畅通。二是建立监管责任制和群众监督制，最大限度避免流通主体的不规范行为和伪劣商品流入农村市场。

第八章

宏观调控体系的
建立与发展

宏观调控是社会化大生产和国民经济发展的根本要求。宏观调控是国家根据国民经济发展的目标和方向，运用经济、法律、行政等手段，对经济运行状态和经济关系进行干预和调整，以保证国民经济的健康协调发展。无论是在社会主义计划经济体制下，还是在社会主义市场经济体制下，都离不开国家的宏观调控，只是宏观调控的范围、方式、重点等不同。宏观调控是借助宏观调控体系实施的，而宏观调控体系是包括调控对象、调控方式和调控手段在内的有关宏观调控的统一系统。新中国成立60年来，在宏观调控方面进行了不懈的探索和改革，建立了比较完善的现代宏观调控体系。这一进程可以通过我国投资体制、金融体制、财政体制和土地制度等的探索与改革的轨迹反映出来。

第一节 宏观调控方式和手段的探索与发展

宏观调控方式和手段是宏观调控体系的重要内容。新中国成立60年来，特别是近30年来，宏观调控方式逐渐由直接调控转变为间接调控，宏观调控手段也由以行政手段为主转变为经济和法律手段为主，辅之以必要的行政手段。

一、新中国成立后至1978年宏观调控方式和手段的探索

虽然宏观调节或宏观调控的概念是在改革开放以后才出现的，但是国家对经济的管理和控制却是一直存在的，而且在计划经济时期，国家对经济管理和控制的范围更广、力度更大，因为那时国有企业是经济活动最主要的主体，国家实施经济调控的对象就是国有企业，政府不仅可以使用经济手段来控制企业的生产经营活动，更可以直接使用行政命令来实施控制。新中国成立后，经过短时间的艰苦努力，迅速制止了旧中国遗留下来的通货膨胀，稳定了物价，使国民经济得到了较快的恢复。为集中有限的资源进行大规模经济建设，国家对经济进行统一的计划管理，实行单一的计划经济体制，政府对宏观经济管理和调控的方式是直接作用于调控对象——国有企业的，调控手段主要是行政命令和指令性计划，虽然财政、信贷手段是政府调控经济的重要工具，但并没有形成真正意义上的财政、货币政策实践。国家对国有企业下达生产计划，国有企业所需要的生产资料和劳动力由国家统一调拨和分配，企业生产的产品由国家统一收购，价格由国家统一制定，企业没有投资经营的自主权，基本上成为政府的附属物。"一五"后期，国家实行直接计划的范围不断扩大，1957年同1953年相比，国务院各部门管理的工业企业由2800多个增加到9300多个；国家计委管理的工业产品由115种增加到290种；国家统配和部管物资由227种增加到532种，基本建设的投资和建设任务，包括地方工业和城市建设，绝大部分由国务院各部门直接安排；国家财政收入的75%由中央支配。[①]虽然从新中国成立后到1978年，在经济不同的发展阶段，计划直接控制的范围有所不同，时而减少，时而增加，但是，在整个计划经济时期，国家管理和调控经济的方式和手段是直接的行政干预和计划管理。

---

① 刘仲黎主编：《奠基——新中国经济五十年》，中国财政经济出版社1999年版，第473页。

这种直接干预的方式和单一的手段是与当时的经济体制相呼应的，其特点是简单易行、针对性强、立竿见影。其缺陷也是显而易见的：人为因素太重、资源配置不合理、经济波动频繁且幅度大。通过表 8-1 可以看出经济波动之剧烈。

表 8-1　1956—1978 年我国经济增长率

年份	经济增长率	年份	经济增长率
1956	15.0%	1970	19.4%
1957	5.1%	1972	3.8%
1958	21.3%	1975	8.7%
1961	−27.3%	1976	−1.6%
1964	18.3%	1978	11.7%
1967	−5.7%		

（资料来源：刘树成、张晓晶、张平：《实现经济周期波动在适度高位的平滑化》，中国经济信息网，2005 年 12 月 8 日）

当然，经济剧烈波动是由多种因素造成的，但是宏观经济调控的不成熟、不完善，调控方式的直接与调控手段的单一，不能不说是其中的一个重要原因。

二、1978 年以后宏观调控方式和手段的探索与发展[①]

1978 年以后，随着经济体制改革的不断展开，我国经济形势发生了根本变化，经济活动主体结构呈现出多元化的趋势，市场的作用日益明显，政府宏观调控的对象逐渐由企业转变为市场，即"国家调控市场，市场引导企业"。宏观调控的方式由主要是直接调控转变为主要是间接调控，宏观调控的手段也逐步由以行政手段为主转变为以经济的和法律的手段为主，并开始运用财政政策、货币政策等政策体系来引导经济活动主体

---

① 参见陈东琪等：《我国宏观调控 30 年》，载邹东涛等编著：《中国改革开放 30 年（1978—2008）》第三章。

的经济决策和行为。

改革开放以来，我国宏观经济调控方式与手段是随着我国经济改革与发展的不同阶段而变化的。在 1978 年至 1991 年期间，改革处于起步阶段，旧的经济体制在不断被打破，新的经济体制还远未建立，经济处于短缺状态，宏观调控的主要任务是治理通货膨胀，宏观调控的方式和手段也主要是直接的行政手段和计划手段。比如，1978 年，基本建设投资同比增长 37%，GDP 增长 11.7%。为此，从 1979 年到 1981 年相继停建、缓建了一批大中型项目，强制控制财政支出和信贷投放，大幅压缩基建规模，到 1981 年，基建投资比上年压缩 20.6%，GDP 增长率回落到 5.2%，零售物价指数回落到 2.4%。1984 年、1985 年，经济又出现过热，固定资产投资和基建投资大幅增长，信用膨胀，货币发行失控，物价上涨。1984 年，经济增长率达到 15.3%，1985 年零售物价指数（RPI）和消费物价指数（CPI）分别高达 8.8% 和 9.3%，基建投资同比增长 42.8%。为此，1985 年实行了货币、信贷"双紧"政策，1986 年，GDP 增长率降到了 8.8%。可见，这一时期宏观调控主要还是采取直接的行政性强制手段，经济波动较大。在这一阶段的后期，即 1987 年到 1991 年，针对经济过热或经济下滑的现象，开始有意识地使用财政政策和货币政策进行间接调控，第一次自觉地进行现代意义上的财政、货币政策搭配使用。针对 1987 至 1988 年的经济过热，实行紧缩的财政政策，调整支出结构，同时实行紧缩货币政策，并尝试了诸如提高法定存款准备金率、调高对专业银行的存贷款利率、回收再贷款等多种间接调控手段，开始重视对基础货币供应的调控。这些措施较好地抑制了过热的经济势头，有效控制了严重的通货膨胀。在"双紧"政策的作用下，加上其他原因，1989—1991 年，我国经济增长陷入了一年多的滑坡和市场疲软。为了防止经济下滑、保持经济稳定增长，又不得不进行适当的松动。财政政策方面，1990—1991 年，继续坚持紧缩方针，调整支出结构，并结合价格改革，减轻财政负担；在确保收入稳定增长和支出合理安排的基础上，切实控制财政赤字。货币政策方面，中央银行又不得不从 1989 年 8 月开始放松银根，并在一年多的时间里先后 3 次调低了存贷款利率。尽管由于缺乏经验,"双紧"政策用力过猛,致使经济增长急剧减速,但是,这毕竟是中国宏观调控史上第一次综合使用财政政策和货币政策,标志着我国宏观调控开始注重和使用经济、法律等间接手段。

1992 年以后,在邓小平南方谈话和党的十四大精神的鼓舞下,经济体制改革不断深入,新的社会主义市场经济体制逐步建立并不断完善,短缺经济逐渐结束,在有些方面出现了过剩现象,既有通货膨胀的压力,又存在出现通货紧缩的可能,政府的宏观经济管理由原来的以直接的行政和计划手段为主,发展成为以经济、法律等间接手段为主,辅之以必要的行政、政府投资等直接手段,财政、货币政策的作用越来越大。其间经历了 1993—1996 年的通货膨胀,1997—1998 年的亚洲金融危机,1999—2002 年的通货紧缩,2003—2004 年的局部过热,2005—2007 年的结构性通货膨胀、经济运行偏热,以及 2008 年至今在世界金融危机影响下的经济增长减缓。相继采取了 1993—1997 年的紧缩和适度从紧的财政货币政策,1998—2003 年的积极财政政策和稳健货币政策,2004—2007 年的稳健财政政策和稳健货币政策,2007 年 12 月 3—5 日的中央经济工作会议中提出的稳健的财政政策和从紧的货币政策,以及 2008 年至今采取的积极财政政策和适度宽松的货币政策。这些政策手段的实施有效地控制了经济运行的节奏,减轻了经济波动的程度。从这些过程中可以看出,政府宏观调控的方式和手段越来越适应经济发展的要求,政策的实施越来越具有自觉性、主动性和前瞻性,宏观能力越来越强。

第二节 投资体制的探索与发展

投资体制是关于投资主体、投资范围、投资方式等一系列投资制度的总称。投资体制是我国整个经济体制的重要组成部分,也是宏观调控的重要内容。它决定着社会扩大再生产过程中的资源配置方式，既与经济活动的宏观管理体制有直接联系，又与经济活动的微观主体紧密沟通，涉及宏观经济和微观经济。我国投资体制在新中国成立后经过了不断的探索和发展，逐渐得到了完善。

一、新中国成立后到 1978 年投资体制的探索与发展

新中国成立后到 1978 年，我国的经济体制是高度集中的计划经济体制，与此相应的投资体制从总体上看也是高度集中的计划投资体制，但是在不同的发展阶段，投资体制仍有着不同的变化。

第一阶段是新中国成立后到 1957 年的计划投资体制逐渐形成时期。新中国成立初期，我国投资主体是多元的，因为当时我国存在着民族资本、个体工商业、手工劳动者、没收的外国资本等多种所有制结构和经济成分，这种格局决定了投资主体多元化局面。国家财政拨款、公私合股出资、赎买资金、银行借贷等都是投资资金的来源。1956 年生产资料的社会主义改造完成以后及"一五"计划的最后完成，政府投资成为最主要的投资主体，高度集中的计划投资体制也逐渐形成。

第二阶段是 1958—1960 年"大跃进"背景下中央与地方分权的投资体制时期。为调动地方政府的积极性，克服投资体制中存在的高度集中的弊端，中央采取扩大地方投资审批权、投资计划编制权及管理权，实行基本建设投资资金包干制，裁撤中国人民建设银行并将其并入财政部等措施，动摇了前一段时期形成的投资体制。但是，"大跃进"使中国经济生活秩序被打乱，被调动了积极性的地方政府成了追求高标准、大规模、低效益的盲目投资和重复投资的"先锋队"，致使国民经济严重受挫，新的投资制度亦遭夭折。

第三阶段是 1961—1965 年国民经济调整时期高度集中投资体制的恢复。1961 年，中央提出了"调整、巩固、充实、提高"的方针。中央以调整为中心，力图搞好综合平衡，加强了对新建、改建大中型项目的计划审批权，削减地方财政投资拨款权，改由中央财政专项拨款，调整投资力

度，改革投资结构。然而，此项投资体制的调整是基于国民经济的恢复和社会稳定的需要，借助于具有强制力的行政命令实施的，因而未能从根本上改善投资体制的运行机制，反而重新回到高度集中统一的计划投资体制。

第四阶段是 1966—1978 年"文化大革命"时期的投资体制。"文化大革命"时期我国投资经济体制及其运行机制被严重破坏，虽然国家为摆脱这种局面，采取了诸如再次下放基本建设投资计划的审批权，再次起用投资包干的资金管理形式，扩大地方、企业的投资分配权限等一系列措施。但并未使相应的投资管理体制形成，反而最终导致全国投资总规模失控、投资结构极不合理、投资无效益的局面。

新中国成立以后到 1978 年，我国投资体制的探索对新中国成立初期的经济建设和社会发展起到了重要的作用。计划投资体制的形成与加强，集中了有限的资源，保证了国家工业基础体系建设的资金来源，强化了中央的权力与经济秩序；下放投资计划审批权、投资资金包干制等投资体制分权的尝试，有利于缓解过度集中投资体制的矛盾，调动地方政府的积极性，同时也为以后的投资体制改革积累了经验教训。

由于新中国成立后我国投资体制的探索是在高度集中的计划经济体制框架内进行的，所以，最终仍然未能跳出计划经济体制的樊篱。其共同特点是：（1）投资主体的单一性。国家作为主导的投资主体，挤占了其他主体的投资主体地位。投资决策权、实施管理权、调控监控权、效益审核权均由中央集中统一部署、审批，企业成为政府的附属机构。（2）投资资金的单一化。中央财政拨款成为基本建设资金的唯一来源。（3）投资管理组织、机构、制度的统一性。投资计划的编制、投资资金的预决算都集中在中央统一管理，地方政府只能依据中央计划而编制相应的计划。

二、1978 年以后投资体制的探索与发展

1978 年党的十一届三中全会以后，我国经济建设步入了崭新的改革开放的历史发展时期。在经济体制改革不断深入的过程中，投资体制及其

运行机制也伴随着经济体制改革的步伐而逐步完善，经历了不同的发展阶段：

第一阶段是 1979—1983 年。这一阶段主要是逐步拓宽资金来源渠道，改革投资建设管理。主要措施有：（1）基建投资试行"拨改贷"。1979 年 8 月，国务院批准了国家计委、国家建委、财政部《关于基本建设投资实行贷款办法的报告》和《基本建设贷款试行条例》，并决定从 1981 年起，凡是实行独立核算、有还款能力的企业，进行基本建设所需的投资，除尽量利用企业自有资金外，一律改为银行贷款。（2）试行直接融资，推动国内建设资金的融通。为配合横向经济联合中的融资需要，1980 年，国内分别出现了第一家投资公司和第一家租赁公司。1981 年，国家开始发行国库券。1981 年 7 月，建设银行首创代建设单位发行债券。直接融资开始在我国投资领域发挥作用。（3）开始利用国外资金。1979 年 7 月国务院决定试办深圳、珠海、汕头、厦门四个经济特区，在特区内对外资实行开放政策，吸收外商直接投资。（4）在投资建设的管理方面，开始运用经济方法，初步引入竞争机制与责任制。1979 年 4 月，国家建委提出在基本建设中要推行合同制。1979 年 6 月，基建设计单位的经费体制改革开始试点，原来的国家预算事业费拨款改在基建投资中提取，至 1983 年全面推行，推动了设计单位走向企业化、社会化。1982 年 1 月，国际上通行的建筑安装工程招标投标制度开始在我国试行，并很快在全国推广。（5）实行多种形式的投资包干制。一是建设项目的投资包干制，从 1980 年开始试行，至 1983 年 3 月，国家计委等部门联合制定颁发了《基本建设项目包干经济责任制试行办法》，明确了不同类型的建设项目，建设单位采取不同的包干责任制形式。二是行业部门投资包干制，从 1981 年起，国家先后对石油、煤炭、电力、冶金、有色金属、石油化工和铁道等部门实行不同内容的投入产出承包和包干。

第二阶段是 1984—1988 年。这一阶段主要是从项目建设管理、投资决策、资金来源等领域进行改革。（1）从项目建设管理领域入手推进改革。1984 年 9 月，国务院颁布了《关于改革建筑业和基本建设管理体制若干问题的暂行规定》，提出要进行 16 个方面的改革，主要包括：全面推行基本建设项目投资包干责任制；大力推行工程招标承包；建立工程承包公司；建立城市综合开发公司；勘察设计要向企业化、社会化方向发展，全面推行技术经济承包责任制；改革建设资金管理办法；改革设备供应办法，积极推行设备承包经济责任制和有偿合同制；改革现行的项目审批程序等。（2）在投资决策领域，建立投资项目评估审议制度，以提高决策的科学水平。1985 年，国务院批准了国家计委《关于加强中国国际工程咨询公司的报告》，决定今后凡新建大中型基建项目和限额以上技改项目的可行性研究报告及大型工程设计，由国家计委委托中国国际工程咨询公司组织有关单位进行评估，确认可行之后，再经国家计委综合平衡，审查批准后，才能列入国家计划。此后，又研究制定了建设项目经济评价方法和各种参数，颁布执行，并研究制定推行项目后的评价办法。（3）在资金来源领域，大力拓宽投资渠道。主要措施包括推广基建投资"拨改贷"制度；进行金融改革和开放资金市场；发展证券市场；鼓励外商投资。通过这些措施的实施，大大拓宽了投资渠道，增加了建设资金的来源。

1988 年是投资体制改革的关键一步，其基本标志是国务院原则同意《关于投资管理体制的近期改革方案》出台，这一方案在总结前些年改革经验的基础上，从 7 个方面明确提出了具体改革设想。一是对重大的长期建设投资实行分层次管理，加重地方的重点建设责任。二是扩大企业的投资决策权，使企业成为一般性投资建设主体。三是建立基本建设基金制，保证重点建设有稳定的资金来源。四是成立投资公司，用经济办法对投资进行管理。五是简政放权，改进投资计划管理。六是强化投资主体自我约束机制。七是实行招投标制，充分发挥市场和竞争机制的作用。

上述一系列投资体制改革措施的推行，促进了简政放权，扩大了地方尤其是企业的自主权，开始从根本上突破原有的高度集中的计划投资体制，运用并发挥了市场机制的作用。

第三阶段是 1989—1992 年。这一阶段是经济的治理整顿，巩固和完善改革成果时期。投资体制在这一阶段也适时实行了一些新的措施。1991

年5月，国家开始实行固定资产投资方向调节税，根据国家产业政策和项目经济规模，实行差别税率，并取代了建筑税。这是用经济手段管理和引导全社会投资运行的又一尝试。同时，开始着手制定《固定资产投资法》，逐步使我国的建设投资活动纳入法制化轨道。

这一时期，我国的证券市场得到很大发展。证券融资规模不断扩大，证券交易日趋活跃，上海和深圳证券交易所分别于1990年12月和1991年7月正式开张营业。直接融资在我国投资领域的作用明显增强。

第四阶段是1992年至今。邓小平发表南方重要讲话和党的十四大确定以建立社会主义市场经济体制为改革目标，为深化投资体制改革进一步指明了方向。1993年11月，党的十四届三中全会通过了《中共中央关于建立社会主义市场经济体制若干问题的决定》，确立了适应社会主义市场经济体制的新的宏观调控体系，进一步明确了深化改革的具体内容，指出要逐步建立法人投资和银行信贷的风险责任。竞争性项目投资由企业自主决策，自担风险，所需贷款由商业银行自主决定，自负盈亏。用项目登记备案制代替现行的行政审批制，把这方面的投融资活动推向市场，国家用产业政策予以引导。基础性项目建设要鼓励和吸引各方投资参与。地方政府负责地区性的基础设施建设。国家重大建设项目，按照统一规划，通过财政投资、政策性贷款和金融债券等渠道筹资，采取控股、参股等多种形式进行；企业法人对筹划、筹资、建设直至生产经营、归还贷款本息以及资产保值增值全过程负责，社会公益性项目建设，要广泛吸收社会各界资金，根据中央和地方属权划分，由政府通过财政统筹安排。

在《决定》的精神指引下，计划、投资体制改革进入了以建立社会主义市场经济的新型投资体制为主要内容的制度创新阶段，进一步深入发展。

2004年7月，《国务院关于投资体制改革的决定》正式出台，明确指出了深化投资体制改革的指导思想和目标。在以下几个方面进行了深入改革和制度创新：一是改革审批制，实行核准制和备案制。《决定》指出，彻底改革现行不分投资主体、不分资金来源、不分项目性质，一律按投资规模大小分别由各级政府及有关部门审批的企业投资管理办法。对于企业不使用政府投资建设的项目，一律不再实行审批制，区别不同情况实行核准制和备案制，并对核准制的范围进行了严格的限定。实施《政府核准的投资项目目录》，并适时调整；二是放宽社会资本的投资领域。《决定》明确提出，能够由社会投资建设的项目，尽可能利用社会资金建设。《决定》还指出，逐步理顺公共产品价格，通过注入资本金、贷款贴息、税收优惠等措施，鼓励和引导社会资本以独资、合资、合作、联营、项目融资等方式，参与经营性的公益事业、基础设施项目建设。对于涉及国家垄断资源开发利用、需要统一规划布局的项目，政府在确定建设规划后，可向社会公开招标选定项目业主。鼓励和支持有条件的各种所有制企业进行境外投资；三是完善政府投资体制，规范政府投资行为。《决定》在政府投资范围、政府投资决策机制、投资资金管理、项目审批程序、投资效益等方面都作出了明确的规定；四是改进投资宏观调控方式。《决定》明确指出要"改进投资宏观调控方式。综合运用经济的、法律的和必要的行政手段，对全社会投资进行以间接调控方式为主的有效调控。"要灵活运用投资补助、贴息、价格、利率、税收等多种手段，引导社会投资，优化投资的产业结构和地区结构。适时制定和调整信贷政策，引导中长期贷款的总量和投向；五是建立政府投资责任追究制度。《决定》提出"建立政府投资责任追究制度，工程咨询、投资项目决策、设计、施工、监理等部门和单位，都应有相应的责任约束，对不遵守法律法规给国家造成重大损失的，要依法追究有关责任人的行政和法律责任。"

我国投资体制经过一系列改革，发生了巨大的变化，实现了投资主体由单一化向多元化转变；投资决策由主要是中央政府项目决策的单一层次向中央政府、地方政府、各类企业、个人等多层次项目决策的转变；投资方式由政府拨款建设的一种方式向合资、合作、项目融资、承包、租赁等多种方式转变；投资来源由主要是财政拨款的一种渠道向专项基金、银行贷款、投资主体自有资金、国外借款、发行债券、外商直接投资等多种渠道转变；投资管理手段由主要运用指令性计划的行政手段向主要运用指导性计划、经济政策、价格、税收等经济和法律手段转变。但是，现行的投资体制仍有许多深层次的问题需要解决，如政府投资包揽过多，企业作为最主要的投资主体还缺乏充分的投资决策权，对非国有投资主体投资领域限制过多，投资决策主体与投资责任主体不一致；直接融资和间接融资都还存在许多体制、机制性障碍，融资渠道和融资方式还有待进一步拓宽；投资的结构性矛盾日益突出，固定资产投资存在着总量膨胀和周期性波动的问题；投资宏观管理体系不完善，未能形成多向性、立体化的改革思路；投资的宏观效益低下；投资中介服务机构发展滞后且不规范，尚未形成公开、公平、有序的竞争局面等。从根本上解决这些问题，不仅需要对投资体制进一步作深层次的改革，而且有赖于相关的各方面改革措施真正到位。

第三节　财政体制的探索与发展

财政体制是中央政府制定的，用于处理中央与地方政府、地方各级政府之间划分财政收支范围和财政管理权责与权限的一项根本制度。财政体制是实施财政管理的一项根本制度，是国民经济管理体制的重要组成部分。财政体制的内容主要包括国家预算管理体制、国家税收管理体制、财政投融资管理体制等内容。其中中央与地方的财政关系是财政体制的核心。新中国成立以来，我国的财政体制经历了不断的调整改革，初步建立起了与社会主义市场经济体制基本相适应的公共财政体制框架，并且在逐步完善。

一、新中国成立以后到1978年财政体制的探索与发展

新中国成立后到1978年，我国基本上实行高度集中的财政体制。财政权力主要集中在中央政府，地方政府和企业的自主权很小。这种体制的

基本框架形成于新中国成立初期，它是为适应当时特定的政治和经济形势建立的。

1. 高度集中型财政体制的初步形成。新中国是在经历数十年的民族独立战争和国内解放战争以后建立起来的。新中国成立初期的国家财政肩负着支持革命战争、促进经济恢复和加强国家建设等多项任务。在筹组中央人民政府过程中产生的《中国人民政治协商会议共同纲领》第四十条明确规定，国家的财政税收政策"应以保障革命战争的供给，照顾生产的恢复和发展及国家建设的需要为原则"。为了有效地利用有限的财政经济资源，保证国家的军需民用，中央人民政府成立不久，即于 1950 年 3 月 3 日颁布了《关于统一国家财政经济工作的决定》。其基本内容是：统一全国财政收支，统一全国物资调度，统一全国现金管理。

（1）"统一全国财政收支"的具体内容：第一，一切财政税收制度、人员编制和各项开支标准均由中央制定；第二，所有财政收入全部收归中央，只有极少数地方捐税划归大区和省政府留用；第三，一切开支均需列入预算，地方需按月、按季报中央政府核定执行，并在年度终了报请中央审查；第四，建立全国统一的财政预决算制度和严格的审计、会计及财政监察制度，只有地方级收入的超收分成部分才由各地方机动使用。上述内容是当时财政体制的基本特征，是比较典型的统收统支。

（2）中央与地方政府的收支范围和财政责任。根据 1951 年上半年，中央提出的"统一领导，分级负责"这一指导全国财经工作的基本方针，对中央与地方政府的收支范围和财政责任作了初步划分：第一，由中央财政部门划定大行政区的收支，再由大行政区财政部门划定各省（市）财政收支；第二，各级政府的预算和收支范围按照企业、事业和行政机构的隶属关系进行划分；第三，地方预算上年结余分别列各级财政收入，编入本年预算，决算后实际结余超过预算编列数者，其超过部分经中央核定后酌留地方；决算实际结余不足预算编列数者，不足部分由中央补助。

至此，我国高度集中的财政体制已经初步形成。它对于促进经济恢复和支持抗美援朝战争，以及初步建立我国的工业化基础都发挥了积极作用。

2. 对高度集中型财政体制的调整。为了调动地方政府和企业的积极性，从第一个五年计划开始，我国财政体制进行了一些改革和调整的探索。但是，在整个经济体制高度集中的环境下，财政体制的调整与改革始终是以维护集中型财政体制为前提，基本上是在"收权"和"放权"之间转换，对集中型财政体制没有实质性突破。

（1）统收统支体制的相对松动。1954 年，中央制定了财政管理六条方针。其中第二条规定"支出包干使用"。"包干"主要是对中央各部门和地方大区政府而言，目的是为了让"条条"和"块块"共同负起责任，防止突破预算。在强调责任的同时，各部门和地方在包干范围内也拥有了比过去更大的自主权；第三条规定"自留预备费，结余不上交"。这是作为中央对各部门和各地方完成包干任务的奖励，实际上也使它们在处理收支结余上有了更大的自主权。这两条方针显示，高度集中的统收统支体制开始有所松动。

（2）1958 年财政放权的尝试。1958 年，我国实行了较大规模的经济管理体制改革，将 80% 左右的中央企业下放给地方管理。与此同时，在财政体制方面，中央对地方实行"以收定支，一定五年"的办法。主要做法是：将地方收入划为地方固定收入、固定比例分成收入和调剂分成收入三个部分；在划定的收入范围和分成比例之内，地方自求收支平衡，多收多支，少收少支；基本建设支出、重大灾荒救济费、大规模移民垦荒支出等，中央专案拨款解决；收支范围和分成比例一定五年不变。

1958 年的财政体制改革首次对统收统支体制实现了较大突破。"收支自求平衡"意味着地方政府在中央划定的收支范围内完全拥有自主权，"一定五年不变"能使地方政府进行比较长远的财政安排，制定较长时期的发展规划，拥有的自主权也比原来更为稳定。但是，由于种种原因，1958 年实行下放经济管理权限的改革后，地方上出现了"瞎指挥"和"共产风"，宏观经济秩序混乱，企业虚盈，财政虚收，银行信贷资金被挪作基本建设投资，结果造成生产下降，以致稍后出现了严重的经济困难。因此，到 1959 年 6 月，这一改革就被停止执行。在财政体制方面，取代"以收定支，一定五年"体制的是"总额分成，一年一定"的体制，即根据核定的收支总额，在中央与地方之间实行收入分成。这一体制一直实行到 1970 年。

（3）在"放权"与"收权"之间轮回。1970 年，国家再次将大批中央企业以及基建和物资管理权下放给地方。在此基础上，1971 年实行了"财政收支大包干"体制，即根据每年国民经济发展计划核定财政收支总额，收大于支，包干上缴，收小于支，补助包干。到 1974 年，这一体制进一步发展为"收入固定比例留成，超收另定分成比例，支出按指标包干"。1974 年的财政体制仍然是一种典型的"大锅饭"体制。在这种体制下，地方支出按核定的年度预算指标包干，收入不足部分由中央补助。执行结果是超收的地区少，短收的地区多，地方政府实际上包支不包收。所以人们称它是让地方财政"旱涝保收"的体制。与此同时，中央财政却因缺乏足够的调剂能力而显得比较被动。为了改变这种局面，中央于 1976 年又恢复了"总额分成，一年一定"的办法。

总的看来，新中国成立后到 1978 年，我国财政体制的基本特征是集中型体制，地方财政和企业的自主权有限。这是由当时整个经济体制的基本模式决定的，也是与当时财政所要承担的各项任务相关的。这一财政体制虽然存在不少的问题，但在新中国成立后一段时期内，对于国民经济的恢复发展、社会主义基本建设的全面展开、工业基础体系的建立等都起到了不可忽视的作用。这一时期的财政体制也进行了一些有益的分权式改革的探索，对以后财政体制的改革也是一种经验的积累，不过，囿于当时特定的历史条件，财政体制改革和调整始终没有摆脱集中型体制的束缚。

二、1978 年以后财政体制的探索与发展

1978 年党的十一届三中全会拉开了我国改革开放的序幕，随着经济体制改革的不断深入和发展，财政体制的探索经历了以放权让利为特征的改革和以分税制为特征的改革与发展。

1. 1978—1993 年放权让利的财政体制改革。在 1978 年开始的经济体制改革的大背景下，财政体制的改革主要是以放权让利为特征。中央对地方放权让利，采取了多种分成体制、分灶吃饭、财政包干等形式。

（1）1978 年多种分成体制的实施。1978 年，为了改变以往资源分配过于集中、地方财权偏小的状况，中央决定根据各地的不同情况，同时试行四种较为灵活的体制形式：一是"收支挂钩，总额分成，一年一定"，二是"收支挂钩，增收分成"，三是"收支挂钩，全额分成，比例包干，几年不变"（只对江苏实行），四是"民族自治地区财政体制"。

（2）1980—1988 年"分灶吃饭"体制。1980 年中央对全国 15 个省试行"划分收支，分级包干"的办法，划分中央与地方的收支范围，核定地方财政收支包干基数，五年不变。对广东、福建两省还分别实行了"定额上交"和"定额补助"的大包干体制，也是五年不变。后来 1985 年至 1988 年对除广东、福建和民族自治地方以外各省市区均实行"划分税种，核定收支，分级包干"。

（3）1988 年全面实行"财政包干"制。全部财政收入划分为中央固定收入、地方固定收入、中央和地方固定比例分成收入及中央与地方共享收入；支出仍按隶属关系进行划分。按地区类型实行收入递增包干、总额分成、总额分成加增长分成、定额上解、定额补助、上解额递增包干六种不同方式。在保证中央财政收入稳定增长的前提下，地方政府有了更大的自主权。

改革开放后至分税制前，中央与地方政府关系的主体倾向是从集权到分权，财权放权调动了地方政府支持改革的积极性，使地方政府有了更多的配置资源、提供公共服务甚至直接干预经济的能力。与此相应，中央财政收入在财政总收入的比重逐渐减少，从 1985 年的 34.8% 下降为 1993 年的 22%，弱化了中央的宏观调控能力。同时，配合国家一部分地区先富起来，实施沿海倾斜的地区发展政策，对沿海地区赋予了更大财权，推动了沿海地区特别是山东、江苏、浙江、福建、广东几省的高速发展，成为重构区域经济格局、形成沿海地区带动的全国经济增长、扩大沿海与内地差距的重要制度性因素，也是引发地区封锁、诸侯经济等区域经济问题的因素之一。

2. 1994 年后规范化分税制财政体制的建立。经过 1978 年以来的一系列重大改革和调整，虽然逐步改变了旧体制财权、财力高度集中的状况，但从科学性和规范性角度看，各种分级包干体制都不是完备的体制类型，与科学的分级财政体制相比还有相当大的距离。随着经济发展和经济体制改革的深化，这种体制弊端日益明显，与发展社会主义市场经济的要求越来越不相适应。为此，1993 年国务院颁布了《关于分税制财政管理体制改革的决定》，从 1994 年开始实行分税制。分税制划分了中央与地方政府的税收责任和支出责任，初步建立了转移支付制度。

（1）确定了中央与地方财政的支出责任。中央财政主要承担国家安全、外交和中央国家机关运转所需经费，调整国民经济结构、协调地区发展、实施宏观调控所必需的支出以及由中央直接管理的社会事业发展支出；地方财政主要承担本地区政权机关运转所需支出以及本地区经济、社会事业发展所需支出。

（2）按税种划分了中央与地方的收入范围。根据财权与事权相适应的原则，按税种划分中央与地方的收入。将维护国家权益、实施宏观调控所必需的税种划分为中央税；将同经济发展直接相关的主要税种划分为中央与地方共享税；将适合地方征管的税种划分为地方税。同时分设中央与地方两套税务机构，中央税务机构征收中央税和中央与地方共享税，地方税务机构征收地方税。

后来，中央政府对中央与地方的收入划分又进行了几次调整，使财政收入进一步向中央集中，如将证券交易税分享比例由原来中央与地方各占 50% 调整为中央占 80%、地方占 20%，后调整为中央占 88%、地方占 12%，再调整为中央占 97%；原由地方征收的企业所得税、个人所得税变成中央与地方共享、各占 50%，后又提高到中央占 60%；等等。

（3）初步建立了政府间财政转移支付制度。财政转移支付制度是分税制财政管理体制的一项重要内容。1994 年分税制改革在重新划分中央与地方财政收入的基础上，相应调整了政府间财政转移支付数量和形式，除保留了原体制中央对地方的定额补助、专项补助和地方上解外，还增加了中央对地方的税收返还制度。从 1995 年起，中央又在税收返还制度之外建立了过渡期转移支付办法。根据财政收入情况，中央每年增加安排一部分资金，采用相对规范的办法，重点解决一些困难地区特别是民族地区的财政问题。

（4）进行了财政支出体制的改革。我国财政体制改革包括分税制改革，长期以来主要集中在收入分配领域，财政支出管理方面的改革已显得严重滞后，财政部门重收入、轻支出、管理弱化的弊端仍然存在，公共支出管理日益成为整个财政管理中的薄弱环节。因此，从宏观财政管理的战略高度着眼，从 2000 年开始，我国财政改革聚焦到了致力于建立法制化和公开化的财政支出体制上，陆续推行了部门预算改革、国库集中收付制度、政府采购制度、收支两条线管理及 2007 年开始推出的政府收支分类改革。这些改革都为建设一个规范、高效和透明的公共财政奠定了坚实的基础。

1994 年的财政体制改革取得了巨大成就，是新中国成立以来调整利益格局最为明显、影响最为深远的一次。通过这次改革，我国基本形成了适应社会主义市场经济要求的、相对规范的财政体制框架。一是建立了稳定的中央与地方财政收入渠道，财政收入保持了较快的增长速度。新财税体制确立以后，充分调动了各级政府理财的积极性，各地普遍加强了税收征管，初步改变了以往随意减免税的状况。1999 年全国财政收入 11377 亿元，比改革前（1993 年）的 4349 亿元增加了 7028 亿元，年均增加额为 1171 亿元，相当于过去一个五年计划增加的收入。同时，财政收入占 GDP 比重下降的势头得到遏制。尤其是"九五"以来，全国财政收入占 GDP 的比重逐年提高，1996—1999 年每年分别比上年提高 0.2、0.7、0.8 和 1.5 个百分点，1999 年达到 13.9%。二是增加了重点投入，有力地支持了经济建设和各项社会事业发展。1994 年以来，财政对农业、教育和科学事业费以及基础设施建设投入大幅度增长。此外，国家财政还通过制定实施一些必要的优惠政策支持了经济改革与发展。三是营造了公平的竞争环境，促进了经济结构的合理调整。新的财税体制及《企业财务通则》和《企业会计准则》的实施，改变了不同地区、不同行业、不同企业之间不平等的财政、税收和财务政策，为企业的公平竞争创造了条件。新体制建立以后，各地开始根据不同产业对财政的贡献度，逐步把投资重点转向有利于地方财政增收的第一产业和第三产业，农业、服务业、基础设施等薄弱环节得到加强，经济结构正在向好的方向转化。

第四节　金融体制的探索与发展

金融体制是经济体制的重要组成部分，也是与经济体制相对应的。我国金融体制历经 60 年的改革与发展，已经由改革前"大一统"的银行体制发展到现在的以中央银行为核心、以商业银行为主体，各种银行和非银行金融机构同时并存，银行业、保险业、证券业等全面发展，货币市场和资本市场不断完善的现代金融体系。

一、新中国成立后到 1978 年的"大一统"银行体制

从新中国成立初期到 1978 年间，我国实行的是高度集中的计划经济体制，与此相对应，我国的金融体制在本质上是"大一统"的银行体制。这种体制的主要表现就是：中国人民银行作为唯一的一家银行既承担了"中央银行"的管理职能，集中管理和分配资金，又从事"商业银行"活动，办理吸收存款和发放贷款的业务，集现金中心、结算中心和信贷中心于一体；企业生产、销售都由国家统一安排，基本建设投资规模也由国家统一确定，银行主要负责组织和安排资金，处于从属于财政的地位，实际上只是起着政府的会计出纳的作用；银行内部实行计划管理，全国人民银行各分支机构的人财物由总行集中统一管理、统一核算，吸收的存款交总

行统一调配，贷款按照总行信贷计划和指令进行发放；没有非银行金融机构和金融市场。

这种"大一统"的银行体制虽然在内部也进行过一些小的调整，也曾有过其他金融机构的存在，但是，都不是独立的经济实体。比如，1955年和1963年曾经两度建立了中国农业银行，主要办理短期农业贷款和农业财政拨款，业务上接受中国人民银行总行领导。可由于基层机构与人民银行的职能划分不清，矛盾较多，又分别于1957年和1965年重新并入中国人民银行。中国人民建设银行成立于1954年，归财政部领导，1958年改为财政部基建财务司，1962年恢复建制，仍归财政部领导。1970年并入人民银行，1972年再次独立出来。可见，在实际上，中国人民银行是当时唯一的金融机构。

这种"大一统"的银行体制显然不符合改革开放的市场化目标的要求，因此，在1978年以后，随着我国经济体制的改革，金融体制的改革也逐步展开。

二、1978年以后金融体制的探索与发展

1978年开始的金融体制改革是从针对"大一统"的银行体制而进行的金融主体多元化开始的，然后不断深化，直至形成较为完备的现代金融体系和比较规范的金融管理体制。改革的主要内容有以下几个方面：

1. 专业银行体系的形成，中央银行制度的确立和巩固。1979年中国农业银行从中国人民银行分设出来，继而是中国银行。随后中国人民建设银行（后改名为中国建设银行）也从财政部独立出来，纳入银行体系。中国农业银行负责统一管理支农资金，集中办理农村信贷，发展农村信贷业务；中国银行作为国家指定的外汇专业银行，统一经营和集中管理全国的外汇业务及与此相关的人民币业务；中国人民建设银行以基本建设贷款为主要业务。1982年9月，国务院下达的文件明确指出，中国人民银行是中央银行，各专业银行按照指定的方面接受中国人民银行的领导。1983年9月17日，国务院做出了《关于中国人民银行专门行使中央银行职能

的决定》，决定"成立中国工商银行，承办原来由人民银行办理的工商信贷和储蓄业务"。中国工商银行于 1984 年 1 月 1 日正式成立。同年又设立了众多的城市信用社，并在全国普遍发展了农村信用社。至此，形成了一个完整的专业银行体系。随着专业银行体系的建立，中国人民银行得以从一般的银行业务中摆脱出来，成为以金融管理为职责的中央银行。中央银行制度的确立，在中国金融体制改革的历史上具有划时代的意义，它标志着中国的金融体制向市场化方向的根本转变。

中央银行制度在建立之后不断进行改革调整，并于 1995 年 3 月颁布《中华人民共和国中国人民银行法》，随后又颁布了《货币政策委员会条例》。这些法律条文的颁布，奠定了中央银行的重要地位，为中央银行有效发挥作用做出了法律保障。

2. 政策性金融与商业性金融的分离，商业银行体系的形成和壮大。党的十届三中全会提出了政策性银行与商业银行分设，政策性金融与商业性金融分离，国家专业银行向国有商业银行转变的目标。为此，国家在 1994 年先后成立了国家开发银行、中国进出口银行和中国农业发展银行 3 家政策性银行。专业银行的政策性业务逐步划转到政策性银行，经营机制进一步向市场化靠拢。1995 年，国家发布的《商业银行法》又明确规定了商业银行"实行自主经营，自担风险，自负盈亏，自我约束"的性质，并且以其全部法人财产独立承担民事责任。于是，各银行纷纷建立了单一法人制度，陆续取消了分支机构的法人地位。四大国有专业银行逐步完成了改组成国有独资商业银行的过程，专业银行商业化也进入了实质性的实施阶段。这一时期，国家还批准成立了中国民生银行，各市的城市信用社也于 1996 年分别合并组成了城市合作银行，并在 1998 年更名为城市商业银行。中国的商业银行体系由此得到了进一步的壮大。

3. 非银行金融机构的发展。非银行金融机构是金融体系的重要组成部分。1980 年，中国人民保险公司恢复国内保险业务。从 1988 年开始，我国保险市场的多元化步伐不断加快，陆续设立了中国太平洋保险公司、中国平安保险公司两家全国性保险公司以及新疆建设兵团农牧业保险公司、天安保险股份有限公司、上海大众保险有限责任公司等区域性保险公司。1995年成立了中国人民保险（集团）公司，下设中保财产保险有限公司、中保人寿保险有限公司、中保再保险有限公司三个专业子公司，保险的范围逐渐广泛也更具体。1990年底以后，以上海、深圳两个证券交易所成立为标志，中国股票交易市场逐步步入规范的发展阶段，也意味着打开了对外资金融机构的市场准入大门。信托投资公司、财务公司，以及各种外资银行也纷纷设立并逐步得到规范，极大地丰富了我国的金融市场。

4. 金融市场的建设与开放。1985年实行了"统一计划、划分资金、实贷实存、相互融通"的新的信贷资金管理体制，允许专业银行间可以相互拆借资金，以发挥资金的横向调剂作用。到1987年底，除个别地区外，全国主要城市和地区都开放和建立了无形或有形的同业拆借市场。1990年3月，中国人民银行总行下发了《同业拆借试行管理办法》，对拆借市场参与主体和拆借资金期限、用途、利率等做了较为严格的规定，使拆借市场更加规范；在票据业务上，1993年5月，中国人民银行发布了《商业汇票办法》。1995年5月10日，八届全国人大常务委员会第三次会议通过了《中华人民共和国票据法》，并于1996年1月1日起实施。该法对票据行为及有关法律责任做出了原则性的规定，使得商业汇票成为企业重要的融资渠道，成为人民银行进行经济结构调整的重要信贷政策工具，票据的再贴现日益成为中央银行重要的货币政策操作工具，票据市场不断发展；在外汇市场方面，1985年12月，深圳特区设立了我国第一个外汇调剂中心，正式开办外汇调剂业务。1988年，各省、自治区、直辖市、经济特区都设立了外汇调剂中心。1988年9月，上海市在原有外汇调剂市场的基础上实行外汇调剂公开交易，并在随后的几年里逐步成立了多家外汇调剂公开市场。1994年4月4日，中国外汇交易总中心在上海成立，银行间外汇市场正式运行。在汇率制度上，1994年1月，实现汇率并轨，实行以市场供求为基础的、单一的、有管理的浮动汇率制。1996年年底，实现了人民币经常项目兑换。1997年亚洲金融危机爆发后，中国保证了人民币币值的稳定，之后则稳定盯住美元。

在各类金融市场全面启动并不断发展的同时，金融市场的对外开放程度日益提高。1992 年起，在上海进行开放保险市场的试点，1994 年，国务院颁布了《中华人民共和国外资金融机构管理条例》，逐步放宽外资银行的进入。陆续批准了美国友邦保险公司、日本东京海上保险公司等 4 家保险公司在上海开设了营业性分公司；1996 年底，经国务院批准，本着"先试点、后全面开放，开始从严，以后逐步放开"的原则，中国人民银行颁布了《上海浦东外资金融机构经营人民币业务试点暂行管理办法》，并开始审批符合条件的外资金融机构在上海浦东经营人民币业务。1997 年，中国人民银行批准了 9 家外资银行在浦东试办人民币业务。1998 年 10 月，中国政府又决定增加 8 家外资银行在浦东经营人民币业务试点。到 2006 年底，外资银行总共在中国开设了 511 家分支机构。2007 年年底，有汇丰银行（中国）有限公司、东亚银行（中国）有限公司、渣打银行（中国）有限公司、花旗银行（中国）有限公司、恒生银行（中国）有限公司、星展银行（中国）有限公司 6 家外资法人银行获准开展对中国境内公民的人民币业务。其中，前 5 家法人银行于 2007 年 9 月，获得银监会批准经营银行卡业务；在证券市场开放方面，随着人民币在经常项目下实现自由兑换，允许外国投资者投资中国境内发行的 B 股和在境外发行的 H 股、N 股等外币债券。2002 年 11 月 7 日颁布的《合格境外机构投资者境内证券投资管理暂行办法》，允许合格的境外机构投资者（QFII）把一定额度的外汇资金汇入并兑换为当地货币，通过严格监督管理的专门账户投资当地证券市场。QFII 制度的正式启动，使外资可以合法进入以前仅对国内投资者开放的中国 A 股市场。2007 年年底，49 家 QFII 持有的证券资产市值达近 2000 亿元人民币，成为我国资本市场的重要机构投资者。从 2003 年起我国政府重点对有关境内资金投资境外资本市场的问题进行了研究，起草了一系列研究报告，并会同有关部门初步制订了有关实施方案，如 QDII、社保基金和保险资金境外投资、跨国公司资金境外运作等等。随着我国加入 WTO 过渡期的结束，资本市场更加开放。

5. 完善分业监管体系，建立分业监管机制。1992 年 10 月，国务院决定成立国务院证券委员会（简称证券委）和证券监督管理委员会（简称证监会）。1998 年，国务院撤销了证券委，其工作改由证监会承担，同时，中国人民银行也将其对证券市场的监管职责全部移交给证监会，形成了以证监会为主的集中统一的证券监管体系。证监会对全国证券、期货市场实行集中统一监管；1998 年 11 月，中国保险监督管理委员会（简称保监会）成立，保险监管从中国人民银行金融监管体系中独立出来。保监会则统一监管全国的保险市场；2003 年 4 月 28 日，中国银行业监督管理委员会（简称银监会）挂牌成立，银监会负责统一监管全国银行、金融资产管理公司、信托投资公司及其他存款类金融机构。至此，我国金融业由银监会、证监会、保监会"三驾马车"共同监管的格局正式形成。而中国人民银行作为中央银行履行一定的金融监管职责，并负责协调三家监管委员会的工作，充当最后贷款人，在防范金融系统性风险方面发挥着重要作用。

6. 完善法制建设，防范金融风险。中国的金融法制建设始于新中国成立前夕，在改革开放中获得了巨大的发展。60 年来，在总结历史经验，借鉴国外金融监管先进成果的基础上，我国已经初步建立了以《中华人民共和国中国人民银行法》为核心，《中华人民共和国商业银行法》、《中华人民共和国票据法》、《中华人民共和国保险法》等金融法律、行政法规和规章为主体，多层次、全方位的金融法律体系框架；形成了一套既适应中国国情又逐步与国际惯例接轨的金融法律制度；中央银行依法加强了金融监管，金融机构树立了依法经营的观念，金融秩序稳定，我国金融业在改革中稳定健康地发展；全社会的金融法制意识有所提高，社会公众的金融风险意识已经形成。近年来，中国银行业特别是 4 家国有商业银行不断采取措施加强管理，推进各项改革，并取得了一定的成效。一是进一步强化风险管理和内控机制。目前大多数银行业金融机构均建立了资产负债表比例控制和风险管理制度、贷款质量五级分类制度、审慎会计制度，普遍建立了相对独立的统一管理的内部稽核体系。二是促使不良贷款量和比例持续下降。1999—2002 年，4 家国有商业银行按四级分类口径测算的不良贷款比例平均下降了 13 个百分点（因 2001 年以前未实行五级分类），年均下降 4 个百分点，这其中既有成立金融资产管理公司剥离不良贷款的因素，也有商业银行自身努力的结果。截至 2007 年 12 月末，主要商业银行不良贷款率从 2002 年末的 23.6% 下降到 6.7%。其中，工、中、建、交四家改制银行平均不良贷款率 2.87%，资产回报率 1.11%，资本回报率 16.38%；资本充足率达标银行从 2003 年年末的 8 家增加到 2007 年 9 月末的 136 家，达标银行资产占比相应从 0.6% 上升到 78.9%。银行业风险集中度明显下降，风险状况得到很大改善。

第五节　土地制度的探索与发展

土地是一种稀缺的、不可再生的、可永续利用的宝贵资源，是人类赖以生存和发展的基础。土地制度是国家的一项根本制度，尤其是在我们这样一个农业人口占大多数的发展中大国，土地制度是否合理、健全与完善，不仅关系到经济社会的繁荣和发展，更关系到国家的安全稳定和长治久安。土地制度改革是经济体制改革的重要内容和组成部分。新中国成立后，土地制度经过了几轮改革，并在不断深化土地制度改革，以期探索建立适合我国国情的、促进社会主义市场经济发展的、符合广大人民尤其是广大农民基本利益的土地制度。

一、国有土地制度的探索与发展

新中国成立后，通过社会主义改造，建立了土地的社会主义公有制。城镇国有土地的所有权属于国家所有，任何组织或个人都不得侵占、买卖、出租或以其他形式非法转让土地。改革开放前，中国城镇国有土地实行的是单一行政划拨制度，国家将土地使用权无偿、无限期提供给用地者，土地使用权不能在土地使用者之间流转。这种土地制度没有把土地的所有权和使用权区别对待，致使土地无偿、无限期使用，多占、乱占的情况屡禁不止，造成了土地资源的大量浪费。这种状况明显不适应经济发展和改革开放的需要，土地制度的改革已是势在必行。我国土地制度的改革是在坚持土地的社会主义公有制基础上，主要对土地使用权进行改革，改变原来那种土地所有权与使用权不分的状态，使土地能够在使用者之间流转，从而提高土地的使用效率，节约土地资源。

改革首先冲破的是土地无偿、无期限、无流动使用的禁区。1979 年 7 月五届全国人大二次会议审议通过和颁布施行的《中华人民共和国中外合资经营企业法》规定，可以以土地使用权作为出资兴办中外合资企业或向中外合资企业收取土地使用费，土地使用权可作为合资企业的中方合营者的投资股本。1982 年，深圳特区开始按城市土地的不同等级向其使用者收取不同标准的使用费。1987 年 4 月国务院提出使用权可以有偿转让，同年 9 月，深圳率先试行土地使用有偿出让，出让了一块 5 千多平方米的土地使用权，限期 50 年，揭开了国有土地使用制度改革的序幕。11 月国务院批准了国家土地管理局等部门的报告，确定在深圳、上海、天津、广州、厦门、福州进行土地使用制度改革试点。1987 年 12 月 1 日，深圳市首次公开拍卖土地使用权，一宗面积为 8588 平方米的土地被一家房地产公司以 525 万元的价格竞得使用权。这被后人称为中国历史上土地拍卖的"惊天第一拍"，开创了用市场配置土地资源和土地使用权有偿转让的先河。按照土地所有权与使用权分离的原则，国家在保留土地所有权的前提下，通过拍卖、招标、协议等方式将土地使用权以一定的价格、年期及用途出让给使用者，出让后的土地可以转让、出租、抵押。这是中国土地使用制度带有根本性的改革，打破了土地长期无偿、无限期、无流动、单一行政手段的划拨制度，创立了以市场手段配置土地的新制度。

1988 年，国务院决定在全国城镇普遍实行收取土地使用费（税）。与此同时开始试行土地使用权有偿转让，定期出让土地使用权，有偿有期限用地的制度在全国范围内得到推行。同年 4 月，七届人大第一次会议修改了 1982 年《宪法》的有关条款，删除了土地不得出租的规定，规定"土地使用权可以依照法律的规定转让"。12 月通过《土地管理法》的修改议案，规定"国家依法实行国有土地有偿使用制度"。土地使用权可以依法出让、转让、出租、抵押。1988 年全国各城市开始建立房地产交易所，各专业银行成立房地产信贷部。1990 年 5 月，国务院允许外商进入大陆房地产市场，发布了《城镇国有土地使用权出让和转让暂行条例》、《外商投资开发经营成片土地暂行管理办法》和相应的有关文件，这标志着中国的土地市场走上了有法可依的轨道，从而使土地使用制度改革在全国推开。

1992 年邓小平同志南方讲话和党的十四大确立了经济体制改革和土地市场培育的进程。党的十四届三中全会决定把土地使用制度的改革作为整个经济体制改革的重要组成部分，并且明确规定了规范和发展土地市场的内容和要求。通过市场配置土地的范围不断扩大，实行土地使用权有偿、有限期出让已扩展到全国各地。特别是在经济特区和一些沿海开放城市，建设用地基本纳入了新制度的轨道。

土地使用制度改革是建立社会主义市场经济体制的一项基础性任务。土地使用制度改革的目标是要建立与社会主义市场经济体制相适应的土地市场体系。这个土地市场体系，应该包括：在国家宏观调控下，通过市场优化配置土地资源的有效资源配置体系；土地使用权价格市场形成机制的价格体系；健全的法律体系；体现明晰产权关系和利用租、税、费有效进行调节的合理的收益分配体系；促进土地市场发展的完善的中介服务体系。

土地市场在培育和规范中获得初步发展，但在土地出让市场中仍存在诸多弊端：协议出让方式被滥用，相当一部分协议出让土地形同行政划拨，土地价格受到扭曲；一些地方政府对土地的供应方式有很大的随意性，国有土地资产大量流失；一些地方为招商引资，工业用地中长期出让存在着低地价乃至"零地价"。1995 年 7 月，国家土地管理局公布了《协议出让国有土地使用权最低价确定办法》，提出育和发展土地市场的 8 项要求，主要是加强国家对土地使用权出让的垄断，坚持政府统一规划、统一征地、统一管理、集体讨论、"一支笔"审批土地；进一步扩大国有土地使用权出让范围，规范出让方式；逐步将用于经营的划拨土地使用权转为有偿使用等。

2001 年国务院《关于加强国有土地资产管理的通知》和 2002 年国土资源部的《招标拍卖挂牌出让国有土地使用权规定》提出，严格实行国有土地有偿使用制度，对经营性土地协议出让"叫停"，明确商业、旅游、娱乐和商品住宅用地等经营性用地使用权出让必须采用"招拍挂"方式。《通知》同时提出，工业用地也要创造条件逐步实行"招拍挂"出让。2004 年出台的《国务院关于深化改革严格土地管理的决定》有针对性地指出："禁止非法压低地价招商"，同时要求加快工业用地进入市场化配置。2006 年出台的《国务院关于加强土地调控有关问题的通知》，则完全把工业用地纳入了市场竞争的范围，要求"工业用地必须采用招标拍卖挂牌方式出让，其出让价格不得低于公布的最低价标准"。经过不断探索与改革，上地市场逐步规范，国有土地使用制度不断完善。

二、集体土地制度的探索与发展

1949 年新中国成立后，为了彻底废除封建土地所有制，满足新解放区农民迫切希望获得土地的要求，1950 年进行了土地改革运动，颁布了《中华人民共和国土地改革法》，1952 年年底全国基本完成土改，封建剥削土地制度彻底废除，广大农民翻身解放，农村生产力得到解放。1953年至 1956 年，社会主义改造完成，农民土地所有制改造为集体所有制。自此到 1978 年，农村土地制度一直是集体所有、集体经营，不允许出租、买卖或其他形式的流转。

农村集体土地使用制度的改革大致经过了 20 世纪 80 年代农村土地联产承包责任制的确立过程、90 年代土地联产责任制的逐步完善过程和 21世纪农村土地制度改革不断深化的过程。

1978 年 12 月安徽凤阳小岗村 18 户村民签下的一份大包干的协议书，揭开了我国农村联产承包和大包干改革的序幕。此后在试点的基础上，土地联产承包责任制于 1983 年、1984 年在全国开始普遍实行。虽然这个阶段对联产承包责任制存有疑虑，在理论上有争议，但在实践中，经过 1985—1990 年的调整消化，土地联产承包责任制进一步确立并逐渐完善。

20 世纪 90 年代，农村土地制度改革不断调整和逐步完善。这期间，一是稳定和延长了 15 年的土地联产承包责任制年限，这给广大农民吃了一个定心丸。1999 年的《土地管理法》规定"土地承包经营期限为三十年"。"农民的土地承包经营权受法律保护"。二是实行了土地流转。1987，国务院批复了某些沿海发达省市就土地适度规模经营进行试验，使得土地经营权的流转突破了家庭承包经营的限制，中国土地流转制度开始进入新的试验期。

21 世纪中国农村土地制度改革不断深入和创新。2003 年出台了《农村土地承包法》，对我国土地联产承包责任制从法律上进行了界定，从法律层面体现了对于合法土地承包经营权的保护。该法中规定"通过家庭承包取得的土地承包经营权，可以依法采取转包、出租、互换、转让或者其他方式流转。"根据农民的探索实践，2005 年 7 月，广东省政府发出《广东省集体建设用地使用权流转管理办法（草案）》，明确农村集体建设用地使用权可于 2005 年 10 月 1 日起上市流转。这意味着广东全省包括农村的经营性用地全部走向市场，并可以通过招标、拍卖、挂牌和上网竞价四种方式进行"阳光交易"。此《管理办法》意味着农村土地使用权流转进入了市场化的阶段。这是广东农村集体用地管理制度的重大创新突破，同时更是中国农村土地流转制度的创新突破。2008 年 10 月，成都农村产权交易所揭牌成立，这是我国国内首个农村产权综合性市场平台。该交易所将通过对土地承包经营权、农业类知识产权等农村产权信息进行收集发布、科学评估和专业服务，来推动农村产权的合理流动。党的十七届三中全会通过的《中共中央关于推进农村改革发展若干重大问题的决定》（以下简称《决定》）指出："按照依法自愿有偿原则，允许农民以转包、出租、互换、转让、股份合作等形式流转土地承包经营权。"可见，我国农村土地制度改革市场化步伐加快。

第九章
金融行业的探索与发展

金融行业是现代经济的核心，金融行业的发展是在一定的货币制度安排下，以货币当局和相关监管部门作为调控、管理和监督中心，多种金融机构分工协作的结果。新中国成立 60 年来，我国的银行业，资本市场、货币市场和保险市场都在探索中不断发展，基本形成了较为完备的金融体制，伴随社会主义市场经济体制日趋完善，与其相适应的中国金融行业总体框架将更加成熟。

第一节　银行业的探索与发展

我国的金融体系以银行为主导，银行服务体系是我国金融体系的核心，因此银行业的改革和发展在我国金融体系乃至整个经济体系的改革进程中都占据着重要的地位。在我国经济体系渐进式改革的大背景下，我国银行业的改革经历了长期、渐进的过程。

一、中国银行业的发展历程

1949 年 10 月 1 日中华人民共和国的建立，揭开了中国金融事业发展的新篇章。经过半个世纪的不寻常历程，特别是改革开放30年，中国银行业改革与发展取得了辉煌的成就。早在1979年，共和国30年国庆，百废待兴的中国步入改革开放的新时代，作为现代经济的中坚力量——银行改革就正式提上了议事日程。当年，邓小平提出"必须把银行真正办成银行"。改革以来，随着宏观经济体制由计划经济向市场经济转变的政府推进式演进的结构性变迁，尤其是金融在经济运行中资金配置功能作用的提升，客观内生出对银行制度及其变迁的强烈需求。

（一）1949—1994年，中国银行业的建立阶段

1948年12月1日，中国人民银行在河北省石家庄成立，并开始发行人民币，新中国银行业从此建立。但新中国金融行业大发展的帷幕，却是在改革开放之后才拉开的。

1. 中央银行体制的建立。新中国成立初期，中国人民银行既办理个人、企事业单位的存款，发放工商企业贷款等商业银行业务，又制定和实施货币政策，办理发行货币、清算、清理国库等中央银行业务，掌握全国金融资产总额的93%左右，同时也是代表政府管理金融业的行政机关。这种模式基本上是照搬苏联的"大一统"的银行体系的产物，实践证明，这种体制存在一系列无法克服的缺陷。

改革开放后，国务院根据经济学界的讨论，决定从1984年1月1日开始，明确中国人民银行专门行使中央银行的职能，把一般存、贷款业务和结算业务交给当时分设的中国工商银行。中国人民银行的主要职能是：通过制定和实施货币政策，监督管理全国的金融业，来维护货币的基本稳定和金融业的稳健经营。金融宏观调控从指令性计划方式逐渐过渡到直接调控与间接调控相结合，综合运用多种货币政策工具适时调节的方式。1986年1月，国务院发布《中华人民共和国银行管理暂行条例》，《条例》明确规定：中国人民银行是国务院领导和管理全国金融事务的国家机关，是国家的中央银行，具有货币发行的银行、银行的银行和政府的银行3个基本职能，成为国家的金融管理者。

2. 组建政策性银行。组建国家开发银行、中国农业发展银行、中国

进出口信贷银行三家政策性银行是银行业改革第一阶段的重要内容。政策性银行的职能主要是：为国家重点建设和按照国家产业政策，重点扶持的行业及企业提供资金融通，提供支持农业开发贷款、粮棉油等主要农副产品储备收购贷款、交通、能源等基础设施和基础产业的贷款。这些项目自身效益低，在利率上要给予优惠，贷款期限长，风险较大。政策性银行实际上是将原来国家专业银行中按国家政策给予优惠的信贷业务进行接管。因此，政策性银行的建立不但有利于专业银行向现代商业银行的转变，也有利于国家对固定资产投资规模的控制，以及国家产业结构的调整和中央银行对货币、信贷总量的调控。

3. 筹建商业银行。中国商业银行体系由三大部分组成，即国有独资商业银行、其他股份制商业银行和外资商业银行。其中，国有独资银行是中国商业银行体系的主体。国有四大商业银行即中国农业银行、中国银行、中国人民建设银行、中国工商银行占据了主导地位。改革初期，由于整个国家处于转轨阶段，仍存在政府对银行干预的问题，国有独资商业银行很难真正做到自主经营，也就是说银行业的机制与市场化程度，并没有随着经济改革而得到显著提高。银行效率低下、行政干预严重、资源配置不合理，旧有体制格局及其固有的弊端依然存在，一系列带有制度性、体制性的问题没有得到实质解决。除了四大国有商业银行外，其他股份制银行和外资银行的发展还有待于当时中央银行的进一步完善。因此这一阶段商业银行仅是处于筹建过程中。

（二）1994—1997年，中国银行业的调整与充实阶段

从1994年起，我国的银行业改革进入了调整与充实阶段，改革的力度加大，推出了一系列配套措施，并逐步得到实施和完善。

1. 资产负债管理。进入20世纪90年代，中央银行在继续严格控制贷款总规模的前提下，对国家银行的一些分支及部分省市的城乡信用合作社开始实施贷款限额和资产负债比例管理相结合的管理办法。经过几年试点工作，资产负债比例管理取得了一定的成效，各商业银行也积累了一定的经验。在这种情况下，中国人民银行于1994年2月18日发出《关于对

商业银行实行资产负债比例管理的通知》，决定从 1994 年起，我国商业银行开始正式实行"限额管理下的资产负债管理"。

1996 年，人民银行下发了新的商业银行资产负债比例管理办法，规定外币业务和表外业务统一纳入考核体系，从而更真实、更完整地考察商业银行面临的经营风险。从 1998 年开始，银行业全面推行资产负债比例管理，但与此同时，这种管理模式与信贷规模控制的矛盾也越来越不可调和，在这种情况下，中国人民银行决定取消对国有商业银行的"贷款限额管理"，全面推行资产负债管理和风险管理，实行"计划指标、自求平衡、比例管理、间接调控"的信贷管理体制。

2. 组建城市合作银行。根据 1992 年党的十四大精神，中国人民银行确定了我国金融业改革开放的主要任务，以中央银行为领导、以国有商业银行为主体，各种金融机构分工协作的金融组织体系。但当时四大国有银行的垄断地位没有改变，所以我们需要建立一些股份制银行，以健全我国金融组织体系，促进金融业的竞争。在这种背景下，中国人民银行于 1995 年初开展了组建城市合作银行的试点工作。首批选定了北京、天津、上海、深圳和石家庄等 5 个试点城市。到 1995 年 9 月，国务院发出《国务院关于组建城市合作银行的通知》，第一家城市合作银行——深圳市城市合作银行成立，之后分三批于 1995 年 7 月、1996 年 2 月、1997 年 5 月，确定 90 个城市可以开展城市合作银行的组建工作。截止到 1996 年底止，经中国人民银行批准正式营业的城市合作银行共有 18 家。

3. 信贷体制的改革。这一阶段改革的另一方面内容表现为信贷体制的调整，早在 1993 年，《中共中央关于建立社会主义经济体制若干问题的决定》和《国务院关于金融体制改革的决定》就提出要求，中央银行要从主要依靠信贷规模控制转变为运用存款准备金、中央银行再贷款和公开市场业务等货币政策工具调控货币供应量。1997 年，中国人民银行又颁发了《关于改进国有商业银行贷款规模管理的通知》，规定从 1998 年 1 月 1 日起，取消对国有商业银行贷款限额控制，这是中央银行金融宏观调控方式的重大改革。通过这种改革，中国人民银行从过去依靠贷款规模指令性计划控制，转变为运用利率、公开市场业务、存款准备金率、再贷款、再贴现等货币政策工具，间接调控货币供应量，以保持币值稳定，促进经济发展。

（三）1997 年至今，中国银行业的深化与完善阶段

席卷全球的亚洲金融危机之后，为防范和化解金融风险，中国银行业进行了一系列的重大变革。

1. 成立处理不良资产的金融资产管理公司。由于历史原因，国有商业银行在长期经营过程中累积了大量的不良资产。据中国人民银行估计，截至 1999 年，四大国有银行持有的不良贷款共约 2.5 万亿元人民币，占全部贷款的 25%，占 GDP 的 1/3，估计这还是一个保守数字。化解国有商业银行的不良资产，成为近年来银行业改革工作的重点。在这种情况下，金融资产管理公司应运而生。四大资产管理公司运用出售、置换、资产重组、债转股、资产证券化等手段来化解国有商业银行的不良资产。四大资产管理公司的组建，表明我国防范和化解金融风险的组织框架已经初步形成，是我国银行改革的一大举措，为推进国有银行商业化进程创造了条件。

2. 银行监管日趋完善。早在 1992 年 10 月，国务院证券委员会（简称证券委）和中国证券监督管理委员会（简称证监会）就已宣告成立。1998 年 12 月，中国保险监督委员会（简称保监会）宣告成立。它的成立，不仅表明我国保险业有了自己独立的监管机构，同时表明在我国，银行、证券、保险分业经营、分业监管的局面已经形成。1998 年，中国人民银行作出重大决定，撤销各省、自治区、直辖市分行，在全国建立 9 个跨行政区分行，作为中国人民银行的派出机构。人民银行跨行政区设立分支机构，不仅达到了精兵简政的目的，还使得在旧体制下，不能独立行使中央银行职能的中国人民银行，摆脱了地方行政的束缚，为其独立、公正和严肃地行使监管职能创造了条件。

3. 资本市场得到了快速发展。国债市场在国债期限结构多样化下逐渐成为活跃的投资市场；股票市场继续得到规范和发展，封闭型和开放式

证券投资基金的相继设立、保证金账户归由银行统一管理、实现"指标制"到"核准制"的转变、对股票市场违规行为的严厉打击，使股票市场的市场化进程明显加快；期货市场在原有 14 家期货交易所整顿和撤并的基础上，运作更加规范；保险市场发展较快，业务品种不断创新；外汇市场继续实行以市场供求决定的、有管理的浮动汇率制度，人民币汇率保持稳定，国家外汇储备持续增加。

二、中国银行业改革的基本评价

中国银行业在历经 60 年的探索和发展之后，在创建独立自主的货币制度、维护金融稳定、规范金融监管体系、支持经济发展和经济结构调整等方面发挥了重要作用，已成为宏观经济管理和调控过程中不可或缺的重要渠道。

1. 建立了独立自主的货币制度。在现代货币经济中，商品的交换、生产要素的流动都是通过货币来进行的。在经济全球化迅速发展的过程中，货币直接关系到对内对外币值的稳定与否，关系到投资意愿和资源配置效率，并进一步影响银行业的安全性和金融功能的发挥。货币制度伴随着中国银行业的发展经历了一系列的改革之后，人民币已经成为一种稳定的、独立自主的货币。改革开放以后，通过不断推进外汇体制改革，形成了与我国国情基本符合的汇率管理制度，人民币的对内币值与对外比值有了共同的市场基础。在国际经济交往中，人民币汇率的稳定也获得了较好的国际声誉。

2. 形成了竞争有序的金融市场。金融市场主要包括货币市场和资本市场两个部分，这两个市场的有序运行都离不开银行业的健全。我国已经建立了一个较为完备的、包括同业拆借市场、银行间债券市场、大额定期存单市场和商业票据市场等子市场在内的货币市场，一方面货币市场资金流动畅通，加强了银行的贷款能力，提高了货币政策传导的效率和力度；另一方面货币市场利率能够较灵敏反映金融机构的头寸变化和中央银行的货币政策，逐步成为中央银行货币政策的重要操作目标和主要的经济指标。

就资本市场而言，这些年来债券市场、股票市场、基金市场、期货市场的迅速发展成为一个多层次资本市场体系，为完善资本市场结构和丰富资本市场产品提供了良好的基础。货币市场与资本市场的均衡发展，使直接融资和间接融资之间的比例更加合理，并较大地改善了社会融资的结构。①

3. 健全了金融宏观调控体系。健全的金融宏观调控体系需要一个较为独立的中央银行，功能齐备的货币政策工具和畅通的货币政策传导渠道，通过维持币值对内对外的稳定，促进经济的发展。1979 年开始金融改革之后，宏观经济管理以实物管理为主逐步转向以价值管理为主，指导性计划和市场调节逐步取代指令性计划。银行开始代替财政在社会资金的集中与分配中居于支配地位，银行贷款范围逐步扩大。在 1997 年爆发亚洲金融危机后，货币政策工具的选择、运用、时机和力度以及货币政策的传导机制都发生了显著变化。近年来，通过政策调整和配合实施，银行业改革的一大显著效果体现为使金融宏观调控体系更加健全。

4. 规范了金融监管体系。金融监管体制一度是我国的薄弱环节，由于银行系统内在的脆弱性，为了保持金融体系的稳健运行和银行业功能的充分发挥，加大与世界金融接轨的步伐，60 年来，通过改革中央银行的监管体制，建立和完善证券业、保险业以及银行业的监管体制，同时通过在改革金融监管方式的过程中逐渐丰富监管手段，使金融监管体制得到了进一步发展和完善，为维护金融秩序、执行国家经济金融政策，促进国民经济发展起到了重要作用。

第二节　资本市场的探索与发展

中国资本市场源自于改革开放的决策，从开始出现的第一天起，就站

---

① 《我国金融体制改革 30 年回顾与展望》，人民网 2008 年 10 月 26 日。

在中国经济改革和发展的前沿，推动了中国经济体制和社会资源配置方式的变革。而随着市场经济体制的逐步建立，对市场化资源配置的需求日益增加，资本市场在国民经济中发挥作用的范围和程度日益提高。

一、中国资本市场的发展历程

从 20 世纪 70 年代末期开始实施的改革开放政策，启动了中国经济从计划体制向市场体制的转型，资本市场应运而生。作为我国改革开放的产物，资本市场经历了由试点到逐步推广、由起步到快速发展、由不成熟到逐步完善的发展过程。伴随着中国经济和社会诸多重要体制和机制的变革，资本市场成为推动所有制变革和改进资源配置方式的重要力量。回顾中国资本市场的整个发展历程，大致经历了三个阶段：

（一）1978—1992 年，中国资本市场的初步探索阶段

从 1978 年 12 月中国共产党十一届三中全会召开起，经济建设成为国家的基本任务，改革开放成为中国的基本国策。随着经济体制改革的推进，企业对资金的需求日益多样化，中国资本市场开始萌生。

1978 年以后，我国国有企业的弊端逐渐暴露，投融资形势也开始发生显著变化，资金供求格局呈现多元化趋势。20 世纪 80 年代初，城市一些小型国有和集体企业开始进行多种多样的股份制尝试，最初的股票开始出现。这一时期股票一般按面值发行，大部分实行保本保息保分红、到期偿还，具有一定债券的特性；发行对象多为内部职工和地方公众；发行方式多为自办发行，没有承销商。1981 年 7 月我国重新开始发行国债。1982 年和 1984 年，最初的企业债和金融债开始出现。从最初的放权让利，到扩大企业自主权，再到承包制，历史的天秤最终转向了股份制。1983 年，新中国第一家股份制企业"深圳宝安联合投资公司"宣告诞生；1984 年 7 月，北京天桥百货股份有限公司首次发行了股票。

随着股份制企业的出现和发展，社会各界对由此而来的"按资分配"、"食利者阶层"等问题争论不断，人们普遍用一种很复杂、甚至是怀疑的眼光审视着股份制这一新生事物，核心问题是在社会主义中国究竟

能不能搞股份制，能不能发展资本市场。在探索实践过程中，人们发现股份制企业确实具有其他经营形式无法替代的优点，能够有效促进企业对内部机制进行改革。我国理论界对股份制的认识逐步趋于统一，党的十三大报告和十四大报告都认为社会主义也可以发展股份制经济，并充分肯定了股份制试点的必要性。在此期间，除上海、北京、深圳外，其他地区也出现了募股集资活动，1990 年和 1991 年沪深证券交易所相继开业，奠定了中国资本市场发展的基础。1992 年邓小平同志在南方视察时指出："证券、股市，这些东西究竟好不好，有没有危险，是不是资本主义独有的东西，社会主义能不能用，允许看，但要坚决地试。看对了，搞一两年，对了，放开；错了，纠正，关了就是了。关，也可以快关，也可以慢关，也可以留一点尾巴。怕什么，坚持这种态度就不要紧，就不会犯大错误。"①邓小平同志南方视察讲话后，中国确立经济体制改革的目标是"建立社会主义市场经济体制"，股份制成为国有企业改革的方向，更多的国有企业实行股份制改造并开始在资本市场发行上市。1993 年，股票发行试点正式由上海、深圳推广至全国，打开了资本市场进一步发展的空间。②

在这个阶段，源于中国经济转轨过程中企业的内生需求，中国资本市场开始萌生。在发展初期，市场处于一种自我演进、缺乏规范和监管的状态，并且以区域性试点为主。深圳"8·10 事件"的爆发，是这种发展模式弊端的体现，标志着资本市场的发展迫切需要规范的管理和集中统一的监管。

（二）1992—1999 年，全国性资本市场的初步形成和发展阶段

1992 年，国务院证券管理委员会和中国证监会相继成立，形成了统一的证券监管体制，并建立了一套较为完善的规则体系和监管体系，标志着中国资本市场开始逐步纳入全国统一监管框架，区域性试点推向全国，全国性市场由此开始发展。

---

① 《邓小平年谱》（下），中共中央文献研究室编，第 1343 页。
② 赵兴艳：《浅谈中国资本市场的发展》，《经济师》2009 年第 6 期。

1997 年 11 月，中国金融体系进一步确定了银行业、证券业、保险业分业经营、分业管理的原则。1998 年 4 月，国务院证券委撤销，中国证监会成为全国证券期货市场的监管部门，建立了集中统一的证券期货市场监管体制。国家开始针对资本市场发展中出现的一些问题进行整顿和清理：一是理顺市场监管体制，建立了集中统一的证券管理体系；二是清理整顿场外证券交易场所，关闭了遍布全国的 29 个证券交易中心和 41 家非上市公司股权的场外证券交易场所；三是清理整顿证券经营机构，实行分业经营、分业管理；四是清理整顿投资基金；五是清理整顿期货市场。[①]资本市场在发展中不断得到规范。国家先后出台了一系列有关证券发行上市、流通交易、收购兼并、市场组织等方面的法规条例；建立了一个较为系统、相对独立的上市公司信息披露法规体系；构建了一套较为完整的会计、审计、资产评估等规则体系，为资本市场的有序运行提供了良好的制度保障，有助于维护"三公"原则和保护投资者利益。

随着经济体制改革的深入和对所有制实现形式认识的深化，党的十五大报告进一步对股份制进行了深刻阐述，彻底摘掉了资本市场"试点"的帽子，各地区、各部门发行上市的积极性很高，证券监管部门也有意弱化发行条件，众多行业龙头企业进行股份制改造并发行上市，由此中国资本市场进入高速发展时期。

另外，通过市场竞争和政府整合，原先各地分散组建的证券交易所逐步解体，最终归并为上海和深圳两个证券交易所，形成了集中统一的证券交易体系。1997 年 11 月，《证券投资基金管理暂行办法》颁布，以规范证券投资基金的发展。同时，对外开放进一步扩大，推出了人民币特种股票（B 股），境内企业逐渐开始在我国香港以及纽约、伦敦和新加坡等海外市场上市；期货市场也得到初步发展。

在这个阶段，统一监管体系的初步确立，使得中国资本市场从早期的区域性市场迅速走向全国性统一市场。随后，在监管部门的推动下，一系

---

① 贺小勇：《金融全球化趋势下金融监管的法律问题》，法律出版社 2002 版。

列相关的法律法规和规章制度出台，资本市场得到了较为快速的发展，同时，各种体制和机制缺陷带来的问题也在逐步积累，迫切需要进一步规范发展。

（三）1999 年至今，资本市场的进一步规范和发展阶段

1999 年 7 月《证券法》颁布实施后，标志着中国资本市场正式步入法制化、规范化发展轨道。2004 年 2 月，国务院发布《关于推进资本市场改革开放和稳定发展的若干意见》，强调"大力发展资本市场是一项重要的战略任务"，标志着中国资本市场已经进入了一个年轻的、较为规范的时期。股票总市值占 GDP 的比例从 1996 年以前的不到 10% 猛增到 2000 年的 50%，资本市场受宏观经济尤其是货币供给的影响越来越大。

上市公司结构不断优化。通过改革发行上市制度，逐步建立了核准制和保荐人制度，市场化程度大为提高，工行、神华、中石油、中国人寿等一批大盘蓝筹股成功登陆 A 股市场，从源头上改善了我国上市公司的总体素质，大幅拓展了资本市场的广度和深度。同时，这些大盘蓝筹股普遍在海内外同时上市，采用国际通行的价值评判标准，有助于培育我国本土资本定价权，并为国民提供更多的投资机会，分享中国经济高速增长的成果。[1]

机构投资者队伍迅速壮大。1999 年以后，管理层有计划、有步骤地推出了一系列培育机构投资者的政策措施，如允许国有企业资金入市、推动保险资金和企业年金入市、大力扶持基金发展等，初步形成了由基金、券商、保险资金、社保基金、企业年金及各类理财产品构成的多元化机构投资者队伍。随着规模的不断扩大，机构投资者在推动市场改革、促进市场发展、引导投资理念转型、提高市场稳定性等方面的影响日益增强。

市场体系逐步健全。管理层大力推进多层次资本市场建设，逐步满足不同类型、不同阶段的企业的融资需求和投资者不同的风险偏好。2005 年 5 月深交所设立中小企业板，并探索筹建创业板；配合主板市场的退出

---

[1]《中国资本市场三十年：从探索实践到规范发展》，《中国证券报》2009 年 3 月 3 日。

机制，设立了代办股份转让系统；债券市场交易规模不断扩大，交易规则逐步完善；商品期货市场得到恢复性发展，陆续推出了多个商品期货新品种；中国金融期货交易所于 2006 年 9 月成立，积极筹备和开发金融期货、期权等金融衍生产品。

这一阶段是我国不断完善社会主义市场经济体制和全面建设小康社会的关键时期，也是我国加入 WTO 后扩大对外开放的重要转折点，国民经济结构发生巨大变化，金融改革深入推进，资本市场国际化程度也不断提高。为此，管理层推动了一系列以市场化为导向的改革举措，对资本市场产生了深刻影响。

二、中国资本市场发展面临的挑战

中国资本市场的发展取得长足进步同时，依然存在明显制约因素，集中表现为国内制度性因素的制约和国际金融环境考验。

（一）国内资本市场发展的制约瓶颈

一是金融结构仍不够完善，资本市场的发展导致资金大量流入股市，但远没有改变间接融资主导的金融产业结构，直接融资与经济规模不相当的问题依然存在，资本市场的结构性供求问题进一步淡化了人们对直接融资比例不够的问题的认识。

二是在制度性基础设施建设上落后。在制度性基础设施方面，成熟市场所需要的经济自由和法治秩序，在中国资本市场仍旧缺乏。在现实生活中，与国家权力过度膨胀相伴随的必然是市场参与者的自由经营权利的高度萎缩，以及市场的扭曲和发育不全。与这一落后相伴随的，是长期以来人们对市场经济和法治秩序的理解度较低，将法治等同于政府管制，等同于对市场参与者经济自由权利的限制和剥夺；将宏观调控等同于政府对微观经济过程的直接控制，而不是现代宏观经济学常识中所说的对社会经济总量和经济活动总水平的调节。

三是同实质经济增长规模相比，证券市场发展明显地不匹配和落后。同实质经济领域中的一般工商行业相比，证券市场的改革明显落后，证券市场的运作仍旧带着明显的计划经济体制色彩。股票市场发展的滞后，导致社会储蓄转化为投资的效率和资本形成的效率过低，金融市场的导管效应受到严重损害，成为社会经济发展的"瓶颈"，出现明显的"肠梗阻"，难以满足实质经济部门对金融发展与创新的多样化需求，削弱了企业的正常融资能力和发展能力。这种局面直接加剧了整个社会的流动性过剩，加大了金融系统的风险和脆弱性，并引发一系列其他的社会经济问题。

总之，我国仍处于社会主义初级阶段，资本市场在运行机制、法律制度、诚信文化、参与主体和监管体系等方面与成熟市场相比还存在较大的差距，需要继续培育和完善。同时，资本市场的发展与国民经济对资本市场的要求还不够协调，市场主体的自我约束和相互制衡机制尚未有效形成，市场自我调节的功能还未充分发挥。

（二）资本市场发展的国际考验

首先，我国现处于"金融通胀"的时代。由于货币过度供应引起的物价的持续上升，使过度的货币追逐相对不足的商品和劳务。在经济全球化的过程中，随着我国不断扩大开放，会有越来越多的企业通过各种渠道、各种方式参与到国际经济活动中。我国企业在参与国际经济合作中，不可避免地会遇到资产定价问题。而不同的市场，不同的投资者，由于种种原因，对同一资产给出的价格会有不同，有时甚至出现较大的差距。这是我们推进股权分置改革和当前推进发行制度不断完善的重要原因。所以对应我国资本市场，如果继续存在"金融通胀"现象，作为金融产品价格的股价的总水平将出现持续性上涨。

其次，全球金融危机中，各国的金融体系均受到不同程度的影响，资本市场和投资银行受到的影响最大，在分析其影响和原因的同时，我们还注意到一个现象，在这次金融危机中，资本市场的场内产品，包括基础产品和衍生产品，尽管价格也出现大幅度波动，但对金融体系和实体经济的负面影响要小得多，从目前的情况看，这些市场也具有较强的自我修复能力。这从一个侧面说明，有监管的、公开透明的资本市场在经济全球化的过程中，仍将发挥重要的作用。

三、中国资本市场改革的基本经验

随着市场化改革的进一步深化，中国资本市场将基本完成从"新兴加转轨"向成熟市场的过渡，迈入全面发展的时期。一个更加公正、透明、高效的资本市场，将在中国经济构筑自主创新体系中发挥重要作用，成为中国和谐社会建设的重要力量。同时，一个更加开放和具有国际竞争力的中国资本市场，也将在国际金融体系中发挥应有的作用。

（一）科学的资本市场改革路径

资本市场的改革路径，在三个方面呈现明显的发展。首先，发行体制的进一步改革使得融资体系更具国际竞争力，不仅带来更多代表中国经济主体的大盘蓝筹企业上市，包括很多海外上市企业的回归，也带来更多代表中国经济未来的层出不穷的创新型企业的上市，中国资本市场的规模将进一步扩大。其次，随着市场化进程的深入，满足更多投资者不同需求的金融衍生产品、结构性产品、固定收益产品、资产证券化产品，在资本市场上推陈出新，更多地服务于中国经济成长的并购重组等金融业务将会大量涌现，市场流动性和市场活力将不断增强。第三，证券经营机构呈现进一步发展和分化的趋势。随着业务创新和规模经济效应的发挥，资本市场必出现"强者更强"的效应，金融机构分化的加剧更加明显，那些激励机制合理、管理水平高、创新能力强、风险控制措施完备的机构，能最大限度地分享资本市场发展的收益。

（二）健全的多层次资本市场建设

随着中小企业板的壮大和中关村股份转让试点的逐步完善，我国多层次资本市场已初见雏形，形成了丰富的多层次市场。随着中国金融期货交易所的成立，中国的金融衍生品市场将扬帆起航，并将按照"高标准、稳起步"的原则稳妥推出。金融衍生品市场的出现，不仅可以大大丰富资本市场上的金融产品，也有助于机构投资者和企业利用复杂金融产品管理其投资和经营风险。同时，从资本市场的深度和复杂性来说，它是资本市场发展历程上的一个新的台阶，也是我国资本市场逐步走向成熟、与国际市场相接轨的重要标志。

（三）有国际竞争力的证券期货经营机构

伴随中国资本市场发展进入相对成熟阶段，证券期货经营机构的发展也将进入新的时期。证券公司、基金管理公司、期货公司等机构更加规范化和国际化，治理结构更加完善，激励机制更加健全，管理、服务和风险控制水平有较大提高。大批了解国际运作、服务于中国经济需求的专业人才成长起来。资本市场运行的良性格局基本形成。[①]

第三节　保险市场的探索与发展

一、中国保险市场的发展历程

中国的保险制度起步很早，新中国成立初期已有规范化的保险公司，在社会主义改造之前，保险行业的发展为新中国经济的恢复发挥了一定作用。但保险市场的大规模发展源自改革开放之后，随着市场经济体制的逐步建立，保险市场在国民经济中发挥作用的范围和程度日益提高。

（一）1949—1979 年，中国保险市场的起步阶段

新中国成立以来，我国保险制度安排一直在随着经济体制、经济结构的变迁而变迁。1949 年 8 月，中共中央在上海召开会议，讨论新中国的财政经济问题。中国人民银行的代表分析了当时保险行业的状况，认为应该对保险行业进行统一管理，所以建议设立全国性保险公司。1949 年 9 月 17 日，中国人民银行发文请示政务院成立中国人民保险公司。1949 年 10 月 20 日，新中国统一的国家保险机构——中国人民保险公司诞生了。随后，国家开始在保险行业进行产权整合，其过程与其他企业产权的国有化一样，最终在 1956 年以太平保险公司的诞生为标志完成了保险国有化。

---

① 《中国资本市场发展报告》，中国证监会 2008 年。

公司在成立当时吞并了 1931 年在上海成立的中国保险股份有限公司。从成立到 1984 年，中国人民保险公司对内是中国人民银行的下属机构，对外称为中国人民保险公司。

新建立的国家百废待兴，此时国家效用水平主要决定于经济的恢复与发展，所有制度安排包括保险制度都必须为这一目标服务。当时经济中非国有成分仍然很高，国有经济实力较弱，为了保证经济的稳定，必须建立风险损失补偿机制。国家强制性保险安排在公众缺乏保险意识的情况下，一方面有力地促进了社会生产的稳定与发展，另一方面推动国有垄断保险迅速壮大起来，至 1952 年底，中国人民保险公司在全国的分支机构已达到 1300 个。[①]

1953 年，中国对农业、手工业和资本主义工商业进行了生产资料所有制的社会主义改造。1955 年，社会主义改造者认为中国经济大部分已经成为社会主义经济，人民生老病死、财产（国家财产）的损失都由国家财政承担，不再需要保险的保障，于是停办了包括铁路、粮食、地质、邮电、水利和交通六个系统的强制保险，并计划停办所有强制性保险。1956 年，中国全面完成了生产资料所有制的社会主义改造，确立了公有制经济的主导地位。大部分人认为可以"跑步进入共产主义"，"公有制经济内部不存在商品货币关系"，当城市经济中公有制已占主导地位，农村也经过"人民公社"运动而实现了"一大二公"之后，国家认为"保险工作的作用已经消失"。1956 年 12 月，中国人民保险公司的国内保险业务全面停办，人员解散。1966 年至 1976 年"文化大革命"期间，中国人民保险公司的国际保险业务受到影响。从 1964 年 4 月开始，中国人民保险公司陆续停办了远洋船舶保险、机动车第三者责任保险和进出口罢工损失保险。在再保险方面，与中国人民保险公司有分保关系的国家从 32 个减少到 17 个。

---

① 王绪谨：《保险学》，经济管理出版社 1999 年版，第 58 页。

（二）1979—1984 年，中国保险市场的恢复和发展阶段

1978 年 12 月，党的十一届三中全会确立改革开放政策，决定把工作重点转移到以经济建设为中心的社会主义现代化建设上来。中国人民银行在 1979 年 2 月召开的全国分行行长会议上提出恢复国内保险业务。中国人民保险公司作为独立的保险公司于 1983 年恢复经营，并受中国人民银行监管。后来，包括公司在内的国内商业保险公司相继成立。随着保险业的发展，1995 年《保险法》颁布，奠定了中国保险业健康发展的法律框架。1998 年，保监会成立，并承接了原来中国人民银行对保险业的监管职能。

国内保险业务的恢复工作，首先是设计制定保险条款、费率和单证格式。1979 年 5 月至 6 月，先后推出企业财产保险、货物运输保险和家庭财产保险三个险种。7 月至 8 月，先后派出几批干部赴广东、福建、浙江、上海、江苏、江西等地，着手恢复保险业务和筹建保险机构。9 月至 11 月，已有部分地区，如上海、重庆和江西率先开始经营国内保险业务。1979 年 11 月，全国保险工作会议对 1980 年恢复国内保险业务的工作进行了具体部署。会后国内保险业务的恢复工作迅速在全国铺开。

国内保险业务恢复后，过去企业发生意外损失统一由财政解决的做法也作了相应改变。凡是全民所有制和集体所有制企业的财产，包括固定资产和流动资金，都可自愿参加保险。全民所有制单位投保的财产，一旦发生损失，由保险公司按保险合同的规定负责赔偿，国家财政不再核销和拨款。

到 1980 年年底，除西藏外，中国人民保险公司在全国各地都已恢复了分支机构，各级机构总数达 810 个，专职保险干部 3423 人，全年共收保费 4.6 亿元。中国人民保险公司分支机构接受总公司和中国人民银行当地分支机构的双重领导。1983 年 9 月，经国务院批准，中国人民保险公司升格为国务院直属局级经济实体。从 1984 年 1 月开始，其分支机构脱离中国人民银行，改由总公司领导，实行系统管理。

（三）1984 年至今，多元化保险市场的形成

随着社会主义市场经济的迅猛发展，中国人民保险公司对市场的完全垄断，与市场经济规律相悖的垄断经营体制的固有弊端逐步暴露出来。垄断体制窒息了价值规律在保险业务发展中的作用，剥夺了被保险人选择保险人的权利，导致保险费率居高不下，保险市场开拓力萎缩。因此，改变中国人民保险公司一统天下的保险体制已成为当时迫切需要解决的问题。

1986 年 2 月，中国人民银行批准设立"新疆生产建设兵团农牧业保险公司"，专门经营新疆生产建设兵团农场内部的种养两业保险。1992 年该公司更名为"新疆兵团保险公司"，并相应扩大业务范围。新疆生产建设兵团农牧业保险公司的成立，打破了中国人民保险公司独家垄断保险市场的局面。1987 年，中国人民银行批准交通银行及其分支机构设立保险部。1988 年 5 月，平安保险公司在深圳蛇口成立。1991 年，中国人民银行要求保险业与银行业分业经营、分业管理，批准交通银行在其保险部的基础上组建中国太平洋保险公司，成为继中国人民保险公司之后成立的第二家全国性综合性保险公司。1992 年 9 月，平安保险公司更名为"中国平安保险公司"，成为第三家全国性综合性保险公司。[1]

从 1987 年太平洋保险公司成立算起，到 1996 年多家股份制保险公司成立，短短 10 年时间，保险产权格局迅速多元化。保险制度变迁是经济体制变迁的必然结果。改革开放以后，体制外经济发展迅速，由于放权让利的实施，"经济剩余从原来的国家集中控制逐步转化为民间分散拥有，由此引致的一个重要结果是金融资源的分散化"，主要表现之一是国家财政收入占 GDP 比重下降伴随着居民储蓄存款占 GDP 比重的上升。从 1988 年起，中国人民银行批准在四川省、大连市、沈阳市、长沙市和厦门市设立 5 家股份制人寿保险公司，开始探索寿险与财产险分业经营的路子。[2]新建立的寿险公司除了办理商业保险外，还接受地方政府的委托，代办社

① 《中国保险历史》，中国保险网 2009 年 8 月 4 日。

② 孙祁祥：《中国保险业：矛盾、挑战与对策》，《经济科学》1998 年第 4 期。

会保险业务。中国人民保险公司在这些人寿保险公司中都持有一定股份。

为促进我国的保险事业健康发展，1998 年 10 月 7 日，国务院批准《撤销中国人民保险（集团）公司实施方案》，将原中保财产保险有限公司更名为中国人民保险公司；原中保人寿保险有限公司更名为中国人寿保险公司；原中保再保险有限公司更名为中国再保险公司；将中保集团所属的其他海外经营性机构全部划归香港中国保险（集团）有限公司管理。1996 年，中国人民银行还批准设立新华人寿保险股份有限公司、泰康人寿保险股份有限公司、华泰财产保险股份有限公司、永安财产保险股份有限公司、华安财产保险股份有限公司 5 家股份制保险公司。

国外保险公司也看好中国保险市场的巨大发展潜力，希望早日进入中国保险市场。80 年代开始，许多外国保险公司纷纷到中国设立代表处。截至 1999 年年底，共有 17 个国家和地区的外国保险机构在我国设立 196 个代表处。1992 年，我国开始在上海进行保险市场对外开放的试点。1999 年度，全国共有 28 家保险公司。按投资主体分，国有独资公司 4 家，股份制保险公司 9 家，中外合资保险公司 4 家，外资保险公司分公司 11 家；按经营区域分，全国性保险公司 8 家，区域性保险公司 20 家；按业务性质分，综合性保险公司 3 家，财产险公司 12 家，寿险公司 12 家，再保险公司 1 家。保险市场初步形成了以国有商业保险公司为主体、中外保险公司合存、多家保险公司竞争发展的新格局。

二、中国保险业发展面临的挑战

处于中国经济发展转型过程中的保险业，虽然得到了迅速发展，存在财产保险的市场潜力挖掘不够，寿险公司的利差损失较严重等问题。历经 60 年的发展，中国保险业发展面临的挑战主要来自以下四个方面：

（一）有效供给不足

有效供给不足主要表现为供给主体少、垄断程度高；保险商品少，且不对路。目前中国人民保险公司和中国人寿保险公司占中国保险市场份额较大，其余公司的份额相对较少，垄断型保险市场的格局依然存在。由于垄断程度高、缺乏竞争，带来险种少，服务质量受限制。一方面有些保险商品供不应求；另一方面，有些保险商品过剩。

（二）有效需求不足

有效需求不足主要源于国民保险意识较淡薄、收入水平较低和保险费率偏高。国民保险意识相对较淡薄。由于历史原因，在观念上习惯于养儿防老，采用风险自留的方法；在过去长期实行计划经济体制，人们在观念上仍然存在对财政的依赖；保险公司或代理人在经营上尚欠规范，外加有些舆论的不适当传播，导致了国民对保险的不信任。保险价格偏高，居民收入有限，相对减少了保险需求。

（三）保险业的地区发展不平衡

由于中国经济发展的不平衡。带来了保险业发展也不平衡：上海、深圳、广东为代表的经济发达地区，市场供给主体多、需求量大，竞争也激烈；而中西部地区保险需求量小、保险意识淡薄，其保险业远远落后于东部地区。因而政府一方面加快东部发展，另一方面扶持西部地区经济发展，开发保源。

（四）保险法规尚需完善，保险监管有待加强

仍然未形成保险法律法规体系：没有保险法实施细则；管理规定不完备；原有的《保险法》随着时间的推移，有些内容陈旧，从而使保险法律法规体系的不完善，不利于规范保险行为。保险监管派出机构和人员偏少；机构人员的经验尚待进一步积累；监管制度尤其是信息披露制度尚欠完善；在监管内容上注重市场行为监管过多，对偿付能力监管上尚缺乏完整的考评体系。

三、中国保险市场改革的基本经验

总结过去，保险市场取得成就和进步的根本原因，就在于不断解放思想，积极推进理论和实践创新，逐步深化对保险市场发展规律的认识，努力探索中国特色发展道路。我国保险市场的发展历史，是一部改革创新、敢为人先和不断探索的历史。这一历史过程，使我们对于什么是中国特色

保险市场发展道路有了初步的认识，积累了许多有益的经验。①

一是以完善体制为重点。应对金融市场全球化竞争，保证国家金融保险安全，要求在发展中必须突破旧体制、旧机制，释放生产力发展，探索中国特色保险市场发展道路。无论是从国内经济社会发展来看，还是从行业自身发展实际来看，都要求保险市场不断更新发展理念，转变发展模式，改善发展质量，提高发展的全面性、协调性和可持续性。只有紧密结合我国经济社会和保险市场实际，以改革创新的精神和坚忍不拔的勇气，创造性地开展工作，才能准确把握保险市场发展的新形势、新情况，克服各种困难和问题，把保险市场改革发展不断推向前进。

二是以服务人民为核心。党的十六大提出坚持以人为本、立党为公、执政为民的理念，把保障和改善民生作为施政重点。保险经营具有广泛的社会性，涉及广大被保险人利益。被保险人及其利益相关者是保险业直接服务和保障的对象，也是保险业实现可持续发展、建立百年基业的基石和源泉。只有始终把保护被保险人利益作为保险监管的出发点和落脚点，才能从根本上促进行业的可持续发展。

三是以争取政策支持为条件。国外经验表明，政策支持是保险业务发展的内在要求，同时，政府推动是我国现阶段保险业发展的基本国情。政府推动和政策支持有利于保险业融入经济社会发展全局，拓展新的发展领域和空间。因此，在保险市场发展的初级阶段，必须加强政府推动和政策支持，为保险市场发展创造良好的环境条件。

四是以拓宽保险市场发展空间为使命。保险作为一种市场化的风险转移机制、社会互助机制和社会管理机制，我国保险市场起步晚、基础薄弱、覆盖面不宽，将在较长时期内处于发展的初级阶段，只有通过不断增强保险市场综合实力、竞争力和抗风险能力，又好又快做大做强保险市场，才能更好地解决在发展过程中存在的矛盾和问题。

---

① 中国保监会发展改革部：《艰辛的开拓　辉煌的成就——中国保险市场改革开放三十年回顾》，《保险研究》2008 年第 11 期。

五是以推进保险市场健康发展为目标。我国保险市场具有新兴加转轨的明显特征，保险市场在快速发展的同时，与资本市场和货币市场相互渗透日益加深，宏观经济金融形势变化对保险业的影响越来越大。保险监管机构在提高引领发展能力的同时，必须把防范风险作为保险市场发展的生命线，不断提高防范和化解风险的能力，努力维护行业的健康发展和市场的稳健运行。

第四节　金融监管与经营方式的探索与发展

20 世纪 90 年代以来，金融市场发展的一个显著特点是，在国际化浪潮推动下，跨国金融集团日渐崛起和强大，传统的三大金融领域（银行、保险和证券）及金融产品之间的界线日渐模糊，与此相适应，我国开始调整和改革金融监管体制和金融经营方式。

一、金融监管与经营方式演变的历程

为了加强监管的有效合作，防止金融监管之间出现缝隙，形成了央行与银监会、证监会和保监会（简称一行三会）分属管理的工作机制，一行三会是中国金融业分业监管的格局。

（一）人民银行"大一统"局面被打破

新中国成立初期形成人民银行"大一统"格局，这种格局的诸多弊端在社会主义建设初期逐渐暴露出来。党的十一届三中全会决定，在新的历史时期，工作重心转移到经济建设上来，银行开始进行管理体制，包括机构体制、业务范围、资金管理、贷款制度方面的一系列改革。

在此之前，1978 年 3 月五届全国人大一次会议决定中国人民银行作为部委一级，与财政部分设，省、市、自治区以下的银行亦应比照办理。1978 年以前，全国的金融业基本上是一家银行统揽一切业务的"大一统"

体制。这种高度集中统一的体制，对于国家集中财力，保证重点建设曾起过积极的作用。但以一家银行包揽一切金融业务，难以适应按照经济规律管理经济的需要，也不利于社会主义银行职能作用的充分发挥。新的历史时期产生新的金融体系，这是客观必然。

1979 年 6 月，中国农业银行重新成立，原为人行国际业务部的中国银行分设出来，中国人民建设银行升格为一级银行，原为财政部一个管基建投资拨款的司局，曾是人行的第二营业部。人行执行央行职能后，1984 年 1 月成立中国工商银行，经营由央行分离出来的工商信贷与储蓄业务；中国人民保险公司亦与人行脱钩，独立为经营集体。至此，中国人民银行已一分为六，从 1 个金融机构分为 6 个金融机构，新中国成立 30 年来人民银行"大一统"的局面就此一去不复返了。①

（二）银行成为聚集资金和分配资金的重要渠道

人民银行一家经营时，银行业务受到很大限制，现在经营范围扩大，贷款种类增加，银行很快成为聚集资金和分配资金的重要渠道。新中国成立后的 1953 年到 1978 年的 26 年中，银行平均每年增加的存款只占国民收入的 3.1%，从 1979 到 1982 年上升到平均每年占 8.2%，1983 年更占到 9.3%。1983 年 6 月，实施国企流动资金由人民银行统一管理。本来这一办法明文规定，国企自己应建立自有流动资金的补充制度，国家财政拨给的资金和企业自提流动资金之和，工业企业应不低于 70%。而实际执行结果，则是财政不再拨给，企业也不愿补充，遂使人民银行统一管理流动资金成为人民银行一家统一供应流动资金。

20 世纪 90 年代中资银行业存款迅猛增大，以上海银行业存款余额为例，过去在 20 世纪 70 年代每年是十几亿元增长，80 年代是几十亿元增长，90 年代则是上几百亿元增长；1996—1997 年，每年都是上千亿元增长，新世纪几年则是每年几千亿元增长。从 1949—1991 年的 42 年间，全市存款由 0.18 亿元增至 954 亿元，还不到 1000 亿元，而 1996 年一年就

---

① 《从"大一统"到"一行三会"》，《上海金融报》2009 年 8 月 7 日。

增长 1040 亿元,银行对资金分配资金的职能已不可替代。

(三)提高信贷资产管理是新任务

自从 1992 年 10 月党中央发出上海国际金融中心建设的号召以来,我国在对外金融开放方面的决策和措施,对上海国际金融中心的建设都十分有利。1994 年实行汇率并轨,并在上海设立中国外汇交易中心;1996 年 1 月全国银行同业拆借中心成立,加上 1990 年成立的证券交易所,这样以货币市场、资本市场、外汇市场三者协调发展的框架也就有了基础。1996 年 12 月实现人民币经常项目可兑换,中国正式成为国际货币基金组织协定第八条款国;1997 年 7 月第二届东亚及太平洋地区中央银行行长会议在上海举行;2001 年中国正式加入世贸组织,在华外资银行的业务经营范围就可得到国民待遇,并可援引市场准入原则添设分支机构,营业性外资银行继续增加,到 2000 年达到 54 家。[①]

1998 年中国人民银行实行管理体制的改革,撤销原有的 31 个省、市、自治区分行,成立跨省、市、自治区的 9 大分行,体现了中央银行体制的垂直领导,有利于实施货币政策的独立性。上世纪 90 年代中,整个金融管理体制有了进一步改革,由证监会管理证券行业,由保监会管理保险行业,中国人民银行不再对证券机构和保险公司行使监管权。2003 年修改《中国人民银行法》,规定由银监会监管银行类金融机构,这样就形成了"一行三会"的监管格局。

到 20 世纪 80 年代中国人民银行由一家分设为 6 家,至此,央行又完成了"一分为四"的改革。在此前后,中央银行在制定和执行货币政策方面更能增强前瞻性和有效性,同时把监管职能转换为防范与化解金融业系统性风险,注重于稳定金融职能的发挥。

二、我国金融监管与经营方式面临的挑战

经过几十年探索与发展,现行的金融监管与经营方式,随着金融全球

---

① 《从"大一统"到"一行三会"》,《上海金融报》2009 年 8 月 7 日。

化、自由化和金融创新的发展迅猛，金融业开放加快，金融监管环境发生重大变化，也面临着诸多新的挑战。

（一）混业经营对我国现行金融监管体制的挑战

"混业经营"，指在一个法人主体下，同时经营银行、证券、保险、信托等不同业务。随着我国金融体制的不断深化，在金融全球一体化进程加快的大背景下，我国金融业混业经营的趋势开始显露，已经出现了各种形式的混业经营的金融控股公司，如光大集团、中信集团、平安集团等；同时以市场、产品、服务等为方式的银证合作、银保合作和证保合作都在广泛开展。相关法律也日趋完善，中央银行受理的建设银行经修改的资产证券化方案，银行设立基金公司，保险公司直接投资资本市场的各种实施方案等信息，都表明了从管理层到经营层已经从法律和实务上积极推进了混业经营。然而，我国现行的分业监管体制是建立在分业经营基础上的，在混业经营格局下仍然实行分业监管架构，就会出现制度落后于市场的弊病，导致监管失灵和低效。如目前我国金融控股集团的母公司由中央银行监管，而其子公司则按所处行业分别由银监会、证监会、保监会来监管。而一个金融机构同时受到多个监管主体的监管，往往会产生监管重复或监管缺位的问题，或者是出现监管成本过高与规模不经济的问题。

（二）外资金融机构的涌入对我国现行金融监管体制的挑战

随着金融业的日益开放，特别是我国加入 WTO 后，越来越多的跨国金融集团开始进入我国金融市场，它们中的大部分，是兼营银行、证券、保险等多种金融业务的金融控股公司。我国国内金融机构的分业经营与外国金融机构的多业经营之间的竞争，外国金融机构明显处于优势。另外，国际金融创新业务的飞速发展，新型金融衍生工具不断出现，既增大了金融业风险，又会使传统的金融监管制度、监管手段失效。显然，对于在传统金融监管方面尚缺乏经验的我国来说，对国际金融机构的监管更待进一步加强。[1]

---

[1] 《中国金融监管体制现状与改革建议》，中证网 2007 年 8 月 13 日。

三、我国金融监管与经营方式的基本经验

我国金融监管体制在 1998 年以前由中国人民银行统一实施金融监管；从 1998 年开始，对证券业和保险业的监管从中国人民银行统一监管中分离出来。现代中央银行体制逐步走向成熟和完善，以间接调控为主的金融宏观调控基本确立，金融监管由单纯行政管理向系统化风险管理转变。具体表现为以下三个方面：

（一）中央银行完成职能转换

中国人民银行作为全国金融事业管理机关，负责全面管理金融机构与金融市场，包括管理股票和债券。同时，作为国家证券主管机关，负责证券发行、上市的审批。保险监管职能也一直由中国人民银行承担。这一时期，形成事实上的综合经营、统一监管格局。1995 年，《中华人民共和国人民银行法》颁布实施，明确其基本职责是：在国务院的领导下，制定与实施货币政策，并对金融业进行监督管理。中国人民银行不再向财政透支，不再认购、包销国债和其他政府债券；不再向非银行金融机构和非金融部门贷款，不对任何单位和个人提供担保；中国人民银行工作重点转向金融宏观调控、金融监管和金融服务。①

（二）宏观金融体系以间接调控为主

在货币政策工具方面，中国人民银行 1994 年 11 月开办再贴现业务；1996 年 1 月正式进行公开市场操作；从 1996 年 5 月 1 日起，连续七次调整利率；1998 年 1 月 1 日，取消国有商业银行贷款规模控制，对金融机构实行资产负债比例管理和风险管理；1998 年，合并准备金存款和备付金存款账户，下调金融机构的准备金率。综合运用这些调控手段，增强了中央银行灵活调节经济的能力。在宏观调控的中介目标上，由贷款规模开始向货币供应量转化。在货币政策的最终目标上，《中国人民银行法》明确为：稳定币值，并以此促进经济增长。中国人民银行灵活运用利率、存

---

① 《中国金融体制改革与发展》，人民网 2008 年 3 月 12 日。

款准备金、再贴现、公开市场业务等货币政策工具，密切监测和适时调整货币供应量，既成功实现了一度过热经济的"软着陆"，又确保了适度的经济增长，以间接调控为主的宏观金融调控体系基本确立。

（三）分业监管体系初步形成

中国的银行业、保险业和证券业分别实现了有效的分业监管体制。证券市场的监管从人民银行分离出来，对证券机构的监管也转给中国证券监督管理委员会。中国保险监督管理委员会成立，专门进行保险业监管，对保险业务、保险机构和保险市场的监管从人民银行独立出去。分业监管体系的确立，进一步提高了中央银行有效地防范和化解金融风险的能力，以及金融监管的水平，

随着现代金融机构体系和金融宏观调控机制的建立，中国人民银行对各种金融机构的市场准入、业务经营、内部管理、市场退出以及央行自身的依法监管也逐步展开。从新中国成立初期共和国接管官僚资本银行，整顿私营金融业，经国家银行体制时期信贷资金计划规模管理，到1998年金融机构实行完全的资产负债比例管理和风险管理，目前，中国人民银行金融监管进一步加强，通过兼并、收购、重组、接管、关闭等方式，化解了部分金融机构的风险，对维护社会稳定、防范风险蔓延发挥了重要作用。

伴随着共和国60年春秋，特别是改革开放30年来，中国金融体制发生了历史性变革。中国金融业的稳步发展，有效地调节了社会资金的余缺，促进了国民经济的持续健康稳定发展。回顾历史，展望未来，中国金融业继续肩负着促进经济发展和社会进步的重任。

第十章

经济发展方式的
探索与转变

经济发展方式是指推动经济增长、结构变化以及由此引起的社会进步的理念、思路、方法和体制机制的总和。新中国成立以来，我国一直在探索一条适合中国国情的经济发展道路，并随着生产力的发展和经济条件的变化不断地探索经济发展方式的转变。我国转变经济发展方式的探索经历了一个不断深化的过程：党的十七大以前，我国的经济发展更偏重于经济增长方面，于是转变经济发展方式的探索主要表现为探索经济增长方式的转变；随着我国经济实力的不断增强，一方面更有能力关注经济发展内涵中除增长以外的其他内容，另一方面，在发展过程中所面临的一系列矛盾也促使我们转变发展观念，因此党的十七大正式提出转变经济发展方式，从此，我国经济发展方式的转变和探索进入了一个新的历史时期。

第一节　粗放型经济增长方式的形成和发展

新中国成立60年来，所取得的经济成就是举世瞩目的，但是从总体上来讲，我国的经济增长走的是一条粗放型增长的道路。我国粗放型经济增长方式①的发展过程大致可分为两个时期：一是 1949 年到 1978 年的形成时期，二是改革开放以后的惯性发展时期。

一、粗放型经济增长方式的形成

1949—1978 年是我国经济增长方式粗放特征最为典型的时期，这段时期我国经济发展方式的特点可以用两个字概括："赶超"。它不仅生动地反映了我国第一代领导人的经济发展观，也是当时的发展战略、发展目标及具体实施方式的形象描述。

（一）赶超式经济发展方式的形成及其特点

1949 年新中国成立，标志着中国经济发展史翻开了新的一页。然而，新中国面对的是一个极度破败的国民经济体系。按照 1952 年的不变价格计算，1949 年时中国的工农业生产总值只有 466 亿元，其中分散的个体农业和手工业占 90% 的份额，现代工业仅只占 10% 左右，绝大多数还掌握在官僚垄断资本手中。长期的战乱致使本来就很低下的生产力破坏严重，经济上满目疮痍。1949 年的粮食总产量仅为 1131.8 万吨、棉花 44.5 万吨、花生 127 万吨，分别比历史最高产量下降 24.55%、76% 和 60%；工业生产也是一幅凋敝的景象，1949 年全国生铁的产量降至历史最高产量的 10.9%，钢锭为 15.8%，钢材为 17.8%，煤炭为 44.5%，水泥为 30.9%。② 经济基础薄弱、资本（包括人力资本）和资源匮乏、积累非常有限（1949 年美国中美关系白皮书甚至断言中国共产党不能解决吃饭问题），同时还要面对国际和国内敌对势力的颠覆，这就是新中国经济发展

---

① 经济增长方式是指推动经济增长的各种生产要素投入及其组合方式，其实质是依赖什么要素，借助什么手段，通过什么途径，怎样实现经济增长。通常认为经济增长方式可分为两种类型：粗放型和集约型。粗放型增长方式是指主要依靠生产要素的数量扩张实现经济增长；集约型增长方式是指主要通过提升生产要素质量和效率，如科技进步、体制机制创新、劳动者素质提高以及优化生产要素组合方式等而实现的经济增长。一般以全要素生产率（TFP）对经济增长的贡献率作为衡量经济增长是粗放还是集约的标准，TFP 贡献率达到 50% 以上就被认为是集约型增长。

② 参见李若谷：《制度适宜与经济发展》，人民出版社 2008 年版，第 116 页。

的起点。

一方面缘于打破旧制度、建立新社会的激情与落后的现实生产力的强烈反差，另一方面缘于在冷战格局下保障国家安全的现实需要以及以经济发展速度的竞争来实现社会主义制度优越性的思维，当时的领导人把工业化尤其是重工业化作为发展的目标，把提高工业总产值及其在工农业总产值中的比重视为评价发展成效的主要标准，通过扭曲要素和产品的相对价格，集中有限的资本和资源，采取群众运动的方式，力图在尽可能短的时间内通过优先发展工业，从而带动其他产业的发展，尽快建立起我国独立的工业体系，在主要经济指标上迅速赶上和超过发达资本主义国家。在这种发展观的指导下，新中国成立初期就把实现"从农业国向工业国的转变"作为国家经济发展的目标，采取优先发展重工业、高速度、高积累的经济发展战略，形成了侧重数量扩张、追求发展速度的赶超式经济发展方式。

在长达30年的经济实践中，我国的赶超式经济发展方式深深地打上了计划经济体制的烙印，呈现出如下特点：

第一，在发展的目标上，将增长速度置于优先考虑的地位。着眼于"快"是这段时期经济建设的基本思路之一。早在党的七届二中全会上，毛泽东就预言"中国的经济建设速度将不是很慢而可能是相当的快的，中国的兴盛是可以计日成功的"。[①] 后来毛泽东又多次强调"速度"的重要性，特别是1957年苏联提出在15年内经济上赶超美国的口号后，毛泽东受到启发，提出要在十五年内赶上英国，由此经济发展的思路进一步"加速"，这一思想同他在党的八届三中全会上批判反冒进、要求搞跃进发展的思想相结合，从而形成了1958年搞"大跃进"运动的指导思想。"大跃进"运动以失败告终以后，包括毛泽东在内的党的主要领导人的思想有所转变，如毛泽东在1961年党的八届九中全会预备会上指出，"经济建设不要急于求成，越着急越办不成"。但是，这种转变并没有坚持到

---

① 《毛泽东选集》合订本，人民出版社1996年版，第1433页。

底，而是时有反复，究其原因，跟当时的领导人始终存在着急于求成、毕其功于一役的思想是分不开的。

第二，在发展手段上，强调"突击"作为一种手段对于短期内实现工业化、在经济上赶超发达资本主义国家的作用。[1] 我国的第一代领导人都是从血与火的战争年代走过来的，或多或少地带有战争年代所形成的思维惯性，在和平年代的经济建设中难免沿用战争年代全民动员、短期突击的思路，把经济建设当作一场场战役来打；其次，我国的社会主义建设是在农业较不发达的基础上进行的，缺乏工农产业结构的自然演进过程。在这种情况下，要加快工业化进程，在经济上赶超发达资本主义国家，使用"突击"的方法就在所难免了。

用突击方式进行经济建设在一定时期是可行的。但是，突击的边际效率是递减的，是难以持续的。因为突击的前提是尊重经济发展的内在规律，连续地突击可能打破经济系统原有的平衡、协调机制和思维方式，而新的平衡、协调机制以及与之相适应的思维方式短时期内难以建立，因此用突击的方式进行经济建设，往往难以兼顾数量和质量、速度和效益之间的关系，而往往造成事实上的只重数量、不顾质量，只重速度、不重效益的结果。

第三，在经济发展的先后顺序上，过分重视重工业的优先发展，忽视国民经济的平衡发展。我国的第一代领导人深受列宁关于生产资料优先增长理论和苏联模式的影响，强调我国从农业国向工业国转变必须走优先发展重工业的道路，甚至不惜牺牲农业、轻工业和其他产业的发展来换取重工业的发展。应当指出的是，当时的领导人不是没有注意到重工业应当与其他产业协调发展的问题，[2] 但是，由于对工业化的认识和经济发展过程

---

[1] 唐龙：《论中国经济发展方式的转变》，《探索》2007 年第 6 期。

[2] 如毛泽东在《关于正确处理人民内部矛盾的问题》和《论十大关系》等文章中，曾辟专栏论述中国的工业发展道路。他指出，工业化道路问题，主要是指重工业、轻工业和农业的发展关系问题，我国的经济建设是以重工业为中心，这一点必须肯定，但是同时必须充分注意发展农业和轻工业。

中城乡关系、工农关系的定位存在偏差，加上始终存在急于求成的思想，总想通过加快重工业的发展，建立起独立的工业体系，结果却事与愿违，不仅屡屡造成国民经济的失衡，重工业本身也存在高投入、高积累、低效率的问题。

第四，在经济发展的制度保障方面，过于强调"政治上的正确性"。我国高度重视社会主义改造对经济建设的保障与促进作用，最初的设想是"工业化与社会主义改造"同步进行。但是由于对生产力与生产关系认识上的偏差，最终导致把生产力层面上的制度建设提升至生产关系和意识形态的高度，甚至采取阶级斗争和政治运动的办法去抓经济生产。尽管毛泽东在 1956 年正确地提出要从抓阶级斗争转向以社会主义建设为中心，但是这一思想并没有贯彻下去。后来发动的 1957 年反右派、1959 年反右倾以及 1966—1976 年的"文化大革命"都表明当时在"革命"和"生产"上是摇摆不定的，而每一次政治运动都给经济发展带来了巨大破坏。

（二）经济增长的粗放性

不可否认，赶超式经济发展方式在一定时期内是适合中国经济发展的客观要求的，特别是在实施的初期，其显示的高效作用尤为突出。如我国 1953 年—1957 年间的 GDP、工农业总产值和国民收入年均增长率分别达到 9.3%、10.9% 和 8.9%，其中工业总产值年均增长 18%，远远超过同期英国的 4.1% 和美国的 2.8%[①]。但是，赶超式经济发展方式由于其固有的特点，不可避免地导致经济增长的粗放性。这一时期经济增长的粗放型特点，可以通过下列两个表格具体说明。

从表 10-1 可以观察到，这一时期，我国的经济增长率并不低，年均达到了 6.0%，比当时世界上大多数国家的经济增长率都要高。但是经济增长的获得主要是通过增加要素投入实现的，要素投入的贡献率高达 93.396%，而技术进步贡献率却只占 6.796%。而这一时期生产能力的扩

---

① 李若谷：《制度适宜与经济发展》，人民出版社 2008 年版，第 128 页。

大又是以新建和扩建为主，现有企业的技术改造为辅，这集中表现在固定资产投资的构成上。如表10-2所示，这一时期固定资产投资总额中基本建设投资所占比重都超过了七成，而更新改造投资所占比重很小。

表10-1　我国"一五"至"五五"期间经济增长方式

时间	经济增长率（％）	劳动增长率（％）	资本增长率（％）	全要素增长率（％）	技术进步贡献率（％）	劳动贡献率（％）	资本贡献率（％）
1953—1978	6.0	2.6	9.3	0.4	6.7	23.7	69.6
"一五"	8.9	2.8	12.7	1.7	19.1	17.2	63.7
"二五"	−3.1	1.7	7.5	−7.4			
1963—1965	14.7	3.4	8.6	9.0	61.2	12.9	25.9
"三五"	8.3	3.7	11.5	1.1	13.3	24.7	62.0
"四五"	5.5	2.1	8.4	0.6	10.9	20.7	68.4
"五五"	6.1	2.1	8.4	1.1	18.0	19.0	63.0

（资料来源：转引自周叔莲：《中国的两个根本转变》，经济管理出版社1997年版，第250页）

表10-2　我国"一五"至"五五"期间固定资产投资情况

（单位:％）

时期	固定资产投资总额	基建投资	更改投资
"一五"	100	96.2	3.8
"二五"	100	92.3	7.7
1963—1965	100	84.5	15.5
"三五"	100	80.7	19.3
"四五"	100	77.5	22.5
"五五"	100	73.5	26.5

（资料来源：转引自李昌宇：《资源倾斜配置研究》，陕西人民出版社1994年版，第240页）

当然，这一时期经济的粗放型增长不仅与赶超式经济发展方式相联系，还与当时的计划经济体制密切相关。关于他们之间的联系，大体上有两种理论解释，一是阶段必经论，二是体制内生论，[1] 限于篇幅，这里不再赘述。

二、粗放型经济增长方式的惯性发展

（一）改革开放以来我国的经济增长

1978 年 12 月党的十一届三中全会的召开，拉开了我国改革开放的序幕，揭开了我经济发展史上新的一页。随着我党把工作中心转移到经济建设上来，各项改革措施开始稳步推行。在农村，伴随着人民公社体制的废除和家庭联产承包责任制的推行，广大农民的生产积极性和创造性得以大大发挥；在城市，一方面"调整、改革、整顿、提高"的方针得以贯彻，另一方面，对内搞活经济、对外开放的政策得到积极推行。极大地调动了全国人民的积极性，推动了国民经济的迅速增长。1981—1985 年的第六个五年计划时期是新中国成立以来经济增长最快的时期之一，国内生产总值年均增长 10.7%，国民收入年均增长 10.1%，工农业总产值年均增长 11%。但是这一时期，在提高经济效益方面还缺乏有力的措施与监督；企业生产技术进步缓慢，产业结构和产品结构不合理等问题仍存在。[2]

在"七五"期间，改革的重点由农村转向城市，开始了以增强企业活力为中心的全面改革。从简政放权、改革税制、价格改革等到工资分配和劳动制度改革、实行厂长负责制等，逐渐形成了计划和市场并存的新旧体制对峙的局面。总的来讲，这段时期经济增长速度是很快的。国内生产总值年均增长 7.9%，国民收入年均增长 7.5%，工农业生产总值年均增

---

[1] 阶段必经论的核心思想是：落后国家在工业化过程中，由于受生产要素自身素质的制约，规模的扩大乃至国民财富的增加，主要依赖自然资源的广泛性开采、劳动力密集性使用、大量投入资本等要素资源的数量扩张方式实现，因此，粗放型经济增长是落后国家走向工业化道路的一个必经的发展阶段，在任何体制下都不例外。体制内生论的核心观点是：计划经济体制下的经济增长之所以必然是粗放型的，是由计划经济体制本身所决定的，这是因为计划经济体制下非企业、非货币化以及非市场化的特定制度和行为主象，内在地规定了高投入、高消耗、低效率的粗放型经济增长方式。

[2] 刘仲藜：《奠基——新中国经济五十年》，中国财政经济出版社 1999 年版，第 207 页。

长 11.3%。但是在计划与市场并存的体制下，也导致了一定程度的经济混乱。主要表现为通货膨胀明显加剧、总量不平衡、结构不平衡的矛盾突出，因此中央从 1988 年 9 月起开始了经济环境的治理和经济秩序的整顿工作。

"八五"时期是治理整顿与改革发展的交替时期。1992 年党的十四大确立了建立社会主义市场经济体制的改革目标，大大推进了改革开放的进程，国民经济进入了一个加速增长的时期。虽然 1992—1993 年曾经掀起的房地产热、投资热、股票热等导致了经济泡沫和剧烈的通货膨胀，但中央政府及时采取了一系列调控措施，及时抑制了经济过热，避免了经济危机，为 1996—1997 年经济的软着陆奠定了可靠的基础。"八五"期间时我国国民生产总值年均增长 12%，人均国内生产总值年均增长 10.7%。

"九五"期间是我国经济体制改革迈出更大步伐时期。1997 年党的十五大召开，提出了非公有制经济是中国社会主义经济的重要组成部分，鼓励资本、技术等生产要素参与收入分配，还明确了国有企业的改革方向是建立现代企业制度等。党的十五大以后，各项改革有序推进，市场在资源配置中的基础性作用明显增强。"九五"期间我国的国内生产总值年均增长 8.3%。其中 1998 年增长 7.8%，这个增长速度是在抵御亚洲金融危机和战胜国内特大洪涝灾害的情况下实现的，实属不易。但是这段时期我国的经济生活也出现了一些新情况、新问题：一是我国经济在低水平的基础上出现了相对过剩的现象，内需增长缓慢，经济增长受到国内有效需求的制约；二是国民经济对外依存度明显提高，国际经济环境的变动对中国经济运行的影响程度日益显著；三是经济社会不稳定因素增加，主要表现为国有企业下岗人员增多，社会就业形势严峻等。

进入新世纪以后，我国的经济增长一直保持了一个较高的速度，并且经济增长的质量也在显著提高。到 2008 年，我国的国内生产总值已经达到 300670 亿元，先后超过法国、英国、德国，成为世界上第三大经济体。特别是 2003 年以后，在科学发展观的指导下，重要领域和关键环节的改革不断取得突破，经济平稳快速增长，经济结构的调整取得明显成效，产业结构明显改善。如表 10 - 3 所示，从 2001 年到 2008 年，我国的国内生产总值年均增长 9.3%，2003 年—2007 年，年均增长速度达到了 10%，这在任何国家都是罕见的；同时第三产业的发展速度也有加快的趋势，这说明我国的产业结构也在不断地优化，这对于我国整个经济结构的优化无疑会起到良好的促进作用。

表 10 - 3　2001—2008 年我国的经济增长率

（单位：亿元,%）

年份	国内生产总值增长率（%）	第一产业增长率（%）	第二产业增长率（%）	第三产业增长率（%）
2001	7.3	2.8	8.7	7.4
2002	8	2.9	9.9	7.3
2003	9.1	2.5	12.5	6.7
2004	9.5	6.3	11.1	8.3
2005	9.9	5.5	11.4	9.6
2006	10.7	5	12.5	10.3
2007	11.4	3.7	13.4	11.4
2008	9	5.5	9.3	9.5

（资料来源：根据国家统计局年度统计公报整理而来，http：//www. stats. gov. cn/tjgb/）

但是，进入新世纪以后，我国的经济发展仍然面临着许多矛盾：一是经济的粗放型增长的特征没有从根本上扭转，二是经济增长与资源环境的矛盾日益突出，传统的以增加生产要素投入为主的经济增长模式难以为继；三是我国经济增长的对外依存度过高的问题还没有得到根本扭转，内需不振的问题依然是我国经济当前面临的一个紧迫问题；四是社会经济的不稳定因素依然突出，如两极分化问题、就业困难问题等还没有得到根本的缓解。

（二）经济增长的粗放性

改革开放以后，尽管我国经济取得了飞速发展，经济结构明显改善、经济质量明显提高，但是经济增长总体上来讲还是粗放式的增长，还没有实现从粗放型向集约型的根本转变。

1. "高投入、高消耗、高排放、低效率、难循环"的状况依然突出。一是高投入。我国经济的高速增长在一定程度上是通过资金、劳动力和资源的粗放投入实现的，尤其是依靠资本投入的高速增长。我国资本形成率（比 GDP）在 1980—1990 年间在 35% 上下波动，近年来进一步上升到 42% 左右，大大高于美国、德国、法国、印度等一般为 20% 左右的水平。我国固定资本存量 1952—1978 年以年均 9.3% 的速度增长，1979—1998 年平均增长 10%，1999—2007 年平均增长 13.5%，均高于 GDP 增长率，且呈加速趋势。[1]

二是高消耗。我国正处在工业化城市化加快发展的阶段，资源能源消耗很大，而且效率低下。2003—2007 年，我国能源消费总量基本上年均增加 2 亿多吨标准煤，2008 年，我国能源消费总量已达 28.5 亿吨标准煤；2007 年，我国 GDP 占世界总量的 6%，但能源消耗占世界能源消耗总量的 16.7%。[2] 我国单位产出的资源消耗水平和能耗水平不仅远高于发达国家，也远高于世界平均水平。2003 年我国生产一万美元 GDP 消耗的石油、水资源、钢材和水泥是世界平均水平的 3 倍、4 倍、6.8 倍和 11.6 倍。[3]

三是高排放。依靠高投入、高消耗实现经济增长的一个必然结果就是高排放。当前我国污染物的排放已远远超过环境容量，环境污染问题已经威胁到国土安全。如 1994 年中国温室气体排放量为 40.6 亿吨二氧化碳当量，2004 年则达到了 61 亿吨。当前，我国有 60% 的城市受到空气污染的困扰，全国七大水系监测断面中 62% 受到污染，流经城市的河段 90% 受到污染，75% 的湖水出现富营养化的问题，近 3 亿农村人口饮用不合格的水，酸雨影响面积占国土面积的三分之一……环境污染和生态破坏造成了巨大的经济损失。据世界银行测算，1995 年中国空气和水污染造成的损

---

[1] 王小鲁、樊刚、刘鹏：《中国经济增长方式转换和增长可持续性》，《经济研究》2009 年第 1 期。

[2] 解振华：《贯彻落实科学发展观，加快推进资源节约型、环境友好型社会建设》，《宏观经济管理》2009 年第 5 期。

[3] 林毅夫、苏剑：《论我国经济增长方式的转换》，《管理世界》2007 年第 11 期。

失占当年 GDP 的 8%。据中科院的专家测算，2003 年环境污染和生态破坏造成的经济损失占 GDP 的 15%。[1]

四是低效率。首先，资源产出的效率低。我国资源产出效率大大低于世界先进水平，每吨标准煤的产出效率仅相当于美国的 28.6%，欧盟的 16.8%，日本的 10.3%。其次是劳动生产率低。我国第二产业的劳动生产率只相当于美国的 1/30，日本的 1/18，法国的 1/16，德国的 1/12 和韩国的 1/7。[2] 最后是投资效率低。我国经济的投资率呈上升趋势，但投资效率却呈下降的趋势。以增量资本产出率看，从"六五"到"十五"前三年，每增加 1 亿元 GDP 需要的固定资产投资分别是 1.8 亿元、2.15 亿元、1.6 亿元、4.49 亿元和 4.99 亿元。

五是难循环。循环经济作为一种新的、符合可持续发展理念的一种新的经济模式，近年来越来越受到人们的高度重视，特别在西方发达国家，循环经济的实践已开始取得明显的成效。如大力推行"绿色营销"模式的日本，2003 年回收旧家电 900 多万台，资源循环利用率空调为 78%、电视机为 73%，电冰箱为 59%，洗衣机为 56%；德国 2003 年家庭废弃物的回收率达到了 60%。我国的循环经济才刚刚起步，资源的综合利用率和回收率偏低，许多可以利用或再利用的资源却成了废弃物。每年大约有 500 万吨废钢铁、20 多万吨废有色金属以及大量的废纸、废塑料、废玻璃等没有回收利用。

2. 技术进步对经济增长的贡献率偏低。如前所述，经济增长有两个来源，一是要素投入的增加，一是生产效率的提高，通常表现为全要素生产率（TFP）的提高。影响 TFP 的因素很多，如生产要素的配置情况、劳动力的素质、企业管理水平、技术进步等，其中技术进步对 TFP 的影响最为显著。根据王小鲁等人的计算（如表 10-4 所示），我国这四个历史时期 TFP 对经济增长的贡献率分别为 28%、26%、39%、37%，虽然有

---

[1] 周冯琦、刘新宇：《资源节约、环境友好型社会建设》，上海人民出版社 2007 年版，第 13 页。

[2] 丁和平：《我国转变经济增长方式的难点及对策研究》，《技术经济》2007 年第 10 期。

不断改善的趋势，但远没有达到 50%，说明我国的经济增长方式还没有得到根本改变。

表 10-4　新中国成立以来我国经济增长方式的变化情况

（单位:%）

年份	经济增长率	要素贡献率	资本贡献率	人力资本贡献率	TFP 贡献率
1953—1978	6.15	4.46	2.66	1.71	1.81
1979—1988	10.06	7.18	2.76	4.18	2.66
1989—1998	9.59	5.54	2.98	2.46	3.74
1999—2007	9.72	5.78	3.80	1.82	3.63

（资料来源：参见王小鲁、樊刚、刘鹏:《中国经济增长方式转换和增长可持续性》，《经济研究》2009 年第 1 期）

就技术进步对经济增长的贡献来讲，尽管其作用在明显提高（TFP 的来源中，技术进步的因素在不断上升），但与发达国家水平相比，还有明显的差距。我国多数产业的主体技术仍来源于国外，技术对外依存度超过 50%，企业的自主创新能力不足，科技创新缺乏后劲仍然是制约我国多数产业竞争力和经济增长进一步提高的主要瓶颈之一。

3. 我国经济不协调、不平衡问题仍然比较突出。首先是产业结构不协调。从一、二、三产业来看，2008 年我国一、二、三产业在国内生产总值中所占的比重分别为 11.3%、48.6%、40.1%。[①] 与发达国家相比，我国第一、二产业所占比重偏大（发达国家第一产业比重大体在 2%—4% 之间，第二产业比重在 30% 左右），第三产业所占比重低，与发达国家占到 60% 以上的水平相比还有较大差距。除了三次产业比例不协调外，各产业的内部结构也不够合理。我国的第一产业主要还是以传统农业为主，经济基础薄弱。我国的第二产业尤其是工业"大而不强"。一是产品的附加值不高，处在全球价值链的底端。二是产业的研发投入不足，技术创新能力差。三是产品结构不合理，一般产品相对过剩与技术含量高、附

---

① 国家统计局:《2008 年国民经济和社会发展统计公报》，http://www.stats.gov.cn。

加值大的产品短缺同时并存。我国的第三产业发展滞后，内部结构也不合理。其中商业餐饮、交通运输等传统服务业比重较大，占 40% 以上；邮电通讯、金融保险等基础性服务业以及信息咨询、科研开发、旅游、新闻出版、广播电视等新兴服务业虽然发展较快，但比重仍然不高，发育仍然不足。此外，我国服务业在产品创新、服务品质、技术水平、组织规模、管理水平和营销技术等方面与发达国家还存在较大的差距。

其次，投资、消费和出口结构不协调。消费、投资和出口是拉动经济增长的三驾马车，只有三驾马车紧密配合、协调拉动，经济增长才能持续。但近年来的情况是，拉动我国经济的不是三驾马车并驾齐驱，而是过于倚赖投资和出口，消费对经济增长的贡献不升反降：过去 15 年，我国固定资产投资和出口合计占到 GDP 总值的大约 80%，并且仍在以每年 25%—30% 的速度增长，消费则滑落至历史低点。主要由投资和出口拉动的经济高增长，一方面进一步加剧结构矛盾，加剧能源、资源紧张，为我国的节能减排造成更大的压力；另一方面，加剧了对外出口的贸易纠纷，近年来我们中国制造的产品在国外屡遭"围剿"，贸易摩擦有不断升级的趋势，固然有金融危机背景下，各国的贸易政策趋向保护主义的原因，也与我国经济过多倚赖国外市场是分不开的。

再次，我国城乡之间、地区之间、经济与社会发展之间不平衡问题比较突出。我国城乡之间不平衡是全方位的，它表现在生产水平、科技、教育、文化、医疗卫生、社会保障等各个方面。地区之间的不平衡，也是我国一个相当突出的问题。为了缩小地区之间的发展差距，中央先后采取推进西部大开发、振兴东北老工业基地、促进中部崛起等战略举措，且已取得相当的进展，但是地区之间的不平衡仍然存在。经济与社会之间的不平衡，是指相对我国经济的巨大增长而言，社会的发展却没有达到相应的水平。如科研、教育、医疗、卫生以及社会保障等的投入不足，发展滞后；经济增长与就业增长相脱节，居民收入拉大；"上学难"、"看病难"、"就业难"成为当前社会人们关注的突出问题等。

三、粗放型经济增长方式的成因

与集约型经济增长方式相比，粗放型经济增长方式的弊端是十分明显的，那么为什么我国会形成粗放型经济增长方式，并且转变经济增长方式如此困难呢？原因主要有如下几个方面：

（一）经济社会文化发展基础差

如前文所述，新中国的经济发展是在非常落后的基础上起步的，经济底子薄弱、资产存量少，资金短缺，再加上科教文化落后以及人口众多这些现实的国情，决定了新中国经济起步阶段，只能通过高积累、高速度、优先发展重工业的方式，来建立起我国的工业体系，而不可能首先就走一条增加科技投入、培养高新技术产业的集约型增长道路。

（二）增长优先的经济发展观

新中国成立初期开始形成的这种粗放式经济增长方式，有着历史的必然性和合理性，然而随着社会经济文化条件的改善，经济增长方式应逐渐向集约型增长方式转变，但是我国经济增长的粗放性特征一直没有根本的转变，除了经济增长方式的惯性作用以外，也与我国长期以来形成的增长优先的经济发展观是分不开的。

改革开放前实施的赶超战略，是增长优先的经济发展观的具体表现；改革开放后，很长一段时间内，我国仍然奉行了增长优先的发展观。如在改革开放之初，为了尽快摆脱贫困状态，改变基本消费品匮乏的局面，中央强调要以经济建设为中心，强调"效率优先，兼顾公平"；强调"让一部分人先富起来"，"让一部分地区先富起来"。这些口号和措施在当时都起到了积极作用，我国经济迅速发展起来。但是，强调增长优先的经济发展观所带来的负面影响也是不可低估的。它导致我国在经济发展的战略选择上始终把速度放在第一位，在实践中片面地追求产量与产值，忽视品种与质量；片面地强调总量增长与速度，忽视技术进步与效益提高；重视眼前功利，忽视可持续发展；重视天然资源开发，忽视生态环境保护，重视物质财富生产，忽视人的全面发展。

（三）崇拜 GDP 的政绩考核体制和刺激增长的财政税收体制

在增长优先的发展观的影响下，我国的行政体制和财政税收体制进一步刺激了经济的粗放型增长。

首先，我国的政绩考核体制表现出严重的崇拜 GDP 倾向。在增长优先的发展观的影响下，从中央到地方，我国各级政府的首要任务都是发展经济。由于 GDP 这个指标虽然不能反映经济发展的质量，但能够很好地反映经济发展的数量，并且很容易计量和比较。因此长期以来，GDP 都是反映政府政绩的一个最重要指标，有的地方甚至发展到单纯"以 GDP 论英雄"，成为领导干部升迁去留的唯一标准。而且，由于地区之间和前后任之间的攀比，使得各级地方首长对于 GDP 数字都不敢"怠慢"，于是不得不上项目、铺摊子，并且因为基数的扩张，越到后来，就要求有更大的项目来制造高增长率。

其次，我国的财政税收体制也刺激或者说鼓励经济的粗放型增长。现行的财政税收体制的主要功能之一就是要使地方政府有发展经济的强大激励。改革开放以后，中国的财政体制大致经历了三个发展时期：20 世纪 80 年代以前是分成制，1980—1993 年是财政包干制，1994 年以后实行的是分税制。[①] 80 年代实行财政包干制以后，地方政府作为利益主体的地位得到明确，获得了发展本地经济的强烈激励。因为在上缴基数包死的前提下，财政收入增长得越多，地方政府从增量中所得的份额就越大。虽然从 1994 年起开始全面推行分税制，但是这个改革的目的是要提高中央财政在全部财政收入中的比例，而财政包干制刺激地方政府推动经济增长的功能被保留了下来，在分税制下，地方政府的税收来源主要为流转税种，经济发展越快，相应地地方财政收入就越高。但其负面影响也是不可忽视的。最直接的负面影响就是大大助长了地方政府的短期行为。出于对本届政府政绩的过分关注以及财政收入的现实压力，地方政府通常倾向于发展那些见效快、短期效益高的项目和企业，而忽视其对资源、环境的影响，

---

① 张晏：《分权体制下的财政政策与经济增长》，上海人民出版社 2005 年版，第 142 页。

忽视技术进步和人力资本培养这些需要长期努力才能见效的事情。[1]

第二节　转变经济增长方式的提出和探索

对于粗放型经济增长方式的弊端，党和政府很早就意识到了，一直在努力探索经济增长方式的转变。事实上，从党的十一届三中全会以后，随着经济体制改革的全面推行，我国就开始了转变经济增长方式的探索，大致经历了三个历史阶段：第一个阶段从1979年开始到1987年党的十二大提出"以经济效益为中心"，是经济增长方式转变思想的初步形成阶段；第二个阶段从1987年至1995年党的十五届四中全会明确提出两个"根本性转变"，是经济增长方式转变方针确立阶段；第三个阶段是1995年至2007年党的十七大召开，是经济增长方式转变认识不断深化的阶段。

一、转变经济增长方式思想的初步形成

1978年党的十一届三中全会召开以后，全党的工作中心开始全面地转移到社会主义现代化建设上来，针对当时混乱的经济状况，党中央制定了国民经济调整、改革、整顿、提高的方针，并强调经济建设和发展必须从片面地追求数量、产值、不计成本转到加强经济核算，讲求经济效果上来。这段时期，中央一直强调转变，转变的目的是把经济搞上去，不断提高经济效率和经济效益。

1980年12月召开的中央工作会议针对我国长期以来走的重基建轻建设、重积累轻效率的道路，提出要实行经济发展道路的转轨，即经济不是靠多上基本建设，多铺新摊子，大量增加能源和原材料的消耗，而是主要靠发挥现有企业的作用，进行合理的技术改造，降低消耗，提高质量，提

---

[1]　周冯琦、刘新宇：《资源节约型、环境友好型社会建设》，上海人民出版社2007年版。

高效率来扩大社会生产。

1981 年召开的五届人大四次会议上通过的《当前的经济形式和今后的经济建设方针的报告》明确提出："今后，我们考虑一切经济问题，必须把根本出发点放在提高经济效益上，使我国经济更好地持续发展。"

1982 年 9 月召开的党的十二大提出要把全部经济工作转到提高效益为中心的轨道上来，1983 年六届人大一次会议政府工作报告也指出："我们强调要把全部经济工作转到以提高经济效益为中心的轨道上来，决不能停留在一般的号召上，必须成为真正有效的行动。不论调整也好，整顿也好，技术改造也好，体制改革也好，都必须以提高经济效益、增加国家财政收入为目标。"

1985 年 9 月，针对当时"产品质量差、物质消耗高是我国经济的致命弱点"，中国共产党全国代表会议通过的《中共中央在关于第七个五年计划的建议》提出："坚决把建设重点切实转到现有企业的技术改造和改建扩建上来，走内涵型为主的扩大再生产的路子。""坚持把提高经济效益特别是提高产品质量放到十分突出的位置上来，正确处理好质量和数量，效益和速度的关系。产品质量差，物质消耗高，经济效益低，是我国生产建设中长期普遍存在的痼疾，目前这个问题还远远没有解决。只有坚决改变这种状况，才能充分有效地利用各种资源，以较少的投入创造出更多的财富，也才能更好地满足人民多方面的需要和扩大出口。必须加强质量管理、技术管理，严明劳动纪律、财经纪律，健全检查制度、监督制度，大力提高企业职工的素质，同时积极推进技术改造，采用先进的工艺和设备，把产品质量和经济效益提高到新的水平。这是加速我国现代化进程的根本途径。"可见对转变经济增长方式的认识已经十分清晰和明确。

从党的十一届三中全会到党的十三大，经济建设的主要思路是消除经济工作长期存在的"左倾"错误，强调经济效益的突出地位。虽然还没有正式提出转变经济增长方式，还没有把转变经济增长方式上升到指导方针的高度，但是转变经济增长方式的思想已经逐渐地形成。

二、转变经济增长方式方针的确立

从党的十三大到党的十四届五中全会，是经济增长方式转变的思想和方针正式形成时期。与前一时期相比，这段时期转变经济增长方式的探索有两个特点：一是对转变经济增长方式内涵的认识越来越清晰，措施越来越明确，二是探索更深入，更广泛，探索的重点已经开始从着眼于利益调整和经济刺激转向转变经济增长方式的具体路径和制度保障方面，并最终上升到体制架构的高度。

1987 年党的十三大继续强调了注重效益、提高质量、协调发展、稳定增长的战略，首次提出"要从粗放经营为主逐步转到集约经营为主"，"使经济建设转到依靠科技进步和提高劳动者素质的轨道上来。"这些提法标志着我党对转变经济增长方式的认识达到了一个新的高度。

1991 年 3 月七届人大四次会议《关于国民经济和社会发展十年规划和第八个五年计划纲要的报告》中，再次强调要始终把提高经济效益作为全部经济工作的中心。指出，今后十年以及整个现代化建设时期，浪费资源的粗放经营是没有出路的，必须在提高经济效益上下大工夫，走集约化经营的道路。同年 9 月召开的中央工作会议上也进一步强调要把经济工作真正转移到调整结构和提高效益的轨道上来，下工夫调整结构和提高效益，经济发展要依靠科技进步和提高劳动者素质。

1992 年党的十四大在转变经济增长方式方面并没有过多的论述，只是继续强调"要努力提高科技进步在经济增长中所占的含量，促进整个经济由粗放经营向集约经营转变，走出一条既有高速度又有较好效益的国民经济发展路子"。但是十四大的召开对于我国转变经济增长方式的探索却具有重要意义，因为大会明确提出我国经济体制改革的目标是建立社会主义市场经济体制。如何实现由计划经济体制向市场经济体制的转轨以及如何形成与社会主义市场经济体制相适应的经济增长方式，无论从理论和实践来讲都是全新的课题，这在当时引起了人们极大的理论兴趣，很长一段时间有关经济增长方式的理论探索都与体制转轨密切联系起来，带有明显的"转轨"特征。

1995 年 9 月，党的十四届五中全会审议通过的《中共中央关于制定国民经济和社会发展的"九五"计划和 2010 年远景目标的建议》中，提出实现"九五"到 2010 年奋斗目标的关键是实行两个具有全局意义的根本性改变：一是经济体制从传统的计划经济体制向社会主义市场经济体制转变，二是经济增长方式从粗放型向集约型转变，从而第一次在中央文件中正式使用了"转变经济增长方式"的提法，并把它作为全党的中心工作之一，标志着我党转变经济增长方式的方针正式确立。

三、转变经济增长方式认识的深化

从 1995 年党的十四届五中全会提出"两个根本性的转变"到 2007 年党的十七大以"转变经济发展方式"取代"转变经济增长方式"，这段时期的探索有两个特点：一是立足于计划经济体制向社会主义市场经济体制转轨的角度，从经济运行机制、宏观管理制度以及经济运行的微观基础等方面探索转变经济增长方式的具体路径和制度保障；二是转变经济增长方式的内涵在不断深化，除了继续强调从粗放型向集约型转变以外，还把自主创新能力，节约资源、保护环境等指标作为衡量经济增长质量的重要内容，特别是党的十六大以后，"转变经济增长方式"的内涵开始越来越接近"转变经济发展方式"的内涵。

1997 年中国共产党召开第十五次全国代表大会。会议再次重申要实现经济体制和经济增长方式两个"根本转变"。明确提出：对经济结构进行战略调整，"改变经济增长方式，改变高投入、低产出，高消耗、低效益的状况"。"真正走出一条速度较快、效益较好、整体素质不断提高的经济协调发展的路子"。

党的十五大以后，我国经济经历了一个快速发展的时期，但是经济增长的粗放型特征并没有得到根本改变，经济结构和经济体制的一些深层次矛盾开始突出地显现出来，特别在亚洲金融危机以后，我国经济的诸多矛盾，如装备制造业技术含量低、现代服务业发展严重不足、区域产业结构趋同、低水平重复建设严重等日益突出。因此，转变经济增长方式探索的重点转向"两个根本转变"的具体内容和具体途径。党的十五届五中全会通过的《中共中央关于制定国民经济和社会发展第十个五年计划的建议》反映了这个变化。《建议》提出"必须以提高经济效益为中心，对经济结构进行战略性调整"，"要优化产业结构，大力发展服务业，明显提高服务业在国民经济中的比重"，"大力推进国民经济和社会信息化，以信息化带动工业化"，"推动经济发展和结构调整必须依靠体制创新和科技创新"。

党的十六大总结了党的十三届四中全会以来社会主义的经验。其中经济建设方面的经验是："坚持以经济建设为中心，用发展的办法解决前进中的问题。发展是硬道理。必须抓住一切机遇加快发展。发展要有新思路。坚持扩大内需的方针，实施科教兴国和可持续发展战略，实现速度和结构、质量、效益相统一，经济发展和人口、资源、环境相协调。在经济发展的基础上，促进社会全面进步，不断提高人民生活水平，保证人民共享发展成果。"大会提出要"全面建设小康社会"，并把"可持续发展能力不断增强，生态环境得到改善、资源利用效率得到显著提高，促进人与自然的和谐，推动整个社会走上生产发展、生活富裕、生态良好的文明发展之路"制定为小康社会的目标之一。在十六大报告中，频繁地出现含义更为丰富的"发展"的字眼，而没有关于经济增长方式的论述，只是具体论述了如何走新型工业化道路问题、可持续发展问题以及区域经济协调发展等问题。这不是偶然的，而是有着深刻的原因：一方面是因为随着经济的高速增长，我国的生产力水平发展到了一个新的阶段，国家开始更加有能力关注"发展"内涵中除经济增长外的其他内容；另一方面是因为长期形成的经济结构不合理、经济增长质量不高的矛盾日益突出，资源短缺、环境污染、生态失衡已经成为国家工业化、现代化越来越严重的制约因素，分配不够合理、收入差距过大的问题亟待解决。而这些都不是传统意义上的转变经济增长方式所能涵盖的。可以说，党的十六大报告已经出现了由"转变经济增长方式"向"转变经济发展方式"转变的思想。

2003 年党的十六届三中全会的召开使得这一转变得到进一步的深化。全会明确提出了科学发展观的核心内容："坚持以人为本、树立全面、协调、可持续的发展观，促进经济社会和人的全面发展"以及"五个统筹"①，为转变经济增长方式提供了新的指导思想，同时也为经济增长方式的转变赋予了新的内涵，即经济增长方式的转变不仅意味着增长从粗放型向集约型转变，提升自主创新能力，节约资源、保护环境等都是转变经济增长方式的重要内容。这在党的十六届五中全会《关于制定国民经济和社会发展第十一个五年规划的建议》中得到了集中的体现。《建议》提出："必须加快转变经济增长方式。我国土地、淡水、能源、矿产资源和环境状况对经济发展已构成严重制约。要把节约资源作为基本国策，发展循环经济，保护生态环境，加快建设资源节约型、环境友好型社会，促进经济发展与人口、资源、环境相协调。推进国民经济和社会信息化，切实走新型工业化道路，坚持节约发展、清洁发展、安全发展，实现可持续发展。"从中可以看出，虽然转变经济增长方式继续被强调，并把它作为全面贯彻落实科学发展观的重要内容之一，但是其内涵发生了深刻的变化，这里的"经济增长"已经非常接近于"经济发展"的含义。

2006 年的中央经济工作会议上提出"坚持以科学发展观统领经济社会发展全局，努力实现速度、质量、效益相协调，消费、投资、出口相协调，人口、资源、环境相协调，真正做到又好又快发展。"从而首次站在国民经济全局的高度，把经济增长的质量与效益置于经济增长速度的优先地位。

总之，我国对转变经济增长方式的探索经历了相当长的历史过程，随着认识的深入以及我国经济条件的变化，已经逐渐认识到转变经济增长方式是一个庞大的系统工程。只有首先改变增长优先的发展观，让经济增长更好地体现经济发展的本质和目的，才能真正实现经济增长方式的转变，

---

① 尽管科学发展观的思想是在党的十六届三中全会上提出来的，但直到 2004 年 2 月，才由温家宝总理在中央党校省部级主要领导干部"树立和落实科学发展观"专题研讨会上正式使用。

就经济增长谈经济增长方式的转变是没有出路的。

第三节 转变经济发展方式的提出与探索

一、转变经济发展方式的提出

如前文所述，党的十六大以后，虽然继续强调经济增长方式的转变，但"增长方式"的内涵已经有了很大的扩展，开始接近于"经济发展"的含义。2007年6月25日胡锦涛总书记在中央党校的重要讲话中指出，实现国民经济又好又快发展，关键要在转变经济发展方式、完善社会主义市场经济体制方面取得重大新进展。随后召开的党的十七大正式用"转变经济发展方式"这一术语取代了"转变经济增长方式"。指出："加快转变经济发展方式，推动产业结构优化升级，这是关系国民经济全局紧迫而重大的战略任务。"从而在理论上完成了从"转变经济增长方式"到"转变经济发展方式"的转变，标志着我国转变经济发展方式的探索进入了一个新的历史时期。

从"转变经济增长方式"向"转变经济发展方式"转变尽管只是一个词的改动，其内涵却发生了质的变化。它表明我党对经济社会发展规律认识更加深刻、更加自觉；对现实经济发展的把握更加准确、更加主动。这对于我国经济在新的历史时期实现又好又快发展具有重大意义。

首先，更好地体现了深入贯彻落实科学发展观的需要。科学发展观的第一要义是发展，发展不仅仅是经济总量的增加，而必须是从最广大人民的根本利益出发，努力实现经济社会全面、协调和可持续发展。显然这样的发展目标以及由此所决定的发展方式，是经济增长方式这个范畴难以全面涵盖的，或者说，单纯转变经济增长方式不能保证实现科学发展。而转变经济发展方式相对于转变经济增长方式而言，内涵更加丰富和深刻。它不仅包括经济增长方式从粗放型向集约型转变，而且包括把单纯追求

GDP 量的扩张转变到更加注重优化经济结构、提高经济效益和经济增长质量上来；不仅强调经济效益的提高，而且更加注重经济结构的调整和优化；不仅要重视经济的发展，而且还要保持人与自然、人与社会、人与环境的和谐发展，不断提高人民群众的物质文化生活水平，让广大群众分享改革发展的成果，切实维护和实现最广大人民群众的根本利益。因此，转变经济发展方式，关系到发展理念的转变、发展道路的选择、发展模式的创新，准确地体现了科学发展观的内在本质，是科学发展观题中应有之意。

其次，更好地体现了经济又好又快发展的现实需要。改革开放以来，我国经济获得了高速发展，但是，在发展过程中也积累和产生了许多新的矛盾和问题，在社会、环境、资源等许多方面也付出了不小的代价。比如长期经济的粗放型增长加剧了资源环境问题的恶化、城乡二元经济结构矛盾突出导致城市化进程缓慢、社会分配不公影响社会稳定等。这些矛盾和问题有在发展过程中难以避免的客观原因，但更主要地是在长期的经济发展过程中没有切实地处理"好"和"快"的关系，缺乏对"好"与"快"关系的科学认识，以至于在实践中始终存在速度优先的倾向。面对新的历史时期所出现的新问题新矛盾，我党敏锐地察觉到在"快"的思想指导下，以追求"速度"和"增长"作为首要目标的经济发展模式存在的重大问题，及时调整了发展思路，在经济发展中更加注重将"好"放在优先地位，以"好"为先，"好"中求"快"。这里的"好"，不仅指好的经济效益，还包括结构的优化、经济的可持续发展、人民共享发展的成果等内容。显然，"转变经济增长方式"无法反映这一思想转变的内涵。因此，在十七大报告中，提出要"加快转变经济发展方式"，"促进国民经济又好又快发展"。这二者有着紧密的逻辑联系，前者是后者的基础，后者是前者的目的。转变经济发展方式，就是要通过体制创新和技术创新使社会总需求结构、产业结构、要素结构随经济增长而不断优化和升级；就是要从不计代价地追求经济的一时增长转向在合理和充分利用自然资源和保护环境的基础上，实现经济全面、协调、可持续发展；就是要从追求见物不见人的经济增长转向"以人为本"的经济发展，让发展的过程和结果体现发展的本质和目的。这样的转变实际上就是经济又好又快发展的具体内容，离开了经济发展方式的转变，经济发展既好不起来，也快不起来。

值得指出的是，在新的历史时期，我们更强调经济发展的概念，并不是要否定经济增长。因为经济增长在任何情况下都是经济发展的核心和主要内容，转变经济发展方式也肯定无疑地要求促进经济增长方式转变，实现经济的集约型增长。英国著名经济学家金德尔伯格在《经济发展》一书中指出："很难想象没有增长的发展"，"虽然我们可以描述有增长而无发展的现象，我们却认为发展过程几乎必然依赖于某种程度的同时发生的经济增长"。就经济增长与经济发展联系而言，尽管经济增长是手段，经济发展才是人们从事经济活动的目的，但是经济增长是经济发展必不可少的基础，没有一定幅度的经济增长，也就没有所谓的经济发展，经济发展就无从谈起。

总之，相对于"转变经济增长方式"，"转变经济发展方式"所提出的目标更全面，转变的内涵更丰富、转变的组合更复杂、转变的衡量指标更系统、转变的过程也将更漫长，从"转变经济增长方式"到"转变经济发展方式"的转变，是对转变经济增长方式的新发展、新跨越，含意深刻，意义深远。这个转变，不仅为我国在新时期继续进行转变经济发展方式的探索提供了新的起点和平台，也提出了新的更高的要求。

二、转变经济发展方式的具体内涵

"坚持以人为本，全面、协调、可持续发展"，是科学发展观的核心内容，也是我国转变经济发展方式的总体目标。具体来讲，就是要通过体制创新和技术创新使社会总需求结构、产业结构、要素结构随经济增长而不断优化和升级，在提高效益和降低能耗、保护环境的基础上，实现速度质量效益相协调，投资消费出口相协调，人口资源环境相协调，真正做到又好又快发展。根据这个目标，转变经济发展方式除了经济增长方式由粗放型向集约型转变以外，还应包括以下几个方面的内容：

1. 经济发展方式向多元目标转变。转变经济发展方式，应该用综合性的目标体系来考察经济的运行情况：包括经济增长速度；经济结构的优化程度；公平分配和消灭贫困的程度；减少失业的程度（因为就业是最大的民生问题，是经济发展是否协调健康的一个重要标志）；资源和环境对经济发展的承载程度。除了上述经济指标以外，一些社会政治指标也应纳入发展目标之中，如公民受教育程度、预期寿命、婴儿死亡率、人民参与国家管理的程度和水平等。①

2. 经济发展方式向以人为本这个发展核心转变。党的十七大报告鲜明地指出："发展为了人民，发展依靠人民，发展成果由人民共享。"也就是说，发展不仅仅是为了 GDP 数位的攀升，不仅仅是为了综合国力的增强，更是为了造福人民大众。应该说，人本发展并不是一个全新的理念，即使在我国，上世纪 80 年代也已为人们所熟悉，但是，长久以来，人们对它的认识是片面的，甚至有时候仅仅把它当做一种时髦的口号。片面地强调经济的快速运行，GDP 的高速增长，这种发展观见物不见人，其实质是一种"以物为本"的思想，它忽视甚至有时会损害人的需要及发展。转变经济发展方式必须由"以物为本"向"以人为本"这个发展核心转变，要以人的福利增加为发展目标，以人力资本的积累为发展路径，以人的发展为发展动力。

3. 经济发展方式向经济结构全面优化转变。经济结构指国民经济的组成和构造，它包括多重含义，如所有制结构、产业结构、地区结构、需求结构、消费结构等。经济发展除了增长的内容以外，还包括结构的优化。当前我国经济结构最突出的问题是总需求结构、产业结构以及要素的投入结构不合理。因此，党的十七大报告着重提出了"两个坚持，三个转变"，即"要坚持走中国特色新型工业化道路，坚持扩大国内需求特别是消费需求的方针，促进经济增长由主要依靠投资、出口拉动向依靠消

---

① 黄泰岩：《转变经济发展方式的内涵与实现机制》，《求是》2007 年第 18 期。

费、投资、出口协调拉动转变，由主要依靠第二产业带动向依靠第一、第二、第三产业协同带动转变，由主要依靠增加物质资源消耗向主要依靠科技进步、劳动者素质提高、管理创新转变"。当然经济结构的优化远不止这三个方面的内容，还包括城乡之间、区域之间经济的协调发展、居民收入分配差距的缩小等。

4. 经济发展方式向建设资源节约型、环境友好型社会转变[①]。"资源节约型、环境友好型社会"统称"两型社会"，它包括资源节约和环境友好两个渐进的层次。是指在社会生产、建设、流通和消费各个领域，在经济和社会发展的各个方面，切实保护和合理利用各种资源，提高资源利用效率，以尽可能少的资源消耗，获得最大的经济效益和社会效益，实现人与自然的和谐发展、经济社会可持续发展的一种社会形态。"两型社会"的核心内涵就是要把社会经济发展的资源环境代价降到最低限度，这和"以人为本"、"可持续发展"两大理念是高度一致的。在经历了长期的粗放型经济增长后，我国的资源环境已经不堪重负，建设"两型社会"一方面能有力地推动我国经济增长方式的根本转变，另一方面也是落实科学发展观的必然要求。

第四节 转变经济发展方式的主要路径

转变经济发展方式是一个庞大的系统工程，涉及社会生产的各个环节，需要政府、企业、居民、非政府组织等行为主体的积极作为与协作，需要发展战略的优化、观念和制度的变革，需要各领域相关政策的支持和制度的保障。

目前我国转变经济发展方式所面临的一些深层次矛盾，大多与我国现

---

① 黄泰岩：《转变经济发展方式的内涵与实现机制》，《求是》2007 年第 18 期。

行的体制机制不合理有关，必须深化改革，建立起有利于经济发展方式转变的体制机制，为转变经济发展方式提供制度保障。

1. 加快推进生产要素市场化进程，充分发挥市场配置资源的基础性作用。国民经济能否做到又好又快发展，说到底是个资源配置问题。在市场经济条件下，主要通过价格机制的自发作用，实现资源的优化配置。价格的高低、涨跌引导着各经济主体的经济活动，调节着社会资源的配置，影响到各种商品和服务供求关系的变化。当前我国经济增长方式难以转变的一个重要原因是我国的要素市场不完善，生产要素价格偏低。由于资金、土地及资源性产品的价格在很大程度上是由政府控制的，导致了要素价格被人为压低。如我国目前资源性产品的价格基本上只反映了资源开采的劳动力和资金成本，而不能反映资源稀缺程度，因而造成了对资源的过度需求和消耗。要抑制对要素的过度需求而引发的扩张式增长，最有效的办法是完善资本、土地、自然资源等生产要素市场，特别是土地和资源性产品的市场定价机制，使其价格真正反映资源稀缺程度。[1]

2. 完善有利于经济发展方式转变的财税政策。首先，要合理划分各级地方政府的事权和财权，使地方政府不再仅仅依靠 GDP 增长来提高财政收入和保障财政支出；其次，要发挥财政税收的调节功能，引导财政资金不再投向一般竞争性产业，而是投向公共服务领域以及促进第三产业的迅速发展。再次，要积极推行绿色财税政策，调控资源的供给和需求，促进生态环境的改善。当前应进一步完善资源税，将资源税扩大到土地资源、水资源、动物资源、植物资源和海洋资源等所有可以计量的自然资源。逐步提高资源税征收标准，将资源税和环境成本以及资源的合理开发、养护、恢复等挂钩，合理确定和调整资源税的税率，形成合理的资源价格水平，限制资源过度开采，提高资源利用率。对于环境污染问题，可按照"谁污染、谁缴税"的原则，将现行的收费制度改为征收环境保护

---

[1] 朱晓明、高尚全：《改革是转变经济增长方式的强大动力》，《宏观经济研究》2005 年第 12 期。

税，在税率设计上实行差别税率。在财政支出方面，应制定财政补贴措施，对生产节能产品、绿色产品、采用清洁生产的企业和个人，通过物价补贴、亏损补贴、财政贴息等手段，调动经济主体节约资源，保护环境的积极性。

3. 改革政府绩效评价体系，推进政府职能转变。转变经济发展方式必须解决的一个体制性问题是政府定位问题。实践证明，我国经济增长方式难以根本转变的最大障碍在于政府职能存在"错位"和"缺位"问题，在当前的干部考核体制和财税体制下，极易造成政府的短期行为。只有从根本上转变政府的绩效评价体系，推进政府职能从全能政府、管制型政府向有限政府、服务型政府和法治政府转变，才能抑制政府扩张投资的冲动，增强其提供公共服务的功能。首先，应尽量减少政府对生产要素流动和资源配置的直接干预，充分发挥市场对资源配置的基础性作用，真正做到政企分开、政事分开，为此，必须进一步深化行政审批制度的改革，建立起适应市场经济体制的审批制度，简化审批程序和环节。其次，要按照科学发展观的要求，制定科学合理的政绩考评体系，并以此作为官员任用、选拔的标准。在这个考评体系当中，除了经济增长率外，就业率、社会保障率、公共服务部门的发展情况、文化教育水平、环保水平、市场秩序等都应当占有相当的权重。此外，政府还应坚持"科学行政、依法行政、从严行政"的原则，自觉接受社会监督，严惩官员的寻租及其他违法行为，只有这样，各项改革措施才能真正落到实处。

二、以结构调整为重心，实现经济发展方式的转变

结构调整和经济发展方式转变的内在联系紧密。结构调整与优化升级的实质就是转变经济发展方式，更换经济增长的发动机以实现可持续发展。[①] 当前我国经济结构调整应着重于以下几个方面：

1. 促进经济增长由主要依靠投资、出口拉动的格局转变为由消费、

---

① 唐龙：《论中国经济发展方式的转变》，《探索》2007 年第 6 期。

投资、出口协调拉动的格局。内需不足特别是居民消费需求乏力，经济增长主要靠投资和出口拉动，已经成为制约我国经济又好又快发展的一个重要因素。内需不足，加剧了经济增长对投资和出口的依赖性，不仅导致外贸顺差过大，引发诸多的贸易摩擦，而且还造成国内资金流动性过剩，反过来又助长投资的高增长。因此，在当前世界经济复杂多变，市场竞争日趋激烈的形势下，提高消费率，扩大内需具有突出的战略意义，关系到国民经济长远发展，关系到国家经济安全。必须坚持把扩大消费放到更加突出的位置，尽快形成消费、投资、出口协调拉动经济增长的新格局。要实现这一格局的转变，关键是要扩大居民的最终消费需求，这是扩大内需的核心，因为以民生为主导的内需，不仅与居民的切身利益有关，也与民众生活条件改善和分享社会经济成果有关，是整个社会经济得以持续发展的根本动力。要扩大内需，必须解决三个关键问题：一是让居民有钱花；二是让居民敢花钱，三是让居民有地方花钱。首先，让居民有钱花。关键是要扩大就业，降低失业率，改革分配制度，提高城乡居民收入特别是农民、农民工和城市低收入群体的收入，扩大其消费需求。八亿农民是最大的潜在消费群体，是我国扩大内需的关键所在，只有他们的收入提高了，才能切实解决我国经济内需不足的问题，从长远来看，八亿农民增收的根本途径是农业的产业化及城市化。其次，让居民敢花钱。我国居民储蓄率居高不下的原因除了文化传统方面的因素外，最主要的还是社会保障体系不健全，使得居民有很多的后顾之忧。因此，必须深化社会保障体制改革和医疗体制改革。在城市，重点解决看病贵、上学贵、就业难等问题；在农村，要加快建立农村合作医疗制度，加快解决农民工的养老、医疗和工伤保险问题。总之要从各方面减轻城乡居民的社会负担，为居民扩大消费解除后顾之忧。最后，让居民有地方花钱。要适应社会的消费需求，不断拓宽消费领域和改善消费环境。要大力发展旅游、文化、健身、休闲等产业，促进消费结构升级。

2. 调整产业结构，促进三次产业协调发展。当前我国的产业结构存在的主要问题是：农业内部结构有待优化；第二产业特别是工业"大"

而不"强"，结构偏重；第三产业发展滞后，内部结构有待优化。必须加快产业结构的战略性调整，促进产业结构优化升级，努力形成产业竞争新优势，促进经济增长由主要依靠第二产业带动向依靠一、二、三产业协同带动转变。调整的方向和重点是：第一，农业方面，应从传统农业向优质高效农业转型，提高农产品的附加值，加快推进农业产业化。第二，第二产业是产业转型的重点，要以信息化带动工业化，以高新技术和先进实用技术改造传统产业，通过分化、替代、重组、整合，突破传统产业的某些制约与限制，引导工业向高附加值、高竞争力、高信息含量的方向发展；同时还要加快发展新兴产业，特别是新能源、新医药、新材料和生物产业的发展壮大。第三，要特别重视第三产业的发展，把它作为一个战略产业来看待。发展第三产业不仅要继续发展传统的劳动密集型产业，还要积极推进知识密集型等新兴第三产业的发展，提高第三产业在国民经济中的比重。近年来，随着制造业的快速发展，生产服务业获得了巨大的发展空间，已经成为第三产业发展的新亮点。国家应该在政策上予以倾斜和扶持，促进现代制造业与服务业加快融合，互动发展，增强服务业对制造业的支撑作用，大力发展软件、金融保险、信息服务、科技服务业，加快发展现代物流、产品市场服务业等。

3. 调整区域经济结构，促进城乡和地区间经济的协调发展。我国长期形成的城乡二元经济结构是我国经济发展不协调的一个重要方面，这将不可避免地影响经济发展方式的转变。因此党的十七大报告特别强调："解决好农业、农村、农民问题，事关全面建设小康社会大局，必须始终作为全党工作的重中之重"。解决"三农"的根本途径是"建立以工促农、以城带乡长效机制，形成城乡经济社会发展一体化新格局"。具体来讲包括以下内容：首先，通过体制改革和政策调整，促进城乡在规划建设、产业发展、市场信息、政策措施、生态环境保护、社会事业发展的一体化，改变长期形成的城乡二元经济结构，实现城乡在政策上的平等、产业发展上的互补、国民待遇上的一致，让农民享受到与城镇居民同样的文明和实惠，使整个城乡经济社会全面、协调、可持续发展。其次，要稳步地推进城市化。我国农村人均资源占有太少是制约农民收入提高的根本原因，因此在推进农村经济产业化的同时，必须稳步地推行城市化，这是解决我国"三农"问题的根本途径。农民向城镇转移应以市场力量为主导，辅之以必要的政府调节和指导，同时要特别注意保护失地农民的合法权益。再次，要加大对农村的财政支持力度，建立起全国统一的劳动市场。解决城乡收入差距问题，除了在国民收入分配中加大对农村的扶持以外，当务之急是从体制上解决城乡居民机会不均等和劳动力市场的地区分割问题。要创造条件尽快取消对农村居民的各种非国民待遇的政策规定，取消现存的城乡分割的劳动力市场，逐步建立全国统一的劳动力市场，使得农民有与城镇居民均等的就业机会和公平竞争的市场和法律环境。

我国地区之间发展不平衡也是制约我国经济发展方式转变的一个重要因素。要缩小区域发展差距，形成东中西良性互动、公共服务和人民生活水平共同提高的格局，除了必须坚持实施推进西部大开发，振兴东北老工业基地，促进中部地区崛起，鼓励东部地区率先发展的区域发展总体战略外，还应着重抓好以下几个方面的工作：第一，加强区域间的分工协作，使各地区在比较利益选择的基础上，既形成各具特色、体现各地比较竞争优势的地区产业，又重构起优势互补、协调发展的区域经济新格局。[1] 第二，引导东部沿海发达地区向欠发达地区转移技术、资金和产业；突破行政区划的界限，形成若干带动力强、联系紧密的经济圈和经济带。第三，建立资源开发和生态保护补偿制度，加大对贫困地区、资源枯竭型城市的政策支持，促进区域共同发展。

三、以科技进步为先导，实现经济发展方式的转变

我国经济发展方式的转变，离不开科技进步。在发达资本主义国家中，科学技术对经济增长的贡献率目前已经达到 70%—80%，我国目前

---

[1] 马静：《我国经济增长方式转变研究》，山东师范大学硕士学位论文，2006 年。

只有39%，处于较低水平。[①] 我们必须顺应时代的要求，加快科技创新的步伐，以科技进步和知识积累促进经济发展方式的转变。

（一）以增强自主创新能力为核心，加快技术进步的步伐

自主创新能力不强，核心技术受制于人，制约了我国经济又好又快发展。因此党的十六届五中全会明确提出要"提高自主创新能力"，并把"增强自主创新能力作为调整产业结构、转变增长方式的中心环节"。增强我国自主创新能力应采取以下几个方面的措施：

第一，把原始创新、集合创新和引进消化吸收再创新（二次创新）有机地结合起来。首先，自主创新要加强原始创新。原始创新是科技创新的基础和科技竞争力的主要源泉，不仅能主导和指引该研究方向的后续研究，还可能开创一个新领域、新学科或新兴产业，从而使一国在该领域保持长期的领先地位和竞争优势；其次，自主创新要加强集成创新，使各种相关技术相互融合，形成具有市场竞争力的产品和产业。与原始创新需要更多的经费投入相比，集成创新是一种更经济的创新方式，能够实现技术的低成本跨越。因此，在重视关键技术的原始性创新的同时，积极开展相关技术的集成创新是符合中国国情的一种创新策略安排。再次，自主创新要在引进国外先进技术的基础上，积极消化和再创新。从国际经验来看，引进消化吸收再创新是后发国家实现追赶的一条捷径：它既缩短了与先进国家的技术差距，还有利于避免一味地依赖技术引进，从而"站在巨人的肩膀上"迅速地提升自主创新能力。

第二，深化改革，加快科技成果向现实生产力转化，真正构建以企业为主体、市场为导向、产学研相结合的自主创新体系。首先，要按照国家科技发展战略规划以及经济社会发展的实情，对科技投入的方向和具体领域实行总体规划和调控，整合有限的科技资源，促进科技资源的合理配置。其次，要促进企业成为自主创新的主体，提高企业的自主创新能力。技术创新活动本质上是一个经济过程，只有以企业为主体，才能真正坚持

---

① 宋涛主编：《政治经济学教程》，中国人民大学出版社2008年版。

市场导向，反映市场需求。再次，政府应营造有利于技术创新的制度环境，建设并维护好科技创新体系。这就要求政府一方面要加强宏观调控职能，通过鼓励性的财政政策、金融政策、分配政策、人才政策等来引导、激励和规范创新活动；另一方面要加大投入，为高校、科研院所和企业的创新活动提供有力的支撑。

第三，要进一步培育健全技术市场，加强知识产权保护。一个健全的技术市场对于我国自主创新能力的提升有重要作用：它能促进科技成果迅速转化为现实的生产力；它有利于科研与生产的密切结合；它能促进科技人员合理流动，优化科技人才的合理配置，有利于减少人才资源的浪费。完善技术市场的关键是要加强知识产权保护。目前，《中华人民共和国专利法》、《中华人民共和国商标法》、《中华人民共和国著作权法》等法律法规先后出台，为知识产权的保护提供了法律依据，关键是要加大执法力度，破除地方保护主义。

2. 大力发展教育事业，培养新型技术人才。技术进步是人的主动的自觉行为，最终主体是人。一个国家的自主创新能力的强弱高低，经济发展的速度和质量，最终取决于全体国民的素质，而决定一个国家国民素质的最重要因素是教育。一般来说，教育水平越高，科学技术和经济发展就比较快，反之则比较慢。世界上的科学技术与经济大国，同时又是教育大国。因此大力发展教育事业，培养新型技术人才是增强我国自主创新能力的长远之策。首先，要加大教育事业的资金投入力度。早在 1993 年，中共中央、国务院制定的《中国教育改革和发展纲要》中就明确提出："逐步提高国家财政性教育经费支出占国民生产总值的比例，在本世纪末达到4%。"但迄今为止，4% 的政策目标尚未实现。除了要加大财政资金的投入外，职业教育和高等教育等非义务教育形式应多鼓励社会和个人的投资和支持，在捐赠、基金、学杂费等方面更加反映市场和个人的需求。其次，要进一步优化教育结构，促进义务教育均衡发展，加快普及高中阶段教育，大力发展职业教育，提高高等教育质量，促进各级各类教育协调发展。

四、大力发展生态经济，促进经济发展方式的转变

生态经济是近年来人们在反思人与自然关系的过程中提出的一种新的发展理念或发展模式。生态经济要求在经济发展过程中以生态环境建设和社会经济发展为核心，遵循生态规律和经济规律，把生态建设、环境保护、自然资源的合理利用与社会经济发展及城乡建设有机结合起来，通过统筹规划，综合建设，形成优美的生态环境，建设文明和谐的生态文化，发展高效低耗的生态产业，建立人与自然和谐共处的和谐社会，实现经济效益、社会效益、生态效益的高度统一和可持续发展。生态经济与近年来兴起的循环经济有着逻辑上的内在一致性，但是生态经济比循环经济的内涵更丰富，循环经济本质上是一种生态经济，是生态经济成为现实的一种重要手段。

大力发展生态经济，是实现发展方式的转变，构建资源节约型和环境友好型社会的必由之路，也是转变经济发展方式题中应有之义。首先，必须进一步解放思想，更新观念。要把发展生态经济作为 21 世纪的一项重大发展战略，确立"立足生态，着眼经济、全面建设、综合开发"的发展思路，实现经济效益、生态效益、社会效益的协调统一。其次，要根据我国的国情，大力发展生态林业、生态农业、水电清洁能源、有机食品工业、生态建筑及材料产业、生态旅游业和环境保护产业等。这些产业的发展不仅将有力地推动我国生态经济的发展，提升我国经济竞争力，而且还有利于扩大就业，有利于促进人口、经济、生态的协调发展。再次，建立和完善与生态经济发展相适应的制度体系和法律支撑体系。如建立绿色GDP 核算制度，环保标志制度、环境税收制度等，特别要通过立法限制高污染高能耗生产企业的设立和产品的生产。此外，政府还应制定各种产业政策支持生态经济的发展。如支持企业研究开发相关技术；鼓励企业对再生资源进行回收、加工、利用；鼓励企业采取节能降耗技术改造传统产业，淘汰落后技术和生产方法等。

第十一章

所有制结构的
调整和探索

　　所有制问题是经济领域最基本的问题。生产资料所有制结构，是指不同的生产资料所有制形式在一定社会经济形态中所处的地位、所占的比重，以及它们之间的相互关系。60 年来，中国所有制结构的形成、演变和改革，经历了一个漫长的历史探索过程，形成了一条由多元到一元又到多元的否定之否定的螺旋式上升路径。当代中国实行的"以公有制为主体、多种所有制经济共同发展"的所有制结构，是马克思主义基本原理同中国现代化建设实践和时代特征相结合的产物，是经过当代中国发展实践检验的最现实、最有效的选择。

第一节　所有制结构的演进历程

　　建立科学合理的生产资料所有制结构是社会生产力发展的内在要求。我国探索所有制结构的过程本身始终是在推动社会生产力发展的内在要求下进行的，始终是在坚持"社会主义制度的自我完善和发展"这一性质下进行的，其演进路径是渐进的、试验性的，历经多次调整与改革。

一、1949—1978 年所有制结构的演进历程

1949—1978 年我国所有制结构的变迁历经两个阶段：第一个阶段是 1949—1952 年国民经济恢复时期，在继承旧中国所有制结构的基础上，通过新民主主义革命，形成了以国营经济为领导的多元所有制结构，实现了新中国所有制结构的第一次历史性飞跃，使国民经济得到快速恢复和发展。第二个阶段是 1953—1978 年，消灭了几千年来旧中国剥削制度赖以存在的私有制的经济基础，建立了社会主义公有制经济体系。"一大二公"的纯而又纯的单一公有制，成为我国基本的经济结构模式。

（一）1949—1952 年国民经济恢复时期：以国营经济为领导，多元所有制成分并存

新中国成立伊始，经济形势异常严峻，经济命脉和主要生产资料掌握在外国资本、封建地主和官僚资本的代表手中。由于长期受腐朽落后的生产关系束缚，加之多年战乱的破坏，经济上所继承的是一个十分落后的千疮百孔的烂摊子，生产力的发展落后于世界发达国家百年以上。恢复国民经济之首要任务就是解决旧的生产关系与生产力之间的矛盾，其核心内容就是变革生产资料所有制。

以毛泽东同志为核心的党的第一代领导集体，把马克思的社会主义思想置于中国现实的基础上，积极探索适合中国国情的经济结构模式。毛泽东早在 1947 年 12 月《目前形势和我们的任务》中就明确论述了全国胜利后的经济构成，提出新民主主义革命的三大经济纲领："没收封建阶级的土地归农民所有，没收垄断资本归新民主主义的国家所有，保护民族工商业。"[①] 1949 年党的七届二中全会的报告中指出："在这个时期内，一切不是于国民经济有害而是于国民经济有利的城乡资本主义成分，都应当容许其存在和发展……国营经济是社会主义性质的，合作社经济是半社会主义性质的，加上私人资本主义，加上个体经济，加上国家和私人合作的国

————————

① 《毛泽东选集》第四卷，人民出版社 1991 年版，第 1253 页。

家资本主义经济，这些就是人民共和国的几种主要的经济成分，这些就构成新民主主义的经济形态。"① 新民主主义的所有制结构思想大规模实施，形成了由国营经济、合作社经济、国家资本主义经济、私人资本主义经济、个体经济五种经济成分组成的新民主主义经济。在这五种经济成分中，国营经济处于领导地位，掌握国家的经济命脉。1949 年，在工业总产值中，国营合作社营工业占 34.17%，公私合营工业占 2%，私营工业占 63.13%。到 1952 年，工业总产值中国营、合作社营与公私合营企业产值所占的比重已达 50% 以上，与其他经济成分相比已占优势。

为了使国民经济快速恢复发展，必须调动国内外一切可能调动的资源，使经济利益多样性的各类经济成分共同朝着有利于国计民生的方向发展。1949 年 9 月通过的《中国人民政治协商会议共同纲领》提出在国营经济领导下各种经济成分"分工合作，各得其所"的思想和"以公私兼顾、劳资两利、城乡互助、内外交流的政策，达到发展生产、繁荣经济的目的"。国营经济是国家发展生产，繁荣经济的主要物质基础，政府在接管官僚资本的过程中贯彻"原职、原薪、原制度"的政策较好地调动了管理人员和职工的积极性，并在此基础上实行民主改革，使国营企业的劳动生产率有较为明显的提高。对于私营经济，一方面，实行以"节制资本"、统制贸易和加强计划为主要内容的管理政策，通过在活动范围、税收政策、市场价格、劳动条件等诸方面对私营经济不利于国计民生的方面予以限制；另一方面，国家通过调整工商业，开展城乡物资交流，活跃市场流通；并且扩大了对私营工业的加工订货和产品收购，从而使私营经济获得正常利润，能够继续进行生产和扩大再生产。这些政策措施调动了多种所有制成分的积极因素，促进了多种经济成分的共同发展。

（二）1953—1978 年，消灭私有制与单一公有制模式的逐步确立

1952 年年底，中共中央提出了由新民主主义社会向社会主义社会

---

① 《毛泽东选集》第四卷，人民出版社 1991 年版，第 1431—1433 页。

转变的过渡时期总路线，其核心为"一化三改"，即在一个相当长的时间内，逐步实现国家的社会主义工业化，并逐步实现国家对农业、手工业和资本主义工商业的社会主义改造。总路线的实质，就是使生产资料的社会主义公有制成为我国国家和社会的唯一的经济基础。[①] 毛泽东在《关于农业合作化问题》、《改造资本主义工商业的必经之路》、《关于农业互助合作的两次谈话》等文章中，多方面阐述了对农业，手工业和资本主义工商业的社会主义改造的意义、步骤和方法，创造性地开辟了一条适合中国特点的社会主义改造道路。对个体农业，我们遵循自愿互利、典型示范和国家帮助的原则，创造了从临时互助组和常年互助组，发展到半社会主义性质的初级农业生产合作社，再发展到社会主义性质的高级农业生产合作社的过渡形式。对个体手工业的改造，也采取了类似的方法。对资本主义工商业，则创造了委托加工、计划订货、统购统销、委托经销代销、公私合营、全行业公私合营等一系列从低级到高级的国家资本主义的过渡形式。随着社会主义改造的胜利完成，形成了国有经济占绝对优势的，国家资本主义所有制、城乡集体所有制和城乡个体所有制并存的所有制结构。这个时期，我国进行了大规模的经济建设，圆满地完成了第一个五年计划，增强了国有经济的实力，实现了从新民主主义社会到社会主义社会的伟大转变，社会主义制度基本建立起来。

社会主义改造后期，特别是 1955 年下半年以后，农业合作化以及对手工业和个体商业的改造要求过急，工作过粗、改变过快，形式也过于简单划一。1956 年参加农业生产合作社的农户比重达 96.3%，私营工业已全部公私合营，批发与零售商业中，私营成分分别仅占 0.1% 和 4.2%。党和政府认识到这种"急于求成、盲目求纯"的改造脱离生产力发展实际的问题后，1956 年底提出"新经济政策"构想：在社会主义的所有制结构上，除了主体的公有制经济（国营经济和集体经济）外，还应该长

[①]《社会主义革命的目的是解放生产力》，《毛泽东著作选读》下册，人民出版社 1986 年版，第 717 页。

期保存和发展一些私营经济和个体经济，并吸收华侨投资，以使国营经济、合作社经济有个对立面，保留一定的竞争机制，促进整个社会生产力的发展。党的八大在经济体制方面采纳了陈云提出的"三个主体、三个补充"的建议，不仅宣告了个体经济的合法性，而且为非公有制经济的存在和发展提供了有利的条件，八大以后，我国的非公有制经济有了较快的发展。"新经济政策"构想突破了认为社会主义只能实行单一公有制的传统观念，在所有制结构方面，显露了有关中国特色社会主义经济的一束可贵的思想火花。

然而，由于缺乏在生产力不发达的初级阶段建设社会主义的理论指导以及苏联模式的影响，由于全国范围内已经建立了单一的公有制，这种大环境致使"新经济政策"构想并未得到实施，相反1958年对个体工商业者的限制和改造措施更为严厉。一是组织入社，对个体手工业户，除极个别的特种工艺手工业户外，都要组织加入手工业合作社；二是把集体工商业并入或转入国营企业。1958年和1959年两年中，绝大部分的集体工商业都已经转为国营，留下的少量合作店、合作组也基本上只保留了形式，实际上也都归口国营企业统一核算，或按照国营企业的管理办法统付盈亏。在农业方面，到1957年，参加农业合作社的农户占97.15%，其中高级社占96.12%，个体农户不足3%。到1959年，农业合作化后保留下来的3%的个体农户也都强令加入比高级社规模更大、公有化程度更高的农村人民公社。经过1958年"大跃进"和农村人民公社化运动，非公有制经济已所剩无几。1961年，全国个体经济从业人员限制在极小范围的手工业、批发和零售商业领域，只有约100万人左右。

1961—1965年，中共中央意识到生产关系变更方面所犯的"急躁冒进的错误"，对经济体制有所调整，但随后的"文化大革命"，更加盲目和片面地追求纯之又纯的公有制形式。排斥公有制以外的其他经济成分，片面强调全民所有制的优越性，搞所有制的"升级"、"穷过渡"和"合并"运动，将"一大二公"作为判断所有制形式先进与否的标准，即认为社会主义的公有制的范围越大越好，公有化的程度越高越好。1975年我国的所有制结构是：在工业总产值中，全民所有制占 81.1%，集体所有制占 18.9%；在社会商品零售总额中，全民所有制占 56.8%，集体所有制占 43%，个体所有制占 0.2%。我国的经济结构基本上只剩下全民所有制和集体所有制两种公有制成分，生产资料所有制结构已成为单一的公有制。单一公有制的所有制结构超越了生产力发展阶段，导致生产效率低下，人民生活困难。

片面追求公有制经济所占比例，违背了生产关系适应生产力发展要求的客观规律，在此基础上，建立起来的是单一的公有制与高度集中的计划管理体制，使社会主义经济缺失了发展的动力与活力。然而值得肯定的是，这段时期对所有制结构的艰辛探索，为我国以后所有制结构的调整、变革和完善奠定了基础，为我国突破苏联模式和形成新的社会主义理论架起了一座桥梁，为党的十一届三中全会以后中国特色的社会主义经济建设提供了宝贵的历史经验与教训。

二、1978—2009 年所有制结构的演进历程

党的十一届三中全会以后，我党把马克思主义基本原理与中国实际相结合，在认真总结历史经验与教训的基础上，对我国社会主义所有制问题进行了不懈探索，对社会主义初级阶段的所有制成分与形式问题逐步取得了一系列新的认识。经过 30 年所有制改革的理论创新与实践，我国原有的单一公有制结构最终被多元的所有制结构所取代，形成了以公有制经济为主体、多种所有制经济共同发展的新格局。这一所有制结构的重大发展经历了从"主导补充结构"到"主体补充结构"，再到"共同发展"的"基本经济制度"三个阶段：

（一）从党的十一届三中全会到党的十三大，由单一的公有制结构向"主导补充结构"转变

始于 1978 年的"真理标准问题大讨论"，冲破了"两个凡是"的思想束缚，提出实践是检验真理的唯一标准，这为我党工作重心转移到正确的轨道上来提供了一个思想解放的突破口，开启了中国改革开放的历史进程。

1978 年 12 月党的十一届三中全会上，号召全党解放思想、实事求是，"把马列主义、毛泽东思想的普遍原理同社会主义现代化建设的具体实践结合起来，并在新的历史条件下加以发展。"以"改革"的思想为指导，对于所有制问题，首先在"资本主义的尾巴"上冲破禁锢，指出"社员自留地、家庭副业和集市贸易是社会主义经济的必要补充部分"[1]，1979 年党的十一届四中全会进一步强调："决不允许把它们当做资本主义经济来批判和取缔"[2]，1980 年 9 月，党中央印发《关于进一步加强和完善农业生产责任制的几个问题》，正式决策在全国范围实行家庭联产承包责任制。

1981 年，党的党的十一届四中全会通过的《关于建国以来党的若干历史问题的决议》中明确提出："我们的社会主义制度还是处于初级的阶段。""社会主义生产关系的变革和完善必须适应于生产力的状况，有利于生产的发展。国营经济和集体经济是我国基本的经济形式，一定范围的劳动者个体经济是公有制经济的必要补充。必须实行适合于各种经济成分的具体管理制度和分配制度。"这个决议概括了 1978 年党的十一届三中全会以来党在所有制形式上的新认识，正式提出了个体经济是公有制经济必要补充的论点。1982 年，党的十二大报告在强调国营经济主导地位的基础上，对其他经济形式（主要是个体经济）的存在和发展进行了理论展开和初步的政策设计。报告认为，"社会主义国营经济在整个国民经济中居于主导地位"，"要鼓励劳动者个体经济在国家规定的范围内和工商行政管理下适当发展，作为公有制经济的必要的、有益的补充。"这使大批返城知识青年获得了灵活就业的机会，城乡个体经济逐步壮大，劳动就业问题与城市生活中的吃饭难、修理难等社会问题都得到较好解决。

1984 年，党的十二届三中全会作出的《中共中央关于经济体制改革的决定》，将对所有制结构问题的认识推向了新的阶段：第一，指出"坚持多种经济形式和经营方式的共同发展，是我们长期的方针"，决不是要

---

[1]《三中全会以来重要文献选编》，人民出版社 1982 年版，第 8 页。
[2]《三中全会以来重要文献选编》，人民出版社 1982 年版，第 181 页。

退回到新民主主义经济，是社会主义前进的需要。第二，在发展外资经济上取得突破，首次提出"利用外资，吸引外资来我国举办合资经营企业、合作经营企业和独资企业，也是对我国社会主义经济必要的有益的补充"①。第三，提出生产资料所有权与经营权可以适当分离，鼓励"全民、集体、个体经济相互之间灵活多样的合作经营和经济联合"。第四，提出"集体经济是社会主义经济的重要组成部分，许多领域的生产建设事业都可以放手依靠集体来兴办"，"当前要注意为城市和乡镇集体经济和个体经济的发展扫除障碍，创造条件，并给予法律保护"，这表明我党对集体所有制经济的作用有了进一步的认识，并满怀信心地为其发展创造条件。第五，首次提出"有些小型全民所有制企业还可以租给或包给集体或劳动者个人经营"。至此，以国有经济为主导，个体、私营、"三资经济"为补充的"主导补充结构"形成，打破了以往片面追求单一的公有制结构的格局。虽然它还只是初步提出多种所有制共同发展的模式，但却从性质上确认了允许多种所有制经济形式发展的格局，这是我国所有制结构调整过程中一次质的飞跃。

以国有经济为主导，个体、私营、"三资经济"为补充的"主导补充结构"，是我国所有制结构调整过程中一次质的飞跃。它是伴随着我党思想理论上的第一次解放，在所有制结构上所完成的第一次调整，打破了以往片面追求单一的公有制结构的格局。虽然它还只是初步提出多种所有制共同发展的模式，但却确认了允许多种所有制经济形式发展的格局。

（二）从党的十三大到党的十四届三中全会，由"主导补充结构"到"主体补充结构"的转变

1987年10月，党的十三大提出并系统阐述了社会主义初级阶段的理论，认识到"我们已经进行的改革，包括以公有制为主体发展多种所有制经济，以至允许私营经济的存在和发展，都是由社会主义初级阶段生产力的实际状况所决定的。"初步提出"公有制为主体"的概念，"社会主

---

① 《十二大以来重要文献选编》，人民出版社1986年版，第581页。

义初级阶段的所有制结构应以公有制为主体。目前全民所有制以外的其他经济成分，不是发展得太多了，而是还很不够。对于城乡合作经济、个体经济和私营经济，都要继续鼓励它们发展。公有制经济本身也有多种形式。除了全民所有制、集体所有制以外，还应发展全民所有制和集体所有制联合建立的公有制企业，以及各地区、部门、企业互相参股等形式的公有制企业。在不同的经济领域，不同的地区，各种所有制经济所占的比重应当允许有所不同"，这是对所有制结构问题上新的突破。首次肯定私营经济"是公有制经济必要的和有益的补充"①；提出"改革中出现的股份制形式，……是社会主义企业财产的一种组织形式，可以继续试行"；"一些小型全民所有制的产权，可以有偿转让给集体或个人"②。在此基础上，1988年党的十三届三中全会进一步提出要"进行以公有制为主体的股份制试点和发展企业集团试点"③。

1992年年初，邓小平南方讲话提出了著名的"三个有利于"的标准，破除了姓"资"姓"社"的思想困扰，为所有制改革扫除了理论上的障碍。同年10月党的十四大召开，在确定建立社会主义市场经济体制目标的基础上，阐明了所有制结构与社会主义市场经济的关系，强调指出"社会主义市场经济体制是同社会主义基本制度结合在一起的"。在此基础上对所有制"主体补充结构"作了完整的表述："在所有制结构上，以公有制包括全民所有制和集体所有制为主体，个体经济、私营经济、外资经济为补充，多种经济成分长期共同发展，不同经济成分还可自愿实行多种形式的联合经营。国有企业、集体企业和其他企业都进入市场，通过平等竞争发挥国有企业的主导作用。"④ 党的十四大提出转换国有企业特别是大中型企业的经营机制，是建立社会主义市场经济体制的中心环节。将国营经济改为国有经济，更准确地反映了全民所有制经济的性质。以此为

---

① 《十三大以来重要文献选编》，人民出版社1991年版，第31—32页。
② 《十三大以来重要文献选编》，人民出版社1991年版，第28页。
③ 《十三大以来重要文献选编》，人民出版社1991年版，第287页。
④ 《江泽民文选》（第一卷），人民出版社2006年版，第227页。

标志，国有企业改革由"放权让利"进入了"制度创新"的新阶段。十四大以后，国家统计局和国家工商行政管理局发布《关于经济类型划分的暂行规定》，将我国的经济成分划分为九种类型：国有经济；集体经济；私营经济；个体经济；联营经济；股份制经济；外商投资经济；港、澳、台投资经济；其他经济。以公有制经济为主体，九种经济成分并存的格局适应社会主义市场经济的发展需要，是改革深化的结果。

随着产权的流动、重组，财产混合所有的经济单位越来越多。经济生活中新的财产所有结构的出现，使多元所有制结构中"公有制为主体"的界定引发了关注。1993年党的十四届三中全会通过的《中共中央关于建立社会主义市场经济体制若干问题的决定》对所有制结构中公有制的主体内涵给予进一步明确，"就全国来说，公有制应在国民经济中占主体地位，有的地方，有的产业可以有所差别。公有制的主体地位主要体现在国家和集体所有的资产在社会总资产中占优势，国有经济控制国民经济命脉及对经济发展的主导作用等方面"。这种"主体补充结构"虽然明确了公有制在社会主义初级阶段所有制结构中的地位，但仍有较大的局限性：一是在实际运作上对非公有制经济仍存在着较大的"所有制歧视"；二是对如何提高公有制的质量没有提出真正有效的操作办法。

（三）从党的十五大至今，建立和完善社会主义初级阶段的基本经济制度

1997年，党的十五大明确提出："公有制为主体，多种所有制经济共同发展，是我国社会主义初级阶段的一项基本经济制度。"这种"主体多元结构"的定位，是我党根据我国社会主义性质和基本国情，在认真总结前两次所有制结构调整的经验教训的基础上，按照"三个有利于"标准，对我国所有制结构进行的重大创新。"多种所有制经济"与公有制主体的关系不仅由"补充"变为了"共同发展"，而且从"制度外"进入了"制度内"，和公有制主体共同构成我国的基本经济制度，这意味着"主体多元的所有制结构"不是权宜之计，而是具有长期性、稳定性、合法性的制度安排。党的十五大报告关于我国生产资料所有制方面的论述主

要包括：第一，论述了坚持公有制的重要性。"我国是社会主义国家，必须以公有制为主体，不能走私有化道路，这是坚定不移的。以公有制为主体的根本原因在于它有利于调动广大职工和劳动者的积极性，有利于广大群众的共同致富，从而有利于社会生产力的解放和发展，所以，坚持以公有制为主体，是符合生产力标准的。"第二，全面论述了公有制经济的含义。"在社会主义市场经济中，公有制不等于国有制。公有制经济不仅包括国有经济和集体经济，还包括混合所有制中的国有成分和集体成分。""改革开放30年，不仅国有和集体经济有了明显的壮大和发展，混合所有制经济中的公有成分同样有了明显的壮大和发展。这是改革开放所取得的成果。"第三，科学界定了公有制的主体地位。党的十五大指出："公有制的主体地位主要体现在：国有资产在社会总资产中占优势；国有经济控制国民经济的命脉，对经济发展起主导作用……公有资产占优势，要有量的优势，更要注重质的提高。国有经济起主导作用，主要体现在控制力上。在关系国民经济命脉的主要行业和关键领域，国有经济必须占支配地位，而在其他领域，可以通过资产重组和结构调整，以加强重点，提高国有资产的整体质量。只要坚持公有制为主体，国家控制经济命脉，国有经济的控制力和竞争力得到加强，在这个前提下，国有经济的比重减少一些，也不会影响社会主义的性质。"第四，进一步阐述了集体经济的地位与作用。"集体所有制经济是公有制经济的重要组成部分"，指出集体经济"可以体现共同致富的原则，可以广泛吸收社会分散资金，缓解就业压力，增加公共积累和国家税收"。"要支持、鼓励和帮助城乡多种形式集体经济的发展，这对发挥公有制经济的主体作用具有重大意义"。第五，提出公有制的实现形式可以而且应当多样化，并科学阐明了股份制的属性。指出"一切反映社会化生产规律的经营方式和组织形式都可以大胆利用"。"要努力寻求能够极大促进生产力发展的公有制实现形式"。"股份制是现代企业的一种资本组织形式，有利于所有权和经营权的分离，有利于提高企业和资本的运作效率，资本主义可以用，社会主义也可以用，不能笼统地说股份制是私有还是公有，关键要看控制权掌握在谁的手中。国家和集体控股具有明显的公有性，有利于扩大公有资本的支配范围，增强公有制的主体作用"。进一步指出"目前城乡大量出现的多种多样的股份合作制经济，是改革中的新事物，要支持和引导，不断总结经验，使之逐步完善。劳动者的劳动联合和劳动者的资本联合为主的集体经济，尤其要提倡和鼓励。"第六，科学地确立了非公有制经济的地位。指出非公有制经济是社会主义市场经济的重要组成部分。强调对个体、私营等非公有制经济要继续鼓励引导，使之健康发展。这是一个重大的突破，它意味着长期以来把非公有制经济当做社会主义异己和附属物的观点和做法成为历史。

党的十五大关于所有制结构的重大理论突破，在1999年中华人民共和国第九届全国人民代表大会第二次会议通过的《中华人民共和国宪法修正案》中得到了肯定："在法律规定范围内的个体经济、私营经济等非公有制经济，是社会主义市场经济的重要组成部分。"根据十五大精神，1998年9月国家统计局制定了《关于统计上划分经济成分的规定》，将我国经济成分划分为两大类别，共五种成分类型。第一大类为公有经济，包括国有经济和集体经济两种成分类型；第二大类为非公有经济，包括私有经济、港澳台经济、外商经济三种成分类型。

2002年党的十六大，在坚持基本经济制度的基础上突出"完善论"，至此，所有制结构的完善与优化成为以后所有制结构改革的重点。"根据解放和发展生产力的要求，坚持和完善公有制为主体、多种所有制经济共同发展的基本经济制度。第一，必须毫不动摇地巩固和发展公有制经济。……第二，必须毫不动摇地鼓励、支持和引导非公制经济发展。……第三，坚持公有制为主体，促进非公制经济发展，统一于社会主义现代化建设的进程中，不能把这两者对立起来。各种所有制经济完全可以在市场竞争中发挥各自优势，相互促进，共同发展。"[①]　"两个毫不动摇"和"一个统一"突破了公有制经济与非公有制经济不可融合的传统观念，是

① 《江泽民文选》第三卷，人民出版社2006年版，第547—548页。

对非公有制经济的社会主义性质的充分肯定，显示了党和政府坚持我国现阶段"基本经济制度"这一政策的长期性、连续性和稳定性。十六大还提出国有资产投资主体和实现形式的多样化，确立了所有权和经营权分离的思想，"除极少数必须由国家独资经营的企业外，积极推行股份制，发展混合所有制经济。实行投资主体多元化"；提出"促进非公有制经济健康发展。完善保护私人财产的法律制度"，"放手让一切劳动、知识、技术、管理和资本的活力竞相迸发，让一切创造财富的源泉充分涌流"等促进非公有制经济发展的新思路，这表明，以公有制为主体，多种所有制共同发展已纳入了我国制度化、法制化的轨道。

2003 年 10 月党的十六届三中全会通过的《关于完善社会主义市场经济体制若干问题的决定》彻底解决了长期存在的姓"资"姓"社"的理论争论，是我国社会主义所有制理论的又一次重大突破，为社会主义市场经济奠定了坚实的体制基础。全会在所有制问题上的突破主要表现为：第一，第一次提出大力发展混合所有制经济，实现投资主体多元化，使股份制成为公有制的主要实现形式。通过明确股份制的属性仅仅是适应社会化大生产的一种资本组织形式，突破了把公有制主要实现形式定位于国有经济和集体经济的传统观点，强调推行以股份制为主的公有制的多种有效实现形式。这不仅符合社会化生产力发展的要求，也体现了对所有制与所有制实现形式分离思想的发展。第二，第一次提出允许非公有资本进入法律法规未禁入的领域，为非公有制经济的进一步发展营造良好的政策环境。《决定》提出："个体、私营等非公有制经济是促进我国社会生产力发展的重要力量。清理和修订限制非公有制经济发展的法律法规和政策，消除体制性障碍。放宽市场准入，允许非公有资本进入法律法规未禁入的基础设施、公用事业及其他行业和领域。非公有制企业在投资、税收、土地使用和对外贸易方面，与其他企业享受同等待遇。支持非公有制中小企业的发展，鼓励有条件的企业应该做强做大。"这一政策思想于 2005 年细化为国务院发布的《关于鼓励支持和引导个体私营等非公有制经济发展的若干意见》（简称"非公 36 条"）。第三，第一次提出建立现代产权制度，产权是所有制的核心和主要内容。在1993年党的十四届三中全会提出发展"产权清晰、权责明确、政企分开、管理科学的现代企业制度"的基础上，迈出了新的一步。"建立归属清晰、权责明确、保护严格、流转顺畅的现代产权制度，有利于维护公有财产权，巩固公有制经济的主体地位；有利于保护私有财产权，促进非公有制经济发展；有利于各类资本的流动和重组，推动混合所有制经济发展；有利于增强企业和公众创业创新的动力，形成良好的信用基础和市场秩序。这是完善基本经济制度的内在要求，是构建现代企业制度的重要基础。"现代产权制度的建立必然为公有制与市场经济的结合，为公有制和非公有制经济的结合，提供坚实的制度保证。

2007年党的十七大报告中进一步提出，"毫不动摇地巩固和发展公有制经济，毫不动摇地鼓励、支持、引导非公有制经济发展，坚持平等保护物权，形成各种所有制经济平等竞争、相互促进新格局"。"两个平等"即法律上的平等保护和经济上的平等竞争，意在进一步解除非公有制经济发展的各种制度性障碍，也勾勒出日渐清晰的多种所有制经济共同发展的和谐前景。对于如何巩固和优化公有制经济，提出了具体的思路："深化国有企业公司制股份制改革，健全现代企业制度，优化国有经济布局和结构，增强国有经济活力、控制力、影响力。深化垄断行业改革，引入竞争机制，加强政府监管和社会监督。加快建设国有资本经营预算制度，完善各类国有资产管理体制和制度。""推进集体企业改革，发展多种形式的集体经济、合作经济。""以现代产权制度为基础，发展混合所有制经济"；同时强调通过"推进公平准入，改善融资条件，破除体制障碍"来促进个体、私营经济和中小企业发展。

第二节　所有制结构演进对经济发展的影响

符合生产力发展内在要求的生产资料所有制结构能够有力地推动社会

生产力的发展，反之，违背生产关系适应生产力发展要求的客观规律，不符合中国国情的所有制安排则会使社会主义经济缺失发展的动力与活力。纵观我国所有制结构的演进历程，新中国成立初期，一切不是于国民经济有害而是于国民经济有利的经济成分，都被容许存在和发展。新民主主义的所有制结构思想大规模实施，形成了由国营经济、合作社经济、国家资本主义经济、私人资本主义经济、个体经济五种经济成分组成的新民主主义经济。国民经济恢复之后，对所有制结构的调整重心转移到如何建立社会主义公有制结构，"一化三改"的社会主义改造很快确立了单一的公有制为我国的基本经济结构。这种所有制安排持续到1978 年我国改革开放前，全民所有制经济和集体所有制经济占绝对优势。1978 年，公有制经济在全国工业总产值中所占的比重达到100％。改革开放以后，随着对社会主义初级阶段理论及所有制理论认识的重大飞跃，非公经济的地位逐步得到确立，公有制经济的内涵、主体地位及其实现形式日渐明晰，国有经济经过"放权让利"、"承包责任制"、"股份制"等一系列改革，实现了从绝对垄断到合理布局的战略性调整，非公经济取得了长足发展，我国所有制结构实现了从国有经济的一花独放到多种所有制经济共同发展的格局转变。表11－1 说明了这种所有制结构的变化——尤为清楚地表现在整个经济结构中，公有制经济的比重下降，非公有制经济比重的上升。表11－2 的经济增速数据则很好地证实了不同时期所有制结构对生产力的适应性。1958—1978 年期间经济年均增速仅维持在5.4％的低位，"一大二公"的单一公有制超越了当时较低的生产力水平，对生产力的发展构成极大阻碍，加之文革期间"革命"而非"生产"的指导思想使我们贻误了生产发展的时机，在世界经济中的排名不断下滑。除此以外的其他时期，我国经济年均增速均超过9％，考察这几个时期所有制结构的共同特点是多种所有制并存，显示了较强的经济适应性和促进性。

表11-1 各种所有制经济占国内生产总值的比重

（单位:%）

年份	国有经济	集体经济	非公有经济
1952	19.8	1.5	78.7
1957	40.8	56.4	2.8
1978	56.0	43.0	1.0
1999	约1/3	约1/3	约1/3
2008	约1/5	约	约2/3

注:1952 年、1957 年是按国民收入计算。

表11-2 各个时期国内生产总值年平均增长速度

（单位:%）

时期	增长速度
1953—1957	9.2
1958—1978	5.4
1979—1999	9.6
2000—2008	9.2

注:为了与前文所述的所有制结构演进历程保持分析的同步性,仍然以经济史的演进视野探讨伴随所有制结构的变化和调整,经济发展所呈现的特点和局面。

（资料来源:有关年份《中国统计年鉴》,中国统计出版社）

1.1949—1952 年国民经济恢复时期,为解决新中国成立之初的经济凋敝问题,变革旧的生产资料所有制形成了以国营经济为领导的多元所有制结构,实现了新中国所有制结构的第一次历史性飞跃

多种经济成分的共同发展,使国民经济得以在旧中国的经济废墟中快速恢复并实现了大发展。1949—1952 年,社会总产值增长 82.2%,年平均递增 22.81%;国民收入增长 64.5%,年平均递增 18.05%;人均国民收入 1952 年比 1949 年增长 54.5%,年平均递增 15.7%;国家财政收入 1952 年比 1950 年增长 181.7%,年平均递增 67.85%,仅仅用了 3 年时间,主要工农业产品产量即已超过了历史最好水平。1952 年,中国工农业总产值为 810 亿元,比 1949 年增长 77.5%,比解放前最高水平的 1936

年增长 20%，年平均递增 21.1%。

2. 1953—1978 年，消灭了几千年来旧中国剥削制度赖以存在的私有制的经济基础，建立了社会主义公有制经济体系

"一大二公"的纯而又纯的单一公有制成为我国基本的经济结构模式。一方面，排斥公有制以外的其他经济成分，非公有制经济被作为资本主义的"尾巴"割掉。另一方面，片面强调全民所有制的优越性，低估集体所有制存在和发展的必然性，混淆全民所有制和集体所有制的界限，搞所有制的"升级"、"穷过渡"和"合并"运动，将"一大二公"作为判断所有制形式先进与否的标准，即认为社会主义的公有制的范围越大越好，公有化的程度越高越好。1975 年我国的所有制结构是：在工业总产值中，全民所有制占 81.1%，集体所有制占 18.9%；在社会商品零售总额中，全民所有制占 56.8%，集体所有制占 43%，个体所有制占 0.2%。我国的经济结构基本上只剩下全民所有制和集体所有制两种公有制成分，生产资料所有制结构已成为单一的公有制。片面追求公有制经济所占比例，违背了生产关系适应生产力发展要求的客观规律，在此基础上，建立起来的是单一的公有制与高度集中的计划管理体制，使社会主义经济缺失了发展的动力与活力，导致生产效率低下，人民生活困难。1978 年，我国国内生产总值仅为 3645 亿元，农村有 2.5 亿贫困人口，城镇有上千万待业人员。

3. 1978—2009 年，伴随着三次思想大解放①，把马列主义、毛泽东思想的普遍原理同社会主义现代化建设的具体实践结合起来，并在新的历史条件下加以发展

以"改革"的思想为指导，对于所有制问题冲破禁锢。经过 30 年所

---

① 第一次思想大解放是从哲学理念上突破，冲破了"两个凡是"的束缚，打破个人崇拜，属思想观念的转变更新；第二次思想大解放在经济领域冲破姓"社"姓"资"的束缚，打破的是计划经济崇拜，以生产发展为中心；第三次思想大解放也是在经济领域，但重点在体制创新，冲破姓"公"姓"私"的束缚，打破了所有制问题上的公有崇拜，是第二次思想解放基础上更深层次的改革。

有制改革的理论创新与实践，我国原有的单一公有制结构最终被多元的所有制结构所取代，形成了以公有制经济为主体、多种所有制经济共同发展的新格局。

党的十一届三中全会后，在坚持全民所有制经济占主导地位的前提下，采取一系列政策和措施，鼓励和扶持集体经济，适当发展个体经济，我国的经济领域空前活跃。"小岗村改革"轰动全国，人民公社悄然解体，乡镇企业异军突起。1978 年 12 月，安徽省凤阳县梨园公社小岗生产队的农民第一个吃螃蟹，自发实行分田到户。在国家政策的宽容下，1980 年底，全国实行包产或包干到户的生产队占生产队总数的比例，由年初的 1.1% 上升到 20%。1982 年底全国约有 80% 的农民实行包干到户，"三级所有，队为基础"的人民公社基本土崩瓦解。农村家庭联产承包责任制显示出了推动生产力发展的优越性，按不变价格计算 1978—1984 年，农业总增长率和年均增长率分别为 42.23% 和 6.05%，是 1949 年中华人民共和国成立以来农业增长最快的时期。乡镇企业迅猛发展，到 1987 年乡镇企业个数从 1978 年的 152 万个发展到 1750 万个，从业人数也从 1978 年的 2826 万人增加到 8815 万人，产值达到 4764 亿元，工业产值占到全国工业总产值的四分之一。

以国有经济为主导，个体、私营、"三资经济"为补充的"主导补充结构"，是我国所有制结构调整过程中一次质的飞跃。它是伴随着我党思想理论上的第一次解放，在所有制结构上所完成的第一次调整，打破了以往片面追求单一的公有制结构的格局。虽然它还只是初步提出多种所有制共同发展的模式，但却确认了允许多种所有制经济形式发展的格局。从整个经济结构来看，公有制经济的比重略有下降；在公有制经济内部，国有经济的比重有所下降，集体经济的比重上升。在工业总产值中，全民所有制工业所占比重，1980 年为 76.0%，1985 年下降为 64.9%；集体所有制工业所占比重，1980 年为 23.5%，1985 年上升到 32.1%；城乡个体工业所占比重，1980 年几乎为零，1985 年上升为 1.8%；其他经济类型（全民与集体合营、全民与私人合营、中外合营企业）由 0.5% 上升到 1.2%。

在城镇劳动者中，集体所有制职工由 1980 年的 2425 万人，增加到 1985 年的 3324 万人，城镇个体劳动者由 1980 年的 81 万人，增加到 1985 年的 450 万人，两者在城镇劳动者中所占比重由 23.8% 上升到 29.4%。在社会商品零售额中，1985 年集体所有制占 37%，1980 年占 11.9%，个体经济和农民对非农业居民零售额的比重 1985 年占 22%，1980 年只占 3.9%。多种经济形式的共同发展，不仅促进了城乡经济的发展，而且开拓了就业门路，"六五"期间，安排了待业人员共 3500 多万人，促进了社会的安定。

党的十三大以后，我国的个体、私营经济发展迅速。国有企业经历前阶段"放权让利"的改革之后，从 1987 年开始，国有企业改革围绕着重建企业经营机制这个中心，全面推行各种形式的经营责任制，包括大中型企业的承包制，小企业的租赁制和股份制的试点。到 1988 年，在工业总产值中，全民所有制所占的比重由 1978 年的 77.6% 下降为 56.8%，仍占多数；集体经济由不足 22.4% 上升为 33.7%，个体经济和其他经济成分由几乎为零发展到 9.5%。在社会商品零售总额中，全民所有制商业由 54.6% 下降到 1988 年的 39.4%；集体商业由 43.3% 下降为 34.4%（包括供销社商业），个体商业占 17.8%。全国投产运营的"三资"企业约有 7000 家，1988 年出口创汇 24.6 亿美元。

1992 年年初，邓小平南方讲话提出了著名的"三个有利于"的标准，破除了姓"资"姓"社"的思想困扰，为所有制改革扫除了理论上的障碍。同年 10 月党的十四大召开，在确定建立社会主义市场经济体制目标的基础上，阐明了所有制结构与社会主义市场经济的关系，强调指出"社会主义市场经济体制是同社会主义基本制度结合在一起的"。随着产权的流动、重组，财产混合所有的经济单位越来越多。经济生活中新的财产所有结构的出现，使多元所有制结构中"公有制为主体"的界定引发了关注。1993 年党的十四届三中全会通过的《中共中央关于建立社会主义市场经济体制若干问题的决定》对所有制结构中公有制的主体内涵给予进一步明确，"就全国来说，公有制应在国民经济中占主体地位，有的地方，有的产业可以有所差别。公有制的主体地位主要体现在国家和集体所有的资产在社会总资产中占优势，国有经济控制国民经济命脉及对经济发展的主导作用等方面"。

以公有制为主体，多种经济成分并存的所有制结构逐步完善。截至1995年底，经营性国有资本中有60%以上分布于工业、建筑业以及贸易、餐饮业等一般性竞争领域。在工业领域，共有国有企业87905个，其中小型企业72237个，中型企业10983个，中小国有工业企业占国有工业企业总数的94.7%，分布于其中的国有资产量达17576.4亿元。私营经济是填补国有经济退出领域的一支重要力量，其迅速发展构成国有经济战略性调整的一个重要条件。1993年，私营企业发展迎来了第二个春天。私营企业数迅速超过1988年的水平，达23.7万家：1994年，大幅增加至43.2万家。至于私营企业的注册资金，在1989年和1990年间几乎没有增加，在1991年到1995年，增加了大约20倍，达到2400多亿元。

伴随着对公有制的内涵、主体地位及其多种实现形式的认识不断深化，我国推进国有企业公司制、股份制改革，健全现代企业制度，发展混合所有制经济，优化国有经济布局和结构，不断增强国有经济活力、控制力和影响力。经过多年的努力，国有企业公司制、股份制改革已取得巨大进展。到2005年底，国家统计局统计的国家重点企业中的2524家国有及国有控股企业，已有1331家改制为多元股东的股份制企业，改制面为52.7%。国有中小企业改制面已达80%以上。作为国有企业主干的中央企业，已有19家企业按照公司法转制，开展董事会试点。截至2006年底，国有企业股权分置改革基本完成，801家国有控股上市公司已有785家完成或启动股改程序，占98%。伴随着国有经济结构调整，国有经济和国有资本从一般竞争性行业中逐步退出，向关系国民经济命脉的重要行业和关键领域集中，但国有经济总量进一步增加，经济效益、运行质量和竞争能力明显提高，控制力、影响力和带动力进一步增强。1998年至2007年，全国国有及国有控股工业企业户数从6.5万户降到2.1万户，资产总额从7.49万亿元增加到15.82万亿元，主营业务收入从3.36万亿元增加到 12.26 万亿元，利润总额从 525.14 亿元增加到 10795.19 亿元。国有经济进一步向大型企业集中。2007 年，国务院国资委监管的中央企业资产总额超过千亿元的有 44 家，销售收入超过千亿元的有 27 家，利润超过百亿元的有 19 家，分别比 2003 年增加 27 家、18 家和 13 家。在 2008 年公布的世界 500 强中，国资委监管的中央企业有 19 家，比 2003 年增加 13 家。

伴随着"推进公平准入，改善融资条件，破除体制障碍"的诸多政策措施的出台实施，中国非公有制经济强劲增长，成为构建和谐社会的重要力量。第一，非公经济的规模增长较快，在企业数、注册资金、进出口总额、GDP 份额方面均表现显著。私营企业户数由 1989 年的 9.06 万户迅速增加到 2007 年的 551.3 万户，年均增速 25.6%。私营企业户数已占全国企业总数的 60% 以上；非公有制企业户数已占全国企业总数的 80% 以上。私营企业注册资金由 1989 年的 84.5 亿元迅速增加到 2007 年的 9.39 万亿元，年均增速 47.6%。据国家工商总局数据，到 2007 年，私营企业注册资本已占全国企业注册资本总数的 24%，非公有制企业注册资本已占全国企业注册资本总数的 86.1%。到 2007 年私营企业已实现进出口总额 4243.7 亿美元，较 1995 年增长了 66 倍，年均增速 42%。2007 年全部非公有制经济已占 GDP 比重的一半以上，占 GDP 增量的三分之二。第二，就业贡献和税收贡献突出。2007 年非公经济就业人数已占到全国城镇全部就业的 70% 以上和新增就业的 90% 以上。2007 年私营经济税收由 1989 年的 1.12 亿元迅速增加到 4771.51 亿元，年均增速高达 59%；个体经济税收由 1982 年的 11.33 亿元增加到 2007 年的 1484.26 亿元，年均增速达 21.5%。

第三节　所有制结构调整对收入分配的影响

收入分配关系问题一直都是人们普遍关心的重大经济问题，同时也是一个重大的政治问题和社会问题。收入分配关系不是孤立存在和发展的，它取决于社会的生产关系，更直接决定于社会的所有制结构。马克思在《资本论》中说："分配关系本质上和生产关系是同一的，是生产关系的反面"①，在生产和分配关系中，生产对分配起着决定的作用，分配的结构完全决定于生产的结构，分配本身就是生产的产物。因此，选择什么样的分配方式，既不是取决于分配方式的先进程度，也不是单凭主观愿望，而是取决于生产资料的所有制，并最终由生产力决定。随着我国在社会主义经济建设过程中对所有制结构的不断探索、调整和完善，收入分配原则也随之发生变化。

（一）我国所有制结构调整与收入分配制度的变化

改革以前的收入分配制度，是在20世纪50年代国家对农业、手工业和资本主义工商业的社会主义改造以及农村人民公社化以后形成并逐渐固化的。20世纪50年代末，生产资料的社会主义公有制成为我国唯一的经济基础，在单一公有制的所有制结构下，单一的按劳分配方式是必然的选择，是社会主义公有制在分配关系上的实现。在这种单一公有制的经济体系中，基本只存在全民所有制和集体所有制两种所有制形式，相应地，全国也就只存在着两种分配形式：全民所有制企业、机关和事业单位，以及城镇集体企业，都实行工资制；农村集体经济实行"工分"制，一种以大体平均、略有差别为特征、以评工记分为实现形式的"按劳分配"。对社会主义理解上的偏差，使传统计划经济体制下的按劳分配原则并未得到真正贯彻落实，分配中普遍采取"平均主义"、"大锅饭"的做法，把按劳分配等同于平均分配，严重挫伤了广大劳动者的积极性，使按劳分配的优越性得不到充分发挥。这种缺乏激励机制的分配制度导致了经济运行的低效率，成为经济快速发展的制度障碍。

改革开放以来，伴随着社会主义市场经济体制改革的不断推进，伴随着以公有制为主体的多元所有制结构的逐步形成，伴随着混合所有的股份制在社会主义市场经济体制中的实践，我国在坚持实行按劳分配的前提

①《马克思恩格斯全集》第25卷，人民出版社1974年版，第993页。

下，逐步放松了对其他分配方式的限制。收入分配制度的变化历经两个阶段，与所有制结构调整的阶段性是较为吻合的。

第一个阶段（从党的十一届三中全会到党的十四届三中全会）：由突破平均主义，贯彻按劳分配原则到按劳分配为主体、其他分配方式为补充的变革。

这一阶段最初是以切实有效地贯彻按劳分配原则为特征，实现"多劳多得，少老少得"。在农村通过家庭承包经营责任制，使农民得以自主决定劳动投入并以此获取合法收入，在城市，主要体现为劳动工资制度的改革。随着对"社会主义初级阶段应允许多种经济成分存在"的所有制思想的发展，党对我国的分配方式进行了新的探索。1987 年党的十三大政治报告中指出，"我们已经进行的改革，包括以公有制为主体发展多种所有制经济，以至允许私营经济的存在和发展，都是由社会主义初级阶段生产力的实际状况所决定的"。"目前全民所有制以外的其他经济成分，不是发展得太多了，而是还很不够"，要继续鼓励城乡合作经济、个体经济和私营经济的发展。要允许并且鼓励非公有制经济发展，那么显然"社会主义初级阶段的分配方式不可能是单一的"。"我们必须坚持的原则是，以按劳分配为主体，其他分配方式为补充。"这一分配制度的重大突破，使我国公民除了按劳分配获得收入外，其他一些合法的非劳动收入也得到了允许和保护。1992 年江泽民同志在党的十四大报告中谈到社会主义基本经济制度时，指出"在所有制结构上，以公有制包括全民所有制和集体所有制经济为主体，个体经济、私营经济、外资经济为补充，多种经济成分长期共同发展。在分配制度上，以按劳分配为主体，其他分配方式为补充，兼顾效率和公平"。这也就确认了"以按劳分配为主体，其他分配方式为补充"的按劳分配制度与社会主义初级阶段的"以公有制为主体，其他经济成分为补充"的所有制结构具有内在的一致性。党的十四大报告还进一步说明了"兼顾效率与公平"的内涵，主要是运用包括市场在内的各种调节手段，既鼓励先进，促进效率，合理拉开收入差距，又防止两极分化，逐步实现共同富裕。1993 年党的十四届三中全会通过的《关于建立社会主义市场经济体制若干问题的决定》指出"以公有制为主体的多种经济成分共同发展的格局初步形成",建立以按劳分配为主体,效率优先、兼顾公平的收入分配制度,鼓励一部分地区一部分人先富起来,走共同富裕的道路。

第二阶段(从党的十五大至今):把按劳分配和按生产要素分配结合起来,实行按劳分配为主体,多种分配方式并存的分配制度。

1997年党的十五大报告提出:"坚持按劳分配为主体,各种分配方式并存的制度。把按劳分配和按生产要素分配结合起来。"1999年宪法修正案确认了这项制度,"国家在社会主义初级阶段,坚持公有制为主体、多种所有制经济共同发展的基本经济制度,坚持按劳分配为主体、多种分配方式并存的分配制度"。这就从根本大法上确立了我国的所有制结构与收入分配方式的"一主多元"的制度特点。2002年党的十六大,在坚持基本经济制度的基础上突出"完善论",所有制结构的完善成为此后所有制结构改革的重点,与之相应的,分配制度更加关注分配方式与分配原则的完善与明晰。党的十六大报告在分配理论上明确提出要"确立劳动、资本、技术和管理等生产要素按贡献参与分配的原则,完善按劳分配为主体、多种分配方式并存的分配制度"。并且,使效率与公平这两大基本目标的实现方式和程度更加明晰和具体化:"坚持效率优先、兼顾公平。初次分配注重效率,再次分配注重公平"的原则。"一切合法的劳动收入和合法的非劳动收入,都应该得到保护。"随着收入差距的扩大,2007年党的十七大报告对收入分配原则进行调整,强调"初次分配和再分配都要处理好效率和公平的关系,再分配更加注重公平","逐步提高居民收入在国民收入分配中的比重,提高劳动报酬在初次分配中的比重","逐步扭转收入分配差距扩大趋势"。这是收入分配制度改革的又一次重大理论突破,它体现了党关注民生、朝着实现共同富裕目标前进的坚定信念。

改革开放以来,随着对社会主义中国的认识与实践的不断深入,随着市场经济体制改革的不断推进,中国的所有制结构调整是转变单一公有制,形成公有制为主体的多元所有制结构的过程。这条生产资料所有制变革的路径，决定了中国的收入分配制度一直没有离开"建立以按劳分配为主体，多种分配方式并存的分配制度"的主线。社会主义初级阶段确立以按劳分配为主体，多种分配方式并存的分配制度，有利于实现共同富裕，也有利于调动人的积极性、创造性，提高人民生活水平。每个人都可以根据自己的优势，合法致富。在创办企业及其经营活动中，可以采取"有钱的出钱（资本），有力的出力（劳动力），有知识的奉献知识（技术和管理）"的方式。"众人拾柴火焰高"，各种生产要素的有机结合，必将极大促进社会物质财富的生产。由于参与分配的要素多样性，收入水平的增长同时呈现收入结构的日益多元化。经济体制、企业制度、就业渠道等多方面的改革和变化，使居民收入来源由单一的收入形式（城镇居民收入主要为工薪收入，农村居民收入则为经营性收入）转为工薪收入、经营收入、财产性收入和转移性收入等多种报酬形式共存。在这一制度框架下，一部分人凭借对资本、技术、土地等生产要素的占有很快富裕起来，合理地拉开了收入差距。

对于贫富差距的扩大，不应理解为唯一地由体制改革和所有制结构的多元化造成，它还与城乡二元经济结构的存在、区域发展水平差异、垄断行业与利益集团等问题相关。我们需要从基本生产关系、基本经济制度入手，才能最终地阻止两极分化加剧的趋势。这就是邓小平同志所说的，"只要我国经济中公有制占主体地位，就可以避免两极分化"，"基本生产资料为国家所有，为集体所有，就是说归公有"，就"不会产生新资产阶级"。所以，坚持公有制为主体、多种所有制经济共同发展这一社会主义初级阶段的基本经济制度，对缩小我国贫富差距，解决社会公平问题是非常重要的。应从分配领域本身着手，特别是从财税等再分配领域着手，调整收入分配关系，缩小贫富差距；逐步提高居民收入在国民收入分配中的比重，提高劳动报酬在初次分配中的比重；着力提高低收入者收入，逐步提高扶贫标准和最低工资标准，建立企业职工工资正常增长机制和支付保障机制；创造条件让更多群众拥有财产性收入；保护合法收入，调节过高收入，取缔非法收入；扩大转移支付，强化税收调节，打破经营垄断，创造机会公平，整顿分配秩序，逐步扭转收入分配差距扩大趋势。

（二）我国所有制结构的演变对收入分配结果的多重影响

1. 现阶段我国所有制结构的调整促进了生产力的发展，居民收入水平普遍增长

改革开放前由于在所有制问题认识上的误区，我国的所有制结构是"一大二公"的单一公有制。这种所有制结构严重抑制了经济个体的生机与活力，束缚了生产力的发展。我国自1978年以来展开的对单一公有制结构的改革成为解放和发展生产力的根本举措。改革实践已经证明，随着"一主多元"所有制结构的逐渐形成，我国各个地区、行业的生产力得到了迅速发展，全社会居民收入得到普遍增加。自1978年以来，我国居民收入的增长不仅是大幅度的，而且是与我国所有制结构的变革相适应的，其增长具有明显的阶段性：第一阶段：1978—1984年的快速增长阶段。由于在农村普遍推行家庭联产承包责任制，极大地解放了生产力，促进了农村经济快速发展和农民收入的增加。这一阶段农村居民纯收入年均增长18.2%，为改革开放以来农村居民收入增长的最高水平，城镇居民可支配收入年均增长13.7%。第二阶段：1985—1997年曲折中的缓慢增长阶段。由于反复曲折，这一阶段我国居民收入年均增长6.5%，比同期经济增长率低3.2%，也是改革开放以来我国居民收入增长最慢的时期。第三阶段：1998年以来的恢复增长阶段。由于1997年党的十五大报告提出了我国社会主义初级阶段基本经济制度的新理论，公有制经济及其主体地位的新见解，以及公有制多种实现形式的新论断，进一步促进了所有制结构的调整，促进了社会生产力的发展。1998年到2005年我国城镇居民可支配收入年均增长14.6%，农村居民纯收入年均增长2.3%。同期我国城乡居民收入年均增长8.8%，比同期经济增长率高0.8%。即使面临国际金融危机的巨大冲击，2008年，我国城镇居民人均可支配收入达15781元，同比实际增长8.4%。农村居民人均纯收入达4761元，同比实际增长8.0%。2008年年末居民储蓄存款余额21.8万亿元，比上年末增加45353亿元。

2. 所有制结构的多元化使居民收入差别全面拉开并逐渐扩大。改革开放以来，我国城乡居民收入差距经历了由逐渐缩小到逐渐扩大、再由逐渐扩大到逐渐缩小、然后再由逐渐缩小到进一步拉大且扩大速率有所加快的演变历程。1978—1984 年间，城乡居民收入分配差距逐渐缩小。由 1978 年的 2.57 倍缩小到 1984 年的 1.54 倍。1985—1997 年间，城乡居民收入差距经历了一个倒 U 型的变化过程。随着 1984 年末城市经济体制改革的推进，国有企业推行承包制，实行工效挂钩的工资改革，城镇职工收入水平有了较大的增长。与此同时，农村由于受到劳动力增加、人均耕地面积减少的双重压力，加之农用生产资料价格大幅上涨、农副产品价格上涨乏力，致使农民收入下降。所以，从 1985 年到 1993 年，城乡居民收入差距逐渐扩大。1985—1994 年，农村居民基尼系数和城市居民基尼系数分别由 0.23 上升到 0.33 和由 0.19 上升到 0.3，1994 年城乡居民人均收入比扩大到新高，即 2.86。1995 年以后，由于国有企业改革的进一步深入，城镇下岗职工日增，城乡居民收入差距逐渐缩小，1997 年城乡居民收入分配差距比降为 2.47。1998 年以来城乡居民收入差距逐渐扩大，从 1998 年的 2.51 扩大到 2008 年的 3.31。

3. 现阶段我国多种所有制经济成分并存、所有制实现形式多样化，使居民收入来源和收入分配方式多样化。第一，公有制的主体地位决定了按劳分配仍然是我国占主体地位的分配方式，劳动仍然是人们获取收入的主要手段。2007 年，在城镇居民人均全部年收入中，工薪收入占 68.6%，比 1990 年下降了 7.2 个百分点。个体经营劳动净收入占 6.3%，比 1990 年提高了 4.8 个百分点。对于农村居民而言，由于农村经济中第二、三产业比重的提高，以及大量外出务工的增加，其工资性收入增长较快，占农村居民纯收入的比重达 38.6%，比 1985 年提高了 20.5 个百分点，而家庭经营性收入所占比重由 1985 年的 70% 以上降为 2007 年的 53.0%，下降了 21.4 个百分点。第二，财产性收入已成为居民收入的重要来源，但所占比例并不高，因此在十七大报告中明确提出要"创造条件增加居民的财产性收入"。2007 年，在城镇居民人均全部年收入中，财产性收入占

2.3%，仅比 1990 年提高 1.3 个百分点。农村居民财产性收入从无到有，持续增加，2007 年占农村居民纯收入的 3.1%。值得注意的是，尽管目前财产性收入占总收入的比例还很低，但 2003 年财产收入、工薪收入、经营性净收入和转移性净收入的增长速度分别占全国居民总收入的 32.2%、11.7%、21.6% 和 5.4%，显然，财产性收入对居民收入的影响在逐渐增强。第三，转移性收入对居民收入的影响较小，所占比重较低。2007 年城镇居民转移性收入占全部收入的 22.7%，比 1990 年提高 1 个百分点。2004—2007 年，农民人均转移性收入由 116 元增加到 222 元，年均增长24.4%，占农民人均纯收入的比重由 3.9% 上升到 5.3%。如果将农村居民的转移性收入扩大到城镇居民的水平，城乡的收入差距可由目前的 3:1缩小到 1.8:1。因此扩大农村居民的转移性收入比重，加大对农村居民收入项目的转移支付，增加各种直接补贴，是缩小城乡居民收入差距的一个有效措施。

第四节　所有制结构探索的成就与经验

改革开放前，我国经历了一段艰辛曲折的所有制结构探索历程，这为我国突破苏联模式的束缚、形成新的社会主义理论提供了宝贵的历史经验与教训，为我国改革开放后所有制结构的调整、变革和完善奠定了基础。党的十一届三中全会以后，我们把马克思主义基本原理与中国实际相结合，在认真总结历史经验的基础上，对社会主义初级阶段的所有制理论进行不断创新与实践的不断深化，我国原有的单一公有制结构最终被多元所有制结构所取代，形成了以公有制经济为主体、多种所有制经济共同发展的新格局。

（一）所有制结构探索的成就

我国所有制结构的调整与经济市场化的总体进程是相耦合的，经济体制改革的每一个重大进展，都是所有制认识深化与所有制关系调整的产物。改革开放前，我们把"一大二公三纯"作为判断所有制先进与否的标准，认为社会主义只能是单一的公有制，公有制只有国家所有制和集体所有制两种形式，而且只有国家所有是高级的社会主义公有制形式，低级的集体所有也应进行改造以实现完全国有化。在改革开放初期，围绕着家庭联产承包经营责任制展开了争论，随后在企业领域则出现了承包制还是股份制的争论；20 世纪 90 年代发生了姓"社"姓"资"、姓"公"姓"私"两次大争论；进入 21 世纪以来，国有企业改革、国有资产流失、保护私有财产等问题引发了对改革方向的质疑。不论是农村家庭联产承包经营责任制，还是城市围绕股份制，以及对整个国有企业改革的争论，说到底争论的核心是所有制问题。这意味着，只有推进所有制理论的创新，推动所有制结构的调整，才能实现中国经济体制的顺利转轨。从中国的实际出发，坚持公有制为主体、多种所有制经济共同发展的基本经济制度，是我国社会主义市场经济体制的重要特色。这种所有制结构的调整促进了多种经济成分的发展，塑造了多元化的市场主体，促进市场体系不断发展和完善，加快了市场机制的形成与政府宏观调控方式的转变，强化了市场法制与社会保障制度建设。实践证明，所有制结构改革奠定了中国社会主义市场经济的基础。

我国在所有制理论上的每一次突破，政策的每一项改革、制度上的每一个创新，都给国民经济发展以强有力的推动，使社会主义市场经济不断地焕发活力。所有制结构的演变是现阶段我国经济持续、快速、稳步增长的根本动因。尤其是改革开放 30 年来，所有制改革促进我国社会生产力得到极大的解放和发展，在发展经济和改善民生方面取得了举世瞩目的辉煌成就。所有制结构的调整，究其实质，就是要促进经济的发展。从实践来看，坚持以公有制经济为主体、多种所有制经济共同发展的所有制结构，显著增强了市场活力，调动了各种经济成分的积极性，大大解放和发展了生产力。国有经济虽然在国民经济中的比重有所下降，但质的优势不断增强，仍然控制着国民经济的命脉；非公有制经济不断从小到大，由弱变强，从内到外的不断发展壮大，在活跃市场、增加税收、扩大就业、改善人民生活、优化经济结构、促进经济发展等方面发挥了重要作用，成为社会主义市场经济的生力军。近30年来，我国国内生产总值年均增长9%，大大高于同期资本主义发达国家年均增长2.5%、世界年均增长3%和发展中国家年均增长5%的速度，经济总量在世界各国的排序中稳步上升。我国改革开放以来的艰辛探索回答了这样一个问题，即为什么必须坚持以公有制为主体、多种所有制经济共同发展的基本经济制度，而不能搞私有化或"纯而又纯"的公有制。改革开放的30年，是我国经济蓬勃发展的30年，是我国综合国力和国际影响力由弱变强的30年，是我国逐步摆脱低收入国家，不断向世界中等偏下收入国家行列迈进的30年。30年间，年均9.8%的经济增长速度，使中国的GDP从1978年的3645亿元增长到2008年的超过30万亿元。尤其是在国际金融危机下的2008年，中国经济在困难中保持了9%的增长速度，对于世界经济增长的贡献超过20%，经济增长的贡献率居世界首位。中国经济迅速崛起的实践证明：以公有制为主体、多种所有制经济共同发展的所有制结构是生产力发展的客观要求。中国特色社会主义的道路和理论体系，明确要求"毫不动摇地巩固和发展公有制经济，毫不动摇地鼓励、支持和引导非公有制经济发展，是我国社会主义初级阶段的基本经济制度"，这为我国所有制结构的发展和完善指明了方向。

（二）所有制结构探索的基本经验

经验之一：解放思想、坚持生产力标准，是我国所有制改革深入进行并卓有成效的重要法宝。长期以来，囿于马列主义经典作家关于社会主义所有制的设想，加之苏联高度集中的单一公有制经济模式的影响，我们在所有制结构的确定上脱离现实生产力状况，对多种所有制经济同时并存的客观性和重要性认识不足，忽视了公有制实现形式的多样化发展。实践证明，由此确立的单一的公有制结构远不适应现实生产力发展的状况，因而不仅没有带来生产力的不断解放和发展，反而随着时间的推移，越来越成为生产力发展的羁绊。党的十一届三中全会是我国历史上的一个重要转折点，标志着党的思想路线、组织路线与经济建设路线摆脱了"左"的错误的影响，坚决回到了马克思主义的正确路线上，并由此实现了全党工作重心的转移，以经济建设为中心，以"三个有利于"（即有利于发展社会主义社会的生产力、有利于增强社会主义国家的综合国力、有利于提高人民的生活水平）作为我国改革开放总的指导方针。正是从十一届三中全会以后，我们在经济体制改革进程中，把衡量工作得失成败的标准，坚决、彻底、鲜明地集中到生产力标准上来，从理论和实践两方面对所有制进行了大胆探索，确立了一系列符合中国国情的关于所有制的新观念，逐步形成以公有制为主体、多种所有制经济共同发展的所有制新格局。

经验之二：必须坚持社会主义公有制的主体地位，不断探索、发展和完善公有制的有效实现形式。这是在所有制结构总体上兴利抑弊，最大限度地体现"三个有利于"标准的不可动摇的基础；这是妥善处理公有制经济与非公有制经济的相互关系，使两者相互促进，统一于建设中国特色社会主义伟大实践的关键所在。根据马克思主义的基本观点，社会的基本性质是由占统治地位的生产关系决定的。社会主义公有制是社会主义生产关系的基础和核心。只有坚持社会主义公有制的主体地位，才能为坚持和完善社会主义生产关系奠定基础，进而保证我国社会主义社会的基本性质。坚持社会主义公有制的主体地位，不仅是实现最广大人民根本利益和共同富裕的制度基础，也是支配和影响其他所有制经济为社会主义服务的决定性条件，因此所有制改革是公有制基础上的体制转换，我国绝不能搞"私有化"。社会主义公有制是发展变化的，公有制的主体地位也要在发展中、从动态中来坚持。坚持以公有制为主体并不意味着以国有经济为主体，也不意味着公有制经济在整个经济中的比重越大越好。公有制的主体地位主要体现在两个方面：一是公有制经济在整个经济中占优势，要有量的优势，更要注重质的提高；二是国有经济控制国民经济命脉，对经济发展起主导作用。坚持社会主义公有制的主体地位，发挥国有经济的主导作用，必须不断探索、发展和完善公有制的有效实现形式。一切反映社会化生产规律的经营方式和组织形式都可以大胆利用，要努力寻找既能体现社会主义公有制的本质，又能与市场经济实行对接的充满活力、富有效率的多样化的实现形式，促进生产力的迅速发展。

经验之三：必须把坚持社会主义基本制度同发展市场经济结合起来，这就要求必须改革"纯而又纯"的公有制，实行公有制为主体、多种所有制经济共同发展的基本经济制度，以发挥社会主义制度的优越性和市场配置资源的有效性，使全社会充满改革发展的创造活力。这是因为：第一，多种所有制经济共同发展有利于增强竞争和发挥市场机制的功能。市场经济是建立在众多主体参与竞争的基础之上的，单一的公有制结构往往会导致垄断，使经济失去活力。发展非公有制经济，形成多样性的所有制结构，才能开展和形成市场竞争，进而发挥市场机制的功能。第二，多种所有制经济共同发展有利于各类市场主体取长补短、互相促进。公有制企业特别是国有企业具有团队凝聚力强、能自觉承担社会责任等优点，非公有制企业具有对市场反应灵敏、经营灵活、自我调适快等长处。在市场竞争中，各类企业在组织结构、经营方式的革新中互相借鉴、取长补短，有利于企业体制不断完善。第三，多种所有制经济共同发展有利于资源优化配置。我国在探索国有制实现形式中，通过发展股权多元化的国有经济，寻找到一种由多种所有制成分组成的混合所有制形式，这使不同性质的经济主体在企业内部紧密结合和互补互促。由于可以根据产业性质和企业特点，或实行国家控股、参股，或允许社会资本控股，因而股份多元化的企业组织形式拓宽了不同性质经济成分的发展空间，既可以充分发挥非公有资本的潜力，又能促进国有经济战略性调整，增强其控制力和影响力。我们毫不动摇地巩固和发展公有制经济、发挥国有经济主导作用，积极推行公有制多种有效实现形式，增强国有经济活力、控制力、影响力，同时又毫不动摇地鼓励、支持、引导非公有制经济发展，形成各种所有制经济平等竞争、相互促进新格局。我们坚持和完善按劳分配为主体、多种分配方式并存的分配制度，既鼓励先进、促进发展，又注重社会公平、防止两极分化。我们要始终坚持社会主义市场经济的改革方向，继续完善社会主义市场经济体制，继续加强和改善宏观调控体系，不断为经济社会又好又快发展提供强大动力。

第十二章

公有制经济的
探索与发展

公有制经济是指由国家代表全体人民对生产资料行使共同所有权或由部分劳动群众共同占有生产资料和劳动产品的经济形式。它包括国有经济和集体经济，还包括混合所有制经济中的国有成分和集体成分。

第一节　公有制经济的发展

新中国成立60年，我国公有制经济不断发展壮大，在我国国民经济发展中发挥了主导作用，为巩固与发展社会主义制度，增强国家经济实力，提高人民生活水平，作出了巨大贡献。

回顾新中国60年的历程，大体可将公有制经济的发展概括为以下两个阶段：第一个阶段为1949—1978年，公有制经济主要以"国营经济"和"集体经济"的形态出现；第二个阶段为1978年至今（即改革开放时期），公有制经济主要以"国有经济"、"集体经济""混合所有制经济"等形态出现。

一、1949—1978 年"国营经济"和"集体经济"的发展

1. 土地制度改革和国民经济的恢复时期（1949 年 10 月—1952 年 12 月）。以毛泽东同志为核心的中国共产党第一代领导人，将马克思主义的普遍真理同中国革命的具体实践相结合，探索中国发展的正确道路。1921年，中国共产党一成立，就把消灭私有制，没收一切生产资料归社会所有，建立社会主义公有制作为自己的奋斗目标。为此，中国共产党作出了不懈的努力。

在新民主主义革命时期，集中计划经济体制的形成和行政性分权的改革是中国共产党在取得革命胜利以前的政治和经济纲领，这些纲领即是建立"新民主主义的国家制度"，"建立一个以全国绝大多数人民为基础而在工人阶级领导下的统一战线的民主联盟的国家制度"；并在"新民主主义的国家制度下"，建立由国家经营、私人经营和合作社经营三者组成的混合经济。在这一纲领的指引下，随着解放战争的进展，中国人民解放军和各级人民政府没收和接管了属于国民党的工厂、矿山、银行、商店、铁路、船舶、码头、仓库、邮政、电话、电灯、自来水等企业和农场、牧场。到 1950 年年初，全国除少数省份外，官僚资本企业全部接管完毕，经过改革，逐步成为社会主义的国营企业。对帝国主义和其他资本主义国家在中国的企业，也逐步收回。经过改造，成为社会主义国营经济的重要组成部分。

新民主主义经济体系建立后，主要由国营经济、合作社经济、国家资本主义经济、私人资本主义经济、个体经济五种成分组成。在这五种经济成分中，国营经济居于领导地位，掌握着国家的经济命脉。1949 年，在工业总产值中，国营合作社营工业占 34.7%，公私合营工业占 2%，私营企业占 63.3%。1952 年，在工业总产值中，国营、合作社营与公私合营企业产值所占的比重已经达到 50% 以上，与其他经济成分相比占较大优势。

进入国民经济恢复时期，虽然实行的仍然是国营经济领导下的多种经

济成分并存、计划管理与市场调节相结合的经济体制，但是由于国家掌握了国民经济命脉，控制了金融、市场和重工业，党和人民政府的行政力量空前强大，实际上为 1953 年以后大陆迅速平稳地向单一公有制和计划经济过渡奠定了基础。

2. 第一个五年计划和社会主义改造时期（1953 年 1 月—1957 年 12 月）。这个时期公有制经济的发展主要包含以国家项目投资为重点的全民所有制经济的发展和以合作化为主要内容的集体所有制经济和公私合营经济的发展。

新民主主义经济体系的建立极大地促进了生产力的发展。这使中国在短短的 3 年里就医治了战争的创伤，进入迅速发展的轨道。可是在中国经济的恢复时期于 1952 年结束以后，指导思想开始发生重大的变化，即从建设新民主主义经济转向加快社会主义改造，在这个转变过程中存在着一个过渡时期。1953 年中共中央提出了过渡时期总路线，其核心是"一化三改（社会主义工业化及农业、手工业和资本主义工商业的社会主义改造）"。这条总路线明确提出建设社会主义的伟大任务，成为团结和动员全国人民为建设一个伟大的社会主义新中国而奋斗的新的纲领。

在总路线的指引下，我国开始了第一个五年计划。"一五"计划时期，在苏联的帮助下，我国建设的工业化项目，使新中国以能源、机械、原材料为主要内容的重工业在近现代化道路上迈进了一大步。以这些项目为核心、以 900 余个大中型项目（当时称为限额以上项目）为重点，中国大地上史无前例地形成了独立自主工业体系雏形。"一五"期间，全国共完成基本建设投资 550 亿元，新增固定资产 460 亿元，全国共同开展了一万多个工矿建设单位的施工，苏联援建的 156 个项目中有 68 个全部或部分建成投产，这些国家投资的项目构成了社会主义公有制（全民所有制）经济的重要内容，从而使我国的社会经济结构和国民经济面貌发生了重大变化。

在实施第一个五年计划的同时，我国以合作为主要手段，对农业、手工业和资本主义工商业进行了系统的社会主义改造。对个体农业，遵循自愿互利、典型示范国家帮助的原则，创造了从临时互助组和常年互助组级，发展到半社会主义性质的初级农业生产合作社，再发展到社会主义性质的高级农业生产合作社的过渡形式，到 1956 年年底，入社农户占全国农户总数的 96.3%，其中 87.8% 加入了高级社。至此，农业的社会主义改造基本完成；对个体手工业的改造，也采取了类似的方法，到 1956 年年底，合作化手工业从业人员达到六百多万，占手工业从业人员总数的91.7%，产值为 108 多亿元，占手工业总产值的 92.9%；对资本主义工商业，国家主要采取委托加工、计划订货、统购统销、委托经销代销，公私合营、全行业公私合营等一系列从低级到高级的国家资本主义的过渡形式来加快改造进程，到 1956 年第一季度末，全国基本实现了全行业的公司合营，在此基础之上，国家核定私股股金，对这部分资本由分配利润改定期付息，生产资料从此失去了作为职能资本的作用，而由国家统一支配，资本主义工业的社会主义改造基本完成。

与此同时，国家还对资本主义工商业进行了社会主义改造。在国民经济恢复时期国家即开始限制私营批发商的活动并逐步加以取代。从 1953年下半年开始政府对于零售业采取批购、经销、代销的方式进行改造，到1956 年，私营商业实现全行业公私合营。

"三大改造"是中国共产党创造性地开辟的一条适合中国特点的社会主义改造的道路。"三大改造"的完成，使我国生产资料所有制结构发生了根本性变化，以国有制和准国有的集体所有制为主要形式的公有制成为国民经济的唯一基础，公有制经济开始占据绝对优势（参见表12-1）。

3. "大跃进"和国民经济调整时期（1958 年 1 月—1965 年 12 月）的公有制经济。1955 年夏季以后，由于将社会主义改造的目标确定为建立苏联式的单一的公有制经济，对农业合作化、对手工业与个体商业的改造要求过急，出现了工作过粗、改造过快、形式过于简单划一的现象；在对资本主义工商业的改造完成以后，我们对一部分原工商业者的处理和使用也不很适当，因而遗留下了较多的问题。党和政府于 1956 年对这些问题有所认识，并且于 1957 年制定了有关政策设法纠正，试图"以苏为鉴"，建立适合中国国情的经济管理制度，毛泽东同志 1956 年 4 月所做的《论十大关系》的报告体现了探索的最初成果，但是这一探索很快就被中断了，1958 年，党的八届二中全会通过了"鼓足干劲，力争上游，多快好省地建设社会主义"的社会主义建设总路线及其基本点。由于对社会主义建设的经验不足，对经济发展规律和中国经济基本情况认识不足，我国一些领导同志急于求成，夸大主观意志和主观努力的作用，不顾客观实际可能，片面追求高指标、高速度，错误地批评反对冒进的同志，最后发动了"大跃进"和人民公社化运动，使得以高指标、瞎指挥、浮夸风和"共产风"为主要标志的"左"的错误泛滥开来。

表 12 - 1 "三大改造"前后所有制结构对比

（单位:%）

年份	全民所有制经济	集体所有制经济	公私合营经济	前三项合计	私营经济	个体经济
1952	19.1	1.5	0.7	21.3	6.9	71.8
1956	32.2	53.4	7.3	92.9	0.1	7.0

（资料来源：根据胡绳主编：《中国共产党的七十年》，中央党史出版社 1991 年版，第 333 页数字编制）

经过"大跃进"和农村人民公社化运动后，非公有制经济所剩无几。"大跃进"时期，由于忽视经济发展与运行的客观规律，片面强调人民群众迫切要求改善经济文化落后现状的热切愿望和积极性的能动作用，提出不切实际的"赶超"任务，盲目追求高速度、高指标，以期加快经济发展速度，结果欲速则不达，导致产品质量大幅度下降，原材料消耗大幅度增加，给我国公有制经济的发展带来严重损失。

从 1959 年年末开始，中国政府为克服"大跃进"造成的严重经济困难采取了一系列措施，在财政、信贷和企业管辖权等方面实行重新集中化，要求建立比 1950 年统一财经时"更严更紧"的体制。由于"反右倾"的干扰和没有触及行政性分权体制，因而收效甚微。

1962 年 1 月召开了"七千人大会"，统一了加强集中制和"全国一盘棋"的思路。随后作出了加强计划纪律的"十项规定"和一系列收回原来下放的权力的决定，下放给地方管理的企业大多回到中央由部门管理。对金融、财政和统计实行中央的垂直领导。在这套高度集中的体制建立起来以后，经济调整便雷厉风行、令行禁止地贯彻下去。经过几个月的时间，渡过了 1962 年年初最困难的阶段，到 1963 年公有制经济大体上得到恢复。

4. "文化大革命"时期（1966—1976 年）的公有制经济。1966 年 5 月至 1976 年的 10 月的"文化大革命"时期，全国工作重心错误地转向抓"阶级斗争"、"路线斗争"，造成了社会秩序和生产秩序的严重混乱，给国民经济造成了重大损失。"三线"建设和"五小工业"（小煤矿、小钢铁厂、小化肥厂、小水泥厂和小机械厂）的发展，也带动了 1970 年的公有制经济快速发展，使当年工农业总产值较上年增长 25.7%；其他主要经济指标也有较大增幅，并大体上完成了"三五"计划。尽管如此，中国与世界发达国家的经济差距由于"文化大革命"被进一步拉大了。

"文化大革命"期间，更加盲目和片面地追求纯之又纯的公有制形式，一方面，片面强调全民所有制的优越性，低估集体所有制存在和发展的必然性，排斥其他经济成分，非公有制经济被作为资本主义的"尾巴"割掉。另一方面，混淆全民所有制和集体所有制的界限，搞所有制的"升级"、"穷过渡"和"合并"运动，将"一大二公"作为判断所有制形式先进与否的标准，即认为社会主义的公有制的范围越大越好。至1978 年，在全国工业总产值中，全民所有制企业占 77.6%，集体经济占22.4%，个体私营经济几乎不存在。我国的经济结构基本上只剩下全民所有制和集体所有制两种公有制成分，而相当一部分集体经济实际上是按国有经济的规则管理和运行，生产资料所有制结构已成为以国有经济为主体的单一的公有制。单一公有制的所有制结构脱离了中国国情，束缚了生产力的发展。在这种所有制的基础上，建立起来的是高度集中和统一的计划管理体制，否定了市场机制的作用，压抑了企业和劳动者生产经营的积极性和创造性。

二、1978 年改革开放后"国有经济"和"集体经济"的发展

（一）改革开放以来所有制理论的重大突破

经过多年的沉寂，1978 年 12 月召开的党的十一届三中全会吹响了改革开放的号角。粉碎"四人帮"以后的公有制经济的快速发展，与改革开放后所有制理论的重大突破是分不开的。

1985 年 8 月，邓小平在谈到坚持以公有制为主体的经济时指出："我们现在的公有制经济占整个经济的 90% 以上。与此同时，我们发展一点个体，吸收外国资金、技术，甚至欢迎外国企业到中国办工厂。这些都是对社会主义经济的补充。这样做不会也不可能破坏以公有制为基础的社会主义经济。"他还说，"合资经营，外国资本占一半，另一半是我们社会主义公有的，至少发展了一半社会主义经济，一个企业办起来，企业的一半收入归社会主义所有，国家还可以从企业中得到税收。更重要的是，从这些合资的企业中，我们可以学到一些好的管理经验和先进的技术，用于发展社会主义经济。我们还欢迎外国独资经营，我们从中得到税收，学到技术和管理经验，这对社会主义所有制没有什么损害"。邓小平阐述了多种经济成分共存、多种所有制形式共存的好处，认为只要坚持以公有制为主体，多发展些其他经济成分只有好处，是对发展社会主义经济有利的。公有制经济本身也有多种形式。除了全民所有制、集体所有制以外，还应发展全民所有制和集体所有制联合建立的公有制企业，以及各地区、部门、企业相互参股等形式的公有制企业。在不同的经济领域，不同的地区，各种所有制经济占的比重应当有所不同。

党的十四大在确立建立社会主义市场经济体制目标的基础上，阐明了所有制结构与社会主义市场经济的关系。党的十四大报告指出："社会主义市场经济体制是同社会主义基本制度结合在一起的。在所有制结构上，以公有制包括全民所有制集体所有制为主体，个体经济、私营经济、外资经济为补充，多种经济成分长期共同发展，不同经济成分还可自愿实行多

种形式的联合经营。国有企业、集体企业和其他企业都进入市场，通过平等竞争发挥国有企业的主导作用。"党的十四大将国营经济改为国有经济，更准确地反映了全民所有制经济的性质。党的十四大以后，国家统计局和国家工商业行政管理局发布《关于经济类型划分的暂行规定》，将我国经济划分为以下九种类型：国有经济；集体经济；私营经济；个体经济；联合经济；股份制经济；外商投资经济；港、澳、台投资经济；其他经济。这九种经济成分并存，而以其中的公有制经济为主体。1993年党的十四届三中全会通过的《中共中央关于建立社会主义市场经济体制若干问题的决定》针对经济生活中的新情况，在所有制结构问题上进一步指出：随着产权的流动和重组，财产混合所有的经济单位越来越多，将会形成新的财产所有结构。就全国来说，公有制应在国民经济中占主体地位，有的地方，有的产业可以有所差别。公有制的主体地位主要体现在国家和集体所有的资产在社会总资产中占优势，国有经济控制国民经济命脉及对经济发展的主导作用等方面进一步明确了以公有制为主体的含义。1997年召开的党的十五次全国代表大会通过的报告，在科学总结新中国成立近50年来尤其是近20年所有制改革实践和理论探索成就的基础上，对在社会主义市场经济条件下我国的所有制结构的问题，实现了认识上的一系列重大的突破。报告全面论述了公有制经济的含义，指出在社会主义市场经济中，公有制不等于国有制。"公有制经济不仅包括国有经济和集体经济，还包括混合所有制中的国有成分和集体成分。"报告进一步阐述了集体经济的地位与作用，强调"集体所有制经济是公有制经济的重要组成部分"，指出集体经济可以体现共同致富的原则，可以广泛吸收社会分散资金，缓解就业压力，增加公共积累和国家税收，要支持、鼓励和帮助城乡多种形式集体经济的发展。这些理论上的突破对发挥公有制经济的主体作用具有重大意义。

正是改革开放后所有制理论的重大突破，使得我国公有制经济的发展出现了前所未有的局面。它从国有经济和集体经济两个方向进行了深化和拓展。

（二）1978 年改革开放后国有经济的发展

改革开放以来，我国国有经济的改革和发展，主要是通过微观领域的国企改革和宏观领域的国有经济布局的战略调整两种途径来推进的。

1. 微观领域的国企改革。从 1978 年年底开始的国有企业改革，可以分为两大阶段。第一阶段是从 1978—1992 年，主要是放权让利，探索两权分离。1978 年 10 月，四川省宁江机床厂等 6 个企业进行了扩大企业自主权的试点，确定企业在增收基础上，可以提取一些利润留成，职工可以得到一定的奖金。允许国有企业从事国家指令性计划之外的生产，允许出口企业保留部分外汇收入自主支配。从 1983 年开始，向政府上缴利润由利润所得税替代。1984 年 10 月，党的十二届三中全会作出了《关于经济体制改革的决定》，确认社会主义经济是有计划的商品经济。按照发展社会主义有计划的商品经济的要求，该《决定》提出今后应全面推进以增强企业活力，特别是增强国有大中型企业活力为中心的，以城市为重点的经济体制改革。国有企业改革的目标是：要使企业真正成为相对独立的经济实体，成为自主经营、自负盈亏的社会主义商品生产者和经营者，具有自我改造和自我发展能力，成为具有一定权利和义务的法人。按照这一目标，国有企业改革转向实行"两权分离"，即国家的所有权与企业的经营权分离。1986 年 12 月，国务院提出，要推行多种形式的经营承包责任制，给经营者以充分的经营自主权。1987 年，大中型企业普遍推行企业承包经营责任制。到 1987 年年底，全国预算内企业的承包比例达 78%，大中型企业达 80%。1990 年，第一轮承包到期的预算内工业企业有 3.3 万多户，占承包企业总数的 90%。接着又开始第二轮承包。从扩大经营自主权到承包制的放权让利改革，使企业开始有一定的活力。但是，承包制也有重大缺陷，承包制"一对一"谈判强化了政企不分，承包制只有激励没有约束，所有权和经营权分离了，但所有权不能约束经营权。经营者滥用经营自主权谋取私利或小集体利益，"内部人控制"导致短期行为，以致普遍出现企业承包一轮，国有资产流失一轮，"富了和尚穷了庙"，后果严重。实践告诉我们，国有企业改革不能以承包制为方向，必须以建立现代企业制度为方向，实现制度创新。

第二阶段是从 1993 年至今，明确以建立现代企业制度为方向，不断深化改革、完善新体制。1992 年，党的十四大确立社会主义市场经济体制为中国经济体制改革的目标模式。1993 年 11 月，党的十四届三中全会作出了《关于建立社会主义市场经济体制若干问题的决定》，第一次明确提出国有企业改革的方向是建立现代企业制度，并指出现代企业制度的特征是：产权清晰，权责明确，政企分开，管理科学。从此，中国国企改革进入制度创新阶段。由于承包制不能促进国有企业适应市场经济的发展。还带来国有资产的流失，使许多国有企业包括大中型企业陷于困境。1997 年党和政府提出帮助国有企业脱困的任务，其目标是：从 1998 年起，用三年左右的时间，使大多数国有大中型亏损企业摆脱困境，力争到 20 世纪末大多数国有大中型骨干企业初步建立现代企业制度。到 2000 年年底，这一目标已基本实现。1997 年年底，国有及国有控股大中型工业企业为 16874 户，其中亏损的为 6599 户，占 39.1%。到 2000 年，亏损户减为 1800 户，减少近 3/4。三年国有大中型工业企业脱困，用去银行呆坏账准备金 1500 亿元以上，技改贴息 200 亿元左右，债转股金额 4050 亿元。在帮助国有大中型企业脱困的同时，进行了现代企业制度试点，逐步推行公司制股份制改革，努力使国有或国有控股企业成为适应社会主义市场经济发展的市场主体和法人实体。经过多年的努力，我国国有企业公司制股份制改革已取得巨大进展。

至 2005 年年底，国家统计局统计的国家重点企业中的 2524 家国有及国有控股企业，已有 1331 家改制为多元股东的股份制企业，改制面为 52.7%。国有中小企业改制面已达 80% 以上，其中县属企业改制面最大，一些已达 90% 以上。

尽管微观主体的改革取得了一些进展，但深入实践的结果表明，仅仅从企业层次着手是建立不起现代企业制度的，也难以搞活企业，必须从更高的层次出发，建立合理的国有资产管理体制，从整体上搞好国有企业。

　　我国的国有资产管理体制，在传统的计划经济体制下经历了多次变革。我国国有资产管理体制面向社会主义市场经济的改革进程，是以深圳市 1987 年成立全国第一个专门的国有资产管理机构和 1988 年国家国有资产管理局的成立为标志。1988 年以后，我国国有资产管理新体制改革实践中的具体做法，大体上可以归结为三种具有代表性的模式：深圳、上海最先试行的"深沪"模式（辽宁省"两委"归一模式、吉林省"决策会议"模式、珠海市"一委两局"模式与"深沪"模式相似），采用国有资产管理委员会、国有资产经营公司和国有资产控股、参股企业"三个层次"的国有资产管理体制；国内其他地区和 1994—1998 年中央政府所采取的"一体两翼"模式，以财政部门为主体，国有资产管理局和税务局作为其"两翼"，归口财政部门管理；1998 年国务院机构改革后形成的"五龙治水"的国有资产管理体制。改革国有资产管理体制已成为深化国有企业改革的关键。党的十六大提出了国有资产管理体制改革的总体思路，国家制定法律法规，建立中央政府和地方政府分别代表国家履行出资人职能，享受所有者权益，权利、义务和责任相统一，管资产和管人、管事相结合的资产管理体制。

　　党的十六届二中全会明确了国有资产监管机构的性质、职能、监管范围和与企业的关系等一系列重要问题。此后，国务院成立了国有资产监督管理委员会（简称国资委），颁布了《企业国有资产监督管理暂行条例》，第一次在政府层面上真正做到了政府的公共管理职能与出资人职能的分离，实现了管资产和管人、管事相结合。

　　党的十六届三中全会着重强调：要坚持政资分开；要依法履行出资人职责；要维护所有者权益。全会对今后的工作做了部署：建立国有资本经营预算制度和企业经营业绩考核体系；积极探索国有资产监管和经营的有效形式，完善授权经营制度；健全产权交易规则和监管制度，推动产权有序流转；建立健全国有金融资产、非金融资产和自然资源性资产等的监管办法。新型国有资产管理体制从构建行使出资人职责的机构入手，在坚持国家统一所有的基础上，分级行使出资人职责，委托专门机构管理经营，探索建立权责明确的国有资产管理新体制。这是中国经济体制改革的一个重大突破，将有利于发挥地方政府加强国有资产监管、实现国有资产保值增值的积极性和主动性，省、市（地）人民政府在依法享有更多的出资人权力的同时，也要承担更多的实现国有资产保值增值的责任，这也将加快国有经济布局和结构调整的步伐。随着国有资产管理体制和国有企业改革的不断深化，改变了以前"五龙治水"、"九龙治水"，多部门管理但是都不负责任的状况，我国的国有企业得到了快速发展，国有经济的质量和效益逐年提高。

2. 宏观领域的国有经济布局调整。多年的国有企业改革实践告诉我们，要想把数以十万计的国有企业每个都搞好是不可能的，大量的在一般竞争性行业从事生产经营的国有中小企业没有优势，竞争力低下。针对这一情况，1997 年党的十五大报告，1999 年党的十五届四中全会《关于国有企业改革和发展若干重大问题的决定》，提出了从战略上调整国有经济的布局和结构的任务以及抓大放中小的方针，要求从整体上搞好国有经济，发挥国有经济的主导作用。国有经济主要控制关系国民经济命脉的重要行业和关键领域，包括涉及国家安全的行业、自然垄断的行业、提供重要公共产品和服务的行业以及支柱产业和高新技术产业中的重要骨干企业。自那以后，经过 10 年的努力，调整国有经济布局和结构的任务已取得实质性进展。国有经济和国有资本逐步向关系国民经济命脉的重要行业和关键领域集中，向大企业集中，而从一般竞争性行业中逐步退出，开始改变国有企业量多面广和过于分散的状况，国有经济布局和结构不断优化。改革开放前，国有经济遍布各个行业、各个领域。1978 年，国有工业企业资产总额占全部工业企业资产总额的 92%。经过 30 年的改革，国有企业数量明显下降，国有经济比重不断降低。2008 年，在规模以上工业中，国有及国有控股工业企业占全部规模以上工业总产值的比重下降到 28.3%，集体企业占 2.4%。现在国有资本进一步向关系国家安全和国民经济命脉的重要行业和关键领域集中，向国有经济具有竞争优势的行业和未来可能形成主导产业的领域集中，向具有较强国际竞争力的大公司大企业集团集中。目前中央企业 80% 以上的资产集中在石油石化、电力、国防、通信、运输、矿业、冶金、机械工业等行业和领域，企业户数由 196家调整减少到 138 家。

总体说来，中国国有企业经过 30 多年持续地改革和制度创新，不但走出了困境，而且成为具有较高劳动生产率、较强赢利能力和竞争力的市场主体，国有经济也不断向能发挥自己优势的重要行业和领域集中，向大企业集中，并且站稳了脚跟，成为我国社会主义市场经济的一支骨干力量，主导着国民经济的发展。中国国有企业改革已取得实质性重大进展，尽管还有一些攻坚任务，但国企改革最困难的时期已经过去。今后国企改革总的来说是进一步深化和完善新体制，基本完成国有经济布局和结构的战略性调整任务，国有大中型企业基本实现公司制股份制改革，国有资本管理体制基本完善，使国有经济在国民经济中的主导作用更好地发挥出来，推动社会主义市场经济健康发展。

（三）1978 年改革开放后集体经济的发展

集体经济是指生产资料和生产成果都归劳动者集体共同占有的一种经济成分，包括农村集体经济和城镇集体经济。集体经济广泛分布在农业、手工业、商业、服务业以及中小型工业企业之中，在国民经济中起着重大作用。改革开放以来，我国不断探索集体经济的发展道路，集体经济获得了前所未有的发展。

1. 改革开放后农村集体经济的发展。农村集体经济是我国集体经济的主要部分。20 世纪 80 年代初期以来，农村集体经济被赋予越来越多的合作经济的特征，形成了农户家庭经营与集体经营相结合的经营形式。集体经济围绕着为农户发展商品生产提供物质技术服务去实现，与社区合作经济和村民自治相结合。这种既有集体经济特征，又有社区合作经济色彩的新型合作经济，是在我国具体历史条件下产生的一种独特的集体经济的新经营形式。在实践中，从各地实际出发，我国创造了多种形式的新型合作经济，把农村集体经济推向一个新阶段。

乡镇企业是在农业集体经济基础上发展成长起来的农村集体经济的重

要组成部分。农村改革以后，乡镇企业经过初步发展（1979—1983年间以大力发展农村社队企业为主要内容）、全面高速发展（1984—1988年间不断发展壮大农民个体、联户办企业，1984年3月中共中央、国务院转发农牧渔业部和部党组《关于开创社队企业新局面的报告》的通知中，将社队企业、部分社员联营的合作企业、其他形式的合作工业和个体企业等，正式改称为乡镇企业）、整顿提高（1989—1991年间因对国民经济进行"治理整顿"，乡镇企业发展受到重大影响）、第二次全面发展（1992—1994年间邓小平同志南方谈话发表以后，乡镇企业的发展因空前良好的外部环境其经济效益开始恢复提高，总量迅速增长）、稳步发展（从1995年开始，1996年我国历史上首都保护和规范乡镇企业行为的法律《乡镇企业法》的出台，标志着我国乡镇企业的规划和管理进入了法制的轨道，乡镇企业逐步走上了健康有序的发展道路）六个阶段的发展有力地壮大、发展和巩固了集体经济。作为改革前锋的乡镇企业，它率先进入市场，实行"多轮驱动、多轨运行"，推动了公有制为主体、多种经济成分共同发展的农村所有制结构的形成，成为建立社会主义市场经济体制的先导力量，成为我国国民经济的重要组成部分，成为农村经济的支柱和农业现代化的重要促进力量。乡镇企业经济总量迅速增长，整体素质不断提高，为加快我国农村工业化与城市化步伐，为拓宽就业门路和提高农村居民的生活收入，为国家创汇，为农村经济发展、政治稳定和社会进步做出了重大贡献。

2. 改革开放后城镇集体经济的发展。我国的城镇集体工业是在20世纪50年代手工业合作化基础上建立起来的，经过60年代、70年代初期兴办区街工业、70年代以后安置返城知青兴办集体企业、国有企业分流安置职工和待业人员兴办的多种经营企业等，不断发展壮大。改革开放以来，我国城镇集体经济发展速度明显加快并不断跃上新的台阶。它的发展经历了三个时期：

1979年至1986年为发展时期。这一时期城镇集体经济的大发展，是由日用工业品买方市场的形成、回城知青和职工子女就业的安置、国务院有关部门和各地方政府系列扶持集体经济发展的政策措施的出台这三大因素促成的。在短短的几年里，中央和地方如此高密度的出台扶持集体经济发展的政策措施，是史无前例的。政策上的支持和组织上的保障以及理论的探索皆有力地推进了城镇集体所有制经济的发展。

1987 年至 2002 年是城镇集体经济发展最困难的时期。在计划经济向社会主义市场经济过渡不断加速的大背景下，城镇集体经济因其自身不能融入市场经济、私营经济"无孔不入"的经营机制对技术含量不高的日用品市场的挤占、管理层对前期集体经济优惠政策的回收及行政命令对群众性组织章程中有利于集体经济发展有关内容的否定以及改革的步履艰难等原因而深陷发展的困境。

2003 年开始至今，城镇集体经济走上了稳定、健康发展的新时期。我国集体经济因表现出产业结构的合理、企业利润和就业人数的增加等特征而从此走上了稳定、健康发展的新时期。城镇集体经济所以能有现在的发展新时期，完全是党和政府坚持改革开放的丰硕成果，也是广大群众勇于创新、艰苦奋斗的结果。它也是广泛深入的理论探索、法律法规的逐步完善、产权制度改革的新突破、企业实现形式多样化等诸多因素作用的结果。城镇集体经济虽说已经到了稳定、健康发展的新时期，但仍有许多问题有待进一步解决，在前进的道路上也还会遇到各种新情况新问题。无论是解决老问题，破解新问题，都要在科学发展观的指导下，用改革的办法去解决。只有不断改革，坚持创新，才能创造出更多更好的新成就，为中国特色社会主义的大旗增添光彩，为实现更高要求的小康社会作出新贡献。

改革开放后集体经济的发展基本实现了与市场经济相适应的多样化，初步走上了科学发展的轨道，探索出了公有制与市场经济相结合的成功之路，成为中国社会主义市场经济的重要组成部分，集体经济的快速发展得益于在理念上突破了传统的一大、二公、三纯集体经济所有制的模式，形成了劳动者的劳动联合和劳动者的资本联合为主的"两个联合"与"按份共有和共同共有"的"两个共有"相结合的新型集体经济所有制的模式；也得益于在实践上突破了集体经济"二国营"单一的经营形式，形成了适应和促进我国社会生产力总体水平低的相应层次生产力发展要求多种经营形式的新型集体经济。据全国手工业合作社总社对北京、天津、上海、山西、吉林、江苏、湖南、福建、河南、广东、贵州、浙江、广西等13个省（市）15个联社集体企业改革发展情况的调查显示：2007年年底有企业5242户（其中规模以上717户，占13.67%），为1993年16269户的32%，其中已改制3981户，改制面达到76%（其中股份合作制企业1223户，集体参控股公司制企业357户，联营户97户，其他2288户）；2007年年底从业人员有71.18万人，为1993年162.69万人的43.75%；2007年年底实现销售收入608.72亿元，比1993年454.04亿元增长34.05%；2007年年底实现利税45.62亿元，比1993年27.86亿元增长63.75%；2007年年底企业总资产，为626.83亿元，比1993年402.48亿元增长55.74%；2007年年底企业净资产为216.55亿元，比1993年126.74亿增长70%。以上情况表明，集体企业经过改革，实行多种经营形式，在新的实现形式和经营效益方面都比过去有新的发展。集体企业的改革、改制面达到76%，尽管集体企业的数量和从业人员减少，但集体企业的资产质量、销售收入有了提高。尤其是2007年利税比1993年增63.75%，表明了集体企业具有强大的生命力。

城镇集体经济的发展在推进中国特色社会主义建设中，发挥了不可替代的重要作用。城镇集体经济是我国公有制的重要组成部分，是实现共同富裕构建和谐社会的重要载体。根据2005年国务院经济普查发布的数字，当前我国城镇集体经济，仅集体企业、股份合作制企业和集体联合企业三种形式，有企业45.6万个，占全国325万个企业法人总数的14%；第二、第三产业各种形式的从业人员1626.48万人，占从业人员总数的5.5%；第二、第三产业集体投入的实收资本1.4万亿元，占二、三产业企业法人实收资本18.2万亿元的7.79%，国家投入8.7万亿元，占48.1%，国家和集体合计占55.8%。

第二节　公有制实现形式的探索

一、公有制与公有制实现形式的内涵

所有制形式与所有制的实现形式是两个不同的概念，二者之间既有联系又有区别。生产资料所有制是指在社会生产过程中人与人在生产资料占有方面的关系体系，它包括人们对生产资料的所有、占有、支配和使用等方面的经济关系。所有制的实现形式是这些经济关系借以实现的具体形式，是指所有者对生产资料的支配方式和使用方式，以资产或资本的组织形式和经营方式呈现出来。

从社会再生产过程的动态看，所有制必须有具体的实现形式，这样才能在剩余产品和生产资料收益等生产成果方面体现出生产资料所有者的利益，也就是说，所有制的实现形式反映的是人们如何占有、支配、使用生产资料的关系。所以所有制实现形式是为具体所有制形式服务的，以保证所有者权益的实现。两者的关系是内容与形式的辩证关系：内容决定形式，同一所有制经济可以有不同的实现形式，一种具体实现形式中可以容纳不同所有制经济。对此，一定形式的所有制必须根据生产力的实际情况，采取相应的实现形式。

公有制是生产资料由劳动者共同所有、占有、支配和使用的所有制关系。公有制的基本性质是生产资料由社会成员共同所有、支配和使用，至于人们如何支配和使用生产资料的方式，则是公有制的实现形式。公有制作为社会主义经济制度的基础，公有制的基本性质不能改变，而公有制的实现形式则可以而且应当多样化。与不同水平的生产力相适应，生产资料可以为全社会劳动者所有，也可以为劳动者集体所有，它们所反映的都是生产资料公有、生产成果为劳动者共同占有和共同享受的生产关系，都是公有制性质。生产资料公有制所包含的所有权、占有权、支配权和使用权

可以是相互结合的，也可以是分离的，这四种权利中，除所有权外，占有权、使用权、经营权都是所有制的具体实现形式。比如，在股份制情况下，国家只保留对国有资本的所有权，并根据所有权对企业的经营管理实行监督，获得应有的收益，而将占有权、支配权、使用权交给了股份制的法人企业，在承包制情况下，国家掌握了所有权、占有权、支配权，而将国有资产的使用权交给了企业。在这些情况下，虽然公有制的各种权利结合形式不同，但是公有制的基本权利即对生产资料的所有权并没有丧失，因而公有制性质没有改变，改变的只是其实现形式。

党的十一届三中全会之前，中国共产党对公有制实现形式也曾进行过探讨，但基本上局限于单一的实现形式上，即国有只能国营，集体所有只能集体经营。党的十一届三中全会以后，中国共产党对公有制的实现形式进行了开创性的探讨。在农村，在土地所有制性质不变的前提下，实行以家庭承包为主要形式、统分结合的双层经营体制，这是农村新型的社会主义合作经济，是公有制的新的实现形式；在城市，国营企业实行了"扩权让利"、利改税的改革，实际上也是探索公有制实现形式的大胆尝试。党的十五大认真总结了党的十一届三中全会以来在所有制改革问题上的经验教训，明确做出了"公有制实现形式可以而且应当多样化"的论断，指出："一切反映社会化生产规律的经营方式和组织形式都可以大胆利用。要努力寻找能够极大促进生产力发展的公有制实现形式。"

马克思主义历史唯物主义告诉我们，在生产力与生产关系的矛盾运动中，生产力决定生产关系，有什么样的生产力就要求建立什么样的生产关系，生产关系一定要适合生产力的发展状况。所有制结构是生产关系的核心，是制度形态问题，所以生产力决定生产关系首先是决定生产关系性质的所有制形式。所有制实现形式作为所有制形式的实现形式，也由生产力决定，它也必须适应生产力的状况，否则就会阻碍生产力的发展，因此一切不适应生产力发展的所有制实现形式要及时地、大胆地进行改革、调整。探索公有制实现形式的选择是否合理，最根本的标志，就是要看是否有利于解放和发展生产力。

积极培养和努力完善与初级阶段生产力发展水平相适应的多种公有制经济的实现形式具有十分重要的理论和实践意义。从理论上看，它回答了"公有制完全可以和市场经济相结合"这一关键性难题。公有制与市场经济的结合是中国共产党对马克思主义政治经济学的一大贡献。从实践上看，提出公有制的实现形式可以而且应该多样化的论断，对探索公有制与市场经济的"接口"有重要的指导作用：首先，有助于明确我国公有制改革的对象和内容，即改革公有制不是取消公有制本身，而是要改革公有制的不适应市场经济要求的具体实现形式；其次，有助于开拓探索公有制实现形式的空间，即凡是符合"三个有利于"标准的公有制实现形式都是社会主义市场经济所要求的，都可以在实践中大胆地尝试；第三，有助于人们解除思想顾虑，在经营方式、组织形式方面大胆学习和借鉴资本主义国家对我们有用的东西，创造出符合社会主义市场经济要求的有中国特色的公有制实现形式；第四，有助于搞好国有企业改革，把国有企业真正塑造成为社会主义市场经济的微观基础；第五，有助于各种经济成分在融合中相互取长补短，共同发展；第六，有助于公有资产保值增值，在市场经济条件下，投入运营的公有资产是在市场竞争中实现保值增值的，公有制实现形式多样化就为提高公有资产的运作效率和竞争力提供了条件；第七，有助于调整经济结构，优化资源配置，促进国民经济良性发展；第八，有助于各地区从本地区的自然条件、资源状况、生产力发展水平等实际出发，寻找适合本地区经济快速发展的经济形式；第九，有助于根据生产力发展的需要，不断地调整所有制的实现形式，以更快地促进生产力的发展；第十，有助于在改革实践中更有效地坚持公有制，避免走"私有化"的道路。

二、公有制的多种实现形式

新中国成立 60 年来，我们在改革实践中，已经探索出了不少公有制与市场经济相结合的形式，即在市场经济条件下公有制的实现形式。公有制的实现形式大致有：国有制（中央政府和各级地方政府所有），社区所有制（社区集体形成并集体拥有的资产），股份合作制（集股份制与合作制形式为一体的一种新的公有制形式），劳动者集体所有制（劳动者个人投资集合而成的集体财产），社团所有制（社会团体投资集合而成的集体资产），社会基金所有制（各种社会基金投资形成的资产），股份制（劳动者个人将其劳动所得剩余部分转化为资本，在大公司中购入部分产权或部分股权），技术所有制（拥有科学技术的单位和个人，把科学技术作为资本投入），经营资本制（某些有科学管理能力的集体和个人，把这种科学管理能力作为资本投入），混合所有制（各种所有制经济互相融合形成的经济实体）。公有制的种种实现形式适应了多层次生产力水平和社会经济发展的需要，显示了它们的生命力。

（一）股份制是公有制的主要实现形式

股份制产生于资本主义经济发展的过程中。在西方发达资本主义国家，股份制因其自身优势日益成为现代企业普遍采用的一种资本组织形式。当现代股份制公司刚刚出现的时候，马克思就给予了极大的关注。他认为："股份制"是发展现代社会生产力的强大杠杆，"是在资本主义体系本身基础上对资本主义私人产业的摒弃"。恩格斯也指出："由股份公司经营的资本主义生产，已经不再是私人生产。"在他们看来股份制企业虽然没有从根本上解决社会化生产和私人占有的对立和矛盾，但在由私人资本变成社会资本的过程中，给予了生产社会化和生产力发展极大的推动。可见，马克思主义经典作家对股份制没有进行简单否定，而是对股份制在扬弃资本主义生产方式、实现生产社会化过程中的作用给予了积极的肯定。

社会主义制度建立之后，在相当长一段时间内，许多人把市场经济看做是资本主义的本质特征而加以否定，把股份制也作为资本主义独有的东西予以抛弃，不加分析地予以排斥。

党的十一届三中全会以后，我们党重新恢复和确立了解放思想、实事求是的思想路线。随着经济体制改革的深入和公有制实现形式的探索，我们对股份制的性质和作用有了新的认识，开始冲破那种认定股份制只姓

"资"不姓"社"的思想禁锢，逐步认识到股份制在国有企业改革中的积极作用。

党的十四大报告指出，股份制有利于政企分开、转换企业经营机制和积聚社会资金，要积极试点，总结经验，抓紧制定和落实有关法规，使之有秩序地健康发展。鼓励有条件的企业联合、兼并，合理组建企业集团。国有小型企业，有些可以出租或出售给集体或个人经营。1997 年党的十五大提出，公有制实现形式可以而且应当多样化，一切反映社会化生产规律的经营方式和组织形式都可以大胆利用。党的十五大报告还同时对股份制这一现代企业的资本组织形式，给予了明确肯定，作出了重大的理论突破，表明了所有制和所有制实现形式是两个不同的概念，股份制可以是所有制的实现形式，其本身不姓"社"也不姓"资"。对于股份制，资本主义可以用，社会主义也可以用。不能笼统地说股份制是公有还是私有，关键看控股权掌握在谁手中。党的十六大指出，进一步探索公有制特别是国有制的多种有效实现形式，大力推进企业的体制、技术和管理创新。除极少数必须由国家独资经营的企业外，积极推行股份制，发展混合所有制经济。

2003 年召开的党十六届三中全会深入总结 20 多年来经济体制改革的实践经验，明确提出"大力发展国有资本、集体资本和非公有资本等参股的混合所有制经济，实现投资主体多元化，使股份制成为公有制的主要实现形式。"

2007 年党的十七大提出："以现代产权制度为基础，发展混合所有制经济。"这些都是我国公有制实现形式认识的重大突破，标志着我们对中国特色社会主义经济发展规律的认识达到了一个新高度。为坚持和发展我国社会主义公有制经济开辟了新的道路，必将极大解放和发展我国社会生产力。

以股份制作为公有制的主要实现形式能打破国有企业单一所有制的体制，实现产权多元化，有利于国有企业改革。股份制目前在我国国民经济中占有很重要的地位和发挥着重要作用，我国上市公司已超过 2000 家，股票市值已占到国内生产总值的一半。每年上交的印花税都达数百亿元，国有股份公司在股市上直接募集了大量的民间资本，减少了银行贷款的压力和风险，减少财政的支出和负担，支持了国有企业改造和发展，实际上股份制已是国有经济存在的主要形式；以股份制作为公有制的主要实现形式，有利于建成完善的社会主义市场经济体制；以股份制作为公有制的主要实现形式，是对我国经济体制改革的总结，是探索公有制和市场经济结合有效形式的结果，它既解决了建立市场经济的微观基础，又保持了社会主义的公有制性质；以股份制作为公有制实现的主要形式，有利于发挥市场经济配置生产要素的基础性作用；以股份制作为公有制的主要实现形式，还有利于促进政府职能转变，规范政府的行政行为。总之，以股份制作为公有制的主要实现形式，能促进经济体制改革，盘活国有资产，进行产业和产品结构调整，提高经济效率，有利于国民经济的发展。这一理论的确立，将对我国改革和发展起到重大的推动作用，它具有非常重要的理论意义和深远的历史意义。

在股份制情况下，国有资本的所有权、占有权、支配权、使用权发生了分离，但是国家掌握国有资本的所有权，国有资本的公有制性质没有改变，因此不能笼统地说股份制是公有还是私有，关键看控股权掌握在谁手中，国有和集体控股，就具有明显的公有性，有利于扩大国有资本的支配范围，增强公有制的主体地位。股份制作为一种资本组织和运营方式，可以为公有制经济所用也可以为非公有制经济所用。实行股份制的企业未必都是公有制经济。例如，混合经济中的国有资本、集体资本属于公有制性质，而私有资本属于私有制性质；如果是外资企业或私营企业组建的股份制，没有公有制经济参与，那它就是纯私有制经济，当然更不具有公有制性质。

（二）股份合作制

股份合作制是介乎于合作制与股份制之间又兼具两者特点的企业组织形式。劳动合作与资本合作相结合是股份合作制企业的本质特征。自20世纪80年代初起在一些乡镇企业（其时仍称社队企业）基础较好的地方以农民对集体企业入股的方式出现。

1984 年 1 月发出的《中共中央关于一九八四年农村工作的通知》，明确肯定了农民向企业投资的做法，提出"鼓励农民向各项企业投资入股……国家保护投资者的合法权益"。这在一定程度上为农村股份合作经济进一步发展提供了政策依据，从而极大地激励了全国各地农村发展股份合作经济的热情。农村股份合作经济的诞生，是我国农村继家庭联产承包责任后一项根本的制度变革，是我国农民新时期的又一伟大创造。在我国农村生产力还不很发达的情况下，股份合作制的出现与推行，对农村经济的发展产生了有力的推动作用。

1985 年后，城镇小中型集体企业也引入了以资本、劳动联合为特征的股份合作制形式。进入 20 世纪 90 年代，股份合作制逐渐成为城市国有中小企业特别是小企业改革的重要模式。

股份合作制的发展受到了中央的肯定与支持。1993 年党的十四届三中全会通过的《中共中央关于建立社会主义市场经济体制若干问题的决定》明确指出："现有的城镇集体企业也应理顺产权关系，区别不同情况可以改组为股份合作制企业，有条件的也可以创建有限责任公司、股份有限公司和企业集团。"1997 年召开的党的十五大进一步肯定了股份合作制的重要地位和作用，报告中指出："要全面认识公有制经济的含义。公有制经济不仅包括国有经济集体经济，还包括混合所有制经济中的国有成分和集体成分。……目前城乡大量出现的多种多样的股份合作制经济是改革中的新事物，要支持和引导，不断总结经验，使之逐步完善。劳动者的劳动联合和劳动者的资本联合为主的集体经济，尤其要提倡和鼓励。"在中央有关决定提出的关于适用多种形式放开国有小企业的政策思路中，股份合作制被放置在重要位置。中央对股份合作制的肯定促使了股份合作制更快的发展，1993 年之后，特别是 1995—1996 年城镇集体企业的股份制改组大面积展开，它是集体所有制的首选形式。

目前股份合作制的发展中仍然存在一些问题，如产权、股权不规范，股权流动性差，企业债务负担过重等，有待于在改革中进一步加以解决。

股份合作制之所以是一种新的公有制实现形式，是因为在股份合作制企业里，每个人职工持股合作劳动，对生产资料共同占有、共同使用、共同管理，使生产资料社会化了。人人都是出资者，又是劳动者，他们联合起来共同劳动，而且共同享有和参与劳动成果和税后利润的分配，在这里不存在不劳而获的情况，也不会出现一部分人无偿占有另一部分人的剩余劳动的现象。

在股份合作制企业中，实现了劳动联合和资本联合，个人利益和企业利益的有机结合，利益共享，风险共担。职工关心企业就是关心自己，如果企业经营不好，直接受损失的将是职工个人的利益，弄不好还会将自己的股份资本搭进去。这就势必会调动广大职工的积极性和创造性，为企业注入生机和活力。股份合作制企业由于产权落实到人，政企必然分开，职工真正成为企业的主人，可以实行彻底的直接民主，必然能够实现管理的民主化、科学化，同时能够克服某些不正之风。股份合作制企业可以广泛吸收社会分散资金和劳动力，采取群众愿意接受的资本联合的组织形式，发展集体经济，从而引导群众逐步走上共同富裕之路。

股份合作制不仅是企业制度的创新也是实现社会主义集体所有制的创新形式，是我国社会主义公有制经济的重要组成部分。这种所有制的实现形式，使企业成为市场的主体，适应社会主义市场经济的需要，能够极大地调动广大群众的积极性和创造性，符合"三个有利于"的标准。

第三节 公有制经济对国民经济的贡献

社会主义公有制经济适应社会化大生产的要求，使我国社会主义社会生产力获得了巨大的发展。公有制经济是社会主义经济制度的基础，是社会主义制度的根本特征。公有制经济是我国现代化建设的主要支柱，是国家财政收入的主要来源。公有制经济是国家引导、推动经济和社会发展的基本力量，是国家宏观调控的主要物质基础。公有制经济是实行按劳分配和共同富裕的物质保证，是实现最广大人民根本利益的重要保证。公有制经济是劳动人民主人翁地位的体现。

一、公有制经济在国民经济中的主体地位

公有制为主体，是我国社会主义市场经济的重要特征。党的十五大报告突破了传统的认识，对公有制的主体地位作出了科学的论断。报告指出"公有制的主体地位重要体现在公有资产在社会总资产中占优势，国有经济控制国民经济命脉，对经济发展起主导作用。公有资产占优势，要有量的优势，更要注重质的提高。国有经济起主导作用，主要体现在控制力上。只要坚持公有制为主体，国家控制国民经济命脉，国有经济的控制力和竞争力得到增强，在这个前提下，国有经济比重减少一些，不会影响我国的社会主义性质"。依据党的十五大报告的精神，公有制的主体地位主要有两条：一是公有资产社会总资产中占优势，既要有量的优势，更要注重质的提高；二是国有经济对国民经济的主导作用主要体现在控制力。

衡量公有制主体地位要以公有资产在社会总资产中的比重优势为准，而不是看公有制企业在所有企业中的数量优势。这是衡量公有制主体地位的新视角，过去我们衡量公有制主体地位往往是从企业数量上去看问题，而不是从资产角度认识这一问题。看公有制主体地位不能以公有制企业数为标准，更不能以国有企业数为标准，因为国有经济是公有制的重要组成部分而不是它的全部。从看企业数量优势转变为看公有资产在社会总资产中的比重优势，可以准确把握公有制主体地位的内涵。

衡量公有制主体地位要以公有资产量为基础，更要注重质的提高。公有资产社会总资产中占优势，既要有量的优势，更要注重质的提高。公有制占主体，过去偏重于强调公有制应该在数量上占优势，认为这样公有制的主体地位就得到确立，国有经济就能起到主导作用，而忽视了公有制的质的提高和增强国有经济的控制力。公有制量的比重稍有变动，就会对公有制的主体地位和国有经济的主导作用产生种种疑虑。但是，实际上国有

资产只在量上占有优势，而质量不高，经营管理还没有达到一定的水平，经济效益与效率非常低，缺乏控制力和竞争力，不能向社会提供应有的物质产品，人民物质和文化生活的基本需要也不能得到很好的满足，就不能保证经济的稳定、发展与增长，就会延缓人民走向共同富裕的进程，社会主义的优越性就不能得到充分体现。所以，必须在公有资产保持量的优势的同时，更要注重质的提高，努力提高公有资产的整体素质。只有公有制经济的经济效益与效率得到提高，国有经济控制了国民经济的命脉，具有很强的控制力和竞争力，社会主义优越性才能得到充分体现。在这个前提下，国有资产所占比重有所减少，也不会影响我国的社会主义性质。但是，对关系国民经济命脉的重要行业和关键领域，国有经济必须占支配地位。

另外，理解公有制主体地位，要从全国范围内看问题，不能从某个地区，某个行业看公有制的主体地位。由于我国地域辽阔，行业较多，各地区各行业情况千差万别，自然条件，经济基础，科技力量不尽相同，在有些行业和地区公有制不一定能起到主导作用。为此，要从局部与全局的关系上认识公有制的主体地位。这是我们认识公有制主体地位必不可少的方面，不能因某地、某行业公有制不居主导地位就推出全国公有制不占主体地位。只要从全国而言，公有资产在社会总资产中占优势，局部地区和行业公有制不占主体地位，并不会影响公有制主体地位。总之，全面正确地理解公有制主体地位，有利于我们解放思想，统一认识，消除误解，坚定信念，促进改革，发展社会主义市场经济。

二、国有经济在国民经济中的主导作用

（一）坚持公有制为主体，必须坚持国有经济的主导地位

以公有制为主体，多种所有制经济共同发展，是我国社会主义初级阶段的基本经济制度。中国走社会主义道路，国家经济的主体必须是公有制。我国社会的社会主义性质，是由国有经济和集体经济在我国的主体地位及其发展决定的。公有制为主体，国有经济为主导，表明主要生产资料

已掌握在国家和集体代表的劳动人民手中。劳动人民只有成为生产资料的主人，才能成为国家和社会的主人。正是这种基本生产关系的建立和发展，决定了我国是社会主义性质的国家。公有制为主体，首先是以这种社会主义生产关系为主体；国有经济的主导作用，根本表现为国有经济生产关系的主导作用。如果不巩固发展国有经济，国有经济生产关系的主体地位发生变化，集体经济的性质和整个社会的性质也将随之发生变化。国有经济是我国国民经济的支柱。发展我国社会生产力，推进工业化和现代化，国有经济是公有制最重要的组成部分，是社会主义经济制度和政治制度的重要基础。离开国有经济的主导地位，公有制为主体就会失去骨干和支柱，公有制为主体就会变成一句空话，我国经济制度和政治制度的社会主义性质就会失去最重要的根基、依靠和屏障，社会生产力的发展和社会进步也会受到极大影响。实践证明，60 年来我国社会主义制度不断巩固与发展，社会生产力水平和人民生活水平不断提高，根本原因是国有经济不断发展壮大，始终在国民经济中占了主导地位。

国有经济是宏观调控的重要手段。社会主义市场经济，发挥市场对资源配置的基础性作用，不是不要宏观管理，恰恰相反，进行必要的宏观调控和管理是社会主义市场经济健康发展的前提和不可缺少的重要组成部分。实践表明，进行宏观调控，不把经济命脉掌握在自己手上，单纯靠行政手段和法律手段是难以奏效的。掌握经济发展方向，控制总供给和总需求，调节国民经济基本比例，决定宏观经济布局，促进落后地区发展，以及解决社会发展中意想不到的重大问题，必须依靠国有经济的力量。

坚持国有经济的主导地位，是实现国家长治久安和保持社会稳定的重要基础。保障国家经济安全，防范经济风险，是国有经济的重要职能。国家安全的核心是政治安全，保证国家的主权、独立和统一，但没有经济安全，就谈不到政治安全。国家文化安全、意识形态安全、社会安全和生态环境安全，也要以国有经济为主导作根本保证。高度的社会主义精神文明是在先进的生产力和生产关系基础上产生的。小私有制只能产生小私有、小生产观念，资本主义私有制产生资本主义观念。只有社会主义现代化大生产，才能产生大公无私、分工合作、高度组织纪律性及共产主义崇高理想、情操和信念。以公有制为主体，社会主义上层建筑才能占主体。掌握批判的武器，才能进行武器的批判，使社会主义上层建筑为经济基础服务。反之，削弱公有制的主体地位，资产阶级腐朽观念及各种腐败行为必定滋长蔓延。

坚持国有经济的主导地位，也是多种所有制经济共同发展的前提和根本保证。我国人口多，总体生产力水平低，各地经济发展不平衡，决定了必须坚持多种所有制经济共同发展。鼓励多种所有制经济共同发展，是我国处于社会主义初级阶段的国情决定的，符合我国生产力发展的要求，能够促进我国现代化事业更快发展。但是发展多种所有制经济，必须坚持以公有制为主体，以国有经济为主导。这是保证多种所有制经济按照社会主义现代化建设的需要和要求健康发展，并为社会主义现代化建设服务的前提。强调一个方面，忽视另一个方面，我们都会犯历史性错误。强大的国有经济不仅可以引导、调控和制约非公有制经济发展的内容、规模和发展方向，而且为它提供基础设施、基本原材料、资金、人才和市场。过去，非公有制经济是依靠公有制经济的强大支持发展起来的。今后，如果削弱国有经济，非公有制经济的共同发展不仅会遇到极大的困难，而且必将走偏方向。

（二）国有经济的主导作用主要体现在控制力上

党的十五届四中全会通过的《中共中央关于国有企业改革和发展的若干重大问题的决定》明确指出，国有经济的主导作用主要表现在控制力上。控制力的含义有三点：一是国有经济的作用既要通过国有控股企业来实现，更要大力发展股份制，探索通过国有控股和参股来实现；二是国有经济在关系国民经济命脉的重要行业和关键领域占支配地位，支撑、引导和带动整个社会经济的发展，在实现国家宏观调控目标中发挥重要作用；三是国有经济应保持必要的数量，更应有分布的优化和质的提高，经济发展的不同阶段，国有经济在不同产业和地区的比重可以有所差别，其布局要相应调整。

1. 控制力的主要标志是在"关系国民经济命脉的重要行业和关键领域占支配地位，支撑、引导和带动整个社会经济的发展，在实现国家宏观调控目标中发挥重要作用"。经济命脉在社会发展的不同阶段有不同的内容。从我国现阶段看，国有经济必须控制的行业和领域主要包括：涉及国家安全的行业，自然垄断行业，提供重要公共产品和服务的行业，以及支柱产业和高新技术产业中的重要骨干企业。其他行业和领域，可以通过资产重组和结构调整，集中力量，加强重点，提高国有经济的整体素质。

控制和掌握经济命脉，不能脱离我国国情。我国是一个发展中的社会主义国家，新中国成立后我国经济虽已有很大发展，但总体生产力水平还比较低，物质技术基础仍然薄弱。有些产业，如重型机械制造业、冶金工业、化学工业，在一些发达国家不一定属于经济命脉，在我国则属于经济命脉。大型发电机制造厂、骨干钢铁厂、重要有色金属冶炼厂、重要化工厂、重要工业原材料及能源生产基地等，是提供基本生产资料的，它们的发展状况对整个国民经济有重大作用，国家必须掌握和控制，国有经济必须占支配地位。当然，不一定独资，控股、参股也可以有控制力。再如商业中的大型骨干批发零售企业和粮食流通业，在一些国家不属于经济命脉，在我国则属于经济命脉。粮价和粮食购存状况，直接关系到农业生产、农民收入和城市居民的生活，必须由国有商业管起来，完全放开让私商经营，将使少数人得利，多数人吃亏，造成严重的经济混乱。

2. 国有经济的主导作用是质和量的统一。增强国有经济的控制力，是以保持必要的数量为基础的。没有一定的数量，国有经济对国民经济的支撑、引导和带动作用就缺乏基础。国有经济这种必要的数量，主要体现在三个方面：一是国有经济在国民经济总量中保持必要的规模和比重；二是在关系国家安全和国民经济命脉的重要行业和关键领域，国有经济处于支配地位；三是在不同地区国有经济所占比重有所差别，但都应保持一定的规模。随着我国不断调整和完善所有制结构，国有经济占国民经济的比重大幅下降，但仍占有相当的比重，发挥着重要作用。在国有经济的数量和比重这一问题上，我们既不能像传统计划经济体制下那样，认为国有经济数量越多越好，比重越大越好；也不能走向另一个极端，认为国有经济数量越少越好，比重越小越好。国有经济在国民经济中发挥的是主导作用，不是主要作用，并不要求比重占绝对多数。随着我国所有制结构的进一步调整和完善，国有经济在整个国民经济中的比重还会有所减少，但总量要能够保证支撑、引导和带动整个社会经济发展的需要。

国有经济应保持必要的数量。没有一定的量，就没有一定的质。单纯量的变化，发展到一定程度就可能转化为质的差别。控制经济命脉，国有资产在社会总资产中占优势，是国有经济保持主导作用的前提。生产条件的分配，是决定生产关系性质及其地位最本质的东西。

生产资料数量及运行状况，与创造财富的能力和控制力是成正比的。国有生产资料占优势，国有经济支配经济命脉，国有经济才能发挥主导作用。资产优势又是剩余产品优势的保证。如果国有经济不保持必要的数量，不考虑企业大小及其在国民经济中的地位，一味地退，分光卖尽，失去对经济命脉的控制力，而让非公有制经济占了统治地位，不仅公有制的主体地位和人民的根本利益得不到保证，而且国家和社会的性质也会发生变化。

国有经济的主导作用更重要的是表现在质上。质与量比较，质居首位。在有了一定的量和量的素质不高的情况下尤其如此。质可以转化为量。更高的质代表更多的量。没有质的优势，仅仅靠落后的量，是无用的，量的优势也是不能持久的。因此，在国有经济保持必要数量的同时，必须着重致力于分布的优化和质的提高。要从战略上调整国有经济布局，要同产业结构的优化升级和所有制结构的调整完善结合起来，坚持有进有退，有所为有所不为，而把主要力量用于整体素质进一步提高和分布更加合理上。每一个企业和行业都要加速技术进步，优化产品结构，提高劳动者素质，提高管理水平，降低消耗，降低成本，不断为社会作更大的贡献。必须看到，不论任何行业和企业，不论你地位多么重要，规模多么大，如果素质不高，长期拿不出好产品来，甚至连年亏损，主体地位是很难保持的。所有国有企业的干部和职工，都要以对党的事业和广大人民群众根本利益高度负责的态度，来提高国有企业的素质，搞好国有企业，发展国有企业。

（三）国有经济对国民经济的贡献

60 年来，我们党领导人民不懈奋斗，社会主义建设取得了巨大成就。我国由一个贫穷落后的农业国，发展成为向工业化和现代化目标大步迈进的社会主义国家，这是中华民族发展进程中一次伟大的历史性跨越。国有经济持续快速增长，在国民经济中发挥着支柱和主导作用。

1. 国有经济掌握着社会资产中最重要和最关键的部分。1978 年，全民所有制工业企业数量占 24.0%，工业总产值中占 77.6%；集体所有制工业企业数量占 76.0%，工业总产值占 22.4%。改革开放以来，特别是党的十六大确立新的国有资产管理体制以来，随着市场经济体制的逐步建立和国有经济布局的战略性调整，国有企业数量虽然有所减少，但国有经济的活力、控制力和影响力却进一步增强，国有经济不断发展壮大，资产规模不断增加。2002—2007 年，国有及国有控股工业企业资产总额从89095 亿元上升至 158188 亿元，年均增长 12.2%；2008 年底央企资产已将近 18 万亿元。

2. 国有经济是我国财富增长的重要源泉，也是我国社会长远发展的可靠基础。我国国民生产总值从 1952 年的 679 亿元增长到 2008 年的300670 亿元，综合国力在世界上所占位置，从 20 世纪 70 年代的第 11 位，80 年代的第 10 位，提高到目前的第三位，这与国有经济的发展是分不开的。在工业总产值中，国有经济的贡献除 1952—1953 年占 40% 以外，以后一直高于 50%，1958—1975 年期间高达 80%，1976—1998 年期间高达70%。国有经济的结构不断改善，质量不断提高，绝对贡献额不断增大2002—2007 年，国有及国有控股工业企业主营业务收入从 47844 亿元上升至 122617 亿元，年均增长 20.7%。

3. 国有经济长时期提供了社会发展所需要的大量积累，是人民生活水平提高的重要保证。积累是扩大再生产的源泉。多年来，国有经济提供的利润和税收，从 1957 前的每年不到 100 亿元，增长到 60 年代的每年

300 亿元，20 世纪 70 年代的每年 500 亿—800 亿元，80 年代的每年 900 亿—1500 亿元，90 年代以后又进一步增长到每年 2000 亿—3000 亿元。2002—2007 年，国有及国有控股工业企业利润总额从 2633 亿元上升至 10795 亿元，年均增长 32.6%，2008 年年底央企资产利润自国务院国资委成立以来年均增长 1500 亿元。

4. 国有经济是非国有经济发展的坚强后盾，为多种所有制经济共同发展提供了巨大支持。国有经济除从设备、材料、资金和人才上支持了其他所有制经济的发展外，还承担了巨大的改革成本，以低价格、高税负和高社会负担支撑着国民经济的正常运转，促进了非国有经济的迅速发展，这是国有经济的巨大贡献。看不到这一点，就不能正确地评价国有经济的作用和贡献。

如今，国有经济无论在质上还是量上，都比新中国成立初期有了突飞猛进的发展；国有经济与市场经济实现了有机结合，有效的国有资产管理体制已初步建立，国有经济的活力和影响力已大大增强。统计数据显示，1997 年全国国有企业资产总额为 13.9 万亿元，到 2007 年增长到 35.5 万亿元，年均增加 2.2 万亿元，年均增长 9.8%。在 2003—2007 年，中央企业资产总额超过 1000 亿元的从 17 户增加到 44 户，营业收入超过 1000 亿元的从 9 户增加到 27 户，利润总额超过 100 亿元的从 6 户增加到 19 户。在 2008 年美国《财富》杂志公布的世界 500 强中，中央企业有 19 家，比 2003 年增加 13 家。一批中央企业不仅是国内行业排头兵，在国际市场上也有很强影响力。

与此同时，国有经济布局和结构不断优化。改革开放前，国有经济遍布各个行业、各个领域。1978 年，国有工业企业资产总额占全部工业企业资产总额的 92%。现在，国有企业数量明显下降，国有资本进一步向关系国家安全和国民经济命脉的重要行业和关键领域集中，向国有经济具有竞争优势的行业和未来可能形成主导产业的领域集中，向具有较强国际竞争力的大公司大企业集团集中。经过 30 年的改革，虽然国有企业户数大幅减少，国有经济比重不断降低，但资产总量大幅增长，运行质量不断提高，控制力和影响力显著增强。数据显示，在关系国家安全和国民经济命脉的重要行业和关键领域，国有资本集中度提高，主导地位突出。目前，中央企业 80% 以上的资产集中在石油石化、电力、国防、通信、运输、矿业、冶金、机械工业等行业和领域，企业户数由 196 家调整减少到 138 家。2007 年，在石油天然气开采、电力热力的生产和供应业现价工业总产值中，国有及国有控股企业所占比重分别为 96.9% 和 90.8%，石油加工、炼焦及核燃料加工业占 75.5%，煤炭开采和洗选业、水的生产和供应业分别占 63.3% 和 66.8%；在交通运输设备制造业、黑色金属冶炼及压延加工业、有色金属冶炼及压延加工业等基础性和支柱性产业领域，国有及国有控股企业产值所占比重分别为 49.8%、42% 和 32.2%。

三、集体经济对国民经济的重要贡献

我国宪法规定：公有制经济是我国经济的主体，它包括国有经济和集体经济。集体经济包含着农村集体经济和城镇集体经济。集体经济在我国国民经济中一直占有重要地位。改革开放 30 年来，集体企业的改革、改制、改造、发展，不仅促进了集体经济的快速发展，而且加强了公有制经济的主体地位。尤其是，农村改革后城乡集体企业的异军突起，各种新型合作经济组织的不断涌现，推动了农村集体经济的发展和农业产业化进程。目前。中国农村已经成功地实现了农民生活从温饱不足到总体小康的历史性跨越，新农村建设的启动为农村集体经济的进一步发展开拓了空间，也为最终解决"三农"问题、实现共同富裕奠定了坚实的基础。

（一）农村集体经济的作用与贡献

当前，农村集体经济是指在实行家庭联产承包责任制和双层经营体制改革之后形成的包括乡、村、村民小组和部分农民共同所有的农村劳动群众集体所有制经济。农村集体经济对农村社会的发展、农民收入的增加作出了巨大的贡献。作为农村经济体制改革的重要产物——家庭联产承包为主的双层经营体制确立后，农村集体经济取得了显著的成效。一是组织数量增多，组织形式规范。截至目前，我国农村集体经济组织的数量已达

70 多万个，并逐步走向规范化、制度化，逐步明确了其法律地位。二是资产数量增加，服务功能增强。农村集体经济组织掌握的集体资产的数量不断增加，尤其是在集体经济较发达的农村。近年来，全国农村集体经济组织拥有的、数量巨大的集体资产不仅增强了农村集体经济组织的实力，扩大了它在农村的服务功能，而且有力地支撑着改革关键期的新农村建设。三是组织作用突出，职能健全。随着农村集体经济组织规模的扩大和掌握的集体资产数量的增加，其作用也日益突出，职能进一步健全。具体而言：第一，农村集体经济组织实施了一系列的措施、通过了一系列文件，要求进一步发挥其组织作用。第二，在遵循市场规则和保证农户经营自主权的基础上，为农户提供产前、产中和产后服务。第三，在市场经济条件下，农业的发展不能仅仅依靠"工业反哺农业"的方针政策。只能通过完善自身的建设，增强自身的实力，来解决自身的困难，农村集体经济组织承担起这项艰巨而重大的责任。第四，农村集体经济组织还担负着多项农村教育、文化、卫生等社会发展规划的实施。

总之，农村集体经济组织在党和国家政策的引导下，经过自身的完善，在农村的经济建设中发挥着越来越重要的作用，取得了可喜的成就。

（二）城镇集体经济的贡献

现在城镇集体所有制经济已成为我国城镇中仅次于全民所有制经济的第二大经济力量。经过 60 年的发展，我国城镇集体经济在国民经济和社会发展中已经占有重要地位：

一是壮大了社会主义公有制经济。1990 年，城镇集体工业产值达5829.86 亿元，占全国乡以上工业企业的 28.2%，工业固定资产总值达2320.47 亿元，占全国乡以上工业企业的 16.1%；城镇集体商业社会商品零售额选 2631 亿元，占城镇社会商品零售总额的 70.4%。到 2008 年，在规模以上工业中，国有及国有控股工业企业占全部规模以上工业总产值的比重下降到 28.3%，集体企业占 2.4%。

二是在满足人民生活需要上起了重要作用。据工信部统计，轻工系统已有集体企业 5.23 万个。其中 90% 以上的企业都是生产人民生活必需品，产品涉及人民日常衣、食、住、行的各个方面，产品小到针、线、纽扣，大到电冰箱、洗衣机。城镇集体企业点多面广、经营灵活、市场适应性强，在日用品生产、销售、服务等方面，起着难以替代的作用。

三是为扩大城镇劳动力就业提供了机会和途径。1979—1990 年 12 年间，全国城镇就业人口 9300 万人，其中在集体企业就业的占 30%，1990 年在城镇新就业人员中，安置到城镇集体所有制企业单位的就达 235 万人；1990 年与 1979 年相比，集体职工增长 56%，增加 1275 万人。到 2008 年，城镇国有和集体单位从业人员占全部城镇从业人员的 23.5%。

四是增加了国家财政收入，扩大了出口创汇。1987 年集体所有制经济为国家创造的财政收入，占当年国家财政总收入的 17.6%，比 1979 年增长近 2 倍。2008 年年底轻工系统以集体企业为主的 12 个行业出口创汇占轻工系统出口创汇总额的 66.6%。城镇集体企业在我国经济生活中起着举足轻重的作用。

第十三章
非公有制经济
探索与发展

新中国成立后，中国非公有制经济走过一条曲折艰辛的道路，这条道路与我们党探索如何建设社会主义是紧密相连的，我们党既取得了成功的经验，也付出了惨痛的代价。因此，回顾新中国 60 年非公有制经济的曲折历程，主要意义并不在于中国非公有制经济本身，更重要的作用在于，加深对中国社会主义国情的认识，加深对如何建设社会主义的深刻理解，加深对党的路线、方针和政策的理解。

第一节　个体私营经济的探索与发展

一般而言，非公有制经济包括个体私营经济和外商投资两部分。改革开放以前我国外商投资是一片空白，所以这 30 年的非公有制经济也就是个体私营经济。

一、国民经济恢复时期：非公有制经济与其他经济形式并存

在新民主主义革命胜利前夕，党的七届二中全会在经济方面着重分析

了当时中国各种经济成分的状况，对新民主主义时期的经济形态和经济政策进行了全面的概述。1949 年 9 月 29 日，中国人民政治协商会议第一届全体会议通过的《中国人民政治协商会议共同纲领》规定，中华人民共和国为新民主主义的国家，实行工人阶级领导的、以工农联盟为基础的、团结各民主阶级和国内各民族的人民民主专政，国家保护工人、农民、小资产阶级和民族资产阶级的经济利益及其私有财产，在国营经济领导之下，五种经济成分分工合作，各得其所，凡有利于国计民生的私营经济事业，人民政府鼓励其经营积极性，并协助其发展。这一时期发展非公有制经济的指导思想的特点是：第一，符合中国实际，甚至可以说与毛泽东当年的《中国社会各阶级分析》一脉相承。第二，没有受到本本主义、教条主义的干扰。因为当时中国尚处于新民主主义阶段，还没有进入社会主义社会，因而一些所谓社会主义的现代教条影响很少，上述指导思想对发展非公有制经济是有利的，出台的经济政策也有利于个体私营经济的发展。

只要指导思想对头，经济政策相对宽松，中国的非公有制经济发展就能步入正常轨道。1949 年 10 月，上海私营工商业大部分恢复生产，其中，粮、米、面粉业已经全部开工，机器制造业等 90% 以上已经开工，棉纺织印染业产销大幅度增长。[①] 1952 年，全国工农业总产值达 810 亿元，比 1949 年增长 77.5%，较新中国成立前最高水平的 1936 年增长了 20%，三年年均增长 21.1%。当三年国民经济恢复结束时，我国的经济成分为：国营经济、私人资本主义经济、国家资本主义经济、个体经济和合作化经济，其中公有制经济和非公有制经济的比例为 20.6∶79.4，在当时的国民收入中，占绝对优势和主体地位的是非公有制经济。[②]

二、社会主义改造时期：非公有制经济成为被改造的对象

三年国民经济恢复时期结束后，中国进入社会主义改造阶段。1953

[①] 黄孟复主编：《中国民营经济史大事记》，社会科学文献出版社 2009 年版，第 3 页。

[②] 赵晓呼、赵美玲：《中国共产党与非公有制经济》，天津人民出版社 2006 年版，第 28—29 页。

年 2 月 27 日，毛泽东在中共中央政治局会议上说："……过渡一段时期的步骤是走向社会主义。……在十到十五年或者还多一些的时间内，基本上完成国家工业化及对农业、手工业、资本主义工商业的社会主义改造。要防止急躁情绪。"同年 7 月 10 日，中华全国总工会发布了《关于加强资本主义工业企业中的工会工作的指示》，该《指示》指出："这里所说的改造，是指在承认资本家的受限制的不完全和私人所有制的条件下，使资本主义企业逐步变为国家资本主义企业。"1954 年第一次全国人民代表大会第一次会议通过《中华人民共和国宪法》，承认现有的个体劳动者所有制、资本家所有制等五种经济成分，国家依法保护手工业者和其他非农业的个体劳动者的生产资料所有权，依法保护资本家的生产资料所有权和其他资本所有权等。社会主义改造时期发展非公有制经济的指导思想的特点是，第一，非公有制经济是一种过渡形态，经过国家资本主义，过渡到社会主义经济形态。现在学术界一般认为社会主义改造取得了巨大成功，但从今天的角度看，非公有制经济是否一定过渡到社会主义经济形态，这本身是值得商榷的。这里实际上隐含了后来的错误：注重从所有制上过渡，而忽视了生产力水平的限制，忽视了非公有制经济本身的巨大潜力。第二，当时提出用 10—15 年时间进行社会主义改造，而后来的历史是只用了 5 年时间，与当初的设想也并不相符，还是过于急躁了。第三，保护非公有制经济的所有权，是列入宪法的，受到法律保护的，但后来的政策超越了宪法，违犯了宪法，非公有制经济的所有权没有真正得到法律保护。历史的教训值得吸取。

　　社会主义改造完成后，对中国非公有制经济发展产生了较大的影响。到 1954 年年底，私营商业在全国商业零售额中的比重，由 1952 年的 57.2% 下降为 25.6%，在批发贸易中，国营商业已经基本上代替了私营批发商。[①] 1949 年，全国资本主义工业总产值达 68 亿元，占全国工业总产值的 63.2%，1950 年，私营商业商品销售额为 182 亿元，占全国商业批

---

① 黄孟复主编：《中国民营经济史大事记》，社会科学文献出版社 2009 年版，第 39 页。

发额的 76%，占零售额的 85%，到 1956 年年底，在工业总产值中，社会主义工业占 67.5%，国家资本主义工业占 32.5%，资本主义工业接近于 0；在商品零售额中，国营企业和供销合作商业占 68.3%，国家资本主义商业和原来的小私商组织的合作的商业占 27.5%，私营商业只占 4.2%。①

三、社会主义建设时期：限制、取缔非公有制经济

进入社会主义建设时期，中国发展非公有制经济的指导思想偏离了正确方向。1958 年 4 月 2 日，中共中央发出《关于继续加强对残存的私营工业、个体手工业和对小商小贩进行社会主义改造的指示》，该《指示》指出，小型的私营工业、个体手工业和小商小贩的生产经营存在着很大的盲目性和资本主义的自发倾向，其中一小部分还是资本主义经济，因此，要将它们一律管理起来，不允许他们未经登记进行非法经营，经过大鸣、大放、大争，在政治上彻底把资本主义搞臭。对资本主义性质的工业，原则上不允许继续存在。1965 年 3 月 3 日，中共中央批转了 1965 年 1 月财贸工作座谈会纪要，指出在市场上进行反对资本主义的斗争，是资本主义和社会主义两条道路斗争的一个方面，这个斗争是长期的、复杂的、曲折的。这个时期发展非公有制经济的指导思想产生了明显的偏差，其原因是：第一，把非公有制经济等同于资本主义，把社会主义同资本主义绝对地对立起来，以至于偏离了新中国成立以来关于经济建设的正确轨道。第二，片面理解马克思主义，混淆了人的思想认识与阶级形成的差别。进入社会主义建设时期后，作为一个阶级而存在的资产阶级在中国已不复存在了，但这个时期我们党把人的思想状况无限上纲，把具有非公有制经济思想的人统统划分为资产阶级、右倾机会主义分子、利润挂帅的鼓励者，等等。理论上的偏差导致了实践错误，正确办法是要找出理论错误之所在。

从 1958 年开始，由于我们党发展、指导经济思想发生严重偏差，片面夸大社会主义与资本主义的矛盾，认为发展非公有制经济就是壮大资本

---

① 胡绳：《中国共产党的七十年》，中共党史出版社 1991 年版，第 382—383 页。

主义，因而为了纯洁社会主义，就要与非公有制经济划清界限，围追堵截、限制、取缔非公有制经济，非公有制经济陷于被砍光的边缘。全国个体工商业者由 1966 年的 94 万人减少到 1976 年的 185 人。到了 1978 年全国个体劳动者只有 14 万人，个体经济已丧失了合法地位。在北京这样的大城市，个体工商业者只剩下 259 人。1966 年后，在工业总产值中，国营工业上升为 90.1％，集体所有制工业下降为 9.1％，非公有制工业接近于 0；在社会商品零售总额中，国营商业比重为 54％，集体商业比重为 44％，非公有制商业比重仅为 2％。

改革开放 30 年来，中国个体私营经济得到恢复和发展，并逐渐壮大，中国个体私营经济进入新的历史阶段。

四、1978—1992 年，"中国个体私营经济是国民经济重要补充" 阶段

党的十一届中三中全会使我们党的各项工作实现了拨乱反正。党的十一届三中全会公报指出："社员自留地、家庭副业和集币贸易是社会主义经济的必要补充部分。……决不允许把它们当做资本主义经济来批判和取缔"。1981 年党的十一届六中全会指出："在现阶段国营经济和集体经济是我国基本经济形式，一定范围的劳动者个体经济是公有制经济的必要补充"。1982 年党的十二大报告提出："由于我国生产力水平总的来说还比较低，又很不平衡，在很长时期内需要多种经济同时保存"，"在农村和城市，都要鼓励劳动者个体经济在国家规定的范围内和工商行政管理下适当发展"，"坚持国营经济的主导地位和发展多种经济形式"。1984 年党的十二届三中全会公报指出："社会主义经济是公有制基础上的有计划的商品经济"，"要积极发展多种经济形式"。1987 年党的十三大提出："在公有制为主体的前提下继续发展多种所有制经济"，"私营经济一定程度的发展，有利于促进生产、活跃市场、扩大就业，更好地满足人民多方面的生活需求，是公有制经济必要的和有益的补充"，"必须尽快制订有关私营经济的政策和法律，保护他们的合法权益，加强对他们的引导、监督和管理"，

"目前全民所有制以外的其他经济成分不是发展太多了，而是很不够。对于城乡合作经济和私营经济，都要鼓励他们发展。在不同的经济领域，各种所有制经济所占的比重应当有所不同"。1992 年党的十四大提出："国外的资金以及作为有益补充的私营经济，都应当而且能够为社会主义所利用"，"在所有制经济结构上，以公有制包括全民所有制和集体所有制经济为主，个体经济、私营经济、外资经济为补充，多种经济成分长期共同发展，不同经济成分还可以自愿实行多种形式的联合经营"，"国家要为各种所有制经济平等参与市场竞争创造条件，对各类企业一视同仁"。这一时期党关于发展非公有制经济的指导思想，可以归纳为：第一，摒弃了发展非公有制经济是资本主义经济的错误思想；第二，提出了非公有制经济是社会主义经济的有益补充的思想，这种提法既是党的十一届三中全会之前错误的一种更正，又为下一阶段发展非公有制经济预留了突破的空间。

表 13-1   中国个体私营经济发展概况（1978—1992 年）

年份	个体工商户（万）	增长率（%）	企业人员（万人）	增长率（%）	注册资金（亿元）	增长率（%）	零售额（亿元）	增长率（%）
1978			14					
1979			31.1	1.22				
1980			80.6	1.59				
1981	182		227.5	1.82	4.5		21	
1982	263.7	0.449	319.9	0.406	8.3	0.84	100.7	3.795
1983	590.1	1.237	746.5	0.1236	30.7	2.70	210.9	1.094
1984	930.4	0.577	1303.1	0.0207	110	2.58	457.7	1.170
1985	1171.4	0.259	1766	−0.188	164.2	0.49	750.6	0.640
1986	1211.1	0.033	1845.7	−0.061	179.7	0.09	914	0.217
1987	1372.5	0.133	2158.3	−0.003	236	0.31	1034	0.131
1988	1452.7	0.058	2304.9	−0.094	311.9	0.32	1190.7	0.152
1989	1247.1	0.150	1941.4	0.067	347.4	0.11	1339.2	0.125
1990	1328.3	0.065	2092.8	0.068	397.2	0.14	1497.5	0.118
1991	1416.8	0.066	2258	0.053	488.2	0.23	1798.2	0.200
1992	1533.9	0.083	2467.7		600.9	0.23	2238.9	0.245

（资料来源：根据中国民营经济史〈大事记〉有关资料汇总）

五、1993至今，"个体私营经济与其他经济形式共同发展"阶段

党的十四大后发展非公有制经济指导思想不断得到突破。1993年党的十四届三中全会提出："在积极促进国有经济和集体经济成分发展的同时，鼓励个体、私营、外资经济发展，并依法加强管理"，"就全国来说，公有制在国民经济中应占主体地位，有的地方、有的产业可以有所区别"，"国家依法保护个人和居民的一切合法收入和财产，鼓励城乡居民储蓄的投资，允许属于个人的资本等生产要素参与收益分配"。1997年党的十五大指出，我国处在社会主义初级阶段，需要以公有制为主的条件下发展多种所有制经济，一切符合于"三个有利于"的所有制形式都可以而且应当为社会主义服务。非公有制经济是我国社会主义市场经济的重要组成部分，对个体、私营等非公有制经济要继续鼓励、引导，使之健康发展。2002年，党的十六大指出："根据解放和发展生产力的要求，坚持和完善公有制为主体"，多种所有制经济共同发展的基本经济制度……必须毫不动摇地鼓励、支持和引导非公有制经济发展……坚持公有制经济为主体，促进非公有制经济发展，统一于社会主义现代化的进程中，不能把这两者对立起来。各种所有制经济完全可以在市场竞争中发挥各自优势，相互促进，共同发展。2003年党的十六届三中全会提出："大力发展和积极引导非公有制经济。个体、私营等非公有制经济是促进我国社会生产力发展的重要力量。清理和修订限制非公有制经济发展的法律法规和政策，清除体制性障碍，放宽市场准入，允许非国有资本进入法律法规未禁入的基础设施、公用事业及其他行业和领域，非公有制企业在投融资、税收、土地使用和对外贸易等方面，与其他企业享有同等待遇。支持非公有制中小企业的发展，鼓励有条件的企业做强做大。"2007年党的十七大指出："坚持和完善公有制为主体，多种所有制经济共同发展的基本经济制度，毫不动摇地巩固和发展公有制经济，毫不动摇地鼓励、支持、引导非公有制经济发展，坚持平等保护物权，形成各种所有制经济平等竞争、相

互促进新格局。推进公平准入，改善融资条件，破坏体制障碍，促进个体、私营经济和中小企业发展"。2008 年 12 月 18 日，胡锦涛在纪念党的十一届三中全会 30 周年大会上讲话指出："毫不动摇地鼓励、支持、引导非公有制经济发展，形成多种所有制经济平等竞争、相互促进新格局。"

我国不断出台有利于发展个体私营经济的政策。1993 年 4 月 28 日，国家工商行政管理局发布了《关于促进个体私营经济发展的若干意见》，该《意见》指出：边远地区申请从事个体经营的，工商行政管理机关根据先放开、后规范的原则，可以在备案后允许从事经济活动，不罚款，不收费，待条件成熟后再进行登记注册。除国家法律、法规明令禁止个体工商户、私营企业经营的行业和商业外，其他行业和商业都允许经营。个体工商户、私营企业可以租赁、承包、购买国有、集体企业。支持私营企业举办中外合资经营、中外合作经营企业和从事"三来一补"业务等，支持个体工商户、私营企业跨地区、跨行业、跨所有制横向经济联合、互相参股经营。1995 年 9 月 28 日江泽民在党的十四届五中全会闭幕时作出《正确处理社会主义现代化建设中的若干重大关系》的讲话中，论述了公有制经济和其他经济成分的关系："在积极促进国有经济和集体经济发展的同时，允许和鼓励个体、私营、外资等非公有制经济发展，并正确引导，加强监督，依法管理，使它们成为社会主义经济的必要补充"。国家对各类企业一视同仁，为各种所有制经济平等参与竞争创造良好的环境和条件。1998 年 6 月 20 日中国人民银行发布《关于进一步改善对中小企业金融服务的意见》，该《意见》提出：完善对中小企业的金融服务体系。各商业银行都要成立为中小企业服务的信贷职能部门，健全为中小企业服务的金融组织机构体系，配备必要的人员，完善对中小企业的金融服务功能。1998 年 10 月 1 日对外经贸合作部发布《关于赋予私营生产企业和科研院所自营进出口权的暂行规定》，1999 年 1 月 4 日，国家首批 20 家私营企业获得自营进出口权。1999 年 8 月 20 日《中共中央、国务院关于加强技术创造，发展高科技，实现产业化的决定》发布。该《决定》指出：

"要从管理制度上保证民营科技企业能够平等参与政府科技计划项目的竞标。各级财政部门要帮助和支持民营科技企业解决产权关系不清的问题。对因历史原因造成的民营科技企业解决产权关系不清的问题，要本着保护国有资产权益、有利于鼓励成果转化、支持科技人员创业的原则妥善解决。允许民营科技企业采用股份期权等形式。"2000年12月12日为推动中小企业的发展，国家经贸委出台《关于鼓励和促进中小企业发展的若干政策意见》，由国家经贸委牵头，科技部、财政部、中国人民银行、税务总局等部门参加，成立全国推动中小企业发展工作领导小组，领导小组负责中国国内中小企业的统筹、组织领导和政策协调，研究中小企业面临的倾向性和方向性问题，向党中央、国务院提出意见和建议。

2001年12月11日国家计委制定《促进和引导民间投资的若干意见》。该《意见》明确指出："除国家有特殊规定的以外，凡是鼓励和允许外商投资进入的领域，均鼓励和允许民间投资进入，在实行优惠政策的投资领域，其优惠政策对民间投资同样适用，鼓励和引导民间投资的独资、合作、联营、参股、特许经营等方面，参与经营性的基础设施和公益事业项目建设。""国有商业银行要把支持民间投资作为信贷工作的重要内容，完善机构设施，制定有针对性的贷款政策和管理办法。"2002年8月12日广州市政府出台《关于促进个体、私营经济上新水平的若干意见》，从以下十个方面具体阐述了对个体私营企业发展的具体支持措施：积极支持和引导个体私营企业做强做大，创新服务环境，进一步扩大个体私营企业投资领域，积极支持个体、私营企业发展外向型经济，拓宽个体、私营企业的融资渠道，支持解决个体、私营企业发展用地，依法清理"三乱"，切实减轻企业负担，加快个体私营企业信用制度建设等。2005年2月24日《国务院关于鼓励支持和引导个体私营等非公有制经济发展的若干意见》正式发布。《若干意见》针对非公有制经济发展中的突出问题，提出了七个方面的政策措施：放宽非公有制经济市场准入，加大非公有制经济的财税金融支持，完善对非公有制经济的社会服务，维护非公有制企业和职工的合法权益，引导非公有制企业的监管，加强对发展非公有制经济的指导和政策协调。2005 年 4 月 18 日国务院减轻企业负担部际联席会议发布了《关于治理向个体和私营等非公有制企业乱收费、乱罚款和各种摊派等问题的通知》，《通知》指出：对非公有制企业与公有制企业实行统一政策，取消专门针对个体工商户、私营企业等非公有制企业行政事业性收费、政府性基金、政府性集资、罚款项目和各种摊派等歧视性收费规定。同时，国务院发布关于非公有资本进入铁路建设经营、文化产业、民用航空业的决定。2008 年 7 月 25 日全国首部规范小额贷款公司成立条件及管理制度《浙江省小额贷款公司试点登记管理暂行办法》正式出台，首次通过制度的形式正式承认了民间贷款机构的合法地位。

这个阶段，我国发展个体私营经济的实绩，有以下特点：一是 1993—1995 年是高速发展时期，增长率达到 30%—50%。二是从 1998 年开始，我国个体私营经济的发展步入平稳阶段，注册资金增长率远远高于从业人员增长率，说明个体私营经济开始注重规模增长，开始做大做强。三是自 2005 年开始，受"个体私营经济 36 条"的有力推动，个体私营经济又步入快车道，呈现强劲增长势头（详细数据见表 13-2）。

表 13-2　非公有制经济发展概况（1993—2007 年）

年份	个体工商户（万）	增长率（%）	企业人员（万人）	增长率（%）	注册资金（亿元）	增长率（%）	产值（亿元）	增长率（%）
1993	1766.9		2939.3		854.9		1386.9	
1994	2186.6	23.75	3775.9	28.46	1318.6	54.20	1637.5	18.07
1995	2528.5	15.63	4613.6	22.19	1813.1	37.50	2791.2	70.45
1996	2703.7	6.93	5017.1	8.75	2165.4	19.43	3538.6	26.78
1997	2850.9	5.44	5441.9	8.47	2574	18.87	4552.7	28.66
1998	3120.2	9.45	6114.4	12.36	3120.3	21.22	5960.3	30.92
1999	3160.1	1.28	6240.9	2.07	3439.2	10.22	7063.4	18.51
2000	2571.4	-18.63	5070	-18.76	3315.3	-3.60	7161.7	1.39
2001	2433	-5.38	4760.3	-6.11	3435.8	3.63	7320	2.21
2002	2377.5	-2.28	4742.9	-0.30	3782.4	8.51	7967.6	8.84
2003	2353.2	-1.02	4299.1	-9.36	4187	10.43	8740.9	9.71

续表

年份	个体工商户（万）	增长率（%）	企业人员（万人）	增长率（%）	注册资金（亿元）	增长率（%）	产值（亿元）	增长率（%）
2004	2350.5	−0.10	4587.1	6.70	5057.9	20.80	8097.7	−7.36
2005	2463.9	4.82	4900.5	6.83	5809.5	14.86	9805.5	21.09
2006	2595.6	5.35	5159.7	5.29	6469	11.35		
2007	2741.5	5.62	12749		7350.8	13.63		

（资料来源：根据中国民营经济史〈大事记〉有关资料汇总）

第二节　外资经济的探索与发展

在改革开放以前的 30 年，中国政府也曾引进了少量外国政府贷款，比如新中国成立初期的 156 项重点工程。但真正意义上的外商直接投资则是始于改革开放后的 1979 年，此后，外商直接投资由小到大，投资领域不断拓宽，成为我国非公有制经济的一个重要组成部分，在国民经济发展中起到了重要作用。

一、1979—1983 年，试点起始阶段

1979 年 7 月，党中央、国务院决定对广东、福建两省实行特殊政策，扩大两省的经济管理权限，增强其经济发展活力，在吸收外资、引进先进技术上，给予两省一些自主权。1980 年 5 月，国家决定在深圳、珠海、汕头、厦门设立经济特区，四个经济特区在经济活动中实行不同于内地的特殊政策，在所有制结构上外商投资所占的比重可以大于内地；在拓展外贸、吸收外资、引进技术、对外经贸业务上，允许两省有一定机动余地，在国家总盘子中单划一块；对到特区投资的外商提供更多的优惠待遇，企业所得税税率按 15% 征收，对进出特区的境外客商、外籍人员简化手续，给予方便。这些措施加上管理方法不断完善，提高了各地利国外资的积极

性，吸收外资的规模不断增加。这一阶段，我国吸收的外商投资主要来自港澳地区，以劳动密集型的项目、宾馆服务业为主。

二、1984—1991 年，重点延伸阶段

20 世纪 80 年代中期至邓小平南方谈话之前，外商投资的范围从经济特区延伸到沿海、沿江、沿边地区，初步形成从沿海到内地推进的格局。1984 年国家决定开放沿海 14 个港口城市，为了扶植这些城市充分发挥原有的工业技术基础、加快经济发展步伐，对这些城市中外商投资企业的优惠待遇、老企业技术改造吸收外商投资的小气候，批准除北海和温州以外的其地 12 个有条件的沿海开放城市，参照经济特区的某些做法，举办经济技术开发区。1986 年 5 月，国务院成立外国投资工作领导小组，统筹协调外商直接投资事务，并于当年 10 月公布《国务院关于鼓励外商投资的规定》，基本内容是：保护和发展我国税率低、劳务费用低、土地使用费用低的优势，增强对外商投资的吸引力；加强对外资投向引导，鼓励外商举办产品出口和先进技术企业，以及把投资获得利润在我国再投资的企业，为外商投资企业创造提供要素的必要条件，切实保障外商投资企业的依法自主经营权。这些措施推动了投资环境的改善，提高了利用外资工作水平。

三、1992—2001 年，高速发展阶段

1992 年，在邓小平视察南方发表重要讲话精神指引下，我国外商投资企业进入高速发展阶段，吸收外资在广度和深度上都有了新的大发展。1995 年 6 月，国务院批准发布《指导外商投资方向暂行规定》和《外商投资产业目录》。1992 年，外商直接投资已经超过 100 亿美元，1993 年比上一年翻了一番，达到 275.15 亿美元，到 1998 年，外商直接投资额又比 1993 年翻了一番，达到 454.63 亿美元。1979—1998 年，我国实际引进外商直接投资（不含其他投资）共计 2526 亿美元，其中自 1992 年以来的 7 年内，就引进 2423.7 亿美元，占 20 年累计额的 91.7%。截至 1998 年年

底，全国累计批准设立外商投资企业共 32.47 万家，企业人数为 1750 万人，到我国投资的国家和地区达 180 多个。1993 年以来，我国连续 6 年成为利用外资最多的发展中国家，是继美国之后的世界第二大引资国家。

四、2002 至今，全面开放阶段

2001 年 12 月，中国加入 WTO 以后，标志着中国的外商直接投资进入了全面开放新阶段。加入 WTO 后，原区域性推进的对外开放转变为全方位的对外开放，开放领域由传统的货物贸易向服务贸易扩展，从 2002 年 1 月 1 日起，我国正式开放履行 WTO 下的各项义务，逐步放宽投资领域，减少投资障碍，加强投资保护，放松投资管制，减少政府干预。2006 年通过的《中华人民共和国经济和社会发展第十一五规划纲要》指出，抓住国际产业转移机遇，继续积极有效地利用外资，重点通过利用外资引进国外先进技术、管理经验和高素质人才，把利用外资同提升国内产业结构、技术水平结合起来。注意引导外商投资方向，引导资本更多地投向高技术、现代服务业、高端制造环节、基础设施，投向中西部地区和东北地区等老工业基地。同时，注意促进利用外资方式多样化，引导国内企业同跨国公司开展多种形式的合作，发挥外资的技术溢出效应。鼓励具备条件的境外机构参股国内证券公司和基金管理公司。自 2002 年以来，共废止、修订了 3000 多条法律、行政法规和部门规章。2002—2008 年，年均吸引外商直接投资达 290 亿美元。

截至 2007 年年底，外商直接投资规模较大。全国批准举办外商投资企业 62.5 万家，实际到位资本 7400 亿美元，连续 16 年居发展中国家首位，引资国家和地区达 190 个，外国直接投资存量达 2926 亿美元。外商投资结构日趋合理。2000 年以前，外商投资主要集中在纺织等劳动密集型产业，近几年，主要投向电子、汽车、化工等行业，2007 年，资本密集型行业共 49.3 万家，占外资企业总数 70% 以上。尤其是 2002 年以来，外商投资服务业领域日趋明显。目前，全球 500 强中，已有 480 家在华投资，共设立研发中心 7000 家，设立公司总部 40 家。

第三节　非公有制经济对国民经济的贡献

非公有制经济的贡献是多方面的，包括政治、社会和经济等多个方面，就对国民经济贡献而言，主要有以下几方面：

一、促进国民经济快速增长

改革开放以来，我国经济保持了年均 9.7% 的增长率，居世界第一位，被经济学界誉为世界奇迹，在世界经济史上也非常罕见。

一国经济增长，其因素可以归结为制度、资本、人力资源等。中国非公有制经济在以上三方面有力地促进了国民经济快速增长。

非公有制经济的体制机制有利于经济快速增长。中国非公有制经济不存在国有经济的体制性障碍，它完全是自主投资，不存在"投资饥渴症"，它的投资是要追求利润最大化的；也不存在"内部人控制"问题，它的投资者与管理者一般是合二为一的，因此它有强烈的市场意识，也有很好的自我调节功能。非公有制经济规模从小到大，都是符合市场经济体制要求的，特别是在中国国有经济未搞活之前，它拖占了市场余缺；在搞活国有企业过程中，非公有制经济积极参加国有企业重组、兼并，非公有制经济迅速做大做强。

非公有制经济的强烈投资需求有利于经济快速增长。非公有制经济不靠或不要国家投资，依靠自身力量，筹集巨大资本，保持了强劲增长势头。以 2000—2006 年我国私营经济发展情况为例，2000 年注册资金 13308 亿元，增长到 2005 年的 61331 亿元，五年年均增长 35.7%，2006 年仍增长 24%。[①] 这种增长势头不仅高于国有资本增长速度，而且是在有

---

① 黄孟复主编：《中国民营经济史大事记》，社会科学文献出版社 2008 年版，第 5 页。

企业效益的前提下获得的，更显得非常难得。2008 年，外商投资经济以企业总数 3%，其出口额占全国出口总额的 59%，工业增加值占全国的 30%。

从业人员迅猛增加，也是导致高速增长的重要因素。改革开放之初，中国的非公有制经济从业人员几乎可以忽略不计，但到了 2007 年年底，全国登记注册的个体工商户共有 2741.5 万户，从业人员达 6270 万人，私营企业共有 551.3 万户，从业人员达 7253 万人，外商投资企业实现就业 4000 万人。如果这些劳动力要国家投资安置，则几乎是不可能的。特别是私营企业的从业人员增长速度，在 2000—2006 年仍保持了 19.3% 的年均增长速度。因此，中国非公有制经济促进国民经济的快速增长，是实实在在的，在未来的贡献将更大、更明显。

非公有制经济的快速兴起对国民经济的发展做出了重要贡献。从创造的产值看，2007 年规模以上非公企业工业总产值所占比重为 68%。其中，私营企业占 23.2%，外商及港澳台投资企业占 31.5%。

二、成为吸纳劳动力就业的主渠道

我国是世界上人口最多的国家，也是世界上劳动力资源最丰富的国家，劳动力就业的压力特别艰巨。近 30 年来，随着工业化、城市化进程的加速，从农村到城市的农业剩余劳动力多达 2—3 亿人，加上国有企业改革保障人员分流，但我国没有产生明显的失业大军，非公有制经济成为吸收劳动力就业的主渠道。

非公有制经济吸收劳动力就业的能力不断增强。非公有制经济就业量占全社会就业量的比重不断提高，如 1990 年的比重为 24.6%，到 2002 年上升为 41.9%[1]，到 2006 年，占城镇就业人数的比重为 77.3%。[2]

非公有制经济就业比重在不断提高。2000 年，全国二、三产业就业

---

① 黄孟复：《中国民营经济发展报告（2003）》，社会科学文献出版社 2004 年版，第 4 页。

② 黄孟复：《中国民营经济发展报告（2007）》，社会科学文献出版社 2008 年版，第 7、8 页。

人数 36043 万人，国有企业就业人数 8102 万人，下降 5.5%，民营企业二、三产业就业人数 27940 万人，上升 4.8%，非公有制经济占二、三产业就业比重 77.5%。到了 2005 年，民营企业相应比重进一步提高。非公有制经济吸纳了 35367 万人就业，占二、三产业就业比重 84.1%。[①]到 2008 年，城镇非公有制经济就业人员的比重从 1978 年的 0.2% 增加到 2008 年的 74.8%。其中，股份制经济单位就业人员从无到有，已达到 840 万人，占城镇就业人员的 2.8%；外商及港、澳、台投资经济单位从业人员达 1622 万人，占城镇就业人员的 5.4%；私营个体经济从业人员达 8733 万人，占城镇就业人员的 28.9%。

非公有制经济成为吸纳新增劳动力的主体。近年来，我国进入又一个劳动力就业高峰期，但国有企业安置劳动力能力有限，农村劳动力外出务工越来越多，全国新增劳动力主要进入非公有制经济。从 1991—2002 年总共吸纳就业 5889 万人，同期全社会吸纳就业 8991 万人，这表明非公有制经济提供了全社会 65% 的新增就业岗位。从 2000—2005 年，5 年私营企业安置就业人数年平均增速 19.3%，2006 年增速仍达 13.1%，远高于国有经济吸收新增劳动力的能力。20 世纪 90 年代以来，私营个体经济平均每年创造的就业岗位近 450 万个，占全部城镇就业人员年均增加量的 60% 以上。

三、非公有制经济提供税收快速增长

税收是非公有制经济对国家的最直接贡献。非公有制经济税收自 1995 年以来，一直快速增长。1995 年，非公有制经济税收增长率为 26.2%，国有经济为 10.4%，2001 年是个分水岭，非公有制经济税收占全国税收比重首次超过国有经济，这一差距将越来越大。以 2000—2006 年为例，全国税收增长率为 20% 左右，其中国有企业税收增长率为

---

① 黄孟复：《中国民营经济发展报告（2007）》，社会科学文献出版社 2008 年版，第 7、8 页。

6.8%，民营企业增长率为26.3%，特别是私营经济税收增长率更是高达45.3%。① 外商投资企业2008年实现税收9900亿元，占全国税收总量的21%，税收增加额占全国同期税收增加额的23%。

从税率的比较来看，非公有制经济对我国尤其是中西部地区贡献很大。以2007年为例，各省、区、市之间的税率比较，总的态势是经济发达地区税率低于欠发达的中西部地区，税率高的前15名全在中西部地区。本来中西部地区经济要发展，需要减税，但由于这些地区财税基础较弱，导致非公有制经济的税率很重，也说明非公有制经济对本地区的税收贡献较大。②

四、促进了社会主义市场经济体制的建立和完善

社会主义市场经济体制的建立和完善，是我国经济体制改革的目标，它要求有合格的市场主体、完善的市场体系、健全的调控手段，这三方面都与非公有制经济的贡献密切相关。

从市场主体来看，非公有制经济天然就是合格的市场主体。非公有制经济的投资主体是合格的法人，产权是清晰的，它是独立承担民事法律责任的市场主体，具有独立的决策权、利益分配权、财产处置权。企业内部也有严格的利益合同关系，它的兴起是合法的，即使倒闭、破产也不会引起社会不稳定，也不需要政府救济。相比国有经济、集体经济，非公有制经济的市场主体地位是完全合格的，没有繁重的改革任务。因此，中国社会主义市场经济市场主体是在国有经济的外面独立而又合格地产生的。

从市场体系来看，非公有制经济是市场的积极建设者。最初的小商品市场，就是非公有制经济建立起来的，它们保证了全国商品市场的活跃。非公有制经济的发展，需要进入实体经济领域，从流通进入生产，它们没

---

① 参见黄孟复：《中国民营经济发展报告（2003）》，社会科学文献出版社2004年版，第4页。

② 陈乃醒等编：《中国中小企业发展报告（2008—2009）》，中国经济出版社2009年版，第43页。

有国家分配的物资，相应的要素市场应运而生，要素市场从小到大，从不完善到完善，从局部到区域性甚至覆盖全国。特别是地方区域性民间银行，也是非公有制经济不断发展的结果。随着国有企业改革的深入，非公有制经济参与国有企业重组联合，需要产权市场，非公有制经济又一次成为产权市场的积极力量。

非公有制经济有利于国家调控目标的实现。在计划经济条件下，由于围追堵截非公有制经济，当宏观经济出现结构性和总量失衡时，国家调控手段的特点是：直接调控、行政手段调控、调控力量度大、副作用明显。非公有制经济发展壮大后，国家调控手段改直接调控为间接调控，以行政手段为主变成以经济手段为主，宏观微调后副作用小。

第四节　发展非公有制经济的基本经验

新中国成立以来，我国非公有制经济走过了一条"V"字形发展道路，即改革开放前 30 年非公有制经济逐渐被改造，直至被取缔，改革开放后非公有制经济逐渐恢复，直到成为国民经济的重要组成部分。

一、解放思想，实事求是，从中国国情出发制订中国非公有制经济方针、政策和措施

中国是一个人口大国，中国又是一个历史悠久、近代资本主义发展不充分的大国，不同地域、不同民族之间经济发展水平差别很大。在这样复杂的环境下，如何建设社会主义，不能简单照搬国际作法，必须解放思想，实事求是。一是社会主义与资本主义不是对立的，资本主义有非公有制经济，社会主义也有非公有制经济。二是非公有制经济发展壮大了，不会走向资本主义，而是社会主义市场经济条件下的非公有制经济。三是民营企业家发财致富，率先富裕起来，不会必然导致两极分化，国家可以调

控分配办法，最终还是有利于全社会富裕。四是非公有制经济实力强了，共产党的执政基础不是削弱了，而是加强了，只是执政理念、执政方式需要创新。五是非公有制经济发展壮大，有利于社会结构、经济结构的优化，有利于和谐社会的建立。六是非公有制经济发展壮大，不是削弱了国有经济的主导地位，而是有利于国有经济主导地位的实现，有利于国有经济对国民经济的合理调控。七是非公有制经济发展壮大，不是导致全国区域经济失衡，而是最终有利于全国经济走向合理规划，实现各民族的团结和共同富裕。八是非公有制经济发展壮大，不是导致中国经济竞争力下降，沦为外国跨国公司的低端生产线，而是有利于中国经济"强身健体"，有利于中国企业走出国门，最终参与国际经济竞争。九是中国非公有制经济发展壮大，不是导致中国经济环境失序，而是有利于中国经济不同主体的良性竞争。十是中国非公有制经济发展壮大，不是导致中国官员腐败加剧，中国政治体制改革的顺利推进需要不同利益群体的理性、克制，非公有制经济的壮大恰恰有利于政治改革的有序进行。

二、以国有经济为主体，多种所有制成分共同发展的经济制度，要长期坚持，不可动摇

根据生产关系必须有利于生产力发展的要求，以科学发展观为指导，正确处理不同经济成分之间的关系，是我国建立完善合理经济制度的理论基础。新中国成立以来的经验教训也证明了这一点。自从社会主义改造完成以后，在"左"的错误思想指引下，搞生产关系"穷过渡"，宁要社会主义的"草"，排斥非公有制经济，非公有制经济被围追堵截，其结果是生产力水平低下，经济增长停滞徘徊，大起大落，消费品种单一，人民生活水平难以提高，错失国际生产分工转移的大好机遇。一句话，人为地限制具有活力的非公有制经济，导致我国经济没有生机，经济体制缺乏应有的活力。党的十一届三中全会后，我国非公有制经济逐渐走上正轨，但从20世纪70年代末到90年代初，只要国内对非公有制经济非议之声多一点，非公有制经济马上发展停滞甚至收缩；只要发展非公有制经济的环境

稍微宽松一些，非公有制经济又"春风吹又生"。能否真正坚持非公有制经济与国有经济真正共同发展的新格局，是影响非公有制经济发展的关键。

三、适时调整非公有制经济发展政策，出台有利于非公有制经济的措施，是实现非公有制经济发展的重要内容

回顾新中国成立 60 年来，特别是近 30 年非公有制经济走过的道路，是一个政府不断"松绑"的过程，是一个政府不断提供有效服务的过程。

改革开放之初，针对"雇工"这个敏感问题，国务院出台"允许1—2 个帮手，最多不超过 5 个"的规定。后来明确私营企业就是雇工人数超过 8 个的私人经济组织，但雇工人数再没有数量限制了。党的十三大报告对不同行业、不同地区所有制比重，不必以国有经济为主体，为非公有制经济的发展扫清了理论障碍。党的十四大后，党提出非公有制经济不是社会主义市场经济的补充，而是重要组成部分，非公有制经济的地位得以明显提高。党的十五大报告提出非公有制经济可以参与国有企业改制、重组、联合，为非公有制经济发展壮大提供了一次极为难得的机遇。随后，关于非公有制经济融资难的问题、走出去的问题、民营科技企业的政策问题、市场准入问题、民营资本进入基础设施、公用事业领域等问题，都逐步获得政府有力支持。可以说，非公有制经济在 21 世纪进入了发展的快车道，必将为中国经济腾飞作出更大的贡献。

第十四章

农村建设的探索与发展

　　我国关于农村建设的探索由来已久。早在 20 世纪 50 年代中期，党中央就提出了要搞社会主义新农村。改革开放以后，我国农村发生了翻天覆地的变化，中国经济实现了由温饱向小康的跨越。在全面建设小康社会的新时期，我们党提出了著名的"两个趋向"论断，指出中国已经进入以工补农、以城带乡的阶段。党的十六届五中全会上，正式提出要"建设社会主义新农村"。党的十七大报告明确强调统筹城乡发展，推进社会主义新农村建设。《中共中央关于推进农村改革发展若干重大问题的决定》，对农村改革发展作出新的部署。在新的历史起点上，必须在农村改革发展上取得新的突破。发展现代农业，扎实推进社会主义新农村建设，促进国民经济又好又快发展。

第一节　人民公社时期的农村发展历程

一、1949—1978 年农村发展的制度安排

（一）土地改革与新型政权的巩固

土地改革是指新中国成立初期在新解放区开展的土地制度改革。1950

年中央人民政府出台了《中华人民共和国土地改革法》，明确规定土地改革的目的是"废除地主阶级封建剥削的土地所有制，实行农民的土地所有制，借以解放农村生产力，发展农业生产，为新中国工业化开辟道路"。到 1952 年年底，除西藏等少数地区外，土地改革在全国农村胜利完成。加上老解放区土地改革，全国大约有 3 亿多无地和少地的农民分得了大约 7 亿亩土地和其他一些生产资料。土地改革后，广大农民获得了土地，改善了社会和经济地位。他们在自己的土地上自由地从事生产，生产积极性空前高涨，农业生产迅速得到发展。1953 年同 1949 年相比，我国粮食产量由 11318 万吨增加到 16392 万吨，年均增长 13%；棉花由 44 万吨增加到 130 多万吨，年均增长 43%；油料由 256 多万吨增加到 419 多万吨，年均增长 21%。[①] 农民的生活水平也普遍提高。土地改革的胜利，使得中国共产党领导的革命力量在农村发展和壮大，使在政治上和经济上翻了身的广大农民群众更加拥护共产党和人民政府，他们成为乡村政权的支柱，工农联盟和人民民主专政的政权得到了巩固。

（二）农业社会主义改造与人民公社体制的实施

经过土地改革和国民经济的三年恢复时期，1953 年，中共中央适时地提出了"一化三改"的过渡时期总路线。但是，农村中存在的小农经济问题，与快速发展工业化战略不相适应，加之土改后期因土地买卖而重新出现了两极分化的现象，我国个体农民，特别是在土地改革中新获得土地而缺少其他生产资料的贫农下中农，确有走互助合作道路的要求。中央决定在农业社会主义改造中，重新调整土地政策。1953 年的《关于发展农业生产合作社的决议》、1955 年的《农业生产合作社示范章程》、1958 年的《中共中央在农村建立人民公社的决议》等一系列决议，对农业合作化、人民公社化中的土地制度进行了明确的规定。农业合作化经过了互助组、初级农业合作社、高级合作社过程，1958 年完成了人民公社化。人民公社规模

---

① 万振凡、肖建文：《建国以来中国农村制度创新的路径研究》，《江西社会科学》2003 年第 9 期。

大，一般是一乡一社；公有化程度高，土地归集体所有。这一体制运行的稳定性在于政社合一。即把基层政权机构（乡人民委员会）和集体经济组织的领导机构（社管理委员会）合为一体，统一管理全乡、全社的各种事务。作为国家基层政权的代表，公社负责贯彻国家法令、政策的职责，这是公社制度得以运行的重要前提。作为全体社员利益的代表，公社负责组织和管理本地区的经济活动。在农业生产管理方面，采取计划种植、统一征购的方式；在经营组织方面，将农民个体经营转变为集体经营，限制农业劳动力外流；在利益分配方面，实行劳动日工分制等。人民公社时期，尽管我们党在工作指导思想上曾经出现了偏差，但是，"三级所有，队为基础"体制，对于当时农村社会经济生活的正常运行起到了稳定作用。

（三）农产品统购统销与城乡二元体制的形成

统购统销，即以国家对农产品定价的形式，从农民手中低价收购，又对城市居民和工业企业低价统销，用以维持大工业的低工资和低原料成本，以利集中起国家工业化的建设基金。1953 年，我国农产品供给出现短缺，尤其是粮食购销矛盾加剧。为控制这一局面，保障基本的生产、生活需要，1953 年 10 月 16 日，中共中央政治局会议通过《关于实行粮食的计划收购与计划供应的决议》，指出：粮食统购统销政策包括计划收购（简称统购）、计划供应（简称统销）、由国家严格控制粮食市场和中央对粮食实行统一管理四个组成部分。同年 11 月 19 日，《关于实行粮食的计划收购和计划供应的命令》及《粮食市场管理暂行办法》通过，规定了实行粮食统购统销的具体办法。同年 12 月初开始，除少数地区外，全国城乡开始实行粮食统购统销。继粮食统购统销后，油料（1953 年 11 月）、棉布和棉花（1954 年 9 月）等主要农产品也相继纳入统购统销的范围。与农产品统购统销政策的实施相配套，我国实行了城乡分割的户籍管理制度。1955 年，国务院公布了《市镇粮食供应暂行办法》，对企业单位集体供粮、城镇居民供粮以及粮食转移证、粮票等管理使用办法做了规定，明确粮食按城镇户口（即非农业户口）实行计划供应。同年，国务院还公布了《农村粮食统购统销暂行办法》，对农民吃自产粮作出了规定。此后，国务院及公安部又陆续制定了一系列的政策和规定，将劳动用工、住房、医疗、教育、就业等公民的权益事务同户口性质相挂钩，进一步明确了以供应市、镇居民定量粮为标准划分农业户口和非农业户口的二元户口管理体制。1958 年 1 月 9 日，《中华人民共和国户口登记条例》颁布实施。城乡二元体制适应计划经济的要求，最大限度地把农民稳定在农业上，促进农业生产的发展，以便为国家生产更多的商品粮和其他剩余农产品。

二、1949—1978 年农村发展的历史贡献

（一）农村发展为社会主义制度的确立提供了坚实社会基础

从 1953—1956 年年底，我国广大农村基本完成了农业社会主义改造，为社会主义制度的确立提供了坚实的社会基础。其一，土改以后，个体农户存在着耕地少、生产工具不足、资金短缺等问题，农民一年的劳动收成，除了扣除生产资料的消耗和交纳国家的农业税外，绝大部分仅限于用作基本生活的消费。把占 80% 以上的个体农民引导走上了合作化道路，促进了农业生产协作。其二，土地改革废除了土地占有的不公平，但却保留了土地私有和买卖转让的制度。如果让小农经济自发地发展下去，必然产生两极分化。事实上，当时的农村已经出现高利贷、出卖土地的问题。对农业的社会主义改造，促进了社会主义集体所有制在农村的建立，既满足了工业发展对农产品的需求，又避免了两极分化的危险，是中国农业发展道路的必然选择。其三，对个体农业进行社会主义改造，通过合作化方式将分散的个体农业组织起来，使它发展为集体经济，反映了广大农民群众的意愿。农业合作化后，农村出现了广大农民奔社会主义幸福大道的可喜局面。

（二）农村发展为国家工业体系的建立提供了充足资金积累

新中国成立初期，社会主义工业化需要农业提供大批劳动力、必要的商品粮食、轻工业原料、工业品市场和积累工业发展的资金等条件。统购统销政策、人民公社体制、户籍管理制度的实施，正是在我国的工业化建设必须从农业提取建设资金这个历史阶段上，完成了从千万个小农家庭吸收工业化所需资金的艰巨任务。据国务院农村发展研究中心推算，从

1953 年至 1978 年期间，"剪刀差"从农业和农民那里抽取了 6000 亿—8000 亿元资金，农村发展为国家工业体系的建立提供了充足的资金积累。而且在工业迅速增长的同时，我国还避免了通货膨胀的发生。与此同时，在实施严格的户籍管理中，广大农民顺从城乡二元体制的计划安排，大大减轻了城市建设的压力，使国家长期实行低价定量供应粮油等制度成为可能，使国家从农村抽取的积累资金相对集中地用在生产性投资上，这样，优先发展重工业的战略部署才得以实施。

（三）农村发展为农村生产、生活秩序的相对稳定提供了经济保障

改革开放前农村发展的特征，不仅表现为土地改革、人民公社化、统购统销等制度下农业和农民对国家工业化的贡献，而且表现为这一系列制度下，尤其是人民公社体制下农村生产、生活秩序的相对稳定。一是农业生产条件的改善。主要是对大片农田进行平整规划，兴修水利，工程配套，扩大高产稳产农田，提高抗御自然灾害能力，采用农业机械和其他新技术等，这个时期的农田水利基本建设为整个农业生产的持续发展提供了基础设施。二是农业经济的增长。人民公社时期的 20 余年里，在耕地面积 1952—1980 年年均递减 0.3% 的情况下，播种面积却保持了年均0.18% 的增长；同时，农业的各项指标均有较大幅度的增长。以粮食生产为例，除去人民公社运动中和其后近十年的曲折，粮食产量几乎每 5 年增加近 5000 万吨，由 1958 年的 2 亿吨增至 1982 年的 3.5 亿吨，增长近75%，保持了略高于人口增长（同期我国人口增长 56%）的发展势头。同期，林牧副渔业及其他非农产业增长更快，呈现了在总量增长的同时，农村产业结构的逐步改善，为日后的农村改革和生产跃进打下了一个良好基础。① 三是农村社会保障制度的建立。这一时期，农村社会保障的实现手段是多种多样的。既有生产贷款、粮食返销和分配透支，也有社会救济和公益金补助；既有平均主义式的人人共享，也有救济贫弱为重点的扶贫制度。特别是农村合作医疗制度，由卫生站、卫生院和县医院构成的乡村

---

① 辛逸：《试论人民公社的历史地位》，《当代中国史研究》2001 年第 3 期。

卫生服务，几乎覆盖了全国所有的乡村。

三、1949—1978年农村发展中的市场魅力

（一）农地包产到户的多次兴起

农村人民公社制度从诞生那天起就面临着改革的压力。在其存在的20多年时间里，公社体制内一直孕育着新的制度模式，农村曾多次出现不同形式的"包产"或"包干"到户。1957年，农业合作化高级社时期，浙江省永嘉县兴起"包产到户"。由于担心农业生产从集体统一经营退回到"分田单干"，"包产到户"试验在农业合作化优越性的辩论中受到批判而中止。1958年人民公社化运动后，中央并未彻底否定"包工包产"，于是，不少地区将包工放到"三包"（包工包产包财务）之首，以避免包产到户的嫌疑，其典型是河北新乡和河南洛阳。但1959年庐山会议后，"包产到户"被视为政治右倾，试验再次中断。1959年至1961年三年灾害期间，"包产到户"再次兴起，以曾希圣在安徽推广的"责任田"持续时间长、范围广、发展迅速，涉及我国10多个省区。尽管中央领导也倾向于在农村中推行"三自一包"。但受阶级斗争为纲思想的影响，包产到户试验仍然无功而返。

（二）农村自由市场的几经调整

统购统销政策，对于实施国家工业化战略十分重要，但是统购统销制度限制了价值规律在农业生产和农产品经营中的作用，限制了农村商品经济的发展。在对农业的社会主义改造时期，农村初级市场上能上市的农产品的种类和数量急剧减少，农民的自留地和家庭副业受到严格限制。农村市场的萎缩，既影响农民收入，又对城市生活产生了不利影响。针对这种状况，中共中央连续发出一系列文件，要求建立国家领导下的自由市场，放宽对农村市场的管理。于是各地逐渐开始恢复集市贸易。但是，在1957年的社会主义教育运动中，农村自由市场受到严厉限制，自由市场可供交易的商品大大萎缩。在农村人民公社化高潮中，取消了社员自留地和家庭副业，兴办公共食堂，这样，集市贸易就失去了存在的基础。1962

年中共中央发出《农业六十条》等指示，允许和鼓励社员种自留地和发展家庭副业，但是随着农村"四清"运动的开展和升级，自留地和家庭副业实际上没有得到充分发展。"文化大革命"时期，在"割资本主义尾巴"的压力下，不少地区严厉限制农民自留地和家庭副业，甚至强行关闭了农村集市，造成农民收入下降。农村集市贸易的几起几落，是当时农业生产力水平的必然反映，也是当时农民生存需要的客观反映。

（三）农民外出务工经商的"屡禁不止"

我国第一次较大规模的农村劳动者外流出现于 1953 年。当时，政府是鼓励农村劳动者参与城市建设和发展的。4000 多万农民向城市的自由迁移，满足了大规模的城市经济建设对劳动力的需求。然而伴随着越来越多的农民流入城市，城市在就业、食品供给等方面也越来越不堪负担。到了 20 世纪 50 年代后半期，国家开始禁止农户向城市自由迁居，严格限制农民异地活动。但是，在城市经济发展需要和城市职工生活福利待遇优于农村的背景下，大量农民涌入城市可谓是"屡禁不止"。在 1958 年"大跃进"影响下，一批工程建设需要劳动力。招工权的下放，促使大量农民再次向城市流动。然而在 20 世纪 50 年代末期和 60 年代初期，大约有 3000 万参与城市建设的农村劳动者被要求返回了家乡。之后，我国经历了三年自然灾害和十年的"文化大革命"，在严格的户籍管理制度和公社体制下，农民进城务工经商基本上被限制，甚至禁止农民向非农产业转移。尽管如此，农民仍然千方百计地寻求外出务工经商的机会。

第二节　改革开放时期农村发展的变化

一、农村改革的伟大实践

（一）农村管理体制改革的深化

1978 年 12 月，安徽凤阳县小岗村 18 户农民以"敢为天下先"的胆识，按下了 18 个红手印，搞起了"大包干"，拉开了中国农村改革的序幕。之后，家庭联产承包责任制在全国广大农村普遍推行。农民有了土地承包经营权，也就具有对剩余农产品的处置权。"交足国家的，留足集体的，剩余都是自己的"联产承包生产经营方式，不仅使农民生产积极性空前高涨，而且带动了以集贸市场为中心的农产品流通市场的繁荣，尤其是多年积淀的农村剩余劳动力一下子迸发出来，乡镇企业的发展出现了异军突起的局面。随着以家庭承包经营为基础、统分结合的双层经营体制的确立，以农产品流通体制的改革、农村产业结构的调整、村民自治的建设等为重点，农村改革全面推进。20 世纪 90 年代以后，农村发展面临不少新矛盾，如农民收入增长的减缓，农民负担的加重，粮食主产区问题突出等。农村税费改革是减轻农民负担、深化农村改革的重大举措。通过税费改革，合理确定农民的税负水平，取消一切面向农民的乱收费，把农村分配关系纳入法制化轨道。逐步降低直至最终取消农业税，减轻农民负担。在中央和地方的共同努力下，2006 年，全国 31 个省市区全部免征农业税，农村综合改革全面展开。稳定和完善农村土地制度、深化粮棉流通体制改革、建立农业补贴制度、扩大农业对外开放、改善农村劳动力就业环境、推进新农村建设，农村改革进入了城乡统筹发展的新阶段。

（二）农业经营组织方式的创新

家庭联产承包责任制的实施，突破了人民公社体制，解放了农业生产力，为农业和农村经济的发展乃至国民经济的稳健运行创造了条件。随着农业政策效应的释放，农业小生产经营与大市场体系的矛盾也表现出来了。农户虽然有了经营自主权，有了生产积极性，但经营规模小，经营主体分散，竞争力弱，不能适应市场经济和现代农业发展的要求。20 世纪90 年代初，山东农业产业化兴起，并很快在全国推广开来。"公司＋农户"模式在组织农民、连接市场、开发特色农业、提高农产品品质和发展县域经济等方面发挥了一体化作用。但是，产业化经营中，利益联结机制的松散问题，往往造成农民利益受到损害。从事生产环节劳作的农民，在产业链中的地位弱势，很难分享产业化经营的平均利润。进入 21 世纪以来，农村税费改革的步伐加大，农业产业化经营向深度发展，不同形式的农民专业合作经济组织的蔚然兴起，都在深刻影响着农业经营组织方式的创新。中央在第十一个五年规划纲要中提出"培养新型农民问题"，中共中央、国务院《关于积极发展现代农业　扎实推进社会主义新农村建设的若干意见》中要求，积极发展种养专业大户、农民专业合作组织、龙头企业和集体经济组织等各类适应现代农业发展要求的经营主体，从而为促进农业经营组织方式的创新和完善指明了方向。

（三）农民主体地位的转型

20世纪70年代末期以来，广大农民以自己的改革实践，向高度集中的计划经济体制发起冲击，不仅对农村的社会变迁产生深刻影响，而且使农民自身在社会实践中的地位发生深刻转型。其基本特征是：以家庭承包经营为基础，农民享有土地承包经营权，农户成为自主经营、自负盈亏的单位；以劳动力流动为纽带，农民享有自主支配劳动时间的就业权利，可以自由择业、自主创业；以村民自治为载体，农民享有各种民主权利，农民利益表达机制初步建立。农民主体地位的转型，极大地调动了农民的生产积极性。农民享有土地承包经营权，实现了生产资料与劳动者的直接结合，农业生产因此出现飞跃。农民享有自主支配劳动时间的就业权利，解决了农村经济运行的主体是谁，以及如何组织生产的问题。于是，大量的农业剩余劳动力一下子显现出来，他们要么走进乡镇企业，要么进城务工经商，要么自主办厂创业。这一潮流强烈地撞击着城乡二元秩序和计划就业体制。农民享有各种民主权利，农民的民主意识和自治观念进一步增强，与农民利益维护与国家利益的保障更加一致起来。

二、农村改革的突出成效

（一）解放和发展了农村社会生产力

经过30年的改革开放，中国农村以社会主义市场经济取代了计划经济，以家庭承包经营为基础的双层经营制度取代了人民公社制度，建立了适应社会主义市场经济要求的农村管理体制。这个根本性改革，解放和发展了农村生产力，使我国的农业发展越过了长期短缺阶段，呈现出总量大体平衡、丰年有余的新格局。一是农产品供应日益丰富，依靠自己力量稳定解决了 13 亿人口吃饭问题。在 1978—1984 年农作物产值增长中的 42.23%，其中家庭承包制改革带来的增长达 19.8%，贡献率为 46.89%。[①] 这就是说，按照生产函数估算，改革开放以后，农业劳动效率的提高，约有一半来自家庭联产承包制改革带来的效应。农民的伟大创举，迎来了中国农业增长的"黄金时期"，在很短的时间内解决了中国人的温饱。二是农村基础设施建设明显加强，粮食生产不断跃上新台阶。改革开放以来，国家一直高度重视乡村道路、农村电网、文化教育等基础建设，并取得了显著成就。20 世纪 90 年代中期以来，我国大江大河大湖的治理、节水灌溉建设、水土流失防治、小水电建设、防洪排涝抗旱设施建设等，在抗灾保农业丰收方面发挥了重要作用。改革开放前，粮食生产跨越 3000 亿斤至 6000 亿斤这 4 个台阶用了 29 年；而改革开放以来，粮食生产跨越 7000 亿斤至 10000 亿斤 4 个台阶，只用了 18 年。[②] 三是国家对农业支持保护体系不断完善，农村人力资源开发成效显著。2004 年以来，我国政府实行全面系统的农业保护政策，大幅度地增加了对农业的投入，增加了对农村公共产品和社会保障事业的投入。2007 年农村义务教育已经进入到了不用付费的新阶段，农村职业教育水平的提升为农业剩余劳动力的非农产业就业和推进农业现代化提供了越来越好的条件，农民养老保险制度、农村医疗卫生保障制度、农村最低生活保障制度逐步建立和健全。

（二）变革和整合了农村社会经济结构

人民公社体制被废除以后，农民获得了生产经营自主权、剩余产品的处置权、自由支配劳动时间的权利，我国农业生产形势迅速改变。随着生产效率的提高，农产品供给状况大大改善，大量劳动力从土地上解放出

---

① 林毅夫：《制度、技术与中国农业发展》，上海三联书店 1994 年版，第 94 页。
② 韩俊：《30 年农村改革：农业大国的复兴之路》，《光明日报》2008 年 12 月 29 日。

来，深刻影响着农村社会经济结构的分化和整合。一是农村剩余劳动力大规模转移就业，亿万农民工成为产业工人重要组成部分。农村剩余劳动力的转移，首先是促进了乡镇企业的发展。随着对外开放和市场化进程的加快，东部沿海地区对劳动力需求旺盛，一大批农村劳动力进城务工经商，开创了农村劳动力跨区域发展的新局面。如今，1980 年以后出生的新生代农民工带着追求自身发展的强烈愿望，正在成为工业化、城镇化、农业现代化进程中的重要力量。二是乡镇企业异军突起，小城镇建设加快，乡村社会经济结构发生巨大变化。到 1987 年，全国乡镇企业从业人数超过8000 万，产值达到 4764 亿元，第一次超过了农业总产值。到 2007 年全国乡镇企业就业职工已超过 1.5 亿人。乡镇企业异军突起，不仅创造了像河南刘庄、南街村，江苏华西村这样的小康村庄，出现了小城镇建设蓬勃发展的局面，而且促进了大中小城市和小城镇的协调发展，促进了小城镇建设和新农村建设的互促共进。三是农业结构的调整，农产品加工业的发展，为现代农业建设提供了有效途径。以乡镇企业为主体、小城镇建设为依托的农村非农产业的发展，促使各地更加注重农业结构的战略性调整。在深化农业产业化经营中，一批特色鲜明的农产品加工企业逐步规模起来。农产品加工业的发展，在带动农民共同致富中，进一步促进了农村就业结构、产业结构的变化，促进了城乡要素市场的合理流动，对尽快形成城乡经济社会发展一体化新格局具有强大地推动作用。

（三）加强和改善了农村基层民主政治建设

1980 年 2 月，广西壮族自治区宜山县三岔公社合寨村的 85 户农民，以无记名投票方式选举产生了我国第一个村民委员会。1988 年 6 月 1 日，《村民委员会组织法（试行）》开始实施。1998 年 11 月 4 日，全国人大常委会正式颁布《村民委员会组织法》。村民自治制度的核心内容是民主选举、民主决策、民主管理、民主监督。实行村民自治，一是扩大了农村的基层民主，客观上保证了农民参与到经济、社会和政治活动当中来。目前，村民自治已成为亿万村民政治生活方式中的一项基本权利，广大农民群众直接行使民主权利，依法办理自己的事情，实行自我管理、自我教育、自我服务，有效地促进了基层民主政治建设。二是推动了农村村组管理体制的改革，加强了农村社会主义民主政治建设和精神文明建设。村干部由过去的任命制变为选举制，基本保证了农村干部能够更好地为农民服务，维护农民的利益。村民直接参与基层民主政治建设，大大提高了广大农民的思想道德素质、科学文化素质和健康向上的心理素质。以村党组织为核心的村级组织配套建设全面推进，有效夯实了党在农村的执政基础。

三、农村改革发展的宝贵经验

（一）切实保障农民权益，充分发挥农民主体作用和首创精神

保障农民的物质利益和民主权利，是深化农村改革的出发点和落脚点。家庭联产承包制改革、农村税费改革、农村综合改革、农民专业合作经济组织、农业产业化经营的发展都始于农民的实践和创造。为了保障农民权益，充分发挥农民主体作用和首创精神，1979年9月党的十一届四中全会通过的《关于加快农业发展若干问题的决定》、1998年10月党的十五届三中全会通过的《关于农业和农村工作若干重大问题的决定》、2008年10月党的十七届三中全会通过的《关于推进农村改革发展若干重大问题的决定》，都在不同的农业发展阶段，为稳定和完善农村基本经营制度指明了方向。农民土地承包权的期限，也由起初的15年，后再延长的30年，到党的十七届三中全会明确提出"现有土地承包关系要保持稳定并长久不变"。深化农村改革的动力，也由解决农产品供给、增加农民收入发展到保障农民权益。可以说，始终坚持以人为本，尊重农民的意愿和首创精神，是我国农村改革不断推进和顺利进行的重要保证，始终把调动农民积极性作为制定农村政策的出发点和落脚点，是党的各项农村政策能够深入人心的主要原因。

（二）着力推进农村改革，充分发挥市场在资源配置中的基础性作用

计划经济时期，农村实行政社合一的人民公社体制，农村经济缺乏活力，生产效率低下，农民生活困难。家庭联产承包制改革，以及农产品流

通体制改革，促进了计划经济体制向市场经济体制的转变，启动了和推进了市场在资源配置中发挥基础性作用。在这一过程中，我们党积累了经济体制改革和农村改革的经验。1984 年 10 月，党的十二届三中全会通过了《中共中央关于经济体制改革的决定》，我国经济体制改革从农村推向城市，改革全面展开。1993 年 11 月，党的十四届三中全会通过的《关于建立社会主义市场经济体制若干问题的决定》，对我国建立社会主义市场经济体制的作出了总体规划，对农村改革提出了允许土地使用权依法有偿转让，逐步全面放开农产品经营，深化农业产业化经营等要求。2003 年 10 月，党的十六届三中全会通过的《中共中央关于完善社会主义市场经济体制若干问题的决定》，提出"五个统筹"，要求更大程度地发挥市场在资源配置中的基础性作用，在农村改革方面，对完善农村土地制度，健全农业社会化服务、农产品市场和对农业的支持保护体系等问题有了新的突破。2008 年 10 月，党的十七届三中全会通过的《关于推进农村改革发展若干重大问题的决定》，提出了当前和今后一个时期推进农村改革发展的总体思路，对加强农村制度建设作出全面部署，提出了一系列新的政策举措。农村改革的历程证明，调动亿万农民积极性必须依靠改革，开创农业、农村、农民工作新局面也必须依靠改革。

（三）巩固和加强农业基础地位，充分发挥政府统筹城乡发展的主导作用

在中国共产党的领导下，经过全体人民的努力，我国农业和农村发展进入了一个新的阶段，但农村改革发展也面临许多新情况新问题，主要是农业基础依然薄弱，农业发展方式依然粗放，城乡二元结构矛盾突出。在改革发展的关键阶段，我们党与时俱进，把继续解放思想落实到坚持改革开放、推动科学发展、促进社会和谐上来。2002 年 11 月，党的十六大在阐述全面建设小康社会的奋斗目标时，强调要统筹城乡经济社会发展。2003 年 10 月，党的十六届三中全会提出"五个统筹"，统筹城乡发展是核心、是关键。2004 年 9 月，胡锦涛同志在党的十六届四中全会上，提出关于"两个趋向"的论断，这就是"纵观一些工业化国家的发展历程，

在工业化初始阶段，农业支持工业、为工业提供积累是带有普遍性的趋向；但在工业化达到相当程度以后，工业反哺农业，城市支持农村，实现工业与农业、城市与农村协调发展，也是带有普遍性的趋向"。2005 年 7 月，党的十六届五中全会，研究关于制定国民经济和社会发展第十一个五年规划的建议，会议上中央提出了建设社会主义新农村的重大历史任务。2006 年 10 月，党的十六届六中全会通过的《关于构建社会主义和谐社会若干重大问题的决定》，将建立覆盖城乡居民的社会保障体系、逐步实现基本公共服务均等化作为重要内容。2007 年 10 月，党的十七大报告对统筹城乡发展、建设新农村提出了新的要求，指出要"加强农业基础地位，走中国特色农业现代化道路，建立以工促农、以城带乡长效机制，形成城乡经济社会发展一体化新格局"。总之，在新的发展水平和发展环境下，需要从全局的高度，坚持统筹城乡经济社会发展的战略，实行工业反哺农业、城市支持农村的方针，巩固和加强农业基础地位，解决新的发展阶段下的"三农"问题。

第三节　新时期社会主义新农村建设的推进

一、社会主义新农村建设的时代背景

（一）国民经济总体上已到了以工促农、以城带乡的阶段

新中国成立初期，百废待兴，经济发展处于起步阶段。农业占国民经济总产值的 70%，农业支援工业是由当时的经济条件决定的。改革开放以来，我国综合国力大为增强，工业化、城市化进程迅速推进，国民经济总体上已到了以工促农、以城带乡的发展阶段，初步具备了工业反哺农业，城市支持农村的基础和实力。2008 年 10 月 27 日，国家统计局报告显示，中国经济总量占世界经济的份额已从 1978 年的 1.8% 提高到 2007 年的 6.0%。在实现"三步走"伟大战略目标的进程中，国民经济实现快速

增长。1979—2007 年，国内生产总值年均实际增长 9.8%，不仅明显高于 1953—1978 年平均增长 6.1% 的速度，而且也大大高于同期世界经济年平均增长 3.0% 的速度。国家财政实力不断增强，1978 年国家财政收入仅 1132 亿元，2003 年超过 2 万亿元，达到 21715 亿元，2007 年，国家财政收入已经超过 5 万亿元，达到 51322 亿元，1979—2007 年年均增长 14.1%。外汇储备实现由短缺到富足的历史性转变，2006 年超过 1 万亿美元，达到 10663 亿美元，2007 年我国外汇储备扩大到 15282 亿美元。三次产业在调整中均得到长足发展，1979—2007 年，第一、第二产业和第三产业增加值年均分别增长 4.6%、11.4% 和 10.8%。三次产业增加值在国内生产总值中所占的比例由 1978 年的 28.2:47.9:23.9 调整为 2007 年的 11.3:48.6:40.1。城镇化步伐明显加快，城镇人口占总人口的比重逐年提高，城镇化水平由 1978 年的 17.9% 上升到 2007 年的 44.9%，上升了 27.0 个百分点，年平均上升 0.9 个百分点。总之，目前我国已进入工业化中期阶段，国民经济的主导产业由农业转变为非农产业，经济增长的动力主要来自非农产业。实行工业反哺农业、城市支持农村的方针，是对国际发展经验的充分借鉴，是建设社会主义新农村、加快解决"三农"问题的迫切需要。

（二）扩大内需已成为促进国民经济又好又快发展的引擎

2008 年第四季度以来，由美国次贷危机引起的全球金融危机对世界经济造成了巨大冲击。国际金融市场动荡加剧，全球经济增长明显放缓，大宗商品价格剧烈波动。随着国际金融危机由金融领域向实体经济的蔓延，我国经济增长下滑过快背后所反映出一些深层次问题浮出水面：居民消费率低，尤其是农民购买力低，经济增长过度依赖投资和出口的问题；第一产业基础薄弱，第三产业发展滞后，经济增长过度依赖第二产业的问题；科技管理体制落后，自主创新能力不足，经济增长主要依靠增加物质资源消耗的问题等。在应对危机、提振信心中，中央果断作出一系列重大部署安排。2008 年 12 月 8 日至 10 日，中央经济工作会议要求，着力在保增长上下工夫，把扩大内需作为保增长的根本途径，把加快发展方式转变和结构调整作为保增长的主攻方向，把深化重点领域和关键环节改革、提高对外开放水平作为保增长的强大动力，把改善民生作为保增长的出发点和落脚点。在中央的领导下，全国人民同心同德，共克时艰。虽然困难重重，我国经济依然呈现增长较快、价格回稳、结构优化、民生改善的良好局面。进一步扩大内需已不仅仅是增加投资和刺激消费，它已经延伸至提高质量、优化结构、增加效益、降低消耗、保护环境、增加就业、改善民生、可持续发展等方方面面。可以说，进一步扩大内需已成为转危为机，促进中国经济平稳较快发展的引擎。同时，在世界经济增速明显减缓的背景下，进一步扩大内需又成为应对危机、提振全球经济信心的良药。

（三）推进新农村建设已摆上统筹城乡发展战略的位置

农业和农村问题始终事关全局。随着工业化、城镇化的推进，农业在国民经济中的比重越来越小，农村人口越来越少，但农业的多功能性越来越显现，农业的基础地位越来越重要。21 世纪以来，中央推进农村改革发展的力度加大。2004 年一号文件解决的是促进农民增加收入问题，2005 年一号文件解决的是提高农业综合生产能力问题，2006 年一号文件解决的是新农村建设问题，2007 年一号文件解决的是积极发展现代农业问题，2008 年一号文件解决的是加强农业基础建设问题，2009 年一号文件解决的是农民持续增收问题。2005 年 10 月，党的十六届五中全会通过《中共中央关于制定国民经济和社会发展第十一个五年规划的建议》，提出了建设社会主义新农村的重大历史任务。指出，"要按照生产发展、生活宽裕、乡风文明、村容整洁、管理民主的要求，坚持从各地实际出发，尊重农民意愿，扎实稳步推进新农村建设"。2007 年 10 月，党的十七大报告在阐述促进国民经济又好又快发展时，明确强调统筹城乡发展，推进社会主义新农村建设。2008 年 10 月，党的十七届三中全会通过《中共中央关于推进农村改革发展若干重大问题的决定》，对农村改革发展作出新部署。可见，中央关于农业和农村发展的战略思路愈来愈清晰，推进新农村建设已摆上统筹城乡发展战略的突出位置。

二、社会主义新农村建设的反哺举措

（一）免除农业税，加大政府支农力度

农业税条例是 1958 年开始施行的。在我国实施近 50 年的农业税（农业税、农业特产税和牧业税），对于正确处理国家与农民的分配关系、发展农业生产、保证国家掌握必要的粮源、保证基层政权运转发挥了积极作用。随着工业化的发展和国家财力的增强，我国于 2000 开始实施农村税费改革。税费改革一开始是规范税费管理、实行税费合一，在这个基础上逐步降低农业税，到 2006 年完全取消了农业税，之后又对国有农场税费实行与农村并轨，共减轻农民负担 1335 亿元。同时，2004 年以后，实行增加对农民的直接补贴，包括种粮直补、良种补贴、购置农机具补贴和农资综合直补，到 2007 年达到 600 多亿元。这样一减一补，使农民得到大约 2000 亿元的好处。[①] 这就结束了 2600 多年以来农民种田纳税的历史，开辟了对农民补贴的时代。为了应对国际金融危机对农业农村发展的冲击，《中共中央关于推进农村改革发展若干重大问题的决定》、2009 年中央一号文件要求，健全农业投入保障制度、健全农业补贴制度、健全农产品价格保护制度、健全农业生态保护制度，还要加快发展多种形式新型农村金融组织，增强农村金融服务能力。我国对农业的支持保护政策，将在发展现代农业中不断完善。

（二）实施农业综合开发，增强农业综合生产能力

农业综合开发自 1988 年开始实施以来，在改善农业基础设施条件、提高农业综合生产能力、扶持农业产业化经营、促进农业可持续发展等方面开展了大量卓有成效的工作。特别是党的十六大以来，农业综合开发力度不断加大。中央财政预算安排的资金从 2002 年的 73 亿元增加到 2009 年的 147 亿元，翻了一番。在加大中央财政投入的同时，不断调整完善投入政策，鼓励、支持和引导其他渠道投入稳定增长。2003—2008 年，全

[①] 李炳坤：《推行"双轮驱动"实现城乡发展一体化》，《农民日报》2008 年 5 月 4 日。

国累计投入农业综合开发的各类资金 1894.2 亿元，其中中央和地方财政资金 1065.7 亿元，农民及企业自筹资金 691 亿元，银行贷款及其他社会资金 137.5 亿元。为稳步提高粮食综合生产能力，农业综合开发对 13 个粮食主产区的 484 个县（市、农场）实行重点倾斜，在改造中低产田的基础上，建设高标准粮田。2003—2008 年，中央财政在粮食主产区投入农业综合开发资金 386.3 亿元，占中央财政总投入的 60.6%，改造中低产田近 1 亿亩，新增粮食生产能力 278.9 亿斤。① 在支持高标准农田建设方面，农业综合开发积极配合推进全国新增千亿斤粮食生产能力建设，大规模开展中低产田改造。在推进农业产业化经营方面，农业综合开发重点支持优质特色农产品高效种植养殖基地建设，着力推进集中连片的规模开发和标准化生产，加快建设优势农产品产业带，稳步提高生产基地的综合生产能力和原料供给能力。在促进农业科技进步方面，农业综合开发加大农业科技投入，重点支持良种良法推广应用，搞好先进适用技术组合配套，加强农民技能培训，促进农业科技进村入户。总之，农业综合开发是政府支持和保护农业的一种有效手段。以科学发展观为统领进一步推进农业综合开发工作，有利于夯实农业稳定发展的基础，为促进经济社会平稳较快发展作出新的贡献。

（三）发展农村公共事业，全面提高农民素质

农村公共事业与广大农民群众的切身利益紧密相连，直接关系千家万户的幸福安康。长期以来，农村义务教育、医疗卫生、文化建设等社会事业发展和基础设施建设严重滞后，上学难、看病难、饮水难、行路难、养老难等成为影响农村生产、农民生活的"老大难"。近年来，党中央提出了统筹城乡发展的战略方针，实施了一系列支农惠农政策，公共财政支出更多地向农村倾斜，农村社会事业有了较快发展，公共服务水平有了明显提高。农民群众的文化生活越来越丰富多彩，农村公共文化服务体系初步

---

① 谢旭人：《以科学发展观统领农业综合开发 着力提高粮食和农业综合生产能力》，《农民日报》2009 年 7 月 2 日。

形成，农村义务教育全面纳入国家财政保障范围，新型农村合作医疗全面覆盖31个省区市，3688万农村居民成为低保对象，农村贫困人口大幅减少，水电气路等基础设施建设步伐逐年加快。但是也要看到，由于长期以来农村公共服务方面欠账太多，目前城乡公共服务水平仍然有较大差距，特别是教育、医疗卫生、文化、社会保障等方面差距更为明显，我们面临的任务还十分艰巨。

三、社会主义新农村建设的发展趋势

（一）工业化、城市化、农业现代化同步推进

随着工业化、城镇化的推进，农业创造的产值在国内生产总值中的比重逐步下降，但这并不能改变农业始终应是国民经济基础的现实。国外的经验表明，一些国家在推进工业化、城镇化的过程中，都出现了因忽视农业而导致农业衰退进而制约国民经济发展的教训。加强农业基础地位，发展现代农业，必须顺应我国经济发展的客观趋势和当今世界农业发展的一般规律，坚持走中国特色农业现代化道路。我国农业区域广阔、各地农业资源禀赋差异较大、农业技术应用不够充分、农业投入不足、农村劳动力数量庞大而素质低下、城乡二元结构明显等客观现实，现代农业发展路径的选择，应借鉴国际上一些国家的经验教训，充分利用当前世界农业科技革命的成果改造传统农业。2007年，中央一号文件《中共中央国务院关于积极发展现代农业扎实推进社会主义新农村建设的若干意见》提出了发展现代农业的总体要求，也为工业化、城市化、农业现代化同步推进指明了方向。即：要用现代物质条件装备农业，用现代科学技术改造农业，用现代产业体系提升农业，用现代经营形式推进农业，用现代发展理念引领农业，用培养新型农民发展农业，提高农业水利化、机械化和信息化水平，提高土地产出率、资源利用率和农业劳动生产率，提高农业素质、效益和竞争力。建设现代农业的过程，就是改造传统农业，不断发展农村生产力的过程，就是转变农业增长方式，促进农业又好又快发展的过程。

（二）农村双层经营体制不断完善

改革开放以来，以家庭承包经营为基础、统分结合的双层经营体制在实践中表现出普遍的适应性和旺盛的生命力。随着工业化、城镇化的推进，发展现代农业的任务越来越重要。随着农业现代化的加快，如何保障农户的经营主体地位、如何加强和规范集体统一经营等问题，都有需要完善的地方。创新农村经营体制，要以科学发展观为指导，按照统筹城乡发展基本方略的要求，坚持走有中国特色的农业现代化道路，在坚持农村基本经营制度长期稳定的前提下，建立起经营主体明确、产权制度清晰、资源配置高效的农村经济运行机制、组织结构和管理体制。2008年10月，党的十七届三中全会通过《中共中央关于推进农村改革发展若干重大问题的决定》，为稳定和完善农村基本经营制度提出了新要求，为推进农村改革发展注入了新动力。即：赋予农民更加充分而有保障的土地承包经营权，现有土地承包关系要保持稳定并长久不变。推进农业经营体制机制创新，加快农业经营方式转变。家庭经营要向采用先进科技和生产手段的方向转变，增加技术、资本等生产要素投入，着力提高集约化水平；统一经营要向发展农户联合与合作，形成多元化、多层次、多形式经营服务体系的方向转变，发展集体经济、增强集体组织服务功能，培育农民新型合作组织，发展各种农业社会化服务组织，鼓励龙头企业与农民建立紧密型利益联结机制，着力提高组织化程度。

（三）城乡经济社会发展一体化体制机制更加健全

《中共中央关于推进农村改革发展若干重大问题的决定》，对我国农村改革发展作出重要判断，这就是我国总体上已进入以工促农、以城带乡的发展阶段；进入加快改造传统农业、走中国特色农业现代化道路的关键时刻；进入着力破除城乡二元结构、形成城乡经济社会发展一体化新格局的重要时期。在此基础上，从制度层面谋划了促进城乡一体化的进程和趋势。即：尽快在城乡规划、产业布局、基础设施建设、公共服务一体化等方面取得突破，促进公共资源在城乡之间均衡配置、生产要素在城乡之间自由流动，推动城乡经济社会发展融合。统筹土地利用和城乡规划，合理安排市县域城镇建设、农田保护、产业聚集、村落分布、生态涵养等空间布局。统筹城乡产业发展，优化农村产业结构，发展农村服务业和乡镇企业，引导城市资金、技术、人才、管理等生产要素向农村流动。统筹城乡基础设施建设和公共服务，全面提高财政保障农村公共事业水平，逐步建立城乡统一的公共服务制度。统筹城乡劳动就业，加快建立城乡统一的人力资源市场，引导农民有序外出就业，鼓励农民就近转移就业，扶持农民工返乡创业。统筹城乡社会管理，推进户籍制度改革，放宽中小城市落户条件，使在城镇稳定就业和居住的农民有序转变为城镇居民。

第四节　土地流转与农村发展方式转变

一、我国农村土地流转的基本原则

（一）"长久不变"原则

《中共中央关于推进农村改革发展若干重大问题的决定》指出："以家庭承包经营为基础、统分结合的双层经营体制，是适应社会主义市场经济体制、符合农业生产特点的农村基本经营制度，是党的农村政策的基石，必须毫不动摇地坚持。赋予农民更加充分而有保障的土地承包经营权，现有土地承包关系要保持稳定并长久不变。"从世界各国农业发展的实践看，家庭经营不仅适应以手工劳动为主的传统农业，而且适应采用先进科学技术和生产手段的现代农业，不存在生产力水平提高以后就要改变家庭经营的问题。推进我国农业现代化，必须毫不动摇地坚持家庭经营方式。稳定土地承包关系，必须坚决禁止和纠正随意解除土地承包合同、违法收回农民承包土地的行为。为了避免承包地频繁变动，防止耕地规模不断被细分，提倡实行"增人不增地，减人不减地"。应稳步开展土地承包经营权登记试点，做好农村土地承包经营权确权登记颁证工作，向农民颁发具有明确法律效力的承包地权属证书，建立完善的土地承包经营权统一登记体系。[1]

（二）"依法自愿有偿"原则

《中共中央关于推进农村改革发展若干重大问题的决定》指出，"完善土地承包经营权权能，依法保障农民对承包土地的占有、使用、收益等权利。加强土地承包经营权流转管理和服务，建立健全土地承包经营权流转市场，按照依法自愿有偿原则，允许农民以转包、出租、互换、转让、股份合作等形式流转土地承包经营权，发展多种形式的适度规模经营"。坚持"依法自愿有偿"原则，一要完善土地承包经营权权能。强化对土地权利的保护，关键是明确界定农民权利的性质。承认农民拥有物权性质的土地承包权，有利于减少现行土地产权关系中内含的不稳定性，有利于加强国家对农民的产权保护，有利于使农民形成长期稳定的预期。二要规范土地承包经营权流转。土地承包经营权流转是两个不同市场主体之间的要素配置过程，是一种市场行为。稳定土地承包经营权，明晰产权主体关系，是降低交易成本、促进土地流转的基础和前提。人多地少是我国的基本国情，必须充分认识土地承包经营权流转的长期性，必须充分尊重农民的意愿和主体地位，不能把土地流转多少、流转快慢当做衡量农村工作成绩的标准。任何组织和个人不得强迫流转，也不能妨碍自主流转。政府应加强对土地承包经营权流转的管理和服务，发展流转中介服务组织，为流转双方提供信息沟通、法规咨询、价格评估、合同签订、纠纷调处等服务，让土地流转公开公平地进行。

（三）三个"不得"原则

《中共中央关于推进农村改革发展若干重大问题的决定》指出"土地承包经营权流转，不得改变土地集体所有性质，不得改变土地用途，不得损害农民土地承包权益"。三个"不得"原则对于把握土地流转方向、稳定土地承包关系，明确土地流转的用途、坚持农业基础地位，规范土地流转行为、加强土地承包经营权流转管理和服务具有重要作用。农村土地归

---

[1] 韩俊：《创新农业经营体制　夯实党的农村政策基石》，《人民日报》2009 年 2 月 13 日。

集体所有，只有本集体经济组织的成员才有资格承包本集体经济组织的土地。土地流转的只是承包经营权，不能在流转中变更土地所有权属性，侵犯农村集体利益。实行土地用途管制是我国土地管理的一项重要制度，农地只能农用。在土地承包经营权流转中，农民的流转自主权、收益权要得到切实保障，转包方和农村基层组织不能以任何借口强迫流转或者压低租金价格，侵犯农民的权益。

二、我国农村土地流转的创新尝试

（一）城乡统筹发展中的土地流转

城乡统筹发展，就是要解决城乡经济和社会发展不平衡的结构性矛盾，消除城乡经济运行机制的体制性障碍，形成城乡间以市场为基础配置资源的要素流转机制。在工业化、城市化、农业现代化同步推进趋势下，农村土地流转主要涉及农村土地承包经营权流转、农民宅基地使用权流转、农村建设用地流转。农村土地流转是生产力发展到一定阶段的产物，是城乡统筹发展的重要内容，是推进农村改革发展必须迈出的一道坎。现在，各地都有一些创新尝试。广东省正积极探索农村建设用地上市流转。武汉"两型社会"建设提出了土地向优势产业流转，农民以地为股，经集体转让获稳定租赁收益。值得一提的是，重庆、成都在实施城乡统筹发展，促进农村土地流转改革中，坚持以人为本，全面贯彻落实"十分珍惜、合理利用土地，切实保护耕地"的基本国策，采取以土地承包经营权入股的方式，将农业用地集中到龙头企业和种植养殖大户手中，实现土地的集约化经营。当农村集体土地被征用时，对征地动迁的农民采取现金补偿＋股份补偿的方式。集中配置宅基地等非农用地资源，把更多的非农用地释放出来。重庆市和成都市试验区的改革，走出了一条顺应经济和社会发展规律的城乡一体化发展之路，为统筹土地利用和城乡规划、统筹城乡产业发展、统筹城乡基础设施建设和公共服务、统筹城乡劳动就业、统筹城乡社会管理提供了可借鉴的经验，在保护耕地、优化配置土地资源、维护农民权益以及灾区恢复重建等方面发挥了重要作用，有力促进了城乡统筹发展。

（二）农业适度规模经营中的土地流转

2007年国庆节前夕，胡锦涛同志在安徽省考察农村改革发展情况时说，以家庭承包经营为基础、统分结合的双层经营体制是党的农村政策的基石，不仅现有土地承包关系要保持稳定并长久不变，还要赋予农民更加充分而有保障的土地承包经营权。同时，要根据农民的意愿，允许农民以多种形式流转土地承包经营权，发展适度规模经营。发展农业适度规模经营是加快建设现代农业的必由之路，据统计，到2008年年底，全国土地承包经营权流转面积达到1.09亿亩，占农户承包耕地总面积的8.9%。目前全国各地都在积极探索农业适度规模经营，土地流转的形式也是多种多样的。在暂不具备土地流转条件的区域，农业社会化服务发展很快。以国家、集体兴办的农业服务组织和社会各种力量兴办的种苗、植保、农机、农资、农产品加工、营销等农业专业化服务组织，为农民提供产前、产中、产后各环节的服务，着力提高家庭经营集约化水平，收到了明显效果。在农业产业化经营比较成熟的区域，尊重农民主体地位，引导农民按照依法、自愿、有偿的原则，以转包、出租、互换、转让等形式流转土地承包经营权，促进土地向专业大户、家庭农场、农民专业合作社等规模经营主体集中，扩大农业经营规模，加快了现代农业的发展。在工业化和城镇化发展迅速、农村剩余劳动力转移充分的区域，积极引导农民通过土地入股的方式，发展农村土地股份合作社，推进农业适度规模经营，促进城乡一体化进程。

（三）现代农业经营主体培育中的土地流转

现代农业经营主体是指农业产业化龙头企业，包括从事农产品生产、加工、流通的各类企业；农村合作经济组织，包括专业合作社和行业协会；农村经营大户，包种、养、加、销大户等。现阶段，我国农业经营主体的利益联结机制是与农民土地承包经营权流转的形式相联系的。农民土地承包经营权流转所采取的形式，直接反映现代农业经营主体的发育状况。一般来讲，在土地承包经营权采取转包、出租、互换、转让等形式流转的情况下，家庭适度规模经营处于主导地位；当承包土地的使用权通过入股等形式转移到了合作经济组织，合作经营则处于主导地位；而土地使用权通过入股或者租赁等形式转到了企业，龙头企业就处于生产经营的主导地位。可以说，现代农业经营主体的培育过程，实际上是赋予农民更加充分而有保障的土地承包经营权的过程。从我国的实际情况来看，虽然在实施土地流转中还存在着不稳定、期限短，不规范、口头协议多，管理跟不上、流转市场没有建立起来等问题，但是，改革开放以来，各地的土地流转一直在进行着，并取得了重要的可借鉴的经验，多种形式的农业经营主体正在各地兴起并发挥着引导作用。只要我们从实际出发，客观把握现代农业发展的趋势，切实重视农民土地承包经营权流转的管理和服务，在条件成熟的时候，发展专业大户、家庭农场、农民专业合作组织等规模经营主体，就是可能的，也是可行的。

三、土地流转对农村发展方式转变的现实意义

（一）土地流转是推进农业结构调整，建立现代农业产业体系的必然要求

家庭联产承包制改革，赋予农民土地承包经营权，调动了农民的积极性，促进了农村社会生产力的发展。但是，小生产的局限性也客观存在。20 世纪 90 年代以后，我国农村普遍推行了农业产业化经营。"公司 + 农户"模式的探索，还有农民专业合作经济组织的兴起，在解决分散经营与发展现代农业的矛盾方面取得明显成效。不过，就全国多数地区尤其是中西部地区来看，由于土地流转滞后于农业产业化经营，家庭承包经营在促进土地适度规模经营中的活力难以充分显示出来，严重影响了我国农业发展方式的转变和农业结构的战略性调整。允许农民以转包、出租、互换、转让、股份合作等形式流转土地承包经营权，反映了推进农业适度规模经营、构建现代农业产业体系的客观要求。根据生产力的水平，逐步发展土地流转，有利于搞好产业布局规划，科学确定区域农业发展重点，形成优势突出和特色鲜明的产业带，引导加工、流通、储运设施建设向优势产区聚集；有利于推进农村经济市场化，以市场为导向调整优化农业结

构，满足社会对农产品多样化、多层次、优质化的需求；有利于加快农业科技进步，加强农业物质技术装备，改善农业生产条件，提高土地产出率、资源利用率、劳动生产率，增强农业抗风险能力、国际竞争能力、可持续发展能力；有利于培育农民专业合作组织，发展各种农业社会化服务组织，解决农户分散经营与大市场的矛盾，帮助千家万户进入市场。

（二）土地流转是培育新型农民，全面提高农民素质的持续动力

改革开放以来，我国发生了大规模的农村剩余劳动力转移。农民的流动和转移，满足了工业化进程加快对劳动力的需求，促进了农业国向工业国的转变。但是，由于农业比较效益低、农地流转市场发展缓慢、农民社会保障水平低，我国的农地流转一直滞后于与农村剩余劳动力的转移。现在，国家工业化水平提高很快，而农业基础仍然薄弱，农村发展仍然落后，农民增收仍然困难。农业劳动力年龄老化、务农的农民素质相对比较低的问题，农民一方面享有土地承包经营权，一方面在市场竞争中处于弱势地位的问题，深刻制约着我国农业、农村和农民的全面发展。允许农民以转包、出租、互换、转让、股份合作等形式流转土地承包经营权，揭示了传统农民向现代农民转变的动力源。按照农民的意愿逐步发展土地流转，有利于促进农业专业化分工，建立新型农业社会化服务体系，提高农民组织化程度，进一步增加农民收入。有利于发展农村公共事业，促进农村教育、卫生事业的发展，搞好农业人力资源开发，提高农民科学文化素质、培育有文化、懂技术、会经营的新型农民。有利于加强政府对农村人力资源的管理，健全农村职业教育体系、健全农民就业、创业服务体系、健全农民社会保障体系。有利于盘活农村经济，鼓励优秀人才到农村去，鼓励农村能人脱颖而出。

（三）土地流转是统一城乡市场，引导现代生产要素向农村流动的有效途径

20 世纪 90 年代中后期以后，受工业化发展要求的影响和生产力水平的制约，我国农村剩余劳动力在成为工业化和经济发展充足的要素来源时，以土地流转为动力的城乡一体化建设却滞后于工业化和经济的发展。

尽管 2002 年以来的国民收入分配格局的调整，在保障农民权益，维护农民利益方面迈出了重要的一步，但是，按照发展现代农业、建设新农村的要求，城乡二元体制的改革，如，城乡要素市场的统一、农村征地制度的改革、农民养老保险制度的改革仍然还有很长的路要走。允许农民以转包、出租、互换、转让、股份合作等形式流转土地承包经营权，指明了建立健全统筹城乡经济社会发展体制机制的着力点。朝着城乡一体化目标逐步发展土地流转，有利于促进城乡一体化建设，统筹土地利用和城乡规划，合理安排市县域城镇建设、农田保护、产业聚集、村落分布、生态涵养等空间布局。有利于优化农村产业结构，发展农村服务业和乡镇企业，引导城市资金、技术、人才、管理等生产要素向农村流动，促使城市经济向县域经济、乡村经济延伸，促进城乡产业互补，促进县域内工业与农业、城镇与乡村协调发展。有利于推进户籍制度改革，逐步放开县城和建制镇落户限制，促使在城镇有稳定就业和住所的农民有序转变为城镇居民。

第十五章
城市化的探索与发展

城市化是社会生产力发展到一定阶段所引起的社会生产方式、生活方式、居住方式以及整个经济社会变革的过程，中国的基本国情、发展的历史基础及独特的文化底蕴决定了中国城市化进程富有鲜明的特点。在新中国 60 年的城市化发展探索过程中，经历了恢复发展、不稳定发展、快速发展和科学发展四个阶段，发展理念也先后经历了从"物本"到"人本"、从"优先"到"统筹"、从"外延"到"内涵"的转变，并且在处理城乡关系上，更加注重统筹城乡协调发展，逐步形成了有中国特色的城镇化道路。在已取得成绩的基础上实现城市化的又好又快发展，必须把握城市化面临的新态势，包括要以科学发展观为指导推进城市化、以"两型社会"为要求推进城市化，以城市群为主体形态推进城市化。

第一节　城市化实践的演变

新中国成立 60 年来，我国城市化的历程经历了不同阶段的波折与发展，受特定时期经济发展政策的引导，城市化发展方针也逐步调整，经历了实践中的探索，有中国特色的城镇化道路逐步形成。

一、历史进程

新中国成立60年来，我国城市经济社会发展取得了举世瞩目的成就，农村面貌大为改观，城市化发展水平不断提高，从新中国成立初期的10.6%提高到2008年的45.68%，60年来城市化水平的演变如图15-1所示。回顾60年的城市化历程，在不同的历史时期表现出不同的特征，大致可划分为四个大的阶段，即1949—1957年的恢复发展阶段、1958—1978年的不稳定发展阶段、1979—2002年的快速发展阶段、2003年以来的科学发展阶段。

（单位：%）

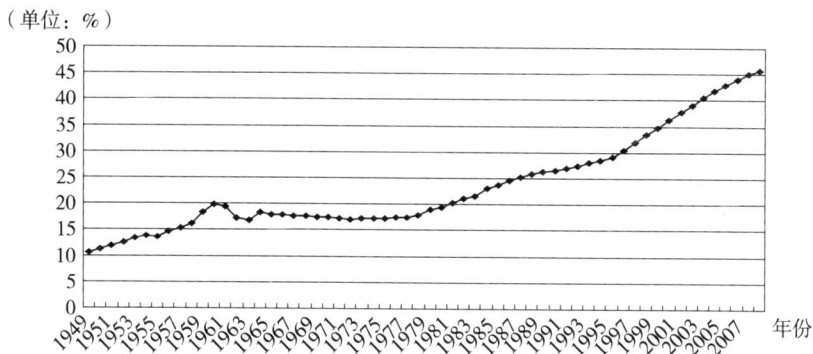

图15-1　1949—2008年我国城市化水平演变

（资料来源：历年《中国统计年鉴》，中国统计出版社）

（一）恢复发展阶段（1949—1957年）

新中国成立之后，首先经历了三年的国民经济恢复时期，城市经济发展的重点是变消费城市为生产城市，优先发展重工业。苏联援建我国的156项重点工业项目，吸收了大批农村劳动力来到城市，使城镇人口迅速增加。同时，伴随着土地改革的顺利完成，调动了广大农民的生产积极性，农业生产连续丰收，也为城市化的发展奠定了良好的农业基础。随着

"一五"时期国家重点工业项目的陆续完成，不仅原有的一些工业城市得到了扩展，一批内地新建的工业城市也逐步发展起来，如包头、太原、兰州、西安、洛阳、石家庄、邯郸、郑州、武汉、重庆、成都等城市受益于工业项目在内地的布局，获得了较快发展。在此阶段，城市化水平由1949 年的 10.6% 提高到 1957 年的 15.39%，年均增长 0.6 个百分点；城镇人口由 5765 万增长到 9949 万，增长 72.6%，年均增长接近 9.1%；城市总数由 136 座增长到 176 座，如表 15-1 所示。

表 15-1　1949—1957 年全国城市化发展水平

年份	全国人口（万人）	城市人口（万人）	城市化水平（%）	城市化平均增长百分点	城市总数（座）	城市平均增加数（座）	建制镇总数（座）
1949	54167	5765	10.60		136		
1950	55196	6169	11.17	1.11	150	14	
1951	56300	6632	11.78	0.61	151	1	
1952	57482	7826	12.46	0.68	157	6	5402
1953	58796	7826	13.31	0.85	163	6	5400
1954	60266	8249	13.69	0.38	166	3	5400
1955	61465	8285	13.48	−0.21	165	−1	4487
1956	62828	9185	14.62	1.14	175	10	3672
1957	64653	9949	15.39	0.78	176	1	3596

（资料来源：《中国统计年鉴 2006 年》）

（二）不稳定发展阶段（1958—1978 年）

这一阶段，我国经济发展经历了"二五"计划、三年国民经济调整时期、三线建设和十年"文化大革命"，这都对城市化进程的推进产生了深刻影响，造成此阶段城市化大起大落，处在不稳定发展的时期，如表15-2 所示。

表15-2　1958—1978年全国城市化发展水平

年份	全国人口（万人）	城市人口（万人）	城市化水平（%）	城市化平均增长百分点	城市总数（座）	城市平均增加数（座）	建制镇总数（座）
1958	65994	10721	16.25	0.85	176	0	3621
1959	67207	12371	18.41	2.16	183	7	
1960	66207	13073	19.75	1.34	199	16	
1961	65859	12707	19.29	-0.46	208	9	4429
1962	67295	11659	17.33	-1.96	198	-10	4219
1963	69172	11646	16.84	0.49	174	-24	2877
1964	70499	12950	18.35	1.51	169	5	2902
1965	72538	13045	18.00	-0.35	169	0	2904
1966	74542	13313	17.86	-0.14	172	3	
1967	76368	13548	17.74	-0.12	173	1	
1968	78534	13838	17.62	-0.12	172	-1	
1969	80671	14117	17.5	-0.12	176	4	2910
1970	82992	14424	17.4	-0.1	176	0	
1971	85229	14711	17.26	-0.14	180	4	
1972	87177	14935	17.13	-0.13	181	1	2721
1973	89211	15345	17.2	0.07	181	0	
1974	90859	15595	17.16	-0.04	181	0	
1975	92420	16030	17.3	0.18	185	4	2462
1976	93717	16341	17.44	0.14	188	3	
1977	94974	16669	17.55	0.16	188	0	
1978	96259	17245	17.92	0.36	193	5	2173

（资料来源：转引自：陆大道等：《2006中国区域发展报告——城镇化进程及空间扩张》，商务印书馆2007年版，第18页）

　　1958年以后中国开始了第二个五年计划。受"大跃进"影响，政府提出全民大办工业，强调赶英超美，以钢为纲，工业发展以全民大炼钢铁为中心。与此同时，在农村也开始了人民公社化的运动，其结果是使生产力受到了极大的束缚，粮食生产连续两年大幅度减产。在这种情况下，中国并没有及时调整工业化和城市化的速度，导致大量的农村劳动力涌入城镇就业，使市镇人口继续猛增，从而造成城市公用事业和基础设施负担过重，粮食和消费品供应紧张，工农业发展比例严重失调，国民经济出现大波动。从1958年到1961年，中国的城市数目由176个增长到208个，达到改革开放以前的最高点，市镇人口占总人口的比重由16.25%增长到19.29%，其间在1960年增长到19.75%，达到1981年以前的最高水平。

1961年，为了纠正"大跃进"造成的失误，实施"调整、巩固、充实、提高"八字方针，开始缩短基本建设战线，压缩工业生产建设和教育等事业的规模，精简城市职工，减少城镇人口。到1963年全国共减少城镇职工1887万人，向农村迁移城镇人口2600万人。1961年至1965年，共有约3000万城镇人口返回农村，支援农业生产。城镇人口占全国总人口的比例，即城市化率节节下降，与上年相比，1961年下降0.3个百分点，1962年下降2个百分点，1963年下降0.5个百分点，虽然1964年上升1.6个百分点，1965年又下降0.4个百分点。

"文化大革命"严重地影响了中国的城市化进程。在"文化大革命"期间，从中央到地方都在调整大中城市的发展规模，缩小城市郊区、压缩城镇人口，甚至下放城市职工支援农村，特别是1968—1970年，全国有3500万知识青年"上山下乡"到农村劳动锻炼，城镇人口也出现下降趋势。另一方面国家又把大量的资金用于"三线建设"，将许多军工企业和重工业企业从沿海地区迁往内地，工业建设大分散、小集中、工厂布点"靠山、分散、隐蔽"，对城市建设的投资微乎其微，导致新建的城市很少。从1966年到1977年，中国的城市数目从172个增加到188个，年平均递增不到1.5个，市镇人口年平均增长2.06%，低于同时期市镇人口的自然增长率。

（三）快速发展阶段（1979—2002年）

1978年改革开放以后，我国城市化进程步入了快速发展的轨道，发展水平如表15-3所示。在这一阶段首先是大批在"文化大革命"期间下放农村的知识青年及其他人员返回城镇，导致市镇人口在20世纪70年代

末 80 年代初陡增。其次是从 1979 年开始的以家庭联产承包责任制为中心
的农村经济体制改革使中国长期存在的农业剩余劳动力问题显现出来，促
使农业剩余劳动力转移和农村产业结构转变。进入 20 世纪 80 年代以后，
随着乡镇企业的蓬勃发展，大量农业剩余劳动力进入非农产业就业，在集
镇务工经商，推动了小城镇的发展。第三是 1984 年开始在全国范围内进
行的城市经济体制改革以及从 1979 年开始的对外开放政策的实施，如
1979 年 4 个经济特区的建立，1984 年 14 个沿海港口城市的开放，1985 年
长江三角洲、珠江三角洲、厦门—漳州—泉州三角区的开放，1988 年山
东半岛经济开放区和辽东半岛经济开放区的建立，1990 年上海浦东新区
的开发和开放，1992 年 4 个边境城市的开放等，使中国城市的中心作用
得到了充分发挥，极大地促进了城市经济的发展，使之能够吸收更多的农
业剩余劳动力。尤其自党的十四大以来，中国经济体制逐渐由计划经济逐
步向社会主义市场经济转轨，城市劳务市场进一步开放，户籍管理制度逐
步改革，城市粮油计划供应制度被取消，这一切措施都加速了农村劳动力
向城市迁移和流动，促使中国城市化快速发展。[①]

表 15－3　1979—2002 年全国城市化水平

年份	全国总人口（万人）	城镇人口（万人）	城市化率（％）	城市化率比上年增加百分点	建制市数	建制镇数
1979	97542	18495	18.96	1.04	216	2361
1980	98705	19140	1939	0.43	217	
1981	100072	20171	20.16	0.77	229	2678
1982	101654	21480	21.13	0.97	239	2664
1983	103008	22274	21.62	0.49	289	2968
1984	104357	24017	23.01	1.39	300	7186
1985	105851	25094	23.71	0.70	324	9140
1986	107507	26366	24.52	0.81	347	10718

---

① 王放：《论中国城市化——兼论现行城市发展方针》，中国人民大学出版社 1999 年版。

续表

年份	全国总人口 （万人）	城镇人口 （万人）	城市化率 （%）	城市化率比上年 增加百分点	建制市数	建制镇数
1987	109300	27674	25.32	0.80	381	11103
1988	111026	28661	25.81	0.49	434	11481
1989	112704	29540	26.21	0.40	446	11873
1990	114333	30191	26.41	0.20	461	12084
1991	115823	30543	26.94	0.53	475	12455
1992	117171	32372	27.46	0.52	517	14539
1993	118517	33351	27.99	0.53	570	15805
1994	119850	34301	28.51	0.52	622	16702
1995	121121	35174	29.04	0.53	640	17532
1996	122389	35950	30.84	1.80	666	18171
1997	123626	36989	31.91	1.07	668	18260
1998	124761	37942	33.35	1.44	668	19216
1999	125786	38892	34.78	1.43	667	19756
2000	126743	45844	36.22	1.44	663	20312
2001	127627	48064	37.66	1.44	662	20374
2002	128453	50212	39.09	1.43	660	19811

（资料来源：《中国统计年鉴 2007》，中国统计出版社）

2002 年，我国城市化率达到 39.09%，比 1978 年增加 21.17 个百分点，平均每年提高 0.88 个百分点，总增长率高达 118.14%，年平均增长 4.92%；全国城镇人口达到 50212 万人，比 1978 年的 17245 万人增加了 1.91 倍；2002 年全国共有建制市 660 个，其中直辖市 4 个，副省级市（中央计划单列城市）15 个，地级市 260 个，县级市 381 个，城市数量比 1978 年增加 467 个，增加 2.4 倍，2002 年县级以上城市达 279 个，比 1978 年增加 86 个，增长 44.6%，平均每年增加 3.58 个县级以上的城市。

（四）科学发展阶段（2003 年至今）

经过改革开放多年城市化的快速发展，在取得巨大成就的同时，也暴露出一些问题。一是在城乡关系方面，城乡收入和生活水平差距拉大；城市贫困人口增加，"城市病"初见端倪；农业发展缓慢，农民增收难，农村的医疗和养老、教育投入不足，文化设施贫乏，生活环境恶化等。二是在空间关系方面，乡镇企业和小城镇盲目发展，导致严重的规模不经济、资源浪费和环境污染。三是在迁转关系方面，大批农民工进入城市就业，但不能转为城市居民，其住房、教育和社保无着落。与此同时，越来越多的城郊农民转为城市居民后，没有相应的就业岗位和可靠的社会保障。四是在产业与城市发展关系方面，有些地区工业化单兵突进，城市软硬基础设施严重滞后，阻碍经济的发展，也带来严重的社会问题；有些地区超越能力和条件，开展大规模基础设施建设和房地产开发，人为制造城市化泡沫，严重影响实体产业的健康发展。

这些在实践中出现的问题对理论研究者和决策者都提出了新的课题，2003年科学发展观的提出，城市化科学发展也作为一种新的发展战略，要求在城市化进程中，体现以人为本，发展的成果要惠及人民，追求城市与农村的经济、社会、人口、资源和环境的全面协调可持续发展。

2003年以来，城市化逐步迈向了科学发展的新阶段，并取得了一定进展。首先，城市化发展速度合理调整。在保持城市化快速发展势头的基础上，推进速度有所放慢，2003年城市化率比上年提高1.44个百分点，2008年只比上年提高0.74个百分点，增长幅度下降近一半，原因就在于城市化发展开始由重点追求速度向重点追求质量转变，如表15－4所示。其次，城市间的关系进一步密切，由原先的重竞争轻合作逐步走出了重复建设、恶性竞争的怪圈，开始有所分工，相互协作，朝着城市群一体化的目标迈进。第三，城乡关系开始走向协调。由之前的优先发展城市和工业的思路向工业反哺农业、城市支持农村的探索，逐步形成了城乡统筹发展的格局。第四，经济和社会发展开始同步推进。在加大经济投入的同时，更加注重社会事业投入，提升城市功能，改善城市环境质量，在提高发展水平的同时，更加注重提高市民素质。

表 15 - 4　2003 年以后中国城市化水平变化

年份	全国总人口（万人）	城镇人口（万人）	城市化率（%）	城市化率比上年增加百分点	建制市数	建制镇数
2002	128453	50212	39.09	1.43	660	—
2003	129227	52376	40.53	1.44	660	—
2004	129988	54283	41.73	1.20	661	19883
2005	130756	56212	42.99	1.26	661	—
2006	131448	57706	43.90	0.91	656	19369
2007	132129	59379	44.94	1.04	655	19249
2008	132802	60667	45.68	0.74	655	

（资料来源：《2008 年中国统计年鉴》及《2008 年国家社会经济发展统计公布》整理）

二、方针演变

新中国成立 60 年来城市化的历程，在不同历史时期表现出不同的特点，受特定政治经济环境所控，甚至伴随经济发展政策出现过部分失误，体现出城市化发展方针的不断演变和发展道路的曲折性。从新中国成立后开始实施的"一五计划"到 21 世纪以来的"十一五规划"，城市化发展方针与道路的演变如表 15 - 5 所示。

表 15 - 5　中国城市化发展方针与道路的演变

发展时期	城市化发展方针与道路的内容	城市化道路的特性
"一五"时期（1953—1957 年）	积极推动城市对农村开放重大项目建设拉动农民迅速进城的自由迁徙方针	项目带动的自由城市化道路
"二五"时期（1958—1962 年）	1958 年后开展"大跃进"和"反右派"运动，农村劳动力爆发性进城。1961 年实行"调整、巩固、充实、提高"方针，城市劳动力回农村务农，大规模压缩城市人口，撤销市建制镇	盲进盲降的无序城市化道路

续表

发展时期	城市化发展方针与道路的内容	城市化道路的特性
"三五"、"四五"时期（1966—1975年）	中央提出"备战、备荒、为人民"的战略方针，把国防建设放在第一位，加快"三线"建设。长达10年的"文化大革命"，1700多万知青上山下乡运动和千万干部下放农村劳动，执行严格控制城市人口政策	动荡萧条的停滞城市化道路
"五五"时期（1976—1980年）	1978年制定了"控制大城市规模，多搞小城镇"的城市发展方针，大批博士和部分知青返城；1980年提出了"控制大城市规模，合理发展中等城市，积极发展小城市"的城市发展总方针	改革恢复的积极城市化道路
"六五"时期（1981—1985年）	实施"严格控制大城市规模，积极发展小城镇"的发展方针	抓小控大的农村城市化道路
"七五"时期（1986—1990年）	实施"严格控制大城市规模、积极发展中等城市和小城市"的城市发展方针	大中小并举的多元化城市化道路
"八五"时期（1991—1995年）	以开发区和大城市建设为主，加强规划，引导乡镇企业适当集中，充分利用和改造现有小城镇，建设新的小城镇	大中小并举的多元化城市化道路
"九五"时期（1996—2000年）	积极稳妥地推进城市化的战略目标，抓住机遇，适时引导小城镇健康发展的战略方针	大中小并举的健康城市化道路
"十五"时期（2001—2005年）	把推进城市化提升为国家战略，推进城市化要遵循客观规律，与经济发展水平和市场发育程度相适应，循序渐进，走符合我国国情、大中小城市和小城镇协调发展的多样化城市化道路，逐步形成合理的城镇体系。有重点地发展小城镇，积极发展中小城市，完善区域性中心城市的功能，发挥大城市的辐射带动作用，引导城镇密集区有序发展	大中小并进的协调城市化道路
"十一五"时期（2006—2010年）	促进城市健康发展，坚持大中小城市和小城镇协调发展，提高城镇综合承载能力，按照循序渐进、节约土地、集约发展、合理布局的原则，积极稳妥地推进城市化，逐步改变城乡"二元结构"。要把城市群作为推进城市化的主体形态逐步，形成若干城市群为主体，其他城市和小城镇点状分布，永久耕地和生态功能区间隔，高效协调可持续的城市空间格局	中国特色的和谐城市化道路

（资料来源：方创琳等：《中国城市化进程及资源环境保障报告》，科学出版社2009年版，第80页）

通过梳理不同时期对城市化方针的表述，可以看出，1949 年至 1978 年期间，我国城市化道路的基本方向始终是小城镇化。从城市化的动力机制上看，此期间的城镇化既没利用民间力量推动，也没依靠市场机制调节，完全由政府发动和推进，是受抑制的和严格管制的政府主导型的"自上而下"的城镇化道路；从城市化与工业化和经济发展相互关系上看，中国的城镇化道路是城市化滞后于工业化的滞后性城镇化道路；从城市化类型来看，新中国成立初我国走的是以发展小城镇为主，严格控制大城市的小城镇化道路，后来由于国家总的发展路线的失误，我国的城镇化道路更多是一条逆城市化道路。总之，此期间我国的城镇化道路是一条不适应工业化要求、受政府严格控制导致城镇化滞后的道路。

从改革开放到 20 世纪 90 年代初期，我国走的是小城镇为主的城市化道路。由于经济体制改革在农村和城市的逐步展开，政府的管制开始放松，市场机制开始发挥作用，受抑制的和严格管制的政府主导型的城市化道路开始向市场主导，政府导向型的城市化道路转型。民营资本的迅速增长和外资的积极引入，使得城镇化发展不在单靠政府投资，政府投资的"自上而下型"和民间力量推动"自下而上型"相结合的城镇化道路开始形成。

1992 年至 2001 年期间，随着市场化改革的不断深入，市场经济在一些开放的沿海城市和经济开发区显示出强劲的发展势头，造就了一个个新城区，以北京、天津、大连为中心的环渤海城市群，以上海、苏州、无锡、南京、杭州、宁波等城市为中心的长江三角洲城市群，以广州、深圳、珠海、东莞、中山等城市为中心的珠江三角洲城市群初步形成。随着市场经济的发展，中国城市化道路中市场机制的主导作用得到进一步强化，此期间虽仍已以小城镇为主，但已开始重视大中城市和城市群的发展。

2002 年，党的十六大报告提出，"要逐步提高城镇化水平，坚持大中小城市和小城镇协调发展，走中国特色的城镇化道路"[1]，中国特色城镇

---

[1] 江泽民：《全面建设小康社会　开创中国特色社会主义事业新局面》，中国共产党第十六次全国代表大会报告，2002 年。

化道路首次提出，这标志着我国城市化道路正进入新的发展阶段。2005
年党的十六届五中全会报告在党的十六大报告的基础上指出：要"坚持
大中小城市和小城镇协调发展，按照循序渐进、节约土地、集约发展、合
理布局的原则，促进城镇化健康发展"。2007年党的十七大报告进一步指
出："走中国特色城镇化道路，按照统筹城乡、布局合理、节约土地、功
能完善、以大带小的原则，促进大中小城市和小城镇协调发展。以增强综
合承载能力为重点，以特大城市为依托，形成辐射作用大的城市群，培育
新的经济增长极。"① 此期间新的城市群不断出现，环渤海地区、长江三
角洲、珠江三角洲三大城市群得到了进一步发展，凭借其集聚效应、规模
经济和竞争优势，成为全国和区域性的经济核心地区，在全国经济发展的
地位进一步上升。

三、中国特色城镇化道路的形成

（一）中国特色城镇化道路的提出

新中国成立60年来，随着理论探讨的深入，通过对我国城镇化道路
实践中经验的不断总结和问题的不断反思，党的十六大报告，在目标中引
人注目地提出了"城镇人口的比重较大幅度提高，工农差别、城乡差别
和地区差别扩大的趋势逐步扭转"的要求。并明确地指出："农村富余劳
动力向非农产业和城镇转移，是工业化和现代化的必然趋势。要逐步提高
城镇化水平，坚持大中小城市和小城镇协调发展，走中国特色的城镇化道
路。"国家"十一五"规划纲要提出："促进城市健康发展，坚持大中小
城市和小城镇协调发展，提高城镇综合承载能力，按照循序渐进、节约土
地、集约发展、合理布局的原则，积极稳妥地推进城市化，逐步改变城乡
'二元结构'。要把城市群作为推进城市化的主体形态逐步，形成若干城
市群为主体，其他城市和小城镇点状分布，永久耕地和生态功能区间隔，

---

① 胡锦涛：《高举中国特色社会主义伟大旗帜　为争取全面建设小康社会新胜利而奋斗》，中
国共产党第十七次全国代表大会报告，2007年。

高效协调可持续的城市空间格局。"党的十七大报告进一步指出："走中国特色城镇化道路，按照统筹城乡、布局合理、节约土地、功能完善、以大带小的原则，促进大中小城市和小城镇协调发展"，并强调要"以增强综合承载能力为重点，以特大城市为依托，形成辐射作用大的城市群，培育新的经济增长极"。中国特色城镇化道路的确立为我国未来的城镇化指明了方向。

（二）中国特色城镇化道路的内涵

结合城市化道路的基本内涵和中国特色城镇化道路的基本方向，中国特色城市化道路的基本内涵可概括为：一是在市场化原则指导下，遵循工业化与城镇化、农村与城市、农业与工业协调发展的城市化规律，以城乡统筹为主线，通过"以工带农"和"以城促乡"，实现农业与工业、农村与城市的协调发展，加强工业化对城市化的推动作用和城市化对工业化的带动作用，促进工业化与城市化协调发展，是一条城乡协调、工农协调、工业化与城市化协调发展的城镇化道路；二是考虑到后代人的需要和中国人口、资源与环境方面的具体国情，中国特色城市化道路从过去的外延扩张型转变为内涵提高的集约型，从城市数量的增加转变为城市功能完善，进一步完善土地市场，合理开发和节约使用各种自然资源，提高资源使用效率，协调城市建设、经济发展和人口、资源、环境之间的关系，走集约型、可持续发展的新型城镇化道路。三是在布局合理，以大带小的原则下，通过大中小城市和小城镇并举、东中西各有差异以及城市群的积极培育等城镇化战略，实现大中小城市和小城镇的协调发展及区域的协调发展。

（三）中国特色城镇化道路的特征

1. 统筹城乡发展的城镇化道路。党中央在深刻总结新中国成立以来我党处理城乡关系的经验教训，结合我国城乡二元结构突出的具体国情，把城市和农村一起纳入我国城镇化范畴，把两者的统筹发展作为中国特色城镇化道路的一条基本原则，这既是解决"三农"问题的重大战略，也是增强城市发展后劲的有效措施。统筹城乡发展就是要把城市与农村、农业与工业、农民与市民作为一个整体，纳入整个国民经济与社会发展全局之中进行通盘筹划，统筹解决城市和农村经济社会发展中出现的各种问题，充分发挥工业对农业的支持和反哺作用、城市对农村的辐射和带动作用，建立以城带乡、以工促农、城乡互进共促的新机制，促进城乡的协调发展，实现城乡一体化的目标。统筹城乡发展既包括制度层面的统筹，也包括经济发展要素层面的统筹，还包括城乡关系层面的统筹。

2. 可持续发展的城镇化道路。可持续发展是既要满足当代人的需求，又不损害后代满足其需求能力的发展。其核心是人与自然，经济、社会与环境的和谐发展。在城市化过程中，探寻一条最佳的城市化道路，实现经济、社会、环境的协调发展，达到经济效益、社会效益和生态效益的最大化，就是可持续发展的城市化。回顾英、美、法、日等西方发达国家的城市化历程，可以看到，每次城市化都带来了生态严重破坏、资源过度利用、环境严重污染等问题。因此，我国的城镇化道路，决不能步西方发达国家对资源环境破坏的后尘，避免走西方国家先污染后治理、先蔓延后整治的弯路，必须走城市与生态、城市与农村、城市化与新型工业化协调发展的可持续发展的道路。宜居土地有限、水资源短缺是中国的基本国情，而中国的城镇化规模将是人类历史上空前的，如果按照传统的城镇化发展模式，将对资源环境形成较大的压力。中国特色城市化道路在节约土地、功能完善的原则下，把可持续发展放到突出位置，从过去的外延扩张型道路转变为内涵提高的集约型道路，从促进城市数量的增加转变为促进城市质量的提高，是一条可持续的新型城市化道路。

3. 协调发展的城镇化道路。由于我国人口众多，农村人口比重大，不可能让大部分人都涌向大城市，只搞集中型的大城市化。同时，由于小城镇集聚效益和规模效益差，只搞分散型的小城镇化也不符合中国资源的基本国情。中国特色城镇化道路选择了大中小城市和小城镇并举但各有侧重的城镇化发展战略，是大中小城市与小城镇协调发展的城镇化道路。

4. 注重城市群发展的城镇化道路。从各国城市化的模式看，当城市化进入一定阶段后，城市群已逐渐成为城市化进程中的主体形态。在经济全球化的当今世界，国家之间的经济竞争将更多是城市之间，尤其是城市群之间的经济竞争。通过加快城市群发展，带动本国或区域经济发展，提升经济竞争力，已成为各国经济发展和城市现代化过程中的重要举措。为适应经济全球化和区域经济的发展要求，中国特色城镇化道路把城市群作为推进城镇化的主体形态，强调要以增强综合承受能力为重点，以特大城市为依托，形成辐射作用大的城市群，培育新的经济增长极。

第二节　城市化理念的转变

新中国成立 60 年来，我国的城市化道路经历了一个曲折的发展历程，在总结经验、吸取教训的实践中不断探索，逐步形成了有中国特色的城市化道路。不同阶段城市化进程的实践，都有一定的发展理念作指导，每经历一次挫折和教训，又从思想上更新我们的理念来指导下一阶段的城市化进程。60 年来我国城市化发展理念，经历了三个方面的根本转变：在发展目的和宗旨上，实现了从"以物为本"向"以人为本"的理念转变；在发展方针上，经历了从"优先发展"到"统筹发展"的理念转变；在发展方式上，经历了从"外延发展"到"内涵发展"的转变。

一、从"物本"到"人本"的转变

（一）"以物为本"城市化理念的表现

以物为本的发展观，偏重于物质财富的增长而忽视人的全面发展，简单地把经济增长等同于经济发展而忽视社会的全面进步，相应地把国内生产总值的增长作为衡量一个国家和地区经济社会发展的核心标尺而忽视人文的、资源的、环境的指标。

"以物为本"的城市化理念，表现在城市化进程中片面追求物质财富的增长，将经济社会发展、城市化水平的提高简单的等同于 GDP 的数量增长，在唯 GDP 崇拜的政绩观引导下，经济发展模式粗放，依靠追加生产要素投入实现外延式的增长，社会事业发展长期滞后于经济发展水平，经济数量增长较快，但人民生活水平、福利程度、幸福指数并没有随 GDP 增长而同步提高，造成城市经济有增长而无发展、城市化水平只有数量提升而无质量改善的情形。

（二）"以人为本"城市化理念的形成

"以人为本"发展观即科学发展观，是对"以物为本"的传统发展观的矫正，强调"人"在经济发展、社会进步中的主体作用，要求发展为了人民、发展依靠人民、发展成果由人民共享，坚持在全国人民根本利益一致的基础上，关心每个人的利益要求，关注人的价值、权益和自由，最终实现人的全面发展。运用科学发展观指导我国的城市化进程，就是要在城市化推进过程中，充分尊重人的主体作用，实现城市化推进与社会事业发展同步，城市化成果充分惠及人民群众，克服片面强调物质财富增长而忽视人的全面发展的弊端，在享受物质财富水平不断提高的同时，公共服务水平不断改进、福利程度不断增长，人居环境不断优化，实现人与自然的和谐共生的城市化道路。

（三）转变历程

新中国成立 60 年来，我国对城市化理念的探索在实践中不断完善。新中国成立之初，为尽快改变旧中国遗留下来的一穷二白的国情，体现社会主义的优越性，国家制定了赶超型的发展战略，以优先发展重工业来迅速实现从农业国向工业国的转变，正是在物质生产极其匮乏的时代背景下，提高物质财富的生产能力成了长期以来的迫切需求。在传统计划经济体制下，对社会主义认识的局限性束缚了社会生产力的发展，随着 1978年改革开放战略的实施，以东部地区的率先开放为龙头，开启了我国经济新一轮的快速增长，社会物质生产能力得到极大地提高，人民生活水平也日益改善，城市化道路不断迈入正轨，进入了高速增长时期，20 世纪 80年代以乡镇企业为代表的小城镇对我国城市化水平的提高作出了积极贡献，尤其在 20 世纪 90 年代，随着中央政府与地方政府在财政管理体制上的分权，更加释放了长期积累的地方发展经济的积极性，实现了又一轮的高速增长。

但是，当 2002 年爆发 SARS 危机的时候，我国政府意识到之前的经济增长方式、城市化道路存在很大的局限性与片面性。经济增长速度很快，但社会公共卫生等社会事业却长期滞后于经济发展步伐，历史欠账越积越多，导致出现公共卫生危机的时候，城市的卫生事业显得如此落后与单薄。回顾之前"以物为本"的城市化道路，片面强调城市化过程中物质财富的积累，使得城市经济总量不断扩大，基础设施不断完善，但取得这样的成就是以牺牲老百姓生活水平提高、牺牲社会事业进步速度为代价。因此，当 SARS 危机过后，中央认识到"以物为本"发展观的片面性，和在此发展观引导下的城市化道路的弊端，提出了"以人为本"的科学发展观，并将科学发展观作为新时期推进城市化的理念。

二、从"优先"到"统筹"的转变

（一）"优先"发展理念的表现

城市化进程中的"优先"发展理念，体现在空间上的地区优先和方针上的规模优先两个方面。

在空间层次上，改革开放后国家实施区域非均衡发展战略，东部地区获得率先发展的机遇，城市经济与城市化水平也获得优先发展。与东部地区相比，广大的中、西部地区在国家实施非均衡区域发展战略后，与东部的差距逐步拉大。并且，中、西部地区产业结构层次低，发展仍依靠农业、能源等初级产业，分布着大量的贫困地区，因此，对这些农业比重大的中、西部省份而言，经济发展缓慢、城市发育滞后，城市对人口的吸引力较小，形成了与东部城市化水平的差距。在城市化发展方针上，不同时期对规模不等城市的优先发展思路各有不同，包括优先发展小城镇、优先发展大城市、优先发展中等城市等观点。

（二）"统筹"发展理念认识

统筹是一种系统的、科学的方法论。所谓统筹，就是兼顾各方、总揽全局、有序安排、协同推进；就是要把事物看做内在统一的系统，在科学把握系统发展规律与内在联系的基础上，对其运动和发展进行合理规划、科学管理和正确促进。科学发展观的根本方法就是统筹兼顾，要求按照"统筹城乡发展、统筹区域发展、统筹经济社会发展、统筹人与自然和谐发展、统筹国内发展和对外开放"的要求推进各项事业的改革和发展，真正实现以人为本、全面协调可持续的发展。

城市化进程中"统筹"发展理念的内涵，就是正确面对城市化进程中涉及的方方面面，协调处理好一系列重大关系，注重综合平衡，不能顾此失彼。具体而言，在城市化推进的动力机制上，既发挥自下而上的主体作用，又重视自上而下的规划引导与制度安排；在城市化推进的空间布局上，落实区域发展总体战略，统筹兼顾四大板块的城市化进程，缩小区域发展差距；在城乡关系上，既发挥城市的拉力提高城镇的承载能力和吸纳能力，又通过新农村建设来协调城乡关系，形成以城带乡、以工促农的长效机制；在城市化推进的资源保障上，协调城市化发展与资源环境的关系，规范空间开发秩序，形成主体功能区，走资源节约、环境友好型的城市化道路；在城市化推进的道路选择上，发挥不同规模城市各自的优势，形成大、中、小城市和小城镇协调发展的道路。

（三）转变历程

在"优先"发展理念下城市化进程的实践表明，在控制方针下大城市的发展在实际上是很快的，而小城镇发展过于分散，缺乏规划，从而带来土地、环境、效益等问题的严重性，与此同时作为小城镇支柱的乡镇企业，其经济效益出现了逐年下降的严峻态势。因此，经过 20 世纪 80 年代城市化道路"优先"发展理念的争论间的矛盾，于是有学者开始怀疑这种以规模为标志的"道路""模式"来对城市化进行约束的思路。有学者提出，用规模来判定一个城市是要发展还是要控制的做法对于城市化这个论题是不适合的，这种来源于计划经济管理模式下的思维定式延误了我们关于利用市场机制来调节城市规模的思考和探索，此后又有大量的学者支持此观点，他们的观点被称为"多元论"。

持多元论观点的学者普遍跳出了城市规模单一取向的框框，认为不存在统一的能被普遍接受的最佳城市规模，孤立地发展大城市、中等城市或小城市（镇）都是不可取的，因为城镇体系永远是由大中小各级规模城镇组成的。站在这个角度来看，中国城市化道路的选择，必须转变战略思路，即由过去基本上是以发展小城市为主，转向以大中城市为主导、大中小城市实现全面发展，即挖掘大城市的潜力，扩大和建设中等城市，择优和适度发展小城市，进而加速中国的城市化进程。

2003年科学发展观的提出，统筹兼顾作为科学发展观的根本方法，城市化的理念也开始向统筹方向上转变。2006年，"十一五"规划明确提出，"促进城市健康发展，坚持大中小城市和小城镇协调发展"，"要把城市群作为推进城市化的主体形态"。这实际上体现了在城市化道路上，从"优先"到"统筹"的理念转变，因为，城市群就是在一定区域范围内不同性质、类型和等级规模的城市组成城市集合体，以城市群为主体形态推进城市化进程，实际上把优先发展哪类规模城市的"优先"发展论置于城市群内部不同城市间的分工协作、资源整合过程中，通过城市群的规划发展，来充分发挥不同等级规模城市各自的优势，在各展所长的过程中实现城市群的一体化进程。

三、从"外延"到"内涵"的转变

（一）外延发展理念的表现

美国学者弗里德曼将城市化过程区分为城市化Ⅰ和城市化Ⅱ。城市化Ⅰ包括人口和非农业活动在规模不同的城市环境中的地域集中过程、非城市型景观转化为城市型景观的地域推进过程，城市化Ⅱ包括城市文化、城市生活方式和价值观在农村的地域扩散过程。因此，城市化Ⅰ是可见的物化了的或实体性的过程，主要指人口城市化、空间城市化、经济城市化，而城市化Ⅱ则是抽象的、精神上的过程，主要指社会城市化。[1] 弗里德曼

---

① 许学强、周一星、宁越敏：《城市地理学》，高等教育出版社1997年版，第44页。

划分的城市化 I 相当于城市化的外延发展，即依靠城市人口增长和土地扩张实现的城市化水平的提高；城市化 II 相当于城市化的内涵发展，即在土地利用既定的空间内，通过产业升级和转变经济发展方式，依靠生产要素效率的提高推动城市化水平的提高。

城市化外延发展理念，片面追求城市人口数量的增长、建成区面积的扩张，通过户籍制度的改革或统计口径的调整实现城市人口增长，通过兴建大马路、大广场等形象工程、政绩工程或开发区盲目圈地等形式实现建成区摊大饼式扩张，在这种理念指导下，城市发展贪大求洋，外延得到扩张，而城市经济发展方式的转变、城市公共服务水平提高、城市文明程度的进步、社会事业的发展都滞后，体现城市化内涵的指标仍停留于较低层次。

（二）内涵发展理念认识

城市化内涵发展，是指改变依靠外延扩张来提高城市化水平的模式，立足资源环境承载能力和主体功能区的要求，按照"循序渐进、城乡协调、集约高效、因地制宜、以大带小、多元推动"的原则，以不断提高城市化发展质量为核心内容，注重城市功能的提升、历史文化的传承、个性品位的塑造、人文关怀的服务，引导城市化保持合理的增长速度与适度的发展规模，形成资源节约、环境友好、经济高效、社会和谐的城市化健康发展新格局。

城市化内涵发展，要求坚持集约高效的原则，不断提高城市化发展质量；科学规划与管理城市，保持合理的城市建设规模；立足资源环境承载能力，走资源节约与环境友好的城市化道路；着眼城市文化内核，提高城市文明程度。

（三）转变历程

进入 20 世纪 90 年代后，我国的城市化进程不断加快，在城市化快速推进的过程中暴露出的问题日益严峻。过快的外延式扩张城市化，脱离了我国资源环境的承载能力，不符合我国人多地少的国情，出现了城市建成区扩张过快，一些地区开发强度过高，缺乏土地资源、能源资源、水资源保障，导致城市运行效率低下，发展模式粗放，大量浪费能源资源。2003年以来，从"转变经济增长方式"到"转变经济发展方式"，实现国民经济从"又快又好"发展到"又好又快"发展，都是针对我国经济发展方式，工业化、城市化模式提出的新的要求。2004 年，针对各类经济开发区"开而不发"、"盲目圈地"的现象，国家发改委、国土资源部、建设部联合进行开发区整顿，解决各地在推进工业化、城市化进程中出现的浪费土地问题，经过 3 年多时间整顿，截至 2006 年 12 月，全国各类开发区由 6866 个核减至 1568 个，有近 77.16% 的开发区被撤销。全国开发区规划总面积由 3.86 万平方公里缩减至 9949 平方公里，面积减少 74.23%。

基于理论的思考与实践的探索，我国城市化理念在充分认识国情的基础上，形成了城市化内涵发展的理念。节约集约用地，按照建设资源节约型社会的要求，立足保障和促进科学发展，合理控制建设规模，积极拓展建设用地新空间，努力转变用地方式，加快由外延扩张向内涵挖潜、由粗放低效向集约高效转变，防止用地浪费，推动产业结构优化升级和城市化发展方式的转变。

第三节　城乡统筹协调发展

城乡关系是城市化进程中一对重要的关系，发展中国家在城市化进程中往往会形成城乡二元结构，我国也不例外，城乡二元结构的形成有一定的历史原因，随着我国经济社会发展水平的提高，城乡关系逐步有分割向一体化转变，尤其进入 21 世纪，我国对"三农"问题的重视，城乡二元经济结构逐步得到缓解，城市与农村良性互动的关系正在形成。

一、城乡二元结构的形成①

我国城乡二元结构是在特定历史条件下形成的，为把贫穷的农业国建设成为强盛的工业国，新中国实施了工业快速积累的政策，即通过工农业产品价格"剪刀差"，低价收购农产品，把农业剩余转化为工业利润，再通过严格控制工业部门的工资水平，把工业利润转化为财政收入。同时国家也从农业税收、农村储蓄等渠道获得大量的资金积累。为了保障从农业中获取稳定的工业化资金，实行严格的城乡分割政策，它以城乡分割的户籍政策为基础，在此之上附着了城乡分割的财税政策、就业政策、住房政策、社会保障政策，这些制度相互扶持，在体制上逐渐形成和强化了城乡二元结构体制。

（一）户籍制度与城乡分割的社会福利保障

城乡分割的户籍制度是计划经济时代城乡二元结构的逻辑起点和核心内容。国家垄断了经济和社会资源，以获取加快推进工业化所必需的资源积累，同时也必须承担由此带来的社会后果，保证城乡资源配置严重不均衡状态下的社会稳定。但是，在资源匮乏的条件下，国家既无力将社会福利保障制度延伸到农村，也无力吸纳大批农村人口进城分享市民的福利保障。无论是维持市民的既得利益，保持城市稳定，还是减轻政府的负担，保障工业化建设，都必须限制农民进城的要求。

（二）统购统销制度与城乡分割的市场体系

以户籍制度为起点的城乡分割的制度体系，需要另一个重要的支撑点，这就是统购统销制度。它是保证农村资源向城市集中的最直接的手段。政府通过这一制度的实施来解决优先发展重工业与落后农业的矛盾，保障工业化建设和市场稳定。1953 年，粮油棉等农产品统购统销政策正式实施统购统销制度以城乡分割为前提，它具有双重职能：首先是通过工农业剪刀差为工业化提取积累（包括出口创汇），其次是保障城镇人口的

---

① 张泉等：《城乡统筹下的乡村重构》，中国建筑工业出版社 2006 年版，第 5—7 页。

粮油供应（部分返销于缺粮地区农民）。这两种职能的实现，都建立在严格控制城市人口规模，限制农村人口向城市迁移和流动，以缓解计划供应压力的基础上。

（三）人民公社制度与农村人口的区域固化

如果说户籍制度和统购统销制度将农村人口挡在城门外，那么人民公社的超强管制，则把农村人口和劳动力有效地捆在土地上。户籍管理和统购统销在农村的制度依托是人民公社制度。当年加速农业集体化的重要动因，就是寻求解决优先发展重工业与落后农业之间的矛盾的根本途径，因为集体化为保证国家收购和资金积累、减少统购统销的交易成本和社会震荡提供了有力的组织形式。

二、城乡统筹协调发展的认识

城乡统筹发展的理念，就是改变过去那种就城市论城市，就农村论农村的传统思路和做法，把城市和农村的经济与社会发展作为一个整体来统一规划，通盘考虑；把城市与农村发展中存在的问题及其相互因果关系综合起来进行研究，统筹加以解决。统筹发展不是平均用力，而是根据不同时期、不同情况，抓住主要矛盾，选择重点，加以倾斜和解决。

统筹城乡经济社会发展，包括统筹城乡生产力布局，促进生产要素在城乡地域空间上的优化组合与配置；统筹城乡就业，推进农村富裕劳动力向非农产业转移，建立城乡统一的劳动力市场；统筹城乡基础设施建设，将农村的基础设施建设投入与城市一样纳入各级政府的规划与管理，改善农村的生产条件和生活环境；统筹城乡社会事业发展，按照城乡居民享受大致均等的公共服务水平的要求，将农村的科技、教育、文化、卫生等社会事业投入纳入各级政府的财政支出范围；统筹城乡社会保障体系，为农民发展提供安全与稳定的底线。

城乡统筹发展的理念，在认识上存在一定的误区。误区之一是，城乡统筹就是城乡一样化，照搬城市建设理念推动新农村建设，殊不知城乡之间在生产、消费、公共品提供、景观特征、空间关系等诸方面存在根本差异（如表 15-6 所示），如果城市和农村采取同样的发展模式，忽视二者的差别，城乡一体化就无法实现，而是在现有的农村人口基础上，在农业生产发展、农民收入提高的前提下逐步使农村居民的生活方式与城市文明接近，缩小城乡差别。误区之二是，在扭转重城轻乡，进行新农村建设过程中，进行大拆大建，将新农村建设理解为"新一村"建设，不仅农村物质财富没有得到积累，而且浪费了大量的人、财、物，搞政绩工程、形象工程。

表 15-6　城乡主要差别

类别	农村、农业	城市、工业
生产	家庭经营为主	以企业为主
消费	低成本、循环式	高成本、直线式
公共品提供	自助合作为主	政府包办为主
景观特征	自然、宽旷、情趣、传统	文化、现代、娱乐、多样
空间关系	生产、生活、生态空间合一	生产、生活、生态空间分离

（资料来源：仇保兴：《应对机遇与挑战——中国城镇化战略研究主要问题与对策》（第二版），中国建筑工业出版社 2009 年版，第 165 页）

三、城乡统筹协调发展的成效

随着统筹城乡发展理念在城市化进程中的确立，城乡二元经济结构逐步得到缓解，城市与农村良性互动的关系正在形成。

（一）束缚城乡统筹发展的制度正在松动

在户籍制度上，农民开始逐步从身份束缚中解放出来，不少城市启动了户籍制度改革。尤其从 2008 年开始，我国各地关于户籍制度出台的改革举措更密集，改革的力度更大、层次更深。例如，云南省宣布从 2008 年 1 月 1 日起，取消"非农业人口"、"农业人口"的"二元制"户籍登记管理模式，实行"一元制"模式，统称为居民户。2008 年，江西省也宣布将探索取消农业和非农业户口划分，逐步建立以居住证管理为核心，以居住地登记户口为基本形式，以合法固定住所或稳定职业为准入条件，城乡统一流动的户籍管理制度。2008 年，湖南省出台《关于大力推进新型城市化的意见》规定，要加大户籍管理改革力度，在全省范围内建立户口一元化制度，取消附加在户口上的社会管理职能，促进城乡人口自由流动。在土地制度上，农村土地合理有偿有序流转制度日趋完善。在就业制度上，统一自由流动的城乡一体劳动力就业市场正在逐步建立，农村富余劳动力转移渠道更加顺畅。在社会保障上，农村覆盖范围正在逐步扩大，一些试点城市开始城乡社会保障一体化的有益尝试等。

（二）工业反哺农业、城市支持农村的新机制正在形成

从 2003 年开始，中央已连续 7 年出台关于"三农问题"的一号文件，体现了把"三农问题"作为全党工作的重中之重。中央财政支农资金的投入不断提高，从 1990 年的 307 亿元提高到 2003 年的 1754 亿元，2004 年为 2338 亿元，2005 年为 2450 亿元，2006 年为 3397 亿元，2007 年为 4318 亿元，2008 年为 5956 亿元，2009 年在受全球金融危机影响财政压力巨大的情况下，中央财政依然加大了对"三农"支出，安排资金达 7161.4 亿元，比上年增长 20.2%，如图 15-2 所示。此外，2006 年国家取消了延续 2600 多年的农业税，2007 年全国农村地区义务教育学杂费全免；2008 年，广大农村地区开始全面实施新型农村合作医疗制度。

（三）城乡差距扩大的势头逐步得到遏制

实行以农村税费改革为核心的国民收入分配关系改革，扭转了长期以来农民负担过重的局面；实行以促进农村上层建筑变革为核心的农村综合改革，着力解决农村上层建筑与经济基础不相适应的深层次问题；推进城乡户籍、就业、财税、金融、社保等方面改革，探索建立城乡统一的劳动力市场和公平竞争的就业制度，加快形成保障农民工合法权益的政策体系和惠及农民工的城乡公共服务体制；推进土地管理和使用制度改革，在坚持农村基本经营制度、稳定和完善土地承包关系的基础上，在有条件的地方按照依法自愿的原则，积极稳妥地推进土地承包经营权流转。

（单位：亿元）

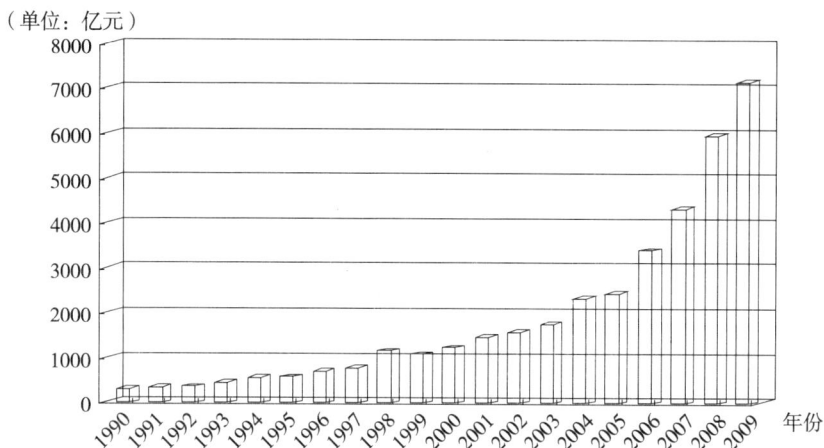

图 15－2 历年中央财政用于"三农"的支出

（资料来源：历年政府工作报告）

第四节 城市化发展态势

在新的发展时期，推进我国城市化的科学发展，要求在认识城市化发展规律的基础上，把握城市化面临的新态势，必须要以科学发展观为指导推进城市化，以"两型社会"为要求推进城市化，以城市群为主体形态推进城市化。

一、以科学发展观为指导推进城市化

（一）科学发展观确立

科学发展观是对传统发展观的矫正，这两种发展观在诸多方面具有显著不同，如表 15－7 所示。科学发展观最早是在党的十六届三中全会中提出。它是"坚持以人为本，树立全面、协调、可持续的发展观，促进经济社会和人的全面发展",按照"统筹城乡发展、统筹区域发展、统筹经济社会发展、统筹人与自然和谐发展、统筹国内发展和对外开放"的要求推进各项事业的改革和发展的一种方法论。

表15-7　"以物为本"发展观与"以人为本"发展观的比较

	传统发展观	科学发展观
发展宗旨	以物为中心	以人为本
发展目标	经济增长优先	综合、多种发展目标
发展方式	不平衡发展	协调发展
政治共识	发展是硬道理	社会公正、平等、和谐
市场与政府	迷信市场、小政府	市场与政府的互补性、有效政府
政府与社会	政府主导社会、领导与被领导关系	政府与社会合作、伙伴关系
政府职能	以经济建设为中心	以制度建设为中心
政府类型	增长型政府	公共服务型政府
政府任务	经济发展为主	社会发展为主
政府投资	以硬件和物质资本为主	以软件和人力资本为主
富人与穷人	先富论、富人优先论、锦上添花	共同富裕、穷人优先论、雪中送炭
人与自然	生态赤字扩大、黑色发展	生态赤字缩小、盈余、绿色发展
城乡关系	城市优先发展	城乡协调发展
地区关系	沿海地区优先发展	东北、东部、中部、西部协调发展
经济发展与社会服务	经济优先发展	经济与社会协调发展
公平与效率	效率优先、兼顾公平	公共服务、注重公平、社会和谐优先

（二）科学发展观对推进城市化的指导

科学发展观强调以人为本，落实在推进城市化进程中，首先是城市服务人性化。城市服务人性化要求城市管理者转变观念，从城市管理者向城市服务者角色转换，达到科学化管理、精细化管理、人性化管理，实现管理全方位、制度全覆盖。明确管理的目的是要让城市井然有序，保障城市中的企业和居民拥有安全稳定的生产生活环境，让老百姓享受良好的人居环境和便利的公共服务，使得生活居住在城市中的人能充分享受到城市化带来的文明成果。其次，人居环境得到优化。城市化可以说是农村人口转为城市居民的过程，本质上是转变人民生活方式、提高人民生活质量。良好的人居环境是检验城市化质量的一个重要方面，也是体现城市经济发展、社会进步对人民群众生活水平提升的一个重要维度。因此，要不断完善城市基础设施建设、丰富城市多元化功能、提升城市服务能级、营造适宜生产生活的生态环境来优化人居环境质量。第三，城市化文明成果惠及人民。《中国城市生活质量报告 No.1》提出"生活质量是城市价值的核心"，"是检验城市价值的唯一标准"。一个城市价值是否最大化不仅要看这个城市是不是具有更强大的经济实力，而且更重要的要看这个城市能不能有效地提高老百姓的生活质量以及更多地为它的居住者提供就业机会和发展机遇。在城市化推进过程中，实现城市与乡村的功能互补，凭借城市先进的产业部门和高效的城市效率来为人民创造更多的就业岗位，在社会群体交往过程中提升人的综合素质，推动社会文明全面进步。

科学发展观要求全面、协调、可持续，体现在我们推进城市化进程中，要求按照经济社会发展规律和城市化历史经验，全面推进经济建设、政治建设、文化建设和社会建设，协调处理城市与乡村二元关系，做到各有分工、优势互补；协调处理不同区域城市化发展的速度与质量，发挥区域比较优势，探索符合地区发展模式的城市化道路；协调处理经济发展与社会事业进步的关系，社会事业发展速度不能长期落后于经济发展水平，真正使经济发展的成果惠及广大人民；协调处理人与自然和谐发展，在城市化快速发展时期，要实现经济发展与资源、人口、环境相协调，依托生态环境的承载能力来推进城市化进程；协调处理内源型发展模式与对外开放的关系，既要启动内需，释放城市化的发展活力，又要积极融入全球产业体系，在更广区域、更高层次获得比较效益，提高竞争能力。

二、以"两型社会"为要求推进城市化

(一)"两型社会"的提出

党的十六届五中全会从贯彻落实科学发展观、构建社会主义和谐社会的高度,提出了建设资源节约型、环境友好型社会的奋斗目标。资源节约型社会,是指以能源资源高效利用的方式进行生产、以节约的方式进行消费为根本特征的社会。它不仅体现了经济增长方式的转变,更是一种全新的社会发展模式,要求在生产、流通、消费的各个领域,在经济社会发展的各个方面,以节约使用能源资源和提高能源资源利用效率为核心,以节能、节水、节材、节地、资源综合利用为重点,以尽可能小的资源消耗、获得尽可能大的经济社会效益,从而保障经济社会的可持续发展。环境友好型社会,是人与自然和谐发展的社会,通过人与自然的和谐来促进人与人、人与社会的和谐。具体来说,它是一种以人与自然和谐相处为目标,以环境承载能力为基础,以遵循自然规律为核心,以绿色科技为动力,坚持保护优先、开发有序,合理进行功能区划分,倡导环境文化和生态文明,追求经济、社会、环境协调发展的社会体系。①

(二)"两型社会"对推进城市化的要求

在建设"两型社会"过程中,对推进城市化提出了新的要求,要立足资源环境承载能力,走资源节约与环境友好的城市化道路。城市是资源和能源集中消耗的地区,资源节约的重点在城市;城市又是环境污染严重且集中的地区,环境污染治理的重点在城市。因此,在城市总体规划实施过程中,必须以城市资源承载能力和生态环境容量为前提,随时注重研究土地、水资源、能源和环境等影响城乡持续发展的因素,妥善处理好资源与环境保护和发展的动态关系,关注城市总体规划实施对生态环境的影响,以低资源消耗、低环境代价换取高城市化质量,城市化进程不能超过

---

① 中共中央宣传部理论局:《理论热点面对面(2006)》,学习出版社、人民出版社 2006 年版,第 35—37 页。

区域的资源与生态环境承载能力，大力提倡建设节水型、节地型、节材性和节能降耗型城市。

三、以城市群为主体形态推进城市化

（一）城市群的内涵

城市群理论的研究源于欧美，最先明确提出城市群概念的是法国地理学家戈特曼，他认为城市群是城市发展到成熟阶段的最高空间组织形式，是在地域上集中分布的若干城市和特大城市集聚而成的庞大的、多核心、多层次城市集团，是大都市区的联合体。

随着我国城市化水平的不断提高，城市发展形态的高级化，城市群研究逐步兴起。姚士谋在其著作《中国城市群》中对城市群给予了一个比较明确的界定，即城市群是在特定的区域范围内云集相当数量的不同性质、类型和等级规模的城市，以一个或两个特大城市为中心，依托一定的自然环境和交通条件，城市之间的内在联系不断加强，共同构成一个相对完整的城市"集合体"。[①] 牛文元提出，"组团式城市群"是中国城市化战略的跃升，他提出的组团式城市群是大中小城市"结构有序、功能互补、整体优化、共建共享"的镶嵌体系，体现出以城乡互动、区域一体为特征的高级演替形态。在水平尺度上是不同规模、不同类型、不同结构之间相互联系的城市平面集群，在垂直尺度上是不同等级、不同分工、不同功能之间相互补充的城市立体网络，二者之间的交互作用使得规模效应、集聚效应、辐射效应和联动效应达到最大化，从而分享尽可能高的"发展红利"，完整实现区域发展动力、区域发展质量和区域发展公平三者在内涵上的统一。[②]

（二）以城市群为主体形态推进城市化

国家"十一五"规划纲要明确提出："要把城市群作为推进城镇化的

---

① 姚士谋等著：《中国城市群》，中国科技大学出版社2006年版，第57页。
② 中国市长协会：《中国城市发展报告（2002—2003）》，商务印书馆2004年版，第4—5页。

主体形态；已形成城市群发展格局的京津冀、长江三角洲、珠江三角洲等区域，要继续发挥带动和辐射作用，加强城市群内各城市的分工协作和优势互补，增强城市群的整体竞争力；具备城市群发展条件的区域，要加强统筹规划，以特大城市和大城市为龙头，发挥中心城市作用，形成若干用地少、就业多、要素集聚能力强、人口分布合理的新城市群。"① 党的十七大报告中首次出现"城市群"的提法，"要遵循市场经济规律，突破行政区划界限，形成若干带动力强、联系紧密的经济圈和经济带……以增强综合承载能力为重点，以特大城市为依托，形成辐射作用大的城市群，培育新的经济增长极。"②

近几年来，我国城市群辐射能力逐步从点状拉动向组团式发展，尤其在长三角、珠三角等城市群内组团式城市群发展态势开始逐步代替单一式城市规模扩张。辐射功能使得城市群内外各等级城市在经济发展上互补效应进一步增强；在社会建设上二元结构开始逐步消除；在生态保护上城市的热岛效应得到了较大缓解；在城市文化上多样化文化得到了进一步发展和交融；在整个城市发展系统上开始形成等级有序的效率体系。当今，在我国经济版图上，长三角、珠三角和环渤海地区已然成为我国最主要的三大城市群。截至 2007 年，长三角、珠三角和京津冀三大经济圈以占全国25.5% 的人口，实现了全国 GDP 的 46.5%，贡献了全国工业增加值的49.9%、服务业增加值的 51.3%、出口的 77.9%、利用外资的 93.7% 和科技研发投入的 57.5%。③ 三大城市群在我国社会经济中具有举足轻重的地位，对周边地区乃至全国区域协调发展的辐射能力进一步增强，据有关研究预测，未来长三角、珠三角和环渤海地区的 GDP 贡献率将超过 70%，在三大城市群发展起来之后，必将辐射与带动其他地方的发展。

---

① 摘自于《国民经济和社会发展十一五规划纲要》。
② 胡锦涛：《高举中国特色社会主义伟大旗帜 为夺取全面建设小康社会新胜利而奋斗》，2007 年 10 月 15 日。
③ 北京国际城市发展研究院：《中国城市综合竞争力报告》，中国时代经济出版社 2009 年版。

第十六章

区域经济发展的探索

新中国成立60年来，在我国社会主义现代化建设的进程中，我国区域经济发展进行了不断探索，先后经过了均衡发展、非均衡发展和协调发展的时期。1949年至1978年，在苏联社会主义制度和"生产关系决定论"的影响下，我国区域经济发展走上了均衡发展的道路，全国一盘棋，均衡地在全国进行生产力布局。1978年改革开放之后，我国经济社会的发展重点转向东部沿海地区，区域经济发展走上了非均衡发展之路。20世纪90年代中后期，按照邓小平"两个大局"的指导思想，我国加快了区域协调发展，先后实施了西部大开发、振兴东北老工业基地和中部崛起战略，使我国区域经济发展由非均衡走上协调发展之路，最终形成四大板块协调发展的格局。

第一节　区域经济均衡发展战略

1949年10月新中国成立后，受苏联计划经济体制的影响，我国走上了社会主义道路，实行高度集中的计划经济体制。面对当时国内外的发展形势，我国中央政府适时提出向中西部地区倾斜的政策，先后实施了重工业优先发展战略和三线建设，推动了中西部地区经济发展，使我国各地区呈现均衡发展的势头。

一、区域经济均衡发展战略的主要依据

在计划经济时期，我国实施区域经济均衡发展战略是与当时建设社会主义的指导思想和国内外发展形势分不开的。

（一）理论依据

从理论依据和指导思想上看，我国实施均衡发展战略的理论根源主要有两个：一是马克思主义经典作家的有关论述。针对资本主义工业体系布局的弊端，恩格斯曾经说过，"大工业在全国尽可能平衡分布，是消灭城市和乡村分离的条件"[1]。列宁在分析资本主义发展规律时也认为"政治经济的发展不平衡是资本主义的绝对规律"[2]。这些经典论述成为我国建设社会主义的指导思想。二是前苏联生产配置理论的影响。在苏联实行社会主义制度后，苏联的一些学者在剖析资本主义与社会主义生产力分布规律时认为："在全国平衡配置生产"是社会主义生产力布局的主要原则和规律。[3] 这成为社会主义国家实施均衡发展的重要指针。

新中国成立后，受苏联生产配置理论的影响，以及对马克思恩格斯等经典论述的教条吸收，我国经济社会发展模式基本上照搬了苏联的发展方式，均衡发展思想也在我国计划经济时期占据了主要的位置。

（二）现实依据

新中国成立后，我国的经济建设几乎面临着内外交困的局面。国内方面，经过长期战争的洗礼，我国几乎是"一穷二白"，工业基础十分薄弱。1949 年，在我国的国民生产总值中，现代工业仅占 10% 左右，农业和手工业占了近 90%；而且轻重工业比例严重失调，在工业总产值中，

---

[1]《马克思全集》第 20 卷，人民出版社 1971 版，第 312 页。
[2]《列宁选集》第一卷，人民出版社 1972 版，第 709 页。
[3] 萨乌什金主编：《经济地理学》，商务印书馆 1987 年版，第 351—362 页。

重工业和轻工业的比重为 26.4：73.6；生产力水平极低且地区分布不均衡，全国的轻重工业，约有 70% 在东部沿海地区，内地仅占 30%。此外，我国科技水平较低，建设资金极其匮乏。国际方面，在东西方两大阵营对立的大格局下，以美国为首的西方资本主义国家对我国实行敌对包围政策，在经济上进行封锁，政治上实施孤立，军事上实施包围。这种严峻的国际背景，使我国在发展经济时不得不做好战争的准备，这成为是我国区域发展思路转变的重要依据。

（三）指导思想

1956 年 4 月，毛泽东发表了《论十大关系》一文，其中着重论述了重工业、轻工业和农业的关系，论述了沿海与内地工业的关系。他认为，我国约有 70% 工业的在沿海地区，只有 30% 在内陆地区，这是一种不合理的状况，为了平衡全国工业发展的总体布局，必须大力发展内地工业，使我国的工业布局逐步趋向平衡，这样还有利于备战。正是这种指导思想，成为了计划经济时期我国经济社会发展的指导方针。

二、区域经济均衡发展战略的实施历程

在计划经济时期，我国在建设社会主义的道路上，经过不断的探索，先后经过了优先发展重工业和三线建设两次战略转移。

（一）优先发展重工业战略

新中国成立后，为尽快恢复我国的国民经济，在三年过渡时期，我们党提出的总路线和总任务就是要在一个相当长的时期内，逐步实现国家的社会主义工业化，逐步实现国家对农业、对手工业和对资本主义工商业的社会主义改造。当时，我国的社会主义建设基本上照搬了苏联的模式，由于苏联比较成功地实施了重工业优先发展的战略，于是 1951 年 2 月召开的政治局扩大会议上，毛泽东提出了发展重工业的主张，决定实施重工业优先发展的战略，由此我国工业布局和建设的重点开始转向内地，区域经济发展格局也由此而发生了变化。

"一五"时期，在苏联的帮助下，我国制订了第一个大规模建设的五

年计划，将经济建设的重点放在了东北和内地一些省份。第一个五年计划明确指出，为了改变原来地区分布不合理状况，必须在全国各地区适当地分布工业的生产力，提高落后地区的经济水平，逐步改变这种不合理的状态。在这种思想的指导下，我国的基本建设投资和重工业布局基本上都投向内地省份。"一五"时期，我国内地的基本建设投资占总投资的比重为 46.8%，沿海为 36.9%，内地和沿海的比例为 1∶0.79。"二五"时期，我国内地的基本建设投资占总投资的比重为 56.0%，沿海为 38.4%，内地和沿海的比例为 1∶0.69。在苏联援建的 156 项重点工程中，投向内地的重点项目占了五分之四，投向沿海地区的重点项目仅占五分之一。在限额以上的 694 各工业建设项目中，有 472 个分布在内地，占总额的 68%，有 222 个分布在沿海地区，仅占 22%。[①] 而且这些项目中多数是重工业项目，包括能源、原材料、机械等。同时，我国也优先在内地和东北建设了一批煤炭、电力、钢铁、冶金等重工业项目，使这些地区在较短时间内较快地形成了支撑我国国民经济建设的生产资料供应基地，使内地（包括武汉、兰州、包头、西安、太原、郑州等）初步形成了我国的重工业基地，推动了内地经济的快速发展。"一五"时期，我国内地工业产值增长速度为 20.4%（其中，西部为 21.9%，中部为 19.7%），远远高于沿海的 17.2% 和全国的 18.0%，内地工业总产值占全国的比重由 1953 年的 31.5% 上升到 1957 年的 34.8%。[②]

（二）三线建设

所谓的三线地区，是在"三五"和"四五"时期，根据我国受外敌侵袭的可能性，将我国国土沿海、边疆地区向内地收缩划分三大区域。一线地区主要指位于东部沿海省份和地处西部边疆的前线地区；三线地区主要指我国西部山区省份（包括四川、贵州、云南、陕西、甘肃、宁夏、青海等）和中部省份的后方地区（包括山西、河南、湖南、湖北、广东、

---

① 魏后凯主编：《现代区域经济学》，经济管理出版社 2006 年版，第 552 页。
② 参见吴焕新：《中国区域经济回眸与展望》，《财经理论与实践》2000 年第 21 卷第 5 期。

广西等），共 13 个省区；二线地区主要指介于一、三线之间的中间地带，一般指京广铁路沿线的平原地区。

20 世纪 60 年代，在我国与苏联矛盾激化后，我国面临的国际形势更加严峻。一是来自美国的威胁。朝鲜战争失利后，美国加紧了对我国的封锁，不断与我国的周边国家和地区签订条约，建立军事基地，而且在 1964 年发动了越南战争，直接威胁我国的安全。二是来自苏联的威胁。在中苏关系恶化后，苏联向中苏边境及蒙古大量派兵，并发动了珍宝岛之战。三是来自台湾国民党当局的威胁。在美国的支持下，国民党要"反攻大陆"的决心不改，不时地对我国东南沿海地区进行攻击。四是来自印度的威胁。印度不断想蚕食我国的领土，在中印边境东西两段发动战争。五是来自日本和南朝鲜的威胁。日本和南朝鲜纷纷与美国结盟，实施敌视中国的政策，并允许美军在其国家驻军。面对这种形势，中央和毛泽东对我国发动战争危险的进行估计，认为我国发动战争的可能性比较大，一旦战争打响，一线地区的工业和城市将首先受到敌人的攻击，于是中央提出了关于加强三线战略后方建设、积极备战、准备打仗的思想。1964 年 5 月 15 日中共中央召开的工作会议上作出了以备战为中心的三线建设重大战略决策。

三线建设的主要目标是要在三线地区建立一个工农业结合的、为国防和农业服务的比较完整的战略后方基地；其建设主要原则就是"靠山、分散、隐蔽"；建设的主要内容就是把沿海一些工业企业向西部和西北地区搬迁，大力发展国防、科技、工业和交通基础设施建设。"三五"时期。建设重点主要在四川、贵州等西南地区，重点建设铁路、钢铁、电力、化工等为国防服务的工业。在这 5 年当中，在我国基本建设的投资中，内地建设投资达 631.21 亿元，占全国基本建设投资的 64.7%。其中在三线地区的 11 个省、区的投资为 482.43 亿元，占全国基本建设投资总额的 52.7%。"四五"时期，在继续进行西南建设的同时，三线建设的重点开始转向"三西"（豫西、鄂西、湘西）地区，重点建设为农业服务的包括小煤矿、小钢铁厂、小化肥厂、小水泥厂、小机械厂在内的地方工业，形成各具特色、各自为战的完备的工业体系。在这五年期间，内地投资所占的比重稍有下降，五年累计为 959.34 亿元，占全国基本建设投资的 54.4%。其中三线 11 个省、区的基本建设投资额为 690.98 亿元，占全国基本建设投资总额的 41.1%。[①]

三、区域经济均衡发展战略的效果

在 1949—1978 年间，我国实施了向内地倾斜、均衡发展的战略，使我国基本建设的投资转向内地，尤其是"一五"时期和三线建设时期，大批的工程建设项目投向内地，建立了一大批骨干企业和工业基地，使内地初步形成了门类齐全的产业体系，改变了我国工业分布地区不均衡的局面，为改革开放后我国大力进行经济建设打下了坚实的基础。

1. 初步建立了我国的工业体系。新中国成立后的前 29 年间，在优先发展重工业战略的指引下，我国工业技术水平有了很大的提高，建立了一大批新的工业行业和现代化工业，包括现代冶金设备制造业、电力设备制造业、飞机和汽车制造业、有色金属冶炼业、石油化学工业、有机合成材料制造业等。到 1978 年我国基本建立了煤炭、石油、冶金、机械、建材、电力、化工、纺织、轻工和国防等 11 个工业部门，57 个工业产业和 500 个工业行业的门类齐全、布局比较合理、技术较先进的现代化工业体系。如三线建设时期在重庆地区建成了常规兵器工业生产基地，在四川和陕西建成了战略武器科研及生产基地，在贵州和陕西、鄂西地区建成了航空和航天工业生产基地，在西昌建成了卫星试验、发射中心。

2. 改变了旧中国留下的畸形生产力的地区布局。新中国成立后，从 1953 年起，我国开始了大规模的经济建设，增加了对内地的投资。在 1953—1978 年的 26 年中，我国对内地的总投资达 3417.68 亿元，占地区总投资 60.5%，占全国基建总投资 54.9%。特别是在"一五"时期和三线建设时期，我国大批新建工业项目转向内地，在我国的西南、西北地区

---

① 魏后凯主编：《现代区域经济学》，经济管理出版社 2006 年版，第 553 页。

和东北地区建设了一大批工业基地，形成了兰州、西安、太原、郑州、洛阳、哈尔滨、长春、吉林、成都等新的工业基地，工业地区布局趋向合理，改变了旧中国畸形生产力布局，由解放初沿海与内地大体为7∶3，到1978年变为6∶4。加快了内地工业的发展，使内地的经济有了较快的发展，初步建成了我国的战略后方，增强了反侵略战争的防卫力量，为我国中西部的发展打下了坚实的基础。

3. 国民经济得到了恢复，但宏观经济效益较差。计划经济时期，在国家重大政策的支持下，我国的国民经济得到了有效恢复，1953—1978年全国平均GDP增长率为6.15%。人均GDP从1949年的75元增长到1978年381元，增长了3.5倍，年均增长5.3%。全国居民每人每年消费水平从1949年62元增长到1978年184元，增长了1.97倍，年均增长3.8%。然而在工业布局方面，实施在全国均衡布局，大搞"遍地开花"，脱离了我国的现实条件，忽视了地区的自然禀赋条件和产业基础的差异，忽视了产业集聚产生规模经济的经济规律，使全国均衡布局工业的经济效益较低，降低了资源利用效率，宏观经济效益比较差。

第二节 区域经济非均衡发展战略

1978年，党的十一届三中全会，拉开了我国改革开放的序幕，我国开始进入了建设有中国特色社会主义强国的新时期，区域经济发展从均衡发展转向了非均衡发展。

一、区域经济非均衡发展的主要依据

（一）邓小平的"共同富裕"和"两个大局"思想

1978年12月，邓小平在中央工作会议上所做的《解放思想，实事求是，团结一致向前看》的讲话中，明确提出："在经济政策上，我认为要

允许一部分地区、一部分企业、一部分工人农民，由于辛勤努力成绩大而收入先多一些，生活先好起来。一部分人生活先好起来，就必然产生极大的示范力量，影响左邻右舍，带动其他地区、其他单位的人们向他们学习。这样，就会使整个国民经济不断地波浪式地向前发展，使全国各族人民都能比较快地富裕起来。"并强调"这是一个大政策，一个能够影响和带动整个国民经济的政策"①。邓小平的"共同富裕"理论，以承认差别为前提，以诚实劳动和合法经营为条件，成为我国改革开放之后区域非均衡发展之路的指导思想。

1983 年 3 月邓小平又提出"要发挥比较优势，扬长避短，要承认不平衡"。1988 年 9 月，邓小平提出了"两个大局"的思想："沿海地区要加快对外开放，使这个拥有两亿人口的广大地带较快地先发展起来，从而带动内地更好地发展，这是一个事关大局的问题。内地要顾全这个大局。"②

（二）区际经济非均衡增长理论

1. 赫希曼的非均衡增长理论。1958 年，美国著名经济学家赫希曼在《经济发展战略》一书中提出了"非均衡增长战略"的思想。他认为发展中国家不仅资源稀缺、资本有限，而且缺少企业家和管理能力，要在较短的时间内筹集到大量的资本并解决资源稀缺的问题是不可能的。因此，发展中国家难以实施均衡增长的模式，即使实施了，由于缺少企业家，且管理水平低下，使投入的资本和项目难以发挥应有的效益，现有的资源也不能得到合理而有效的配置，造成资源浪费，所以发展中国家实施均衡增长模式是不可取的，非均衡发展是较好的选择。

2. 弗郎索瓦·佩鲁的增长极理论。20 世纪中期，法国经济学家弗郎索瓦·佩鲁在研究了经济社会发展现状之后认为，地域空间的经济增长并非同时出现在所有的地方，它以不同的强度首先出现于一些增长点或增长

---

① 《邓小平文选》第二卷，人民出版社 1994 年版，第 152 页。
② 《邓小平文选》第三卷，人民出版社 1993 年版，第 277—278 页。

极上，然后通过不同的渠道向外扩散，并对整个地域空间经济产生影响，带动整个地域空间的经济增长。

二、区域经济非均衡发展战略的主要历程

1978 年实施改革开放之后，在邓小平的指导下，坚持以经济建设为中心，我国的对外开放走过了一个先"开窗"后"开门"的道路。

（一）设立特区

1978 年，邓小平和其他党和国家领导人先后访问了尼泊尔、日本、马来西亚、新加坡等 50 多个国家。经过出访，开阔了眼界，了解了世界经济和其他国家的发展情况。回来后，邓小平和其他国家领导开始酝酿我国如何发展的问题。邓小平认为中国要加快发展，就离不开世界。于是他提出：中国可以划出一块地方，用特殊的政策，引进外资和技术，使这个地方率先发展，做个实验。

1979 年 7 月 15 日，中共中央、国务院批转广东省委、福建省委的两个报告（即著名的 1979 年中央 50 号文件），决定在深圳、珠海、汕头、厦门试办"出口特区"，实行"特殊政策、灵活措施"。1980 年深圳、珠海、汕头和厦门相继设立 4 个特区。从此，创办经济特区成为我国改革开放的一大创举，成为我国对外开放的一个窗口，一个试验田。

经过多年的发展证明，我国创办特区的路子是完全正确的，不仅在经济发展方面"杀出了一条血路"，取得了较快的发展，而且吸取了国外先进的管理经验，为我国的改革开放探索出了一条成功的发展之路。根据国务院特区办公室的材料，1990 年，深圳、珠海、汕头、厦门 4 个经济特区的工农业总产值达 282.5 亿元，约为建区前 1979 年的 26 倍；加上起步晚的海南经济特区，5 个特区共有"三资"企业 4000 多家，签订外商投资项目约 9000 项，实际利用外资 53 亿多美元，占全国实际利用外资的近 30%。

（二）开放沿海城市

1984 年 1 月 22 日至 2 月 16 日，邓小平同志先后视察了深圳、珠海、

厦门，听取了广东、福建省委领导的汇报，观看了深圳建设的全景，走访了企业，并在深圳题词："深圳的发展和经验证明，我们建立经济特区的政策是正确的"，"把经济特区办得更快更好些。"

邓小平同志回到北京后，同几位中央负责同志谈视察经济特区的感受。他指出：我们建立经济特区，实行开放政策，有个指导思想必须明确。除现在的特区之外，可以考虑再开放几个港口城市，如大连、青岛等。这些地方不叫特区，但可以实行特区的某些政策。

1984 年 3 月 26 日到 4 月 6 日，中共中央召开沿海部分城市座谈会，会议建议进一步开放天津、上海、大连、秦皇岛、烟台、青岛、连云港、南通、宁波、温州、福州、广州、湛江和北海 14 个沿海港口城市，扩大地方权限，给予外商若干优惠政策和措施。同年 5 月 4 日，中共中央、国务院批转《沿海部分城市座谈会纪要》，同意进一步开放 14 个沿海港口城市，我国沿海 14 个城市的对外开放，成为了我国对外开放的前沿地带，成为了我国引进先进技术和管理的第一梯队。

（三）经济技术开发区和高新技术开发区

在我国区域经济发展的过程中，设立经济技术开发区和高新技术开发区是拉动我国区域经济增长的主要模式。1984 年，在开放沿海 14 个城市的过程中，就允许某些城市率先划定一个有明确地域界限的区域，实施优惠的税收、土地等政策，兴办新的经济技术开发区。从此开始，我国各个地区纷纷增设国家级开发园区，同时各个区域也纷纷设立省级和市级开发区，使各类开发园区成为拉动我国区域经济增长的主要增长极，成为区域经济增长的引擎。其中大连经济技术开发区是 1984 年 9 月经国务院批准设立的全国第一个国家级开发区。1988 年 5 月经国务院批准，中关村科技园区成为我国第一个国家级高新技术产业开发区。到目前为止，我国已经设立 54 个国家经济技术开发区和 54 个高新技术开发区。

（四）全方位、大开放的格局

在开放沿海 14 个城市之后，1985 年 1 月 25 日，国务院在北京召开长江、珠江三角洲和闽南三角地区座谈会，提出将这三个地区开放为沿海经济开放区，以发展外向型经济为主。同年 2 月，国务院决定将三个地区 59 个县市实施开放，从此我国东部地区形成了包括经济特区、沿海开放城市和地区在内的沿海开放地带。

1988 年 3 月 18 日，国务院决定进一步扩大沿海经济开放的范围，将天津市、河北省、辽宁省、江苏省、浙江省、福建省、山东省和广西壮族自治区的 153 个市县实施对外开放，并且享有与长三角、珠三角同样的发展政策。同年 5 月，国务院设立了海南岛特区，并且开放了辽东半岛和山东半岛等 140 个市县。

1992 年 8 月 13 日，国务院决定将沿江、沿边、内陆省会城市实施开放。先后开放了重庆、岳阳、武汉、九江、芜湖等 5 个长江沿岸城市，哈尔滨、长春、呼和浩特、石家庄等 4 个边境沿海地区省会城市，太原、合肥、南昌、郑州、长沙、成都、贵阳，西安、兰州、西宁、银川等 11 个内陆地区省会城市。至此，我国沿海、沿边全方位的开放格局已经基本形成。

三、区域经济非均衡发展战略的效果

自 1978 年实施非均衡发展战略以来，在坚持效率优先的前提下，我国实施了一系列向东部沿海地区倾斜的政策措施，在对外开放的时间安排和开放程度上向东部地区倾斜，优惠政策向东部倾斜，投资向东部倾斜，使东部沿海地区获得了较快的经济增长，对我国综合国力的提升具有重要的意义。

（一）提升了我国综合经济实力

改革开放之后，区域非均衡发展战略的实施，加快了我国东部沿海省市经济的发展，使东部地区特别是长三角、珠三角地区成为推动我国国民经济快速增长的重要增长极，并通过传递、扩散机制和示范效应，带动了中西部地区经济的快速发展，促进了我国宏观经济的快速增长。1978—2008 年，我国国内生产总值的年均增长速度达到了 9.8% 以上，使我国在较短的时间内摆脱贫穷落后的面貌，综合国力不断提升，外汇储备不断增

加。2008 年我国外汇储备达 1.95 万亿，国内生产总值达 300670 亿元，我国已成为世界第四大经济体、最大的外汇储备国。

（二）沿海地区经济实力增强

改革开放和区域非均衡战略的实施，给东部沿海地区带来了优先发展的机遇。在出口导向型战略和税收优惠政策的吸引下，我国东部沿海省份吸引了大量的外商投资，国内外的资金纷纷流向沿海地区，据统计，在1986—1989 年间，全国投资比重最多的省份基本上都是东部沿海省份，包括广东、上海、辽宁、山东、江苏等。全国的人财物出现了"孔雀东南飞"的现象，使东部沿海省份进入了一个快速发展时期。1978—2008年，我国东部沿海地区国内生产总值以 11.24% 的年均增长速度快速增长，城镇居民生活水平有了大幅提高，使东部地区成为拉动我国经济增长的最大的增长极，也是我国经济活力最强的地区。

（三）伴生了一些社会问题

区域非均衡战略的实施，符合我国以经济建设为中心，发挥地区比较优势的原则，也符合我国当时的经济社会发展现状，但在我国经济取得快速增长的同时，也带来了一些不良的效果。例如东部快速发展，吸引了中西部大量的生产要素，使中西部发展动力缺乏，东中西区域差异逐渐扩大。同时区域产业同构现象严重，地区恶性竞争，经济社会与自然环境的矛盾日渐突出，能源紧缺、环境污染等日益成为经济发展的瓶颈等等，这些问题的出现，对中西部地区的经济发展带来了一定的影响，也引发了一些不安定的因素，加剧了社会矛盾，给我国保持宏观经济平稳较快持续的发展带来了影响。

第三节　区域经济协调发展战略

20 世纪 90 年代以后，区域非均衡战略带来的弊端不断显现，社会各界在对区域经济发展战略反思的基础上，开始考虑区域协调发展，更加关注发挥各地区优势，采取有效措施来缩小地区差距。

一、区域经济协调发展战略的主要依据

（一）邓小平的两个大局思想

早在 1988 年 9 月，邓小平在提出"两个大局"思想时指出："发展到一定的时候，又要求沿海拿出更多力量来帮助内地发展，这也是个大局。那时沿海也要服从这个大局"[①]。2000 年 3 月 5 日，朱镕基总理在政府工作报告中指出，实施西部大开发，是党中央贯彻邓小平关于我国现代化建设"两个大局"战略思想，面向新世纪所作出的重大决策。

（二）国民经济社会发展指导方针

在 20 世纪 90 年代以来，推动区域协调发展已经出现在我国国民经济和社会发展的系列文件中。1990 年 12 月，《中共中央关于制定国民经济和社会发展十年规划和"八五"计划的建议》提出，要积极促进地区经济的合理分工和协调发展。1995 年 9 月，《中共中央关于制定国民经济和社会发展"九五"计划和 2010 年远景目标的建议提出》，要把"坚持区域经济协调发展，逐步缩小地区发展差距"作为今后 15 年我国经济和社会发展必须贯彻的一条重要方针。1997 年党的十五大报告又明确提出，要加快中西部地区的改革开放和开发，发挥资源优势，促进地区经济合理布局和协调发展。

（三）科学发展观

为推进我国经济社会持续健康发展，党的十六届三中全会在立足我国基本国情，总结国内外基本经验教训的基础上，明确提出了"坚持以人为本，树立全面、协调、可持续的发展观，促进经济社会和人的全面发展"的科学发展观。科学发展观第一要义是发展，核心是以人为本，基本要求是全面协调可持续，根本方法是统筹兼顾。科学发展观的提出成为

[①]《邓小平文选》第三卷，人民出版社 1993 年版，第 277—278 页。

我国深入推进统筹区域协调发展，建设社会主义的重要指南。

二、区域经济协调发展战略的主要历程

为推进我国区域协调发展，在 20 世纪 90 年代中期，我国加大了对中西部发展的财政、投资等政策支持，加快了中西部地区的对外开放的步伐，加强了东部地区对中西部地区发展的支持，并先后实施了西部大开发、振兴东北老工业基地和中部崛起战略。

（一）西部大开发战略

1999 年 3 月 22 日，《国务院关于进一步推进西部大开发的若干意见》提出了进一步推进西部大开发的十条意见。1999 年 6 月 19 日，江泽民同志在西安考察时，提出了实施西部大开发战略。1999 年 9 月 22 日，党的十五届四中全会明确提出"国家要实施西部大开发战略"。2000 年的政府工作报告中，我国正式提出实施了西部大开发战略，并且成立了以曾培炎为组长的西部开发领导办公室。

我国在发展东部之后，及时实施西部大开发三个主要原因，一是经济因素。西部 12 个省市的国土面积占全国的 71.4%，而且资源丰富，战略位置重要。由于自然、历史、社会等原因，我国西部地区经济发展相对落后，人均国内生产总值仅相当于全国平均水平的三分之二，不足东部地区平均水平的 40%，这种经济发展现状迫切需要加快西部地区的改革开放和经济发展步伐。二是社会因素。西部地区是我国少数民族比较集中的地区，在东部沿海快速发展的时候，东西部的差距越来越大，加上西部国有企业的大量破产，企业职工大量下岗，引发了一系列社会问题，群体聚集事件时有发生，引起社会动荡不安。三是环境因素。20 世纪 90 年代中后期，洪涝灾害、沙尘暴等环境问题成为影响我国经济社会发展的制约因素，特别是 1998 年长江洪水的爆发，使我们国家意识到必须尽快解决环境问题。于是在西部大开发的实施过程中，我国更加重视搞好西部地区的生态环境保护和建设，加大了长江上游、黄河上中游退耕还林还草等自然保护工作。

（二）振兴东北老工业基地

2002 年 11 月，党的十六大报告提出了"支持东北地区等老工业基地加快调整和改造"吹响了振兴东北的第一声号角。2003 年 9 月 29 日，胡锦涛总书记在中共中央政治局会议上指出，支持东北地区等老工业基地振兴，是党的十六大从全面建设小康社会全局着眼提出的一项重大战略任务。2003 年 10 月，国务院出台了《中共中央、国务院关于实施东北地区等老工业基地振兴战略的若干意见》文件，提出了振兴东北的指导思想、原则、任务和政策措施。2003 年 12 月，国务院振兴东北地区等老工业基地领导小组成立。2004 年 4 月，国务院成立了振兴东北地区等老工业基地办公室，全面启动了振兴东北战略。

东北三省是我国的老工业基地，曾经被称为"共和国的长子"、"共和国的装备部"。在我国改革开放的背景下，东北三省的国有企业发展缺乏活力，非国有制企业发展滞后，致使地区经济发展发展缺乏活力。实施振兴东北老工业基地战略，主要因素一是要搞活国有经济，使国有企业顺利与市场对接。据统计，2002 年，全国国有企业资产负债率平均为 65%，辽宁省、吉林省和黑龙江省的企业资产负债率分别为 76.7%、87.2% 和85.6%，高于全国 11—22 个百分点。全国地方国有企业资产负债率平均为 65%，辽宁省、吉林省和黑龙江省分别为 79.5%、91.4% 和 91.3%，高于全国 15—26 个百分点。二是解决东北下岗工人再就业和社会问题。据统计，2002 年全国城镇登记失业人数 770 万人，其中辽宁为 75 万人，吉林为 23.8 万人，黑龙江为 41.6 万人，东三省共 140.4 万人，占全国的18.2%。从 1997 年至 2002 年年底，国有企业累计下岗职工人数，辽宁为243.7 万人，吉林为 118 万人，黑龙江为 320 万人，东三省共计 681.7 万人，占全国 2715 万人的 25.1%。因此，在振兴东北老工业基地的战略中，重点推进体制机制创新，加快了税费改革，加大了对国有企业改制、社会就业的支持等。

（三）中部崛起战略

随着发展东部、开发西部和振兴东北三大战略的实施，"中部塌陷"成为中部地区的一个热点话题，成为了促进中部地区崛起战略的重要动力。2004 年 12 月 5 日中央经济工作会议上，温家宝总理明确提出要抓紧研究制定支持中部地区崛起的政策措施。2004 年 3 月 5 日，在全国人大代表会议上，温家宝总理在政府工作报告中提出"促进中部地区崛起"战略。至此，我国从宏观层面上形成了四大板块协调发展的格局。

中部地区地处我国内陆腹地，国土面积占全国的 10.7%，人口占全国的 28%。在东部大发展、西部大开发和东北振兴"夹击"下，中部地区正在"塌陷"。从居民收入看，2002 年在全国 31 个省、自治区、直辖市城镇居民收入中，中部人均可支配收入比全国平均水平低 1369 元，比西部低 183 元；城镇居民人均收入排名前 10 位的省、自治区、直辖市中，东部 8 个，西部 2 个，而中部一个没有。2003 年，中部 6 个省 GDP 的增长速度比全国平均水平低 1.6 个百分比，比西部低近 1 个百分比，比东部低 2.5 个百分点。因此，实施中部崛起战略的一个原因就是要推动区域协调发展。其次是推进工农统筹协调发展的需要。中部地区是我国农业比重较大的区域，也是我国"三农"问题突出的地区。中部六省乡村人口、农村劳动力资源、耕地面积及生产粮食分别占全国的 44.5%、45.93%、42.16%、45.89%，提供 60% 以上的商品粮食、70% 以上的农产品。只要中部"三农"问题解决了，全国的"三农"问题和工农协调问题就会迎刃而解。可见，实施中部崛起战略对解决我国"三农"问题，统筹工农协调发展的重要性。[1]

（四）区域协调发展新突破

为深入推进区域经济协调发展，我国不断加大了各个区域经济增长极的培育。2006 年 6 月，天津滨海新区设立，使其成为拉动华北地区经济发展的龙头，也推进了我国与东北亚地区的经济合作。2007 年 6 月成都

---

[1] 参见徐勇：《区域发展战略的重大转折——为什么要实施"中部崛起"战略》，《中国工商》2005 第 5 期。

重庆城乡统筹试验区的设立，为我国探索城乡统筹协调发展进行了大胆的试验和探索，2009 年 6 月关中—天水经济区发展规划或国务院批复，使成渝试验区和关中天水经济区成为拉动我国西部区域经济发展的新增长极。2007 年 12 月，武汉城市圈和长株潭"两型社会"试验区的设立，为新时期探索新型工业化和新型城市化道路，开创了的先河，也为中部地区经济社会发展注入了活力。此外，为深入扩大对外开放，加大对周边地区的经济合作，推动东部区域加快发展。2008 年 2 月，设立了广西北部湾经济区；2009 年 3 月，国务院批准上海双中心建设的方案；2009 年 5 月设立了福建海峡西岸经济区，国务院还批准了深圳成为综合配套改革试验区等等。这些综改区的设立，为我国区域经济发展增添了活力，进一步推动了我国区域经济协调发展。

三、区域经济协调发展战略的实施效果

实施区域经济协调发展战略以来，在国家政策的支持下，国内外资金到中西部投资的趋向明显，推动了我国中西部及东北地区的经济社会发展，区域经济协调发展的势头逐渐显现。

（一）形成了我国四大板块协调发展的格局

通过区域协调发展战略的实施，我国宏观层面上四大板块协调发展的格局基本形成，对中西部和东北三省经济社会的发展提供了机遇，使中西部和东北地区经济社会有了较大的发展。据国家发改委统计显示，2007 年，我国西部、东北及中部地区的工业增加值同比分别增长 22.29%、19.86%、23.71% 和 18.48%，西部、东北、中部和东部四个地区工业增加值增速均快于东部地区。西部、东北、中部和东部四个地区进出口贸易分别增长 36.26%、25.91%、37.7% 和 22.43%。与上年同期相比，除东部地区增幅下降 1.16 个百分点外，西部、东北和中部地区增幅分别提高 8.48、4.81 和 7.67 个百分点；西部、东北、中部地区进出口贸易总额占全国比重分别提高 0.34、0.08 和 0.35 个百分点，东部地区下降 0.77 个百分点。西部、东北和中部地区进出口贸易增速也首次均快于东部地区，

我国四大区域经济发展更趋均衡。[①]

（二）中西部及东北地区经济实力增强

随着西部开发、振兴东北和中部崛起战略的实施，国家实施了一系列支持中西部和东北地区发展的政策措施，使中西部和东北备受国内外投资者的青睐，推动了中西部和东北地区经济的快速增长。据《中国西部经济发展报告 2009》统计，自实施西部大开发 10 年来，西部地区的经济实现了跨越式发展，东西部相对差距在逐渐缩小。西部地区 12 省市的国内生产总值由 1998 年的 14647.38 亿元，增加到了 2008 年的 58256.58 亿元，年均增长率 11.42%，高于全国 9.64% 的年均水平，是新中国成立以来西部地区增长最快的 10 年。在东北三省，在振兴老工业基地政策支持下，东北三省经济体制改革力度加大，对外开放程度加深，国有经济焕发生机，民营经济发展迅速。据国家发改委东北司统计，2008 年，东北地区完成地区生产总值 28196 亿元，同比增长 13.4%，占全国 GDP 的 9.38%。在中部六省，在中部崛起的大潮中，中部地区通过实施城市群带动，加快了区域合作，使区域经济驶出了"塌陷"，呈现快速发展的势头。2008年，中部六省完成国内生产总值 63188.1 亿元，同比增长 12.2%。

（三）促进了社会和谐发展

通过西部开发、振兴东北和中部崛起战略的实施，使我国四大板块的经济社会发展走上了和谐发展的轨道。同时，随着我国经济实力的增强，在"两个大局"思想的指引下，我国加大了对中西部等落后地区的基本建设的投资力度，着力改善了西部地区的交通基础设施建设，改善了中西部的生态环境，使中西部生态环境得到了大幅度的改善，科技教育等社会事业得到了大发展，取得了明显的成效。2000—2004 年，我国西部实现退耕还林 7350 多万亩，荒山荒地造林 9570 多万亩，退牧还草 1.9 亿亩。[②]

[①] 参见高建锋：《去年四大区域经济发展更趋均衡中部地区领先》，《中国证券报》2008 年 2 月 26 日。

[②] 参见温家宝：《开拓创新 扎实工作 不断开创西部大开发的新局面》，《陕西日报》2005 年 2 月 5 日。

同时，通过国家对农业减税政策的实施，我国加大了对农业、农村基础设施的投资，农村医疗卫生条件有所改善，农村义务教育得到加强。通过以工促农、加大农民工培训等措施，千方百计的增加农民的收入，使"三农"问题得到了一定程度的解决，推动了社会和谐进步。

第四节　区域经济发展的典型模式

在我国区域经济发展的 60 年风雨历程中，我国各级政府逐渐成为了发展地方经济的主体，积极推动地区经济发展。尤其是 1978 年改革开放之后，在区域经济大发展的格局下，我国涌现出了许多典型的区域经济发展模式，如苏南模式、温州模式等，引起了人们的关注，取得了丰富的发展经验。

一、温州模式

温州是浙江省南部的一个地级城市，在计划经济时期，由于历史、区位和交通条件不便等原因，温州经济发展比较缓慢。改革开放之后，在温州市政府和广大居民的共同努力下，温州经济发展非常迅速，探索出了一条通过发展民营经济推动经济社会发展的新路。

（一）温州模式的内涵

关于温州经济社会的发展模式，曾受到了全国上下的广泛关注，国内学术界很多学者对 20 世纪 80 年代以来温州经济社会的发展进行了考察，从多个角度和多个层面给"温州模式"以多种诠释。1985 年 5 月 12 日，时任解放日报的记者桑晋泉在《解放日报》刊登《乡镇工业看苏南，家庭工业看浙南——温州三十三万人从事家庭工业》的报道，第一次提出"温州模式"。他认为温州模式主要是指温州地区以家庭私有企业为主体，以市场开拓为导向的区域经济发展模式。1987 年，上海社会科学院经济研究所所长、资深经济学家袁恩桢主编的《"温州模式"与富裕之路》一书出版，这是国内第一本系统总结温州模式的著作。该书将"温州模式"定义为一条通过发展开放性的商品经济而实现农村致富的发展路。马津龙（1998）认为"温州模式"，是以体制外民营经济超前、普遍的发展为主要特征而成为中国最具民营化特色的区域性模式的典型。史晋川（1999）认为"温州模式"是温州人民在党的改革开放路线指引下，通过率先改革和建立市场经济体制来促进区域经济社会迅速发展的经济社会发展模式。杜润生（2000）认为温州经济是一种民办、民有、民享的经济，因而也是一种自发、稳定、可持续发展的经济秩序。杨华（2006）认为"温州模式"源于 20 世纪 80 年代初期，是温州人民率先运用市场机制，发展以家庭经营为基础的民营经济，用民营化和市场化来实现富民强市的区域经济社会发展模式。

从以上不同的定义可以看出，20 世纪 80 年代以来，温州经济社会的发展主要涉及两个层面，一是区域经济社会发展方式层面，二是区域经济体制改革层面。可以说温州模式是一种以市场为导向，以经济体制改革为动力，以民营经济发展为主体的自下而上的区域经济社会发展模式。因此，温州模式被称为是我国民营经济发展的样板。

（二）温州模式的形成过程

温州模式是一种以发展民营经济为主的经济，根据温州民营经济在不同时期的发展特点，我们将温州模式的发展大致划分为三个阶段。

1. 家庭企业发展时期（20 世纪 70 年代末至 80 年代中期）。温州模式的发端并不是来源于人民公社时期的集体企业，而是来源于传统体制严格限制下的家庭作坊和家庭工厂。它是一种以家庭为单位，以家庭人员为主或辅之以少量帮工，以家庭住宅为生产场所开展加工业的生产模式。

由于缺乏资金、技术、设备，没有国家计划供应的物资和原材料，交通运输又很不方便（当时温州不仅没有机场、铁路和桥梁，连公路条件也很差），温州家庭企业大都从所谓"小商品"生产起步，其产品多是人们日常生活所需的日用品，并在社会化分工、专业化协作的基础上形成了区域性规模经营的专业市场。早期闻名退迩的专业市场有桥头镇的纽扣市场、金乡镇的徽章等标识工艺品市场、柳市镇的低压电器市场、仙降镇的塑革鞋市场和萧江镇的塑料编织袋市场等十大专业市场。当时专门为家庭企业采购原材料和推销产品的所谓农民购销员有 10 来万人。因此"小商品，大市场"，曾一度成为"温州模式"初期的基本特征。至 1985 年，全市经工商登记的个体工商户即达 130437 户。家庭企业的工业总产值在 20 世纪 80 年代前期即占到全市农村工业总产值的 70% 以上。这种家庭企业和专业市场的发展促进了温州农村小城镇的崛起。1978 年，温州还只有 18 个建制镇，至 1985 年，建制镇即发展到 83 个。

2. 股份合作制企业发展时期（20 世纪 80 年代中期至 90 年代初）。随着单个家庭企业的发展壮大，20 世纪 80 年代初期，温州开始出现通过发展家庭之间的合作，逐渐出现了联户企业、联营企业、合伙企业、合资企业等多种合作模式。这些模式成为后期股份合作制企业发展的萌芽。

1987 年温州市政府发布了《关于农村股份合作企业若干问题的暂行规定》，此后温州市于 1988、1989、1990、1992、1993、1994、1997 年又相继颁发了 7 个关于股份合作制企业的全市性文件。这些文件的出台，有力地推动了温州民营企业的发展，推动了股份合作制企业的发展，使温州成为我国最早成立股份合作制企业的地区，股份合作制企业成为温州最普遍的企业组织形式，实现了家庭企业在发展模式上的一次质的飞跃。据统计，1986 年温州股份合作制企业发展到 10413 家，工业总产值为 13.61 亿元，占全市工业总产值的 27.8%。1993 年是温州股份合作制企业发展的鼎盛时期，企业数达到 36887 家，其中工业企业 27771 家，工业总产值 192.84 亿元，占当年全市工业总产值的 56.2%。在这一时期，温州的股份合作制企业在股份构成上比较简单，主要是自然人股，股份比较集中，很少有现在股份制企业中的集体股、企业股、法人股和国家股。

3. 公司制企业发展时期（20 世纪 90 年代以后）。20 世纪 90 年代以来，特别是 1992 年邓小平同志南方谈话，使人们的思想在对待姓"资"姓"社"的问题上得到了解放，温州民营经济的发展也进入了由股份合作制企业向股份有限公司或有限责任公司甚至是企业集团的转变。在这个时期，在股权结构上，绝大多数公司制企业仍然保留着家庭色彩，采取集中持股的形式，但在少数规模较大、技术水平较高的企业出现了分散持股的趋势。例如正泰集团公司和天正集团公司等企业，实施技术骨干和管理骨干入股，并且建立了股东会、董事会和执行机构等公司治理结构。

在这个阶段，股份合作制仍然是不少温州民营企业沿用的企业名称，但数量有所减少，2000 年下降至 24373 家，而公司制企业则从无到有，呈现出方兴未艾的发展势头。2000 年，全市有限责任公司达到 20812 家，基本上为民营企业。股份有限公司由于要求较高且审批难度较大，至 2000 年还只有 52 家。规模最大的民营企业又大都以资本和品牌为纽带组建成企业集团。在全市 200 来家企业集团中，绝大部分为民营企业集团。同时在组织制度创新的同时，温州民营企业加大了技术创新的力度，提升了企业的核心竞争力和产品质量，不断出现许多品牌产品。至 2000 年，全市已有的 4 个中国驰名商标均为民营企业所获得，29 个省名牌产品、33 个省著名商标也绝大多数为民营企业所拥有。其中包括正泰、德力西、天正、华仪等公司的工业电器，报喜鸟、庄吉、法派、夏蒙和美特斯邦威等公司的西服和休闲服，奥康、康奈、吉尔达、东艺、红蜻蜓等公司的皮鞋，以及大虎打火机公司的防风打火机等。在 2000 年全市申报国家级新产品的 36 家企业中，有 35 家为民营企业，其中 32 家企业的新产品拥有自主知识产权。

（三）温州模式的经验借鉴

"温州模式"的成功，为温州经济社会的大发展创造了历史上少有的辉煌业绩，也为区域经济的发展提供了一些值得学习借鉴的经验。

1. 尊重民众的首创精神，推动全民创业。"温州模式"成功的一个主要经验就在于温州人不辞艰辛、敢于冒险、敢闯敢干的创业拼搏精神。正是这种"白天当老板，晚上睡地板"的创业精神，使温州人无论走到哪里，他们都可以脚踏实地的生根、生存、发展。更可贵的是温州市各级政府不断转变观念，实事求是地尊重温州人的这种创业精神，及时出台政策鼓励和发扬温州人的这种创业精神，放手发展民营经济，激活了人民群众的发展欲望，焕发了人民群众的积极性和创造性，使其成为温州民营经济不断发展壮大的重要力量，因此，全国各地在发展民营经济，在向温州学习经验的时候，首先要解放思想，学习和培育温州人这种艰苦创业、敢于冒险、永不满足的创业精神，推动全民创业。

2. 不断创新制度，推动民营经济快速发展。"温州模式"成功的另一个经验就是不断通过制度创新，规范和推动民营经济的发展。20 世纪 80 年代，当针对温州模式是姓"社"还是姓"资"开展讨论的时候，温州市政府针对当时家庭企业的发展态势，于 1987 年 8 月 18 日颁发《温州市挂户经营管理暂行规定》。同年 11 月，温州市政府还颁发了《关于农村股份合作企业若干问题的暂行规定》。通过这两项制度的出台，推动了温州家庭企业向股份合作企业的转变，大大提高了民营企业的生产效益。针对 20 世纪 90 年代初温州产品质量差，假冒伪劣产品多的现象，1993 年温州市政府及时制定了"358 质量工程"，并于 1994 年 10 月，颁布《温州质量立市实施办法》，发动了一场质量革命，使温州民营经济走上了良性发展的轨道，不断涌现出了一批全国知名品牌。因此，温州民营经济的发展壮大与政府通过制度创新，大力引导和规范是密不可分的。

3. 优化发展环境，为民营经济发展提供保障。"温州模式"成功的第三个主要的经验就是政府要为民营经济的发展壮大创造一个宽松的适宜的发展环境。20 世纪 90 年代以前，由于温州地处偏远，国家投资较少，基础设施落后，无铁路、航空、高速公路，通讯、供电等基础设施比较陈旧。20 世纪 90 年代后，温州政府加大了基础设施的建设，建成了温金铁路、机场和 5 座跨江大桥，新建了国家级高速公路，供水供电设施等社会基础设施，极大地改变了温州城市的基本面貌。另一方面，针对温州假冒伪劣产品现象，温州加大了城市信用形象的建设。1991 年，温州市成立了鞋革工业协会，关停了 300 多家质量不合格的鞋厂。1993 年 10 月，温州又率先提出了"质量立市，品牌兴业"，强化了产品质量的管理。此外，温州市政府深化行政体制改革，积极简化政府审批程序，强化政府的服务等，为温州民营经济的发展创造了一个宽松的发展环境。

二、苏南模式

苏南是指江苏省南部地区，传统意义上的苏南地区主要包括苏州、无锡和常州三市。新苏南则扩大了地域范围，包括苏州、无锡、常州、南京和镇江 5 个地区。在 20 世纪 80 年代，苏南地区通过发展乡镇企业，使经济社会得到了快速的发展，由此引起了国内学术界的注意。

（一）苏南模式的内涵

所谓的"苏南模式"，只是学术界对江苏省南部地区经济社会发展道路的一种概括。1983 年，我国社会学家费孝通在对苏南地区调查后最早提出了"苏南模式"的称谓。根据不同时期苏南地区经济社会的发展特点，苏南模式也分成了传统的苏南模式和新苏南模式。

传统的苏南模式主要是指改革开放初期，苏南地区经济社会发展方式上一种开拓性的探索。学术界也有很多诠释，如李雪根（1987）认为：苏南模式不仅不能仅看做乡镇工业（企业）发展模式，而应该看做是一种比较全面、比较完整的农村商品经济发展模式。但多数人对苏南模式比较认同的一种观点就是"三为主一共同"，即以集体所有制为主、以乡镇企业为主、以市场调节为主，最终实现共同富裕。

"新苏南模式"是著名经济学家吴敬琏于 2002 年 6 月率先提出的。他认为 20 世纪 90 年代后期，尤其是进入 21 世纪之后，苏南地区通过制度创新，改善投资环境而取得了经济社会发展的大变化，这是有别于传统意义上的苏南模式。后来，张树成认为："新苏南模式"的"新"就新在体制、机制创新，就是在改革开放不断深入的条件下，政府主导、市场运作、城乡统筹、资源集约、多种所有制融洽发展的模式。顾松年（2007）将"新苏南模式"主要内涵归结为"一个目标、两手并举、三创精神、四大创新"，即坚持一个目标：追求共同富；协调好两只手：发挥市场与政府的合力；弘扬"三创精神"：艰苦创业、勇于创新、争先创优；实现四大创新：产权结构、产业发展、社会结构、发展格局创新。

（二）苏南模式的形成历程

自 1978 年实施改革开放以来，苏南的乡镇企业进入了一个快速的发展时期，结合苏南地区经济社会的发展历程，我们可以将苏南模式的发展大致分为三个阶段：

1. 第一阶段（20 世纪 70 年代末到 80 年代中期）。这个时期的主要特点是苏南地区的乡镇企业获得了大发展，实现了农业的工业化。

1978 年召开的党的十一届三中全会，给苏南地区乡镇企业的发展带来了机遇。苏南地区人多地少，农村实行家庭承包制后释放了大量的剩余劳动力，使人们产生了发展工商业的内在冲动。苏南人民利用"双轨制"中的市场调节机制，一方面政府出面组织土地、资本和劳动力等生产资料，出资办企业，并由政府指派所谓的能人来担任企业负责人；另一方面采用"周末工程师"等多种形式，积极吸引包括上海在内的区域大中城市的人才到乡镇企业指导企业生产运营。这样苏南地区很快将社会能人（企业家）和闲散资本有机地结合起来，使苏南乡镇企业快速发展起来，创造了领先全国而又久盛不衰的"苏南速度"。1978 年，苏锡常三市的乡镇企业工业总产值 26.08 亿元，到 1980 年达到 51.88 亿元，年均增幅为 41%。[①]

2. 第二阶段（20 世纪 80 年代后期到 90 年代中期）。这个时期的主要特点是以发展外向型经济为主，企业规模不断扩大，工业化水平不断提高。

随着我国沿海开放开发战略的实施，苏南地区的乡镇企业紧紧抓住这一机遇，充分利用区位优势，大力发展外向型经济，实现了乡镇企业的第二次异军突起。尤其是邓小平南方谈话和浦东新区的开放开发，苏南人民以小平同志的讲话精神为动力，以浦东开放为契机，主动与浦东开发相呼应，先后建立起了大批各类开发园区，如苏锡常建立了三家国家级高新开发区。同时苏南三市积极推行了"一包三改"措施，推进科技进步，进

---

① 唐岳良、陆阳著：《苏南的变革与发展》，中国经济出版社 2006 年版，第 24 页。

行了乡镇集体企业产权制度的改革，建立了劳动联合、资本联合为主体的新的集体所有制企业，使开发园区迅速成为了外资高地和产业高地，使苏南地区利用外资取得突破，乡镇企业规模不断扩大，实现了规模经济的大跨越，工业化水平不断提高。到 1994 年，苏南三市乡以上工业企业总数达 12489 家，其中，大型企业 130 家，中型企业 754 家，产值超过 5000 万元的乡镇企业近 600 家。[①]

3. 第三阶段（20 世纪 90 年代末之后）。这个时期的特点是主动承接国际产业转移，推动产业升级，归结化水平不断提高。

经过第一次改制之后，从 1997 年起，苏南乡镇企业进行了第二次改制。按照"能私不股，能股不租，能聚不散"的原则，对苏南地区的乡镇企业进行了转为私有制和混合所有制的改制，使苏南的集体性企业组织逐渐转变为各类企业组织，包括个体、私营企业等。经过这次转制，使苏南地区乡镇企业的内涵和本质发生了变化，建立了新的资产管理体系，构筑了新的政企关系，很快使苏南乡镇企业走出了困境。入世之后，面对国际产业大转移的机遇，苏南地区充分发挥市场和政府两只手的作用，以构建新型工业化为目标，以"亲商、安商、富商"为理念，以高新技术为主导，以工业园区为载体，潜心打造现代国际制造业基地，形成了外资、民资和股份制经济三足鼎立、竞相发展的格局，实现了苏南地区的第三次飞跃。以苏州为例，截至 2000 年年底，"三资"企业总产值达 484 亿元，占全部乡镇企业的 35%。[②]

（三）苏南模式的经验借鉴

"苏南模式"的成功，为苏南地区经济社会的大发展创造了辉煌的业绩，也为我国区域经济的发展提供了一些值得学习借鉴的经验。

1. 强抓机遇，率先发展，不断创新。从苏南地区的发展历程可以看出，在我国每一次重大改革实施之后，苏南地区的人民能够及时抓住机

---

① 唐岳良、陆阳著：《苏南的变革与发展》，中国经济出版社 2006 年版，第 26—27 页。
② 黄文虎、王庆五等著：《新苏南模式：科学发展观引领下的全面小康之路》，人民出版社 2007 年版，第 60 页。

遇，因地制宜地探索本地发展之路，在每一次经济起伏中都能跑在全国前列。改革开放之初，苏南人民抓住了乡镇企业发展的大好机遇，率先发展了乡镇企业；浦东开发，苏南人民发挥区位优势，积极创新体制机制，从20世纪90年代起就对乡镇企业的产权制度和管理体制进行了一轮又一轮的改革，主动对接了浦东，推进了乡镇企业发展；入世之后，苏南地区深入扩大对外开放，大力发展外向型经济，使苏南地区的经济获得了大发展，走出了一条成功之路。

2. 正确发挥两只手的作用，提高管理水平。苏南地区以卓有成效的发展实践证明，在建设社会主义市场经济条件过程中，市场与政府两只手既要强而有力，又要协调一致。在改革开放之初，在计划经济为主的时代，苏南地区充分发挥政府的作用，以乡镇政府为主组织资源，政府出面组织土地、资本和劳动力等生产资料，充分挖掘和使用本地的能人，建立了政府出资管理为中心的乡镇企业；随着我国市场经济体制的逐步建立，从20世纪90年代开始，政府积极积极转变政府职能，推动区域体制机制创新，加快本土乡镇企业改制，完善企业产权制度，不断完善区域市场体系，充分发挥市场的基础性作用，大力发展外向型经济，使苏南地区的市场经济管理水平不断提升。

3. 坚持全面发展，以民为本，富民优先。苏南地区在建设全面小康社会过程中，能够坚持贯彻科学发展的理念和要求，积极推进城乡统筹发展，千方百计地使人民致富，努力缩小贫富差距。先后实施了创业富民、产业富民等措施，建立了创业基地和创业指导中心，政府还从财政拿出专项资金，加大农民技能培训，并实施税收减免、场地使用等方面的优惠政策，推动全民创业。各地政府还加大了收入分配调节的力度，为农民构筑低保、养老、医保、征地补偿、动迁补偿等多重保障，实现了社会保障全覆盖。苏南模式的实践表明，在建设中国特色社会主义的伟大实践中，只要坚持共同富裕的价值追求，兼顾公平与效率，才能推动经济社会的全面发展。

三、丽江模式

丽江位于中国云南省西北部，金沙江中游，总面积 2.12 平方公里，其中山区占总面积的 92.3%，高原坝区占 7.7%；总人口为 113.76 万人，现有纳西、彝、白、普米等 22 个少数民族，少数民族人口 66.09 万人，占总人口的 58.1%。改革开放 30 年，丽江经过不断探索，大力实施旅游强市战略，使其从一个名不见经传的西南边陲小镇变成享誉中外的世界级旅游文化名城，走出了一条独特的发展之路。

（一）丽江模式的内涵

丽江模式是人们对丽江以发展旅游为核心，大力实施旅游强市战略，通过正确处理文化资源的保护与旅游的开发，探索出一条符合本地实际的发展优势特色经济的发展之路的概括。丽江旅游资源的开发主要采取政府主导、企业参与、多方联动、市场化运作的方式。在处理文化资源与旅游开发的关系方面，丽江通过市政财政加强对历史文化遗产的保护、维护及发展，并通过旅游业的发展，加大对文化遗产的维护和投资，使丽江旅游在保护历史文化遗产的同时得到了发展，历史文化遗产在发展旅游的同时得到了保护，探索出了一条正确处理历史文化遗产和旅游资源开发的道路，成为世界文化遗产管理与旅游业开发的典范。

（二）丽江模式的形成过程

改革开放以来，丽江的发展曾经走过了一段弯路。改革开放之初，丽江错失了云南省以烟、茶为重点的农业产业结构调整的机遇，也没有针对丽江文化资源特色而走上良性发展轨道，而是盲目地发展地方工业，导致丽江与周边地区差距逐步扩大，经济发展效果较差。1992 年邓小平同志南方谈话后，丽江开展了新一轮的解放思想大讨论活动，重新认识丽江市情，由此才找到了正确的发展方向和突破口，进入了以旅游发展为重点的良性发展轨道。

丽江的旅游，最早发轫于 20 世纪 80 年代。1985 年，丽江成为对外开放城市后，一些外国游人开始进入丽江。确定发展旅游战略之后，丽江及时抓住了几个重要的发展机遇，推动了丽江旅游业的发展。

"九五"期间，是丽江旅游"抓机遇、促发展"的关键时期。1994年11月，云南省政府召开滇西北旅游规划现场办公会，提出了"发展大理，开发丽江，带动迪庆，启动怒江"的发展思路。会议之后，丽江适时提出了"旅游先导"的发展思路，使丽江旅游业进入了实质性开发建设阶段。1996年，丽江发生了"2·3"七级大地震，给丽江古城带来了创伤，丽江以此为契机，积极实施了《丽江古城保护行动计划》，加大丽江古城的修复和申遗工作，终于在1999年，丽江古城被列为世界文化遗产。丽江古城申遗成果，使丽江旅游业得到空前发展。1995年全市游客总数为84.5万人次，2005年达到404.23万人次，增长3.8倍。① 同年，昆明世博会的召开，给丽江旅游发展带来机遇，丽江及时加大了宣传，使丽江的知名度大增。

"十五"期间是丽江旅游"抓质量、促效益"的大发展时期。2003年，三江并流被列为世界自然遗产，东巴古籍文献被列为世界记忆遗产。2004年，老君山成为国家地质公园。2006年2月，云南省政府召开了滇西北旅游现场办公大会，提出实施"做精大理，做大丽江，做优迪庆，开发怒江"的发展思路。使丽江市旅游产业的发展带来了更大的发展机遇，加大了丽江旅游资源开发和保护的力度，极大地推动了丽江旅游产业的发展，使旅游产业规模不断扩大，成为了丽江"支柱产业"。

（三）丽江模式的经验借鉴

1. 坚持政府主导，加大政策支持。丽江在开发历史文化资源和发展旅游产业的过程中，始终坚持政府主导，坚持对资源开发和旅游业的发展实施高标准的规划，如丽江市政府制定了《中共丽江市委、丽江市人民政府关于进一步加快旅游业发展的决定》、《丽江市"十一五"旅游发展规划和2020年远景目标》。通过规划制定丽江"一体两翼、四个重点、打造精品"的旅游发展战略，使丽江旅游的发展更加科学规范。其次政

---

① 熊正益：《"丽江模式"调查与解读》，云南日报网2007年6月25日。

府积极完善发展政策，加大政策支持。例如出台了发展旅游的优惠政策，规定把宾馆、饭店、旅行社的营业税和所得税全额返还给旅游管理部门，五年不变，作为旅游产业发展基金。出台了金融资金贷款支持政策，从2001年到2006年，金融机构向旅游文化产业累计发放贷款达60.60亿元，年均增长65%。

2. 依靠市场完善基础设施和旅游配套设施的建设。交通设施是否完备是旅游业发展的关键环节，是游客能否在较短的时间内到达景点的决定性因素。丽江针对旅游基础设施建设资金短缺的现状，积极创新市场观念，拿出本地优质资源，积极开展对外招商引资，借助外力开发历史文化资源和完善基础设施建设。"十五"期间，丽江共引进国内外资金71亿元，推动了丽江旅游基础设施的建设，包括玉龙雪山景区三条索道建设、高尔夫球场建设、束河古镇保护与开发建设、大部分宾馆酒店等。2008年，丽江已建成大丽铁路，实现丽江通火车的愿望；又投资10亿元扩建了丽江机场，使其成为云南第二大机场等。丽江通过市场运作，完善了基础设施建设，大力推进了丽江旅游的发展。

3. 在保护历史文化资源中创旅游品牌。丽江人深知，丰富多元的历史文化遗产是丽江旅游乃至经济社会发展不竭的动力。如何处理好保护与开发的关系是一个重要课题，无限制地开发和利用会使宝贵的资源消耗殆尽。于是丽江市政府在开发资源的同时加大了对资源的保护。成立了世界遗产丽江古城保护管理委员会和管理公司，出台了《云南省丽江古城保护管理条例》，建立了古城房屋维护审批制度等保护法规。2003年丽江投资5000万元，完成了丽江古城的给排水和污水管网工程；并建立了26户纳西文化传播点，请纳西族知名文人、学者、手工业者在古城开馆授艺，恢复古城的文化风貌。此外丽江市还及时关停了战河纸厂、新华纸厂以及城郊的砖瓦厂等一批有污染的企业。先后投资3亿多元，拆除32万多平方米与古城不协调的建筑物等。这些保护措施的实施，使丽江古城焕发了昔日的风采。

4. 大力造声势，扩大丽江知名度。宣传是发展旅游产业的重要因素，如果没有知名度，再好的旅游景点也不会有游客。丽江在发展旅游产业的过程中，坚持"文化就是财富"的理念，精心打造纳西古乐、东巴文化、摩梭风情、丽水金沙等知名文化品牌，通过文化传播宣传丽江旅游，其中《丽水金沙》荣获第五届中国荷花奖表演金奖。同时，丽江积极举办各种文化艺术节等集会活动，为丽江旅游打造声势。2001年，丽江成功举办了第五届七星国际越野挑战赛；1999年、2003年丽江举办了两届丽江东巴文化艺术节。2004年，联合国教科文组织亚太地区文化遗产管理第五届年会在丽江召开，22个国家的代表出席，使丽江进一步走向了世界。

第十七章

社会保障制度的
探索与发展

社会保障制度是现代国家最重要的社会经济制度之一，其政治职能包括保障居民基本生活、维护社会稳定，保障社会公平；其经济职能包括调节国民收入再分配，提高社会效率，因此社会保障制度形象地被称为社会的"安全网"和"稳定器"。新中国成立60年来，中国社会保障随着国家经济发展而不断改革和完善，经历了初步建立、艰难探索、全面构建三个主要发展阶段。目前，伴随社会主义市场经济体制日趋完善，与其相适应的中国社会保障制度总体框架已基本建立。

第一节　社会保障制度的建立

新中国成立后，党和政府就积极探索、建立适合中国经济发展和中国国情的社会保障制度。在中国历史上，中国人民第一次享受到了社会保障制度。改革开放后，党和政府又积极探索适应市场化改革的社会保障制度，不断建立和完善现代社会保障制度。

一、初步建立新中国社会保障制度

新中国成立以前，国民党政府就曾设想在中国创办劳工保险，并制定了相应的法规。如1931年国民党政府公布了《工厂法》，1946年和1948年国民党政府资源委员会分别就职工医疗、工伤、死亡、生育等保险福利做出了一些规定。然而由于帝国主义列强和官僚买办阶级对有关法的抵制，国民政府有关社会保障的法规难以实施，人民大众无法享有相应的社会福利待遇。

新中国成立后，党和政府立即着手建立社会保障制度的探索实践。马克思主义的唯物史观认为，劳动是人类社会的基本实践活动，劳动创造了人类，创造了人类社会。我们必须始终坚持尊重劳动、尊重创造、尊重劳动者。在对马克思主义经典作家关于社会保障制度一般认识的思想基础上，在新民主主义理论的指导下，结合当时中国的社会经济发展水平，党和政府实行了"劳资两利"的政策，突出了社会保障制度在一般社会形态下的基本要求，尽可能大地提高人民群众的社会保障水平。

1. 新中国社会保障制度建立的历史进程。1949年颁布的《中国人民政治协商会议共同纲领》，为新中国的社会保障制度建设提供了最基本法律依据，并将"逐步实行劳动保险制度"作为新政权的执政方略之一。1953年过渡时期总路线的提出，标志着中华人民共和国进入了社会主义改造阶段，社会主义计划经济体制的主导地位逐步形成。作为计划经济体制制度安排下的子制度，社会保障制度为社会主义工业化提供了全面保障。1954年宪法进一步明确了我国社会保障的主要内容。宪法规定"公民有劳动、休息、教育的权利及在年老、生病或丧失劳动能力时，获得物质帮助的权利"。

随着社会主义改造完成，中国进入社会主义建设时期，新中国社会保障制度建设进入调整和完善时期。1956年开始，统一了企业工人、职员的退休、退职制度和确立了军官退休制度。按照1957年党的八届三中全会有关精神，劳动部会同中华全国总工会等有关部门对社会保险制度做了相应调整。1959 年开始，针对企业、机关职工人数和平均工资水平不同出现苦乐不均的现象，国家加强了对企业、机关提取福利费用办法及企业的其他福利待遇的正度，进一步完善社会福利、社会救济制度。农村农业合作化的层次越来越高，到 1958 年建立起人民公社，几乎所有的农民都成为社员，可以享受集体保障。孤寡老人和孤儿享受"五保"待遇，由集体供养。在城市的国家保障和在农村的集体保障这两张安全网中，中国绝大部分人口都能够享受到社会保障制度所带来的好处。

以 1953 年连续颁发的三个重要文件《关于中华人民共和国劳动保险条例若干修正决定》、《保险条例》和《保险条例实施细则修正草案》为核心，再加上其他一系列政策规定，标志着以"国家保险"为基本特征的社会保障制度最终确立。

1966 年开始的十年"文化大革命"，是中国社会主义探索道路上的重大挫折，它同样给中国社会主义保障事业的发展带来很大的破坏。1966年年底劳动部遭到严重冲击，1970 年 6 月劳动部被撤销，工会系统处于瘫痪状态，社会保险事务无人管理。劳动保险金的征集、管理和调剂使用制度被迫停止。1969 年 2 月财政部下发文件，决定了职工退养由社会事务演变为职工所在单位的内部事务，国家社会保障模式变成企业保障模式。社会福利事业由于主管的领导机关处于瘫痪状态，企业不再实行奖金制度，不论企业完成计划情况和经济效益好坏，一律按照固定比例提取福利基金，严重打击了工人的积极性。在极其艰难的情况下，党和政府克服重重阻力支持社会救济工作的开展，尤其是农村社队和城镇企业事业单位承担了对困难职工和社员给予救济、补助的主要责任。

2. 新中国社会保障制度初步建立的重要成果。新中国的社会保障体系以养老、医疗保险为主要支柱，涉及工伤、生育、死亡等方面。城镇职工退休制度实现了统一化和制度化，社会保障覆盖面逐步扩大，并制定了农村五保制度、灾害救济制度。新中国社会保障制度的初步建立取得了重大成果。

（1）初步建立了城市就业保障制度。新中国成立初期，全国城镇失业人数为 474.2 万，失业率为 23.6%；1952 年失业人数为 376.6 万，失业率为 13.2%。党和政府坚持"劳资两利"的方针，在人民生活十分困苦的特定历史条件下，有条件地保护资方利益，避免大量企业倒闭，对国民党政权遗留下来的 600 多万公职人员和企业职工采取"统包"的政策妥善安排。[①] 1950 年政务院专门发布《关于救济失业工人的指示》，劳动部发布了《救济失业工人暂行办法》，规定了对城市失业人员的救济原则及具体措施，同时探索并建立了统包统配的劳动就业制度，从源头上解决就业问题。

（2）初步建立了社会保险制度。在城镇劳动保险方面，建立了统一的劳动保险制度的法律依据。1951 年政务院颁布了《中华人民共和国劳动保险条例》，规定了参加劳动保险的对象、劳动保险项目、劳动保险资金的筹措方式和管理方式。该条例自 1953 年修订以来，除职工退休、退职规定以及某些医疗待遇后来做过修订外，其他待遇规定以后三十余年都没有大的变动，其基本原则现仍在执行。在农村医疗保险方面，农村合作医疗在各级政府支持下，按照参加互济的原则组织起来，建立了以赤脚医生为基干的农村三级医疗保健体制，为农村社区人群提供基本医疗卫生保健服务。农村合作医疗制度与城镇公费医疗及劳保制度，构成我国三大医疗保障制度，组成了覆盖我国城乡大多数居民的医疗保障体系。农村合作医疗实现了缺医少药情况下最广大农民群众的最基本的医疗保障，曾被世界卫生组织作为成功案例在世界范围内推广。

（3）初步建立了社会救济制度。按照"生产自救、节约度荒、群众互助、以工代赈、辅之以政府必要的救济"的基本方针，按照量力而行的原则，社会救济制度分城市和农村两块来实施。在城市，为了迅速恢复国民经济，党和政府采取了积极的失业救济政策，在全国范围内制定了职工生活困难补助政策，补助以现金和实物形式相结合。1949 年到 1953

[①] 马杰、郑秉文：《计划经济条件下新中国社会保障制度的再评价》，《马克思主义研究》2005 年第 1 期。

年，全国有救济事业单位 920 个，收养孤老残幼 15 万人。新中国成立初期社会救济规模之大、人数之多在中国历史上史无前例，极大地激发了广大群众对新中国的热爱之情和生产建设的积极性。在农村，社会救济主要是进行灾害统计、防灾备荒和灾荒难民救济等工作。农村人民公社体制建立以后，社会救济通过农村生产合作社来组织实施，实行国家救济与集体补助相结合的方式。1956 年公布了有关"五保"的规定，据此逐渐形成了较完整的保吃、保穿、保住、保医、保葬（对孤儿保教）的"五保制度"。

（4）初步建立了社会福利制度。1949 年到 1957 年，国家在社会福利方面制定了一系列政策法规，指明了创建和发展职工福利事业的方向和原则。国家采取各种措施为举办社会福利提供资金。在优抚安置方面，陆续颁发了一系列法规，对革命烈士家属、革命军人家属等优待标准、办法做了明确规定，使优抚安置工作制度化、统一化。

新中国成立后建立的社会保障制度，基本上没有发生大的变化。这种保障制度已经建立，就沿用了近 20 年的时间。

二、有中国特色社会保障制度的探索

1. 有中国特色社会保障制度道路探索的历程。在计划经济体制下建立的社会保障制度本质上是由国家和企业共担的一体化社会保障模式。这种保障模式在国民经济发展的特定历史时期发挥了重要作用，为当时的生产恢复和发展起到了重要作用。在这段历史时期里，城镇职工退休制度实现了统一化和制度化，社会保障覆盖面逐步扩大，在农村制定了五保制度、合作医疗制度。在社会主义新中国，第一次实现了全社会层面上的老有所养、病有所医的制度安排。然而其缺点也是显而易见的，如社会保障覆盖面小，局限于国有企业和部分集体企业的正式员工；筹资机制不顺，阻碍了国有企业改革深化和体制转轨；社会化程度低，保障层次单一，抗风险能力差。

为适应经济体制改革的需要，我国从 1978 年开始了适应新形势的社会保障体制改革的探索。由于改革初期确立以经济体制改革为中心，社会保障等社会事业改革只是配套措施，社会保障制度改革主要是推行了养老保险的社会统筹。随着经济发展形势的变化，迫切需要对社会保障制度进行全面改革。以养老保险社会统筹试点为起点，社会保障制度其他项目改革也逐步展开，先后启动了养老、医疗、失业、工伤和生育费用社会统筹试点。1993 年，国家第一次把社会保障体制改革作为建立社会主义市场经济体制的重要方面提出来，从而开创了我国社会保障体制改革的新阶段，并确定了社会保障制度改革的目标：到 20 世纪末，基本建立起资金来源多渠道、保障方式多层次、权利和义务相对应、管理和服务社会化的完整的社会保障体系。同时，也确定了我国社会保障体制改革的基本原则：社会保障水平与经济发展水平相适应、社会公平原则与市场效率原则相结合、行政管理职能与基金收缴营运相分离、城镇保障制度和农村保障制度相区别、社会保险和商业保险合理分担风险。按照社会保障体制改革的目标，展开了社会保障制度的全面改革探索。

养老保险方面，国务院 1991 年发布《关于企业职工养老保险制度改革的决定》，确立了基本养老保险、企业补充养老保险和职工个人储蓄性养老保险相结合的多层次养老保险制度框架；1995 年发布《关于深化企业职工养老保险制度改革的通知》，开始探索、建立"统账结合"的制度模式；1997 年发布《关于建立统一的企业职工基本养老保险制度的决定》，统一了各地"统账结合"办法，正式确立了我国目前企业职工基本养老保险制度的基本框架。1998 年，国务院将原来铁道部、交通部等 11个行业部门实行的基本养老保险行业统筹业务移交地方管理，使养老保险由条块分割管理统一为属地管理。同时，积极推进机关事业单位养老保险制度改革和农村社会养老保险制度改革。

医疗保险方面，国务院 1994 年在江苏省镇江市、江西省九江市开展职工医疗保障制度改革试点。1 年后，把试点范围扩大到 40 多个城市，开始探索建立社会统筹与个人账户相结合的医疗保险制度。1998 年发布《关于建立城镇职工基本医疗保险制度的决定》，开始了对公费、劳保医疗制度的全面改革，确立了覆盖城镇所有用人单位及其职工、社会统筹和个人账户相结合、单位和职工共同缴费的城镇职工基本医疗保险制度，并同步推进医疗保险、医疗机构和药品流通体制改革。同时，通过普遍实行大额医疗费用补助办法、落实公务员医疗补助措施、实行企业补充医疗保险、建立针对特困群体的社会医疗救助制度，逐步建立了多层次医疗保障体系。

失业保险方面，1986 年针对国营企业劳动合同制工人建立了待业保险制度；1993 年，国务院发布《国营企业职工待业保险规定》，进一步扩大了待业保险的覆盖范围；1999 年颁布《失业保险条例》，将原来只适用于国有企业的"待业保险制度"扩展到所有城镇企事业单位及其职工。

工伤保险方面，1996 年劳动部在总结各地经验的基础上，发布了《企业职工工伤保险试行办法》，规范了工伤保险的认定条件、待遇标准和管理程序，决定建立工伤保险基金，形成规范的工伤保险制度。同年，国家技术监督局发布了劳动部、卫生部和全国总工会制定的《职工工伤与职业病致残程度鉴定标准》，实现了伤残职工劳动能力鉴定标准化和制度化。

2. 全面构建现代社会保障制度。经过改革开放 30 年来的努力，我国已经基本实现了由计划经济体制向社会主义市场经济体制的根本转变，初步建立了社会主义市场经济体制的框架，生产力水平不断提高，人民幸福指数不断攀升。虽然近 10 年来是我国社会经济发展最快的时期，也是人民群众得实惠最多的时期，但并不是各方面完全协调发展时期。以前我们曾一度将追求 GDP 的增长作为唯一目标而忽视了其他社会问题，形成了诸多不稳定因素。当前我国正处于经济社会结构整体转型的关键时期，为此我们党提出构建社会主义和谐社会的重要战略任务。

社会主义和谐社会，是民主法治、公平正义、诚信友爱、充满活力、安定有序、人与自然和谐相处的社会。其物质基础是国民经济持续稳定发展，最低要求和基础条件是人民群众的基本生活得到保障，运行机制是社会结构合理，社会再分配机制有效，社会具有较高的公平和公正性。构建社会主义和谐社会重要战略任务的提出，对社会保障制度的建设提出了更高的要求。"十五"以来，我国全面展开构建现代社会保障制度的各项工作，社会保障事业迈上了更高台阶。

社会保障体系改革综合改革试验。老工业基地辽宁省自 2001 年进行城镇社会保障体系综合改革试点，2004 年扩展到东北工业三省，改革内容涉及社会保障体系的各主要方面，其中尤其突出地解决了基本养老保险制度社会统筹部分与个人账户部分之间的关系问题，以及将下岗职工基本生活保障制度向失业保险并轨的问题。

统筹城乡社会保障体系。2006 年，党的十六届六中全会把到 2020 年基本建立覆盖城乡居民的社会保障体系作为构建社会主义和谐社会的重要目标以来，我国社会保障制度建设进入统筹城乡、全面发展的新时期。近年来，中央政府推进农村合作医疗，各地均在探索农村居民最低生活保障制度并向城乡一体化的社会救助体系迈进，不少沿海发达城市着手将农民工社会保障工作纳入城市保障体系中。新制度覆盖的人口快速增长。从 2000 年到 2005 年间，享受最低生活保障的城镇居民从 402 万人上升到 2200 多万人；一部分城市困难群体还获得了廉租房保障，医疗救助与教育救助等政策亦使不少困难家庭得到援助。在社会保险方面，"十五"期间，参加基本养老保险的职工人数从 10400 多万人上升到 17300 多万人；参加基本养老保险的离退休人数从 3100 多万人上升到 4100 多万人；参加基本医疗保险的人数从 3700 多万人上升到 13500 万人；参加工伤保险的职工人数从 4300 多万人上升到 8100 多万人。

社会保障制度进一步完善。2007 年全国人大常委会通过《劳动合同法》、《就业促进法》、《劳动争议调解仲裁法》，标志着我国劳动保障框架的确立。劳动保障制度的确立，实现了城乡分割向城乡统筹的转变，打破户籍身份限制，统筹考虑城乡劳动者的劳动就业与社会保障权利；实现了从利益一致性到利益多元化的转变，符合市场经济条件下的劳动关系特征；实现了劳动保障混合格局向劳动就业与社会保障分离的转变，促使劳动就业与社会保障的分离，符合市场经济与社会发展需要的合理取向。

3. 有中国特色的社会保障制度道路探索的主要经验。改革 30 年来，中国社会保障改革在养老、医疗、失业、工伤、生育、农村养老保险、农村合作医疗、社会福利、城市最低生活保障等各个领域内持续深入开展，建立了配套的法律法规，工作卓有成效，为经济社会的转型保驾护航，取得了一系列宝贵的经验。

（1）树立了市场经济条件下社会保障观念。改革开放以后，计划经济体制被市场经济体制所取代，市场经济要求建立与之相适应的社会化保障观念。经过 20 多年的改革，从集体主义到个人负责，从等级差序到公平取向，从权利主义到责任分担等等，无论是政府、社会还是个人，都经历了观念上的重大转变。国民的社会保障观念在这一制度变革中被重塑。

（2）社会保障制度社会化。各项社会保障制度均走出了自我封闭的状态，并迅速走向社会化。在制度结构方面，由单一层次、封闭运行的制度安排发展到了多层次的社会化的制度安排。传统的退休养老制度只是国家提供的单一支柱，改革后则向基本养老保险、企业年金等多层次发展；传统的公费医疗、劳保医疗转变成基本医疗保险、医疗救助、商业性的医疗保险等多层次保障体系。在养老保险中，养老金社会化发放和离退休人员社会化管理的改革目标已经实现。

（3）社会保障责任承担方式多元化。缴费型社会保险制度成为整个社会保障制度的主体，受保障者承担缴费义务，加上雇主缴费与政府供款，共同构成了社会保险的财政基础，从国家负责、单位包办全面实现了向责任分担的转变。社会保障财务模式随之改革。基本养老保险采取了社会统筹与个人账户相结合的财务机制，突破了原有的现收现付财务模式，这种制度创新是对世界养老保险制度的一大贡献。

党的十七大报告指出，以科学发展观为指导，全面构建社会主义和谐社会的下一步重要工作，是"加快推进以改善民生为重点的社会建设"，其中重点是：一要加快建立覆盖城乡居民的社会保障体系，二要逐步提高社会保障水平。作为解决人民生活后顾之忧，促进经济社会发展的坚强后盾，中国社会保障制度将继续发挥其强而有力的作用。

4. 构建现代社会保障制度面临的重大考验。改革 30 年来，我国社会保障制度从单一层次转变为现在多层次，社会保障项目从劳动保险建设成为以社会保险、社会福利、社会救助、社会优抚支撑的全面保障体系，社会保障理论和实践都取得了重大的突破。然而，经济发展迅猛让我们还来不及陶醉在已取得的成就里，又尽快投入到新问题的研究中。当前，结合我国经济发展的实际情况，构建社会保障制度面临的突出问题表现在：

（1）人口老龄化速度加快加重社会保障负担。同西方工业化相比，中国的老龄化具有规模大、速度快、负担重的特点。人口加速老龄化导致城镇养老负担系数将大幅增加，医疗费用随之加重。中国在经济还不发达时期，就要解决比发达国家面临的更为困难的问题。

（2）城镇化进程加快加大社会保障需求。未来一个时期中国的城镇化率将以每年一个百分点的速度提高，由此带来两方面的问题：转移劳动力的就业与社会保障问题和大量青壮年农民进入城市后，农村老弱的基本问题更加突出。如何按照统筹城乡发展的要求，建立健全城乡统一的劳动力市场和城乡衔接的社会保障制度，是解决中国就业和社会保障问题的一项重要任务。

（3）就业形式日益多样化增加社会保障管理难度。非公有制经济已成为吸纳新生和存量劳动力的主要渠道。大量劳动者以灵活方式就业，这种分散化、流动性强的就业格局给社会保障体系工作提出了极大的挑战。

（4）为国企改革服务转向适应新的增长方式服务对社会保障提出了更高要求。在过去 30 年里，社会保障制度发挥的作用主要体现在作为国企改革的一个配套措施，社会保障为国企改革服务。30 年后的今天，形势已经发生了重大变化，社会保障制度的任务也发生了重大变化，要求社会保障制度为扩大内需作出贡献，适应加快增长方式的现实需要。

（5）为社会稳定服务转向为社会和谐服务对社会保障提出更高目标。以人为本、统筹城乡、科学发展，是构建和谐社会的重要内涵。从这个意义上看，社会保障制度已不仅仅是社会稳定器，而且应该成为民生之源、和谐之本、发展之要。[①] 这就对社会保障制度提出了更高的目标和要求。

第二节　城镇社会保障制度的建立与完善

一、传统经济体制下的城镇社会保障体系的建立及特点

1. 传统经济体制下的城镇社会保障体系的建立。1949 年全国人民政治协商会议通过的《共同纲领》，规定在企业中"逐步实行劳动保险制度"，成为制定全国统一的企业社会保险制度的法律依据。1951 年 2 月 25 日我国正式颁布了第一部全国统一的社会保险法规《中华人民共和国劳动保险条例》。该条例内容涉及养老、工伤、医疗等基本劳动保障，规定劳动保险的覆盖范围为 100 人以上的国营、公私合营、私营、合作社经营的工厂、矿场及附属单位和铁路、邮电、航运三个产业的各企业单位、附属单位；城镇集体所有制企业职工的社会保险参照国营企业职工办理。养老保险费用按企业工资总额的一定比例提取、建立基金，30% 的保险金上缴总工会，实行全国统筹，调剂使用。1953 年，政务院修订并颁布了《劳动保险条例》，扩大了劳动保险覆盖范围，提高了待遇水平。

关于养老保险。在 1951 年颁布的《劳动保险条例》中，对国有企业职工的养老保险做了详细规定，凡一般工龄达 25 年、企业连续工龄达 5 年，男性职工年满 60 岁、女性职工年满 55 岁便可申请退休。1953 年修改内容主要是提高退休待遇。到 1956 年年底，全国劳动保险制度覆盖职工达 1600 万人。1958 年国务院又颁布了《关于工人、职员退休处理的暂行规定》，降低了工龄年限要求，取消了在职养老金，将工人、职员退休养

---

① 郑秉文：《社保改革：为解决社会提供稳定器——改革开放 30 年社会保障制度发展历程》，《上海证券报》2008 年 12 月 13 日。

老保险统一。1966 年又尝试将集体所有制单位职工的退休纳入社会统筹范围内。

关于工伤保险。在 1951 年颁布的《劳动保险条例》中，对工伤社会保险的制度构成做了具体的规定，1953 年劳动部制定了《劳动保险条例实施细则》对工伤保险做了详细规定。1957 年国家卫生部制定《职业病和职业病患者处理办法》公布了 14 种职业病名单，1964 年全国总工会发布的"劳动保险问题解答"更加明确地规定了因工负伤、致残和死亡的情况，1987 年职业病种类共达 9 类 99 种。①

关于医疗保险。根据《劳动保险条例》，全民所有制的职工不缴纳任何费用，医疗费用由企业或资方负担，直系亲属按规定享受部分项目的半费待遇，1953 年修改后的条例将覆盖人群范围扩大，并提高了待遇。1956 年实际参保职工中国营企业人数为 1700 万人，集体企业人数 700 万人，全国职工总数的 94% 得到了医疗保障。1965 年又增加规定了职工患病和非因工负伤，就医要自付门诊费，营养滋补品费用由患者自付。

在社会福利方面，发布了《税收减免和贷款扶助的通知》，解决城市烈属、贫民开办的福利工厂有关生产、经营、税收优惠和原材料供应等问题。在职工福利方面，1950 年《中华人民共和国工会法》规定工会有改善工人物质生活和文化生活的责任，1957 年国务院发出指示，对职工住宅问题、上下班的交通问题等做了明确的规定。在改革前，企事业单位的集体福利是城镇职工社会保障的另一个重要方面，内容涵盖了为职工提供生活方便而举办的集体福利设施，如食堂、托儿所、浴室、理发室等，还有为减轻职工生活费用开支而实行的福利补贴，如生活困难补助、房租补贴、书报费等，效益好的单位还会建设各种提高职工文化、身体素质的文化体育设施并举办各种活动，如图书馆、俱乐部、文化宫等。

2. 传统经济体制下的城镇社会保障体系的特点。（1）社会保障由企业承担。新中国成立初期颁布的《劳动保险条例》规定社会保障事业由

---

① 章晓懿主编：《社会保障：制度与比较》，上海交通大学出版社 2004 年版，第 232—235 页。

国家统一组织、统一管理、资金统一调剂使用。"文化大革命"时期，社会保险事务无人管理。劳动保险金的征集、管理和调剂使用制度被迫停止。此后，职工退养由社会事务演变为职工所在单位的内部事务，国家社会保障模式变成企业保障模式，职工的衣食住行、生老病死，统统由企业负责。

（2）社会保障资金管理实行现收现付制。[①] 在新中国成立初期国民经济没有任何积累的情况下，社会保障资金的唯一来源是当期的财富积累，而社会保障事业也没有树立积累制的观念。随着工业化快速发展对资金的强大需求，使得当期的国民收入再分配只能维持社会保障的基本水平，差余缺口由国家财政补贴。

（3）社会保障事业的多头管理。社会保障事业分块管理，社会养老保险由劳动部和全国总工会负责管理，医疗保障事业由卫生部管理，社会救济救助事业由民政部管理；社会保障基金分级管理，各地从省到县分级征收社会保障资金，分级管理。

二、市场经济条件下的现代城镇社会保障制度的建立及特点

我国传统经济体制下的城镇社会体系，对社会主义制度的巩固、发展与稳定发挥了重大的积极作用，但在市场经济体制改革的过程中，严重束缚了群众生产的积极性和创造性。具体表现在：国家包揽过多，社会保障所需的绝大部分经费由财政支持，个人不直接承担为社会保障提供经费的责任因而普遍缺乏自我保障意识；社会保障的覆盖范围局限于国有企业当中，员工福利水平与其所就业的单位效益相联系，社会保障不具有调节国民收入的经济功能；缺少失业保险，隐形失业现象严重，阻碍了劳动力合理的流动；保险事业多头管理，保险基金没有"专款专用"，企业经济负担过重。计划经济体制下建立起来的工伤社会保险制度，不仅待遇标准远

---

① 陈佳贵、王延中主编：《中国社会保障发展报告（2001—2004 年）》，社会科学文献出版社 2004 年版。

远脱离实际生活状况，而且以"企业保险"为主要特征的制度结构根本不能适应以市场为导向的经济体制改革。一旦发生重大事故，不仅职工权益无法得到保障，而且将企业拖入债务的泥潭。

1. 市场经济条件下的现代城镇社会保障制度的建立。建立失业保险制度。新中国成立后我国计划经济体制下实行的是"高就业、低福利"政策，对城镇适龄劳动力实行的就业制度是"统包统分"制和固定工的"终身制"，失业现象被隐藏起来。在市场经济体制下，企业作为自主经营、自负盈亏的主体，隐性失业现象必然会转变为显性失业。面对不可避免的失业问题，当务之急是建立完善的失业社会保险制度，减少其对经济社会正常运转的冲击。1986年国务院颁布了《国营企业职工待业保险暂行规定》，标志着我国失业保险制度正式确立，并于1999年正式出台《失业保险条例》。1990年《中华人民共和国企业职工工伤保险条例（征求意见稿）》提出工伤保险制度改革的六条基本原则。1996年《企业职工工伤保险试行办法》开始执行。1996年年底全国参加失业保险总人数已达9500万人，获得救济的失业职工达300万人。2001年《国民经济和社会发展第十个五年计划纲要》中明确指出，进一步完善失业保险制度，在试点的基础上逐步把国有企业下岗职工基本生活保障纳入失业保险，扩大失业保险覆盖范围。在保障失业人员基本生活的同时，国家积极探索失业保险对促进再就业的有效办法。加强失业保险服务和就业服务的有机衔接；及时进行失业登记，积极提供就业信息，全面开展就业指导和职业介绍，帮助失业人员在技能、心理方面提高竞争就业的能力；增加失业保险基金对职业介绍、职业培训的投入；通过直接组织培训和政府购买成果的形式，广泛开展技能培训，增强失业人员的再就业能力。

改革养老保险制度。1984年恢复国有企业保险费用的社会统筹，实行集体企业养老保险的社会统筹，建立合同制工人养老保险制度，并对合同制工人实行个人缴纳部分养老保险费。1991年国务院发出《关于企业职工养老保险制度改革的决定》，改革的主要内容是建立基本养老保险、企业补充养老保险和个人储蓄性养老保险相结合的多层次养老保险制度。

1995年《关于深化企业职工养老保险制度改革的通知》，明确基本养老保险实行社会统筹和个人账户相结合的制度。1997年，统一了全国城镇企业职工基本养老保险制度，实行社会统筹与个人账户相结合。企业职工达到法定退休年龄（男性职工60周岁，女性干部55周岁，女性工人50周岁），且个人缴费满15年的，退休后可以按月领取基本养老金。国家参照城市居民生活费用价格指数和职工工资增长情况，对基本养老金水平进行调整。进一步扩大基本养老保险覆盖范围。1999年把基本养老保险的覆盖范围扩大到外商投资企业、城镇私营企业和其他城镇企业及其职工。省、自治区、直辖市根据当地实际情况将城镇个体工商户纳入基本养老保险。2002年基本养老保险覆盖范围扩大到城镇灵活就业人员。2001年中国政府开始进行完善基本养老保险制度改革试点，主要包括：逐步做实个人账户，实现部分基金积累，探索基金保值增值办法；改革基础养老金计发办法；统一灵活就业人员的参保缴费办法；实行企业和职工共同缴费。2000年建立全国社会保障基金。全国社会保障基金的来源包括：国有股减持划入资金及股权资产、中央财政拨入资金、经国务院批准以其他方式筹集的资金及投资收益。全国社会保障基金由全国社会保障基金理事会负责管理，按照《全国社会保障基金投资管理暂行办法》规定的程序和条件实行市场化运营，2003年年底已积累资金1300多亿元。

改革医疗保险制度。党的十四届三中全会的《决定》中提出了城镇企业职工养老和医疗保险金由单位和个人共同负担，社会统筹与个人账户相结合。1994年国务院批准下发文件对职工医疗费用统筹办法做出了规定。在先行试点的基础上，1998年颁布《关于建立城镇职工基本医疗保险制度的决定》，进一步确定了企业账户和个人账户的缴费办法。2003年年底，全国参加基本医疗保险人数达10902万人，其中参保职工7975万人，退休人员2927万人。为规范医疗服务行为，降低成本，国家同步推进基本医疗保险制度改革、医疗卫生体制改革和药品生产流通体制改革。制定国家基本医疗保险药品、诊疗项目和医疗服务设施的目录；保证参保人员享受必要的医疗服务，限制不合理的医疗费用支出，以提高基本医疗保险基金的利用效率；对提供服务的医疗机构和药店实行定点管理，建立竞争机制，选择医疗行为规范、服务较好的医疗机构和药店作为医疗保险定点机构；制定和不断完善医疗保险经办机构与定点医疗机构的费用结算办法。在建立基本医疗保险制度的同时，为满足不同参保人员的医疗需求，国家建立和完善多层次医疗保障体系，减轻参保人员的个人负担。各地区根据实际情况，普遍建立了大额医疗费用补助制度，其资金来源主要由个人或企业缴费，以解决超过基本医疗保险最高支付限额以上的医疗费用。国家鼓励企业为职工建立补充医疗保险，主要用于解决企业职工基本医疗保险待遇以外的医疗费用负担。国家逐步建立主要由政府投入支持的社会医疗救助制度，为特殊困难群体提供基本医疗保障。

改革工伤制度。国家规定，各类企业和有雇工的个体工商户均应参加工伤保险，为本单位全部职工或者雇工缴纳工伤保险费，劳动者个人不缴费。工伤保险实行以支定收、收支平衡的基金筹集模式，由地级以上城市建立统筹基金。政府根据不同行业的工伤风险程度确定行业差别费率，并根据工伤保险费使用、工伤发生率等情况在每个行业内确定若干费率档次。工伤保险实行"无过失补偿"的原则。职工在工作时间、工作区域内，因工作原因发生意外事故伤害或患职业病均可享受工伤保险。国家统一制定和颁布职工工伤与职业病致残程度鉴定标准，对因工负伤职工经治疗伤情相对稳定后存在残疾且影响劳动能力的，进行劳动能力鉴定。采取改进工程技术、进行宣传教育、制定安全规程、实施安全卫生标准，以及通过工伤保险单位费率浮动机制促进用人单位改进安全生产条件等措施，积极开展工伤和职业病预防工作。按照"安全第一、预防为主"的原则，督促企业和职工遵守劳动安全卫生法规和制度，严格执行国家劳动安全卫生规程和标准，防止劳动过程中的事故，减少职业危害。积极探索开展职业康复工作，对工伤职工进行工伤康复、心理康复、职业培训、就业指导，并在一些地区建立了职业康复中心和康复医院，帮助工伤职工克服由工伤带来的生理和心理障碍，恢复健康和工作能力，重返工作岗位。2004年颁布了《工伤保险条例》实施，截至2004年6月底，参加工伤保险的职工人数达 4996 万人。

大力发展社会福利事业。各级政府将老年事业纳入国民经济和社会发展计划,逐步增加对老年事业的投入,并鼓励社会各方面投入,使老年事业与经济、社会协调发展。近年来,通过推进社会福利社会化,逐步形成以国家、集体举办的老年社会福利机构为骨干,以社会力量举办的老年社会福利机构为新的增长点,以社区老年人福利服务为依托,以居家养老为基础的老年人社会服务体系。目前,中国共有各类老年人社会福利机构3.8 万个,床位数 112.9 万张,平均每千名 60 岁以上的老年人拥有床位8.4 张。2001 年,国家开始实施"全国社区老年福利服务星光计划",截至 2004 年 6 月,全国城乡共新建和改建社区"星光老年之家"3.2 万个,总投入 134.9 亿元。全国共有 192 个专门儿童福利机构和近 600 个综合福利机构中的儿童部,收养 5.4 万名孤残儿童。[①] 全国各地还兴办康复中心、弱智儿童培训班等社区孤儿、残疾人服务组织近万个。从 2004 年开始,用 3 年左右的时间,筹集 6 亿元资金,开展"残疾孤儿手术康复明天计划",每年为 1 万名左右的残疾孤儿实施手术康复。争取到 2006 年,使全国社会福利机构中收养的具有手术适应症的残疾孤儿,都能得到有效的手术矫治和康复。颁布实施《中华人民共和国残疾人保障法》,为残疾人康复、教育、劳动就业、文化生活、社会福利等提供法律保障。政府通过兴办福利企业、实施按比例就业和扶持残疾人个体从业等形式,帮助残疾人实现就业;采取临时救济和集中供养以及兴办残疾人福利安养机构等福利措施,对残疾人提供特别照顾。截至 2003 年年底,全国城镇共有 403 万残疾人实现就业,农村共有 1685 万残疾人从事生产劳动;259 万贫困残疾人得到生活保障;44.2 万残疾人在各类福利院、养老院享受集中供养、五保供养;246 万残疾人得到临时救济、定期补助和专项补助;累计扶持 701 万贫困残疾人解决基本温饱。2003 年,各级政府安排残疾人事业费 15 亿元,募集社会福利资金近 1 亿元。

---

① 中华人民共和国国务院新闻办公室:《中国的社会保障状况和政策》(白皮书),2004 年。

构建城镇居民社会救助体系。从国家发展的实际出发，最大限度地对生活困难的城乡居民实行最低生活保障，对受灾群众进行救济，对城市流浪乞讨人员予以救助，提倡并鼓励开展各种社会互助活动。1999 年颁布《城市居民最低生活保障条例》，规定对持有非农业户口的城市居民，凡共同生活的家庭成员人均收入低于当地城市居民最低生活标准的，均可从当地政府获得基本生活物质帮助；对无生活来源，无劳动能力，无法定赡养人、扶养人或者抚养人的城市居民，可按当地城市居民最低生活保障标准全额救助。城市居民最低生活保障资金由地方政府列入财政预算。① 对财政确有困难的地区，中央财政给予支持。截至 2003 年年底，全国领取城市居民最低生活保障金的人数为 2247 万人，月人均领取 58 元；当年全国各级政府财政支出最低生活保障资金 156 亿元，其中中央政府对中西部困难地区补助 92 亿元。建立了针对突发性自然灾害的应急体系和社会救助制度。政府视人民生命安全为第一，灾害发生时及时抢救、转移受灾群众，灾后引导群众进行生产自救、互助互济，并动员社会各方力量参与，最大限度地减少灾害造成的人员伤亡和财产损失，确保受灾群众有饭吃、有衣穿、有房住、有病能医。各级政府在财政预算中安排救灾支出，用于救灾物资储备和转移救济灾民。2003 年，各级政府共安排用于受灾群众生活方面的救灾资金 53.1 亿元，其中中央政府安排 40.5 亿元。2003 年 8 月 1 日，国家正式实施《城市生活无着的流浪乞讨人员救助管理办法》。该办法按照"自愿受助、无偿援助"的原则，对在城市生活无着的流浪乞讨人员给予关爱性的救助管理，根据受助人员的不同情况和需求，给予食宿、医疗、通讯、返乡及接送等方面的救助服务。截至 2003 年年底，全国共建有救助管理站 909 个，当年救助生活无着的流浪乞讨人员 21 万多人。

建立住房保障体系。为解决职工家庭住房问题的政策性融资渠道，建立住房公积金制度。住房公积金由国家机关、事业单位、各种类型企业、

---

① 《城市居民最低生活保障条例》，《中国社会报》1999 年 10 月 20 日。

社会团体和民办非企业单位及其在职职工各按职工工资的一定比例逐月缴存，归职工个人所有。住房公积金专户存储，专项用于职工购买、建造、大修自住住房，并可以向职工个人住房贷款，具有义务性、互助性和保障性特点。1994 年，住房公积金制度在城镇全面推行。1999 年，国家颁布《住房公积金管理条例》，并于 2002 年重新发布，使住房公积金制度逐步纳入法制化和规范化轨道。截至 2003 年年底，全国建立住房公积金职工人数达 6045 万人，累计归集公积金 5563 亿元，职工因购建住房和退休等支取 1743 亿元，累计发放个人住房贷款 2343 亿元，支持 327 万户职工家庭购建住房，为改善居民家庭住房条件发挥了重要作用。1998 年，为解决城镇贫困家庭购房困难问题，保障居者有其所，确定发展经济适用住房。经济适用住房是由政府提供政策优惠，限定建设标准、供应对象和销售价格，具有保障性质的政策性商品住房。经济适用住房的租售价格以保本微利为原则，购买经济适用住房满一定年限后，方可上市出售，且需将收益按一定比例向政府交纳。经济适用住房实行申请、审核和公示制度，强调公开透明，严格监督管理。从 1998 年到 2003 年，经济适用住房竣工面积达 4.77 亿平方米。除了大力发展经济适用房保障居民住房，1998 年以来还积极推进廉租住房制度建设，不断完善廉租住房保障政策。对按政府规定价格出租的公有住房和廉租住房，暂免征收房产税、营业税。各地政府在国家统一政策指导下，结合当地经济社会发展的实际情况，因地制宜建立城镇最低收入家庭廉租住房制度。廉租住房制度以财政预算安排为主、多渠道筹措廉租住房资金，实行以住房租赁补贴为主，实物配租、租金核减为辅的多种保障方式。对住房面积和家庭收入在当地政府规定标准之下的家庭，当地政府按申请、登记、轮候程序给予安排，保障其基本要求。2003 年，全国已有 35 个大中城市全面建立了最低收入家庭廉租住房制度。

2. 市场经济条件下的现代城镇社会保障制度的特点。（1）社会保障覆盖面扩大。到 2004 年年底，改制的国有企业员工社会保障关系与原有企业脱离关系，平稳地过渡到国家社会保障体系中。城镇中灵活就业的个体经营者和不少符合条件的私营业主也被纳入到城镇社会保障体系之中。

2007 年年末，基本养老保险、基本医疗保险、工伤保险和生育保险参保人数均比上年末增加 1300 万人以上，基本养老保险和基本医疗保险参保人数分别达到 2 亿人以上。全国参加城镇基本养老保险人数为 20137 万人，参加城镇基本医疗保险人数为 22311 万人，参加失业保险人数为 11645 万人，参加工伤保险人数为 12173 万人。[①]

（2）社会保障体系层次丰富。建立了基本养老保险与企业补充养老保险和个人储蓄性养老保险相结合的多层次养老保险制度，基本养老保险和医疗保险设立多档多费率满足劳动者不同保障需求。社会保障制度可以保障人群范围从贫困人口到高薪阶层，从个体经营者到企业业主。

（3）社会保障事业社会化。中国企业过去要负担本企业退休人员基本养老金的发放和人员管理工作。为保证退休人员基本养老金按时足额发放，减轻企业社会事务负担，政府积极推进基本养老金社会化发放。实现了保险事业的社会化，减轻企业经济负担又增加了个人自我保障意识。在政府民政部及有关慈善组织和其他专门成立的慈善基金委员会共同指导下，社会救济救助事业活动吸纳社会力量开办。

（4）社会保障制度创新。养老和医疗保险实行了"社会统筹与个人账户"相结合的模式，建立以城市最低生活保障制度为特征的新型社会救济制度，多方面筹集社会救济救助体系的资金来源，不断拓宽资金来源渠道，探索社会保障基金的保值增值办法。

第三节　农村社会保障制度的建立与完善

一、传统经济体制下农村社会保障制度的建立及特点

1. 传统经济体制下的农村社会保障制度的建立。从 1956 年年初起，

---

① 人力资源和社会保障部：《劳动和社会保障事业发展统计公报》，2007 年。

农业合作化进入高级合作社发展阶段，农村集体经济制度基本确立下来。同时，为了保障计划经济体制下社会主义工业化建设的需要，农村建立了覆盖面广、保障程度不高、保障功能隐性化为特色的农村集体保障体系。

农村赈灾救灾制度。新中国成立以来，全国的救灾工作建立了在中央财政统收统支下的中央政府一级负责的政府救灾体制，一直延续到20世纪80年代初。自1959年4月全国范围内发生严重春荒自然灾害以来，新中国经历了1959—1961年的三年自然灾害、1966年的邢台地震、1975年的河南水灾、1978年的旱灾和1981年的水灾等，国家内务部组织开展救灾工作，及时发放救灾款，调集大量粮食、药品等受灾地区急需的生活用品，组织灾区人民积极实施生产自救，有效地帮助灾民平稳度过生活困难期，杜绝了旧社会因灾引起的人口外流、乞讨等社会问题。[①] 同时，自1956年完成社会主义改造后，中国农村集体组织经济实力不断增强，具备了基本的救灾能力和保障功能。1963年，中共中央国务院《关于生产救灾工作的决定》在救灾工作方针中增加了"依靠集体"的内容，并将生产自救提到了主要位置，形成了"依靠群众，依靠集体、生产自救为主，辅之以国家必要的救济"的新的救灾工作方针。在20世纪80年代以前，除了发生全国性的自然灾害外，局部地区时有小范围受灾情况发生，由于农村实行集体劳动、集体分配的经济制度，一般灾害能在集体内部自然消化。

农村社会救济制度。1956年全国一届人大三次会议通过的《高级农业生产合作社示范章程》、1960年全国二届人大二次会议通过的《1956—1967年全国农业发展纲要》和1962年党的八届十中全会通过的《农村人民公社工作条例（修正草案）》的要求，对生活困难的社员，经社员群众讨论和同意给予补助。1956年年底农村高级合作社实行土地统一经营、劳动力统一调配、收入统一分配，为贫困户从事生产、改善生活创造了良好条件，贫困户参加集体经济组织，可以参加力所能及的农副生产业。受1958年"大跃进"时期的影响，农村社会救济工作一度变相实行"按需

---

① 崔乃夫主编：《当代中国的民政》（上），当代中国出版社1994年版，第33—35页。

分配"，挫伤了农民生产积极性。其后发生了严重的三年自然灾害，因灾外流的现象有所抬头，中央适时提出"调整、巩固、充实、提高"的八字方针，拨出大量救济款物帮助农民群众度过困难时期。而后，1962年党的八届十中全会通过的《农村人民公社工作条例（修正草案）》把对贫弱社员的救济作为人民公社的一项制度给固定下来，切实帮助贫困农民自力更生，依靠自己的劳动脱贫致富。

农村五保供养制度。在集体经济条件下，丧失劳动能力或缺乏劳动能力、生活无依无靠的鳏寡孤独残疾人，都是国家救济的对象。而国家对五保人员的救济采取临时救济的方式，救济款物主要用于解决救济对象吃饭、穿衣和住房等基本问题，很难保障这些人群的基本生存。1956年中央发表了《1956—1967年全国农业发展纲要》，规定对以上对象的生产和生活给予适当的安排和照顾，使其有所依靠。1956年一届人大三次会议通过的《高级农业生产合作社示范章程》也明确规定了对五保户供养制度的细则，从此五保供养制度成为党和政府在农村的一项长期政策。

农村合作医疗保障制度。抗日战争时期陕甘宁边区举办过医药合作社或卫生合作社，为后来建立农村合作医疗制度积累了宝贵的经验。新中国成立初期，在城镇建立了公费医疗制度和劳保医疗制度；农村由于人口众多，对卫生医疗保健服务需求很大，国家无力承担起建立与城镇居民保障水平一致的农村医疗保障体系的经费。于是，在政府的提倡下，农民群众采取了自愿和互助共济的形式来解决医疗保健问题。1955年山西省高平县米山乡联合保健站最先实行了"医社结合"，并采取由社员群众出"保健费"和生产合作社出"公益金"补助相结合的办法，建立起合作医疗保健制度。1959年卫生部在山西稷山县召开了全国农村卫生工作会议，总结合作医疗经验并大力推广。到1965年，全国10多个省、自治区、直辖市的一部分县实行了合作医疗制度。1976年农村合作医疗覆盖了我国农村地区90%的人口，基本解决了农村人口在医疗卫生保健方面的基本需求，使得农民在收入普遍较低的情况下得以用较低的花费获得卫生防疫和流行病防治方面的服务。积极开展农村合作医疗，被世界银行认为促进了"中国卫生状况的显著改善和居民期望寿命的显著增加",被誉为成功的"卫生革命"。[1]

2. 传统经济体制下的农村社会保障制度的特点。(1)确立了以集体保障为主的农村社会保障制度的基本框架。实现集体化以后,集体开始对农民的社会保障发挥作用,原先家庭作为社会保障唯一主体的情况转变为集体和家庭共同成为农村社会保障的主体。当时农村发展社队企业基本上是不被允许的,往往被当成"资本主义尾巴"割掉。广大农民被束缚于土地之上从事生产劳动,以取得生存资源并向无劳动能力的家庭成员提供生存保障。集体从土地收益中提留的公益金则主要用于部分特殊社会成员(如"五保户")的社会保障事业,同时也为全体社员举办集体福利,但这仅限于极少数集体经济比较发达的地区,范围有限。中国农村家庭不直接占有土地,也不直接经营土地。土地归集体所有,并由集体组织经营活动。家庭成员获得生存保障是通过有劳动能力的成员参加集体劳动,并从集体获得相应的劳动成果分配而实现的。

(2)农村集体保障水平低。限于当时的经济条件,农村社会保障只能向社员提供最基本的生活保障。就社会救助而言,国家向农村贫困对象发放的救济款项数量非常有限,一般需通过生产集体提供最基本的救济款物。由于集体化政策特别是人民公社化政策损害了广大农民的生产自主权,挫伤了农民的生产积极性,加上历次政治运动的影响,集体经济的发展一直缓慢,到了"文化大革命"后期,集体经济已难以为继。在这种情况下,正常参加集体生产劳动的社员的温饱尚难维持,更谈不上给贫困对象提供救助了。当时农村已陷入普遍贫穷,残缺不全的社会保障制度由于缺乏国家和集体资金的支持发挥不了实质的作用。"文化大革命"期间仅有合作医疗制度得以迅速发展,但也主要受当时政治气候的影响,是一种表面的现象。事实上,在集体经济陷入困境、农民自身温饱难以解决的

---

[1] 世界银行编:《中国:卫生模式转变中的长远问题与对策》,中国财政经济出版社 1994 年版,第 3 页。

情形下，合作医疗因缺乏足够的资金支持，不可能发挥实质性的作用。

二、市场经济条件下的现代农村社会保障制度的建立及特点

1. 市场经济条件下的现代农村社会保障制度的建立。在计划经济下，人民公社集体经济在特定时期发挥了其对社员的最基本的生存保障功能。在这种保障形式下，社员尽管可能陷入普遍贫穷，但也不至于出现部分或单个社员家庭陷于生活无着的境地。

党的十一届三中全会的召开，标志着我国市场经济体制改革正式启动。在农村，以家庭联产承包责任制为主要内容的改革使农村经济发生了翻天覆地的变化，这也给农村社会保障工作带来挑战和机遇。

20世纪80年代至20世纪末持续的经济体制改革给农村社会经济带来巨大变化，主要表现在以下几个方面：一是农村家庭联产承包责任制的实行使农民生产经营方式和收入分配方式发生了根本性变化。家庭成为主要的生产经营单位，农民拥有自主经营支配权。二是乡镇企业和个体经济在农村发展壮大。不少地区既有农产品生加工产业，又有轻纺产业聚集的趋势。这一经济体的发展壮大改变了农村单一的经济结构，农民的职业身份、收入来源和思想观念发生了很大变化。三是城市经济体制改革为农村进城务工创造了大量就业机会。农村家庭劳作分工演变为青壮年外出务工、年老体弱者在家务农。农村经济改革不仅使农民收入有了大幅度地提高，增强了农民家庭自救和群众互救的能力，而且为农村社会保障发展造就了一定的经济基础，使农村社保工作改革能顺利开展。

同时，现阶段农村社会保障工作面临着几大突出的问题：一是农民面临的风险加大。束缚在土地上的农民承受自然灾害的风险，而市场经济条件下农民还要承受个体经营失败造成的市场风险，土地保障在抵御市场风险方面几乎无计可施。二是集体经济的解散使农村地区公共积累明显减少，原有依靠集体经济举办的农村社会救济、五保供养和合作医疗等保障与福利事业因为失去经济基础的支撑而解体。三是随着计划生育政策的贯彻落实，农村家庭结构规模急剧缩小，家庭保障功能严重弱化。

　　一些系列问题迫在眉睫，而农民的社会保障需求亟待满足。市场经济条件下农村社会保障制度建设走上了艰难的探索之路。党中央组织各级政府和理论界专家，从农村实际出发，对农村社会保障制度进行了一系列改革和试点，在改革和发展中发现问题、解决问题，并最终确立了关于建设农村社会保障制度的基本思想，建立并逐渐完善农村社会保障制度的基本框架。

　　建立现代化农村社会救济制度。农村社会救济是农村社会保障的最后一道安全网。我国农村贫困人口较多，社会救济的任务十分繁重，农村救济工作在现代化和市场化变革的指导下，进行了一些改革摸索工作。一是改革救济款使用管理办法，把救济与扶贫结合起来。1983年全国第八次民政会议针对辽宁省在实行家庭联产承包责任之后贫困户的生活风险转移给个人的问题，通过决议明确提出要改变过去单纯的救济办法，把救济与扶志、解决农民生活与扶助灾民和困难户发展生产结合起来。1984年9月党中央和国务院就扶贫工作专门发出了《关于帮助贫困地区尽快改变面貌的通知》；1985年民政部会同相关部门联合发出了《关于扶持农村贫困户发展生产的治穷致富的请示》，要求对老弱病残、鳏寡孤独等实行救济，对已经丧失劳动能力无法维持生产的贫困户，要实行补助或救济。二是推行农村定期救济，切实保障救济费落实到个人。民政部把农村定期救济作为改革的重要内容，先后推广了北京市门头沟区、青海省海东等地区对农村贫困对象实行定期救济的经验，有效防止了救济费被挤占、挪用和削减的问题，提高贫困对象的保障水平，规范救济工作。三是建立农村最低生活保障制度。1994年山西省民政厅在阳泉县开展建立农村社会保障制度的试点，规定县、乡、村根据各自经济发展的不同状况，确定基本保障线，对生活在基本保障线以下的贫困户，以户建档，逐年核定，使其生活水平达到基本保障线。1995年12月，广西壮族自治区武鸣县颁布了《武鸣县农村最低生活保障线救济暂行办法》，这是我国出台的第一个县级农村最低生活保障制度文件，其内容包括了保障对象、保障标准、保障资金、保障办法和资金管理等要点。1996年全国民政厅局长会议召开，明确提出积极探索农村居民最低生活保障制度的任务，确定了山东烟台市、河北平泉县、四川彭川市和甘肃永昌县等发达、中等发达和欠发达三种不同类型的农村社会保障体系建设的试点县市。1999 年全国已有 1660个县市区建立和实施了农村最低生活保障制度，有 306 多万居民领取了最低生活保障救济费。2001 年年底全国 16 个省、自治区、直辖市全部建立了农村最低生活保障制度。

重建农村五保供养制度。农村集体经济解散后，原来依靠集体公共积累供养、国家补助的五保供养工作停滞不前。有些地方的五保户生活水平急剧恶化，一些地方甚至将责任田分给五保对象后取消五保补助。20 世纪 80 年代党中央和国务院多次作出规定指出要切实保障五保对象的生活。1985 年民政部为了摸清五保对象的基本情况，总结五保供养工作的经验教训，从 1982 年年底到 1984 年年初，组织开展了全国第一次五保普查工作，在普查的基础上，各地人民政府结合当地的实际情况，对五保工作作出了具体的规定。1994 年国务院颁发了《农村五保供养工作条例》，进一步规范农村五保制度，保障农村五保对象的基本生活。1994 年《五保条例》进一步准确界定了五保对象，规定村委会审核五保对象的申报条件，经村民代表大会通过后，报乡、镇人民政府，乡、镇人民政府根据上报情况予以审批，此举严堵了虚报、谎报的漏洞。农村五保供养制度在绝大多数地区得到了较好的落实，在广大人民群众中产生了良好影响，五保政策的贯彻落实不仅保障了农村特殊群体的生活水平，而且促进了农村计划生育工作的顺利开展，破除了群众"养儿防老"的传统观念。

重建农村合作医疗制度。随着农村经济体制改革的深入，以家庭联产承包责任制为主的生产经营方式在农村地区的确立，农民家庭收入持续增加而集体的公共积累停滞不前甚至没有积累，农村合作医疗出现了停办的趋势。1980 年全国有 68.8% 的行政村实行合作医疗制度，到 1986 年仅剩 5.5%。[①] 合作医疗在缺医少药、经济发展水平不高的情况下为保障广大

---

① 宋士云：《中国农村社会保障制度结构域变迁（1949—2002）》，中南财经政法大学博士论文，2005 年。

农民的身体健康发挥了巨大作用。改革开放以来，针对农村地区缺少基本的医疗保障措施，国家倡导各地区结合自身实际情况，恢复与推广农村合作医疗事业。1991 年国务院批转了卫生部、农业部、人事部、国家教委、国家计委《关于改革和加强农村医疗卫生工作的请示》，指出要"稳定推行合作医疗保健制度，为实现'人人享有卫生保健'提供社会保障"。1993 年 11 月，党的十四届三中全会在《关于建立社会主义市场经济体制若干问题的决定》中明确提出：要"发展和完善农村合作医疗制度"。1994 年国务院政策研究室、卫生部、农业部与世界卫生组织合作，在全国 7 个省 14 个县（市）开展"中国农村合作医疗制度改革"试点及跟踪研究工作。1997 年，《关于卫生改革与发展的决定》明确提出"举办合作医疗，要在政府的组织领导下，坚持民办公助和自愿参加的原则"，"要因地制宜地确定合作方式、筹资标准、报销比例，逐步提高保障水平"，"要加强合作医疗的科学管理和民主监督，使农民真正受益。力争到 2000 年在农村多数地区建立起各种形式的合作医疗制度，并逐步提高社会化程度"。在沿海发达地区，如深圳、佛山，1997 年农村合作医疗覆盖率超过 70%，上海郊县 1999 年覆盖率达 64%。2002 年中共中央国务院颁发了《关于进一步加强农村卫生工作的决定》，提出建立农村新型合作医疗制度。在总结实施农村合作医疗制度具有代表性地区经验的基础上，如上海地区建立的以区为单位"大病风险基金"采取商业保险形式运作，江苏昆山地区建立的"家庭储户 + 住院风险统筹 + 大病救助 + 预防保健基金"的"四合一"模式，广东顺德地区和江苏苏州地区将城镇医疗保险制度覆盖范围扩大到农村地区，全国范围内基本确立了多层次、综合性的以大病保障为主的农村新型合作医疗制度。2004 年，新型合作医疗制度试点遍及 30 多个省、自治区和直辖市的 310 个县，覆盖 9504 万农业人口，筹集资金 30.21 亿元，4194.03 万人得到了合作医疗的报销补偿。同年，中央政府拨出 3 亿多元用于农村贫困人口的医疗救助。

2. 市场经济条件下的现代农村社会保障制度的特点。实行家庭联产承包责任制以来，农村经济市场化发展速度不亚于城镇经济市场化发展速度。然而，由于受早期城乡二元发展模式的深刻影响，城乡经济发展水平有显著差异，城乡经济发展呈现出鲜明的时代特点。现代农村社会保障制度是结合新时期农村经济发展形势转变的实际，建立的有别于城镇社会保障制度的适应于自身发展特点的基本保障制度，其发展突出表现在以下几个方面：

（1）农村社会保障力度加大。一是政府财政投入力度逐年增大。2006年农村税全面取消，由县级以上政府统一支付社会保障事业的资金；2008年中央财政安排"三农"支出5625亿元，确保农村公共事业的正常开展。二是加大政策倾斜力度。2008年党的十七届三中全会发布《中共中央关于推进农村改革发展若干重大问题的决定》，要求让经济社会发展成果惠及更多农民，推出多项保障农民切身利益的根本措施。三是农村社会保障事业的制度化和社会化趋势。由过去依靠土地和家庭自然保障演进为国家财政支持和个人合理分担共同保障，减轻市场经济风险对基本生活冲击的影响。同时大力发展国家、社会共同开办农村福利事业，保障弱势群体的基本生活。

（2）建立了多层次、以自愿参加为主的综合性农村社会保障制度。各地区经济发展不平衡，不可能重建传统经济体制下大而一统的社会保障制度。在市场经济浪潮的历练中，农民的社会保障意识日趋成熟，深刻认识到社会保障的必要性，对社会保障需求日益多样化。随着城镇化步伐的加快和农民收入水平的提高、收入来源的多样化，在综合改革试点的基础上，各地建立并逐渐形成了各具特色的社会保障体系，总的特点是多层次，满足多样化需求；自愿参合，保障农民自主选择权利；综合性，全面发展农村养老、医疗、福利、救济等保障事业。

（3）搭建了城乡社会保障制度对接的平台。随着城市化进程的加快和户籍制度的放开，人口流动加快给农村社会保障制度的建设提出了新的要求。各地政府因地制宜探索了适合本区域社会保障事业发展的途径和方法，总结了一系列宝贵的经验。能够实施统筹城乡社会保障体制地区，率先大胆尝试将城镇社会保障体系的覆盖范围扩大到农村地区；较发达地区在制度创新方面小心谨慎，当前建立并完善适应于农民在身份分化、转型期保障需求的体系；欠发达地区不断探索城乡社会保障提制度对接的切口，为将来时机成熟之际城乡社会保障制度对接打下坚实的基础。

60 年来，中国社会保障经历了从自发改革到自觉改革、从被动配套到主动建设、从单项试点到综合改革，从双轨并存到全面建设新制度的渐进过程，目前仍处于不断完善的进程之中。改革开放以前的 30 年，社会保障制度为计划经济保驾护航。短短 30 年内中国经济从一穷二白到全体人民温饱问题基本解决，国民财富有了一定积累；改革开放 30 年来，社会保障事业不仅实现了自身的快速转变，并且逐步显示出其可靠的减震和坚牢的防护作用，为建设有中国特色的社会主义市场经济全面发展增翼添彩。随着中国经济持续快速的发展和改革开放的深化，中国社会保障事业在不断发展和完善的过程中必将焕发更强的活力。

第十八章

对外开放的探索与发展

新中国成立伊始，为建设繁荣富强的新中国，一方面我们坚持独立自主、自力更生的原则发展经济，另一方面努力按照和平共处和国际上通行的规则积极发展对外经济关系，然而受当时国内和国际因素的制约，对外开放努力对经济建设的贡献收效甚微。党的十一届三中全会的召开，是"我国从封闭半封闭到全方位开放的伟大历史转折"，对外开放被确立为一项基本国策并且切实付诸实施。60 年来的历史实践表明：坚定不移的坚持对外开放，是一条坚实的强国之路。"今天，一个面向现代化、面向世界、面向未来的社会主义中国巍然屹立在世界东方。"①

第一节　对外开放战略的演变

我们伟大的祖国有着悠久的历史和灿烂的文化，是饮誉世界的文明古国。在古代，中国的对外开放曾达到当时社会历史条件下的最高程度，其

---

① 胡锦涛：《高举中国特色社会主义伟大旗帜　为夺取全面建设小康社会新胜利而奋斗——在中国共产党第十七次全国代表大会上的报告》，人民出版社 2007 年版，第 9 页。

时间之早、规模之大、影响之广，在世界上实属罕见。只是到了封建社会后期，清王朝出于自身统治的需要，才让中国进入了闭关锁国时期。闭关锁国以及半殖民地式的被迫的不平等的开放，给中华民族带来了沉痛的灾难是最好的明镜。新中国建立前夕，领导人就表达了对外开放的思想，毛泽东同志于 1949 年 6 月 15 日在新政治协商筹备会议上郑重宣布"中国人民愿意同世界各国人民友好合作，恢复和发展国际间的通商事业，以利发展生产和繁荣经济"。① 不同时期，我国的对外开放进行了不同的调整。综观新中国成立以来对外开放的战略历程，比较历史上开放则兴，封闭则衰的两种不同结果，可以给历史的后来者以很多启示。

一、1949—1978 年的对外开放战略

新中国成立后，国内外形势错综复杂，如何确定有利于中国的对外经济关系，对中国政府和人民来说是一个艰巨的考验。在中国共产党的正确领导下，中国政府和人民进行了坚强不屈的对外开放探索。

（一）"一边倒"

从新中国成立到 20 世纪 50 年代末，中国对外开放战略的基本特点是"一边倒"，即联合苏联及各社会主义国家，建立国际统一战线，以共同反对以美国为首的西方资本主义阵营。由于受到国内和国际因素的制约，特别是受到以美国为首的西方资本主义国家对中国实行敌视和封锁政策的影响，对外开放举步维艰。实施"一边倒"的外交战略是新中国领导人面对当时的国际环境，从维护国家安全、独立和经济发展利益出发所做出的现实主义选择。

由于外汇短缺，我国只有采取记账贸易的方式与朝鲜、越南等 12 个社会主义国家进行贸易。与此同时，中国还利用中国香港、中国澳门的特殊地理位置和与西方的密切经济联系，与其发展贸易，既打破了西方的封锁，又为后来实行的"一国两制"积累了经验。此外，我国从 1957 年起

---

① 《毛泽东选集》第四卷，人民出版社1991 年，第 1466 页。

每年举办两次广州中国出口商品交易会，对我国对外贸易的扩大起到了很大作用。

我国按照"自力更生为主，争取外援为辅"的建设方针，在利用外国资金方面进行了一些尝试和实践。20 世纪 50 年代，我国从苏联、东欧国家引进了多个不同项目，得到折合 26 亿美元的贷款，建成了冶金、机械、汽车、石油、煤炭、电力等 156 个重点基础项目，并同前苏联合资经营了新疆有色金属公司、大连中苏修船造船股份有限公司等企业，奠定了工业化的初步基础。

"一边倒"对外战略的实施为新中国大规模的经济建设争取到了急需的资金、技术、人才乃至管理经验，这对冲破以美国为首的西方阵营的经济封锁和禁运，迅速恢复和发展国民经济，胜利完成第一个五年计划，推动社会主义工业化进程，都起到了不容忽视的作用。

（二）"两条线"

从 20 世纪 50 年代后期到 60 年代，中国社会主义建设处于艰难探索时期。国内政治开始向"左"转，以至发展成一场十年内乱。与此同时，中苏关系开始恶化，中国的国际环境发生巨大改变。国际环境的客观变化与国内政治中开始严重的极"左"趋势交相作用，促使对外战略发生重大转变，放弃"一边倒"战略，转向实行在世界范围内建立反帝、反修"两条线"的战略。

这一时期，面对来自美苏两面的夹击，为摆脱外交上的被动局面，中国把外交立足点转向"两个中间地带"国家。在大力发展同亚非拉各国友好往来的同时，充分利用资本主义世界的内部矛盾，努力加强对西欧和日本的工作，缓解美苏对我实施孤立与围堵政策的压力，从而拓宽了外交局面，增强了与美苏威胁和压力相抗衡的力量。而由外交与内政之间的密切关系所决定，这一变化对国内建设不可避免地产生了深刻影响。

在与苏联关系发生变化之后，毛泽东、周恩来同志适时提出，把引进对象转移到西方对我友好的国家和地区。中日关系由 20 世纪 50 年代民间贸易转入 60 年代的友好贸易和备忘录贸易，再到 1963 年中国同日本签订了第一个采用延期付款方式进口维尼纶成套设备合同，打开了西方国家从技术上封锁中国的缺口。1964 年，中国与法国建交，中法两国政府间贸易关系迅速发展，带动西欧掀起了开展对华贸易的热潮。从 1962—1968 年，中国从英国、法国、意大利、联邦德国、奥地利等国先后引进了石油、化工、冶金、电子、精密仪器等技术 80 多项，这些项目对于填补国内空白，提高技术和改造老企业发挥了一定的作用。

在亚非会议后，中国与埃及、叙利亚、古巴、智利等国的关系得到了很大的发展。同时，中国非常注重援助亚非国家人民的斗争事业。1964 年年初周恩来同志在亚非 13 国之行期间，提出了中国对外援助的八项原则，我国在对外援助中创立了国际经济关系中真诚合作的典范，增进了我国与第三世界国家的了解和信任。1964 年以前，中国除了给予柬埔寨经济援助外，还与尼泊尔、斯里兰卡、缅甸和印尼等民族主义国家订立了经济援助正式协定。其后，对民族主义国家给予经济援助成为中国的一项长期政策。

（三）"一条线"

进入 20 世纪 70 年代，中国对外战略又一次发生转变，改变了"两条线"战略，实行以联美遏苏为特征的"一条线"战略。结合当时的国内情况来看，中美关系解冻时值国内"文化大革命"动乱正在进行中，极"左"思潮泛滥，加之新中国成立以来中美一直处于敌对状态，仇恨美帝国主义的民族情绪十分强烈。因此，与当时头号帝国主义国家搞缓和有着意识形态和历史积淀的民族对立情绪的双重障碍。在此情形下，作为共和国的最高领导人和决策者，毛泽东同志审时度势，对启动中美关系的和解进程起到了至关重要的作用。

随着中国与西方国家关系的改善，特别是和美日关系的改善以及我国在联合国合法地位的恢复，对我国对外贸易的国际环境明显改善，也使得对外贸易额迅速增长。1973 年我国对外贸易总额首次突破 100 亿美元，比 1972 年增长了 74.2%；到 1978 年，又突破 200 亿美元，达到了 206.4 亿美元，比 1972 年增长了 2.3 倍。初级产品由新中国成立初期的 80% 以上下降到 70 年代的 50%。

我国引进外资的规模有所扩大。周恩来主持审定了用 43 亿美元从国外引进一批成套设备和单机方案。1975 年，邓小平同志接替病重的周恩来同志主持中央日常工作，明确提出要把扩大进出口贸易、引进先进技术装备作为一项"大政策"。先后两次贷款 30 亿美元和 73 亿美元引进大型设备。这些项目的建立，都为我国对外开放国策的确立和实施积累了经验，对当时的国民经济起到了较大的辅助作用。

二、1978—2009 年的对外开放战略

粉碎"四人帮"以后，进行现代化建设的任务日益迫切地提上日程。在酝酿进行大规模经济建设的同时，中央一些领导人也在进行着扩大对外开放的准备工作。此时，中共中央和国务院派出的大量出国访问代表团，几乎都被赋予这样的使命：了解世界形势的发展变化；考察世界先进的科学技术和经济管理经验，以探索中国加快现代化建设的途径和方法。1978年年底，党的十一届三中全会作出了在自力更生的基础上，积极发展同世界各国平等互利的经济合作，努力采用世界先进技术和先进装备的重大决策。随后，我国提出了社会主义现代化建设要利用国内和国外两种资源；要打开国内和国际两个市场；要学会组织国内建设和发展对外经济关系两种本领。对外开放被确立为一项基本国策，这是我国经济战略思想的重大转变。

（一）从点到面的对外开放战略

1978 年到 20 世纪 90 年代初，这一时期在对外开放战略上，党中央和国务院确定了"重点开放沿海地区，逐步向内地开放的经济发展战略"，把我国经济发展进程划分为东部地区——沿海地区，中部地区——中部各省和西部地区——新疆、青海、西藏等边远省、区三个地区，先发展东部地区，带动中部和西部地区发展，推动对外开放实现由点到面在空间上逐步扩大的方式进行的。按照此项战略，将我国分为经济特区、沿海开放城市、沿海经济开放区、内地四个层次。

1. 经济特区建设与发展。1979 年，中央、国务院决定对广东、福建两省的对外经济活动实行特殊政策和灵活措施。1980 年 8 月 26 日，五届人大常委会第十五次会议审议批准设立深圳、珠海、汕头和厦门四个经济特区，并批准、公布了国务院提请审议的《广东省经济特区条例》。从此我国的经济特区通过国家立法程序正式诞生。其中，深圳为最早和最大的特区，其面积不仅超过了其他三个特区面积的总和，而且在世界各国的经济特区中也首屈一指。特区很快吸引了外来的资金、技术，促进了中国管理水平的提高和人才的培育。1988 年 4 月，七届全国人大一次会议正式批准海南岛设省，全面开放，建立中国最大的经济特区。1990 年决定开发和开放上海浦东，实行某些经济特区政策。特区及其周边地区在四五年内成为增长最快的地区。社会主义国家举办利用资本主义世界资金、技术的经济特区，历史上没有先例，是一项创造性的实践。我国经济特区经过一段时期的发展，整体实力颇具规模，特别是深圳经济特区，已经从一个边陲小镇发展成为一个国际化的大都市，经济综合实力进入全国大中城市前列。

经济特区的建立和发展，是我国对外开放具有标志性意义的成果。我国经济特区的设立，是在参考世界上其他国家和地区设置经济特区成功经验的基础之上。所以，我国经济特区的设立是从我国的国情出发。党和国家规定，经济特区是我国完全行使主权管辖的行政区域，在政治上坚持四项基本原则，思想文化上坚持社会主义精神文明建设；但在经济活动中实行特殊政策，在经济管理上实行特殊的经济管理体制。具体有：（1）深圳、珠海、汕头、厦门四大经济特区所在市及其人大常委会享有"较大市"的立法权。经济特区立法实际上已经成为中国立法体制的一个重要组成部分；（2）特区企业的所得税只按 15% 的低税率征收（当时非特区的国有大中型企业所得税率为 55%），对进出特区的境外客商、外籍人员简化手续，给予方便；（3）企业产品出口、自用设备、原材料、办公用品进口免征关税；（4）先进技术产品允许部分内销，以产顶进，以市场换先进技术；（5）在坚持公有制为主体的前提下，允许多种经济成分并存，特别是实行一系列优惠政策，吸引外商投资，优先发展"三资"企业；（6）实行计划经济和市场调节相结合，特区的企业在经营上自生权更大些。

作为我们党的改革开放政策的产物，经济特区的诞生不仅具有历史的必然性，而且从一开始就被赋予了我国经济体制改革的"试验场"和对外开放的"窗口"的历史重任。特区经济的快速增长给全国人民以鼓舞和启示，增强了人们建设中国特色社会主义的信心。

2. 沿海开放城市的建设与发展。在经济特区建设取得突破性进展后，1984 年 2 月邓小平同志视察了深圳、珠海、厦门三个经济特区，指出："深圳的发展和经验证明，我们建立经济特区的政策是正确的。"回到北京后他又说，"我们建立特区，实行开放政策：有个指导思想要明确，就是不是收而是放"，"除现在特区之外，可以考虑再开放几个点，增加几个港口城市"，"这些地方不叫特区，但可以实行特区的某些政策"。[①] 根据邓小平同志的建议，同年 4 月党中央、国务院决定进一步开放天津、上海、大连、秦皇岛、烟台、青岛、连云港、南通、宁波、温州、广州、湛江和北海 14 个沿海港口城市，这标志着我国的对外开放格局从经济特区走向重点延伸，在沿海地区从南到北连成一线，这是我国坚持对外开放、实现现代化奋斗目标的又一个重大步骤。

国家对这些城市实行经济特区的某些政策加以扶持。在这些开放城市中，有条件的地方可以兴办经济技术开发区，通过各种优惠政策吸引外资，引进先进技术和管理经验，加速现有企业的技术改造，加快技术进步，使重要行业和企业的技术和产品赶上当代国际先进水平。实践证明，沿海开放城市在利用外资、引进先进技术方面，在与内地的横向经济联系，促进资金、设备、技术和人寸的合理交流，带动内地经济开放方面都取得了巨大成就。

3. 沿海经济技术开发区的建设与发展。随着我国对外开放的持续发

---

① 《邓小平文选》第三卷，人民出版社 1993 年版，第 51、52 页

展，党中央、国务院决定实施沿海经济发展战略。1985 年 2 月，党中央、国务院决定将珠江三角洲、长江三角洲、闽南厦（门）漳（州）泉（州）三角地区的 61 个市、县，开辟为沿海经济开发区，规定这些市、县的城区和经批准的工业卫星镇可以实行沿海开放城市的政策；在农业上为发展出口引进的优良种苗、生产机具免征进口关税和增值税；选择一些海岛和江心沙地开辟农业隔离试验区，引进良种、良畜进行试种试养项目，从获利年度起 5 年内豁免一切税收。

1986 年 8 月，国务院批准设立上海闵行经济技术开发区和虹桥经济技术开发区（以商贸服务业为主）。1988 年年初，又将山东半岛、辽东半岛列入沿海经济开发区。1988 年 6 月，又批准了上海市举办以发展高新技术产业为主的漕河泾经济技术开发。1992 年，国务院先后批准举办温州、昆山、营口、威海、福清融侨开发区。这些经济技术开发区，在继续建设基础设施，完善投资环境的同时，以建设生产性项目为生命线，大力招商引资，拓展出口贸易，抓管理，上水平，努力提高规模经济效益，发展规模不断扩大，经济实力逐步增强。到 90 年代初期，就整体而言，开发区走上了以发展现代工业为主、吸引利用利用外资为主、拓展外贸出口为主（简称"三为主"）的发展轨道。经济技术开发区开始展现出勃勃生机。

沿海经济开放区可凭借交通方便，对外联系广泛，工农业基础好，有丰富的劳动力资源，以及蓬勃发展的乡镇企业的力量，并根据国际市场的需要，通过吸引外商直接投资，大力发展外向型的加工工业和出口创汇农业，扩大出口创汇。

4. 逐步向内地开放。按照党中央和国务院的指导思想，我国实行对外开放政策，就是从经济特区——沿海开放城市——沿海经济开放区——内地逐步推进，把沿海的发展和内地的开发结合起来，有效地解决了我国经济建设中东部、中部、西部的有关问题，由沿海带动整个内地的发展，促进全国经济的振兴。

由此可见，沿海地区是我国实行对外开放的前沿地带，是对外开放的重点地区。沿海地区的经济发展制约着全国经济的发展，影响着现代化建设的规模和进程。

（二）对外开放加速向纵深推进和全方位开放格局

1992 年邓小平同志视察南方，提出了生产力标准、三个"有利于"等一系列新的改革开放思想。1994 年党的十四届三中全会作出建立社会主义市场经济体制的战略部署，提出"发展开放型经济，与国际互接互补"的新要求。中央决定开发开放上海浦东新区，我国开始在全国范围内全面推进对外开放，实行沿江和沿边开放，推动我国对外开放由沿海向内地纵深推进，进一步形成了全方位的区域开放格局。

1. 开放陆地边境市、镇。1992 年年初，邓小平南方谈话的发表，加快了中西部地区的对外开放步伐。同年 3 月以后，国务院决定开放吉林的珲春，黑龙江的绥芬河、满洲里、黑河，内蒙古的二连浩特，新疆的伊宁、培城、博乐，云南的瑞丽、畹町、河口，广西的凭样、东兴共 13 个陆地边境市、镇。

进一步开放陆地边境市、镇，是全方位对外开放的重要步骤。我国对陆地边境市、镇，实行类似沿海开放城市的政策，以加速边境地区开放型经济发展为目的，形成了沿周边国家的东北、西北、西南三大开放地带。东北开放带，以俄罗斯、独联体其他国家、蒙古、东欧诸国为对象，以满洲里、黑河、绥芬河、珲春四个沿边开放城市为龙头，内蒙古、黑龙江、吉林等省区正在形成一个具有纵深背景的大开放区。西北开放带，以独联体诸国、东欧诸国、巴基斯坦、西亚诸国为对象，以新疆自治区为主体，在 5400 多公里的边境线上开通了八个通商口岸。东起连云港，西经新疆至欧洲的大陆桥的开通，为我国的西北部开放提供了重要条件。西南开放地带，以印度、尼泊尔、缅甸、老挝、越南、孟加拉国等为对象，以云南、广西为主体。

沿边地区利用中央赋予的政策，逐步打开了封闭的门户，一种以贸易为先导，以内地为依托，以高层次经济技术合作为重点，以开拓周边国家市场为目标的沿边开放新态势已经形成。

2. 开放沿江和内陆城市。继沿边开放后，1992 年 6—7 月，中央又决定以上海浦东为龙头，开放重庆、岳阳、武汉、九江、黄石、芜湖等六个沿长江港口城市,；开放太原、合肥、石家庄、南昌、郑州、长沙、成都、贵阳、西安、兰州、西宁、银川、昆明、乌鲁木齐、南宁、哈尔滨、长春、呼和浩特等内陆省会城市，执行沿海开放城市的有关政策。

沿江和内陆省会城市的开放，将使我国对外开放向纵深地域发展。我国通过该地区的开放，不仅促进了长江流域和大半个中国经济的发展，而且对于扩大和完善我国对外开放格局，缩小东、中、西部地区差距都产生了积极影响。

由此可见，我国的对外开放并没有采取全国同步开放的方针，而是采取多层次、滚动式、逐步向广度和深度发展的方针，是由我国的国情所决定的。我国地区经济发展很不平衡，地理条件差异较大，特别是长期实行封闭型的高度集中的计划经济体制、价格体系和产业结构同世界经济割开的情况下，不可能采取一刀切的办法，而只能采取由点到线、由线到面、由东到西、由南到北逐步展开的方针。

（三）新时期中国对外开放战略

2001 年 12 月 11 日，经过长达 15 年艰难而曲折的历程，我国成为世贸组织成员。以 2001 年 11 月中国政府在多哈正式签署加入 WTO 文件为标志，中国的对外开放进入了一个全新阶段。从此，我国的对外开放由有限范围、地域、领域内的开放，转变为全方位、多层次、宽领域的开放；由以试点为特征的政策性开放，转变为在法律框架下的制度性开放；由单方面为主的自我开放市场，转变为我国与世贸组织成员之间的双向开放市场；由被动地接受国际经贸规则的开放，转变为主动参与制定国际经贸规则的开放；由只能依靠双边磋商机制协调经贸关系的开放，转变为可以多双边机制相互结合和相互促进的开放。

在这一阶段，中国的对外开放战略主要表现为开放领域的扩大和开放模式的转型以及国内体制与世界贸易组织规则的全面对接。在加入 WTO 之前，中国的对外开放主要表现为在国家自主控制下的局部性开放，加入

WTO 之后，中国的对外开放的战略特征由单方面自我控制的对外开放转变为在 WTO 框架下可预见的对外开放。在加入 WTO 谈判中，中国政府对进一步开放市场，尤其是服务贸易市场，以及按照 WTO 的规则修改国内法律与规章等方面做出了广泛而深刻的承诺。加入 WTO 后，中国认真履行承诺。不断完善涉外经营管理体制和政策，创造公平和可预见的法制环境。一方面依照承诺大幅度降低关税和取消非关税壁垒，到 2005 年中国平均关税水平已降到 9.9%，并取消了大多数非关税措施；另一方面进一步开放市场，加快完善市场经济体制。中国努力优化投资和贸易环境，改善贸易结构，提高贸易和投资的自由度，创造更加良好的投资环境，并在银行、保险、证券、分销等服务贸易领域加快了开放步伐，在世界贸易组织分类的 160 多个服务贸易的部门中，中国已经开放了 100 多个，占62.5%，已接近发达国家的水平。加入 WTO 对中国经济政治社会发展带来了全面而长远的影响，它使中国国内市场与国际市场的联系日益紧密，国内经济与国际经济的互动明显增强，中国开始进入全面开放时期。

我国对外贸易获得了巨大的发展。2008 年，外贸总额逾 2.56 万亿美元，是 1949—1978 年总和的 15 倍，跃居全球第三大贸易国。2009 年上半年我国超过德国，已成最大的出口国。进出口商品结构进一步优化，机电产品和高新技术产品成为主要的贸易增长点。市场多元化战略显见成效，对新兴市场的开拓取得较大进展。我国吸收外资在量和质上都有了很大的提高，截至 2009 年 6 月底，全国累计批准设立外商投资企业 67 万家，累计实际使用外资逾 9000 亿美元，连续 17 年成为世界上引资最多的发展中国家。我国对外投资也进入了新的时期，加入 WTO 后的 2002—2008 年间，对外直接投资从 27 亿美元增至 521 亿美元，6 年猛增近 20 倍。对外承包工程、对外劳务合作、对外设计咨询三项合计年营业额，从 1978 年的 0.3 亿美元升至 2008 年的 651 亿美元，增长 2000 多倍。对外援助可圈可点，近 5 年为发展中国家援建亿元以上标志性项目 29 个，培训各类人才 2.4 万名。对外开放极大地促进了我国经济发展，空前提升了我国的国际地位。我国的可持续发展已经离不开世界，全面的开放使中国经济融入全球经济一体化的进程之中。

第二节　对外贸易体制的改革与发展

新中国成立 60 年来，特别是近 30 多年来，我国对外开放取得了举世瞩目的成绩，而这些成绩的取得和经济体制改革不断发展和深化是密不可分的。经济体制改革促进了对外开放的扩大，对外开放的扩大有力地促进了改革的深化和改革成果的扩大。对外贸易体制是经济体制的重要组成部分，是实现经济与国际接轨和建立社会主义市场经济体制的重要内容。近 30 多年的外贸体制改革，是一个逐渐破除计划外贸体制的过程，也是一个市场外贸体制逐渐形成、完善和成熟的过程。外贸体制改革取得了巨大的成就，促进了我国对外贸易的高速增长，加快了我国经济与世界经济的融合进程，促进了我国参与国际分工与交换、发展开发型经济，推动了国民经济持续、快速、健康良性发展。

一、对外贸易国家统制的 30 年

1979 年以前的外贸体制是与当时的高度集中的计划经济体制相适应的，称为对外贸易国家统制，就是指对外贸易由国家统一领导、控制和调节，以保护国家和人民的利益。国家通过制定方针、政策，设立专门经营管理机构，制定对外贸易计划，采取各种管理措施，对对外贸易的发展加以指导、控制和调节。

这 20 多年间相对定型的外贸机构管理体制是：对外贸易部是国务院领导下的统一管理全国对外贸易的行政领导部门；各省市自治区的对外贸易局受外贸部和各省市自治区政府的双重领导，负责领导、组织和管理本地区的对外贸易工作；驻外商务机构受外贸部和驻该国大使馆的双重领导。进出口业务的具体管理体制是：国营专业外贸公司具体负责分管商品

的进出口业务；各外贸进出口公司根据外贸部下达的出口收购计划，同各出口商品的供货部门或生产企业签订购销协议或合同；各专业进出口公司根据下达的出口计划，负责对外成交，签订出口合同；进口业务由国家计划委员会下达进口计划，各专业进出口公司负责统一对外洽谈并签订进口合同。

在此期间，我国实行对外贸易统制的手段主要有：进出口许可证制度，由中华人民共和国对外贸易部代表国家统一签发进出口许可证；进出口业企业管理制度，一切进出口业务都由外贸企业所属的外贸专业公司经营，并受外贸部统一领导和管理；外汇管理制度，我国对外汇实行由国家集中管理、统一经营的方针；保护关税制度；货运监管和查禁走私制度；进出口商品检验制度等等。

对外贸易管制体制是在当时特定的国内外历史条件下形成的，对国内经济建设起过应有的积极作用。但是，随着国内外形势的变化，我国原有的外贸管理体制暴露出了许多问题：（1）外贸统得过死，管理权利过于集中，不利于发挥地方和其他部门经营外贸的积极性；（2）产销不见面，生产企业或者供货部门脱离国外市场，得不到价格、质量、品种、规格方面的足够信息，因此也无法根据市场变化做出及时的反应；（3）外贸部统包盈亏的办法，助长了吃"大锅饭"和平均主义的习惯，不利于经济效益的提高；（4）外贸经营上的垄断不但产生低效益，而且滋长了官商作风；等等。因此，这一体制严重阻碍了我国对外贸易的进一步发展，亟须进行外贸体制改革。

二、外贸体制改革的不断发展与深化

1979—2008 年的外贸体制改革历经五个阶段：1979—1987 年的探索阶段；1988—1990 年的整体推进阶段；1991—1993 年的攻坚阶段；1994—2001 年的继续深化阶段；2001—2008 年的内外贸体制融合阶段。

（一）探索阶段

这一阶段从 1979 年到 1987 年，中国外贸体制改革的主要方向是改革高度集中的经营体制和单一的指令性计划管理体制，下放外贸经营权，开始实行进出口贸易的指令性计划、指导性计划和市场调节相结合。具体的探索改革措施是：

1. 进行了调整领导机构的尝试。1979 年 7 月 30 日五届全国人大常委会第十次会议决定设立中华人民共和国进出口管理委员会，领导对外贸易部的工作。其后的两年多实践发现新设的进出口委员会同对外贸易部机构重叠，工作重复交叉，因此在 1982 年 3 月重新组建对外经济贸易部。对外经济贸易部由原来的进出口管理委员会、对外贸易部、对外经济联络部和外资管理委员会合并组成，统一领导管理全国的对外贸易工作。

2. 外贸经营由单一渠道改为多渠道。为了适应外贸事业发展的需要，扩大地方经营权，确定对出口商品实行分级管理、分类经营。中央管理一类出口商品由外贸部所属各外贸专业公司经营，其中某些商品，经国务院批准，也可由有关部门的进出口公司经营出口。这些一类商品均是少数大宗的、重要的、国际市场上竞争激烈的出口商品以及有特殊加工、整理、配套、出运要求的商品。对各地、各部门交叉经营的、国外市场竞争比较激烈的，以及国外对我国商品进口有配额、限额限制的二类出口商品，在外贸专业总公司组织协调下分别由经营出口的省、自治区、直辖市自行对外成交，出口任务归各地；对尚不能自营出口的省、自治区仍维持原调拨办法不变。地方管理的三类出口商品，凡是有条件的地区，由省、自治区、直辖市经营出口。

3. 实行政企分开。实行政企分开后，经贸部和省、自治区、直辖市经贸厅（委）专司对外经贸的行政管理，并重新设立对外贸易企业的管理，重新恢复对部分进出口商品的许可证制度，实行配额管理，对外国企业在中国设立常驻代表机构的管理，对出口商品商标的协调管理，以及进一步加强海关、商检、外汇的管理。外贸企业则要从原来所属的行政部门独立出来，独立核算，自负盈亏，成为经济实体，承担国家规定的进出口任务，建立责、权、利一致的经济责任制，自主经营进出口业务。各级行政部门不得干预外贸企业的内部事务，给企业以充分的自主权。

4. 改革外贸计划体制。改变外贸计划全部由外贸专业总公司承担的局面。随着外贸经营权下放，规定凡经营进出口业务的单位和企业，都要承担国家出口计划任务。缩小指令性计划的范围，扩大指导性计划范围，注意发挥市场调节的作用。

5. 推行出口代理制。出口代理制是指外贸企业提供各种服务，收取手续费，盈亏由委托代理出口的生产企业负责。实行出口代理制，有利于提高出口产品的竞争能力，有利于提高生产企业的出口积极性，有利于搞好工贸结合，有利于提高对外履约率，有利于提高外贸企业的经营管理水平和服务质量。

这些改革措施的实施，取得了一定的成就，改变了外贸部门独家经营的状况，扩大了经营渠道，调动了多方面的积极性。但是，由于外贸体制改革是一项十分复杂的系统工程，它与整个经济体制的改革有着密切的联系。从总体上看，外贸体制中一些带根本性的问题尚未解决，改革还未取得突破性的进展。其主要问题是：政企没有适当分开，企业缺乏经营自主权；吃"大锅饭"的局面没有改变，企业盈亏仍然由中央财政统收统支；工业生产企业没有与外贸企业从根本上结合；经营还未放开，经营权仍比较集中；宏观调控还没有形成有效的经济调节体系，仍以直接调控为主；等等。

（二）整体推进阶段

1988 年到 1990 年是外贸体制改革的整体推进阶段。从微观层面来看，外贸体制改革立足于增长企业活力这一根本出发点。在这一阶段，主要的改革任务是在全外贸行业实行承包经营责任制。1987 年 10 月，党的十三大报告指出："为了更好地扩大对外贸易，必须按照有利于促进外贸企业自负盈亏、放开经营、工贸结合、推行代理制的方向，坚决地、有步骤地改革外贸体制。"这就为深化外贸体制改革指明了方向。

1988 年起全面推行对外贸易承包经营责任制，其主要内容是：（1）各省、自治区、直辖市计划单列市人民政府和各外贸专业总公司、各工贸总公司三个渠道分别向中央承包出口收汇、上缴外汇额度和经济效益指标。承包指标一定三年不变。（2）取消原有使用外汇控制指标，完成承包指标内的外汇留成按比例分成，凡地方、部门和企业按规定所取得的留成外汇，允许自由使用。同时，在全国建立若干外汇调剂市场，允许企业只有外汇随时进入市场自由调剂。（3）进一步改革外贸计划体制，除统一经营、联合经营的21种出口商品保留双轨制外，其他出口商品改为单轨制，即由各省、自治区、直辖市和计划单列市直接向中央承担计划，大部分商品均由有进出口经营权的企业按国家有关规定自行进出口。（4）在轻工、工艺、服装三个进出口行业进行外贸企业自负盈亏的改革试点。这三个行业的外贸企业的出口收汇，大部分留成给外贸企业、生产企业和地方，小部分上缴国家，外贸企业实行自负盈亏。

与此同时，配合全面实行承包经营责任制的改革，其他方面的改革进一步深化，其中包括：（1）深化外贸机构改革。外贸专业总公司设在各地方的分支公司、地方外贸公司和自属生产企业，除保留统一经营的分支机构以外，都在计划、财务、机构、编制和劳动工资等方面与总公司脱钩，下放地方作为独立的经济法人，按照国家统一政策进行管理。外贸专业总公司逐步转变职能，由管理型转为经营型，实行企业化经营，朝着综合型、集团型、多功能、国际化企业的方向发展。（2）深化外贸管理体制改革。经贸部逐步转变职能，在外贸管理方面由直接控制为主转向间接控制为主，综合运用法律手段、经济手段和必要的行政手段，调节市场关系，引导企业行为。

外贸承包经营责任制的实行，进一步发挥了各级地方政府、各部门支持和推动外贸发展的积极作用，调动了各类外贸企业和出口生产企业扩大出口的积极性，对于促进外贸企业内部机制的改善，增强企业活力，扩大进出口贸易，特别是促进出口的发展，起到了积极作用。但由于受整个经济体制改革阶段性的制约，以自负盈亏为特征的外贸承包经营责任制的许多改革措施具有较强的过渡性，这些过渡性措施也因为配套改革跟不上而未能贯彻到位，所以，在经过承包经营责任制改革后，旧体制留存的问题和改革后产生的新矛盾交织在一起，政企不分、工贸脱节、条块分割、进出口体制分离等矛盾进一步显现。具体表现在：（1）由于人民币汇价高估和国内外价格割断，承包经营责任制仍然保留了中央财政对出口的补贴，没法建立真正的外贸自负盈亏机制；（2）由于出口补贴和外汇留成水平不一致造成了不平等竞争；（3）企业在承包期内容易萌生"短期行为"，忽视外贸长期发展的战略目标和战略措施，等等。

（三）攻坚阶段

1991 年到 1993 年是外贸体制改革的攻坚阶段，这一阶段的改革就是要取消对外贸出口的财政补贴，从建立自负盈亏机制入手，使外贸逐步走上统一政策、平等竞争、自主经营、自负盈亏、工贸结合、代理经营的良性发展轨道。具体说来，这一时期实行了如下的改革措施。

1. 推行新一轮的外贸承包责任制。这一轮改革的具体内容是：（1）取消财政补贴，建立自负盈亏机制；（2）改变地区差别外汇留成办法，实行按大类商品全国统一的外汇留成比例，创造同类外贸企业平等竞争的条件。（3）实行三项指标承包。各省、自治区、直辖市和计划单列市以及直接承担出口任务的各外贸总公司、工贸公司，必须承包出口总额、出口收汇和上缴给国家外汇额度三项指标，国家根据"八五"计划对外贸发展的要求和全国外贸出口的实际情况，逐年核定地方、部门和各外贸企业向国家承包的出口总额、出口收汇和上缴外汇额度任务。（4）地方外贸与中央财政脱钩。对外经济贸易部所属的各外贸总公司在各地方的分支公司、地县一级外贸公司以及外贸生产企业，除了少数保留外，全部下放地方管理，财务关系隶属于地方。各外贸总公司的财务关系，隶属于经贸部。国务院其他部委所属的贸易公司的财务隶属关系，隶属于其主管部委。（5）进一步发挥外汇调剂市场的作用。允许外贸企业在完成上缴国家外汇额度任务后，其留成外汇额度进入外汇调剂市场，在全国范围内调剂。各地方和部门不得用行政手段干预外汇资金的横向流通和调剂。

2. 进一步放开出口商品的管理。1993 年国家实行配额许可证管理的出口商品品种减少到 138 种，比上年减少了 52%；同时取消了原来的分级管理、分类经营的做法，除少数大宗的重要出口商品之外，其他出口商品一律放开经营；出口配额的分配同出口实绩挂钩；同时进一步扩大地方外贸管理部门的积极性。

3. 深化进口管理体制方面的改革。包括取消某些商品的进口补贴；取消全部进口替代商品的清单；缩小进口许可证管理的商品范围；以产业政策来引导进口商品结构的不断趋向优化；逐步改变进口商品的行政审批办法，改用汇率和关税的调节方法；改革汇率制度，使汇率处于合理的水平；不断减低关税水平，使其接近发展中国家的水平。

4. 深化外贸企业改革。包括在外贸企业中建立责权利结合的岗位责任制；试行股份制，让职工持有少量股份，以调动工作积极性；加强工贸、技贸结合，发展实业化、集团化、国际化经营，由单纯的商品贸易向多功能企业转化。

5. 深化外贸行政管理体制改革。转变外贸行政管理职能，做到主要用法律、政策和经济等手段，再辅以必要的行政手段来强化外贸的宏观管理，弱化微观管理；适当调整外经贸部的机构，增设的宏观管理机构有：经贸政策和发展司、经济协调司和外贸储运协调司；撤销的微观管理机构有进出口司；加快外贸立法工作，增加 47 个有关的内部文件，宣布废除的有 122 个，其他内部规定经清理以后陆续对外公布。

这三年改革使我国对外贸易体制向适应国际贸易规范方面前进了一步，对我国对外贸易长期稳定发展具有重要意义。第一，实行外贸企业自负盈亏，使外贸特别是出口的发展摆脱了国家财政状况的制约，走上真正自主做外贸的轨道，有利于长期规划出口生产的发展，也有利于制定长远的经营决策，保持出口的稳定增长。第二，它迫使外贸企业改善经营管理，提高经济效益，破除长期依靠国家扶持的思想，增强竞争意识，增强自身活力，以适应国际市场激烈的竞争。第三，有利于转变外贸行政管理职能，做到主要用法律、政策和经济等手段来强化外贸的宏观管理，并按照国际惯例的要求，逐步提高外贸管理办法的透明度。第四，有利于按现代化企业制度改组国有外贸企业，转变其经营机制，并试行股份制。但是，按照建立社会主义市场经济体制和适应国际贸易规范的要求，我国外贸体制依然存在诸多不相适应的方面。保留了出口创汇的指令性计划，企业经营机制改革还不到位，官方汇率和调剂市场汇率并存等问题的存在表明，外贸体制改革的任务仍然繁重。

（四）继续深化阶段

1994 年，中国的改革开放进入了新的历史阶段——用建立国民经济新体制代替旧体制。按照新的历史阶段和社会主义市场经济体制的要求，中国外贸体制又进一步进行了改革。自 1994 年开始至 2001 年年末中国加入世贸组织为止，经过八年的努力，中国初步建立了符合社会主义市场经济体制的外贸新体制。

1994 年 1 月，国务院作出《关于进一步深化对外贸易体制改革的决定》。根据这一决定的精神，该阶段的外贸体制改革的重点是：按照统一政策放开经营、平等竞争、自负盈亏、工贸结合、推行代理制、建立适应国际通行规则的外贸运行机制的方向进一步深化改革。为此，在继续做好上一阶段改革工作的同时，也进一步推出了一系列具体的改革措施：

1. 汇率并轨，取消承包。1994 年 1 月 1 日起，我国的外汇体制进行了根本性的改革，取消汇率双轨制，双重汇率并轨，实行以市场为基础的有管理的浮动汇率制度，并相应地实行国家银行统一结汇制和售汇制，逐步建立统一规范的外汇市场，使人民币逐步成为可兑换货币。汇率并轨后，建立在外汇额度留成基础上的出口自负盈亏承包经营责任制也就不存在了，它由赋税制取代，这有利于创造平等竞争的条件；同时，汇率并轨消除了人民币高估现象。因此，汇率并轨，取消承包，为我国扩大出口贸易提供了良好的机遇。

2. 强化了税制改革。1994 年，我国财税体制进行全面改革，税制由包干制改为分税制，对国有外贸企业的税制实行统一上缴所得税 33%；进一步降低了关税总水平，从 1993 年年底开始到 1997 年 10 月 1 日，经过几轮降税，使关税税率总水平降到 17%；根据新税制的需要，强化退税管理，简化退税手续，及时足额退税，建立适应社会主义市场经济发展的科学、严密、稳定的出口退税管理机制，并随着国际市场环境的变化适时调整出口退税税率，进一步深化了出口退税制度改革。

3. 加强外贸立法。《中华人民共和国对外贸易法》从 1994 年 7 月 1 日起实施。这是中国对外贸易的根本大法，保证中国对外贸易在社会主义市场经济体制下有序地运行。此后，又制定了《反倾销条例》、《反补贴条例》、《保障措施条例》，以及相关的配套法规和细则，使我国对外贸易在国际竞争中按照国际贸易规则开展活动，保障我国经济的顺利发展。

4. 改革外贸企业体制。1998 年国务院各部委所属企业与原主管部委脱钩的重大决策出台以后，各专业外贸总公司也同外经贸部脱了钩；并且开始按现代企业制度改造外贸公司的试点，同时鼓励外贸经营企业的多元化。

5. 减少进出口方面的数量限制。进口管理方面，不断减少进口配额管理商品的种类，只对重要的少数进出口商品实行配额总量控制；同时，我国对实行特定登记进口商品目录进行了多次调整；不断地减少进口配额许可证管理商品的种类；取消进出口贸易的指令性计划，实行指导性计划，解决国有外贸企业的创汇与效益的矛盾。出口管理方面，对配额、许可证商品实施配额招标。我国对一些大宗的、重要的出口商品，其配额实行有偿招标分配，即中标企业有偿取得指标配额，所得配额需支付一定的人民币金额。

6. 加工贸易实行银行保证金台账制度。由于我国对加工贸易给予政策优惠，进口料件给予免税，加工贸易已成为我国进出口贸易的最主要方式。但是，假借加工贸易名义，进口料件加工后并不出口，而是转销到国内市场的不法行为增多。为打击这种变相走私行为，自 1995 年年底对加工贸易试行银行保证金台账制度，从 1996 年 7 月 1 日起在试点成功的基础上，全面实行对加工贸易的银行保证金台账监管制度。

经过几个阶段的探索和改革，外贸体制改革取得了巨大成就，我国已初步形成了一套总体上既符合国际贸易通行规则，又符合社会主义市场经济要求的外贸管理体制。一是行政性直接干预大大弱化，外贸宏观管理逐步走上以经济、法律手段调控为主的轨道。二是外贸经营主体多元化格局已经形成，自负盈亏的经营机制不断得到加强和完善，国有外贸企业从计划经济体制下国家计划的执行者转变为社会主义市场经济条件下自主经营、自负盈亏、自我约束、自我发展的经营者。三是外贸政策的统一性进一步增强，透明度进一步提高，涉外法规日益健全。四是外贸中介服务体系开始形成。五是外贸经营的领域和渠道进一步拓宽，总体效益和竞争能力大大提高。

然而，由于我国市场经济基础比较脆弱，市场经济体系尚不完善，受其制约，我国现行外贸管理体制与世贸组织规则要求之间不仅存在一定的差距，而且在很多方面不适应我国参与国际竞争的客观要求。主要表现在：对外经贸法律体系尚不健全；政府管理功能与市场经济的要求有差距；部分政策规定与 WTO 的要求不符，如为保护产业而实行的进出口许可证制度，还存在大量的数量管理措施，外汇管理制度，进口调节、海关估价以及外贸企业收取的代理费等等；加工贸易层次较低；服务贸易和技术贸易发展水平等等。因此，我国外贸体制必须进行更为彻底的外贸体制改革。

（五）加入 WTO 前后与内外贸的融合阶段

从 1999 年开始，中国就为加入 WTO 做准备，进行了一系列的外贸体制改革。2001 年 12 月 11 日，我国正式成为世界贸易组织的成员。中国的外贸体制改革为中国入世创造了条件，而中国加入 WTO 又进一步要求中国规范外贸政策法规，深化外贸体制改革。这一时期，外贸体制的重点是如何迈向市场化改革和内外贸一体化等方面。

1. 改革行政管理组织机构，内外贸一体化。2003 年 3 月，根据十届全国人大第一次会议批准的国务院机构改革方案和《国务院关于机构设置的通知》，撤销原对外贸易经济合作部，组建商务部。商务部是主管国内外贸易和国际经济合作的国务院组成部门。机构调整后，新设立的商务部整合了国家经贸委、国家计委和外经贸部的职能。这一改革是建立和完善社会主义市场经济体系的重要一步，有利于国内外市场的统一，有利于我国更好地履行加入世贸组织的承诺，也有利于更好地利用国内国际两个市场、两种资源，发展我国的经济。

2. 建立健全外贸法规。从中央层面而言，国务院总共清理出 2300 多件与世贸组织和中国加入 WTO 相关的法律法规，而原外经贸部则对 1413 份外经贸领域的法律文件进行了分类和梳理，并在此基础上进行了立、改、废、留的法律清理工作。根据中央政府 2001 年 9 月的通知，地方各级政府按照法制统一、非歧视和公开透明的要求，对与外经贸有关的地方性法规、地方性规章和其他政策措施也进行了清理。全国各省、自治区、直辖市和 49 个较大城市修改、废止有关地方性法规、地方性规章或者停止执行有关文件和其他政策措施 19 万多件，其中，地方性法规约 1130 件，地方政府规章 4490 件。2004 年 4 月，《对外贸易法》的成功修订标志着我国外经贸法律框架在世贸组织要求下的全面建立，这些法律法规的修订，不仅在一些具体问题上体现了我国外贸实践的新要求，同时表明了我国加入 WTO 承诺的兑现。

3. 外贸经营由行政审批制改为登记制。根据 2004 年 7 月 1 日实施的新《对外贸易法》，商务部起草并颁布了《对外贸易经营者备案登记办法》，法人、其他组织包括个人从 2004 年 7 月 1 日起全面进入外贸流通领域，只要在工商管理部门登记注册就可从事对外贸易经营，外贸经营由行政审批制改为了国际通行的登记制，既履行了中国加入世贸组织的承诺，同时也形成了各种所有制经济平等竞争、内外资企业共同发展的进出口经营主体格局。

4. 改革对货物进出口管理手段。2002 年实行进口许可证管理的商品有 12 种，2009 年实行进口许可证管理的货物只有 2 种，为消耗臭氧层物质、重点旧机电产品，进口许可证主要用于不利于环保的商品。而实行出口许可证管理的商品 2002 年有 54 种，2009 年减少为 43 种。出口许可证主要用于农、林、矿等初级产品以及一些自动出口配额商品，2009 年新增加了稀土作为出口许可证的管辖范围。同时，我国对进出口商品配额管理进行了一定程度的改革，虽然尚未完全取消配额制度，但是对一些商品配额的额度都有所增加。

　　5. 外贸调控体系的调整。这一时期，外贸经济调控体系不断调整，人民币逐步汇率走向市场化，2009 年 7 月 1 日，《跨境贸易人民币结算试点管理办法》公布实施，标志着人民币在国际化进程中迈出了关键的一步。关税水平大大降低，已经达到了发展中国家的平均水平，基本上实现了我国加入《世界贸易组织议定书》中的承诺。对于出口退税率的调整，从长期来看，体现了国家的产业结构的调整政策，对于结构升级有积极意义，且出口退税机制改革后，退税进程加快，可以提高企业资金运转效率，对宏观经济的良性发展起到了积极的促进作用。

　　综观我国对外贸易体制改革的历程，体现出了渐进性、法制化和市场化的特点。通过渐进性的改革，深化了外贸企业内部机制的改革，推动了外贸企业转换经营机制，完善了外贸宏观管理，加强了外贸经营的协调服务机制。从《对外贸易法》制定开始的各种与外贸有关法律的制定和完善，使我国的对外贸易逐步走向法制化，对外贸易工作者享受"规则之美"。以加入 WTO 为契机的市场化改革，符合国际贸易自由化的潮流，符合经济全球化大趋势的要求，使我国对外贸易迈向新台阶。必将会"实现国民经济又好又快发展，必将进一步增强我国经济实力，彰显社会主义市场经济的强大生机活力"。[1]

第三节　对外经济合作的探索与发展

　　新中国成立后，特别是实行改革开放后，中国人民在党的领导下，摆脱了长期的精神枷锁和冲破制度禁锢，以开拓进取、实干兴邦精神，创造出了举世瞩目的发展成就。这一成就在对外经济合作事业中尤为显著。同

---

[1] 胡锦涛：《高举中国特色社会主义伟大旗帜　为夺取全面建设小康社会新胜利而奋斗——在中国共产党第十七次全国代表大会上的报告》，人民出版社 2007 年版，第 27—28 页。

时我国良好的国际形象不断提高，目前已经获得了空前的国际地位。

一、"引进来"

1979 年以来，我国开始主动利用两种资源、两个市场发展经济，积极、合理、有效地"引进来"外资成为我国经济发展战略的一个核心内容。在利用外资方面成效显著，成就斐然。到 2008 年，中国利用外资流量连续 17 年位居发展中国家之首、世界第二的位置，在创造经济增长奇迹的同时也创造了利用外资的世界奇迹。

（一）中国利用外资的历程

中国利用外资的历程可划分起步阶段（1979—1986 年）、成长阶段（1987—1991 年）、提高阶段（1992—2001 年）和稳步发展阶段（2002年—）四个阶段。

1. 1979—1986 年为起步阶段。1979 年我国颁布了《中华人民共和国中外合资经营企业法》，第一批三家外商投资企业在 1980 年批准成立，外商投资在我国开始逐步发展起来。为了吸引外资，我国首先在经济特区、沿海开放城市和沿海经济开发区，对外资实行优惠政策，并对建立的"三资企业"实行一些特殊政策，继而扩大地方审批外商投资的权限，并逐步完善立法。这些政策和措施，初步改善了我国投资环境，发挥了各地利用外资的积极性，吸引外资的规模不断增加。这一阶段，我国吸引外商投资主要来自港澳地区，以劳动密集型的加工项目和宾馆、服务设施等第三产业项目居多，并主要集中在广东、福建和其他沿海省市。

2. 1987—1991 年为成长阶段。1986 年 10 月国务院颁布《关于鼓励外商投资的规定》，对外商投资举办产品出口企业和先进技术企业给予更为优惠的待遇，有效改善了外商投资企业的生产经营条件。同时，随着我国对外开放的不断扩大，吸引外资的环境得到进一步改善。这一阶段，在外商投资规模迅速扩大的同时，我国吸引外商投资的结构有较大改善，生产性项目及产品出口企业大幅增加，宾馆、旅游服务项目的比重大大降低，外商投资的区域和行业有所扩大，台湾地区厂商的投资开始进入，并迅速增加。这一阶段，在全世界发展中国家利用外资流入量排名中，中国名列新加坡和墨西哥之后的第三位。

3. 1992—2001 年为提高阶段。随着我国全方位对外开放格局的初步形成，我国的投资环境更进一步改善，吸引外资在广度和深度上都有了新的大发展。从 1995 年开始，国家出台了一系列鼓励外商投资和引导外商投资的方向和领域以及改善外商投资环境的政策和法规，从而使得外商投资保持了较大的规模，外资的来源国家和地区持续增加，越来越多的西方国家大跨国公司进入我国，资金、技术密集的大型项目和基础设施项目增加较多，平均单项外商投资规模不断提高，在沿海地区外商投资迅速增长的同时，中西部地区吸引外资有了较快发展。从 1993 年开始，中国成为仅次于美国的第二大吸收外商直接投资的东道国。

4. 2002 年至今为稳步发展阶段。随着中国正式加入 WTO，改革开放步伐不断加快，中国进入了全面开放的新时期，利用外资政策法规实现由"优惠政策"到"国民待遇"的根本转变。这一阶段，中国利用外资实现快速稳步发展。2008 年，中国实际利用外资金额 923.95 亿美元，同比增长 23.58%；截至 2009 年 8 月，中国累计批准设立外商投资企业近 67 万家，累计吸引外资近 9000 亿美元，连续 17 年成为利用外资最多的发展中国家。外商投资企业缴纳税收超过 9900 亿元，占全国税收收入的 20%，目前，中国正成为全球跨国公司海外研发活动的首选地，2005 年年底，跨国公司在华设立的研发机构超过 750 家，外商直接投资从过去主要集中于制造业逐步向房地产业、租赁和商业服务业以及科学研究、技术服务等第三产业发展，促使中国在承接国际产业转移升级和国际分工中的地位逐步提高。

改革开放 30 年来，中国吸引外资年均增长 20%，是中国 GDP 增速的两倍多，居发展中国家第一位，世界第二位。

此外，改革开放 30 多年来，我国利用外国政府和国际金融机构的贷款，以及国际证券投资等也获得很大发展。

（二）中国利用外资的成效

30 多年实践证明，利用外资是促进经济发展的重要动力。

1. 外商直接投资是中国经济持续增长的一个重要推动力。改革开放初期，利用外资有效地解决了中国经济发展中资金与外汇两个方面的重要的问题，大大提高了中国的投资水平，加速了资金积累。更重要的是，外商直接投资提高了资金的配置效率，改善了资产形成的质量。

2. 引进国外的先进技术一直是中国利用外资的一个重要目标。外商直接投资的技术溢出效应，对中国技术进步产生了推动作用。示范——模仿效应、竞争效应、联系效应及培训效应是外商直接投资外溢效应的主要渠道，外商直接投资促进了中国的技术进步，为优化产业结构作出了积极的贡献。

3. 外商对华直接投资对中国就业发挥了积极的作用。从就业数量效应来看，外商直接投资提供的就业机会在不断增加，自 1990 年以来，境外投资机构就业人数的增加速度快于全国就业人数的增加，2007 年境外投资机构就业所占的比例达到 2.1%。从就业质量效应来讲，在聘用制度的规范化、报酬制度的市场化、培训制度的常规化各方面，利用外资发挥了积极作用。

4. 外商直接投资迅速扩大了我国国际贸易的规模，对进出口商品结构优化产生了积极的作用。外资企业的进出口贸易是中国国际贸易的重要组成部分和推动力量。外资企业进出口增长一直快于我国总体国际贸易增长速度，它在我国进出口总额中的比例持续上升，2007 年三资企业出口、进口占全国的比重分别为 57.10% 和 58.56%。此外，外资企业对国内企业产生的示范效应，会促进国内企业的出口创汇的扩大。在提高我国出口产品的结构层次和建立有效的进出口方式结构，从而增强我国经济的国际竞争能力方面，三资企业发挥了国内企业所难以替代的作用。

5. 外商直接投资促进了中国的市场化进程，有利于中国社会主义市场经济体制的建立和完善。迄今为止，中国经济体制转轨最为深刻、全面的时期，也是外商对华直接投资发展最快的时期，这并不是偶然的巧合，这两者之间存在着内在的因果关系。追溯改革开放历程，经济体制改革的政策与措施几乎都是从外商直接投资进入较早和最为密集的省市或地区率先试行的。外商直接投资促进了中国经济管理体制的改革、市场机制和竞争机制的形成及国有企业的改革和现代企业制度的建立和完善，对于中国从计划经济体制向市场经济体制转轨起了不可忽视的作用。

二、接受国际援助

改革开放以来，在对外开放政策指引下，中国与联合国多边经济技术合作进入了新发展阶段。首先，调整多边合作原则，1978 年，中国政府决定在同联合国的合作中实行"有给有取"方针，开始接受援助。1979—1985 年，共接受联合国开发署等发展机构无偿技术援助总承诺额 30914.6 万美元，利用援款安排 313 个项目，涉及国民经济和社会发展的多个领域，这些援助项目在不同程度上解决了国内的一些技术难题，填补了某些空白，对经济与社会发展起了积极的促进作用。其次，作为世界银行创始成员国之一，中国在 1971 年恢复联合国合法席位后就积极发展与世界银行的合作，从 1981 年获得世界银行第一笔贷款到 2007 年 6 月，世界银行对中国贷款总承诺额累计近 422 亿美元，共支持了 284 个项目，2008 年，世界银行提供的项目贷款总额达到 15.13 亿美元。世界银行贷款在中国利用国外中长期优惠资金中占有突出的地位和发挥着重要的作用，一方面弥补了建设资金不足，另一方面引进了先进的技术和管理经验，并培养了一批多领域的优秀人才。此外，从 1979 年至 1985 年，中国政府先后接受了 11 个发达国家和欧共体的技术援助，通过接受双边技术援助，对社会经济发展起到了有益的补充作用，一些援助项目显示了良好的效果。

三、多双边经贸合作成就瞩目

在多边经贸合作方面，中国取得了举世瞩目的成绩。主要体现在三个方面：

一是把建设自由贸易区提到战略高度。自由贸易区已成为我国对外开放的新形式、新起点，以及与其他国家实现互利共赢的新平台。我国从2000年开始建设自由贸易区，截至2007年10月，我国跟亚洲、大洋洲、拉美、欧洲、非洲的29个国家和地区建设12个自由贸易区，对其出口占到我国出口总额的1/4以上。与东盟签署并实施了自贸区货物和服务贸易协议，促进了"10＋1"、"10＋3"机制的深化。

二是双多边和区域经贸合作进一步深化。我国已与123个国家签订了双边投资保护协定，与129个国家和地区、13个国际组织建立了180多个多双边联委会机制，对加强多双边经贸合作发挥了重要作用。

三是建立战略经济对话机制。2006年9月20日，中美战略经济对话机制正式启动，到2009年6月已举行了四次中美战略经济对话，双方达成了一系列重要共识，签署了多项协议。与此同时，中国还相继与日本、欧盟、东盟等建立了相应的经济对话机制，加强了与主要经贸伙伴的协调与沟通。与俄罗斯互办"国家年"，涉及多项经贸活动。丰富了上海合作组织经贸合作内容。创办中非合作论坛北京峰会，落实了8项对非经贸合作举措。建立了"中国——加勒比经贸合作论坛"、"中国——太平洋岛国经济论坛"两个机制。

第四节 "走出去"战略的探索与发展

我国企业更大范围、更广领域和更高层次上参与国际竞争和合作，坚持"引进来"和"走出去"相结合，努力在"走出去"方面取得明显进展和成就，增强了我国经济发展的动力和后劲。

一、"走出去"战略形成

1979年8月，国务院颁布了《关于经济改革的十五项措施》，第一次把出国办企业、发展对外投资作为国家政策，由此奏响了中国企业走出去的序曲。

1997 年 9 月，党的十五大提出"努力提高对外开放水平"，这是国家第一次明确提出"鼓励能够发挥我国比较优势的对外投资，更好地利用国内国外两个市场、两种资源"。1998 年 2 月党的十五届二中全会上"走出去"战略雏形的初步形成。这次会议明确指出："在积极扩大出口的同时，要有领导有步骤地组织和支持一批有实力有优势的国有企业走出去，到国外去，主要是到非洲、中亚、中东、中欧、南美等地投资办厂。"

2001 年 3 月，"走出去"战略正式写入全国人大九届四次会议通过的《国民经济和社会发展第十个五年计划纲要》，明确提出实施"走出去"战略。纲要要求健全对境外投资的服务体系，在金融、保险、外汇、财税、人才、法律、信息服务、出入境管理等方面，为实施走出去战略创造条件，并完善境外投资企业的法人治理结构和内部约束机制，规范对外投资的监管。

2002 年，党的十六大报告指出：实施"走出去"战略是对外开放新阶段的重大举措，鼓励有比较优势的各种所有制企业对外投资。

2003 年 10 月，党的十六届三中全会《中共中央关于完善社会主义市场经济体制若干问题的决定》提出，继续实施"走出去"战略，完善对外投资服务体系，赋予企业更大的境外经营管理自主权，健全对境外投资企业的监管机制，促进我国跨国公司的发展。国务院、国家发改委、商务部、财政部、外汇管理局等逐步启动了政策调整的步伐，开始了一系列实质性的政策支持。

二、"走出去"战略实践形式

我国企业通过对外投资，对外承包工程和劳务合作，对外援助等形式"走出去"。

1. 对外投资。20 世纪 80 年代，中国企业开始在原来部分有涉外经营权的外经公司基础上开始了少量海外投资，举办国外合营企业是最早提出的概念和模式。随着外贸改革发展，许多专业外贸公司提出了国际化经营概念，开始进入到国外一些资源性生产企业中。从 1979 年至 1985 年，经政府批准在海外和港澳地区开办的合营和独资企业共 180 家，投资总额 29596 万美元，投资总额在 500 万美元以上的项目 13 个。90 年代后，理论问题得到突破，国民经济向市场经济体制转轨并与世界市场直接接轨速度加快，海外投资有了较快发展，企业跨国经营步入正轨。1994 年，中国成为发展中国家中重要的对外投资母国之一；到 1999 年年底，经政府批准或备案的海外中资企业达到 5976 家，投资总额 104 亿美元。实践证明，海外投资对于扩大对外经济技术合作，促进企业发展具有积极作用。加入 WTO 后，对外投资不仅规模扩大，质量亦在不断提高，促使企业国际竞争力得到提升。截至 2007 年年底，中国企业累计对外直接投资（非金融类）达到 733.3 亿美元（2000 年仅为 9 亿美元），投资存量达 1093.5 亿美元，设立境外投资企业 1 万多家；投资遍布全球近 170 个国家和地区，投资产业从一般出口贸易、餐饮、简单加工等逐步扩大到营销网络、资源开发、航运物流、生产制造和设计研发等多个领域，并开始参与跨国并购。对外投资快速增长，推动中国更加全面深入地融入到国际经济合作与竞争之中，增强了企业跨国经营和国际竞争的能力。

2. 对外工程承包和劳务合作。对外承包工程与劳务合作是我国同第三世界国家以及其他国家之间发展政治、经济友好关系的一条有效途径。我国的对外承包工程与劳务合作事业始于 20 世纪 70 年代末，起步较晚。是改革开放带来的新生事物：创业初始，我国仅有中国建筑工程公司、中国公路桥梁工程公司、中国土木工程公司和中国成套设备出口公司在中东地区的少数国家开展业务。经过 30 多年的不断努力：我国的承包工程与劳务合作业务发展迅猛，已经成为对外经济与合作的重要组成部分。从 1978 年开始，中国从事对外工程承包、劳务合作和设计咨询企业起步时只有 4 家，到 2001 年，有 39 家企业入选全球最大 225 家国际工程承包商名单，在 180 多个国家和地区开展了工程承包和劳务合作业务；截至 2002 年 6 月底，累计签订对外工程承包合同额 1053 亿美元，完成营业额

752 亿美元。中国公司通过海外市场开拓，发展对外工程承包和劳务合作，不仅为国家和企业增收了外汇，还扩大了机电产品和其他物资出口，培养和锻炼了一批从事对外经济合作的人才。2002 年以来，对外工程承包和劳务合作规模日益扩大，合作领域不断拓宽，截至 2007 年年底，对外工程承包累计完成营业额 2064 亿美元，签订合同额 3295 亿美元，对外劳务合作年营业额 67.7 亿美元，年末在外各类劳务人员达 74.3 万人；截至 2008 年年底，我国对外承包工程累计完成营业额 2630 亿美元，签订合同额 4341 亿美元。2006 年，46 家中国企业跻身美国《工程新闻纪录》（ENR）公布的 "全球最大 225 家国际承包商"。

3. 对外援助。在对外援助方面，经过政府和学者的努力，理论问题得到重大突破，从资本运动与国际发展援助全视角下考虑中国的对外经济技术援助，使对外援助在坚持实事求是、量力而行、尽力而为的原则下迈出了调整改革步伐。1996 年，外经贸部提出了援外方式改革的总体思路，即解放思想、转变观念、创新办法，因时、因地、因国、因项目制宜，让对外援助更有效地配合对外工作和市场多元化的需要，既切实帮助受援国发展经济、社会事业，又积极支持中国企业开拓、发展国外市场。在援外方式改革中，将中国对外援助与联合国多边援助相结合多渠道筹集资金，与受援国政府、企业共同努力，使建成项目效益不断提高，取得了较好成果。

三、和平发展，走向世界

新中国成立以来，中国在探索中走上了中华民族伟大的复兴之路，这条复兴之路就是中国的发展之路。新中国 60 年的发展，成绩斐然。2007 年已发展成为世界第三大经济体，2005 年成为第一大外汇储备国，2009 年超过德国成为第一大外贸出口国，中国在国际上的地位也空前提高。面对某些西方国家别有用心抛出的所谓 "中国威胁论"，我国领导人及时提出了 "和平发展" 的发展思想。

（一）和平发展

2003 年 12 月 10 日，温家宝总理在哈佛大学发表了题为《把目光投向中国》的演讲，他在演讲中说，"今天的中国，是一个改革开放与和平发展的大国"。

他进一步对和平发展释义："中国是个发展中的大国，我们的发展，不应当也不可能依赖外国，必须也只能把事情放在自己的力量的基点上。这就是说，我们要在扩大对外开放的同时，更加充分和自觉地依靠自身的体制创新，依靠开发越来越大的国内市场，依靠把庞大的居民储蓄转化为投资，依靠国民素质的提高和科技进步来解决资源和环境问题。中国和平发展发展道路的要义就在于此。"首次全面阐述了"中国和平发展"的思想，第一次向外界清晰明确地用"和平发展"的概念为未来的中国角色定位。同年 12 月 26 日，在纪念毛泽东诞辰 110 周年座谈会上，国家主席胡锦涛指出，我们必须坚持"独立自主，自力更生，坚定不移地走适合中国国情的发展道路"。胡锦涛主席说，"坚持这条道路，就要坚持和平发展的发展道路"。"和平发展"已成为中国现任领导人的战略选择，标志着"中国和平发展"正式成为一项带有根本意义的国家战略。在中国走向繁荣富强的道路上，和平发展既是当代中国对自身角色、未来形象的定位，也是中国对亚洲乃至世界的承诺。

对于和平发展的涵义，温家宝总理在全国十届人大二次会议记者会上回答新加坡《联合早报》记者的提问时，对中国和平发展进行了详细地阐述："中国和平发展的要义是：第一，中国的发展就是要充分利用世界和平的大好时机，努力发展和壮大自己。同时又以自己的发展，维护世界和平。第二，中国的发展应把基点主要放在自己的力量上，独立自主、自力更生，依靠广阔的国内市场、充足的劳动力资源和雄厚的资金积累，以及改革带来的机制创新。第三，中国的发展离不开世界。中国必须坚持对外开放的政策，在平等互利的基础上，同世界一切友好国家发展经贸关系。第四，中国的发展需要很长的时间，恐怕要多少代人的努力奋斗。第五，中国的发展不会妨碍任何人，也不会威胁任何人。中国现在不称霸，将来即使强大了也永远不会称霸。"

（二）走向世界

"发展"是中华民族多年来的梦想，是我们的目标，而达到这个目标的手段则是用"和平"的方法；中国的发展必将为世界的"和平与发展"做出巨大的贡献，这也是中国发展的基本国际目的。可以说和平发展是中国的一次历史机遇，目前和平发展的内部条件很好，中国良好的发展局面、中国改革开放取得的丰硕成果已为世界公认，并且这个势头正在进一步发展；同时外部环境对我们也有利，和平与发展是当今世界的主题，世界多极化、经济全球化、政治民主化等发展趋势是有利条件，我国处于同外部关系最好的一个时期，在发展与周边国家、世界大国和发展中国家的关系等方面均取得了突破。

1. 人民币国际化。从 2008 年下半年开始，中国政府开始加速推进人民币国际化。迄今为止，中国内在已经与韩国、马来西亚、白俄罗斯、印尼、阿根廷中国香港等 6 个国家或地区签署了总额 6500 亿人民币、期限 3 年的双边本币互换。2008 年 12 月，中国国务院常务会议明确表示，将对广东和长江三角洲地区与港澳地区、广西和云南与东盟的货物贸易进行人民币结算试点。2009 年 4 月 8 日召开的国务院常务会议推出了第一批跨境贸易人民币试点结算城市，包括上海市和广东省广州、深圳、珠海、东莞四城市。2009 年 6 月 29 日，中国人民银行与香港金管局签署了补充合作备忘录，以推动内地与香港跨境贸易人民币结算试点的相关工作。

2009 年 7 月 2 日，中国人民银行、财政部、商务部、海关总署、税务总局和银监会六部委共同发布了《跨境贸易人民币结算试点管理办法》。2009 年 7 月 6 日，香港与内地跨境贸易人民币结算业务正式展开，中国银行宣布完成首笔跨境贸易人民币结算业务。

一个强大的货币背后必须要有强大的和高效率的经济做后盾，经济的稳定增长也是人民币国际化的一个重要先决条件。人民币国际化不仅减少在对外贸易中对美元的依赖，同时也大大地改善了和周边国家或地区的经济关系。这也是中国在亚洲国家中的话语权增强的十足表现。

2. 国际金融经济组织的话语权。中国在国际金融经济组织的话语权也在不断增强。在国际金融经济组织，中国从过去的无足轻重到今天的举足轻重。

被誉为"非官方的国际经济最高级会谈"的世界经济论坛达沃斯论坛 2008 年在中国的天津举行。温家宝总理受邀请出席 2009 年 1 月 28 日在瑞士举行的达沃斯年会。"中国已经成为一个全球大国，它的合作对于重新启动全球经济增长至关重要"，世界经济论坛主席施瓦布说。在全球金融危机的大背景下，中国的声音对世界产生了强烈的震撼。温家宝总理的演讲出现罕见的听众爆满。

2009 年 4 月 2 日举行的 20 国集团会议上，胡锦涛主席提出的"促进国际货币体系多元化、合理化"，引起世界强烈反响。

在全球金融体系中，与国际货币基金组织（IMF）并驾齐驱但又形成制约的机构——金融稳定理事会，2009 年 6 月 26 日到 27 日在瑞士巴塞尔举办了首次会议。来自成员经济体中央银行、监管当局和财政部的 52 位高层代表和国际组织、国际监管机构的 17 位代表出席了此次会议。中国作为该组织成员之一，出席了会议。

中国发展为全球性大国已属不争的事实，西方以成熟大国的标准要求中国承担更多的国际责任。当西方世界陷入金融和经济困境之际，很多人寄希望于中国发挥作用。同时也表明中国真正地走向了世界，在国际具有了举足轻重的地位。

第三篇

宝贵经验　深刻启示

第十九章

中国特色社会主义
经济建设的宝贵经验

第一节　解放思想是经济发展的不竭源泉

　　解放思想是马克思主义活的灵魂，是中国共产党思想路线的本质要求，是发展中国特色社会主义的一大法宝。发展经济必须解放思想，思想不解放，经济发展就无法找到新的出路。在经济发展过程中，会不断地面临新的情况，新的形势，新的任务，而解放思想是认识新的事物，适应新形势，完成新任务的根本思想武器。经济发展是否顺利，前提是解放思想。经济发展是一个不断实践的过程，不断认识客观世界的过程，而解放思想的过程，则是统一认识、寻求出路、不断创新的过程，是解决发展中的问题、推动发展的过程，没有思想的解放，就不可能实现经济发展目标。新中国成立以来，尤其是改革开放以后，我国在经济、政治、文化、社会等领域取得了重大成就，其制胜的法宝是解放思想。胡锦涛在党的十七大报告中就明确指出：“解放思想是发展中国特色社会主义的一大法宝。”这一重要论断，是对有中国特色社会主义经济建设经验的科学总结，也是对在新的历史起点上进一步推进中国特色社会主义关键问题的深刻揭示。解放思想是经济发展的保证，也是经济发展的前提和动力源泉。

一、解放思想对于经济发展的重大意义

（一）解放思想是理论与实践创新的前提

新中国60年的发展史，也是思想解放与理论创新的历史，没有思想的解放，没有理论的创新，就没有新民主革命的胜利，就没有改革开放，也就不可能形成与确立中国特色社会主义的道路和包括邓小平理论、"三个代表"重要思想以及科学发展观等重大战略思想在内的中国特色社会主义理论体系。中国特色社会主义理论体系是我们党伟大的理论创新，它创造性地回答了什么是马克思主义、怎样对待马克思主义，什么是社会主义、怎样建设社会主义，建设什么样的党、怎样建设党，实现什么样的发展、怎样发展等重大理论和实际问题，指引着中国社会主义现代化建设进程。

解放思想是中国特色社会主义理论体系建立的前提。民主革命时期，以毛泽东同志为核心的党的第一代中央领导集体，坚持实事求是的思想路线，领导我们党同党内的主观主义、特别是教条主义进行长期斗争，努力把马克思主义普遍真理与中国革命具体实际结合，创立了中国特色的民主革命道路和理论——新民主主义革命的道路和理论，即毛泽东思想。引导中国民主革命走向胜利，进而在中国建立起社会主义制度，取得社会主义建设的伟大成就，为我们党在新时期开辟中国特色社会主义道路、创立中国特色社会主义理论体系，奠定了根本的政治前提和制度基础。党的十一届三中全会以来，我们党以马克思主义为指导，艰辛探索，不断解放思想，从"两个凡是"的思想禁锢中解放出来，立足中国和世界实际，开始了对中国特色社会主义的探索，坚持和发展马克思主义，形成了一系列新思想、新观点、新论断，创立了中国特色社会主义理论。从邓小平理论、"三个代表"重要思想到当今的"科学发展观"，这些理论都是思想解放的必然产物和重大成果，同时又进一步推进思想解放。

　　解放思想是中国特色社会主义建设实际创新的前提。解放思想与理论创新贯穿于中国经济发展历史进程中。每一次我们党在理论上的创新、政策上的调整、体制上的突破、实践上的发展都是以解放思想为先导。从新型国家政权的建立到社会主义基本制度的确立，从国民经济的恢复到大规模社会主义建设的展开，从真理标准问题的讨论到改革开放政策的实施，从中国特色社会主义道路的开辟到各方面制度的不断完善，正是由于我们党坚持解放思想，实事求是、与时俱进的根本原则，坚持把马克思主义原理与中国实际相结合，不断地进行理论与实践创新，才取得了 60 年来的辉煌成就。

　　（二）解放思想是改革开放的理论前提

　　30 年来改革开放实践证明，改革开放是推动中国经济社会发展的永恒动力，而解放思想是改革开放的先导。回顾 30 年以来的历史进程，改革开放进程中的每一个关键时刻，思想解放起着极其重要的作用。从真理标准大讨论启动改革开放伟大历史进程开始，通过解放思想，先后冲破姓"资"还是姓"社"、姓"公"姓"私"的思想束缚，确立了"三个代表"思想，提出了科学发展观，思想的每一次解放都带来人们对改革开放认识上的飞跃，促进了改革朝着正确的方向不断地深入和稳定全面地展开。没有思想的解放，就没有改革开放所取得的辉煌成就。

　　解放思想是改革开放的重要前提，解放思想不仅导致改革开放，而且是进一步改革开放的思想保障。通过解放思想不断推进改革开放，进而推进中国特色社会主义。解放思想赋予改革开放以生机和活力，是不断推进改革开放、保证改革开放成为发展中国特色社会主义的强大动力。改革开放又是解放思想的重要条件，通过改革开放推进解放思想，进而推进中国特色社会主义。改革开放是探索创新的过程，在这个过程中会出现许多新情况、新问题，需要继续解放思想来解决。这就客观上推进了思想的进一步解放，推进了中国特色社会主义。

　　（三）继续解放思想是改革开放顺利进行的有力保证

　　自党的十一届三中全会提出改革开放的基本国策以来，每次改革开放遇到了困难，我们党总是坚持解放思想、实事求是的根本原则，不断扫清阻碍改革开放前进道路上的思想障碍。解放思想成为改革开放顺利进行的有力保证。

改革开放的目的是为了发展，经过30年的改革开放实践，我国经济社会已经发生历史性的变化。在新的历史时期，我国面临着国内国外新的形势，从而赋予了发展更深刻的内涵。改革开放的进一步推行，需要继续解放思想。只有解放思想，才能实现经济发展方式的转变，完善社会主义市场经济体制，才能全面贯彻和落实科学发展观，实现以人为本、全面协调可持续的科学发展观下和谐社会主义社会的构建，才能保证改革开放平稳健康发展。

二、新中国60年解放思想的历程与特点

实践证明，每一次社会的变革和发展的背后，社会思想的革新和解放都会起着极其重要的作用。中国共产党从建党以来就重视思想建设和发展。从新民主主义革命到新中国成立后的改革开放的发展历史，也是我们党不断探索建设中国特色社会主义、不断进行思想革新的思想解放史。解放思想是一个不断实践、不断认识客观世界的过程，在一定的历史条件下，解放思想也有其特定的内容。

（一）改革开放前的思想解放

中华文明发展史上，经历许多思想解放浪潮，但相对于中国古代和近代思想解放的被动状况，我们党领导的思想解放运动更加重视思想解放的主动性，更加重视改造主观世界的主动性。每一次中华民族命运转折时期，我们党总是积极主动寻求引导中华民族发展的正确方向，不断地突破旧思想的禁锢，寻找新的出路。早在第一次国民革命战争失败后，毛泽东就在总结第一次国内革命战争失败教训的过程和根据马克思主义基本原理探索中国革命道路的实践过程中，提出并阐述了解放思想问题，力图使全党对中国革命道路的思考方式从本本主义转向实践和实事求是。此后，在毛泽东同志解放思想的观点在革命战争和社会主义建设实践中不断地深化

并上升到哲理高度，成为我们党解放思想、实事求是思想路线的理论基础。

新中国成立后，从20世纪50年代后期至60年代初的社会主义建设时期，毛泽东就指出我国社会主要矛盾和主要任务已发生的转变，尤其在三大改造完成后，我国社会的主要矛盾从阶级矛盾转变为人与自然的矛盾，党和国家的主要任务由革命转变为建设。但是，面对新形势、新任务，许多党员干部仍沿用革命战争年代的工作经验和方法来解决社会主义建设问题。毛泽东提出新的历史条件和新的实践任务要求人们解放思想，转变观念，大胆探索，把握社会主义建设新规律。这一时期解放思想的主要矛头指向照搬照抄苏联经验的教条主义，并把解放思想与探索中国式的社会主义建设道路结合起来。思想的解放使早期社会主义革命时期取得了巨大的成功，但在社会主义建设时期却逐步偏离了正确轨道，以致发生"文化大革命"。

20世纪60年代中后期到改革开放前，僵化的社会主义模式和"继续革命"的一套理论，严重束缚阻碍了社会生产力的发展。持续十年之久的"文化大革命"带给中国社会深重的灾难和影响，使党、国家和人民遭受到新中国成立以来最严重的挫折和损失。中国人民进入了一个重大的历史关头。1978年5月以邓小平为代表的中国共产党人领导和推动了一场针对"两个凡是"错误方针的关于真理标准问题的大讨论，这场讨论从端正思想路线入手，启动了思想解放的历史进程。党的十一届三中全会在真理标准问题大讨论和思想大解放的基础上，决定抛弃阶级斗争为纲，把全党工作重点转移到现代化建设上来，与此同时，作出了改革开放的历史性决策。

（二）改革开放后的思想解放

党的十一届三中全会重新确立了"解放思想，实事求是"的马克思主义思想路线，作出了实行改革开放的伟大国策和把党的工作重心转移到社会主义现代化建设上来的战略决策。在随后的社会主义建设中，党总结历史经验，并结合新的实践经验并提出一系列新的思想和观点。改革开放初期，针对人们对姓"资"还是姓"社"、计划与市场问题的困惑，以邓小平的"南方谈话"为标志，开始了新的思想解放运动。邓小平提出了著名的社会主义本质论和"三个有利于"标准，做出了市场与计划是经济手段不是本质等重要论断，彻底摆脱了"市场经济是资本主义特有的东西，计划经济才是社会主义经济的基本特征"的传统观念。这次解放思想突破了姓"资"姓"社"的问题，把我国社会主义改革开放和现代化建设事业推进到了一个崭新的阶段。这次思想解放指引了我国改革开放的方向，中国共产党人在党的十四大将社会主义市场经济体制确定为中国经济体制改革的目标，由此加快了全面改革的进程。

针对我国所有制结构和公有制实现形式的问题，党的十五大报告明确提出我国社会主义初级阶段的基本经济制度是公有制为主体、多种所有制经济共同发展。并明确提出："公有制实现形式可以而且应当多样化。一切反映社会化生产规律的经营方式和组织形式都可以大胆利用。要努力寻找能够极大促进生产力发展的公有制实现形式。股份制是现代企业的一种资本组织形式，有利于所有权和经营权的分离，有利于提高企业和资本的运作效率，资本主义可以用，社会主义也可以用。不能笼统地说股份制是公有还是私有，关键看控股权掌握在谁手中。"党的十五大关于所有制理论和公有制实现形式的多样性的论断，是党在社会主义理论问题上的又一次思想解放和认识深化，这次思想解放突破了国有企业姓"公"与姓"私"的问题。

进入 21 世纪，由于国际局势、国内情况以及党内的情况已经发生了重大的变化，新的历史条件下"建设什么样的党、怎样建设党"这一重大问题，就成为一个现实的理论问题被提了出来，以江泽民同志为核心的党中央提出"三个代表"重要思想，党的十六大把"三个代表"重要思想，同马克思列宁主义、毛泽东思想、邓小平理论一道，确立为党必须长期坚持的指导思想，并写进了中国共产党党章。"三个代表"重要思想提出了一种对改革认识的新方法，具有重要的现实意义。

为了保证改革开放和经济发展平稳健康的进行，党的十六届三中全会正式提出科学发展观。科学发展观的提出是党在新的历史阶段的又一次思想解放。科学发展观是对党的三代中央领导集体关于发展的重要思想的继承和发展，是马克思主义关于发展的世界观和方法论的集中体现，是同马克思列宁主义、毛泽东思想、邓小平理论和"三个代表"重要思想既一脉相承又与时俱进的科学理论，是我国经济社会发展的重要指导方针，是发展中国特色社会主义必须坚持和贯彻的重大战略思想。科学发展观的第一要义是发展，而科学发展观要求的发展，是好中求快、又好又快的发展，是速度与结构、质量、效益相统一的发展，是长期、稳定、可持续的发展。科学发展的首要目标是保持经济平稳较快发展，防止出现大的起落。因此，只有在科学发展观的指引下，才能保证改革开放更加平稳健康发展。

三、解放思想对经济发展的推动

（一）思想解放的程度与经济发展的成就高度一致

纵观新中国60年经济发展的历程和思想解放历史，思想解放的程度与经济发展的成就高度一致。在新中国成立初期，以毛泽东领导的思想解放破除苏联经验的教条主义束缚，并把解放思想与探索中国式的社会主义建设道路结合起来，取得了早期社会主义经济建设的成功，极大地恢复了国民经济，人民的生活得到改善。"文化大革命"期间，思想解放受到阻碍，经济发展受到"两个凡是"错误思想的禁锢，以阶级斗争为纲的错误方向导致国民经济迅速下滑，中国经济发展面临崩溃的险境。邓小平领导的关于"真理标准"大讨论，澄清了人们的思想，突破了"两个凡是"的思想束缚，实现了全党工作重心的战略转移。党的十一届三中全会确立改革开放政策，进一步解放人们的思想，促进了经济的迅速发展。改革开放后，每一次思想突破，都取得了相应的经济成就。实践证明，思想解放程度越高，经济发展越快；思想解放越早，经济就越早和越快地发展；思想越落后，经济越落后。

（二）解放思想是经济发展的不竭源泉

经济发展过程会不断面临新的情况、新的问题，发展需要新的思路和新的理念来推动各项工作。解放思想就是要在马克思主义指导下打破习惯势力和主观偏见的束缚，研究新情况，解决新问题。解放思想的过程，就是统一认识、寻求出路的过程，就是解决问题、推动发展的过程。没有思想的大解放，就不可能实现经济又快又好的发展。新中国成立以来，尤其是改革开放以来，经济发展的实践表明，每一次解放思想都是我国经济发展的关键时期，每一次解放思想都是中国特色社会主义理论的创新发展，每一次理论创新发展都推动着中国特色社会主义经济建设向前迈进。解放思想一直都是我们不断拓展中国特色社会主义发展道路的动力源泉。

第二节　发展必须牢牢抓住经济建设这个中心

胡锦涛总书记在党的十七大报告中指出："中国特色社会主义道路，就是在中国共产党领导下，立足基本国情，以经济建设为中心，坚持四项基本原则，坚持改革开放，解放和发展社会生产力，巩固和完善社会主义制度，建设社会主义市场经济、社会主义民主政治、社会主义先进文化、社会主义和谐社会，建设富强民主文明和谐的社会主义现代化国家。""以经济建设为中心是兴国之要，是我们党、我们国家兴旺发达和长治久安的根本要求；四项基本原则是立国之本，是我们党、我们国家生存发展的政治基石；改革开放是强国之路，是我们党、我们国家发展进步的活力源泉。要坚持把以经济建设为中心同四项基本原则、改革开放这两个基本点统一于发展中国特色社会主义的伟大实践，任何时候都决不能动摇。"①

---

① 胡锦涛：《高举中国特色社会主义伟大旗帜　为夺取全面建设小康社会新胜利而奋斗——在中国共产党第十七次全国代表大会上的报告》，人民出版社 2007 年版，第 11、16—17 页。

新中国成立初期，在经济建设过程中出现过一些严重失误，致使社会主义的优越性未能得以充分发挥，经济发展未能取得更大的、应有的成效。其中最重要的一点，就是在生产资料所有制的社会主义改造基本完成以后，没有及时地把党和国家的工作重点转移到以经济建设为中心的轨道上来，没有始终把发展社会生产力作为巩固和发展社会主义制度的一项根本任务。改革开放以后，正是因为我们党领导全国人民排除来自各方面的种种干扰，始终坚持经济建设这个中心，各方面工作服从和服务于经济建设这个大局，奋发图强，艰苦创业，现代化建设的第一、二步战略目标如期实现，社会主义中国发生了前所未有的翻天覆地的历史性巨变。

一、以经济建设为中心是党和国家兴旺发达和长治久安的根本要求

（一）坚持以经济建设为中心是社会主义的本质要求

邓小平总结了中外社会主义建设的经验，特别是我国社会主义建设的经验，明确指出："社会主义的本质，是解放生产力，发展生产力，消灭剥削，消除两极分化，最终达到共同富裕。"[①] 解放生产力、发展生产力是前提，消灭剥削、消除两极分化、最终实现共同富裕是最终目的。没有前提，最终目的就会落空。自从 1956 年社会主义改造完成，进入社会主义建设时期以来，我们对社会主义本质的认识往往局限在生产关系的范围以内，特别是强调与资本主义生产关系相对立的一面。这就使得我们没有把精力集中在生产力的发展上，而是一味地强调生产关系的变革，最后在生产力的发展上远远地落后于发达的资本主义国家。改革开放后，邓小平反复强调要发展生产力，指出只有坚持以经济建设为中心，才是真正的坚持社会主义。正是在这样的思想指引下，中国社会主义现代化建设才取得了巨大的成就，才抵御住了西方国家的和平演变，经受住了苏东巨变和国

---

① 《邓小平文选》第三卷，人民出版社 1993 年版，第 373 页。

内政治风波的冲击。

（二）坚持以经济建设为中心是我国社会主义初级阶段的基本矛盾所决定的

认清我国基本国情是进行社会主义建设的基本前提。只有正确地认识我国的基本国情，才能制定正确的发展战略。改革开放前，受左的思想影响，对我国的基本国情缺乏正确的认识，社会主义建设超越了社会主义初级阶段，导致社会主义建设成就不大。改革开放后，以邓小平为核心的党中央集体作出我国还处在社会主义的初级阶段的判断。社会主义的初级阶段有两个基本特征：一是我国已经建立了社会主义制度，我们必须坚持这个制度，这解决了走什么路的问题；另一个特征是生产力发展水平十分落后，还不能充分满足人民群众不断增长的物质文化需求，还没有为向更高的社会过度准备充足的物质财富基础。其中生产力的落后是根本特征。党的十三大明确地确立了社会主义初级阶段的理论。以后邓小平也多次提到我国还处在社会主义初级阶段，并指出这个阶段自新中国成立算起大约要持续100年。在这100年里，社会主义建设的中心任务就是以经济建设为中心，大力发展生产力，努力提高人民群众的物质文化生活水平。所以，必须坚持以经济建设为中心这个根本战略，决不能改变它。

（三）以经济建设为中心是党在不同时期始终坚持的根本战略

以经济建设为中心是符合我国基本国情的发展战略，以经济建设为中心的发展战略的形成和内涵的不断拓展经历了一个不断探索的过程，并且在社会主义现代化建设的不同时期，由于现实情况的不同其内涵有所不同。尽管如此，以经济建设为中心的发展战略是党始终坚持不动摇的发展战略。新中国成立60年来经济建设正反两方面的经验教训表明，坚持经济建设这个中心，经济才能发展，社会才会进步，人民生活才能得到改善；离开这个中心，经济社会发展就会倒退，人民生活就会遭受困难和挫折。正是我们党始终坚持以经济建设为中心的战略，才取得了经济发展的伟大成就。

早在新中国成立初期，我们党就提出要探索社会主义建设规律问题，体现了对经济建设的重视。1956 年，毛泽东同志在著名的《论十大关系》中提出，要调动一切直接和间接的力量，为把我国建设成为一个强大的社会主义国家而奋斗。党的八大在全面分析国内外形势的基础上，指出我国社会的主要矛盾是人民对于经济文化迅速发展的需要同当前经济文化不能满足人民需要的状况之间的矛盾，强调要集中力量发展社会生产力，实现国家工业化。党和国家工作的重点必须转移到以经济建设为中心的社会主义现代化建设上来，大大发展社会生产力，并在这个基础上逐步改善人民的物质文化生活。这些正确的重大判断和指导思想带来了社会主义建设初期国民经济的恢复，人民生活的改善。但是，后来由于种种复杂的原因，没有坚定不移地实现这个战略转移，我国的发展走了弯路。在"文化大革命"期间，对经济建设这一中心的偏离使国民经济和人民生活遭受严重困难和挫折。这从反面证明，党的各项工作都必须服从和服务于经济建设这个中心，决不能再离开这个重点。

1978 年，党的十一届三中全会深刻总结了过去 20 多年的经验教训，果断地把党和国家工作的重点转移到社会主义现代化建设上来，作出了实行改革开放的重大决策。改革开放以来，党牢牢抓住发展这个主题，坚持以经济建设为中心不动摇，取得了改革开放和现代化建设的辉煌成就，社会生产力、人民生活水平、综合国力都上了一个大的台阶。坚持以经济建设为中心不动摇带来了实践的巨大成功，以经济建设为中心成为我们党发展经济的一条基本经验。

在以改革开放为主要内容的经济建设进行到 20 世纪 80 年代末到、90 年代初，改革开放带来的矛盾使经济建设进入历史的重要关头。由于接连遭遇东欧剧变、苏联解体等世界政治局势的影响，中国国内再次出现思想的纷争。西方敌对势力乘机大肆宣扬"共产主义大溃败"的思想舆论，国内少数坚持资产阶级自由化的人也主张放弃四项基本原则，走"西化"的道路。与此同时，党内和一部分干部群众中一度出现了对党和国家改革开放政策的模糊认识，"改革开放要收、阶级斗争要抓"的议论不仅在社会上而且在党内开始蔓延，甚至出现了姓"资"姓"社"的争论。这些争论实际上都涉及到要不要坚持以经济建设为中心的党的"一个中心、两个基本点"的基本路线，即中国走什么道路的问题。思想上的困扰势必会引发社会生产的停滞和国民经济的下滑。20世纪80年代末90年代初，我国国民经济发展速度曾一度出现较大的滑坡势头。在改革开放发展到关键时刻，邓小平南方谈话，澄清人们的思想纷争，"三个有利于"标准和"计划和市场都是经济手段"的论断帮助人们冲破长期以来关于姓"资"还是姓"社"以及计划经济与市场经济体制的思想束缚。思想的解放促使我们党继续抓住经济建设这个中心，在党的十四大把建立社会主义市场经济体制确立为经济体制改革的目标，由此加快了全面改革的进程。

党的十六大以来，党以邓小平理论和"三个代表"重要思想为指导，顺应国内外形势发展变化，抓住重要战略机遇期，在经济建设过程中着力推动科学发展、促进社会和谐，完善社会主义市场经济体制，在全面建设小康社会实践中坚定不移地把改革开放伟大事业继续推向前进。经济建设的重心在于进一步深化机构改革、完善社会主义市场经济体制，为我国社会生产力的稳定、有效发展，创造适宜的社会经济环境和必要的体制保障条件。

发展是我们党执政兴国的第一要务，而发展就要牢牢扭住经济建设这个中心。以经济建设为中心，是始终不能动摇的，特别是对处于并将长期处于社会主义初级阶段的中国来说，具有至关重要的意义。马克思曾指出，生产力的发展是绝对必需的实际前提，否则，就只会有极端贫困的普遍化。不以经济建设为中心，我们就不能保住改革开放的成果，更谈不上进一步发展了。

二、继续坚持以经济建设为中心的发展战略的必要性

胡锦涛总书记在党的十七大报告中指出："必须坚持把发展作为党执政兴国的第一要务。发展，对于全面建设小康社会、加快推进社会主义现代化，具有决定性意义。要牢牢扭住经济建设这个中心，坚持聚精会神搞建设、一心一意谋发展，不断解放和发展社会生产力。"这说明，在新时

期仍然必须"坚持以经济建设为中心"。

（一）坚持以经济建设为中心是党在社会主义初级阶段基本路线的核心内容和必然要求

马克思主义认为，生产力的发展，是人类社会发展的最终决定力量。我国正处于并将长期处于社会主义初级阶段。社会主义初级阶段的主要矛盾，始终是人民日益增长的物质文化需要同落后的社会生产之间的矛盾，根本任务是发展社会生产力。党在社会主义初级阶段的基本路线只有一个中心，那就是以经济建设为中心。党执政兴国的第一要务是发展，首先是要发展经济。进入 21 世纪以来，我国发展呈现一系列新的阶段性特征，社会建设和管理面临诸多新课题，在新的发展阶段要抓住机遇，发展自己，关键是发展经济，要坚持以经济建设为中心，紧紧抓住和切实用好重要战略机遇期，大力解放和发展社会生产力，对于我们这样一个发展中的大国加快实现现代化具有重大战略意义。在任何时候、任何情况下都应紧紧扭住经济建设这个中心不动摇，坚定不移地推动经济持续快速协调健康发展。

（二）坚持以经济建设为中心是全面落实科学发展观的必然要求

新时期党提出的科学发展观，是立足社会主义初级阶段基本国情，总结我国发展实践，借鉴国外发展经验，适应新的发展要求提出来的。科学发展观，是用来指导发展的，不能离开发展这个主题，同样不能离开经济建设这个发展的中心。发展观的第一要义是发展，离开发展，就无所谓发展观。发展是硬道理，中国解决一切问题的关键在于发展。以人为本，全面、协调、可持续的发展观不仅没有否定经济建设这个中心，而且强调必须在坚持以经济建设为中心的基础上，谋求经济社会更快更好地发展。以经济建设为中心本身就是科学发展观的重要内容，与科学发展观强调的以人为本、全面协调可持续发展的基本内涵相辅相成、密不可分。科学发展观强调的以人为本，同改革开放以来我们党一直强调的以经济建设为中心在本质上是一致的。以人为本是发展的目的，以经济建设为中心是达到这个目的的手段。就全社会范围来说，要真正做到比较充分地实现以人为本，满足人民群众的需要和促进人的全面发展，必须具备相应的物质基础。如果不坚持以经济建设为中心，如果没有社会生产力的发展和社会财富的积累，要较好地做到这一点显然是不可能的。

全面落实科学发展观，第一位是坚持以经济建设为中心。只有坚持以经济建设为中心，不断增强综合国力，才能抓好发展这个党执政兴国的第一要务，为全面协调可持续发展打下坚实的物质基础，才能更好地解决前进中的矛盾和问题，实现全面建设小康社会的宏伟目标。胡锦涛同志强调："全党全国都要增强促进发展的紧迫感，在任何时候任何情况下都紧紧扭住经济建设这个中心不放松，充分调动和切实保护广大干部群众加快发展的积极性，坚定不移地推动经济持续快速协调健康发展。"

第三节　改革开放是经济发展的强大动力

改革开放是党在新的时代条件下带领人民进行的新的伟大革命，目的就是要解放和发展社会生产力，实现国家现代化，让中国人民富裕起来，振兴伟大的中华民族。改革开放政策的实施对中国的经济发展有着巨大影响，中国改革开放的发展历史证明，改革开放是我国经济发展的强大动力。

一、改革是发展中国特色社会主义和中华民族伟大复兴的必经之路

改革开放是中国共产党在社会主义初级阶段基本路线的基本点之一，是我国走向富强的必经之路。

（一）改革是社会主义制度自我完善和发展的需要

以毛泽东为核心的党的第一代中央领导集体，领导全党全国各族人民，经过长期奋斗，夺取了新民主主义革命的胜利，进而建立起社会主义

基本制度。我们党领导人民，在完成了对社会主义这样一种"基本制度选择"之后，之所以还要进行改革开放这场新的伟大革命，是社会主义制度自我完善和发展的需要。因为只有通过改革才能建立有中国特色社会主义制度，实现以公有制为主体、多种所有制成分共同发展的所有制结构需要进行所有制的改革。所有制改革是改革所有制实现形式和结构，不是改变公有制而是改变公有制的实现形式，进一步完善社会主义制度。对社会主义经济体制中的分配制度、运行制度的改革是要打破过去平均主义的弊端，更新观念，转变计划管理职能和方式，发展和完善社会主义市场经济体制。

改革开放这场新的伟大革命，决不是要改变我国社会主义制度的性质，而是社会主义制度的自我完善和发展，其目的，正如党的十七大报告所指出的："就是要解放和发展社会生产力，实现国家现代化，让中国人民富裕起来，振兴伟大的中华民族；就是要推动我国社会主义制度自我完善和发展，赋予社会主义新的生机活力，建设和发展中国特色社会主义；就是要在引领当代中国发展进步中加强和改进党的建设，保持和发展党的先进性，确保党始终走在时代前列。"

改革开放30年来的伟大历程证明，我们党领导这场伟大革命之所以取得了巨大的成就，之所以没有像一些国家的"改革"那样最终导致了社会主义制度的解体和共产党执政地位的丢失，而是使社会主义和马克思主义在中国大地上焕发出勃勃生机，给人民带来更多福祉，使中华民族大踏步赶上时代前进潮流、迎来伟大复兴的光明前景，一个根本的原因就在于，我们党领导的改革开放，正是依据新的伟大革命同社会主义制度自我完善和发展相统一的原则来进行的。

（二）改革开放是建设有中国特色社会主义的根本途径

以毛泽东同志为核心的第一代党的领导集体带领中国人民完成了新民主主义革命，建立了新中国。但新中国成立以后，模仿苏联建立起来的高度集中的计划经济体制，已严重阻碍了我国生产力的发展。中国发展处在历史关头，中国需要第二次革命，需要解放生产力。以邓小平同志为核心的党的第二代中央领导集体带领人们展开真理标准大讨论的思想解放运动，在社会主义发展道路的认识上，认识到改革是解放生产力、发展生产力的根本途径。从十一届三中全会党确立了改革开放为基本国策，开始了改革开放这一伟大历史进程。改革开放不仅是社会主义基本理论，而且是建立在中国国情上的具有时代性的重大理论和实践。

改革开放伟大事业是以邓小平同志为核心的党的第二代中央领导集体带领全党全国各族人民开创的。党的十七大报告的这一重要论断，深刻阐明了以邓小平同志为核心的党的第二代中央领导集体是我国新时期改革开放伟大事业的开创者。邓小平指出"社会主义的任务很多，但根本一条是发展生生产力"。[①] 发展生产力是社会主义的根本任务，从而也是建设有中国特色社会主义的根本任务。完成这样的任务，只有实行改革开放的政策。在某种意义上，建设中国特色社会主义理论就是改革开放理论，或者说改革开放是建设有中国特色社会主义理论中体现时代特征极为重要的部分。从实际看，建设有中国特色社会主义必须以经济建设为中心，这就必须通过改革开放，改革开放是建设有中国特色社会主义的根本途径。

二、经济体制改革促使经济快速发展

改革开放政策实施以来，中国特色社会主义建设进入新的历史阶段，新时期最显著的成就是快速发展。改革开放 30 年以来，我们这样一个人口多、底子薄的发展中大国，以世界上少有的速度持续快速发展起来。我国经济从一度濒于崩溃的边缘发展到总量跃至世界第三，进出口总额位居世界第三，外汇储备居世界第一位，人民生活从温饱不足发展到总体小康，农村贫困人口从 2.5 亿多减少到 1000 多万。改革是促进经济快速发展的强大动力。没有以邓小平同志为核心的党的第二代中央领导集体团结带领全党全国各族人民改革创新，就没有改革开放历史新时期，就没有中国特色社会主义，就没有经济的快速发展。

[①] 邓小平：《建设有中国特色的社会主义》（增订本），人民出版社 1987 年版，第 116 页。

（一）经济体制改革实践的特点

我国经济体制改革是从农村到城市逐渐展开的，在改革开放的伟大历史进程中，中国经济改革的主要特点是坚持社会主义方向和改革的市场化取向相结合，不断推动体制创新。30年来的经济改革，采取的是循序渐进方法，经历了由试验到推广、由点到面、由表及里、由浅入深的渐进式、探索性的过程。从时空特点来看，中国经济改革经历了从农村局部到整个农村，从农村到城市，从沿海到内地的改革历程；从改革内容特点来看，经历了从经济体制的单项改革到涉及社会管理体制、行政管理体制和政治体制以及统筹经济社会各方面发展的综合配套改革的进程。在经济体制方面，成功实现了从高度集中的计划经济体制到充满活力的社会主义市场经济体制的伟大历史转折，建立和完善社会主义市场经济体制，建立以家庭承包经营为基础、统分结合的农村双层经营体制，形成公有制为主体、多种所有制经济共同发展的基本经济制度，形成按劳分配为主体、多种分配方式并存的分配制度，形成在国家宏观调控下市场对资源配置发挥基础性作用的经济管理制度。在不断深化经济体制改革的同时，不断深化政治体制、文化体制、社会体制以及其他各方面体制改革，不断形成和发展符合当代中国国情、充满生机活力的新的体制机制，为我国经济繁荣发展、社会和谐稳定提供了有力制度保障。

经济体制改革的成功极大地解放和发展了生产力，改革开放30年来，我国经济实力和综合国力大大提高，人民生活从总体小康迈向全面小康。

（二）经济体制改革实践的经验

胡锦涛总书记在纪念党的十一届三中全会召开30周年大会上的讲话中指出，改革开放以来我们取得一切成绩和进步的根本原因，归结起来就是：开辟了中国特色社会主义道路，形成了中国特色社会主义理论体系。在30年的改革开放实践中，我们党经过艰辛探索，在经济体制改革方面积累了宝贵经验，这些经验，也包含在党的十七大阐明的"十个结合"之中。

第一，坚持解放思想、实事求是、与时俱进的思想路线，以实践基础上的理论创新为改革开放提供理论指导，不断探索适合中国国情的经济体制和改革理论。把坚持马克思主义基本原理同推进马克思主义中国化结合起来，确立了社会主义市场经济体制的改革目标，形成了中国特色社会主义理论体系。

第二，在改革过程中始终坚持四项基本原则，保持改革开放的正确方向，始终牢牢扭住经济建设这个中心，用改革和发展的办法解决前进中的问题。始终立足于社会主义基本制度，坚持市场化改革取向，自觉地调整生产关系和上层建筑中不适应生产力发展的环节和方面，推动社会主义制度在除弊立新中自我完善和不断发展。

第三，正确处理经济体制转轨与经济发展方式转变的关系，坚持围绕发展推进改革。始终把改革作为发展的动力，把体制机制创新和制度建设作为促进发展、转变发展方式的制度保障，不断创造发展的新优势，开创发展的新局面。

第四，正确处理宏观调控与市场调节关系，坚持把发挥市场机制基础性作用与完善宏观调控体系结合起来，不断创新体制机制，充分发挥市场在资源配置中的基础性作用。

第五，在改革开放过程中，始终重视经济发展与改善民生的关系，按照以人为本的要求，既尊重人民群众的首创精神，坚持依靠群众，又始终注重维护和增进人民群众的物质利益，使人民群众共享改革发展成果，使改革切实造福人民。

第六，改革采取了先易后难、由浅入深的渐进式推进策略，坚持循序渐进，在重点突破中实现整体推进，从而保证改革与发展稳定进行。

第七，坚持对外开放和体制改革的有机结合、协同推进。通过对内体制改革，改善对外开放的条件和环境，提升对外开放的广度和深度；通过对外开放，充分借鉴国外发展市场经济有益经验，积极利用国内外两个市场、两种资源，破除不适应市场经济发展和国际商务规则的体制弊端，不断推动体制改革的深化，实现国内改革与对外开放相互促进。

第八，坚持改革开放与全面协调可持续发展的科学发展观有机统一，重视和谐社会的构建。建设中国特色社会主义，发展是第一要务，以人为本、全面协调可持续的科学发展是解决一切问题的前提。改革开放以来，我们既重视物的发展即社会生产力的发展，又重视人的发展即全民族文明素质的提高，坚持物质文明和精神文明两手抓。在新的历史阶段，科学发展观是推进改革深化的重要保证，在科学发展观的指导下，我们党提出了构建社会主义和谐社会的重大战略任务，形成了中国特色社会主义经济建设、政治建设、文化建设、社会建设"四位一体"的总体布局。

第九，坚持加强和改善党的领导，为经济体制改革提供强有力的政治和组织保障。我国改革开放之所以取得成功，最根本的一条经验就是始终坚持党的领导。实践一再证明，只有在党的正确领导下，才能确保各项改革沿着社会主义方向前进；只有不断加强和改善党的领导，才能保证我们党在世界形势深刻变化的过程中始终走在时代前列，在应对国内外各种风险和考验的关键时刻始终成为全国人民的主心骨，在建设中国特色社会主义的历史进程中始终成为坚强的领导核心。

第十，正确处理经济体制改革和全方位改革的关系，坚持改革的总体指导、统筹协调和综合配套。改革开放以来，我们注重微观经济改革和宏观经济改革、经济领域改革和社会领域改革、农村改革和城市改革、经济体制改革和政治、文化、社会体制改革相协调，从整体上谋划和部署改革，使各项改革有机衔接、综合配套，推动社会主义市场经济体制乃至社会主义基本制度不断完善。

总之，用改革破解发展的难题、增强发展的活力，是我国经济30年奇迹的基本道路和经验，也是当前我们抵御国际金融危机冲击的法宝。我们要通过深化改革破解发展难题，在扩大开放中赢得发展机遇。

三、对外开放是中国崛起的强大动力

中国共产党在十一届三中全会前后制定的对外开放基本方针，是在新的时代背景下探索中国特色社会主义道路的全新实践。在中共中央几代领导集体的正确领导下，中国的对外开放伟大实践取得了举世瞩目的成就。

30 年来的实践证明，对外开放是中国选择的一条正确道路，是中华民族的振兴之路。

（一）对外开放政策的确定是符合中国国情的正确选择

从历史上看，中国是经历了长期封建社会的国家，封建社会经济制度的本质是以自然经济为基础的封闭型的制度。闭关自守，是中国长期处于停滞和落后状态的重要原因。中国要谋求发展，摆脱贫穷和落后，就必须开放。新中国成立后，进行过对外贸易和引进国外技术设备的努力并取得了一定的成果。"文化大革命"结束后，进行现代化建设的任务日益迫切地提上日程，中国发展面临发展中大国如何实现经济起飞和发展的问题。随着中国同世界各国特别是西方发达国家的正常交往的恢复，中国共产党人通过外交活动了解到世界形势的发展变化，以更宽广的视野观察世界大势，思考中国现代化建设的发展道路。通过与世界发达国家的比较，认识到中国同世界发达国家在经济技术上的差距正在拉大，必须急起直追。同时认识到，世界通行的发展经济的某些做法，包括利用外国的资金、技术和管理经验，我们可以采用。中国要加快现代化建设的步伐，不仅要学习世界先进的经验和引进先进的技术设备，而且要按照现代化的要求改革现行的经济管理体制，引进的同时必须着手体制的改革。正是在这样的认识基础上，党的十一届三中全会作出了改革开放的决策，对外开放成为中国特色社会主义的基本国策。进入历史新时期后，改革开放就成为中国特色社会主义建设事业最鲜明的时代特点，成为推动经济发展和社会进步的一个决定性因素，并被作为党在整个社会主义初级阶段坚定不移的一项战略方针。

随着世界经济以及中国经济的重大变化，我国对外开放的战略也在进行调整。为了确保对外开放战略继续推动中国又好又快发展，党的十七大提出了对外开放战略的新思维，形成了我国对外开放的新战略，即"完善内外联动、互利共赢、安全高效的开放体系，形成经济全球化条件下参与国际经济合作和竞争的新优势"。中国共产党人认为，中国的发展离不开世界，中国要发展、要进步、要自强，就必须实行对外开放，吸收和借鉴世界各国资本主义发达国家的一切先进技术和管理经验，充分利用人类社会创造的一切文明成果，以增强我国经济社会发展的自力更生能力和在国际社会的竞争能力，逐步使我们的社会主义赢得与资本主义相比较的优势。对外开放已成为我国一项长期的基本国策。

（二）对外开放实践的特点

党的十一届三中全会以后，我国开始了对外开放的历史进程，30 年的对外开放从沿海到沿江沿边，从东部到中西部，逐渐形成了全方位、多层次、宽领域的对外开放格局。

全方位是指我国无论对资本主义国家还是社会主义国家、发达国家还是发展中国家都实行开放政策。根据国际经济政治多极化的趋势，中国对外开放转变了过去只同一部分国家交往的局面，逐步形成了面对全球开放的格局。20 世纪 80 年代末和 90 年代初，中国提出了"市场多元化"战略。当时的目标和要求是：在继续巩固和发展与美国、日本、欧洲和港澳地区贸易的同时，大力开拓周边国家、东盟国家、中东国家的市场，努力增加同非洲地区和拉美地区的贸易，采取多种形式发展同原苏联和东欧国家的贸易往来。这是中国在对外开放中首次提出全方位发展对外贸易并将其作为国家战略予以实施。中国加入世贸组织后，积极参与经济全球化，着力提高对外开放水平，基本形成全方位对外开放格局。目前，我国与世界上绝大多数国家保持着友好关系和往来，至 2007 年与我国开展贸易往来的国家和地区已达到 270 个。

多层次是指按照不同的开放程度所形成的梯次展开的开放格局。根据我国幅员辽阔，各地区经济、文化、地理条件差异较大，发展不平衡的特点，实行由点到线，由线到面，先试点后扩大，因地制宜，多层次发展的战略部署。20 世纪 90 年代，在邓小平发表南方谈话后，我国的对外开放逐步形成了从南到北，由东到西，沿江、沿边和中心城市多层次的开放格局。党的十五大以后，以江泽民、胡锦涛为代表的党中央领导集体，依据邓小平区域经济发展的"两个大局"思想，继续把沿海对外开放的成功经验引向内地，加大对中西部对外开放的支持力度，合理规划多层次参与国际竞争的地区。

宽领域是指在开放的范围、空间和形式上，有宽阔的活动领域。随着加入世贸组织时间的推移，适应国际惯例的对外经济运行机制已初步建立，在我国的经济发展和现代化建设中发挥着重要的作用。在开放的范围上，不仅在经济领域，而且在政治、科技、教育、文化、体育和卫生等多领域对外开放；在开放空间上，已由生产领域扩展到基础设施、商业、金融业、旅游和信息产业等领域；在开放形式上，作为世贸组织的成员，可以全面地利用国际通行的各种服务贸易、货物贸易和技术贸易形式以及各种直接投资、间接投资和新型的国际投资形式。

大力发展对外贸易，积极有效地利用外资是中国改革开放基本国策的重要组成部分，也是对外开放实践的核心内容之一。党的十一届三中全会以来，积极发展对外贸易，形成了以出口导向为重要支撑点的外向型经济发展战略。出口导向经济发展战略，有力地拉动了国民经济快速增长。加快了中国经济的国际化进程，促进了产业结构的调整，提升了经济质量。但在新时期，以出口为主导的经济发展战略进行了适度调整，在保持对外贸易适度增长、提升产品出口结构的前提下大力实施内需主导发展战略，通过开发国内市场、促进国内消费来拉动经济的可持续增长。

（三）对外开放取得的经验

对外开放是中国从停滞封闭到发展振兴的历史性大转折，在改革开放的伟大历程中，我们坚定不移地坚持对外开放基本国策，实现了以开放促改革促发展的重要历史使命，完成了从封闭半封闭经济向开放型经济的转变，开创了全球范围内走开放式发展道路的成功范例。通过 30 年的对外开放实践，积累了宝贵经验。

首先，坚持维护国家主权。虽然中国需要实现对外开放政策，但在这之上还有一个更高的原则，即维护国家独立和主权完整。从近代中国历史来看，中国的对外开放是在西方列强侵略下的不平等的"门户开放"，这种开放使中华民族蒙受欺侮与灾难，是旧中国贫穷落后的根源，而一个贫穷落后的中国又是不可能真正开放的。新中国的对外开放是以不损害社主义中国的主权和安全为前提的。其次，坚持社会主义方向。对外开放是我们利用人类社会创造的一切文明成果来建设社会主义，而不是要搞资本主义和"全盘西化"。通过实行开放政策，吸收资本主义社会的一些有益的东西，是作为发展社会主义社会生产力的一个补充。有计划、有选择地引进资本主义国家的先进技术和其他对我们有益的东西，但是决不学习和引进资本主义制度。中国实行改革开放政策，是和坚持社会主义制度相联系着的。改革是社会主义制度内的改革，开放是在社会主义制度基础上的开放。再次，须坚持独立自主、自力更生为主的方针。一方面实行开放政策，另一方面仍坚持新中国成立以来毛泽东同志一贯倡导的自力更生为主的方针。立足于国情，不照搬别国的发展经验和模式，而是建立中国特色社会主义经济发展模式，维护了国内经济发展的稳定，确保了改革开放的社会主义方向。第四，坚持由点到面、从沿海到沿江沿边，从东部到中西部的循序渐进稳步推进的开放策略。我国人口众多，地域辽阔，各地区文化、地理条件差距较大，经济发展发展不平衡，针对这一特点，我国实行由点到线，由线到面，先试点后扩大，因地制宜，多层次发展的战略部署，这样充分发挥了地区优势，取得对外开放的成功。第五，坚持改革与开放紧密联系。对内改革是为了更好地开放，而对外开放有助于对内改革的深入进行。第六，坚持"引进来"与"走出去"相结合。我国的对外开放是从"引进来"起步的，通过不断扩大的对外开放，引进了国外先进的技术和大量的资金、人才，极大地增强了我国的综合国力，技术水平大为提高，并在技术、生产、管理、人才等方面形成了一定的比较优势。正是由于坚持不懈地"引进来"，才使我国在国内资源短缺、资金匮乏、技术比较落后的情况下，仍能实现经济的持续快速发展，由原来的经济小国变为目前的经济大国。随着经济全球化进程的加快，我国的对外开放面临着新的形势，参与国际经济合作和形成新的竞争优势，需要我们"走出去"。党的十七大提出要统筹国内发展和对外开放，强调要把"引进来"和"走出去"更好结合起来，这是我们党在对新形势的判断和过去对外开放实践经验总结基础上的对外开放战略调整，对于完善内外联动、互利共赢，建立安全高效的开放型经济体系，切实维护国家经济安全，防范国际经济风险具有重要的意义。

第四节　用科学发展观统领经济社会发展

党的十六大以来，以胡锦涛同志为总书记的党中央带领全党和全国各族人民，立足社会主义初级阶段基本国情和我国发展的阶段性特征，借鉴当代世界发展的经验，在实现什么样的发展、怎样发展的重大问题上解放思想，摆脱了单纯追求 GDP 的片面发展观，提出以人为本、全面协调可持续的科学发展观，提出构建社会主义和谐社会等重大战略思想。这是对中国特色社会主义本质认识的新提升，对中国特色社会主义客观规律的新把握，进一步开拓了中国特色社会主义理论发展的新境界。

一、科学发展对中国特色社会主义经济建设的基本要求

（一）中国特色社会主义经济建设的基本要求

新中国成立以来经济建设的历史经验告诉我们，中国特色社会主义经济建设必须始终坚持以经济建设为中心，这就要求我们必须紧紧抓住发展这个党执政兴国的第一要务，坚持用发展和改革的办法解决前进中的问题；中国特色社会主义经济建设根本目的是以满足人民日益增长的物质文化需要，这就要求我们必须重视改善人民生活，把实现好、维护好、发展好最广大人民的根本利益落实到经济社会发展的各个方面，让广大人民共享改革发展的成果；中国特色社会主义经济建设要以促进经济社会全面进步和人的全面发展为最高目标，这就要求我们必须坚持物质文明和精神文明两手抓，高度重视政治建设和社会建设；必须坚定不移地推进各方面改革，全面提高对外开放水平，促进各方面体制机制不断完善，为经济社会发展注入强大动力；必须保持国民经济持续快速协调健康发展，在优化结

构、提高效益的基础上实现平稳较快增长；必须正确处理改革发展稳定的关系，正确处理经济发展和社会发展的关系，妥善处理好城乡、地区发展差距和居民收入差距等问题；必须注重节约能源资源，保护生态环境，避免以牺牲环境为代价换取经济的一时增长，实现经济社会可持续发展。

（二）科学发展要求转变经济发展方式

实现未来经济发展目标，关键要在加快转变经济发展方式。我国传统经济增长方式是资源依赖型、单向型、粗放型的经济增长方式，它在取得经济建设成就的同时，也造成了对资源的过度依赖和巨大浪费，以及对生态环境的破坏，从而使得我国近年来能源日趋紧张，生态问题日益突出和恶化。落实科学发展观就是要努力实现经济又好又快发展。"又好又快"要求在优化结构、提高质量和效益的基础上，转变经济增长方式，调整经济结构，实现速度、结构、质量、效益的统一。要摆脱以往的那种以大量消耗资源来实现经济增长的方式，实现由传统经济向现代经济转变，要转换思路，改革传统的运作方式，改革传统的管理体制。

（三）科学发展观要求经济社会协调发展

随着改革的深入，我国经济建设的阶段性矛盾也日益凸现，社会主义市场经济体制还不完善，城乡之间、区域之间、居民收入之间的差距持续扩大，就业和社会保障压力增加，科教文文卫等社会事业发展还很滞后，可持续发展的能力还不强，经济社会发展与人口、资源、环境之间的矛盾比较突，一些消极腐败现象、各类犯罪活动和各种敌对势力的渗透破坏活动依然存，给社会稳定与和谐带来诸多不利影响。因此，在大力推进经济发展的同时，应更加注重加快社会发展。就是要统筹城乡发展、统筹区域发展、统筹经济社会发展、统筹人与自然和谐发展、统筹国内发展和对外开放，推进生产力和生产关系、经济基础和上层建筑相协调，推进经济、政治、文化建设的各个环节、各个方面相协调。

二、以人为本是经济社会发展的核心

以人为本既是科学发展的核心也是经济社会发展的核心。以人文本就是要实现发展是为了人民，发展要依靠人民，发展的成果要为人民共享。坚持以人为本，就是要以实现人的全面发展为目标，从人民群众的根本利益出发谋发展、促发展，不断满足人民群众日益增长的物质文化需要，切实保障人民群众的经济、政治和文化权益，让发展的成果惠及全体人民。

（一）以人为本是我们党的根本宗旨和执政理念的集中体现

全心全意为人民服务是我们党的根本宗旨，立党为公、执政为民是我们党执政的本质要求。中国共产党始终坚持人民的利益高于一切，党除了最广大人民的根本利益，没有自己的特殊利益；党的全部任务和责任，就是带领广大人民实现自己的根本利益。坚持以人为本，就要牢记党的根本宗旨，始终做到权为民所用、情为民所系、利为民所谋，始终把最广大人民的根本利益作为我们一切工作的最高标准，坚持尊重社会发展规律和尊重人民历史主体地位的一致性，坚持为崇高理想奋斗和为最广大人民谋利益的一致性，坚持完成党的各项工作和实现人民利益的一致性，切实把立党为公、执政为民的要求具体地、深入地落实到党和国家制定和实施方针政策的工作中去，落实到各级领导干部的思想和行动中去，落实到关心群众生产生活的工作中去。

（二）以人为本是科学发展观的核心

任何一种发展观都要回答发展是为了谁、依靠谁、发展成果如何分配等问题，而科学发展观在对这些基本问题的回答上始终贯穿了以人为本的原则和理念。科学发展观强调发展是为了人民，发展依靠人民，发展成果由人民共享，集中体现了以人为本的精神实质。以人为本就是要把人民的利益作为一切工作的出发点和落脚点，不断满足人们的多方面需求和促进人的全面发展。具体地说，就是在经济发展的基础上，不断提高人民群众物质文化生活水平和健康水平；就是要尊重和保障人权，包括公民的政治、经济、文化权利；就是要不断提高人们的思想道德素质、科学文化素质和健康素质；就是要走共同富裕道路，把改革发展取得的各方面成果，体现在不断提高人民的生活质量和健康水平上，体现在不断提高人民的思想道德素质和科学文化素质上，体现在充分保障人民享有的经济、政治、文化、社会等各方面权益上，让发展成果惠及广大人民群众。

三、统筹发展是落实科学发展观、构建社会主义和谐社会的根本途径

科学发展观，第一要义是发展，核心是以人为本，基本要求是全面协调可持续，根本方法是统筹兼顾。党的十六届三中全会提出的"统筹城乡发展、统筹区域发展、统筹经济社会发展、统筹人与自然和谐发展、统筹国内发展和对外开放"的新要求，是新一届党中央领导集体对发展内涵、发展要义、发展本质的深化和创新，蕴涵着全面发展、协调发展、均衡发展、可持续发展和人的全面发展的科学发展观。树立和落实科学发展观，既要强调发展，又要统筹兼顾，如果忽略了统筹兼顾，就会造成经济社会各方面的失调，就不能实现以人为本的全面协调可持续发展。

（一）统筹发展的战略意义

统筹城乡发展是全面建设小康社会的根本举措。全面建设小康社会的重点在农村，难点也在农村。由于我国过去相当长时间里没有统筹城乡发展，对"农业剩余"或农民的生产成果和农村的生产要素进行过多的强制性剥夺和转移使农村在小康建设中明显落后于城市。因此，实施统筹城乡发展战略，通过打破城乡分割，促进要素双向流动，促进城镇化的持续快速发展，促进农村经济发展，促进农民收入提高，才能实现农村小康建设和全面建设小康社会的战略目标。

统筹区域发展是五个统筹的重要问题之一。区域经济发展的不平衡是大国经济发展的普遍问题。新中国成立后，我国实行的逐步深入的改革开放政策特点是由点到面，东、中、西部阶梯递进，经济政策的不均衡加上地理位置的差异导致我国区域经济发展存在很大差异。区域经济发展的不平衡成为阻碍实现全面建设小康社会的一个必须跨越的障碍。在我国实现

"三步走"战略目标中，要求要把握好"两个大局"，鼓励沿海地区先发展起来并继续发挥优势，这是一个大局。东部沿海地区率先发展，各省、区内部也都有一部分市、县率先发展起来，带动了全国的发展，也是当前和今后相当长时期全国经济增长的重要支撑，这个战略方向要坚持。支持和帮助内地发展，实现地区协调发展和共同富裕，也是一个大局。统筹区域发展的实质，是实现地区共同发展。保持比较发达的地区快速发展的势头和扶持落后地区的发展，地区差距问题要在工业化、城市化和市场化的发展进程中逐步得到解决。因此，统筹区域发展是把握"两个大局"的需要和根本途径。

"五个统筹"中，最关键和最复杂的是统筹经济社会发展。统筹经济社会发展，是基于经济发展与社会发展在广度与深度上的关联性，强调经济发展与社会经济发展与社会发展的协调性，它的实质是经济社会的协调发展，是在经济发展的基础上实现社会全面进步，增进全体人民的福利。

统筹人与自然和谐发展是构建社会主义和谐社会的重要内容和基本特征之一，其实质是人口适度增长、资源的永续利用和保持良好的生态环境。统筹人与自然和谐发展就是要处理好经济建设、人口增长与资源利用、生态环境保护的关系，推动整个社会走上生产发展、生活富裕、生态良好的文明发展道路，因此，它是科学发展观的重要组成部分。资源约束将是伴随工业化、现代化全过程的大问题。伴随资源约束问题的是环境问题，我国环境问题是在工业化起飞的过程中出现的，环境污染严重，生态持续恶化，导致生态环境承载能力受到威胁。因此，我国工业化和城市化道路的选择，发展模式、发展战略和技术政策的选择，乃至社会生活方式的选择，都必须考虑资源环境的承载能力，需要统筹兼顾人与自然的和谐发展。

统筹国内发展和对外开放，既是过去 30 多年实践的经验总结，也是在目前新形势下加快现代化建设的必然选择。统筹国内发展和对外开放，本质上是要求在利用两种资源、两个市场中实现民族经济与世界经济的良性循环。从我国对外开放的实践经验看，必须立足于提高自身的竞争力和改善本国的投资环境，把握世界市场的发展趋势，坚持平等互利原则，充分利用国际游戏规则，把开拓多元市场与准备应对风险结合起来。统筹国内发展和对外开放，既是当前中国改革开放要解决和完成的迫切任务，又是中国长远发展的战略方针，具有重要的战略意义。

（二）"两型社会"建设

《中共中央关于国民经济与社会发展第十一个五年规划的建议》中提出要建设资源节约型和环境友好型社会的"两型社会"。建设"两型社会"是贯彻科学发展观的具体实践，同时，"两型社会"的建设是以科学发展观为指导思想。

"两型社会"建设的提出迎合了我国新时期经济发展的需要，是人与自然和谐共生的社会形态，是对可持续发展战略和环境伦理思想的整合与超越，是一种真正符合人类发展需要以及人与自然和谐共生的全新社会发展状态。改革开放以来，我国经济发展过程中集中出现了发达国家百年工业化过程中分阶段出现的环境问题，环境污染和生态破坏造成了我国巨大的经济损失，危害群众健康和公共安全，影响社会稳定，甚至损害国际形象。环境问题已经成为放在我们面前的一个迫切的问题。在2005年3月12举行的中央人口资源环境工作座谈会上，胡锦涛总书记提出要"努力建设资源节约型、环境友好型社会"，并首次把建设资源节约型和环境友好型社会确定为国民经济与社会发展中长期规划的一项战略任务。

建设资源节约型、环境友好型社会不是一般意义上的保护资源、节约资源，而是坚持生产发展、生活富裕、生态良好的文明发展道路，实现速度和结构质量效益相统一、经济发展与人口资源环境相协调，使人民在良好生态环境中生产生活，实现经济社会永续发展。因此，两型社会的构建，关键在于转变经济发展的方式。2007年6月25日胡锦涛总书记在中央党校省部级干部进修班发表的重要讲话中强调，实现国民经济又好又快发展，关键要在转变经济发展方式、完善社会主义市场经济体制方面取得重大新进展。必须加快转变经济增长方式，以"经济发展"取代了已往强调的"经济增长"。以增长为唯一目标的经济发展模式存在重大问题，不适应中国国情和人类经济活动规律，必须作出重大的调整和转变。要把节约资源作为基本国策，发展循环经济，保护生态环境，促进经济发展与人口、资源、环境相协调。推进国民经济和社会信息化，切实走新型工业化道路，坚持节约发展、清洁发展、安全发展，实现可持续发展。总之，构建两型社会，正逐步成为中国特色社会主义建设的战略选择和必由之路。

第二十章

正确把握社会主义
经济发展的规律

规律是指事物运动过程中固有的本质的必然的联系，不管人们是否认识它，它都存在并在一定的条件下发生作用。经济规律是经济运行中客观存在的不以人的主观意志为转移的必然联系，本质上体现着经济过程的必然趋势，决定着社会经济生活总的发展方向。经济规律是客观的，它在一定的经济条件下产生和发挥作用，并随着客观经济条件的变化而变化。有什么样的客观经济条件，就会有与它相适应的经济规律起作用。

第一节　有中国特色的社会主义经济发展规律

一、社会主义经济发展规律的探索

（一）对社会主义经济发展规律的初步认识

社会主义基本经济规律在社会主义经济运行中是一个居于主导地位的规律，它反映了社会主义生产关系最本质的特征。我们说按客观经济规律办事，首先就是按社会主义基本经济规律办事。实现经济社会科学发展、构建和谐社会，必须找到适合我国经济发展的经济规律。从而在经济规律主导下，通过改革和宏观调控，使国民经济真正实现又好又快的发展。

以毛泽东为核心的党的第一代中央领导集体一直在艰辛地探索社会主义经济发展规律。1953 年，毛泽东《在中央政治局扩大会议上的讲话》就曾指出："社会主义经济法则是发展生产，保障需要，这是主要的、基本的，是起领导作用的经济法则。"① 这一表述是对社会主义经济发展规律的初步认识。在社会主义三大改造基本完成后，毛泽东就向全党发出了号召："团结全国各族人民进行一场新的战争——向自然界开战。"② 这就在全党全国人民面前提出了发展经济的艰巨任务，并要求把工作重心由革命方面转向发展经济方面。不仅如此，他还要求大家认真研究社会主义经济发展规律。1958 年大跃进失败后，在总结经验教训时，毛泽东再三强调要尊重客观经济规律。他说："对于建设社会主义的规律的认识，必须有一个过程。必须从实践出发，从没有经验到有经验，从有较少的经验，到有较多的经验，从建设社会主义这个未被认识的必然王国，到逐步地克服盲目性、认识客观规律、从而获得自由，在认识上出现一个飞跃，到达自由王国。"③

（二）对社会主义经济发展规律认识的深化

以邓小平为核心的党的第二代中央领导集体提出的"社会主义也可以搞市场经济"的理论，不仅解决了如何全面看待商品生产和价值规律在社会主义经济中的地位和作用这个重大问题，还创立了完整的社会主义市场经济理论，这为探索和认识社会主义经济规律开辟了极其广阔的天地。如果说邓小平之前的经典作家，如马克思、恩格斯、列宁、斯大林、毛泽东等还是在社会主义计划经济的范围内探索和寻求经济规律，那么邓小平则是换了个天地，即在社会主义市场经济的沃土中探求经济规律。邓

---

① 《毛泽东邓小平江泽民论科学发展》，中央文献出版社、党建读物出版社 2008 年版，第 4 页。
② 毛泽东：《毛泽东选集》第五卷，人民出版社 1977 年版，第 375 页。
③ 《毛泽东邓小平江泽民论科学发展》，中央文献出版社、党建读物出版社 2008 年版，第 21—22 页。

小平认为，过去导致我们的社会主义建设发生重大失误的认识根源主要是没有从根本上弄清楚社会主义的本质是什么，而这一问题又内含了社会主义基本经济规律是什么也没有搞清楚的困惑。1992 年，邓小平在南方谈话中对社会主义本质进行了新的概括，他指出："社会主义的本质，是解放生产力，发展生产力，消灭剥削，消除两极分化，最终达到共同富裕。"① 因为经济是基础，它决定上层建筑和社会意识形态，所以，从经济上来概括社会主义本质就是一个最根本的概括和最高的概括，因而邓小平的社会主义本质论也就理所当然地涵盖了社会主义经济本质及其基本经济规律的内容和要求。同时，邓小平更加明确地指出："计划多一点还是市场多一点，不是社会主义和资本主义的本质区别。计划经济不等于社会主义，资本主义也有计划；市场经济不等于资本主义，社会主义也有市场。计划和市场都是经济手段。"② 他对社会主义可不可以发展市场经济这个长期争论不休的问题，作出了肯定的回答。邓小平不仅创造性地提出社会主义可以实行市场经济，而且还强调要按照社会主义市场经济运行的基本规律即价值规律办事。邓小平建设有中国特色社会主义理论的形成，表明我们党对中国社会主义建设客观规律的认识达到一个新的境界。

（三）对社会主义经济发展规律认识的进一步明确

以江泽民为核心的党的第三代中央领导集体也大力倡导按经济规律办事。江泽民指出："计划经济要自觉运用价值规律。我们既要充分发挥市场调节的积极作用，改变过去那种忽视市场作用、忽视价值规律的做法，同时要加强和改善国家的计划管理和宏观调控。"③ 江泽民要求必须坚持按照客观规律和科学规律办事，及时研究解决改革和建设中的新情况新问题。"三个代表"重要思想为我们在新的时代条件下运用辩证唯物主义和历史唯物主义认识和把握社会发展规律、更好地推进我国社会主义事业作出了新的理论概括。学习贯彻"三个代表"重要思想，必须坚持尊重社

---

① 邓小平：《邓小平文选》第三卷，人民出版社 1993 年版，第 373 页。
② 邓小平：《邓小平文选》第三卷，人民出版社 1993 年版，第 373 页。
③ 江泽民：《江泽民文选》第一卷，人民出版社 2006 年版，第 155 页。

会发展规律和尊重人民历史主体地位的一致性。

以胡锦涛为核心的党的新一代中央领导集体对于把握和运用客观规律、按经济规律办事问题高度重视。胡锦涛总书记在党的十七大报告中指出："坚持用发展着的马克思主义指导客观世界和主观世界的改造，进一步把握共产党执政规律、社会主义建设规律、人类社会发展规律，提高运用科学理论分析和解决实际问题的能力。""要深化对社会主义市场经济规律的认识，从制度上更好发挥市场在资源配置中的基础性作用，形成有利于科学发展的宏观调控体系。""遵循市场经济规律，突破行政区划界限，形成若干带动力强、联系紧密的经济圈和经济带。""着力把握发展规律，创新发展理念、转变发展方式，破解发展难题，提高发展质量和效益，实现又好又快发展。"[1] 他还指出："认识规律、把握规律、遵循和运用规律，是坚持求真务实的根本要求。""只有按照客观规律办事，真正树立和落实科学的发展观和正确的政绩观，才能更加自觉地坚持以经济建设为中心。"[2] 由此可见，对于社会主义经济规律的探索和运用已经达到了新的高度，这是一项长期的历史任务，必须贯穿于中国特色社会主义事业的全过程。

历史证明，以上所有这些有关经济规律尤其是社会主义经济规律的艰辛探索既是重要的，也是必要的，为我们更好地进一步把握社会主义建设规律奠定了基础。

二、人类社会经济发展的一般规律

在人类社会发展过程中，有与人类共存并同步运动的经济规律，有几个社会形态共有的经济规律，也有某种社会形态特有的经济规律，而在某种社会形态中起主导作用的经济规律称为该社会的基本经济规律。我们既要认识经济发展的一般规律、市场经济发展的一般规律，还要进一步认识

---

[1]《中国共产党第十七次全国代表大会文件汇编》，人民出版社 2008 年版，第 15、21、24、49 页。

[2]《十六大以来重要文献选编》（上），中央文献出版社，2005 年，第 730、731 页。

社会主义市场经济规律，这无疑是建设小康社会、推进社会主义现代化的坚强基石。

科学发展观的一个新亮点，在于统筹人与自然的和谐发展，坚持可持续发展战略。由此，科学发展观深入展示了经济规律的内涵，不但将物与物的关系深化为人与人的关系，进而涵盖为人与自然的关系。认识到经济规律和自然规律是内在统一的，认识到经济需要可持续发展，这是对经济社会发展规律认识的深化。而认识到经济发展要以科学技术为主导、以人为本则是对经济社会发展规律认识的升华。

（一）科学技术主导经济发展的规律

在人类社会历史上，生产力总是随着科学技术的不断进步而不断发展的。科学技术是第一生产力，是先进生产力的集中表现和主要标志，已成为经济发展的决定因素。中国作为一个发展中大国，要积极学习引进外国先进技术，同时必须把科技进步的基点放在自主创新能力上。经济和社会发展要依靠科技进步，科技进步要依靠创新，科技创新要依靠人才，这是我们从实践中得出的三点启示。世界工业的发展史证明，要成为经济强国，必须先成为科技强国。我们必须善于利用社会主义市场经济的巨大优势，把经济发展转到依靠科学技术的轨道上来，大力实施科教兴国战略，实现科学技术的跨越式前进，带动国民经济和社会跨越式发展，实现速度与质量、效益的统一。这是在知识经济方兴未艾的历史条件下我们对客观规律认识上的又一突破。

（二）可持续发展的规律

可持续发展规律实质上是一条人与自然和谐发展的规律，整合了自然运行和经济运行两大系统的客观规律。我们这样人口众多、人均资源相对贫乏、工业化进程刚步入中期阶段的发展中的大国，人口、资源（特别是能源与水资源）、环境等问题显得格外严峻。据专家测算，我国发展的自然成本高于世界的平均水平。在经济增长、创造社会财富的同时，还会带来许多负面影响和经济风险，以及自然灾害和疫病的侵袭等不确定的因素。如果不转变经济增长方式，不尊重自然规律，那就不仅危害子孙后代，而且已经殃及当代生活着的人们。科学发展观针对突出问题，要求发展社会生产力一定与自然规律相协调，坚持可持续发展，改变经济增长的价值观念和增长方式。

（三）以人为本的规律

坚持以人为本的发展观，使经济建设这个中心与社会各项事业的发展相互协调，重点在提高人的素质。就我国目前的状况而言，人口素质不够高、人才资源匮乏是制约经济社会发展的一大瓶颈。要促进人的全面发展，必须着力提高人口素质，大力实施人才战略。最重要的还在于发展教育事业，构建现代国民教育体系和终身教育体系，建设学习型社会，全面推进素质教育，繁荣各类文化事业，增强国民的就业能力、创新能力和创业能力，把沉重的人口压力变为巨大的人力资源，并且不断满足人民日益增长的文化要求。许多发达国家的经验表明，人力资本的开发能够释放出经济增长最强大的后劲。

三、社会主义市场经济的内在规律

胡锦涛总书记在党的十七大报告中指出："要深化对社会主义市场经济规律的认识，从制度上更好发挥市场在资源配置中的基础性作用，形成有利于科学发展的宏观调控体系。"这一论断不但会有力推动社会主义市场经济的发展，而且更是对邓小平市场经济理论的新发展和新应用。根据中国当前的实际，我们需要很好掌握社会主义市场经济的特点和内在规律。

（一）发挥社会主义与市场经济的优势合力

科学发展观所依托的动力机制是社会主义市场经济体制，这也是对经济规律认识的升华。在发展社会主义市场经济条件下，我们仍然要坚持发挥社会主义制度的政治优势，同时要善于把社会主义制度的优势和市场经济体制的优势有机结合起来，努力实现人力、物力、财力的最佳组合，形成巨大的合力，推动国家重大经济、科技等建设项目更好地实施和完成。

从资源配置机制看，市场经济的优势主要表现为能够释放出强劲的经济活力，所以我们要更大程度地发挥市场在配置资源中的基础性作用。然而，市场经济也是有缺陷的，即市场失灵，它的自发性、盲目性会引发许多严重后果，特别是恶性竞争、短期行为、道德缺失，突出了效率而损害了公平、不顾环境污染导致生态失衡，乃至带来周期性的危机。社会主义制度的优势恰恰在于能够更有效地弥补、矫正市场经济的缺陷，并与其协调配合。

科学发展观的一个要义，就在于自觉地利用好生产力社会化这个纽带，把社会主义制度优势同市场经济优势有机结合，既能够克服原有体制的弊端，也有利于弥补市场经济自身的缺陷。遵循科学发展观，可以一方面提升市场化的广度和深度，一方面改善宏观调控的导向功能，形成社会主义制度框架内的优化组合。

（二）不断满足人民群众日益增长的物质文化生活需要

满足人民需要规律是指通过发展社会主义市场经济和现代科技的途径，用提高劳动生产率的办法，最大限度地满足人民群众日益增长的物质文化和精神需要。过去，由于"左"的思想的束缚，人们不敢讲发展社会主义经济是为了满足人民需要，认为"穷光荣"、"富则修"，甚至社会主义现代化建设也不敢理直气壮地去搞。当前，中国多数城市居民已基本解决了吃、穿和部分用的问题，正在向提高住、行、通讯和其他方面生活质量的层次过渡，与这种消费结构变动相对应的住宅、汽车、机械、电子通讯、建材、城乡基础设施建设以及为生产和生活提供支持的服务业，都合乎逻辑地正成为新一轮经济增长期的高增长行业。我们应当抓住发展机遇期，重视高增长行业的培育和潜力发掘，从根本上解决内需不足、经济增速减缓所导致的种种困难，满足广大人民群众日益增长的诸多需求，回归社会主义市场经济发展的目的。

（三）促进四大良性循环协调互动

科学发展观所追求的"五个统筹"、"五个坚持"的目标所包含的内容，可以归结为在我国实现四大良性循环，即社会再生产（生产、分配、交换、消费诸环节）的良性循环、经济发展与社会进步的良性循环、人的全面发展与自然环境的良性循环、国内发展与世界经济的良性循环。实现这四大良性循环的和谐互动，是全面、协调、可持续发展的宗旨，也是构建新机制的基本方略。这是社会主义发展规律的全面要求。

实现四大良性循环及其协调互动的难度很大，要克服许多深层次矛盾和制约因素。然而，这对于中国特色社会主义事业来说，不仅是必要的，而且是可行的，关键仍在于善于发挥社会主义市场经济的优越性，运用好社会主义自我完善和发展的机制，实行正确的政策。在客观上，我们一方面存在着发展进程中的普遍性问题和特殊困难，另一方面也创造了优越的制度平台，通过改革开放和发展正在扫除旧体制遗留下来的种种羁绊。在主观上，我们已经形成了来自实践又为实践证明是正确的基本理论和经验。科学发展观正是我们党驾驭社会主义市场经济能力日趋成熟的重要表现。只要我们树立和落实科学发展观，各级政府身体力行，充分调动广大群众的积极性，四大良性循环及其协调互动是可以在动态中不断实现的。

（四）坚持走和谐发展的道路

发展是生命世界的永恒主题，但如果将"发展"的理解仅仅局限在在经济领域的速度加快、规模扩大、人均 GNP 提高等意义上，则人类在惬意地享受着工业文明之树结出的累累硕果时，赖以生存和发展的环境却千疮百孔，"生物群体崩溃"有可能在不久的将来发生，工业化的生态代价将是毁灭工业化的成就。经济发展—社会发展—人的发展是人类发展的三部曲。只有经济发展而没有社会发展不叫全面发展；只有经济和社会发展而没有人的发展，也不叫全面发展；同样，只有经济社会和人的发展，而没有人与自然的和谐发展，也不叫全面发展，甚至根本无法持续发展。在经济发展和人的发展之间，后者是前者的目的，前者是后者的手段，构成一个整合的全面发展的链条。社会和谐发展，是实现以安全与稳定、公平与均衡、互助与协调为目标的发展。确立全新的发展观，实现发展的革命，是我们刻不容缓的使命，而实现这种革命的契机存在于也只能存在于所有物种乃至所有存在物的和谐之中。所谓和谐发展，是指作为物种领袖的人类在物种平等思想指导下，自觉汲取大自然的生存和发展智慧，使组成生态系统的各子系统之间以及各子系统内部不同部分之间良性互动、协调共进从而使生态系统不断优化因而能够为未来进一步发展积蓄能量——至少不削弱未来发展能力的发展。1992 年联合国巴西大会上通过的《全球 21 世纪议程》提出，人类的可持续发展应该解释成为物质资本、自然资本、人力资本和社会资本的发展与保护。

新中国 60 年的经济发展，特别是改革开放 30 年来的努力，中国经济已经步入现代化的"关节点"，经济取得了飞跃性进展，但城乡差距、地区差距、居民收入差距持续扩大，就业和社会保障压力增加，教育、卫生、文化等社会事业发展滞后，人口增长、经济发展同生态环境、自然资源的矛盾加剧，经济增长方式落后，这一系列问题也同时出现。矛盾的解决，需要"和谐"的引领。中国共产党领导全国人民在探索发展道路和发展方式方面，经过了一个不断提升的过程。20 世纪 80 年代强调发展是硬道理；90 年代强调社会经济同步发展，发展计划提的都是社会经济协调发展，不过在当时，真正落实在政策上，还是以经济建设为中心，强调GDP 的发展。进入 21 世纪，新的中央领导集体对发展的理念把握更加全面。2005 年 2 月 19 日，中共中央在中央党校举办的省部级主要领导干部提高构建社会主义和谐社会能力专题研讨班，中共中央总书记胡锦涛出席开班式并做重要讲话。胡锦涛指出，实现社会和谐，建设美好社会，始终是人类孜孜以求的一个社会理想，也是包括中国共产党在内的马克思主义政党不懈追求的一个社会理想。2 月 21 日，胡锦涛总书记主持十六届中央政治局集体学习，学习的主题为和谐社会。他强调，要加强对构建社会主义和谐社会重大问题的调查研究和理论研究，着力提高构建社会主义和谐社会的本领。2006 年 10 月召开的十六届六中全会审议通过了《中共中央关于构建社会主义和谐社会若干重大问题的决定》。十七大政治报告更是明确指出："深入贯彻落实科学发展观，要求我们积极构建社会主义和谐社会。社会和谐是中国特色社会主义的本质属性。科学发展和社会和谐是内在统一的。没有科学发展就没有社会和谐，没有社会和谐也难以实现科学发展。构建社会主义和谐社会是贯穿中国特色社会主义事业全过程的长期历史任务，是在发展的基础上正确处理各种社会矛盾的历史过程和社会结果。要通过发展增加社会物质财富、不断改善人民生活，又要通过发展保障社会公平正义、不断促进社会和谐。"胡锦涛总书记对和谐社会的界定是：民主法制，公平正义，诚信友爱，充满活力，安定有序，人与自然和谐发展。诚信友爱、充满活力、安定有序跟社会有关系；民主法制、公平正义跟政治有关系；安定有序，人与自然和谐发展在学术上更接近政治经济学。也就是从政治意义上来看待社会，从社会意义来看待政治发展。这就把我国社会主义经济社会发展规律提升到一个更高的高度。

（五）坚持走国际化道路

改革开放的根本目的，就是要在各方面形成与社会主义初级阶段基本国情相适应的比较成熟的制度，使生产关系适应生产力的发展，使上层建筑适应经济基础的发展。只有摆脱高度集中的计划经济体制束缚，摆脱闭关自守的封闭状态，增强综合国力，改善人民生活，社会主义才有生机活力，也才能坚持和发展社会主义。

我们过去取得的成就靠的是改革开放，未来的发展仍然要靠改革开放。改革开放同中国特色社会主义相伴而生、相融而进。正如党的十七大报告所指出的，改革开放以来我们取得一切成绩和进步的根本原因是开辟了中国特色社会主义道路、形成了中国特色社会主义理论体系。坚持改革开放不动摇，就是要在政治上高举中国特色社会主义伟大旗帜不动摇，在实践上坚持中国特色社会主义道路不动摇，在理论上坚持中国特色社会主义理论体系不动摇。中国特色社会主义之所以具有蓬勃的生命力，就在于它是实行改革开放的社会主义；我国的改革开放之所以能够顺利推进，就在于它是有利于发展中国特色社会主义的改革开放。在新的国际国内形势下和新的历史起点上，只要我们坚持改革开放不动摇，始终高举中国特色社会主义伟大旗帜不动摇，始终坚持中国特色社会主义道路不动摇，始终坚持中国特色社会主义理论体系不动摇，就一定能够取得全面建设小康社会新胜利，不断开创中国特色社会主义事业新局面，直至实现中华民族伟大复兴。

可见，改革开放是决定当代中国命运的关键抉择，是发展中国特色社会主义、实现中华民族伟大复兴的必由之路。只有社会主义才能救中国，只有改革开放才能发展中国。我们必须坚定信念，在新的更加艰巨繁重的任务、新的更加错综复杂的环境面前，坚持改革开放的不懈探求。

第二节　把握经济发展规律要正确处理的关系

由于国内外多种不定因素的影响，经济增长出现周期性变化和波动是难以完全避免的。但是，经济周期持续时间的长短和波动程度的大小，不仅取决于客观因素，也取决于主观努力，取决于人们对客观规律的认识水平和运用能力。针对当前经济形势和经济发展面临的矛盾问题，要依照经济发展规律，正确处理计划和市场、虚拟经济和实体经济、增长极和区域协调、工业化和城市化、工业化和信息化、改革发展和稳定等七大关系。

一、计划和市场的关系

我们对计划和市场的认识经历了一个长期曲折的过程。过去我们把计划经济看成是公有制的产物，把市场经济看成是私有制的产物，从而认为计划与社会主义制度相联系，市场与资本主义制度相联系。而传统的宏观调控体系的缺点就在于仅限于计划调节，忽视甚至排斥市场的作用，从而形成了一套单一的、僵化的调控体制，其结果是国民经济三番五次的比例失调，根本无法保证国民经济健康发展。计划经济的种种弊端促使人们对计划与市场关系进行反思，然而，这种反思在当时的政治高压和强大的集权面前，不可能一次性完成和到位，大致经历了以下四个主要阶段：

第一阶段（1978—1983）：提出计划经济为主、市场调节为辅的改革思想。在党的十二大上，"计划经济为主，市场调节为辅"被正式确立为经济改革的指导思想。

第二阶段（1984—1987）：提出有计划的商品经济理论。邓小平在会见美国企业家代表团时阐述对计划与市场关系的看法时讲道："社会主义和市场经济之间不存在根本矛盾。问题是用什么方法才能更有力地发展社会生产力。我们过去一直搞计划经济，但多年的实践证明，在某种意义上说，只搞计划经济会束缚生产力的发展。把计划经济和市场经济结合起来，就更能解放生产力，加速经济发展。"[1]

第三阶段（1987—1992）：提出了社会主义商品经济理论。认为社会主义商品经济应该是计划与市场内在统一的体制，计划与市场的作用都是覆盖全社会的，计划调节与市场调节应有机结合。经济改革的目标是要建立"国家调节市场，市场引导企业"的经济运行模式。

第四阶段（1992—）：提出了社会主义市场经济理论。1992 年，邓小平在南方谈话中谈到："计划多一点还是市场多一点，不是社会主义与资本主义的本质区别。计划经济不等于社会主义，资本主义也有计划；市场经济不等于资本主义，社会主义也有市场。计划和市场都是经济手段。"[2]他对社会主义可不可以发展市场经济这个长期争论不休的问题，作出了肯定的回答，从根本上否定了把社会主义与市场经济对立起来的传统观念，也在此基础上，最终有了邓小平的社会主义市场经济理论，翻开了经济体制改革的新篇章。

从长期看，市场机制可以自动实现资源的最优配置。但是，在条件不满足或局部领域，可能会发生市场失灵现象，切不可认为市场可以代替一切、解决一切，市场经济可以不要国家的宏观管理，企业和其他市场主体可以不受国家计划的约束。但是，此时的政府与计划经济条件下可以运用指令性计划完全控制微观决策的政府具有本质上的差异，它主要扮演一个

---

① 邓小平：《邓小平文选》第三卷，人民出版社 1993 年版，第 129 页。
② 邓小平：《邓小平文选》第三卷，人民出版社 1993 年版，第 373 页。

裁判员的角色，运用经济和法律等手段来调控经济运行。改革开放以来，各级政府机构的职能发生了很大的变化，政府逐渐放弃了物资分配权、物价控制权、企业经营管理权等。凡是市场能发挥作用的就由市场去做，政府只在市场做不好或做不了的领域发挥作用。同时，尽快改革机构，建立一个精简、高效、廉洁、限权的政府服务体系，努力使政府的政策及政策的制定过程透明、公开，从而引入社会公众、舆论、立法机关对政府行为的监督。政府还应成为遵守法律的楷模，并努力创造公正的法律环境，依法治国、依法行政。

二、工业化与城市化的关系

城市化是经济结构的空间调整或横向调整，工业化是经济结构的时序调整或纵向调整，它们是互相推动、同向发展的。工业化有力地促进了初始城市化进程，城市化的发展反过来给经济增长注入强大的动力。工业化和城市化之间形成一种螺旋式上升互相促进的机制。经济发展史证实，工业革命以来，社会经济就是在两者的相互促进、共同发展之中不断前进的。

一方面，工业化是城市化的主要推动力。在工业化过程中，从事工业生产活动的企业为获得"聚集的经济效益"而在地理上趋于集中，随之引起区域工业化的提高，带动了非农产业就业比重相应提高，非农产业就业人口向城市迁移并引起了城市人口比重的提高。可以说，工业化进程逐步诱导城市化进程并促进了城市化的发展。另一方面，城市化发展到一定程度也会促进工业化的发展。城市是工业赖以生存与发展的前提、基础和载体。城市化促进了生产要素的大集聚、大整合，从而推动了城市工业化的进程。没有城市化的长期发展，工业化的进程必将受到很多制约和限制。所以城市化的发展应充分考虑工业化发展趋势，从城市规模、特色和功能定位等诸多方面为工业化的长足发展留足空间。

我国工业化和城市化的一个显著特点就是政府强有力地介入，但这种介入如果不尊重客观规律，非但不利于工业化和城市化的进程，还会因一念之差作出错误决定。在经济发展过程中，要根据工业化与城市化关系的规律处理好二者的关系，这将有利于我们提高工业化与城市化的整体水平。

首先，要坚持工业化和城市化协调发展。工业化与城市化协调发展需要制度创新与政策组合，特别需要经济政策与社会政策的有效组合。要以深化户籍制度改革为突破口，全面废除城乡隔离体制，取消各种限制劳动力合理流动的政策规定，促进劳动力在城乡之间、地区之间有序流动。尽快建立基本统一、规范的劳动力市场体系，充分发挥市场对劳动力资源配置的导向作用。要深化产权制度、投资体制与土地制度改革，充分发挥城市自身的资金筹集机制与聚集效益，加快中国城市化的步伐。

其次，要坚持提高工业化质量，形成城市化的雄厚物质。工业化是城市化发展的根本动力，城市化水平提高的全过程都离不开工业化发展，推进工业化进程成为促进城市化进程的重要举措。因此，要优化、调整产业结构，促进工业化科技水平的提高，促进第三产业的发展，提高就业弹性系数。要以坚持提高工业化水平为宗旨，遵循"轻工业—重工业—第三产业"的演进规律，不断推进产业结构升级。大力推动企业的专业化，通过企业内部专业化的发展促进企业间的分工合作及企业规模化发展，从而促进地区和城市生产的专业化。这些将为城市化提供雄厚的物质基础，推动城市化。

最后，要加速城市化和城市现代化进程，为工业化提供良好外部条件。城市化的发展将反作用于工业化。在工业化推动下发展起来的城市，具备较完备的工业体系，拥有较发达的交通通讯网络，信息获取容易、及时，各种生产要素市场及服务业市场得到较好发展，配套产业较为齐全，第三产业发育较成熟，这都是工业化水平提高的优越外部条件，将吸引企业进一步向城市集聚。通过实施促进城市健康发展的机制加速城市化，促进城市化聚集效益作用的发挥，促进专业化和规模化的发展，在尊重规律的前提下规划、推进城市化发展，促使工业化水平的上升。

三、工业化和信息化的关系

从产生历史上看，工业化是信息化的源泉，信息化是工业化的派生物。没有了工业化，信息化就成了无源之水，无本之木；而没有信息化，工业化也不能得到快速的推进。只要工业化发展到一定的阶段，信息化就会出现，并且在其基础上不断展开，发挥着引导和支持工业化发展、提高工业化水平的作用。从作用形式上看，工业化是信息化的前提和基础，是信息化的重要载体；信息化是工业化的发展和延伸，是工业化发展的推动工具。工业化直接导致信息化的出现，信息化必须借助于工业化的手段获得发展。同时，信息化又是工业化的引擎和动力，引导和推动着工业化的发展方向和速度。从产业发展阶段看，工业化是工业社会的集中体现，而信息化是后工业社会的主要特征，信息化是继工业化发展到一定阶段才出现的一种新的产业形式。工业化追求的是经济迅猛发展以及物质资料不断积累的过程，而信息化是运用先进科技手段提高产业生产效率、改善生产工艺、优化产业结构的动态过程，也是工业化发展到高级阶段的产物。

信息化与工业化融合首先要提高信息技术的渗透性，这是二者融合的基础。信息化的根本特征是高新技术，信息革命的蓬勃发展为国民经济各部门的发展深深打上了信息技术的烙印，在这一过程中，信息技术的高渗透性是关键因素之一。信息技术崇尚标准化和无缝连接，这种导向无形中推动了不同产业部门的管理理念、生产方式、决策方式的趋同性，这种趋同性为实现传统产业部门和信息产业部门之间越来越频繁的要素流通和资源整合提供了前提条件，进而为实现信息化和工业化融合提供了理念基础。

第二，信息资源的开发利用和整合是二者融合的关键。信息资源作为现代社会的基础性资源，在现代社会的经济体中起着"血液"的作用，国民经济各部门之间设备、原料、资金、人才、技术等等要素的正常流通都离不开信息的充分开发、准确传递和有效吸收。因此，在推进信息化与工业化融合的过程中，只有首先保障信息资源的充分开发、有效利用和合理整合才能确保信息产业和传统产业各生产部门之间要素的有效流通。

第三，打破条块分割的管理模式是二者融合的纵向保障。信息化与工业化融合过程伴随着产业融合的过程，伴随着产业间相互交叉与渗透、产业边界模糊等现象的产生。这将使得现有条块分割、界限分明的管理模式变得不适应实际情况，出现某些产业受多个管制政策约束，而某些产业却不知受哪个部门管制的问题。要改变这一现象，需要改革现有管理模式，尽快形成条块结合的、辐射联系的管制模式，打破部门分割及行政垄断局面，打破部门、行业、城乡的界限，加快推进信息化与工业化的融合进程。

第四，消除数字鸿沟是二者融合的横向保障。目前我国产业布局上存在地域之间的明显差别。例如东部沿海地区信息技术产业、信息服务业等信息产业十分发达，而中西部和东北地区则以传统产业为主，信息产业发展相对滞后。在这种情况下，信息化与工业化的融合必然伴随着各种生产要素在不同地区之间的流通以及不同地区之间企业的横向合作活动。而我国目前正处于信息化的初级阶段，不同地区、不同省份之间的信息化发展水平差异明显。因此，信息化与工业化的融合必然要求尽快缩小乃至消除地区之间的数字鸿沟。

四、增长极和区域协调的关系

增长极理论首先由法国经济学家弗朗索瓦·佩鲁提出。他认为，经济增长并非同时出现在所有地方，而是以不同强度首先出现于一些增长点或增长极上，然后通过不同的渠道向外扩散，并对整个经济产生不同的最终影响。后来，布代维尔等对这一理论进行了系统研究和总结，使增长极不但具有产业含义，还有了空间含义。通过增长极的极化效应使资金、技术、人才等生产要素向极点聚集；当在极点聚集到一定程度时即出现扩散效应，其主要表现为生产要素向外围转移。

增长极理论直接促成了我国区域发展战略从以公平为中心的均衡发展向以效率为中心的非均衡发展的重大转变。它使人们认识到，均衡是发展的一种理想状态，而非均衡则是达到均衡的必要手段。因而，转变发展思路，让一部分条件较好的区域优先发展起来，率先成为区域增长极，通过它们的发展辐射带动整个区域发展，这将是我国新的区域发展战略的必然选择。

我国根据经济发展水平和区位优势，选择了东部沿海地区作为优先发展地区，为此在对外开放、体制改革、投资、税收等方面实施了一系列向东部倾斜的政策。在国家一系列优惠政策推动下，东部的极化效应得到发挥，吸引了包括海外资源和中、西部资源的大量涌入，在东部沿海从南到北逐步形成三大经济增长极。20世纪80年代初以开放深圳、珠海、厦门和汕头四个经济特区为标志，"珠江三角洲"经济增长极迅速发展起来；90年代初以浦东开发为标志，"长江三角洲"经济增长极又迅速成长起来；进入90年代中后期以开发天津滨海新区为标志，"环渤海"经济增长极也渐渐凸显出来。

可见，我国自改革开放以来至20世纪90年代末期间所实施的非均衡发展战略，始终是以构建东部沿海三大增长极为战略重点而展开的。从总体上看实施这一战略是成功的，其积极作用是不言而喻的。首先是造就了东部沿海三大增长极，如果把三点连成一条直线就形成了一条自南到北的沿海发展轴线。其次是打破了新中国成立以来实施"抽肥补瘦"的均衡发展战略所造成的经济发展长期处于停滞的低度均衡状况，拉动全国经济进入快速发展时期，平均经济增长率达到了9.3%。最后是东部的率先发展为中、西部地区发展提供了可供借鉴的经验，并为东部地区对中、西部地区实施梯度转移奠定了雄厚的物质基础。

但是，在东部三大增长极迅速崛起并拉动东部经济快速发展的同时，广大中、西部却发展缓慢，与东部区域差距不断拉大。根本原因在于非均衡发展战略重点放在东部持续时间过长，在政府优惠政策的强力推动下，东部三大增长极与中、西部地区的"极化作用"被强化，而"扩散作用"却被弱化，必然要产生区域发展的不协调问题。根据增长极理论，在资源稀缺条件下，一个经济相对落后的区域应该首先把有限的资源用于发展那些有比较优势的地区，在这些地区建立若干个经济增长极，从而形成一股强大的推动力量，促进这些地区的快速发展。因此，我国要促进中、西部地区发展，依然要坚持非均衡发展思路，把构建中、西部经济增长极作为战略重点，通过培育重点区域增长极拉动整个中、西部经济发展，从而逐步缩小同东部的差距，最终实现东、中、西部三大区域协调发展。

五、"先富"与"共富"的关系

共同富裕是社会主义的本质特征。邓小平指出："社会主义财富属于人民，社会主义的致富是全民共同致富。社会主义原则，第一是发展生产，第二是共同致富。我们允许一部分人先好起来，一部分地区先好起来，目的是更快地实现共同富裕。"[①] "共同致富，我们从改革一开始就讲，将来总有一天要成为中心课题。社会主义不是少数人富起来、大多数人穷，……社会主义最大的优越性就是共同富裕，这是体现社会主义本质的一个东西。"[②] 共同富裕是全国各民族、各地区、各企业的共同富裕，其主体涵盖全体社会成员。共同富裕是有差别的富裕，不是全体社会成员同时、同步、同等富裕，是有先有后、有时间差别的共同富裕，也是有快有慢、有程度差别的共同富裕。要求全国人民在同一时间以同等的速度达到同等程度的富裕，不允许有先有后、有快有慢，这是对共同富裕的曲解。共同富裕是一个动态的渐进过程，是一个先富带动后富最终实现共同富裕的渐进过程。具体而言，共同富裕不仅是工人富裕、农民富裕和其他社会各阶层富裕的统一，而且也是国家利益、集体利益和个人利益相结合的共同富裕，更是国强和民富的共同富裕。因此，"部分先富"是最终实现共同富裕的必然选择，是实现共同富裕的手段和必由之路。

"部分先富"的目的是要"先富"带"后富"，最终逐步实现共同富

---

① 邓小平：《邓小平文选》第三卷，人民出版社1993年版，第172页。
② 邓小平：《邓小平文选》第三卷，人民出版社1993年版，第373页。

裕。邓小平根据我国的国情和经济发展的客观规律，提出的"部分先富"带"后富"以实现"共同富裕"的新构想，是邓小平在新的历史时期的一个创新。首先，"先富"的途径和方式必须是在政策和法律允许的条件下诚实劳动合法经营，以不妨害国家、集体和他人的利益为前提致富，任何以邻为壑、损人利己、损公肥私、靠歪门邪道等手段发财致富，都是法律和政策所不允许的。其次，"先富"带"后富"，逐步实现共同富裕的现实性体现在："部分先富"具有示范作用、帮带作用和激励作用。但同时，邓小平一再告诫我们，允许"部分先富"不是最终目的，而是实现共同富裕的手段和必由之路。一部分地区、一部分人之所以能够先富起来，既有自己主观努力的因素，也有地域环境和历史积累方面的原因，同时更与国家、集体的支持和全国各地、全国人民提供的许多条件分不开，有的还直接受益于国家的某些优惠政策。因此，他要求"部分先富"者不能忘记国家和集体，有义务和责任对还没有富裕起来的个人和地区进行经济上的帮助和各种形式的经济合作，促进这些地区和个人尽早脱贫致富，最终达到共同富裕。最后，要及时、有效地对"部分先富"者进行适当的调节和控制，适时地重点解决贫富差距拉大的问题，如，通过征收所得税、技术转让等方式有效的调节分配，控制两极分化。

坚持共同富裕的发展观，不是实现少数人富裕，而是全体人民富裕。人民既是共享利益的主体，又是社会生产力的主体。社会主义的本质要求一切为了人民，而其发展又要依靠人民。党中央提出"五个统筹"、"五个坚持"，要求统筹兼顾，协调好改革发展进程中的各种利益关系，充分调动和尊重群众的首创精神，放手让一切劳动、知识、技术、管理和资本的活力竞相迸发，让一切创造社会财富的源泉充分涌流，以造福于人民。在我国社会主义初级阶段，尤其是在全面建设小康社会进程中，要特别注重统筹城乡发展和区域发展，千方百计增加占人口绝大多数的农民的收入，积极促进欠发达地区、贫困地区的发展，从根本上改变二元经济结构，让九亿农民和城乡困难群体也尽快富裕起来，让广大人民在改革发展中获得更多的实惠。

共同富裕明确了社会经济制度的宗旨和利益关系的基本格局，符合社会主义全面发展的要求，其根本的出发点和归宿点在于实现人民的物质文化生活需要和促进人民素质的提高。应当说，共同富裕是社会主义本质的要求，是社会主义的根本原则，是社会主义优越性的集中体现，坚持社会主义必须坚持共同富裕。

六、虚拟经济和实体经济的关系

虚拟经济和实体经济，是现代市场经济中两个相对应的范畴。实体经济，指从事物质财富的生产、交换、分配、消费的经济活动，表现为构成国民经济的工业、农业、建筑业、交通运输业、商业、生活服务业等产业部门的经济活动。虚拟经济，指以金融系统为主要依托的与虚拟资本循环运动有关的经济活动。虚拟资本是以证券形式运行的资本，主要包括股票、债券和不动产抵押等，它通过渗入物质资料的生产及相关的分配、交换、消费等经济活动，推动实体经济运转，提高资金使用效率。

虚拟经济与实体经济之间是相互依存、相互促进的关系。美国金融危机的教训告诉我们，无论是政府还是金融企业本身，都必须加强对金融风险的监管，正确处理虚拟经济与实体经济之间的关系。只有这样，才能充分发挥虚拟经济的优势，保障经济持续健康发展，使人民生活水平实实在在地得到提高。

一方面，实体经济需要借助虚拟经济。首先，虚拟经济影响实体经济的外部宏观经营环境。实体经济要生存、要发展，除了其内部经营环境外，还必须有良好的外部宏观经营环境。这个外部宏观经营环境包括全社会的资金总量状况、资金筹措状况、资金循环状况等。这些方面的情况如何，将会在很大程度上影响到实体经济的生存和发展状况，而这一切都与虚拟经济存在着直接或间接的关系。其次，虚拟经济可以为实体经济的发展增加后劲。实体经济要运行、要发展，首要的条件就是必须有足够的资金。资金的来源有两种途径：一种是向以银行为主体的各类金融机构贷款；另一种则是通过发行股票、债券等各类有价证券筹措资金。从发展的趋势看，相比较而言，通过第二种途径解决实体经济发展过程中所需资金问题会更加现实，也会更加方便、快捷。这样，虚拟经济就为实体经济的发展增加了后劲。最后，虚拟经济的发展状况制约着实体经济的发展程度。从历史角度看，虚拟经济的发展过程经过了五个阶段，即闲置货币的资本化、生息资本的社会化、有价证券的市场化、金融市场的国际化、国际金融的集成化等。事实证明，虚拟经济发展的阶段不同，对实体经济发展的影响也就不同，亦即虚拟经济发展的高一级阶段对实体经济发展程度的影响，总比虚拟经济发展的低一级阶段对实体经济发展程度的影响要大一些。所以，虚拟经济发展的程度高低至关重要。

另一方面，虚拟经济必须依赖实体经济。首先，实体经济为虚拟经济的发展提供物质基础。虚拟经济不是神话，而是现实，这就从根本上决定了无论是它的产生还是发展，都必须以实体经济为物质条件。其次，实体经济对虚拟经济提出了新的要求。随着整体经济的进步，实体经济也必须向更高层次发展。实体经济在其发展过程中对虚拟经济的新要求主要表现在对有价证券的市场化程度和金融市场的国际化程度上。也正是因为实体经济在其发展过程中对虚拟经济提出了一系列的新要求，所以才使得它能够产生、特别是使得它能够发展。否则，虚拟经济就将会成为无根之本。最后，实体经济是检验虚拟经济发展程度的标准。虚拟经济的出发点和落脚点都是实体经济，即发展虚拟经济的初衷是为了进一步发展实体经济，而最终的结果也是为实体经济服务。因此，实体经济的发展情况如何，本身就表明了虚拟经济的发展程度。这样，实体经济就自然而然地成为了检验虚拟经济发展程度的标准。

总地看来，以金融衍生产品创新所推动的虚拟经济的发展，适应了国际金融市场上不同层次的需求，使市场上的筹资、融资、投资方式更为灵活方便，交易手段日趋多样化和复杂化，这在一定程度上促进了国际贸易和实体经济的发展。但是，由于以金融衍生产品创新所推动的虚拟经济投机性很强，这就难免会引发金融市场波动以至触发危机，进而危害实体经济的正常运行和发展。我们在制定宏观政策时，首先要健全法律法规，完善各项规章制度，规范虚拟经济系统中的主体行为；其次要规范、完善资本市场，提高资源配置效率，有效规避和转移风险；最后还要加强监管和严格执法。

七、改革、发展和稳定的关系

正确处理改革、发展和稳定三者的关系是保证我国经济健康发展和保持社会稳定的关键，这是深化体制改革所必须遵循的基本原则。

当前我国经济发展中存在的矛盾和问题都有深层次的体制原因，比如要素市场发展滞后、资源要素价格扭曲、财税和行政管理体制改革还不到位等。以改革促进发展，就是要在稳定宏观经济政策的前提下，推进和深化对当前和中长期稳定较快发展有重要影响的重点领域改革。改革是促进发展的动力，而且改革必须服务于经济科技发展战略目标。要审慎推进资源性产品价格改革，这是实现节能减排目标、有效抑制"两高一资"行业发展的根本性举措。理顺资源要素价格形成机制，虽然在短期内可能要承受一定的通胀压力，而从长期看则有利于矫正价格扭曲，抑制过度需求，减缓通胀压力。要对资源性产品价格改革进行系统研究，制定战略性安排方案，根据经济形势和价格走势，择机、分步骤地出台改革举措。要深化财税体制改革，完善政府绩效考核体系，继续深化国有企业改革，优化国有经济布局和结构。

经济改革绝不意味着国家把经济管理和指导的责任都推给市场，在这个过程中，政府调控和发挥市场作用相辅相承。政府要保留对经济宏观控制能力、资源动员能力和产业政策制定贯彻能力，要为科技自主创新提供环境、提供资助，推动产学研合作和知识流动。不论什么样的改革都必须高度重视社会稳定，必须坚持正确的指导思想，要确立以人为本的改革观。改革的方向是要建设一个法制的、规范的、稳定的社会主义市场经济体制。改革的目标是要在科学发展观的指导下建设一个兼顾效率和公平的社会，创新型、学习型的社会，和谐的、政治清明、廉洁的社会，对外有效维护国家安全、对内让最大多数的人民生活水平不断提高的社会。

第三节　建立新的比较优势和新的竞争优势

一、全球化过程中对新优势的认识

当今世界，没有一个国家的经济发展可以完全不依赖外部世界而独立存在和发展，没有一个国家的经济发展可以封闭孤立而不与它国的政策和经济行为息息相关。任何一个国家都要或多或少依赖于其他国家的生产、依赖于国际分工和国际交换。正是这种错综复杂的经济联系，构成了世界经济整体。经济全球化就是指世界各国、各地区通过密切的经济交往和经济协调，在经济上的相互联系和依存、相互渗透和扩张、相互竞争和制约已发展到很高程度，形成了世界经济从资源配置、生产到流通和消费的多层次、多形式的交织与融合，使全球经济形成了一个不可分割的整体。这种经济发展态势、发展进程和趋势称之为"经济全球化"。这是当代世界经济最显著的一个特征和不可逆转的发展趋势，它不仅代表了一种新的经济增长方式的形成与发展，而且成为影响 21 世纪世界经济和政治格局的根本因素。

经济全球化对发达国家和对发展中国家的影响是有很大差别的。发达国家在世界综合资源配置上居于主导地位，在机制创新和知识创新上发挥着垄断作用。所以，从总体上看，经济全球化对发达国家是机遇大于挑战。就发展中国家而言，最大机遇在于可以利用经济全球化带动的生产要素的自由流动，积极引进外资、技术和管理经验，少走弯路，加快实现本国工业化和现代化的目标。但是，由于经济全球化是在世界经济主权旧框架内进行的，发展中国家明显处于不利地位。所以，全球化对大多数发展中国家是挑战大于机遇，稍有不慎，就有可能付出沉重代价。

党的十七大报告强调要"形成经济全球化条件下参与国际经济合作

和竞争新优势"。优势是一地相对于另一地而言的，对不同地区、不同产业和不同市场主体来说，关键要学会以更加广阔的视野审视内外环境变化，客观认识自己，冷静分析原有优势的消长关系，在国际经济合作和竞争中把握主动。在经济全球化深入发展的新形势下形成参与国际经济合作和竞争新优势，就是要不断完善我国市场开放法律体系，实现政府管理行为的法制化，这是形成新优势的体制条件。用世贸组织规则和国际标准管理输出商品质量、国际技术转让的合同签订、对外投资的资本运作、海外企业的资产评估及信用评级等，这是形成新优势的前提。提升我国传统产业水平，加快传统产业的改造和技术升级，发挥后发优势，实现跨越式发展，这是形成新优势的基础。增强我国企业的核心竞争力，鼓励我国企业坚持技术创新，参与国际标准的制定，这是形成国际竞争新优势的关键。

和平崛起是新时期中国的战略选择，也是中国经济社会发展的必然结果。而在经济全球化背景下，中国的崛起再也不能封闭发展、被动发展。中国经济的国际地位不断提升、国际竞争力不断增强、国际影响力越来越大，使得中国对世界的驱动作用越来越明显。中国要积极主动、不断进取，在世界上有所作为，要在国际经济秩序的重构中发挥作用。争取最大限度地利用国际经济发展这一重要外部环境，深化改革和对外开放，逐步取消贸易保护，大力提高民族经济的生存力和竞争力，使我国经济快速发展起来，实现中国经济的崛起。

二、我国新的比较优势和竞争优势

在全球化进程中如何充分发挥发展中大国的作用，建立新的比较优势和竞争优势，是一条有效途径。

我国传统的比较优势是在自然资源、人力资源廉价基础上的低成本优势。在新的世界经济格局下，这些优势通过改造升级，可以上升为新的的比较优势。我国的比较优势处于不断变动之中。1949—1978 年中国的计划经济和高度保护主义，虽有布局错误，但完成了国家工业化原始积累的历史任务。1949 年中国工业产值与农业产值之比是 1:9，到 1978 年达到

7:3。中国拥有了原子弹，卫星和强大的机械加工工业，在 1980 年独立设计制造了 150 座的大型民航客机。这是以国家力量创造动态比较利益的结果，成功大于失误。

改革开放以来，国家保护主义首先在理论上被自由贸易理论所代替，中国立足于市场经济，发挥现有比较优势并且有所升级，出口从 1978 年的 95 亿美元增加到 2000 年的 2500 亿美元，外贸占 GNP 的比重（外贸依存度）从 10% 提高到 47%。出口第一阶段是 80 年代中期以前，资源密集型初级产品占出口 50%，其中石油占 25%。1992 年出口 1 亿美元以上的产品中，纯资源类农矿产品 28 种，资源密集型（行业物质消耗率 70%）产品 20 种，共 48 种，占出口 46%。劳动密集型特征（行业产值中活劳动消耗 8% 以上）36 种。中国出口资源本无比较利益，17 大类出口产品中，只有石油、煤炭和建筑材料赢利。以后经济迅速发展，农矿产品和资源优势丧失殆尽，中国已成为世界最大资源进口国。第二阶段，80 年代中期到 90 年代初，以出口劳动密集型工业制成品为主。机械和运输设备在出口中的比重，从 1987 年的 4.4% 上升到 1994 年的 18%。1989 年工业制成品占出口总额的 85.6%。外商直接投资带动加工贸易，是劳动密集产品、工业制成品出口取代资源密集产品的决定性因素。第三阶段，1994 年以后，工业制成品出口向深加工发展。技术和资本含量较高的机电产品成为第一大类，1995 年出口 435 亿美元，1 年增加 37%，占出口的 29.5%，超过了纺织品的 25.5%。2000 年中国造船业总产值 300 亿元，成为出口支柱产业；机电产品计划出口可能 1000 亿美元，占出口 40%。这说明，中国的比较优势，正从劳动密集型向劳动—资本密集型发展。

新阶段我国参与国际经济合作和竞争的新的潜在优势，突出表现在如下几个方面：

（一）人力资源优势

我国未来人力资源优势集中表现为劳动密集型向技术密集型发展。劳动力竞争优势不仅是低工资，而且是与资本、技术和知识产权结合的程度。熟练劳动与资本配合，就成为劳动—资本密集型，这类产业将成为中国比较优势升级的基础。今后一个时期，我国劳动力等要素价格将不断上升，单纯依靠廉价资源的发展模式难以为继，提升人力素质的重要性日益凸显。其核心就是要通过加大教育培训等方式，培育更高质量的人力资源，推动人力资源和其他生产要素更有效地结合，促进加快转变经济发展方式。把鼓励创业、支持创业摆到更加突出的位置，促进以创业带动就业，形成经济发展和扩大就业的良性互动。

（二）自主创新优势

经济全球化背景下，创新能力日益成为国家竞争力的核心。目前，我们已具备了建设创新型国家的重要基础和良好条件。必须按照"自主创新、重点跨越、支撑发展、引领未来"的科技发展指导方针，建设形成强大的原始科学创新能力，在科学技术突飞猛进和科技革命中把握先机并从容应对；形成强大的核心技术创新能力，在日趋激烈的国际经济科技竞争中占据主动地位；形成强大的系统集成创新和引进消化吸收再创新能力，在开放的环境中有效吸纳利用国际创新资源；科学系统地认知我国的自然环境和基本国情，实现人与自然和谐发展和社会可持续发展；建设形成高效通畅的技术转移机制，高效的科学知识传播机制，使科技创新产生的经济社会效益惠及全体人民；建设形成具有中国特色的社会主义法律、政策和制度，先进的创新文化、良好的创新创业社会氛围，充满生机活力的创新体系和国民教育体系，使创新人才辈出、创新成果涌现，形成强大的自主创新能力，支持我国经济社会科学发展。我国还有一个特别的保障优势得以发挥的条件，即以国家力量扶植战略产业。以国家力量支持战略产业，培养动态比较利益。例如，超级产业建立在科学技术突破性进展的基础上，研究费用极高，风险和收益都高，只有大国才有条件发展超级产业。发展超级产业可以推动国家技术创新能力，这是国家的核心利益，需要巨额的社会先行资本。超级产业主要提供公共产品或者准公共产品，政府是主要买主，如美国政府支出占 GNP 的比重，已经达到 1/3。超级产业的进入门槛极高，能否发展取决于大国规模和其政府的能力。21 世纪，全世界只有 10 个左右的国家有能力发展超级产业，美国位居第一，还包括日本、俄罗斯、中国、德国、法国、英国、意大利、巴西和印度。

（三）产业比较优势

面对经济全球化的发展趋势，以及国际产业在新的经济环境下的分工格局，中国的产业发展将寻求构建新的比较优势的道路，并通过新的比较优势来建立在国际上的竞争地位。例如，在全球性汽车产业逐渐形成的背景下，中国的汽车产业若想构建完整产业的比较优势是不现实的，不仅中国实现不了这种产业优势，而且世界上所有的发展中国家都实现不了这种产业优势。但中国可以在汽车产业内部，如，部分差异化产品和产品本土化方面以及汽车的零部件生产和整车装配方面，建立自己的比较优势，从而融入到全球化的汽车产业中，并在该产业的全球性生产体系中建立自己的竞争优势。再如，有选择地重点发展部分高新技术产业。高新技术产业发展也是有分工的，即使是经济发达的国家也在侧重发展更具有比较优势的高新技术产业。作为一个发展中国家，我们则应更加重视和遵循产业比较优势的原则，突出部分重点产业，尤其是要突出部分重点产业内部的细分产业优势，这样才有可能用一定的时间培育中国在高新技术产业领域的比较优势和竞争力。确立合理的地区产业布局。中国和美国一样，是个内需市场很大的国家，经济增长和产业效率的提高在很大程度上依靠国内需求的拉动，国内地区间的产业分工从某种意义讲比参与国家间的产业分工更有实际意义，因而地区间的产业分工具有非常广阔的空间。

（四）体制开放和制度变革优势

我国对外开放的成功实践，推动了思想观念的解放和市场经济体制的完善。新阶段培育开放新优势，就是要通过构建更加成熟的开放型经济体系，加快对外经济体制及相关政策的调整，促进国内市场的进一步规范和公平竞争，持续降低经济运行的组织成本和制度成本，使开放在促发展、促改革、促创新等方面发挥更加积极的作用。对于现阶段产业发展环境而言，建立和发展自由的企业制度，规范政府的经济行为，降低交易成本，增加市场的透明度，完善产业组织，似乎比寻求合理的产业政策更为重要。

三、发挥新优势的途径

面对经济全球化趋势，中国经济若要发挥好自身新的比较优势和竞争优势，必须做到以下几点：

（一）在竞争中加强合作

竞争与合作并存是当代国际经济关系的重要特征。一方面，经济全球化使竞争突破了民族国家主权界限和地域限制，在世界范围内形成了短兵相接的局面。另一方面，经济全球化使世界各国经济联系更加紧密，形成"你中有我，我中有你"、"一损俱损，一荣俱荣"的局面，从而促进了全球经济合作关系的发展。这突出表现在世界贸易组织、国际货币基金组织、世界银行等国际性经济合作组织的成立。如何处理这种竞争与合作的关系是中国经济的和平崛起面临的首要问题。要看到竞争与合作都是一种手段，二者统一于发展中国家发展经济、增强综合国力的需要。因此，要以发展中国家自身经济发展和综合国力的提高为根本，适应经济全球化的需要，综合运用这两种手段，建立包括发达国家在内的多方位、多层次的竞争与合作关系。

（二）在遵守"游戏规则"的前提下维护国家主权

经济全球化的一个直接后果就是造成民族国家主权的弱化。由于市场经济的开放性和资本的扩张性、渗透性，民族国家的主权在球化的进程中面临挑战。另外，由于经济全球化"游戏规则"主要由发达国家主导制定，体现的是大国、强国的意志，保障的是大国、强国的利益，中国作为发展中国家被置于不利境地。中国参与经济全球化将被迫作出更大的主权约束和让渡，其主权弱化现象非常明显。因此，在参与经济全球化过程中，要妥善处理好遵守"游戏规则"与维护国家主权的关系，应当以国家根本利益为最高标准，协调二者的关系，争取以最小的政治代价换取最大的经济利益。

（三）在经济发展中确保国家经济安全

中国参与经济全球化可以弥补民族工业先天不足，促进经济发展。但随着中国对世界经济依存度的增加，经济安全问题也日益突出，如民族产业安全问题、国际金融风险规避问题、环境污染加剧问题、失业人口增多问题等。因此，中国在参与经济全球化的过程中，必须注意维护其经济安全，要深刻认识到自身经济运行质量的提高、抗风险能力的增强是维护其经济安全的根本保证。当务之急是要把进一步扩大和深化参与国际分工同加快经济结构调整和产业结构升级紧密结合起来，加快技术进步的步伐，以提高经济运行质量和国内企业在激烈的市场经济竞争中的承受能力、应变能力、生存能力和发展能力。还要在推进金融和贸易自由化过程中，建立有效的预警机制和强有力的调控体系，加强金融监管力度，提高抗御风险的能力。

（四）在市场开放中保护民族工业

市场开放是经济全球化的本质属性，中国参与经济全球化就必须开放其国内市场，但伴随着市场开放而来的是民族工业受到冲击。落后国家如果不能借助一定程度的政府保护，其弱小的经济必将被强大的外部经济冲垮。市场开放是发展中国家发展经济，最终走向世界的必然选择，既不能以市场开放来否定对民族工业的保护，也不能以保护民族工业免受冲击为由而拒绝市场开放。问题的关键是要调协好二者的关系，渐进、有序地进行。

（五）通过发挥比较优势赢得竞争优势

一个国家所拥有的资源，不仅包括本土的资源，还包括外来的资源，如国外进入资本、技术和管理。长期以来，中国一直突出自己资源禀赋的比较优势，生产劳动密集型产品。但是在经济全球化的背景下，比较优势对一国的意义明显衰减，这种基于资源禀赋基础上的比较优势不一定能成为竞争优势。首先，生产要素、资源可以在国际流动；其次，在新技术革命浪潮推动下，资源、劳动可以被资本和技术所替代。所以，中国要谋求的具有竞争优势的比较优势不再是资源禀赋的比较优势，而是要通过努力创造出的比较优势，其中包括在产业升级基础上形成的比较优势、生产技术密集型产品的低成本优势、体制改革释放出来的制度优势等。

结　语

　　当我们的写作团队在浩如烟海的书籍和报刊里搜寻着资料时，当我们在键盘上飞快地激扬着文字和敲打着数据时，我就在想，我们在做着一件怎样光荣而艰巨的工作？但现在读完洋洋洒洒数十万字的书稿，掩卷沉思，我更在想，共和国60年风风雨雨的历程和令人感奋的成就，又给了我们怎样的启示？

　　60年，人生一甲子；60年，人类历史一小段；60年，宇宙一瞬间……60年，共和国走过了不平凡的里程。就经济发展而言，经历了跌宕起伏的波浪型旅程。概括说来，经济社会既发生了历史性巨变，基本国情和社会主要矛盾又都依然客观地呈现在我们面前，而共和国未来美好的前景更使我们信心倍增，梦绕魂牵。

　　20世纪50年代初的国民经济恢复时期，年轻共和国的管理者们在经济战场上展开了斗智斗勇、惊心动魄的稳定市场的斗争；土地改革时期，翻身农民载歌载舞，在自己的土地和家园热火朝天地劳作和生产；50年代中期的社会主义改造，我国城市的工人和乡村的农民，都怀着虔诚的心热情地投入建设；50年代后期的大跃进，全国人民也踊跃响应号召；60年代初的"调整"时期，全国人民认识到了中国共产党是在真心实意地探索国家富强人民富裕的经济建设道路；60年代中期至70年代中期的十年"文化大革命"，则是狂躁、彷徨、苦闷、痛心、期盼……多种情愫杂陈的际会。

20 世纪 70 年代末，而立之年的共和国欣逢第二次新生，从此走上渐入佳境、天宽地阔的探索之路、跨越之路、收获之路。理性评价国家经济发展水平、艰辛摸索国家经济建设规律，"摸着石头过河"，最后在 1992 年党的十四大上明确宣布我国经济体制改革的目标是建立社会主义市场经济体制。从此，共和国经济走上了虽然偶有波折、但总体上不断跃升的健康发展之路。特别是在邓小平有中国特色社会主义理论、以江泽民为核心的第三代中央领导集体提出的"三个代表"重要思想和以胡锦涛为总书记的新的中央领导集体提出的科学发展观的指引下，共和国经济的巨轮在辽阔的大海上破浪前行。

一个个令人振奋的消息，一组组令人激动的数据，反复告诉世人：中国正在腾飞！

与此同时，我们也深刻认识到，已届一甲子的共和国取得了令国人振奋、令世界震惊的成就，经济方面的许多数据位居世界前列，但是我国人口多、底子薄、经济发展不均衡的基本国情依然没有彻底改变。温家宝总理真诚告诫我们："中国财富再多，除以 13 亿人，就少得可怜了；中国问题再小，乘以 13 亿人，也就很大了。"因此，我们一定要警钟长鸣，不可稍有懈怠。

我们知道，我国只是总体上实现了小康，正奋力迈向全面小康，还有不短的路要走，还有很多的事要做；

我们知道，我国人民的素质总体上有很大提高，但与世界科学文化发展对我国经济社会进步的要求还不完全适应；

我们知道，我国的科技进步已有了质的飞跃，但离实现创新型国家的标准，还需要付出艰巨的努力；

我们知道，我国已是一个经济大国，在国际经济舞台上扮演了举足轻重的角色，但我国还不是经济强国，我们面临着一系列强劲的挑战。

总之，我们知道，我国仍然处于并将长期处于社会主义初级阶段，我国社会的主要矛盾仍然是人民日益增长的物质文化需要同落后的社会生产之间的矛盾。

因此，我们知道，13 亿中华儿女还必须戒骄戒躁、克勤克俭，以加倍的努力，聚精会神搞建设，一心一意谋发展。紧紧抓住经济建设这个中心不动摇，正确处理好改革发展稳定的关系，推动物质文明、政治文明、精神文明和生态文明协调发展，不断增强综合国力，逐步实现全体人民的共同富裕。这是我们须臾不能偏离的奋斗方向。

因此，我们也就知道，对未来我们有足够的理由充满期待：

我们有中国共产党领导的全国人民代表大会制度和多党合作的政治协商制度，有以公有制为基础和主体的社会主义市场经济体制；

我们有 60 年努力奋斗所取得的世界经济总量第三的经济实力基础和 30 年经济体制改革所积累的建设中国特色社会主义经济的成功经验；

我们有在改革开放过程中所探索出来的建设社会主义市场经济的"中国模式"和这个模式在实践中能够得到完善的机制；

我们有全面实现小康和现代化的明确奋斗目标以及这个目标通过努力完全能够实现的充分可行性；

我们有 13 亿勤劳智慧的中华儿女，我们共同关心支持、积极投身参与共和国各项事业的建设和发展。

为中华民族的伟大复兴贡献自己的聪明才智，是一代代中华儿女义不容辞的神圣职责；同样，中华民族的伟大复兴，也是我们可以一同期许和不断见证的光辉前景！

附　录

共和国 60 年经济大事记

1949 年

10 月 1 日　中华人民共和国成立。经济建设的根本方针是以公私兼顾、劳资两利、城乡互动、内外交流的政策，达到发展生产、繁荣经济的目的。

11 月 1 日—5 日　中央人民政府政务院财政经济委员会两次开会研究稳定市场物价问题。

1950 年

3 月中旬　中财委决定开展新中国第一次工业普查。

4 月 13 日　中央人民政府委员会第七次会议，提出要使财政状况根本好转的三个条件：完成土地改革、合理调整工商业、大量节减军政费用。

6 月 28 日　中央人民政府委员会第八次会议通过《中华人民共和国土地改革法》。

12 月 30 日　政务院颁布《私营企业暂行条例》。

1951 年

5 月 4 日 政务院通过《关于划分中央和地方在财政经济工作上管理职权的决定》。把一部分国营企业、财经业务划给地方管理，使中央和地方共同分担国家财政经济工作的责任，调动了地方的积极性。

12 月 中共中央通过《关于农业生产互助合作的决议》草案。

1952 年

2 月 中央通过正式决议，农村互助合作经过了初级社和高级社。

7 月 25 日 政务院批准《关于劳动就业的决定》。

9 月 28 日 中共中央批准中监委、财委两党组《关于成立财经监察机构的建议》。

12 月 毛泽东在中共中央政治局会议上提出了党在过渡时期的总路线和总任务，即：要在一个相当长的时期内，逐步实现国家的社会主义工业化，并逐步实现对农业、对手工业和资本主义工商业的社会主义改造。

1953 年

7 月 30 日 全国人大一届二次会通过了《中华人民共和国发展国民经济的第一个五年计划》。

10 月 16 日 中共中央作出《关于实行粮食的计划收购和计划供应的决议》。

11 月 15 日 中央又发出《关于在全国实行计划收购油料的决定》。

12 月下旬 中国人民银行调整放款利率。通过逐步降低利率，并按多种经济成分做出不同规定，以鼓励工农业生产的恢复和国营经济的发展壮大。

1954 年

春夏两季 长江中下游雨量特别集中，我国发生特大洪水，为近百年来所罕见。

12 月 25 日　东起西康雅安，西至西藏首府拉萨的康藏公路建成通车，东起青海省格尔木，西至拉萨的青藏公路也建成通车。

7 月 13 日　中共中央发出《关于加强市场管理和改造私营商业的指示》。指出：国家要对部分商品实行计划收购、计划供应，把现存的私营小批发商和私营零售商逐步改造为各种形式的国家资本主义商业。

9 月 14 日　国务院发布《关于棉布计划收购和计划供应的命令》，规定自 10 月起，棉布实行凭票供应。

1955 年

3 月 1 日　中国人民银行自本年 3 月 1 日起发行新人民币，同时收回旧人民币。

8 月 5 日　国务院通过《农村粮食统购统销暂行办法》和《市镇粮食定量供应暂行办法》。这是在大规模有计划开展工业化建设的背景下调节城乡关系、工农关系和产销关系的重要步骤。

1955 年春　全国农村掀起建立合作社的浪潮，1955 年 3 月全国农业合作社达到 67 万个。

1956 年

1956 年 9 月 15 日—27 日　中国共产党在北京召开了第八次全国代表大会。大会指出，"我们国内的主要矛盾已经不再是工人阶级与资产阶级之间的矛盾，而是人民对于建立先进的工业国的要求同落后的农业国的现实之间的矛盾，是人民对于经济文化迅速发展的需要同当前经济文化不能满足人民的需要的状况之间的矛盾"。

6 月 20 日　《人民日报》发表社论，反对急躁冒进。

10 月 15 日　长春第一汽车制造厂正式移交生产，并装配出第一批"解放"牌载重汽车，结束了中国不能制造汽车的历史。

年底　私营工商业的社会主义改造基本完成。

1957 年

4 月 15 日　第一届中国出口商品交易会在广州举行。

9 月　万里长江第一桥——武汉长江大桥竣工，10 月投入使用。

10 月 15 日　武汉长江大桥通车典礼隆重举行。武汉长江大桥是我国在万里长江上修建的第一座铁路、公路两用桥梁。

10 月 25 日　中共中央公布了《1956 年到 1967 年全国农业发展纲要》（修正草案），简称为全国农业发展纲要，是在我国第一个到第三个五年计划期间，发展农业生产力的一个奋斗纲领。

年底　甘肃玉门油田建成当时中国第一个天然石油基地，结束了我国完全用洋油的历史。

1958 年

1 月　为配合国民经济计划的进行以及管理体制的调整，中共中央决定在全国成立七个经济协作区。

5 月　党的八届二中全会根据毛泽东同志的创意提出了"鼓足干劲，力争上游，多快好省地建设社会主义"的总路线。

5 月　中共中央召开八大二次会议，认为我国社会主义建设事业完成能够达到一个极高的速度，提出我国要在 15 年或更短的时间内，在主要工业品产量上赶上或超过英国，"大跃进"很快在全国展开。

8 月下旬　中共中央政治局通过了《中共中央关于在农村建立人民公社问题的决议》，在全国范围掀起了人民公社化运动的高潮。到 9 月底，全国已基本上实现了人民公社化。

1959 年

6 月 13 日　中共中央发出《关于调整 1959 年主要物资分配和基本建设计划的紧急指示》，降低了钢及其他产品的计划指标，钢产量为 1300 万吨。

1960 年

3 月 18 日　中共中央发出《关于加强公共食堂领导的指示》，要求争取农村 80% 的人口到公共食堂吃饭。

7 月上旬　中共中央在北戴河召开会议，会议通过了中共中央《关于全党动手，大办农业、大办粮食的指示》和《关于开展以保粮、保钢为中心的增产节约运动的指示》。

12 月 14 日　国家统计局对目前市场情况提出分析报告。指出供应出现紧张状况，到 9 月底，各地凭票证供货商品已达 30 多种。

1961 年

1 月 14—18 日　党的八届九中全会提出了"调整、巩固、充实、提高"的八字方针。

6 月 26 日　中共中央发出《关于确定林权、保护山林和发展林业的若干政策规定（试行草案)》。

1962 年

4 月 15 日　中国人民银行开始发行第三套人民币。取消了第二套人民币中的 3 元券，增加了 1 角、2 角、5 角和 1 元 4 种金属币。

6 月下旬　中央书记处会议讨论"包产到户"的问题，邓小平同志在会上引用安徽农民的说法：不管黑猫白猫，能逮住老鼠就是好猫。

1963 年

3 月 3 日　中共中央、国务院发出《关于严格管理大中城市集市贸易坚决打击投机倒把的指示》。

10 月　中共中央、国务院批转中国人民银行《关于整顿信用社、打击高利贷的报告》。

1964 年

2 月 10 日　《人民日报》刊登新华社记者的通讯报道《大寨之路》，并发表社论《用革命精神建设山区的好榜样》，从此全国农村掀起农业学大寨运动。

5 月 15 日—6 月 17 日　中共中央在北京举行会议，讨论了农业规划和农村工作、第三个五年计划，提出第三个五年计划的初步设想。

8 月　中共中央出于对新的世界战争的危险性、紧迫性的考虑，决定首先集中力量加快建设三线这一全国的战略大后方。

8 月 17 日　中共中央和国务院批转国家经委党组《关于试办工业、交通托拉斯的意见的报告》。

1965 年

3 月 3 日　中共中央批转《财贸工作座谈会纪要》。财贸工作座谈会，主要讨论了打击投机倒把，进一步改造小商小贩等问题。

4 月 13 日　中共中央、国务院发出《关于必须严格控制从资本主义国家进口的通知》。

12 月 31 日　国民经济经过 5 年的调整，已经得到了全面的恢复和发展，调整国民经济的任务基本上胜利完成。

1966 年

1 月 28 日　中共中央指出，实行计划生育是一件极为重要的大事。同日　我国导弹核武器试验成功。

2 月 19 日　毛泽东同志指出，用 25 年时间基本上实现农业机械化。

5 月 3 日　我国第一批"红旗"高级轿车出厂。

10 月 8 日　我国制成第一批 10 万千瓦水轮发电机组。

12 月 23 日　我国在世界上第一次人工合成结晶胰岛素。

1967 年

1 月 5 日　我国石油产品品种和数量自给自足，勘、采、炼技术登上世界高峰。

1 月 11 日　中共中央发出《关于反对经济主义的通知》。

6 月 17 日　我国第一颗氢弹爆炸成功。

1968 年

1 月 8 日　我国第一艘万吨巨轮"东风"号建成。

1 月 11 日　《人民日报》发表《"自由市场"是杀人不见血的屠刀》。

4 月 15 日　根治淮北平原涝灾的大型水利工程——新汴河工程开工。

9 月 3 日　我国研制成第一批液压传动内燃机车。

11 月 20 日　万吨远洋巨轮"高阳"号下水。

12 月 28 日　我国成功进行一次新的氢弹试验。

12 月 29 日　南京长江大桥全面建成通车。

1969 年

2 月 21 日　截至 1968 年年底，我国国内公债已全部还清，我国已经成为世界上既没有内债，又没有外债的强大的独立的社会主义国家。

4 月 2 日　第一艘万吨油轮"大庆 27 号"下水。

6 月 13 日　决定在上海、天津、大连 6 个船厂新建 8 个万吨级船台。

7 月 8 日　10 年时间建成河南红旗渠。

9 月 30 日　北京燕山炼油厂全部建成投产。

9 月 30 日　我国第一台 12.5 万千瓦双水内冷气轮发电机组建成，标志着我国制造业进入一个新的阶段。

10 月 1 日　我国第一条地下铁路线路——北京火车站至西郊苹果园建成。

10 月 3 日　我国第一台 5000 马力液力传动内燃机车诞生。

10 月 4 日　我国第一座旋转氧气转炉投入生产。

1970 年

4 月 26 日　我国成功发射第一颗人造地球卫星。

7 月 1 日　成（都）昆（明）铁路建成通车，全线长 1085 公里。

10 月 16 日　大型现代化露天煤矿——新疆哈密矿务局露天煤矿投产。

12 月 25 日　葛洲坝一期工程开工。

1971 年

1 月 2 日　我国轻工业形成比较完整的体系。

3 月 1 日　财政部发出《关于实行财政收支包干的通知》，实行"定收定支，收支包干，保证上缴，结余留用，一年一定"的财政收支体制。

3 月 3 日　我国成功发射第一颗科学实验人造地球卫星。

5 月 15 日　开展工业学大庆。

6 月 27 日　第一艘两万吨货轮"长风"号下水。

10 月 25 日　联合国恢复中国合法席位。

1972 年

2 月 21 日　毛泽东同志会见尼克松，双方同意互相发展贸易。

8 月 21 日　从联邦德国、倭国进口一米七轧机，建在武汉钢铁公司，另有设备在北京、上海、四川、唐山。

10 月 13 日　连接中南和西南地区的重要干线——湘黔铁路通车。

12 月 26 日　我国第一辆载重 300 吨的大平板车问世。

1973 年

4 月 10 日　决定建设邯邢钢铁、煤炭基地。

5 月 4 日　中国日本共同投资施工建设中日海底电缆。

6 月 28 日　我国成功进行了一次氢弹试验。

8 月 27 日　我国第一台百万次集成电路电子计算机研制成功。

9 月 3 日　我国第一台天文测时、测纬光电等高仪研制成功。

11 月 8 日　西藏军区在海拔 3800 米高寒地区大规模种植冬小麦丰收，这是西藏历史上农业发展的重要变革。

12 月 26 日　同我国有贸易关系的国家和地区增加到 150 多个，其中 50 多个国家同我国签订了贸易协议。

12 月 31 日　我国在世界上首先育成强优势的杂交水稻——籼型杂交水稻。

1974 年

1 月 12 日　为在本世纪内实现毛泽东同志提出的用几个五年计划时间赶上和超过世界水平的战略思想，国家计委提出《关于拟定长远计划的报告》。

1 月 22 日　国务院提出在今后三五年内，从国外进口一批大型化学肥料、化学纤维和连续式钢板轧机等设备。

1 月 30 日　国务院批示防止沿海水域污染。

2 月 17 日　胜利油田去年创年钻井进尺 150105 米的全国石油钻井最高纪录。

2 月 19 日　我国农村掀起农田基本建设新高潮。

2 月 24 日　汉江丹江口水利枢纽初期工程建成。

3 月 23 日　我国西南交通干线成昆铁路建成。

3 月 30 日　地热发电站在河北怀涞建成。

4 月 2 日　我国第一艘 2.5 万吨级的浮船坞"黄山号"建成。

4 月 30 日　我国第一台医用电子感应加速器研制成功。

5 月 15 日　华北滨海地区又建立起一个新油田——大港油田。

9 月 12 日　国家计委提出增加石油、棉花、部分钢材、化肥进口。

9 月 12 日　我国第一个 5 万吨级码头建成。

9 月 15 日　黄河青铜峡水利枢纽建成。

9 月 30 日　大型油田——胜利油田建成。

10 月 3 日　我国最大竖井钻井研制成功。

12 月 19 日　三门峡水电站建成。

12 月 27 日　大庆至秦皇岛输油管道建成。

1975 年

1 月 13 日　周恩来同志提出，本世纪末，全面实现农业、工业、国防和科学技术现代化，我国国民经济走在世界前列。

2 月 3 日　景山发电厂首次应用电子计算机控制 10 万千瓦燃煤气轮发电机组成功。

2 月 4 日　我国最大的水电站——刘家峡水电站建成。

7 月 5 日　我国第一条电气化铁路——宝成铁路建成。

7 月 8 日　秦皇岛至北京输油管道建成。

10 月 27 日　我国成功进行一次核试验。

1976 年

6 月 6 日　第一座现代化 10 万吨深水油港大连新港建成。

6 月 29 日　上海黄浦江上第一座公路、铁路双层铁轨建成通车。

7 月 6 日　人工培植的小黑麦在我国西南、西北、华北推广。

7 月 6 日　滇藏公路建成通车。

7 月 23 日　沿海铁路干线津沪复线工程提前接轨。

9 月 9 日　毛泽东同志逝世。

10 月 5 日　现代化化纤联合企业——福建维尼纶厂建成。

1977 年

1 月 11 日　山东胜利石油化工总厂建成投产。

2 月 2 日—15 日　国务院在北京召开全国铁路工作会议。

4 与 20 日—5 月 13 日 全国工业学大庆会议先后在大庆和北京举行。

1978 年

3 月 6 日 国务院在北京召开第三次全国城市工作会议。会议指出：控制大城市规模，多搞小城镇；认真抓好城市规划工作；加强住宅及市政公用设施的建设。

5 月 11 日 《光明日报》发表特约评论员文章《实践是检验真理的唯一标准》。

9 月 5 日 国务院召开全国计划会议。确定了经济战线必须实行三个转变：把注意力转到生产斗争和技术革命上来；转到按经济规律办事，科学管理的轨道上来；积极引进国外先进技术，利用国外资金，大胆进入国际市场。

12 月 28 日 党的十一届三中全会召开。

1979 年

3 月 14 日 中共中央决定成立国务院财政经济委员会，并于同年 7 月 1 日正式成立。

7 月 15 日 中共中央决定在深圳、珠海、汕头和厦门试办特区。

9 月 25 日—28 日 党的十一届四中全会召开。全会一致通过《中共中央关于加快农业发展若干问题的决定》。

1980 年

4 月 1 日 国务院授权中国银行在国内发行外汇兑换券。

4 月 17 日 国际货币基金组织理事会决定恢复中华人民共和国的代表权。

5 月 8 日 国务院决定成立国务院体制改革办公室。

12 月 16 日—25 日 中共中央召开工作会议，邓小平同志在所做题为《贯彻调整方针，保证安定团结》的讲话中，第一次把党的十一届三中全会以来一系列新的经济政策概括为对内搞活、对外开放的经济政策。

1981 年

1 月 1 日　中共中央批转《全国农村工作会议纪要》。《纪要》指出，目前农村实行的各种责任制都是社会主义集体经济的生产责任制。

1 月 16 日　国务院发布《中华人民共和国国库券条例》，决定从 1981 年开始发行国库券。

7 月 31 日　国务院批准湖北省沙市为中国第一个经济体制综合改革的试点城市。

11 月 6 日　国内第一个跨行业大型企业联合体——上海高桥石化公司成立，这是我国工业管理体制改革的一个突破。

1982 年

5 月 4 日　五届全国人大常委会第 23 次会议批准成立国家经济体制改革委员会。

7 月 14 日　国务院批转中国人民银行《关于中国人民银行的中央银行职能及其与专业银行的关系的请示》。

9 月　党的十二大提出"计划经济为主、市场调节为辅"的新经济体制框架

1983 年

1 月 2 日　中共中央印发了全国农村工作会议提出的《当前农村经济政策的若干问题》。

4 月 24 日　国务院批准《关于国营企业利改税试行办法》，决定从 1983 年 1 月 1 日起，在全国国营企业中，普遍实行利改税，征税工作从 6 月 1 日起办理。

9 月 15 日　中华人民共和国审计署在北京成立。根据宪法规定，我国实行审计监督制度，这是加强财政经济管理、发扬社会主义民主、健全

社会主义法制的一项重要措施。

9 月 17 日　国务院作出《关于中国人民银行专门行使中央银行职能的决定》。《决定》规定：中国人民银行专门行使中央银行职能，不再办理工商信贷和储蓄业务。

1984 年

3 月 26 日—4 月 6 日　根据中共中央书记处和国务院的决定，沿海部分城市座谈会在北京召开。根据邓小平同志的建议，会议确定进一步开放由北至南 14 个沿海港口城市即大连、秦皇岛、天津、烟台、青岛、连云港、南通、上海、宁波、温州、福州、广州、湛江和北海，作为我国实行对外开放的一个新的重要步骤。

10 月 20 日　党的十二届三中全会在北京举行。全会一致通过《中共中央关于经济体制改革的决定》，明确提出了"社会主义有计划商品经济理论"；提出了进一步贯彻执行对内搞活经济、对外实行开放的方针，加快以城市为重点的整个经济体制改革的步伐，是当前我国形势发展的迫切需要。

1985 年

2 月 18 日　中共中央、国务院决定在长江三角洲、珠江三角洲和厦漳泉三角地区开辟沿海经济开放区。

3 月 13 日　中共中央作出《关于科学技术体制改革的决定》。《决定》指出现代科学技术是新的社会生产力中最活跃的和决定性的因素。全党必须高度重视并充分发挥科学技术的巨大作用。

9 月 15 日　国务院批准国家科委制定的《关于抓一批"短、平、快"科技项目，促进地方经济振兴》的发展计划，即"星火计划"。

1986 年

3 月 3 日　科学家王大珩、王淦昌、陈芳允、杨嘉墀上书中共中央，提出发展高技术的建议。这一建议后来被称为"八六三计划"。邓小平在建议上批示：此事宜速作决断，不可推延。

5 月 5 日 中国翻译出版的《马克思恩格斯全集》中文版 50 卷已全部出齐。这部全集共 3200 万字，收入两位革命导师的 2000 多篇著作和 4000 多封书信以及 400 多件文献资料。

9 月 25 日 国务院发布《中华人民共和国个人收入调节税暂行条例》，自 1987 年 1 月 1 日起施行。

12 月 5 日 国务院发布《关于深化企业改革增强企业活力的若干规定》。《若干规定》提出，1987 年要在深化企业改革，增强企业特别是大中型企业的活力方面迈出较大的步子。

1987 年

4 月 8 日 中国第一家由企业出资创办的综合性银行——招商银行在蛇口开业。

10 月 党的十三大召开，通过了社会主义现代化建设"三步走"的经济发展战略目标和战略步走；并提出了"国家调节市场，市场引导企业"的新的运行机制

10 月 25 日—11 月 1 日 党的十三大举行。大会报告阐述了社会主义初级阶段理论，提出了党在社会主义初级阶段的"一个中心、两个基本点"的基本路线，制定了到下世纪中叶分三步走、实现现代化的发展战略。

11 月 16 日 中国第一家股份集团——中国嘉陵工业股份公司（集团）成立。

12 月 1 日 深圳市举行首次土地使用权的公开拍卖。

1988 年

4 月 26 日 中共海南省委员会和海南省人民政府正式挂牌。8 月 25 日海南省人民政府成立。

5 月 30 日 中共中央决定委托中共中央党校创办全党的理论刊物

《求是》杂志。7 月 1《求是》杂志创刊，邓小平同志题写刊名。中共中央理论刊物《红旗》在 6 月 16 日出版最后一期后停刊。

6 月 15 日　新的国家计委（国家计划委员会）正式成立。

9 月 5 日　邓小平同志在与捷克斯洛伐克总统胡萨克会见时，提出了"科学技术是第一生产力"的重要论断。

1989 年

3 月 4 日　邓小平同志在同中央负责同志谈话时指出，我们搞"四化"，搞改革开放，关键是稳定。压倒一切的是需要稳定。中国不能乱，这个道理要反复讲，放开讲。要放出一个信号：中国不允许乱。

5 月 16 日　邓小平会见来访的苏联最高苏维埃主席团主席、苏共中央总书记戈尔巴乔夫，中苏关系宣布实现正常化。

11 月 6 日—9 日　党的十三届五中全会举行。全会通过了《中共中央关于进一步治理整顿和深化改革的决定》。

1990 年

4 月 18 日　李鹏在上海宣布，中共中央、国务院同意上海市加快浦东地区的开发，在浦东实行经济技术开发区和某些经济特区的政策。

11 月 26 日　经国务院授权、中国人民银行批准，上海证券交易所正式成立。这是中华人民共和国成立以来在大陆开业的第一家证券交易所。

1991 年

7 月 3 日　深圳证券交易所正式开业，实现了股票的集中交易。

11 月 27 日　长江葛洲坝水利枢纽第二期工程在湖北宜昌通过国家正式验收。至此，这一当时中国最大的水利水电工程宣告全部竣工。

1992 年

1 月 18 日—2 月 21 日 邓小平同志视察武昌、深圳、珠海、上海等地，发表著名的南方谈话。邓小平同志指出，革命是解放生产力，改革也是解放生产力；要坚持两手抓，一手抓改革开放，一手抓打击各种犯罪活动。这两只手都要硬。

9 月 22 日 经中国人民银行批准，中国组建三个大的全国性证券公司，即华夏证券公司、国泰证券公司、南方证券公司。

10 月 党的十四大提出了我国经济体制改革的目标模式是建立社会主义市场经济体制。

1993 年

4 月 12 日 国务院发出《关于提高商品零售营业税税率的通知》，决定从 1993 年 5 月 1 日起提高商品零售的营业税税率。

11 月 党的十四届三中全会通过了《中共中央关于建立社会主义市场经济体制若干问题的决定》，《决定》勾画了社会主义市场经济体制的基本框架。

12 月 15 日 国务院作出《关于实行分税制财政管理体制的决定》，确定从 1994 年 1 月 1 日起改革现行地方财政包干体制，对各省、自治区、直辖市以及计划单列市实行分税制财政管理体制。

1994 年

1 月 1 日起 我国外汇管理体制迈出改革开放大步，实行以市场供求为基础的、单一的、有管理的人民币浮动汇率制。

1 月 14 日 财政部代表中国政府正式向美国证券交易委员会注册登记发行 10 亿美元全球债券。这是中国政府发行的第一笔全球债券，也是中国政府第一次进入美国资本市场。

7 月 18 日 国务院作出《关于深化城镇住房制度改革的决定》，明确了城镇住房制度改革的基本内容，其中包括将住房实物福利分配的方式改变为以按劳分配为主的货币工资分配的方式、建立住房公积金制度等。

11 月 23 日 财政部、国务院住房制度改革领导小组、中国人民银行联合发布《建立住房公积金制度的暂行规定》。

1995 年

1 月 14 日 国务院批转《中国计划生育工作纲要（1995—2000年)》，并发出通知。指出，实行计划生育是我国的基本国策，也是一项长期、艰苦的战略任务。

9 月 25 日—28 日 党的十四届五中全会在北京举行。全会审议并通过《中共中央关于制定国民经济和社会发展"九五"计划和 2010 年远景目标的建议》。《建议》提出了"九五"时期国民经济和社会发展的主要奋斗目标，并指出实现奋斗目标的关键是实行两个具有全局意义的根本性转变：一是经济体制从传统的计划经济体制向社会主义市场经济体制转变；二是经济增长方式从粗放型向集约型转变。

1996 年

3 月 7 日 国务院批转国家经贸委《关于 1996 年国有企业改革工作的实施意见》。

4 月 8 日—11 日 国务院办公厅在镇江召开全国职工医疗保障制度改革扩大试点工作会议，决定试点工作由镇江、九江扩大到全国。

11 月 12 日 截至当日，我国外汇储备总额首次突破千亿美元，达1004.5 美元，对外开放迈上新台阶。

12 月 31 日 冶金部部长宣布，本年中国钢产量突破一亿吨，产量达到世界第一位。

1997 年

3 月 八届全国人大五次会议决定批准设立重庆直辖市。同年 6 月 18

日，重庆直辖市正式挂牌揭幕。

9 月 党的十五大明确提出公有制为主体、多种所有制经济共同发展，是我国社会主义初级阶段的一项基本经济制度。

10 月 1 日 根据国务院决定，中国再次大幅度自主降低进口关税税率。这次降税涉及 4874 个税号（现行税则共 6633 个税号）的商品，平均降幅达 26%，关税算术平均税率从 23% 降至 17%。

11 月 8 日 长江三峡水利枢纽工程实现大江截流。

1998 年

6 月 22 日 经中共中央批准，中共中央金融工作委员会正式成立。温家宝担任中央金融工委书记。

7 月 9 日 经中共中央批准，中共中央大型企业工作委员会成立，并召开在京大型企业领导人参加的工委工作会议。中共中央政治局委员、国务院副总理吴邦国担任中央大型企业工委书记。

1999 年

1 月 22 日 国务院发布《失业保险条例》和《社会保险费征缴条例》。

10 月 1 日 首都各界庆祝中华人民共和国成立 50 周年大会在北京天安门广场隆重举行。

11 月 20 日 北京时间 6 时 30 分，我国第一艘载人航天试验飞船"神舟"号，在中国酒泉卫星发射中心新建成的航天发射场发射升空。11 月 21 日凌晨 3 时 41 分，飞船在内蒙古自治区中部地区成功着陆。这是我国载人航天工程的第一次飞行试验，标志着我国载人航天技术有了新的重大突破。

2000 年

12 月 27 日 《国务院关于实施西部大开发若干政策措施》正式出台，

标志着我国实施西部大开发战略迈出实质性的步伐。

2001 年

2 月 19 日　中共中央、国务院举行国家科学技术奖励大会。江泽民同志向获得 2000 年度国家最高科学技术奖的中国科学院系统科学研究所研究员、中国科学院院士吴文俊和湖南杂交水稻研究中心研究员、中国工程院院士袁隆平颁发由他亲笔签发的奖励证书和奖金。

6 月 15 日　"上海合作组织"成员国元首会议在上海隆重举行。

7 月 13 日　在莫斯科举行的国际奥委会第 112 次全体会议上，北京获得 2008 年第 29 届奥运会主办权。

11 月 10 日　世界贸易组织第四届部长级会议在卡塔尔首都多哈以全体协商一致的方式，审议并通过了中国加入世贸组织的决定。

2002 年

11 月 21 日　我国科学家完成了所承担的国际水稻基因组计划第四号染色体精确测序任务，使我国对国际水稻基因组计划测序工作的贡献率达 10%。这是迄今为止我国独立完成的最大的基因组单条染色体精确测序。

12 月 26 日　中共中央政治局召开会议，听取有关方面关于农业和农村工作的汇报。会议强调，全面建设小康社会，加快推进社会主义现代化，必须统筹城乡经济社会发展，把农业、农村、农民问题作为全党工作的重中之重，努力开创农业和农村工作的新局面。

2003 年

8 月 22 日　我国第一条沙漠高速公路——陕西省榆靖高速公路正式建成通车。

10 月　中共中央、国务院发出关于实施东北地区等老工业基地振兴战略的若干意见。

10 月 15 日　9 时整，我国自主研制的"神舟"五号载人飞船在酒泉卫星发射中心发射升空，将中国第一名航天员成功送上太空，标志着我国首次载人航天飞行初战告捷，标志着中国人民在攀登世界科技高峰的征程上又迈出了具有重大历史意义的一步。

2004 年

4 月 30 日—5 月 6 日　中共中央总书记、国家主席胡锦涛在江苏考察工作时强调，解决中国的发展问题，必须牢固树立和认真落实科学发展观。

10 月 21 日　中共中央政治局召开会议，讨论并决定从 2005 年 1 月开始在全党开展以实践"三个代表"重要思想为主要内容的保持共产党员先进性教育活动。

2005 年

1 月 9 日　中共中央发布《中共中央关于在全党开展以实践"三个代表"重要思想为主要内容的保持共产党员先进性教育活动的意见》。中共中央决定，从 2005 年 1 月开始，用一年半左右的时间，在全党开展以实践"三个代表"重要思想为主要内容的保持共产党员先进性教育活动。

7 月 21 日　我国当日起启动人民币汇率形成机制改革，人民币放弃紧盯美元的汇率政策。

12 月 29 日　十届全国人大常委会第十九次会议通过决定，自 2006 年 1 月 1 日起废止《农业税条例》。

2006 年

截至 2 月底　我国国家外汇储备达 8537 亿美元，超过日本跃居世界第一。到当年年底，我国外汇储备首次突破 1 万亿美元，达 10663 亿美元。

4 月 15 日　中共中央、国务院发出《关于促进中部地区崛起的若干意见》。要求把中部地区建设成全国重要的粮食生产基地、能源原材料基地、现代装备制造及高技术产业基地和综合交通运输枢纽，使中部地区在发挥承东启西和产业发展优势中崛起。

5 月 20 日 三峡大坝全线建成。大坝全长 2309 米，达到海拔 185 米设计高程。

5 月 26 日 国务院发出《关于推进天津滨海新区开发开放有关问题的意见》。指出：推进天津滨海新区开发开放，是在新世纪新阶段，党中央、国务院从我国经济社会发展全局出发做出的重要战略部署。

7 月 1 日 青藏铁路全线建成通车。铁路全长 1956 公里，最高点海拔 5072 米，是世界上海拔最高、线路最长的高原铁路。

2007 年

2 月 广西壮族自治区宣布，《广西北部湾经济区发展规划》获国家批准。北部湾经济区是促进中国与东盟全面合作的重要桥梁和基础。

5 月 23 日 国务院发出《关于印发节能减排综合性工作方案的通知》。指出：要把节能减排作为当前宏观调控重点，作为调整经济结构、转变增长方式的突破口和重要抓手，坚决遏制高耗能、高污染产业过快增长，切实保证节能减排、保障民生等工作所需资金投入。

6 月 29 日 十届全国人大常委会第二十八次会议通过《中华人民共和国劳动合同法》。

7 月 11 日 国务院发出《关于在全国建立农村最低生活保障制度的通知》。要求将符合条件的农村贫困人口全部纳入保障范围，稳定、持久、有效地解决全国农村贫困人口的温饱问题。

8 月 9 日 国务院发出《关于完善退耕还林政策的通知》。

2008 年

1 月 9 日 我国首个黄金期货合约在上海期货交易所成功上市交易。

4 月 8 日 国务院批准设立天津滨海新区综合保税区。

4 月 10 日 银行间外汇市场人民币对美元汇率中间价首度"破 7"，

为 6.992 元人民币兑 1 美元。

5 月 12 日　四川省汶川县发生 8.0 级地震。

8 月 1 日　《中华人民共和国反垄断法》开始实施。

8 月 8 日—24 日　第 29 届奥林匹克运动会在北京举行。来自 204 个国家和地区的 1 万余名运动员，刷新了 38 项世界纪录和 85 项奥运会纪录，中国体育代表团取得了 51 枚金牌、100 枚奖牌的优异成绩，第一次名列奥运会金牌榜首位。

参考文献

1. 《马克思恩格斯选集》第一卷，人民出版社 1972 年版。

2. 《列宁选集》第一卷，人民出版社 1972 年版。

3. 《毛泽东文集》，人民出版社 1999 年版。

4. 《邓小平文选》，人民出版社 1993 年版。

5. 江泽民：《全面建设小康社会，开创中国特色社会主义事业新局面——在中国共产党第十六次全国代表大会上的报告》，人民出版社 2002 年版。

6. 胡锦涛：《在纪念党的十一届三中全会召开 30 周年大会上的讲话》，人民出版社 2008 年版。

7. 《中国共产党中央委员会关于建国以来党的若干历史问题的决议》，人民出版社 1982 年版。

8. 《中国共产党第十二次全国代表大会文件汇编》，人民出版社 1982 年版。

9. 《中国共产党第十三次全国代表大会文件汇编》，人民出版社 1987 年版。

10. 《中国共产党第十四次全国代表大会文件汇编》，人民出版社 1992 年版。

11. 《中国共产党第十五次全国代表大会文件汇编》，人民出版社 1997 年版。

12. 《中国共产党第十六次全国代表大会文件汇编》，人民出版社 2002 年版。

13. 《中国共产党第十七次全国代表大会文件汇编》，人民出版社 2007

年版。

14. 中共中央文献研究室：《三中全会以来重要文献选编》，人民出版社1992年版。

15. 《建国以来重要文献选编》第15册，中央文献出版社1997年版。

16. 《中共中央关于完善社会主义市场经济体制若干问题的决定》，人民出版社2003年版。

17. 中共中央宣传部理论局：《理论热点面对面（2006）》，学习出版社、人民出版社2006年版。

18. 中央宣传部理论局：《六个"为什么"——对几个重大问题的回答》，学习出版社2009年版。

19. 吴敬琏：《中国经济50人看三十年：回顾与分析》，中国经济出版社2000年版。

20. 刘仲藜：《奠基——新中国经济五十年》，中国财政经济出版社1999年版。

21. 曾培炎：《新中国经济50年》，中国计划出版社1999年版。

22. 林毅夫：《制度、技术与中国农业发展》，上海三联书店1994年版。

23. 邹德文、张家峰、陈要军：《中国资本市场的多层次选择与创新》，人民出版社2006年版。

24. 杨瑞龙：《社会主义经济理论》，中国人民大学出版社2008年版。

25. 成思危：《中国社会保障体系的改革与完善》，民主与建设出版社2000年版。

26. 陈佳贵、王延中：《中国社会保障发展报告（2001—2004）》，社会科学文献出版社2004年版。

27. 李志辉：《中国银行业的发展与变迁》，上海人民出版社2008年版。

28. 龚锋：《中国银行业稳健经营研究》，中国经济出版社2007年版。

29. 胡汝银：《中国资本市场的发展与变迁》，格致出版社、上海人民出版社2008年版。

30. 王东：《中国资本市场风险管理》，北京大学出版社2004年版。

31. 陆大道等：《2006 中国区域发展报告——城镇化进程及空间扩张》，商务印书馆 2007 年版。

32. 张杰：《中国金融制度的结构与变迁 1978—1998》，山西经济出版社 1998 年版。

33. 小阿瑟·威廉姆斯、理查德·M. 汉斯：《风险管理与保险》，中国商业出版社 1990 年版。

34. 中国保险学会：《中国保险史》，中国金融出版社 1998 年版。

35. 黄孟复：《中国民营经济史·大事记》，社会科学文献出版社 2009 年版。

36. 郑必坚、杨春贵：《中国面向 21 世纪的若干战略问题》，中共中央党校出版社 2002 年版。

37. 黄文虎、王庆五等：《新苏南模式：科学发展观引领下的全面小康之路》，人民出版社 2007 年版。

38. 史晋川等：《温州变迁与经济发展：温州模式研究》，浙江大学出版社 2002 年版。

39. 胡绳、王梦奎：《中国改革开放二十年》，北京出版社 1998 年版。

40. 周叔莲：《中国的两个根本转变》，经济管理出版社 1997 年版。

41. 中国市长协会：《中国城市发展报告（2002—2003）》，商务印书馆 2004 年版。

42. 中华人民共和国国务院新闻办公室：《中国的社会保障状况和政策》（白皮书），2004 年。

43. 人力资源和社会保障部：《劳动和社会保障事业发展统计公报》，2007 年。

44. 交通银行发展研究部：《中国银行业发展报告》，2008 年。

45. 中国证券监督管理委员会：《中国资本市场发展报告》，中国金融出版社 2008 年版。

46. 石仲泉：《正确认识新中国发展的两个"30 年"——兼谈 60 年的历史经验》，《北京日报》2009 年 6 月 22 日。

47. 陈德铭：《对外开放三十年的伟大历程和光辉成就》，中央政府门户网站，http://www.gov.cn。

48. 辛逸：《试论人民公社的历史地位》，《当代中国史研究》2001 年第 3 期。

49. 韩俊：《30 年农村改革：农业大国的复兴之路》，《光明日报》2008 年 12 月 29 日。

50. 谢旭人：《以科学发展观统领农业综合开发着力提高粮食和农业综合生产能力》，《农民日报》2009 年 7 月 2 日。

51. 韩俊：《创新农业经营体制夯实党的农村政策基石》，《人民日报》2009 年 2 月 13 日。

52. 赵新平、周一星：《改革以来中国城市化道路及城市化理论研究述评》，《中国社会科学》2002 年第 2 期。

53. 林毅夫、苏剑：《论我国经济增长方式的转换》，《管理世界》2007 年第 11 期。

54. 王小鲁、樊刚、刘鹏：《中国经济增长方式转换和增长可持续性》，《经济研究》2009 年第 1 期。

55. 黄泰岩：《转变经济发展方式的内涵与实现机制》，《求是》2007 年第 18 期。

56. 刘国光、董志凯：《新中国 50 年所有制结构的变迁》，《当代中国史研究》1999 年第 5—6 期。

后　记

中华人民共和国即将迎来六十华诞。六十年一甲子，在这一甲子的历程里，中国共产党领导全国人民，努力建设富强、民主、文明的社会主义现代化中国。如何描述这60年的不懈探索，总结经济建设方面的辉煌成就和宝贵经验，更好地推动我国经济发展，一直是我国经济学者所期盼的，也是我们最大的愿望。

本书是在陈东琪、邹德文教授主持下，由一批从事经济研究的中青年学者、博士后和博士的通力合作下完成的。首先由陈东琪、邹德文、张文勇提出主题和大纲，在此基础上，经过集体讨论，形成详细的写作提纲，然后由大家分工起草各章初稿。初稿完成后，最后由陈东琪、邹德文、张文勇负责修改定稿。各章的撰写情况如下（按照章节顺序）：总论（陈东琪），第一章（邹德文、姜涛），第二章（张建勤、武平平），第三章（陈要军），第四章（王能应），第五章（周煜），第六章（高斌），第七章（李忠斌），第八章（毛敏），第九章（翟一博），第十章（李朝晖），第十一章（胡娟），第十二章（周敦卿），第十三章（刘汉全），第十四章（蔡玲），第十五章（郝华勇），第十六章（冯占民），第十七章（张瑾），第十八章（肖子拾），第十九章（魏君英），第二十章（宋丽智、张文勇、王能应），结语（张文勇），新中国60年经济大事记由郝华勇、姜涛编辑整理。冯占民、姜涛做了部分编务工作。

感谢新闻出版总署将该书列入"庆祝新中国成立60周年百种重点图书"出版计划！感谢人民出版社编辑们的辛勤劳动，他们的敬业和严谨使本书增色颇多！本书在编写过程中得到了马哲军、方世荣、陶良虎、陈银娥、袁超越、田野、高洁、胡放之等教授的大力支持，特此致谢！同时也感谢本书作者们的通力合作！

研究编撰中，参考和引用了大量相关文献和研究成果，囿于篇幅，未能一一注明，在此向各位原作者表示深深的谢意！

最后让我们满怀深情地将此书献给人民共和国60周年华诞。

编　者

2009 年 8 月 19 日

策　　划:张文勇
责任编辑:郑海燕
封面设计:肖　辉
版式设计:曹　春
责任校对:张京丽

图书在版编目(CIP)数据

共和国经济 60 年/陈东琪、邹德文 主编;张文勇、王能应、张建勤 副主编.
-北京:人民出版社,2009.10
(庆祝新中国成立 60 周年百种重点图书)
ISBN 978 - 7 - 01 - 008316 - 2

Ⅰ. 共…　Ⅱ.①陈…②邹…　Ⅲ. 经济建设-成就-中国- 1949 ~ 2009
Ⅳ. F124

中国版本图书馆 CIP 数据核字(2009)第 171078 号

共和国经济60年

GONGHEGUO JINGJI 60 NIAN

陈东琪　邹德文 主编　张文勇　王能应　张建勤 副主编

人民出版社 出版发行
(100706　北京朝阳门内大街 166 号)

北京瑞古冠中印刷厂印刷　新华书店经销

2009 年 10 月第 1 版　2009 年 10 月北京第 1 次印刷
开本:710 毫米×1000 毫米 1/16　印张:39.5
字数:580 千字　印数:0,001~5,000 册

ISBN 978 - 7 - 01 - 008316 - 2　定价:78.00 元

邮购地址 100706　北京朝阳门内大街 166 号
人民东方图书销售中心　电话 (010)65250042　65289539